東洋古典譯註叢書 139

# 譯註 明清八大家文鈔 3

## 梅曾亮·曾國藩

著者 梅曾亮 · 曾國藩 編者 王文濡
책임번역 李相夏
공동번역 金玟榮 金成恩 安埈奭 禹羅映

전통문화연구회

**飜譯委員**

企劃編輯　東洋古典飜譯編輯委員會
飜譯研究管理　南賢熙
著　　者　梅曾亮 曾國藩
編　　者　王文濡
責任飜譯　李相夏
共同飜譯　金玟榮 金成恩 安埈奭 禹羅映
潤　　文　朴勝珠 南賢熙 李孝宰
校　　訂　南賢熙 李孝宰
出　　版　白俊哲
裝　　幀　김진디자인

# 東洋古典譯註叢書를 발간하면서

우리의 古典國譯事業은 민족문화 진흥의 기초사업으로 1960년대부터 政府 支援으로 古文獻 現代化 작업을 추진하여 많은 成果를 거두었다. 당시 이 사업 추진의 先行課題로 東洋古典이라 일컬어지는 중국의 基本古典을 먼저 飜譯하여야 한다는 學界의 주장이 있었음에도 불구하고 우리 고전이 아니라는 일부의 偏狹한 視角과 財政 事情 등으로 인하여 배제되어 왔다.

전통적으로 중국의 기본고전은 우리 歷史와 함께 숨쉬며 각종 교육기관의 敎科書로 활용됨은 물론이고 지식인들의 必讀書가 되어 왔으며, 우리 文化의 基底에 자리잡고 거의 모든 방면의 體系와 根幹을 형성하여 왔다. 그래서 학문연구의 기본서 역할을 해 왔을 뿐만 아니라 오늘날에도 우리의 國學徒 및 東洋學 硏究者들에게 같은 역할을 하고 있음은 주지의 사실이다. 그럼에도 불구하고 中國古典은 우리 것이 아니라 하여 專門機關의 飜譯對象에 포함하지 않음으로써, 대부분 原典에서의 직접 번역이 아닌 重譯이나 拔萃譯의 방식이 주를 이루면서 敎養水準으로 出版되어 왔다.

오늘날 東洋 三國 중에서 우리의 東洋學 연구가 가장 부진한 이유는, 東洋基本古典에 대한 폭넓은 이해의 부족과 漢文古典 讀解力의 저하에 기인함을 우리는 솔직히 인정하여야 한다. 따라서 이들 중국고전에 대한 신뢰할 만한 國譯이 이루어지는 것이 한국학 연구를 촉진시키는 시급한 先行課題라 할 수 있다.

이에 韓國學 및 東洋學의 연구와 古典現代化의 基盤構築을 위해서는, 전문기관으로 하여금 동양고전을 단기간에 각 분야의 專門 硏究者와 漢學者가 상호 협동하여 연구번역하여 飜譯의 傳統性과 效率性, 硏究의 專門性을 높일 수 있도록 政策的 配慮가 있어야 한다.

이에 本會에서는 元老 및 中堅 漢學者와 斯界의 專攻者로 하여금 協同硏究飜譯하여 공부하는 사람들이 믿고 引用하거나 깊이 있는 註釋 등을 활용할 수 있게 하고, 知識人들의 敎養을 증진시켜 줄 수 있는 東洋古典의 國譯書 간행을 지속적으로 추진해 왔다. 근래에 다행히 이 사업에 대하여 각계 지도층의 폭넓은 이해와 지원에 힘입어 2001년도부터 國庫補助를 받아 東洋古典譯註叢書를 간행하게 되었다. 이를 계기로 우리 先學의 註釋과 見解를 반영하는 등 국역사업의 內實을 기하게 되었음을 이 자리를 빌려 衷心으로 감사드리며, 아울러 國譯에 參與하신 관계자 여러분의 勞苦에 깊은 謝意를 표한다.

끝으로 우리의 이러한 작업은 오랜 역사 위에 축적된 先賢들의 業績과 現代學問을 이어주는 튼튼한 架橋와 礎石이 되어 진정한 韓國學과 東洋學 발전에 기여할 것을 굳게 믿으며, 21세기를 우리 文化의 世紀로 열어 가는 밑거름이 되도록 우리의 力量을 本 事業에 경주하고자 한다. 江湖諸賢의 부단한 관심과 지원을 기대해 마지않는다.

社團法人 傳統文化硏究會 理事長 李啓晃

# 凡 例

1. 본서는 ≪譯註 明淸八大家文鈔≫ 제3책으로, ≪明淸八大家文鈔≫ 중 梅曾亮(淸)의 ≪梅伯言文鈔≫와 曾國藩(淸)의 ≪曾滌生文鈔≫를 譯註한 것이다.
2. 底本은 王文濡(淸)가 編輯한 ≪明淸八大家文鈔≫로 中國 進步書局에서 初刊된 石印本(1915)이다.
3. 본서는 원전의 傳統性과 번역의 現代性을 구현하기 위해 노력하였다.
4. 原文에는 우리나라 전통방식의 懸吐를 하였다.
5. 原文의 校勘은 誤字, 脫字, 衍文, 倒文 등을 대상으로 하였다.
6. 飜譯은 原義에 충실하게 하되, 이해가 어려운 부분은 意譯 또는 補充譯을 하였다.
7. 譯註는 校勘, 人物, 制度, 官職, 역사적 사건, 인용문의 出典, 異說, 故事, 전문용어, 難解語 등에 관한 사항을 밝혔다.
8. 飜譯文은 한글과 한자를 혼용하였으며, 맞춤법과 띄어쓰기는 한글 맞춤법과 표준어 규정을 따랐다.
9. 원문이나 번역문의 한자 중에 僻字나 讀音이 특수한 글자는 한글로 音을 달아주었다.
10. 본서의 校勘에 사용된 符號는 다음과 같다.

    ( )〔 〕: (저본의 誤字)〔교감한 正字〕

    〔 〕: 저본의 脫字 보충

    ( ): 저본의 衍字 삭제

    □ : 저본의 빠진 글자
11. 본서에 사용한 주요 부호는 다음과 같다.

    " ": 對話, 가중 인용

    ' ': " " 안에서 재인용, 강조

    「 」: ' ' 안에서 재인용, 강조

    『 』: 「 」안의 재인용

    ( ): 원문에서는 讀音이 다른 글자나 僻字의 音, 번역문에서는 간단한 譯註

    〔 〕: 번역문의 이해를 돕기 위한 原文의 漢字나 句節, 譯註에서 인용한 原文

    ≪ ≫: 書名

    < >: 篇章名, 作品名, 補充譯

# 目 次

제6권 曾滌生文鈔

〔附 錄〕

# 明淸八大家의 생애와 문학 －梅曾亮 · 曾國藩－

禹羅映*

## 1. 梅曾亮(1786~1856)

### 1) 생애

梅曾亮은 乾隆 51년(1786)에 江蘇 上元(지금의 南京)에서 출생하였으며, 原名은 曾蔭, 字는 伯言, 또는 葛君이다. 저명한 수학자인 梅文鼎의 후손이다. 대대로 安徽 宣城에 살다가 증조부 때에 강소로 移籍하였다. 조부 梅鏐는 상원의 諸生이었으며, 부친 梅沖은 嘉慶 5년(1800)의 擧人 출신으로 袁枚의 제자였다. 모친 侯芝는 가정에서 문학 교육을 받은 才女로서 시문을 잘 지었으며 彈詞의 창작과 각색에 뛰어나 ≪再生緣≫ 등을 각색하여 간행하였다.

어렸을 때 매증량은 外叔 侯雲錦에게서 수학하였다. 이때는 시와 駢文을 즐겨 짓다가 가경 8년(1803) 18세 무렵에 姚鼐를 만나 古文을 접하게 되었다. 10년(1805)에 王渭의 권유로 고문에 전념하게 되면서 ≪史記≫와 ≪漢書≫를 열독하였다. 이해에 鍾山書院의 主講으로 온 요내의 제자가 되면서 문장으로 이름이 알려지기 시작하였다. 19년(1814) 揚州에 있는 吳鼒의 唐文館에 들어가 顧廣圻 등과 함께 ≪全唐文≫을 교감하였다. 25년(1820)에 順天鄕試에 합격하였다. 道光 2년(1822)에 37세의 나이로 進士가 되어 貴州知縣으로 임명되었으나 장자로서 부모를 봉양하기 위해 이듬해 귀향하였다. 그 후 몇 년간 安徽巡撫 鄧廷楨과 江蘇巡撫 陶澍의 막료를 지냈다.

道光 12년(1832) 入京하여 이듬해 戶部郎中이 되었다. 이후 17년 동안 한지인 호부낭중으로 있으면서 전국 각지의 문인들과 교유하였다. 당시에 고문을 연마하는 자는 반드시 매증량에게 가서 고문을 배웠다고 할 만큼, 영향력이 대단하였다. 매증량은 그들과 고문의 文章學을 담론하면서 桐城派의 文論을 전파하고 후진을 양성하였는데, 曾國藩 역시 그의 영향을 많이 받았다. 20년(1840)에는 조선에서 온 사신 李正履와 만나 그가 가지고 온 金邁淳의 문집을 평하기도 하였다.

도광 29년(1849)에 관직을 떠나 귀향하였다. 咸豐 원년(1851)부터 2년간 揚州의 梅花

*) 서울대학교 중어중문학과 박사수료

書院의 주강으로 있다가 이듬해 귀향하였다. 3년(1853)에 太平天國軍이 남경을 점령했을 때 王墅村으로 피란하였다. 4년(1854) 淸江으로 이주하여 南河總督 楊以增의 淸晏園에 기거하며 평생의 저술을 정리하였다. 6년(1856)에 71세를 일기로 사망하였다.

### 2) 문학과 학술 사상

매증량은 管同, 方東樹, 姚瑩과 더불어 姚門四弟子로 꼽히는 인물이다. 도광 연간 후기에 이르러서는 요내의 제자 가운데 관동을 비롯한 많은 이들이 이미 사망하였고, 요영과 방동수는 오랫동안 경사를 떠나 있어 영향력이 크지 않았다. 매증량은 17년간 경사에서 적극적으로 활동함으로써, 동성파의 문론을 중흥시키고 동성파가 동성 지역을 벗어나 전국적인 문파로 확대되는 데 기여하였다.

그가 활동한 가경・도광・함풍 연간은 국가 정치가 부패하고 경제가 침체되었으며 농민 봉기와 아편 전쟁이 발발하는 등 국내외의 혼란이 극심하던 시기였다. 그의 문학과 학술 사상은 요내의 것을 계승하되, 이러한 시대적 분위기를 반영하여 형성되었다.

그의 문학적 입장은 다음과 같다. 첫째, 문학을 道를 드러내기 위한 수단으로 간주하는 전통적 文道論에 이의를 제기하고 문학의 독립적 위상을 강조하였다. 〈答吳子序書〉에서 "옛날 孔子의 문하에 德行을 잘 말하는 이가 있고 언어를 잘 구사하는 이가 있었으니, 이는 예로부터 大賢도 겸비할 수 없었습니다.〔昔孔氏之門 有善言德行者 有善爲說詞者 此自古大賢不能兼矣〕"라고 하면서, 문장을 통해 덕행, 즉 도를 서술하는 것도 중요하지만 문장 그 자체만으로도 높은 가치가 있다고 역설하였다.

둘째, 정치와 문장의 관계를 긴밀하게 설정하여, 문장을 통해 세상을 다스리는 '文以經世'의 입장을 취하였다. 〈館陶縣知縣張君墓表〉에서 "政事를 알지 못하고 제대로 된 저술을 할 수 있는 경우는 대개 드물다.〔夫政不達而言立者 蓋亦寡矣〕"라고 하면서 문장이 현실의 정치 상황을 반영해야 한다고 하였다. 이 때문에 여러 문체 가운데서 論事의 문장을 특별히 중시하였다.

셋째, 문장이 시대에 따라 변화한다는 '通時合變'을 입언의 준칙으로 제시하였다. 〈答朱丹木書〉에서 "문장의 일은 그 시대를 따르는 것보다 큰 것이 없다.〔文章之事 莫大乎因時〕"라고 하면서, 과거의 진부한 표현을 답습하지 말고 작가가 살고 있는 그 시대의 실상을 잘 서술해야 한다고 하였다.

넷째, 문학 창작과 평가의 기준으로 '진실성〔眞〕'을 제시함으로써 문장의 개성 역시 강조하였다. 문학은 반드시 사물의 진면모와 작자의 진실한 감정을 담아내야 한다고 하였다. 이 때문에 시에 있어서는 蘇軾과 黃庭堅 등의 宋詩를 높이 평가하였다. 송시에 대한 기호는 이후 증국번을 비롯한 동성파 문인들에게 영향을 끼쳤다.

다섯째, 劉大櫆의 神氣說을 계승하여 발전시키되 '氣'를 특히 강조하였다. 그는 〈古文詞略凡例〉에서 "말은 기를 싣는 것이다.〔所以載氣者也〕"라고 하였으며, 〈與孫芝房書〉에서 문장을 이룰 수 있는 것은 하나의 기이다.〔其能成章者 一氣者也〕"라고 하였다. 그리하여 문장을 지을 때 氣의 운용을 중시하여, 글 안에서 하나의 氣가 이어지면서도 변화를 거듭하게 하였다. 독서법에 있어서 聲과 氣를 직접적으로 연결시켜 송독이 '기운을 기르는〔養氣〕' 방법이라고 하였는데, 이는 이후 吳汝綸의 '聲을 통해 氣를 구한다.〔因聲求氣〕'는 주장으로 발전되었다.

실제 창작에서, 매증량은 사회정치적 제재를 다룬 글을 많이 지었다. 그의 글에는 청 왕조의 부패를 지적한 것이 적지 않으며, 당시 정치 상황에 대한 예리하면서도 적실한 판단이 돋보인다. 일례로 〈書復社人姓氏後〉에서는 국가가 復社를 탄압하여 궤멸시킨 것은 지나친 처사이지만 복사 내에도 군자와 소인이 섞여 있어 비판을 받을 소지가 다분히 있다는 입장을 밝혔다.

그의 문장은 方苞와 姚鼐에 비해 훨씬 풍부하고 다채로운 언어를 구사하고 있다. 이는 〈管異之文集書後〉에서 관동이 그의 문장을 두고 "한 편의 글 중에 몇 가지 문체가 번갈아 나타난다〔一篇之中 數體互見〕"라고 한 것에서 알 수 있듯이, 매증량이 변문과 고문의 작법을 겸용하였기 때문이다. 예컨대 〈陳拜鄕詩序〉와 같은 글에는 변문의 흔적이 남아 있다. 그가 〈舒伯魯集序〉에서 "시와 문장을 짓는 자는 뜻을 전달하는 것을 위주로 할 뿐이다.〔爲文詩者 主乎達而已矣〕"라고 밝힌 바 있듯이, 매증량은 특정 문체에 국한되지 않고 뜻을 전달할 수 있는 여러 수사를 강구하였다. 張裕釗는 "매씨의 훌륭한 점은 무엇보다도 필력의 묘함을 다한 것인데, 수사는 진실로 방포와 요내보다 낫다〔梅氏勝處 最在能窮盡筆勢之妙 其修辭誠愈於方姚諸公〕"라고 한 바 있는데, 매증량이 변문의 수사를 고문 창작에 활용함으로써 동성파 고문의 한계를 벗어난 것을 높이 친 것이다.

또한 小說의 묘사 방법을 산문 창작에 활용하여 인물 묘사와 감정 표현에 뛰어났다. 傳을 기술할 때는 인물을 생생하게 묘사하였으며, 묘지명을 지을 때는 망자에 대한 슬픈 감정을 절절히 드러내었다. 일례로 〈贈余小坡之任雅州序〉는 북경에 있을 때 사귄 벗 중 하나인 余坤을 송별하면서 준 글로, 여곤이 雅州知事로 나가게 된 데 대해 축하하는 마음과 아쉬워하는 정을 표현하였다. 〈男八十墓碣〉은 11살의 나이 요절한 셋째 아들을 위해 쓴 글로, 짧은 편폭 안에 아들을 잃은 깊은 슬픔이 절절이 드러내었다. 寫景에도 뛰어나서 풍경을 섬세하고 아름답게 묘사하였다. 그는 〈盆山餘霞閣記〉에서 "문장이 천지에 있는 것이 마치 아름다운 구름과 경치 같으니, 잠깐 고개를 들었다 숙이는 사이에 만 리 밖으로 달아나 버린다. 그러므로 문장을 잘하는 사람은 그 기회를 놓치지 않는다.〔文在天地 如雲物煙景焉 一俯仰之間 而遁乎萬裏之外 故善爲文者 無失其機〕"라고 하여 언어를 통해 찰나의 형상을 잘 포착해 내는 것을 중시하였다. 일례로 〈江亭消夏記〉는 강가 정자에서 피서한 일을 기록한 글로, 갈대가 우거져 서걱대는 소리를 실감나게 묘사한 것이 특징이다.

학술 방면에서, 매증량은 漢學(考證學)을 비판하고 義理 중심의 송학을 중시하였다. 이는 요내의 입장을 계승한 것이다. 다만 요내가 학술이 義理 · 考證 · 文章 세 가지를 겸비할 것을 주장한 것과 달리, 매증량은 당시에 유행하는 고증학을 비판하고 儒學에 근본을 둔 문장학을 중시하였다. 〈王惠川墓誌銘〉에서 그의 고증학에 대한 비판적 입장을 확인할 수 있다. 이는 매증량이 활동하던 당시에는 국가적 위기가 고조되어 현실 정치와 무관한 고증학에 대한 비판이 더욱 거세졌기 때문이다.

### 3) 梅曾亮 文集의 版本과 ≪明淸八大家文鈔≫ 수록 양상

함풍 5년(1855)에 楊以增이 매증량의 나이 70세를 기념하여 文集을 간행하였다. 이어서 詩集과 駢體文을 간행하려 했으나, 양이증이 그해 겨울 사망하고 이듬해 매증량이 사망하면서 중단되었다가 사후에 간행이 완료되었다. 6년(1856)의 蔣氏愼修書屋本이 대표적인데, ≪文集≫ 16권, ≪文續集≫ 1권, ≪駢體文≫ 2권, ≪詩集≫ 10권, ≪詩續集≫ 2권으로 구성되었다. 編選集으로는 ≪古文詞略≫이 있다. 이는 요내의 ≪古文辭類纂≫을 계승하여 역대 산문 300여 편을 편선하고 20권을 만들고, 王士禛의 ≪古詩選≫을 기준으로 증삭을 가하여 元代 이전의 古詩를 뽑아 4권으로 만들어 덧붙인 것이다. 同治 6년(1867)의 合肥李氏 刊本이 있다.

≪明淸八大家文鈔≫에는 매증량의 산문이 총 57편 수록이 되어 있는데, 문체별로 나누면 論 1편, 序 10편, 書後 9편, 書 2편, 贈序 2편, 傳 6편, 墓誌銘 10편, 墓表 4편, 墓碣 1편, 記 12편이다.

## 2. 曾國藩(1811~1872)

### 1) 생애

曾國藩

曾國藩은 嘉慶 16년(1811)에 湖南 湘鄕에서 출생하였으며, 初名은 子城, 字는 伯涵이며 號는 滌生이다. 譜名은 傳豫으로 曾子의 70세손이다. 대대로 농업에 종사하여 선대에 과거시험에 참가한 사람이 한 명도 없었는데, 부친 曾麟書가 16차례의 낙방을 겪은 끝에 童子試에 합격하여 가문의 첫 번째 秀才가 되었다. 증인서는 자식들을 관로에 진출시켜 가문을 빛내고자 하여 자식 교육에 힘썼다. 아홉 형제 가운데 장자로 태어난 증국번은 이런 집안 환경에서 성장하여, 5세 때 글자를 깨쳤으며 1년 후에는 家塾에 입학하여 四書五經을 외우고 《史記》와 《文選》 등을 학습하였으며, 과거 시험을 위해 八股文 학습에 힘썼다.

道光 13년(1833)에 湖南鄕試에 응시하여 擧人이 되었고 北京에 들어가 會試를 준비하였다. 15년(1835) 회시에 낙방한 후에 북경에 기거하면서 韓愈의 古文과 經史를 공부하였다. 집으로 돌아온 후에 1년간 두문불출하며 百家를 섭렵하였는데, 이런 학습 경험이 그의 광범위한 학술 연구의 바탕이 되었다. 18년(1838)에 회시에 합격하여 進士가 되고 翰林院庶吉士에 선발되었다. 20년(1840)에 翰林院檢討가 되었다. 23년(1843) 四川鄕試正考官, 翰林院侍講, 文淵閣校理를 지냈다. 증국번은 이후 10여 년 동안 관직 생활이 순탄하여 二品의 官位까지 올랐다. 또한 성품이 강직하여 〈敬陳聖德三端預防流弊疏〉 등의 상소를 올려 국사의 현안과 황제의 잘잘못에 대해 직간하였다. 咸豐 2년(1852)에 江西鄕試正考官에 임명되었는데, 부임 도중에 모친의 부고를 듣고 귀향하였다.

당시 청나라 정부는 太平天國軍에 맞서기 위해 지방 향용군인 團練의 조직을 장려하였다. 3년(1853) 증국번은 함풍제의 諭旨를 받들어 幫辦團練大臣으로서 호남의 團練을 조직하였다. 증국번은 단련으로는 태평군을 진압하기에는 역부족라고 판단하여, 단련을 확대 재편성하여 1854년에 湘軍을 조직하였다. 직접 상군을 이끌고 전투하여 태평천국군의 점령지를 차례로 수복하였으며, 군대의 진압 능력을 키우기 위해 安慶內軍械所를 설립하여 신식 총포를 제조하였다.

10년(1860)에 兩江總督, 欽差大臣이 되어 江南의 軍務를 감독하였다. 李鴻章·左宗棠 등과 함께 洋務運動을 이끌면서 서구의 군사 기술을 도입하고 관영 군수 공장을 설립하는 데 힘썼다. 이듬해 安慶을 점령하고, 황명을 받들어 江蘇省·安徽省·江西省·浙西省의 군무를 총괄하였다. 12년(1862)에 協辦大學士가 되었다. 同治 3년(1864)에 南京을 함락함으로써 태평천국군을 완전히 격파하였다. 軍功을 인정 받아 太子太保에 올랐으며 一等侯爵에 봉해졌다. 이듬해 북방으로 가서 捻軍을 진압하였으나 성과를 거두지 못하고, 5년(1866) 12월에 양강총녹의 原任으로 돌아왔다. 6년(1867)년에 大學士가 되고 이듬해에 直隸總督이 되었다. 9년(1870)에 天津敎案을 조사하는 과정에서 서양에 굴복하고 자국민을 해쳤다는 여론의 비판을 받고 다시 兩江總督으로 부임하였다. 11년(1872)에 南京에서 61세를 일기로 병사하였다. 시호는 文正이다.

### 2) 문학과 학술 사상

증국번은 方苞와 姚鼐의 문장을 계승하여 청말까지 동성파의 성세를 이끈 인물이다. 증국번이 동성파의 문론을 변화시켜 스스로 湘鄕派라는 일가를 이루었다고 보기도 하지만, 그가 동성파의 일원으로 자임했음에서는 이론의 여지가 없다. 그는 문장이 뛰어났을 뿐만 아니라 조정의 중신으로서 정치적 위세가 대단하였으므로 당시에 글을 짓는 사람들은 모두 그의 문하에서 배출되었다. 吳汝綸과 張裕釗 역시 그의 문하에서 배출되었다. 증국번의 문학적 영향력은 신문학운동이 일어나 전통적인 古文이 물러나기 전까지 계속되었다.

그의 문학적 입장은 다음과 같다. 첫째, 증국번은 전형적인 文以載道, 文以明道의 문학관을 견지했으나 문장의 효용 가치 역시 중시하였다. 그는 〈致劉孟容〉에서 "글의 순수함과 잡박함은 오로지 道를 아는 것이 많고 적음을 기준으로 차등을 둔다."고 하는 한편 "빈 수레도 진실로 불가한데 수레가 없다면 더구나 먼 길을 갈 수 있겠는가."라고 하면서 '도'를 전달하는 도구로서의 '문'의 가치를 인정하였다. 즉, 그는 극단적인 도 위주의 문학관이 아니라, 도의 우위를 인정한다는 전제 하에서 문장 역시 중요하게 생각하는 文道幷重의 입장을 취하였다고 할 수 있다.

둘째, 이런 문학관에 바탕하여 문장을 통해 현실을 반영하는 것을 중시하였다. 그는 〈致吳南屛書〉에서 "고문의 도는 실천되지 않으면 안 된다.〔古文之道 無施不可〕"라고 하였다. 증국번은 매증량과 마찬가지로 국내외의 혼란이 극에 달하였던 道光·咸豐 연간에 활동하였고 스스로 태평천국의 난 진압에 앞장섰던 만큼, 문장의 시대적 책무에 민감할 수밖에 없었다.

셋째, 문장은 方苞와 요내를 계승하였는데 특히 요내를 추숭하였으며, 시는 黃庭堅을 좋아하여 청말 문단의 宋詩 숭상 풍조를 이끌었다. 증국번은 〈歐陽生文集序〉에서 동성파의 성립과 계보를 서술하였는데, "乾隆 말엽에 桐城의 姚姬傳 先生 鼐가 古文辭를 잘 지었으며" "이로 말미암아 배우는 자들이 대부분 동성으로 쏠려 동성파로 불렸다."고 하면서 요내가 동성파의 실질적 창립자임을 밝혔다. 증국번의 요내에 대한 추숭심은 실로 대단하여, 〈聖哲畫像記〉에서 "姚先生은 持論이 활달하여 내가 문장을 조금 깨우친 것은 요선생으로부터 비롯되었다."라고 하면서 요내를 역대 성철 중 한 사람으로 꼽을 정도였다. 다만 〈復吳南屛書〉에서 요내의 문장을 두고 "유감스러운 점은 웅혼한 기운과 넘치는 기세가 적은 것이다"고 하면서, 그 한계 역시 지적하였다.

넷째, 증국번은 '陽剛'의 풍격을 통해 요내 문장의 이러한 한계를 벗어나고자 하였다. 요내는 역대 문장의 풍격을 크게 陽剛과 陰柔로 구분하고, 이 두 가지 풍격을 겸비할 것을 요구한 바 있다. 증국번은 이 이론을 더욱 발전시켜 〈古文八訣〉에서 문장의 풍격을 웅장함〔雄〕, 곧음〔直〕, 괴이함〔怪〕, 화려함〔麗〕, 부드러움〔茹〕, 멂〔遠〕, 간결함〔潔〕, 한적함〔適〕 8가지로 논하였으며, 또 "양강의 아름다움은 雄·直·怪·麗이며 음유의 아름다움은 茹·遠·潔·適이다.〔陽剛之美 曰雄直怪麗 陰柔之美 曰茹遠潔適〕"라고 하였다. 증국번은 요내와 달리 음유보다는 양강을 중시하여, 웅장하고 근엄한 풍격의 글을 쓰고자 하였고 서정적이고 통속적인 표현이나 유약한 정서를 지양하였다. 이는 기존의 동성파와 차별화된 풍격으로서, 상향파의 문학적 지향을 단적으로 드러내주는 것이다.

다섯째, 매증량과 마찬가지로 증국번 역시 문장의 기세를 강조하였다. 그는 "고문의 법은 오로지 氣를 공부하는 데 달려 있다.〔古文之法 全在氣字上用工夫〕"고 말한 바 있다. 〈復陳右銘太守書〉에서 글을 쓸 때 지켜야 하는 규약을 제시하면서, 문장 내에서 기세를 잘 운용하여 수미일관되면서 간결한 글을 쓸 것을 강조하였다. 또한 이런 문장의 기세를 습득하는 방편으로 역대의 문장을 두루 낭송할 것을 제시하였다.

실제 창작에서, 증국번은 동성파의 義法을 바탕으로 글을 짓되, 漢賦의 작법을 겸용하였으며 ≪漢書≫와 ≪文選≫의 문장을 두루 활용하였다. 다양한 문체를 고문에 접목시킴으로써 동성파 문장의 경직성과 진부함을 탈피하고자 한 것이다. 또한 그는 진실하고 솔직한 감정 표현을 통해 문장의 공소하고 부화한 폐단을 없애고자 하였다. 특히 그의 편지와 일기는 학문과 인격, 시대에 대한 근심과 정치적 포부가 드러나는 좋은 글이 많아 지금도 널리 읽힌다. 일례로 〈復彭麗生書〉에서 증국번은 충성스러운 인재를 찾기 어려운 현실을 토로하는 한편 병사를 조련하여 태평천국군을 진압하고자 하는 의지를 드러내었다.

학술 방면에서, 孔孟의 道와 程朱學을 추숭하는 朱子學者였다. 〈答劉孟容書〉는 증국번이 王守仁의 格物致知說을 비판하며 학문에 대한 자신의 지향을 밝힌 글로, 주자학자로서의 그의 면모가 여실히 드러난다. 〈聖哲畫像記〉는 文王과 周公으로부터 當代의 학자에 이르기까지 儒學의 역대 성철 가운데 32인을 취택하여 각각의 성과를 약술하고 의의를 평가한 글로, 유학자로서의 그의 광대한 식견을 볼 수 있는 글이다.

증국번이 활동하던 시기는 국내외의 혼란이 가중되던 때로 순수학문이 힘을 잃고 경세치용의 실용 학문이 요청되었다. 증국번은 요내가 학술의 주된 세 영역으로 표방한 義理, 考據, 詞章에 정치〔經濟〕를 추가하고 이를 '孔門四果'에 비겨 각각 德行科, 言語科, 文學科, 政事科로 일컬었다. 네 가지 중에서 義理之學, 즉 道學을 가장 중시하였지만, 정치에 대한 학문을 통해 의리지학을 보완하고 현실적 필요에 기반한 학문과 문장을 할 것을 강조하였다.

### 3) 曾國藩 文集의 版本과 ≪明淸八大家文鈔≫ 수록 양상

증국번의 저서는 사후에 정리되어 간행되었다. 傳忠書局 刊本 ≪曾文正公全集≫이 가장 이른 판본으로, 同治 12년(1873)에 光緖帝가 직접 諭旨를 내려 李瀚章과 李鴻章이 편찬하여 간행하였다. ≪曾文正奏稿≫ 30권, ≪十八家詩鈔≫ 28권, ≪經史百家雜鈔≫ 26권, ≪經

史百家簡編≫ 2권, ≪鳴原堂論文≫ 2권, ≪曾文正公詩集≫ 3권, ≪曾文正公文集≫ 3권, ≪曾文正公書劄≫ 33권, ≪曾文正公批牘≫ 6권, ≪曾文正公雜著≫ 4권, ≪曾文正公家書≫(編年體) 10권, ≪曾文正公家書≫(分類體) 12권, ≪曾文正公家訓≫ 2권, ≪求闕齋讀書錄≫ 10권, ≪求闕齋日記類鈔≫ 2권, ≪曾文正公年譜≫ 12권으로 구성되어 있다. 이 중 ≪경사백가잡초≫는 증국번이 요내의 ≪古文辭類纂≫이 글을 짓는 것을 위한 교과서로서 문장만을 뽑은 것에 불만을 느껴, 經部 · 史部 · 子部의 문장을 두루 뽑아 보충한 것이다.

≪明淸八大家文鈔≫에는 증국번의 산문이 총 41편 수록이 되어 있는데, 문체별로 나누면 論 1편, 序 6편, 書後 1편, 書 11편, 送序 3편, 傳 1편, 神道碑銘 4편, 碑記 3편, 墓碑銘 1편, 墓誌銘 2편, 墓表 1편, 記 6편, 箴 1편이다.

## 參考文獻

### ◇ 원전 자료


• 王文濡 編, ≪明淸八大家文鈔≫, 進步書局, 1915.

• 黎庶昌 編, 梅季 標点, ≪曾國藩年譜≫, 岳麓書社, 1986.


### ◇ 단행본


• 吳孟復 저, 심경호 · 김봉희 역, ≪桐城文派述論≫, 태학사, 1998.


### ◇ 논문


• 김경국, 〈論曾國藩的古文理論〉, 중국인문과학 26, 중국인문학회, 2003.

• 김 호, 梅曾亮及其文學硏究, 國立臺灣大學 博士學位論文, 2005.

• 백광준, 〈桐城派에서 湘鄕派로 – 曾國藩의 지향에 대한 고찰〉, 중국문학 61, 한국중국어문학회, 2009.


### ◇ 電子文獻 및 Web DB


• 中國基本古籍庫, 黃山書社.

# 梅伯言文鈔

# 01. 晁錯에 대한 論　晁錯論*

*梅曾亮(1786~1856)이 1818년 33세 때 쓴 글이다. 晁錯(鼂錯)는 漢 景帝 때 御史大夫로서 제후들의 封地를 削奪하자고 건의하였다. 이에 吳·楚 등 七國이 반기를 들고 일어나 조조를 성토하는 것으로 명분을 삼았다. 袁盎이 조조를 죽여 제후들을 진정시켜야 한다고 하자, 경제가 그 말을 받아들여 조조는 朝服을 입은 채 東市에서 처형되었다.

충신인 조조가 참소를 입어 억울하게 처형되었다고 보는 견해가 일반적이다. 그러나 작자는 이 글에서 칠국의 봉지를 삭탈하여 그 세력을 약화하고 싶어 하면서도 자신이 천자로서 나쁜 평판을 받고 싶지 않았던 경제의 술수에 조조가 걸려들어 악역을 맡았는데, 이는 조조 자신이 경제에게 가르쳐준 술수였다고 하였다.

晁錯가 術數를 景帝에게 가르쳐주었는데 경제가 기뻐하여 그 계책을 써서 七國의 封地를 삭탈하니 칠국이 반란을 일으키거늘 경제가 이에 조조를 수살하였다. 군자는 다음과 같이 말한다.

晁錯

"術(技術)을 고를 때는 신중하지 않아서는 안 된다.[1] 도적의 기술을 남에게 가르쳐주고서 내게 도적질하지 않을 것이라 보장하고 게다가 '이 사람은 필시 나를 도적이라 의심하지 않을 것이다.'라 하였으니, 비록 지극히 어리석은 사람일지라도 이런 생각을 하지는 않을 것이다. 조조의 지혜는 결코 어리석은 사람만도 못하니, 슬픈 일이로다!"

1) 術(技術)을……된다 : 孟子가 "화살을 만드는 사람이 어찌 갑옷을 만드는 사람보다 어질지 못하랴마는, 화살을 만드는 사람은 행여 사람을 살상하지 못할까 염려하고, 갑옷을 만드는 사람은 오직 사람을 살상할까 염려한다. 무당이나 관을 만드는 목수도 마찬가지이다. 그러므로 기술을 고를 때는 신중하지 않아서는 안 된다.〔矢人豈不仁於函人哉 矢人惟恐不傷人 函人惟恐傷人 巫匠亦然 故術不可不愼也〕"라 하였다.(≪孟子≫ 〈公孫丑 上〉)

**鼂錯以術數授景帝**한대 **景帝悅之**하여 **用其計**하여 **削七國**하니 **七國反**이어늘 **景帝乃誅錯**라 **君子曰 術不可不愼哉**라 **以盜之術**로 **授人**하여 **而保其不我盜**하고 **且曰 是必不疑我爲盜**라하니 **雖至愚者**라도 **不出此**라 **錯之智**가 **曾是不愚人若也**하니 **哀哉**라하니라

范蠡[2] 같은 경우는 計然[3]의 기술을 句踐에게 가르쳐주어 吳나라를 멸망시키고 말하기를 "越王은 사람됨이 환난을 함께할 수는 있고 안락을 함께할 수는 없다."라 하고는 조각배를 타고 五湖로 도망갔다. 그리고 秦始皇이 尉繚(울료)[4]의 계책을 써서 六國을 멸망시켰는데, 울료가 말하기를 "秦王은 궁핍한 상황에서는 남에게 자신을 쉽게 낮추고 뜻대로 권력을 얻었을 때는 또한 남에게 음식을 빼앗아 먹기를 쉽게 한다."라 하고는 마침내 도망쳐 떠났다.[5]

바야흐로 그들의 유세가 통할 때에는 마치 돌을 물에 던지는 것과 같고[6] 탄환이 비탈을 구르는 것과 같았으니,[7] 그 임금이 간담을 아끼지 않고 내어서 결탁하는 것이

---

2) 范蠡 : 춘추시대 越나라 사람으로 자는 少伯이다. 越王 句踐을 도와 吳나라를 멸망시킨 다음 五湖에 배를 띄우고 떠나 齊나라로 가서 성명을 鴟夷子皮로 바꾸고 장사를 하여 큰 부자가 되었다. 그 지역 사람들이 그를 재상으로 삼으려 하자 다시 재산을 다 버리고 떠나 陶 땅에 이르러 스스로 陶朱公이라 하고 또 많은 재산을 축적하였고 그곳에서 세상을 마쳤다.(≪史記≫ 권129 〈貨殖列傳〉)

3) 計然 : 姓은 辛이고 자는 子文으로, 춘추시대 越나라 사람이다. 范蠡의 스승으로 暗算에 능하였고 致富하는 능력이 뛰어나 越王 句踐에게 재물을 축적하는 기술을 가르쳐 富國强兵할 수 있게 하였다.(≪史記≫ 권129 〈貨殖列傳〉)

4) 尉繚(울료) : 독음이 위료라는 설도 있다. 전국시대 사람으로, 兵法書인 ≪尉繚子≫를 지었다. 魏나라 사람이라 하고, 혹은 齊나라 사람으로 鬼谷子의 제자라고도 한다. 울료가 秦나라로 와서 秦始皇에게 "대왕께서 재물을 아끼지 말고 각국의 權臣들에게 뇌물을 주어 그들의 계책을 어지럽히면 천하를 통일할 수 있을 것입니다."라 하니, 진시황이 그 계책을 따랐다고 한다.(≪史記≫ 권6 〈秦始皇本紀〉)

5) 울료가……떠났다 : 尉繚가 "秦王은 사람됨이 〈매부리코인〉 蜂準이며 〈가는 눈인〉 長目이며 〈새가슴인〉 摯鳥膺이요 이리와 같은 목소리요 은혜는 적고 범과 이리 같은 마음이다. 궁핍한 상황에서는 남에게 자신을 쉽게 낮추고 뜻대로 권력을 얻었을 때는 또한 남에게 음식을 빼앗아 먹기를 쉽게 한다. 나는 布衣의 선비인데도 나를 보면 늘 자신을 스스로 낮춘다. 내가 진실로 진왕으로 하여금 천하를 얻도록 해주면 천하 사람들이 다 노예가 될 것이다. 〈진왕과〉 더불어 오래 노닐 수 없다.〔秦王爲人 蜂準長目摯鳥膺豺聲 少恩而虎狼心 居約易出人下 得志亦輕食人 我布衣 然見我常身自下 我誠使秦王得志於天下 天下皆爲虜矣 不可與久游〕"라 하고는 도망쳐 떠났다.(≪史記≫ 권6 〈秦始皇本紀〉)

6) 돌을……같고 : 말이 잘 받아들여진다는 뜻이다. 삼국시대 魏나라 李康의 〈運命論〉에, "張良이 黃石公의 병법을 얻은 뒤 群雄에게 유세할 때는 마치 물을 돌에 던지는 것처럼〔以水投石〕 받아들여지지 않았으나 漢 高祖 劉邦에게 유세할 때는 마치 돌을 물에 던지는 것〔以石投水〕처럼 받아들여지지 않는 것이 없었다."라고 한 데서 온 말이다.(≪文選≫ 권53)

7) 탄환이……같았으니 : 비탈 위에서 굴러 내려오는 공으로, 쉽사리 흘러가버리는 세월을 비유한다. ≪漢書≫ 권45 〈蒯通傳〉에 "반드시 서로 이끌고 항복하기를 비탈 위에서 굴러 내려오는 공

마치 왼손과 오른손처럼 친밀했는데도 이 두 사람은 유독 급급히 서둘러 하루를 마치기를 기다릴 수 없었으니,[8] 이 어찌 지나친 계책을 행하기를 좋아한 것이겠는가.

저들은 의심이 많고 음침한 사람[9]이 아니면 자신의 술수를 행하고도 부끄러워하지 않지 못할 것이니 자신의 술수를 능히 행할 수 있는 사람은 필시 다른 사람이 그 술수를 가지고 있는 것을 용납하지 못하리라는 것을 알았다. 그러므로 미리 부귀를 얻으려는 뜻을 버리고 功名을 이루었던 것이다. 그런데 저 조조의 지혜는 이를 알지 못하였다.

그리하여 지금 특별한 知遇를 받고 총애가 비할 데 없는 사람으로서 한 사람의 말이 들어가자[10] 朝服을 입은 채 東市[11]에서 처형되어 눈은 뒤돌아보지도 못하고 발은 발꿈치를 돌리지도 못하고 말았으니, 비록 商鞅[12]과 韓非[13]가 법을 집행할지라도 이렇게까지 하지는 않았거늘 경제가 이렇게 할 수 있었던 것은 조조가 가르친 것이다. 조조의 술수는 도적의 술수이거늘 자신이 가르쳐준 자가 나에게 도적질을 하지 않으리라 믿었던 것인가.

**若范蠡**는 **以計然之術**로 **敎句踐滅吳**하고 **曰 越王爲人**이 **可與共患難**이요 **不可與共安樂**이라하고 **乃扁舟逃於五湖**하고 **始皇**이 **用尉繚之計**하여 **亡六國**한대 **尉繚曰 秦王居約**에 **易**(이)**爲**[14] **人下**하고 **得志**에 **亦輕食人**이라하고 **遂逃去**러라 **方其說**(세)**之行也**하여는 **若石之投水**하며 **若丸之走阪**하니 **其**

---

처럼 할 것이다.〔必相率而降 猶如坂上走丸〕"라고 한 데서 온 말로, 형세가 막힘이 없음을 뜻한다.

8) 하루를……없었으니 : ≪周易≫ 〈繫辭 下〉에 "군자는 기미를 보고 일어나 하루가 끝나기를 기다리지 않는다.〔君子見幾而作 不俟終日〕"라고 한 데서 온 말로, 기미를 살펴서 떠나야 한다고 판단되면 머뭇거리지 않고 즉시 떠난다는 뜻이다.

9) 의심이……사람 : 句踐과 秦 始皇 같은 사람을 말한다. ≪資治通鑒≫ 唐 德宗 興元 원년 條에 "진 시황은 엄숙하고 의심이 많았는데 荊軻가 분격하여 은밀히 살해할 계책을 행하였다.〔秦皇嚴肅雄猜而荊軻奮其陰計〕"라 하였고, 東晉 干寶의 ≪晉紀總論≫에 "宣帝는 성품이 음침한 것이 마치 城府가 있는 것과 같았으나 너그러워 포용력이 있었다.〔宣帝性深阻有如城府 而能寬綽以容納〕"라 하였다.

10) 지금……들어가자 : 袁盎이 晁錯를 죽여 일곱 나라 제후들을 진정시키자고 말한 것을 가리킨다.

11) 東市 : 漢나라 때 수도 長安 동쪽의 저자로, 당시 죄인을 처형하던 곳이었다.

12) 商鞅 : 전국시대 衛나라 사람 公孫鞅으로 商邑에 봉해졌기 때문에 상앙 또는 商君이라 부르고, 衛나라 사람이므로 衛鞅이라 부르기도 하는데, 천성이 매우 각박한 사람으로 이름났다. 刑名學을 배웠고 秦나라에서 孝公의 신임을 받아 벼슬할 때 법을 집행하는 것이 지나치게 嚴酷하여 날마다 사람을 처형하여 渭水가 피로 붉게 물들었다 한다. 마침내 重臣들의 미움을 사서 효공이 죽고 惠王이 즉위하자 車裂刑을 당하고 집안도 멸족되었다.(≪史記≫ 권68 〈商君列傳〉)

13) 韓非 : 전국시대 韓나라의 公子로 商鞅과 함께 法家의 대표적인 사상가로 꼽힌다. 李斯와 함께 荀卿을 師事하여 形名學을 배웠다.

14) 爲 : ≪史記≫ 〈秦始皇本紀〉에는 '出'자로 되어 있다.

君不惜出肺肝相結이 如左右手로되 而二子獨汲汲하여 不可終日하니 豈好爲過計哉아 彼知非雄猜深阻之人이면 不能行吾術而不怍이니 其能行吾術者는 必不容他人之有其術이라 故先有棄富貴之志而成功名이어늘 彼晁錯之智는 乃不知此라 今以受特知蒙貴幸無比者로 入一人之言에 衣朝衣하여 斬東市하여 目不得反顧하며 足不得旋踵하니 雖商鞅韓非之行法이라도 未至是也어늘 而景帝能之는 錯教之也라 錯之術은 盜術也어늘 而恃所授者之不我盜哉아

혹자는 말한다.

“경제가 七國의 封地를 삭탈하려 한 것은 뜻이 매우 장하였는데, 反書가 보고되자[15] 황급히 서둘러 자기 大臣을 스스로 주살하였다. 게다가 吳王[16]은 白首의 노년으로 擧事하여 조조 한 사람의 목숨 때문에 군사를 해산하지 않았으니, 경제가 어찌 이를 알지 못하였으리오.”

“경제가 장수들에게 詔命을 내려 깊이 쳐들어가 많이 죽이는 것으로 공로를 삼아서 比三百石[17] 이상을 다 죽여 용서하지 않았고, 조명에 대해 이러쿵저러쿵 말하는 자와 조명대로 따르지 않는 자들은 다 要斬[18]하였으니, 경제의 뜻은 진실로 吳를 멸망시킬 수만 있다면 온 나라를 동원하여 전공을 세우는 것도 꺼리지 않았던 것이다. 어찌 〈조조를 죽여 오왕의〉 군사가 한번 해산하면 일이 종식되리라고 요행을 바랐겠는가. 그렇다면 조조를 죽인 것은 무엇 때문인가?”

---

15) 反書가 보고되자 : 反書는 반란을 보고하는 문서이다. ≪史記≫ 권106 〈吳王濞列傳〉에 “七國의 반서가 천자에게 보고되자 천자가 太尉인 條侯 周亞夫(주아보)를 보내 36명의 장군을 거느리고 가서 吳·楚를 치게 하였다.”라 하였다.

16) 吳王 : 漢 高祖 劉邦의 형 劉喜 아들인 劉濞를 가리킨다. 그는 英布를 토벌한 공로로 吳王에 봉해졌다. 그의 아들인 吳太子가 황태자와 바둑을 두다가 황태자가 던진 바둑판에 맞아 죽자 이때부터 반역할 생각을 품었다. 文帝가 几杖을 하사하고 조회하러 오지 않아도 되는 恩典을 내렸으나 그는 산에서 구리를 캐어서 돈을 주조하고 바닷물을 끓여서 소금을 만드는 등 국가의 禁法을 무시하는 한편 국법을 어기고 망명하는 자들을 받아들여 보호해주었다. 景帝가 晁錯의 건의를 받아들여 藩鎭의 세력을 약화시키기 위해 제후들의 封地를 삭탈하자 楚나라 등 六國과 합세하여 반란을 일으켰다. 경제가 袁盎의 말을 받아들여 조조를 참수하고 빼앗은 봉지를 되돌려줌으로써 회유하여 반란군을 무마하였으나 유비는 스스로 東帝라 참칭하면서 詔命을 거역하다가 전쟁에 패하여 越 땅으로 망명하였고 월나라 사람에게 살해되었다.(≪史記≫ 권10 〈孝文本紀〉)

17) 比三百石 : 漢나라의 관직을 녹봉을 기준으로 나누면 萬石·中二千石·二千石·比二千石·千石·比千石·六百石·比六百石·四百石·比四百石·三百石·比三百石·二百石·比二百石·百石·斗食 등 16등급이 된다.(兪鹿年, ≪中國官制大辭典≫, 哈爾濱, 黑龍江人民出版社, 1998, 1246~1247쪽)

18) 要斬 : 도끼로 허리를 끊어 죽이는 酷刑이다.

“병법의 權謀(술수)이다. 대저 亂臣賊子가 반란을 일으킬 때에는 반드시 명분으로 그의 대중을 겁박하는 법이다. 그러므로 王敦은 周顗와 戴淵으로써 명분을 삼고,[19] 蘇峻은 庾亮으로써 명분을 삼고,[20] 李懷光은 盧杞로써 명분을 삼았는데,[21] 七國은 조조로써 명분을 삼은 것이다. 晉나라는 주의・대연・유량을 제거하지 않았으나 왕돈・소준의 禍는 이루어졌으며, 漢나라와 唐나라는 노기・조조를 제거했으나 이회광・칠국의 형세는 꺾였다. 비록 승패의 운수는 모두 다 여기에서 나오지 않으나 저들이 믿고서 명분을 삼는 것을 우리가 들어서 비워 없애는 것은 또한 우리 편을 격노하게 하고 적을 태만하게 하는 방법이다. 鄧公이 경제를 뵙고서 ‘조조를 誅罰한 것은 칠국을 위하여 원수를 갚은 것입니다.’라 하였는데, 경제가 ‘그렇다. 나도 후회한다.’라 하였으니,[22] 슬프다! 경제는 단지 조조를 적에게 미끼를 던지는 도구로 삼았을 뿐이다. 무슨 후회할 것이 있으리오.”

或曰 帝之削七國也에 志甚壯이러니 反書聞에 乃遑遽自誅其大臣이라 且吳王白首擧事하여 不因一錯而解兵하니 豈帝而不知此리오 曰 帝詔諸將하여 以深入多殺爲功하여 比三百石以上을 皆殺無赦하고 有議詔及不如詔者를 皆要斬하니 帝之志는 苟得亡吳면 不憚以國爲功하니 豈冀幸於兵之一解而息事哉아 然則其誅錯者는 何오 曰 兵之微權也라 夫亂臣賊子之首事에 必以名劫其

19) 王敦은……삼고 : 王敦은 王導의 종형이고 晉 武帝의 사위이다. 그는 왕도와 함께 晉 元帝를 도와 벼슬이 征南大將軍에 이르러 자기 세력에 강성해지자 조정을 장악하려 하였다. 원제가 이를 알고서 그를 미워하고 劉隗를 끌어들여 심복을 삼자, 그는 유외를 죽인다는 명분을 내세워 반란을 일으켜 대군을 거느리고 石頭城에 들어가서 周顗와 戴淵을 죽이고 武昌으로 가서 주둔하였다. 원제가 죽고 明帝가 군사를 일으켜 토벌할 때 병사하였다.(≪資治通鑑≫ 권95 〈晉紀〉)

20) 蘇峻은……삼고 : 晉 成帝 때 蘇峻의 逆謀가 아직 드러나기 전에 庾亮이 잘못 조처하여 오히려 소준을 격발시켜 유량을 처벌한다는 명분을 내세워 반란을 일으키게 하고 말았다. 이에 유량은 陶侃에게 도움을 구하여 소준을 토벌하였다.(≪通鑑節要≫ 권27 〈晉紀〉 顯宗成皇帝 8년)

21) 李懷光은……삼았는데 : 李懷光은 唐나라 때 渤海 靺鞨 사람으로 본성은 茹인데 戰功으로 당나라에서 李氏를 하사받고, 여러 州의 節度使를 지냈다. 朱泚가 반란을 일으켰을 때 德宗을 호위하고 주자를 격파한 공로로 副元帥에 올랐다. 盧杞는 재상을 지낸 악명 높은 姦臣으로 재상의 지위에 있으면서 유능하고 어진 사람들을 미워하고 음해하였으며 자신의 뜻을 거역하는 사람은 기어코 죽였다. 이회광이 朔方節度使로 있으면서 여러 번 상소하여 그의 죄를 탄핵하였다.(≪舊唐書≫ 권121 〈李懷光傳〉)

22) 鄧公이……하였으니 : 晁錯를 誅罰하였는데도 吳・楚의 반란이 그치지 않자 景帝가 그 이유를 물었다. 鄧公이 “吳나라가 배반한 지는 수십 년이 되었으니, 封地를 삭탈한 데 화가 나서 조조를 주벌하는 것을 명분으로 내세웠을 뿐, 그들의 의도는 조조에게 있지 않습니다. 또 조조는 제후들이 강대해져 제어할 수 없게 될까 염려하여 그들의 영토를 삭탈하였다가 처형을 당했으니, 이는 안으로는 충신의 입을 막고 밖으로는 제후를 위해 원수를 갚아준 것입니다.”라고 대답하자, 경제가 길게 한숨을 쉬며 “공의 말이 옳다. 나도 한스럽게 생각한다.”라 하였다.(≪漢書≫ 권49 〈鼂錯傳〉)

**衆**이라 **故**로 **王敦**이 **以周顗戴淵**하고 **蘇峻**이 **以庾亮**하고 **李懷光**이 **以盧杞**로되 **而七國則以晁錯**라 **晉不去周顗戴淵庾亮**이나 **而王敦蘇峻之禍**는 **成**이요 **漢與唐去盧杞晁錯**이나 **而懷光七國之勢**는 **挫**라 **雖勝敗之數**가 **不全出於此**나 **然彼所恃以爲名者**를 **吾擧而空之**는 **亦所以怒我而怠寇也**라 **鄧公見**(현)**景帝**하여 **言誅錯是爲七國報仇也**라한대 **帝曰 然**하다 **吾亦悔之**라하니 **嗚呼**라 **帝特以錯爲餌敵具耳**하니 **何悔之可生**이리오

혹자는 말한다.

"과연 이와 같다면, 七國이 반란을 일으키지 않았으면 晁錯는 진실로 화를 면할 수 있었겠는가?"

"그렇지 않다. 臨江王은 適長子인 太子였지만 栗姬가 폐위되자 임강왕은 法吏에 의해 죽었고,[23] 周亞夫는 공신이었지만 칠국이 평정되자 법리에 의해 죽었으니,[24] 조조의 〈황제와의〉 친분이 임강왕에 미치지 못하고 勳舊도 주아보에 비할 정도가 아니다. 그렇다면 애초에 조조를 기용한 까닭은 무엇인가?"

"칠국의 封地를 삭탈한 것은 경제의 평소 뜻이었지만, 〈봉지를 삭탈했다는 나쁜〉 평판을 받고 싶지 않았다. 그러므로 조조를 빌려서 이용하였던 것이니, 경제는 본디 괴이하게 여길 게 못 된다. 세상에서 술수를 선택하는 자는 또한 남에게 가르쳐줄 만한 것을 선택하여 自處해야 할 것이다."

**或曰 審如是**면 **則七國不反**이면 **錯固可免於禍乎**아 **曰 不然**하다 **臨江王**은 **適長太子也**로되 **栗姬廢而臨江王死於吏**하고 **亞夫**(보)는 **功臣也**로되 **七國平而亞夫死於吏**하니 **錯之親**이 **不及臨江王**이요 **而勳舊又非亞夫比也**라 **然則始所以用錯者**는 **何**오 **曰 削七國者**는 **帝之素志也**로되 **而不欲居其名**이라 **故**로 **假錯以爲之用**하니 **帝固不足怪也**라 **世之擇術者**는 **亦擇其可以授人者而自處哉**인저

23) 臨江王은……죽었고 : 臨江王은 漢 景帝의 본처가 낳은 첫째 아들 臨江閔王 劉榮으로, 武帝의 형이다. 경제가 즉위하기 4년 전에 황태자로 책봉되었는데 어머니인 栗姬가 한마디 말을 잘못한 탓으로 廢位되어 임강왕이 되었고, 3년 뒤에 宗廟의 빈터를 침범하여 궁실을 만든 죄에 걸려 中尉府에서 심문을 받게 되었다. 이때 혹독한 法吏로 이름난 郅都가 中尉로 있으면서 엄중히 심문하자, 임강왕은 두려워 자살하였다.(≪史記≫ 권122 〈酷吏列傳〉)

24) 周亞夫 : 주아보는 周勃의 아들로 漢 文帝·景帝 때의 장수이다. 경제 때 吳·楚·趙·膠西·膠東·菑川·濟南 등 일곱 나라가 반란을 일으키자 太尉로서 정벌하였고, 車騎將軍을 거쳐 승상의 지위에 올랐다. 경제가 栗太子를 폐위하자 주아보가 부당함을 간언하다가 경제의 미움을 받았고, 지난날 구원병을 보내주지 않아 원한을 품은 梁孝王과 竇太后의 끈질긴 모함으로 인해 벼슬에서 물러난 뒤 아들이 병장기를 구입한 일로 반란죄에 걸려 형벌을 받다가 피를 토하고 죽었다.(≪漢書≫ 권40 〈周亞夫傳〉)

## 02. ≪陰晉異函≫의 序　陰晉異函序*

*매증량이 1846년 61세 때 쓴 글이다. 李汝榛은 深水縣令을 끝으로 관직을 그만두고 향리에서 살면서 地理志인 ≪華陰縣志≫를 撰述한 다음 仙佛의 神怪한 이야기들을 모아서 ≪陰晉異函≫을 저술하였다. 매증량은 이 글에서 이 책은 司馬遷이 ≪史記≫ 〈封禪書〉에 기이한 얘기들을 많이 수록한 뜻을 본받았지만 들은 얘기를 그대로 서술하고 가급적 창작하지 않았다는 점이 〈봉선서〉와 다르다고 하였다. 그렇지만 또한 宦路에서 뜻을 이루지 못한 작자가 문장에 뜻을 두어 지은 것이니 그 자신이 지은 것이라 해도 좋다고 하였다.

옛날에 李吉甫[1)]가 ≪元和郡縣志≫[2)]에 서문을 쓰면서 "邱墓를 서술하여 귀신을 징험하는 것은 地志의 요체가 아니다."[3)]라 하였지만, 太史公의 책에서는 유독 귀신을 말하기를 좋아하여 "雍州는 지극히 높으니 神明의 內室이다."라 하였다.[4)] 秦 文公 때부터 白帝를 제사하여 祥瑞를 자랑하였고,[5)] 후세에 秦 穆公에 이르러서는 하늘로 올라갔고,[6)] 秦 始皇 때에는 華陰神이 게다가 벽옥을 鎬池君에게 주었으

---

1) 李吉甫 : 唐 憲宗 때의 재상으로 자는 宏憲이고 시호는 忠懿이다. 소위 牛李黨爭에서 李黨의 영수이다.(≪舊唐書≫ 권148 〈李吉甫傳〉)

2) 元和郡縣志 : 唐나라 元和 8년(813)에 재상 이길보가 찬술하여 憲宗에게 바친 地理書이다. 원래는 지도가 함께 붙어 있어 郡縣圖志라 했는데 南宋 무렵에 지도가 없어져 郡縣志라 하였다. 40권인데 7권이 유실되었다.

3) 邱墓를……아니다 : 邱墓는 墳墓이다. 李吉甫의 ≪元和郡縣志≫ 서문에 "州邦을 수식하면서 인물을 서술하며 구묘를 인하여 귀신을 징험하는 것은 이단으로 흘러간 것으로 〈정사의〉 근본 요체에 가깝지 않다.〔飾州邦而敘人物 因邱墓而徵鬼神 流于異端 莫切根要〕"라 하였다.

4) 太史公의……하였다 : 太史公은 ≪史記≫를 저술한 司馬遷을 가리킨다. ≪史記≫ 권28 〈封禪書〉에 "예로부터 雍州는 지극히 높아 神明의 內室이다. 그러므로 畤를 세우고 上帝에게 郊祀를 지냈으며, 神祠들이 다 모여 있다.〔自古以雍州積高 神明之隩 故立畤郊上帝 諸神祠皆聚云〕"라 하였다. 畤는 고대에 제왕이 天地와 五帝에게 제사를 올리던 장소이다.

5) 秦 文公……자랑하였고 : 춘추시대 秦 文公이 동쪽으로 汧水・渭水 지역에서 사냥하다가 꿈속에 黃蛇를 보았는데, 뱀의 몸뚱이가 하늘로부터 드리워 땅에 닿았고 뱀의 입은 鄜 땅의 산비탈에 멈추어 있었다. 문공이 太史 敦에게 물으니, 돈이 말하기를 "이는 上帝의 徵候이니, 임금께서는 제사하십시오."라 하였다. 이에 鄜畤를 짓고 三牲을 써서 白帝에게 郊祭를 지냈다. ≪史記≫ 권28 〈封禪書〉 ≪集解≫에서 인용한 李奇의 설에 의하면 鄜는 독음이 孚이다.

며,[7] 漢 武帝가 신선을 〈좋아하여〉 만나고 싶어 하자 神祠를 말하는 方士들이 더욱 많았다. 唐나라가 關中에 都邑을 세움에 미쳐서는 華陰祠[8]가 사방의 冠蓋(벼슬아치)와 외지의 벼슬아치들이 출입하며 우러러 배알하는 곳이 되었다.

이에 秦·漢 이래 허황하고 奇詭한 일들을, 學士·大夫들이 그 이야기를 더욱 꾸미고 그 말을 길게 늘어놓아서 광경이 인민을 驚動하여 소설이나 傳記에 섞여 나오는 것들이 이루 헤아릴 수 없다.

**昔**에 **李吉甫**敘**元和郡縣志**에 **謂**敘**邱墓**하여 **徵鬼神**은 **非地志之要**라하되 **而太史公書**에 **獨好言鬼神**하여 **以爲雍州積高**하니 **神明之隩**(욱)이러니 **自秦文公**으로 **祠白帝**하여 **夸禎符**하고 **後世至傳秦穆公上天**하고 **始皇時**에 **華陰神且以璧遺鎬池君**하고 **而漢武帝求神仙**에 **方士言神祠者彌衆**이러니 **及唐都關中**하여 **華陰祠爲四方冠蓋游宦出入之所瞻謁**이라 **於是**에 **自秦漢來恢奇俶詭之事**를 **學士大夫益震襮其說**하고 **曼衍其詞**하여 **光景動人民**하여 **而雜出於小說傳記者**가 **不可勝數也**라

乾隆 때 華陰의 李小泉[9] 선생이 溧水縣令으로 있다가 관직을 그만두고 향리로 돌아오고부터 오로지 文史로 스스로 즐기며 살았다. 이미 ≪華陰縣志≫를 撰修하고 나자 仙佛의 神怪한 일로서 좋아할 만하고 놀랄 만한 것들을 취하여 따로 한 책을 만들어 ≪陰晉異函≫이라 하였으니, 이러한 이야기들을 志乘에 다 싣지 않은 것은 진실로 李吉甫가 實事求是한 뜻을 본받은 것이고, 두루 採錄하고 널리 취합하여 기필코 모아 빠뜨리지 않은 것은 또한 太史公이 저술한 책에 기이한 이야기를 좋아한 것이 많았던 뜻일 것이다.

그렇지만 태사공은 마음에 울울하게 맺혀 풀지 못하는 것이 있었다. 그러므로 저술한 책의 言辭가 미묘하여 알기 어려웠으니, 〈封禪書〉에 宛若[10]과 陳寶[11]의 일

---

6) 秦 穆公……올라갔고 : 춘추시대 秦 穆公이 병이 들어 혼수상태에 빠졌다가 깨어나 말하기를 "내가 옥황상제가 있는 곳에 갔는데 심히 즐거웠으며, 신선들과 鈞天廣樂을 들었다." 하였다. (≪列子≫ 〈周穆王〉 註) 鈞天廣樂은 천상의 음악이다.

7) 秦 始皇……주었으며 : ≪漢書≫ 〈五行志〉에 "어떤 사람이 碧玉을 길손에게 주면서 말하기를 '나 대신 鎬池君에게 주라.'라 하고 이어 말하기를 '올해 祖龍이 죽을 것이다.'라 하였다."라 하였다. ≪史記≫ 〈始皇本紀〉에도 "어떤 사람이 벽옥을 가지고 使者에게 주면서 말하기를 '나 대신 호지군에게 말해달라.'라 했다."라 하였는데, 그 注에 "服虔은 '호지군은 水神이다.'라 하였고, 張晏은 '武王이 鎬 땅에 살았으니, 호지군은 무왕이다.'라 하였다."라 하였다.

8) 華陰祠 : 華陰神을 모신 사당이다.

9) 李小泉 : 李汝榛의 자가 仲山이고, 호가 小泉이며, 陝西省 華陰縣 사람이다.

10) 宛若 : ≪史記≫ 〈封禪書〉에 "神君은 長陵의 여자인데 아들이 죽은 것을 너무 슬퍼한 나머지

을 말한 대목은 신령이 복을 주는 것이 밝게 감응하고 언뜻 신령의 말소리가 들린다고 기록하여 사람들로 하여금 글 뜻 밖에서 그 얘기가 사람을 기만하는 것이라는 뜻을 절로 알게 하였다.

지금 선생의 책은 예전에 들은 얘기들을 다 망라할 뿐 자신이 창작하지 않되 때로는 또한 자기 생각을 덧붙이기를 마치 莊子처럼도 하고 광대처럼도 하여 慷慨하여 세상을 조롱하고 時俗에 맞지 않은 뜻을 寄託하였으니, 대개 문장에는 뛰어나고 吏務에는 부족하여 宦路에서 뜻을 이루지 못했던 것에서 후세 사람들은 또한 그 평소 포부를 대략 알 수 있을 것이다. 그렇고 보면 이 책은 선생이 스스로 지은 것이라 해도 좋을 것이다.

**乾隆時**에 **華陰李小泉先生**이 **自溧水令罷歸**로 **專以文史自娛**라 **旣修華(陽)〔陰〕**[12]**縣志成**에 **乃取仙佛神怪之事可喜可愕者**하여 **別爲一書**하여 **曰陰晉異函**이라하니 **蓋不悉載之志乘者**는 **固本李吉甫實事求是之意**요 **而旁採博取**하여 **必萃而不遺**는 **亦太史公著書多好奇之意與**인저 **顧太史公**은 **以意有所鬱結不得攄**라 **故著書詞稱**이 **微妙難識**하니 **封禪書言宛若陳寶事**에 **靈貺昭應**하고 **肸如有聞**하여 **而使人自得其誣罔之意於言意之表**러니 **今先生書**는 **皆網羅舊聞**하여 **不自爲作**이나 **而時亦附見己意**를 **若莊若俳**하여 **以寄其慷慨排調不合乎流俗之意**하니 **蓋其雄於文廉於吏**하여 **而不得遂於宦者**에 **後之人亦可概見其素抱焉**하니 **則是書也**는 **謂爲先生所自作**이 **可也**라

---

죽어서 동서 宛若에게 귀신으로 나타났다. 원약이 자기 집에 사당을 짓고 그 귀신을 모시니, 백성들이 많이 사당에 가서 참배하였다. 平原君이 그 사당에 가서 참배했더니, 그 후에 자손들이 존귀하고 顯達해졌다. 武帝가 즉위해서는 후한 禮를 갖추어 사당을 설치했는데, 사당 안에 들어가면 신군의 말소리는 들리고 그 모습은 보이지 않았다."라 하였다.

11) 陳寶 : ≪史記≫ 〈封禪書〉에 "鄜畤를 지은 지 9년 뒤에 秦 文公이 재질이 돌과 같은 옥을 얻어서 陳倉山 북쪽 산기슭에 성을 쌓아 모셔두고 제사를 지냈다. 그 神은 한 해 동안 오지 않기도 하고 한 해에 몇 차례 오기도 했다. 올 때는 늘 밤에 오는데 마치 流星과 같은 빛이 동남쪽으로부터 와서 사당으로 지은 성에 멈추었다. 그 형상은 마치 수탉과 같고 그 우는 소리는 우렁차 꿩들이 밤에 울었다. 一牢로 제사하고 陳寶라 命名하였다."라 하였다. 소·양·돼지 세 희생이 한 마리씩 갖추어진 것을 一牢라 한다.

12) (陽)〔陰〕: 저본에는 '陽'으로 되어 있으나, ≪柏梘山房全集≫에 의거하여 '陰'으로 바로잡았다.

# 03. ≪黔記≫의 序　黔記序*

* 매증량이 1834년 49세 때 쓴 글이다. ≪黔記≫는 李宗昉(1779~1846)이 貴州 學政으로 있을 때 黔中에 관한 기록을 모아서 편찬한 일종의 地志이다. 검중은 산이 많고 농지는 적어 곡식이 많이 생산되지 않는데도 巡撫로 온 관리가 단순히 땅의 면적이 넓다는 이유만 가지고 다시 측량하여 稅收를 늘리려는 잘못된 시도가 있었는데, ≪검기≫에 수록된 包承祚의 〈丈田奏〉를 근거로 삼아 그 일을 막았다.

嘉慶 16년(1811)에 山陽의 李芝齡[1] 선생이 中允[2]으로서 貴州學政이 되었는데, 당시에 巡撫[3] 某公[4]이 黔中[5]은 땅은 그다지 좁지 않은데도 거둬지는 양곡의 수량은 江蘇省의 한두 縣만도 못하니 은닉하는 것이 많을 것이라 하여 장차 省 전체의 田地를 丈量[6]하기를 청하고자 하였다. 선생이 이 말을 듣고 몹시 놀랐으나 그 의도를 꺾을 말이 없었다. 모공은 스스로 賦稅를 더 거두지 않아도 전지는 더 많아지고 부세는 곱절로 나온다고 하여 장구한 국가의 계책으로 생각하여 마음속에 스스로 옳다 여기고 매우 의욕을 보이면서 시시로 경비를 계산하고 屬吏를 調用하여 官局을 설치할 것을 논의하니, 일이 시행될 날이 멀지 않았다.

**嘉慶十六年**에 **山陽李芝齡先生**이 **以中允爲貴州學政**이러니 **時**에 **巡撫某公**이 **以黔中地非甚隘**나 **而糧數乃不敵一二縣於江蘇**하니 **多隱匿**이라하여 **將請丈全省田**이어늘 **先生聞之駭甚**이나 **而無說以折之也**라 **而某公自以不加賦**하되 **而田增多**하며 **賦倍出**로 **爲國計久遠**이라하여 **意自得銳**

1) 山陽의 李芝齡 : 李宗昉을 가리킨다. 芝齡은 그의 자이고, 山陽은 그의 고향이다. 이종방은 贊善을 거쳐 貴州 學政이 되었다.
2) 中允 : 太子를 보좌하는 관직으로 漢나라 때 처음 설치하여 淸나라 말기에 폐지되었다. 太子中允이라고도 한다.
3) 巡撫 : 明나라 洪熙 원년(1424)에 처음 설치되었고, 淸나라 때에는 省과 같이 규모가 큰 지방정부의 官長으로 그 지방의 軍事, 吏治, 刑獄, 民政 등을 총괄하여 직권이 매우 컸다.
4) 某公 : 미상이다. 이 사건에 대해 淸나라 말기의 학자 陳康祺의 ≪朗潛紀聞≫에 "顔公이 의욕을 보이며 일을 자임하여 속리를 調用하고 官局을 설치하여 일이 시행될 날이 멀지 않았다.〔顔公銳自任 調屬吏 設官局 事行有日矣〕"라 한 것을 보면 성이 '顔'이었을 것으로 추정된다.
5) 黔中 : 貴州 지역의 이칭이다.
6) 丈量 : 1丈을 단위로 삼아 계량하는 것으로 토지를 측량하는 것이다.

甚하여 時時籌經費하고 調屬吏하여 議設官局하니 事行有日矣라

선생이 처음 黔中에 왔을 때 문헌이 숨어 있고 散失되어 府·縣의 기록이 많이 누락된 채 정리되지 못했다 하여 이에 각 학교 교관에게 격문을 보내어 鄕士大夫가 소장한 圖書·金石文·歌謠 가운데 검중의 故事와 관련이 있는 것을 찾아내어 취합해서 學政[7]에게 올리게 하여 ≪黔記≫라는 한 책을 만들다. 그리하여 마침내 御史 包承祚[8]의 〈丈田奏〉를 발견하였으니, 이 〈장전주〉는 乾隆 初에 貴州學政 鄒一桂[9]가 丈田[10]을 청했는데 包公이 攻駁하여 그 일이 마침내 무산된 것이었다.

선생은 이 〈장전주〉를 某公에게 보여주면서 말하기를 "장전의 일은 학정이 일찍이 上奏했다가 그 논의가 변박을 받았습니다. 이제 반드시 예전의 논의를 끌어와서 그 공박을 해명해야 상주한 것이 뜻대로 이루어질 수 있을 것입니다. 그렇지 않으면 部議[11]는 반드시 예전 그때처럼 공을 공박할 것이요, 게다가 예전의 논의를 숨기고 상주하지 않았다는 이유로 공을 詰責하면 공은 할 말이 없을 것입니다." 라 하니, 모공이 깜짝 놀라 말하기를 "나는 그 害가 이와 같을 줄은 생각지도 못했다. 포공과 검중 사람이 아니면 진실로 알 수 없을 것이다. 다시는 장전의 일을 말하지 말라."라 하였다.

先生初至黔時에 以文獻隱失하여 府縣志多缺不修라하여 乃檄各學校官하여 訪鄕士大夫藏圖書金石歌謠涉黔事者하여 最上學政하여 爲黔記一書라 而遂得御史包承祚丈田奏하니 蓋乾隆初에 貴州學政鄒一桂請丈田이어늘 而包公駁之하여 事遂寢이라 先生示某公曰 丈田事는 學臣嘗奏之라가 議被駁이라 今必援前議하여 解其駁이라야 奏乃得伸이니 不然이면 部議必駁公如曩時요 且以匿前議不奏詰公이면 即公無辭라하니 某公驚曰 吾不意害乃如是라 非包公黔人이면

7) 學政 : 提督學政의 줄임말로, 각 省(지방 행정구역)에서 1명을 둔다. 각 省의 학교의 일과 과거 시험을 관장한다. 종2품인 侍郞, 정3품 또는 4품인 京堂, 정5품 또는 6품인 翰林 중에서 進士 출신인 사람을 조정이 선발한다.

8) 包承祚 : 浙江 錢塘 사람으로 乾隆 51년(1786)에 龍巖知州를 맡았다.

9) 鄒一桂 : 관원이요 화가로 자가 原褒이고, 호가 小山이다. 雍正 5년(1727) 進士試에 급제하여 翰林院 編修가 되었고, 貴州學政, 雲南觀察使를 역임하였다. 저서로 ≪小山畫譜≫가 있다.

10) 丈田 : 田地의 면적을 측량하는 일이다.

11) 部議 : 조정 각 部의 결정이다. 여기서는 농지와 세금에 관한 문제를 결정하는 것이므로 戶部의 결정을 말한다.

固無由知라 勿復言丈田事하라하다

후일에 完顔公 麟慶[12]이 巡撫 署理로 있을 때 "包公의 일은 이미 세월이 멀어졌으니 문서를 유실하면 후일에 〈丈田 문제가 다시〉 싹틀까 우려된다."고 하여, 선생이 戶部侍郎 관직에 있을 때 짐짓 그 일을 열거하여 올렸는데, 戶部가 예전의 의론을 끌어다가 詳覆[13]하니, 일이 결정되어 더 이상 진행되지 않았다.

後完顔公麟慶署巡撫할새 以包公事已遠하니 文書失이면 恐後萌芽라하여 於先生官戶部侍郎時에 故列上其事어늘 而部援前議詳覆之하니 事定不行이라

대개 학교의 관리들에게 격문을 보낼 당시에는 오직 유실한 舊聞들을 망라하고자 하였을 뿐이었는데, 마침내 包公의 奏文을 발견하여 某公의 뜻을 되돌려 黔中의 백성들을 평안하게 하였다. 그렇지 않았다면, 검중은 본디 산은 많고 평지는 적은 터라 백성들은 혹 불모지를 헛되이 점유하고 농사지을 수 있는 땅을 실제로 빼앗겼을 것이다. 게다가 등급을 올리고 낮춰 농간을 부릴 수 있는 胥吏의 손으로 高下를 平準할 수 없는 땅을 丈量하여 뇌물은 서리들에게서 이루어져 국가의 재물은 소모되고 官田은 증가하지 못하게 되었을 터이니, 이는 그 피해가 적거니와, 만약 民田을 빼앗아 관전이 드디어 증가하였다면 백성들의 살과 골수를 가혹하게 수탈하여 국가 經常의 법규로 삼았을 터이니 萬世의 근심을 하루아침에 눌러 潛伏시킬 수 있으리오. 그런데 검중의 백성들이 지금까지 편안히 살며 근심이 없는 것은 선생의 공로가 아니겠는가.

蓋方檄學官時하여 惟欲網羅放失舊聞而已라가 而遂得包公奏하여 以回某公意하여 安黔民하니 不然이면 黔中固多山少平地라 民或以虛占不毛之土하고 而實奪其可耕之田이요 又以胥吏可上下之手로 而丈高下不可準之地하여 使賄成於胥吏하여 官財耗而官田不增은 其害小어니와 苟民田奪而官田遂增이면 椎剝其膚髓하여 爲國家經常之規어늘 萬世之憂를 可一朝而伏也라 而黔之民이 得至今宴然無憂는 非先生之功哉아

---

12) 完顔公 麟慶 : 관원이며 학자인 完顔麟慶(1791~1845)으로, 자가 伯余이고, 호가 見亭이며, 滿洲 鑲皇旗 사람이다. 저서로 ≪凝香室集≫이 있다.

13) 詳覆 : 사안에 대해 임금에게 상세히 覆奏하는 것이다.

이 한 가지 일이 이 책에서 후세에 길이 전해질 만하다. 크고 작은 사실들을 다 갖추어 기록하여 雅俗을 補益한 것은 ≪華陽志≫[14]와 ≪風土記≫[15]의 遺意가 있으니, 이 책을 읽는 이들이 의당 스스로 알아서 취할 것이다.

**此一事於是書足千古矣**라 **若夫鉅細兼備**하여 **裨益雅俗**은 **有華陽志風土記之遺意**하니 **覽者宜自得之而有取焉**이라

14) 華陽志 : ≪華陽圖志≫ 또는 ≪華陽國記≫라고도 하는데, 東晉 穆帝 때 常璩가 중국 고대 서남쪽 지방의 역사, 지리, 인물 등에 관한 기록들을 편찬한 것이다. 도합 12권, 11만 자이다.
15) 風土記 : 晉나라 周處가 편찬한 책으로 지방의 풍속과 民情을 기록한 책이다.

## 04. ≪桑弢甫先生集≫의 序　桑弢甫先生集序*

* 매증량이 1825년 40세 때 글이다. 桑弢甫(상도보)는 당시의 명사였으나 사후에 집이 화재를 당해 유고가 다 불타고 말았는데, 그의 증손 樸堂이 사방을 다니면서 유고를 모아 문집을 간행하고자 하였다. 이 글은 아직 문집을 편찬하기 전에 박당이 미리 서문을 부탁하기에 쓴 것이다.

桑弢甫[1] 선생은 孝義롭고 비범한 성품으로 발휘하여 詩文을 지음에 高奇하고 淸曠하여 自得한 아취가 있으니, 동시대 사람들이 南宋 이후의 치우친 말과 남은 뜻을 주워 모아 기이하고 博洽함으로 삼는 부류와 같은 것이 아니다. 그래서 나의 조부 石居公[2]이 일찍이 그 시문을 즐겨 외웠다.

또 ≪五岳集≫이 있으니, 관직을 버린 뒤 산수를 방랑할 때 지은 것이다. 그의 손자 雲柯先生이 江寧에 왔을 때 내가 종유하였는데, 일찍이 이 책을 꺼내어 나에게 주었다. 그리고 道光 원년(1821)에 미쳐서 또 그의 증손인 樸堂이 온 것을 보았으니, 운가선생이 세상을 떠난 지 10여 년이 지난 뒤라 집이 화재로 타서 무릇 가지고 있는 물건들이 다 없어지고 시집의 목판도 소실되고 말았다.

서로 한참 동안 슬퍼하다가 상도보 선생과 동시대 사람들을 물어보았더니, 그 후사가 혹 끊어져 없는 이도 있고 혹 미천한 일을 하면서 살아 성명을 스스로 알릴 수 없는 이도 있다고 하였다.

**桑弢甫先生**은 **以孝義奇偉之性**으로 **發爲詩文**에 **高奇淸曠**하여 **有自得之趣**하니 **非如同時諸人掇拾南宋後之偏詞剩義爲奇博者比也**라 **先祖石居公嘗樂誦之**러라 **又有五岳集**하니 **則棄官後放浪山水之所作也**라 **其孫雲柯先生來江寧**에 **曾亮從之游**러니 **嘗出是以贈**하고 **及道光元年**하여 **又見其曾孫樸堂來**하니 **而雲柯先生卒十餘年矣**라 **家燬於火**하여 **凡自有之物皆盡**하고 **詩板亦殲焉**이라 **相與慨然久之**라가 **詢其與弢甫先生同時人**하니 **其後或絶無嗣**하고 **或託賤工**하여 **姓名不足以自達**이러라

---

1) 桑弢甫 : 이름은 桑調元이고 자는 伊佐이다.
2) 石居公 : 梅曾亮의 조부 梅鏐의 자가 石居이며, 江蘇省 上元의 諸生이다.

슬프다! 흥성하면 반드시 쇠퇴함이 있는 것이 떳떳한 이치이다. 그러나 卿相과 같은 높은 벼슬아치나 과거로 立身한 사람들은 그 家業을 능히 잇는 이들이 많거늘 文人이 훌륭한 후손을 둔 이는 어찌하여 적은가. 어쩌면 하늘이 輕重과 損益을 두는 바가 진실로 사람과 다른 것인가. 아니면 부귀하다가 쇠퇴하는 경우는 사람들이 그 수가 많기 때문에 대수롭지 않게 여기는데 이름난 사람의 자손은 불행히 세상 사람들의 지목을 받는 것인가. 그렇다면 자손 된 이들은 아마도 〈훌륭한 자손 되기가〉 어려울 것이다.

**嗟夫**라 **盛必有衰**는 **理之常也**라 **然卿相科第**는 **多能世其家**어늘 **而文人之有後者**는 **何少也**오 **豈天之所輕重損益**이 **固與人殊歟**아 **抑富貴而陵夷者**는 **人以多而忽之**어늘 **而聞人之子孫**이 **不幸爲世所指名耶**아 **則爲之子孫者**는 **蓋其難哉**인저

지금 樸堂은 가난하기 때문에 바야흐로 사방을 분주히 다니면서도 선조의 전적을 〈간행하는 일을〉 마음속에 잊지 못하여 말하기를 "내가 잠시 쉬게 되면 반드시 다시 간행할 것이다."라 하고는 나에게 부탁하여 서문을 짓게 하였다. 박당은 성실하고 돈독한 군자이니, 나는 그가 자신이 한 말을 반드시 실천하리라는 것을 안다. 이와 같은 이는 이름난 사람의 자손으로서 〈훌륭한 자손 되기〉 어려운 줄 아는 이라 할 만하다.

**今樸堂**은 **以貧故**로 **方奔走於四方**이나 **而拳拳於先人之典籍曰 吾少息**이면 **必復**(부)**刊而行之**라하고 **屬**(촉)**曾亮爲之序**라 **樸堂誠篤君子也**니 **吾知其言之必可復**(복)**也**하노라 **若是者**는 **可以爲聞人之子孫而知其難者已**로다

## 05. ≪恥躬堂文集≫의 序　　恥躬堂文集序*

*매증량이 1851년 66세 때 쓴 글이다. ≪치궁당문집≫의 작자는 彭士望으로 자는 躬庵이고 南昌 사람이다. 그는 明나라 말엽의 학자요 서예가이며 殉節한 충신 黃道周를 師事하였고, 躬行을 학문의 근본으로 삼았다. 명나라가 멸망하자 寧都로 이주하여 魏禧 형제와 더불어 金精의 翠微峯에 은거하여 易黨九子의 한 사람이 되었다.

이 글에서 매증량은 팽사망은 일개 諸生의 신분이라 명나라가 망했을 때 순절해야 할 의무가 없으며 淸나라에 出仕하지 않고 節義를 지켜 명성이 높았는데도 그의 시에는 세상에 대해 할 도리를 다하지 못하여 부끄러워하는 듯한 심정이 드러난다고 하면서 이 점을 알아야 팽사망의 시를 제대로 아는 것이라 하였다.

옛날에 ≪魏叔子文集≫[1]을 읽어봄에 易堂九子[2]가 있었으니, 彭躬菴 선생이 그 중 한 분이다. 당시는 아직 그 저서를 읽어보지는 못했고 勝國의 遺老임을 알 따름이었다. 咸豐 원년(1851)에 내가 梅花書院[3]의 主講을 맡고 있었는데, 그의 7世孫 雲墀가 都轉運使로서 揚州를 지나갈 때 문집을 주고 시집 16권을 아울러 주면서 서문을 써줄 것을 부탁하기에 비로소 그 生平을 조금 알게 되었다.

**昔閱魏叔子文集**에 **有易堂九子**하니 **彭躬菴先生**이 **其一也**라 **未得見其書**요 **知爲勝國遺老而已**러라 **咸豐元年**에 **曾亮主講梅花書院**이러니 **其七世孫雲墀都轉過揚**할새 **以文集贈**하고 **竝詩十**

1) 魏叔子文集 : 魏禧(1624~1680)의 문집이다. 現傳하는 문집은 목록 3권, 文 22권, 詩 8권으로 도합 33권이다. 위희의 자가 叔子이다. 다른 자로 氷叔·凝叔이 있고, 호는 裕齋 또는 勺庭이다. 江西 寧都 사람이다. 그는 明나라가 망하자 金精의 翠微峯에 易堂을 짓고 은거하면서 후진을 양성하였다. 古文에 뛰어나 侯方域(1618~1654)·汪琬(1624~1691)과 더불어 淸初三大家로 꼽힌다. 淸나라 康熙 때 博學鴻儒에 제수되었지만 병을 이유로 사양하였다. 眞州에서 병사하였다. 저서로 ≪魏叔子集≫·≪左傳經世書≫ 등이 있다.

2) 易堂九子 : 魏禧와 그의 형 魏祥, 그의 아우 魏禮 및 彭思望, 林時益, 李騰蛟, 邱維屛, 曾燦, 彭任을 가리킨다. 이 아홉 사람이 明나라가 망한 뒤 淸나라에 出仕하지 않고 金精 翠微峯의 易堂에 은거하였으므로 이렇게 부른 것이다.

3) 梅花書院 : 지금의 江蘇省 揚州에 있다.

六卷하여 屬(촉)爲序라 乃稍得其生平이러라

대개 선생은 어릴 때부터 풍족한 집에서 자라고 성품이 호방하여 재물을 아낌없이 써서 奇傑하고 출중한 선비들과 사귀었다. 심지어 수십 칸의 집을 지어서 과객들을 머물게 하는 한편 黃公 道周[4], 史公 可法[5], 楊公 廷麟[6] 등 몇 분 군자들과 종유하여 세상에 자신을 드러내고자 하였으나[7] 끝내 그 뜻을 실행하지는 못하였다. 이에 寧都 金精峯에 집을 지어 三魏[8]와 서로 의지하여 힘써 명성을 감추어 세상에 알려지는 바가 없도록 하고자 하였는데도 그곳에 편안히 머물지 못하고 土賊들의 침략을 받아서 이리저리 떠돌아다니다가 海內가 안정되어 조금 휴식할 수 있을 때가 되어서는 도로에서 굶주리고 추위에 떨면서 분주히 다니느라 고생하였고, 게다가 그 문장과 行誼가 當路의 사대부들에게 인정을 받아서 이른바 金精峯이란 곳에서 끝내 편안히 머물지 못하였다.

蓋先生少席豐厚하고 性豪邁라 盡散金帛하여 以交恢奇偉異之士하여 至築屋數十楹하여 以居過客하고 周旋於黃公道周史公可法楊公廷麟數君子之間하여 欲有所自見(현)於世러니 而迄不得行其意라 遂築室於寧都金精之峯하여 與三魏相依하여 務欲韜匿聲采하여 無所聞問於世로되

4) 黃公 道周 : 明나라 말엽의 충신 黃道周(1585~1646)이다. 그는 자가 幼平 또는 幼玄, 螭若, 細遵이고, 호가 石齋이며, 漳浦鎭 海衛 사람이다. 1622년 進士가 되었고, 이후 문장과 行誼로 이름을 떨쳤다. 南明의 弘光帝 때 기용되어 禮部尙書, 武英殿太學士를 역임하였다. 南京이 함락되고 隆武帝가 福州에서 즉위한 후에는 군사를 거느리고 江西 지역에서 淸나라 군사와 전투하다가 포로로 잡혀 굴복하지 않고 殉節하였다. 시호는 忠烈이다. 저서로 《洪範明義》·《孝經集傳》·《春秋揆》·《易象正》·《三易洞璣》·《月令明義》·《表記集傳》 등이 있다.(《明史》 권255 〈黃道周傳〉)

5) 史公 可法 : 明나라 말엽의 충신 史可法(1602~1645)이다. 그는 자가 憲之이고, 호가 道隣이다. 崇禎 원년(1628)에 진사가 되었고 流賊 張獻忠 등을 討平한 공로로 南京 兵部尙書가 되었다. 李自晟의 반란군이 북경에 쳐들어왔을 때 勤王兵을 거느리고 가다가 長江을 건넜을 때 북경이 함락되었다는 소식을 듣고 되돌아갔다. 揚州都督으로 있으면서 淸나라 군대에 맞서 항전하다가 포로로 잡혀 殉節하였다. 시호는 처음에는 忠靖이었고 청나라 乾隆帝 때 忠正으로 고쳐졌다. 저서로 《史忠正公集》 4권이 있다.(《明史》 권274 〈史可法列傳》)

6) 楊公 廷麟 : 明나라 말엽의 충신 楊廷麟(1596~1646)이다. 그는 자는 伯祥, 機部이고, 만년에 宋나라의 충신 文天祥과 謝枋得을 본받고자 한다는 의미로 兼山이라 自號하였다. 淸나라 군사와 맞서 항전하다가 물에 투신하여 자결하였다.(《明史》 권278 〈楊廷麟傳〉)

7) 세상에……하였으나 : 淸나라에 저항하여 忠節을 지킴으로써 자신을 세상에 드러내고자 한 것이다.

8) 三魏 : 魏禧와 그의 형 魏祥, 그의 아우 魏禮를 일컫는 말이다. 이 삼형제 모두 문장과 학문이 출중하여 《寧都三魏全集》이 간행되었다.

**而又不得安其居**하여 **爲土寇所擾**하여 **展轉遷徙**라가 **及海宇安乂**하여 **稍可休息**하여는 **則困於饑寒道路之奔走**요 **其文采行誼**가 **又爲當途士大夫所引重**하여 **卒不得安於所謂金精峯者**러라

대저 선생은 明나라 말엽에 진실로 일개 諸生[9]이었다. 勝國의 遺老들을 찾아서 〈우대할〉 때 선생은 초연히 布衣로 일생을 마쳤으니, 그 절개가 진실로 이미 높다. 그러나 지금 선생의 시를 읽어보면 답답하고 억울해하여 마치 세상에 대해 부끄러워하는 바가 있는 듯하니, 대개 志節을 지키는 선비가 기구한 삶 속에서 험난한 일을 만나 백 번 꺾여도 후회하지 않는 것은 남에게 자신을 드러내 보이기 위함이 아니라 자기 마음을 온전히 지키고자 하는 것일 뿐이다.

따라서 진실로 자기 마음이 유감이 없다면 비록 남이 무슨 말을 하여도 아랑곳하지 않고 오직 자기 마음이 그 말과 같지 않으면 그만일 따름이다. 그렇다면 비록 명예와 절개에서 찾아보아도 흠잡을 데가 없고, 천하와 후세에 質正해보아도 이분에게 다 구비하기를 요구할 수 없거늘,[10] 마음속에 늘 부끄러워하는 생각을 풀어놓지 못하는 것은 끝내 후일의 행실이 성취한 바로 처음 마음에서 홀로 뜻했던 바를 스스로 용서하지 못하기 때문이니, 이것이 그 지절이 〈다른 사람들로서는〉 더욱 미칠 수 없는 점일 것이다.

**夫先生**은 **於明季**에 **固一諸生也**라 **當搜訪勝國遺老之日**하여 **而超然以布衣終**하니 **其節固已高矣**나 **而今讀其詩**에 **抑塞拂鬱**하여 **若有所負咎於世**하니 **蓋志義之士**가 **其崎嶇犯難百折而不悔者**는 **非以爲人也**요 **求自全其心而已**니 **苟其心之無憾也**면 **雖人言而不恤**이요 **惟其心之不如是而遂已也**니 **則雖求之名節而無可疵**요 **質之天下後世**에 **亦無能求備於是**어늘 **而耿耿不自釋者**는 **終不以後行之所成**으로 **自恕其始意之所獨至**니 **此其志義所以尤不可及與**인저

선생의 시는 兀傲[11]하기는 山谷[12]과 같은 점이 있지만 격렬한 기운은 放翁[13]에

---

9) 諸生 : 明·淸 때 省에서 실시하는 각종 考試에 합격하여 府·州·縣의 학교에 들어간 자를 일컫는 말이다.

10) 다……없거늘 : 한 사람이 여러 가지 장점을 다 갖추기를 요구할 수 없다는 말로, ≪論語≫ 〈微子〉에 "한 사람의 몸에 모든 것이 갖추어지기를 요구하지 않는다.〔無求備於一人〕"라고 한 데서 온 말이다.

11) 兀傲 : 高傲하여 세속에 구애받지 않는 것이다. 晉나라 陶淵明의 〈飮酒〉에 "자질구레하게 얽매어 사니 얼마나 어리석은가. 올오한 이가 다소 나은 것 같아라.〔規規一何愚 兀傲差若穎〕"라

가깝다. 그러나 일찍이 스스로 말하기를 "나의 文은 古人을 배우고 싶지 않다."라 하였으니, 시인들 어찌 자질구레하게 고인에 얽매이겠는가. 단지 그 脫俗하고 慷慨한 기상이 고인과 같은 점이 있으니, 진실로 시도 때로 〈고인과〉 합치하는 점이 있는 것이 당연하다. 그러나 이 점만으로는 선생을 다 알 수 없다. 오직 세상에 높은 명성을 가졌으면서도 마음속에 늘 부끄러워하는 생각을 풀어놓지 못하였다는 사실을 알아야 선생의 시를 알 수 있을 것이다.

**先生之詩**는 **兀傲有似山谷者**어니와 **激烈之氣**는 **則近放翁**이라 **然嘗自言吾文不欲學古人**이라하니 **則詩又豈規規於古人哉**아 **特其邁俗慷慨之氣**가 **有與古人同者**하니 **固宜詩之有時而合也**라 **然是猶不足以盡先生**이라 **惟知其有高世名而耿耿不自釋於心**이라야 **可以知先生之詩矣**라

---

하였다.

12) 山谷 : 北宋의 시인 黃庭堅(1045~1105)을 가리킨다. 그의 호가 山谷道人이고 자는 魯直이다. 그의 시는 杜甫를 모범으로 삼아 法古를 중시하여 생경하고 난삽하며 拗體를 즐겨 썼다. 江西詩派의 시조로 일컬어진다. 蘇軾에게 시를 인정받아 세상에 이름이 알려졌고, 병칭되어 '蘇黃'이라 일컬어진다.

13) 放翁 : 南宋의 대표적인 시인 陸游(1125~1210)를 가리킨다. 그의 호가 방옹이고, 자는 務觀이다. 거의 1만 수에 가까운 작품을 남겨 중국 詩史에서 가장 多作한 시인으로 꼽힌다. 그의 시는 唐詩風의 강렬한 서정을 표현한 것이 많다.

# 06. ≪十經齋文集≫의 序 十經齋文集序*

*매증량이 1844년 59세 때 쓴 글이다. ≪십경재문집≫은 淸나라 때 학자 段玉裁의 제자인 沈濤의 문집이다. 심도는 경학에 조예가 깊은데도 문장을 잘한다는 이유로 학자로는 낮게 평가되었다. 매증량은 范曄의 ≪後漢書≫에서부터 儒林傳과 文苑傳이 나뉘었지 옛날에는 경학과 문장이 둘로 나뉘지 않았다고 하면서 심도가 경학과 문장에 모두 뛰어난 것이 결코 특이한 경우가 아니라 하였다.

西雍先生[1)]이 廣平郡守로서 述職[2)]하러 京師에 왔을 때 그의 ≪十經齋文集≫을 읽어보았더니 10년 전에 저술한 것에 비해 분량이 반이나 더 증가하였다. 經書를 稽考하고 학설을 논술하여 그른 것을 버리고 옳은 것을 찾아서 錢詹事[3)] 및 그의 스승 段茂堂 大令[4)]에게 보낸 편지와 서로 首尾를 이루는데 이치를 홀로 터득하여 무턱대고 순종하지 않고 九流・百家[5)]에 출입하여 두루 막힘없이 증명하고 통달하여 자기의 학설을 바꿀 수 없도록 힘써 扶持한 것은, 비록 老師・宿儒를 나오게 하여 問難하게 할지라도 그를 이길 수 없을 것이다. 그의 학문이 專門[6)]은 있되 구차

1) 西雍先生 : 沈濤를 일컫는 말이다. 그는 자가 西雍이고, 호가 匏廬이며, 浙江省 嘉興 사람이다. 考證學을 하였고 금석문을 좋아하였다. 東晉 때 학자요 隱士인 周續之가 '五經五緯'라고 한 말의 뜻을 취하여 자기가 거처하는 서재를 十經齋라 명명하였다.

2) 述職 : ≪孟子≫ 〈梁惠王 下〉에 "제후가 천자에게 朝見(조현)하는 것을 술직이라 하니, 술직이란 것은 맡은 바 직무를 진술하는 것이다.〔諸侯朝於天子曰述職 述職者 述所職也〕"라고 한 데서 온 말로 지방관이 조정에 와서 직무를 보고하는 것이다.

3) 錢詹事 : 관직이 詹事府少詹事에 이른 淸나라 학자 錢大昕(1728~1804)을 가리킨다. 그는 자가 曉徵 또는 辛楣이고, 호가 竹汀이며, 江蘇城 嘉靖 사람이다. 금석학과 經學 및 史學에 두루 조예가 깊어 ≪續文獻通考≫, ≪淸一統志≫ 편찬에 참여하였고, ≪潛研堂金石文跋尾≫와 ≪二十二史考異≫를 저술하였다. 王昶・王鳴盛・吳泰來・曹仁虎・趙文哲・黃文蓮과 함께 江南七子로 일컬어진다.

4) 段茂堂 大令 : 淸나라 학자 段玉裁를 가리킨다. 그는 金壇 사람으로 자가 若膺이고, 호가 茂堂이며, 乾隆 연간의 擧人으로서 知縣을 역임하였다. 訓詁學과 經學에 조예가 깊었다. 저서로 ≪說文解字注≫가 있다. 大令은 縣官의 敬稱이다.

5) 九流・百家 : 九流는 아홉 학파로 儒家・道家・陰陽家・法家・名家・墨家・縱橫家・雜家・農家를 말하고, 百家는 儒家 외에 一家를 이룬 학파나 학자들을 말한다. 일반적으로 다양한 학파나 학자, 작가들을 일컫는 말로 쓰인다.

히 동조하지 않음이 이와 같다.

그러나 다른 작품들은 기쁨을 얘기하고 이별을 서술하는 정과 사물을 열거하고 눈앞의 일을 읊는 뜻에 있어서 그 기운은 疏通하고 그 音調는 고아하며, 그 정서와 말은 蕭瑟하면서도 우뚝이 드높아 齊·梁[7] 아래의 작자들에 대해서는 마음속으로 탐탁하게 여기지 않았다.

**西雍先生自廣平守述職來京**일새 **得讀其十經齋文集**하니 **視十年前所著者**에 **又增其半**이라 **其稽經述學**하여 **去非求是**하여 **與錢詹事及其師段茂堂大令書相首尾**로되 **而義有獨得**하여 **不爲曲傳**하고 **出入於九流百家**하여 (旁暢曲證)〔旁證曲暢〕[8]하여 **務扶持其說於不可易**은 **雖起老師宿儒而難之**라도 **莫能勝也**니 **其學有專門而不爲苟同也**이 **如此**라 **然其他作**은 **於談歡述別之情**과 **比物卽事之旨**에 **其氣疏**하며 **其音雅**하고 **其情詞蕭瑟而嵯峨**하여 **於齊梁下之作者**에 **意不屑也**라

사람들은 선생이 經學에 조예가 깊으면서도 문장을 잘한다는 이유로 樸學[9]을 하는 선비와 다르다고 하니, 학문의 道는 이쪽에 충족하여 저쪽에도 통달하는 것이 있고, 선생은 결코 다른 경우가 아님을 알지 못하는 것이다.

漢나라 때 경학을 잘한 이로는 賈生[10]·董仲舒[11]·劉向[12]·揚雄[13]만 한 이가 없

---

6) 專門 : 스승의 학설을 오로지 고수하는 것이다. 朱熹의 〈學校貢擧私議〉에 "이것이 漢나라 때의 학자들은 名家를 專門으로 삼아 저마다 자기 스승의 학설을 고수하여 감히 가볍게 바꾸지 못했던 까닭이다.〔此漢之諸儒 所以專門名家 各守師說 而不敢輕有變焉者也〕"라 하였다.

7) 齊·梁 : 중국 南北朝 시대 때의 두 나라이다. 昭明太子 蕭統(501~531)이 秦·漢 이후 齊·梁까지 시문을 모아 ≪文選≫을 편찬하였다. ≪문선≫에 수록된 시들은 모두 音律에 구애받지 않았는데, 唐나라 때 沈佺期·宋之問 때부터 律詩를 짓기 시작했다고 한다.(≪太平廣記≫ 권343)

8) (旁暢曲證)〔旁證曲暢〕: 저본에는 '旁暢曲證'으로 되어 있으나, ≪柏梘山房全集≫에 의거하여 '旁證曲暢'으로 바로잡았다.

9) 樸學 : 上古의 질박한 학문을 일컫는 말이다. 일반적으로 儒家의 經學을 뜻하는 말로 쓰이는데 여기서는 고증학을 가리킨다.

10) 賈生 : 漢나라의 賈誼를 일컫는 말이다. 그는 학문과 문망이 뛰어나 20세에 文帝의 신임을 받아 太中大夫로 발탁되어 服色·制度·官名 등을 크게 개혁할 것을 주장하다가 당시 대신이었던 周勃·灌嬰 등으로부터 "낙양에서 온 나이 어린 初學이 오로지 권세를 독점하려 하고 정사를 문란하게 하고 있다."라는 참소를 입었다. 그리하여 문제의 신임을 잃고 長沙王의 太傅로 좌천되었다가 33세의 젊은 나이로 죽었다.(≪漢書≫ 권48 〈賈誼傳〉)

11) 董仲舒 : 前漢 때의 대표적인 학자로 景帝 때 박사가 되었고 武帝 때 江都相과 膠西相을 역임하였다. 〈賢良對策〉을 올려 儒學을 존숭하고 百家 사상을 배척할 것을 주장하였다. 저서로 ≪春秋繁露≫ 등이 있다.(≪漢書≫ 권56 〈董仲舒傳〉)

12) 劉向 : 漢나라 楚元王의 玄孫으로 문장에 능통하고 經術에 조예가 깊었다. 저서로 ≪洪範五行傳≫·≪列女傳≫·≪列仙傳≫·≪新序≫·≪說苑≫ 등이 있다.(≪漢書≫ 권36 〈劉向傳〉)

으나 그 문장은 모두 후세의 글을 잘하는 사람들이 미칠 수 있는 바가 아니었다. 그러므로 班固가 ≪漢書≫에 傳을 쓸 때에는 文苑傳은 없고 儒林傳만 있었을 뿐이었는데,[14] 范蔚宗의 ≪後漢書≫에 이르러 비로소 나뉘어 둘이 되었다.[15] 그리하여 史書의 體例가 마침내 이를 沿襲하여 바꿀 수 없게 되었으니, 또한 미혹된 것이 아니겠는가.

人以先生邃於經而工於文으로 異乎樸學之士하니 不知學問之道는 固有足乎此而通乎彼者요 而先生未嘗爲異也라 漢世能治經者는 莫如賈生董仲舒劉向揚雄이나 而其文皆非後世能言者所可及이라 故班固傳漢書也에 無文苑하고 獨有儒林而已러니 至范蔚宗後漢書에 始歧而二之라 而史之例가 遂沿而不可改하니 不亦惑哉아

그러나 이는 단지 역사를 편찬한 사람의 잘못만은 아니다. 곧 세상의 文士들도 그 설에 많은 사람들이 갇혀서 스스로 빠져나오지 못하는 것이 마치 문장의 道는 본디 경서 연구와는 상통할 수 없다고 여기는 것과 같으니, 이는 학술의 폐단이 근본을 등지고 근원을 잃어버린 것이다. 내가 말한 이쪽에 충족하여 저쪽에도 통달하는 것은 옛날의 학자들이 일찍이 이와 같지 않은 적이 없었고 선생은 결코 다른 경우가 아니다.

然此非獨爲史者失也라 卽世之文士도 亦群囿乎其說而不能自拔이 若以文章之道로 本不可通於治經者하니 此則學術之弊가 倍本失源이라 而吾所謂足乎此而通於彼者는 古學者未始不如是요 而先生未嘗爲異也라

내가 范蔚宗의 史書를 읽으면서 문장의 質·文이 오르내리는 변화에 느낀 바가 있었으므로 선생의 글을 인하여 써서 소견의 一端을 밝히노라.

吾讀蔚宗書에 有感於文章質文升降之變이라 故因先生文하여 書以發其端하노라

---

13) 揚雄 : 前漢 때 학자로 젊을 때부터 辭賦로 이름이 알려졌고 중년 이후로는 경학을 깊이 연구하여 ≪周易≫을 모방한 ≪太玄經≫과 ≪論語≫를 모방한 ≪法言≫ 등의 저서를 남겼다. (≪漢書≫ 권87 〈揚雄列傳〉)

14) 班固가……뿐이었는데 : ≪漢書≫는 後漢 때 班固가 저술한 紀傳體 역사서로 12帝紀·8表·10志·70列傳으로 이루어져 있다. 열전 중에는 儒林傳만 있고 文苑傳은 없다.

15) 范蔚宗의 ……되었다 : ≪後漢書≫를 찬술한 范曄의 자가 蔚宗이다. ≪후한서≫는 紀傳體 역사서로 ≪漢書≫의 體例를 따르고 있으나 表가 없고 本紀에 皇后紀를 따로 두었으며, 列傳에는 黨錮·宦者·文苑·獨行·方術·逸民·列女 일곱 항목을 추가하였다.

# 07. ≪舒伯魯集≫의 序　舒伯魯集序*

*매증량이 1854년 69세 때 쓴 글로 30세가 못 되어 죽은 제자 舒燾의 문집에 대한 서문이다. 서도는 재주가 출중하여 남들의 기대를 받는 터인데도 젊은 나이에 걸맞지 않게 시문에 슬픈 대목이 많더니, 결국 일찍 죽고 말았다. 문장의 氣機와 體格을 설명한 대목에서 그의 文學論을 읽을 수 있다.

伯魯[1)]가 처음에 年家子[2)]로서 京師로 나를 찾아와 詩文를 바쳐 예물로 삼았다. 내가 말해주기를 "자네가 지은 시문은 모두 지어내는 것이 너무 쉽다. 무릇 시는 한두 자를 읽어보아서 그 全句를 짐작해 알 수 있는 것은 좋은 시가 아니다. 文은 기운은 곧음을 높이 치지만 그 體格은 굽힘을 높이 치니 곧지 않으면 氣機[3)]를 전달할 수 없고 굽지 않으면 그 감정을 전달할 수 없다. 문과 시를 짓는 자는 전달을 위주로 할 뿐이다."라 하였다. 당시에 백로는 내 말을 듣고 잠자코 있는 모습이 마음속에 깊이 느낀 바 있는 것 같더니, 다시 順川府[4)] 鄕試를 보러 와서 아우 仲和와 함께 내 집에 와서 묵을 때에 이르러서는 그의 시문이 크게 변하였다.

게다가 제자의 禮를 갖춤이 매우 공손하였고 나의 시문 한 통을 베껴 가지고 갔다. 그 후 내가 梅花書院의 主講을 맡고 있을 때 그가 다시 揚州에 와서 내가 지은 시를 베껴 이어붙여서 갔는데, 오래지 않아 戶部郎中으로 京師에서 供職하다가 卒하였다. 나이 30세가 못 되었으니, 슬프도다!

伯魯始以年家子로 見余於京師하여 呈詩文爲贄어늘 余告之曰 所爲詩文이 皆出之太易(이)로다

---

1) 伯魯 : 淸나라 舒燾의 자이다. 그는 湖南省 漵浦 사람이고 戶部郎中에 제수되었다.
2) 年家子 : 同年 급제한 사람의 아들을 일컫는 말이다. 舒燾의 부친과 매증량은 道光 2년(1822)에 같이 進士試에 급제하였다.
3) 氣機 : ≪莊子≫ 〈應帝王〉의 "衡氣機"에서 온 말이다. "衡氣機"는 원래 마음속에 음양의 기운이 평형을 이룬 상태를 말한다. 氣機는 마음속에 자연스럽게 작용하는 기운의 흐름으로 감정의 작용을 말한다. 朱熹의 〈齋居感興〉에 "사람의 마음은 오묘하여 헤아릴 수 없으니, 출입할 때 기기를 탄다.〔人心妙不測 出入乘氣機〕"라 하였다.
4) 順天府 : 明・淸 시대 수도(北京)에 있던 행정구역이다.

凡詩閱一二字에 可意得其全句者는 非佳詩也라 文氣貴直이나 而其體貴屈하니 不直則無以達其機요 不屈則無以達其情이라 爲文詩者는 主乎達而已矣라하니 時聞言默然이 若深有動於中者러니 及復應順天試에 與弟仲和館余家하야 其詩文則大變矣라 且執弟子禮甚恭하고 錄余詩文一通以去러니 後余主講梅花書院할새 復來揚州하여 錄續所爲詩文以去러니 未幾에 以部郎供職京師라가 卒矣라 年未至三十也니 悲夫라

伯魯의 재주는 높고 뜻도 그와 부합하여, "古人의 경지는 도달할 수 없는 경우가 없다."라 하였으나, 그가 성취한 바에 나아가 말한다면 고인의 월등히 높은 경지에 이미 이르렀다고 할 수는 없다. 그러나 그가 이미 도달한 경지에 나아가 그가 장래에 반드시 도달할 경지를 판단한다면 고인의 월등히 높은 경지가 아니면 진실로 그의 위치를 매길 수 없을 것이다.

나에게 글을 배운 사람인 無錫[5)]의 張端甫가 震川[6)]의 글을 좋아하였지만 근심으로 건강을 해쳐서 나이 겨우 30세를 넘기고 그 또한 卒하였으니, 그의 경지(환경)가 그렇게 만든 것이었다. 백로의 경지는 바야흐로 人士들이 부러워하는 바이지만 스스로 만족하지 못하였고, 그의 시문 또한 슬퍼하고 失意하여 스스로 마음을 의지할 데 없는 것 같은 대목들이 많으니, 어쩌면 그의 氣機가 이르는 바에 스스로 주체할 수 없는 것이 있었던 것인가.

伯魯之才高하고 志亦與之相副하여 以爲古人無不可到者나 即其所成就者論之컨댄 謂已造古人夐絶之境乎인댄 未能也라 然就其所已至者하여 以決其他日所必能至인댄 非古人夐絶之境이면 固無以位之라 從余學文者 無錫張端甫가 好震川之文하되 而以憂傷其生하여 年甫過三十에 亦卒하니 其境使然也라 伯魯之境은 方爲人士所豔羡이로되 而不以自足이요 其詩文亦多悲傷潦倒하여 若無以自聊者하니 豈氣機所至有不能自主者耶아

曾滌生 侍郞[7)]이 나에게 말하기를 "伯魯는 비범한 인재이다. 그러나 슬픈 글을 짓기를 좋아하여 그의 나이에 걸맞지 않으니, 아마도 福이 아닐 듯하다. 의당 조심

5) 無錫 : 江蘇省의 縣이다.
6) 震天 : 明清八大家의 한 사람인 명나라 歸有光(1506~1571)의 호이다.
7) 曾滌生 侍郎 : 明清八大家의 한 사람인 曾國藩(1811~1872)의 자가 滌生이다. 禮部侍郎・禮部右侍郎・兵部右侍郎을 역임하였다.

하게 해야 한다."라 하였다. 내가 서글퍼하면서 그 말이 현실이 되지 않기를 바랐더니, 이제 마침내 현실이 되고 말았다. 애석하도다!

**曾滌生侍郞**이 **語余曰 伯魯**는 **奇才也**라 **然好作悲語**하여 **不稱其年**하니 **恐非福**이니 **宜有以戒之**라하여늘 **余愀然**하여 **幸其言之不驗**이러니 **今竟驗矣**니 **可惜也夫**인저

# 08. ≪阮小咸詩集≫의 序　阮小咸詩集序*

＊매증량이 1852년 67세 때 쓴 글이다. 阮小咸은 매증량이 젊은 시절 함께 文酒를 즐기며 놀던 친구이다. 매증량이 北京에 가서 벼슬하다가 수십 년 만에 고향 南京에 돌아오니, 옛 친구들은 거의 다 세상을 떠나고 완소함만 홀로 예전처럼 학생들을 가르치며 남아 있었는데, 그마저 오래지 않아 세상을 떠났다. 완소함의 아들 肇星이 선친의 유고를 갖고 와서 매증량에게 서문을 부탁하였다. 매증량은 옛 추억을 떠올리면서 완소함의 시를 품평하기를 "詩想이 맑고 편안하며 과거에 급제하여 벼슬길에 나가지 못한 데 대해 원망하는 마음이 없으니 참으로 德人의 시이다."라고 하였다.

江寧郡城[1)]은 서북쪽이 10여 산[2)]들로 에워싸여 숲과 골짜기가 그윽하고 깊으며, 秦淮[3)]와 清溪[4)]의 물이 그 아래를 띠처럼 두르고 있다. 옛 자취는 비록 남아 있기도 하고 없어지기도 했으나 清淑한 기운은 오히려 인물을 적셔 윤택하게 할 만하다. 그러므로 선비가 이 고을에 태어난 사람 중에는 跌宕하여 자신을 표출하거나 질박하여 가식이 없어서 六朝時代 사람들의 餘習[5)]을 가진 이가 많으니, 그 衣冠과 言動이 南城[6)] 사람들과는 風氣가 본디 다르다.

---

1) 江寧郡城 : 江寧은 江蘇省 南京의 옛 이름이다. 郡城은 郡의 治所에 쌓은 성곽이다.
2) 10여 산 : 남경을 둘러싸고 있는 石城山・冶城山・清涼山・鷄鳴山・四望山・馬鞍山・盧龍山・幕府山・觀音山 등을 가리킨다.
3) 秦淮 : 남경 남쪽을 흐르는 長江의 지류로 秦淮河라고도 한다. 漢나라 때는 淮水로 불렸고 唐나라 이후로 진하회로 불렸다. 진하회 유역은 풍광이 좋아 주변에 고적과 명승지가 많다.
4) 清溪 : 남경 시내에 있는 하천으로 삼국시대 吳나라 수도 建業 동쪽을 방비하기 위해 孫權이 성곽 동쪽에 물길을 내어 만든 것이다. 지금은 매몰되어 몇 개의 연못과 清溪里巷・淮青橋 등 지명만 남아 있다.
5) 六朝時代……餘習 : 六朝는 삼국시대 吳, 東晉, 南朝의 劉宋, 南齊, 梁, 陳을 말한다. 이 여섯 나라는 모두 南京에 도읍을 세웠는데, 지배 계층이 門閥 귀족이고 老莊과 불교의 영향을 받아서 禮敎의 속박을 싫어하였다. 그리하여 유교가 쇠퇴하고 竹林七賢으로 대표되는 清談사상이 유행하였다.
6) 南城 : 江西城의 屬縣이다.

江寧郡城은 其西北이 包十餘山하여 林壑深遠하고 而秦淮清溪之水가 縈帶其下라 其迹雖或存或沒이나 而清淑之氣는 猶足以沾溉人物이라 故士生其里에 多跌宕自標異어나 或眞樸無文飾하여 有六朝人餘習하니 其衣冠言動이 與南城人으로 風氣固殊也라

내가 아는 이로 嚴君 小秋 · 汪君 鄴樓 · 車君 秋舲 · 陸君 香筠 · 汪君 平甫 · 方君 愼之 및 小蔵이 거주하는 곳들이 서로 거리가 대개 1, 2리에 불과하고 제군들은 다 文酒의 모임이 많은지라 때로 함께 술통을 가지고 명승지를 찾아서 산봉우리와 물가를 한껏 다니면서 즐거이 시를 읊고 취하여 소리치면서 밤낮을 다 보낸 다음 수풀을 헤치고 별과 달을 좇아서 돌아오는 것으로 일상적인 일을 삼았다.

以余相知若嚴君小秋, 汪君鄴樓, 車君秋舲, 陸君香筠, 汪君平甫, 方君愼之及小蔵이 所居가 相去率不過一二里요 而諸君皆多文酒之會라 時相與攜榼訪勝하여 極乎山砠水涯하여 歡吟醉呼窮日夜하여 披林莽逐星月而歸하여 以爲常이러라

小蔵은 비록 제군들과 서로 시를 주고받으며 마음이 맞았으나 한 해 내내 학생들을 가르치느라 文酒의 즐거움에 참여하지 못할 때가 많았다.

내가 京師로부터 北城에 돌아왔을 때에는 제군들은 거의 다 세상을 떠나고 愼之도 오랫동안 객지에 사느라 돌아오지 못하였고, 오직 군만이 나이가 이미 일흔임에도 예전과 같이 학생들을 가르치고 있었다.

이에 나는 나이가 아직 많이 늙지 않았으나 향리에 돌아와 거주한 뒤로 山城이나 외로운 절에 왕왕 홀로 가 노닐 때가 많고 함께 갈 사람이 적음을 스스로 탄식하였다. 그래서 젊은이들이 어울려 노닐며 意氣가 왕성한 것을 보고서 옛날 우리 동년배들을 추억해봄에 아득히 찾을 수 없고 적막하게 홀로 지내고 있으니, 군과 같이 노년에 이르는 이를 얻은 것을 다행한 일로 여겼더니, 오래지 않아 군도 이내 세상을 떠나고 말았다.

小蔵雖與諸君倡和相得이나 而終歲授徒하여 於文酒之樂에 不多與也라 及余自京師歸北城하여 諸君凋逝殆盡하고 愼之亦久客不能歸요 獨君年已七十에 尙授徒如故라 余因自歎年未甚耄老나 而自里居後로 山城孤寺에 往往多獨游하고 少與偕者라 見少年游從意氣之盛하여 追念昔時同輩에 邈焉難求而寂寞自守하니 得臻乎老壽如君者가 爲可幸也러니 乃未幾而君亦旋卒이라

군의 아들 肇星이 詩稾를 가지고 와서 서문을 부탁하였다. 내가 읽어보니 그 시가 淸婉하고 恬適하기가 군의 사람됨과 같았다. 有司에게 뜻을 얻지 못한 것[7] 때문에 원망하는 말과 自矜하는 기상이 없으니, 참으로 德人의 시이다. 옛날에 군 및 鄴樓·香筠과 같이 尊經書院[8]에서 학업을 익힐 때 밤중에 돌아오는데 저자에 문은 모두 고요히 닫혀 있고 오직 우리 서너 사람의 발자국 소리만 거리에 가득했었는데, 군의 시를 읽노라니 나도 모르는 사이 어느덧 수십 년 전의 일이 되었다.

咸豐 2년(1852) 9월에 서문을 쓰노라.

**君之子肇星**이 **以詩稾屬**(촉)**序**라 **余讀之**에 **淸婉恬適**이 **如君其人**이라 **不以其不得志於有司也**로 **而有怨詞有矜氣**하니 **眞德人之音也**라 **昔**에 **與君及鄴樓香筠同肄業於尊經書院**할새 **夜歸**에 **市戶皆靜閉**요 **獨吾三四人履聲滿街**러니 **讀君詩**에 **忽忽不覺爲數十年事也**라 **咸豐二年九月**에 **序**하노라

---

7) 有司에게……것 : 과거에 급제하지 못했음을 뜻한다. 韓愈의 〈送董邵南序〉에 "董生은 進士試를 보아 연거푸 有司에게 뜻을 얻지 못하였다.〔董生擧進士 連不得志於有司〕"라 하였다.(≪昌黎集≫ 권20)

8) 尊經書院 : 南京 秦淮河 북쪽에 있는 夫子廟의 부속 서원이다. 明나라 때 國子學으로 쓰이던 明德堂 뒤쪽에 尊經閣이 있었다. 존경각은 명나라 嘉靖 연간(1522~1566)에 건립되었던 것을 淸나라 嘉慶 연간(1796~1820)에 증설하여 존경서원이라 하였다. 1층에서 강학하고, 2층에는 서책을 보관하였다.

# 09. 閒園에서 읊은 시의 序　閒園詩序*

* 매증량이 1828년 43세 때 쓴 글이다. 江蘇省 蘇州 군수인 陳鑾의 정원인 閒園에 명사들이 모여서 술을 마시며 읊은 시들에 대해 쓴 서문이다. 진란은 업무가 많고 어렵기로 정평이 난 소주를 다스리면서 여유를 잃지 않고서 "번다한 일을 처리할 때는 반드시 만사의 밖에 마음을 두어야 비로소 만 가지 업무의 실정을 알 수 있는 법이다."라 하고 자기 정원에 閒園이란 이름을 붙였다.

督撫[1)]로부터 州縣[2)]에 이르기까지는 그 尊卑의 등급이 동떨어지게 멀어 아랫사람은 제 생각을 윗사람에게 직접 말할 수 없고 윗사람은 자기 뜻을 아랫사람에게 분명히 보일 수 없다. 오직 郡守[3)]의 직임만은 그 中樞를 맡아서 心懷를 서로 소통하고 세미한 일을 고려하며 조정의 德政을 펴고 민간의 實情을 전달할 수 있다. 그리고 首郡[4)]에 이르러서는 다른 郡들보다 더욱 중요하다.

蘇州라는 수군은 獄訟・徵發・期會[5)]가 本郡이 갖추어야 할 바에 그치지 않으니, 무릇 江蘇省의 兩布政使[6)]에게 관할되는 것은 그 옥사를 모두 소주에 있는 按察使에게 보고해 올리는데, 〈안찰사는〉 중요한 옥사를 수군에 위임한다. 그리고 백성이 많기로는 국가가 漕運하는 양곡이 해마다 수백만 섬인데 그중에 蘇州府와 松江府가 3분의 2를 차지한다.

富商・大商・匠人・오랑캐들의 장사하는 선박들이 두루 흘러와서 모여들거늘

1) 督撫 : 淸나라 때 각 省에 설치한 總督과 巡撫의 합칭이다.
2) 州縣 : 지방 수령인 知州와 知縣을 말한다.
3) 郡守 : 宋나라 이후로는 郡을 府로 고쳤다. 따라서 여기서 군수는 곧 知府를 말한다.
4) 首郡 : 각 省의 治所가 있는 郡이다.
5) 獄訟……期會 : 지방관이 하는 중요한 업무들이다. 獄訟은 訟事이다. 徵發은 인력을 징집하고 물자를 조달하는 것이다. 期會는 규정된 기한 안에 政令을 실시하는 것인데, 대개 1년의 錢穀의 회계를 장부에 기입하여 정해진 기일 안에 상부에 보고하는 일을 말한다.
6) 江蘇省의 兩布政使 : 布政使는 明나라 때 설치한 관직으로 각 省의 행정을 맡는 官長이었는데, 淸나라 때에 와서는 직급이 낮아져서 督撫의 僚屬이 되었다. 康熙 6년(1667)에 각 省마다 포정사 1員을 두었는데, 강소성에만 포정사 2원을 두어 한 포정사는 江寧府에 머물고 한 포정사는 蘇州에 머물게 하였다.

하나의 郡으로써 그 입구를 통제하니[7] 벼슬아치들이 즐비하게 거주하고 있기에 무력으로 다툴 수 없다.[8] 使臣과 過客에게 제공하는 음식으로 말하자면 이 고을을 지나는 車馬와 선박이 끊임없이 도로를 달리고 물 위에 떠와서 밤낮으로 쉬지 않으며, 바닷가에 거주하는 곳이라 건초로 쓰는 꼴과 갈대, 생선과 조개의 이익이 있으며, 토질은 비옥하고 지역은 도성과 먼 곳이기에 사납게 다투어 누차 옥사를 판결해도 결말이 나지 않는다.

게다가 그 屬縣 자체가 갖추고 있는 업무가 많고 무겁기가 천하에 으뜸인데 이를 이루어낼 책임을 다 군수에게 돌린다. 그러므로 蘇州郡[9]의 일이 무겁기가 천하에서 가장 심하니, 鄭僑의 재주[10]와 冉子의 기예[11]를 가진 이가 아니면 정신없이 일을 수습하고 보완하느라 마음이 번잡하고 생각이 어지럽게 되지 않을 사람이 없다.

子産

**自督撫至州縣**은 **其尊卑闊絶**하여 **下不能徑達其情於上**하고

---

7) 하나의……통제하니 : 蘇州의 首郡이 있는 강어귀로 사방의 漕運하는 배들이 모여들어 병목 현상이 생기는 것을 형용하였다. ≪史記≫ 〈貨殖列傳〉에 "사방이 〈산으로〉 막혔고 千里에 棧道가 이어져 〈關中과 길이〉 통하지 않음이 없지만 오직 褒斜가 그 입구를 통제하여 많은 물자로 적은 물자와 교역하였다.〔四塞 棧道千里 無所不通 唯褒斜綰轂其口 以所多易所鮮〕"라 하였는데, 司馬貞의 索隱에 "褒斜의 길이 좁아서 그 길의 입구를 통제하는 형국이 마치 수레바퀴들이 모여드는 것과 같다. 그러므로 綰轂이라 한다."라 하였다.

8) 벼슬아치들이……없다 : 배들이 모여들어 병목 현상을 이루고 있지만, 首郡에는 벼슬아치들이 많이 거주하고 있기 때문에 배들이 힘으로 앞을 다투어 나아갈 수 없다는 말이다. 蘇洵의 〈張益州畫像記〉에 "文德으로 명할 수도 없고 또 무력으로 다툴 수도 없다.〔不可以文令 又不可以武競〕"라 하였다.(≪古文眞寶後集≫ 권7)

9) 蘇州郡 : 蘇州가 江蘇省의 首郡이므로 이렇게 표기한 것이다. 소주는 강소성 남동쪽 太湖 동쪽에 있는 고을로 춘추전국시대 吳나라의 國都였고 그 후로 歷代에 걸쳐 주변 지역의 행정 중심지가 되었으며, 隋나라 때 運河가 개통되어 杭州와 함께 번영하였다.

10) 鄭僑의 재주 : 鄭僑는 춘추시대 鄭나라의 명재상으로 자는 子産이다. 정나라 大夫로 40여 년간 국정을 담당하였다. 정교가 국정을 맡은 3년 만에 사람들이 노래하기를, "우리의 자제를 자산이 가르치고 우리의 전지를 자산이 증식하였네. 자산이 죽으면 누가 그 뒤를 이으리.〔我有子弟 子産誨之 我有田疇 子産殖之 子産而死 誰其嗣之〕"라 하여 칭송하였다.(≪春秋左氏傳≫ 襄公 30년) 明나라 학자 邵寶가 "자산의 재주는 커서 霸業을 이룰 수 있었다.〔子産之才 大可以霸〕"라 하였다.(≪讀左日鈔≫ 권7〉)

11) 冉子의 기예 : 冉子는 孔子의 제자 冉求를 가리킨다. 공자가 "臧武仲의 지혜와 公綽의 욕심 없음과 卞莊子의 용맹과 冉求의 재능에 예악으로 문채를 더한다면 또한 성인이 될 수 있을 것이다.〔若臧武仲之知 公綽之不欲 卞莊子之勇 冉求之藝 文之以禮樂 亦可以爲成人矣〕"라 하였다.(≪論語≫ 〈憲問〉)

上不能明示其意於下로되 惟郡守之職은 當其樞하여 可以通懷慮微하며 抒德導情이요 至首郡하여는 則尤重於他郡이라 而蘇之首郡은 獄訟徵發期會가 非止本郡所自具하니 凡轄於江蘇兩布政使者는 其獄皆上按察使於蘇로되 而委重於首府하고 其民物之浩穰은 國家引漕가 歲數百萬에 蘇松得三之二라 富商大賈巧匠蠻夷之市舶이 周流委輸어늘 以一郡轂綰其口하니 冠蓋櫛居에 不可以武競이라 奉使過客之廚饌은 車馬舟楫이 輷輷浮浮하여 日夜行不休요 濱海之居라 茭葦魚蛤之利요 土沃地荒이라 獷勇奪爭하여 屢讞不成이라 其屬縣所自具者가 繁劇이 又甲於天下로되 而悉歸其成於守라 故蘇郡之劇이 爲天下最니 非有鄭僑之才와 冉子之藝면 未有不張皇補苴에 志煩而慮亂者也라

冉有

江夏[12] 사람 陳芝楣[13] 先生이 侍從의 近臣[14]으로서 이 고을에 부임하니, 마침 海運하는 일 및 吳淞口[15]와 徒陽河[16]를 준설하는 공사를 할 때를 만나 온갖 정사가 다 일어나 일신에 힘든 일들이 맡겨졌다. 그런데도 선생은 조용하여 여유롭게 엉클어지지 않도록 실타래를 정리하듯이[17] 〈복잡한 일들을 잘 처리하니,〉 고을에는 폐기된 일이 없으며 아전들은 지체된 문건이 없었다.

그리하여 韋白[18]의 遺風을 계승하고 郡治의 舊規를 정리하면서 일신의 노고와 직책의 어려움을 잊었기에 자신의 정원을 이름하여 開園이라 하였다. 선생의 말에

12) 江夏 : 옛날의 縣 이름으로 治所는 지금의 湖北省 武漢市 武昌에 있었다.

13) 陳芝楣 : 陳鑾의 자가 芝楣이다. 그는 嘉慶 연간에 진사시에 급제하였고 江蘇松江知府, 江蘇巡撫, 權督兩江 등을 역임하였다. 저서로 ≪根心書屋詩文集≫이 있다.

14) 侍從의 近臣 : 황제를 측근에서 모시는 신하로, 여기서는 陳鑾이 編修에 임명된 것을 가리킨다.

15) 吳淞口 : 지금의 上海市 寶山縣 동남쪽에 있는 지명으로 吳松江과 黃浦江이 만나서 바다로 들어가는 어귀이다.

16) 徒陽河 : 江蘇省 丹徒와 丹陽 두 縣 사이에 있는 운하이다.

17) 엉클어진……정리하듯이 : 춘추시대 衆仲이 "덕으로 민심을 얻는다는 말은 들었고 난폭함으로 〈민심을 얻는다는 말은〉 듣지 못했다. 난폭함으로 하는 것은 마치 엉클어진 실을 풀려다가 더욱 엉클어지게 하는 것과 같다.〔聞以德和民 不聞以亂 以亂 猶治絲而棼之也〕"라 하였다.(≪春秋左氏傳≫ 隱公 4년)

18) 韋白 : 唐나라 시인 韋應物(737~804)과 白居易(772~846)의 병칭이다. 두 사람 다 蘇州刺史를 역임하였다.

"번다한 일을 처리할 때는 반드시 만사의 밖에 마음을 두어야 비로소 만 가지 업무의 실정을 알 수 있는 법이니, 이것이 나의 정원에 이름을 붙인 까닭이다."라 하였으니, 진실로 옳은 말이로다. 정치의 근본을 삼을 만하도다.

이에 이 정원에 와서 노니는 鉅儒·鴻生[19]들과 즐기며 술을 마시고 이 사실을 시로 기록하였는데, 함께 노니는 이들이 모두 화답하였다. 이를 기록한 이는 上元 사람 梅曾亮이다.

江夏陳芝楣先生이 以侍從近臣으로 莅政於此하니 適當海運之役及吳淞口徒陽河濬功之時하여 百政具興에 委勞於身이어늘 而先生從容夷猶하여 治絲不棼하니 邦無曠功하며 吏無留牘이라 踵韋白之遺風하고 修郡治之舊貫하여 忘其身之勞而職之劇也라 名其園曰閒園이라 先生之言曰 治煩者는 必置心於萬事之外라야 乃可以盡萬務之情이니 此吾園之所以名也라하니 諒哉라 言乎여 足以爲治本矣로다 於是에 與鉅儒鴻生游斯園者로 樂而觴之하고 詩紀其事어늘 與游者咸和之라 其記之者는 上元梅曾亮也라

19) 鉅儒·鴻生 : ≪漢書≫ 〈揚雄傳〉에 나오는 말로 학식이 뛰어난 훌륭한 선비를 말한다.

# 10. 〈帝鑑圖詩〉의 序　帝鑑圖詩序*

*매증량이 1844년 59세 때 북경에 있으면서 쓴 글이다. 明 神宗 때 재상인 張居正이 황제에게 바친 ≪帝鑑圖≫에 蔡紹洛이 117수의 시를 지어 덧붙인 것이 〈帝鑑圖詩〉이다. 이 글에서 매증량은 대대적인 혁신을 단행하다가 좋지 못한 평판을 받고 사후에 사형을 받은 장거정을 변호하여 큰일을 할 수 있는 자리에 있는 사람은 장래에 후회할 일이 있을지라도 자신의 뜻을 실행할 수밖에 없다고 하였다.

明나라 張太岳[1)]이 神宗을 보필하여 재상으로 있으면서 ≪帝鑑圖≫를 바쳤으니, 옛날 제왕의 본받을 만한 일이 81가지이고 鑑戒로 삼을 일이 36가지이다. 그 圖本은 4자로 된 成語들로 제목을 만들고 그 說을 뒤쪽에 열거하였으니, 그 설들이 다 明白하고 簡易하여 어린 학자들도 알 수 있도록 하였다. 대개 자기가 모시는 임금이 〈읽을〉 것에 대비한 것이니, 자부심이 진실로 대단하다.

張居正

**明張太岳**이 **相神宗**할새 **進帝鑑圖**하니 **古帝王可法者**

1) 張太岳 : 明나라 중엽의 문신 張居正(1525~1582)이다. 太岳은 그의 호이고, 자는 叔大, 시호는 文忠이다. 明 世宗 嘉靖 26년(1547)에 進士試에 급제하였고, 神宗 때 재상이 되어 10여 년 동안 과감한 개혁을 단행하였다. 그리하여 考成法을 실시하여 중앙집권제를 강화하고, 각급 관리들에게 청렴하고 공평할 것을 강조하는 한편 안으로는 전국의 토지를 측량하고 一條鞭法을 실시하여 국고를 부유하게 하였으며, 밖으로는 군대를 정돈하고 변경 수비를 강화하는 한편 韃靼族의 추장인 俺答에게 安撫 정책을 써서 교역을 허락하였다. 이러한 대대적인 개혁으로 국가 재정은 크게 좋아졌으나 언론을 탄압하고 기득권을 침해한 것으로 말미암아 반대 세력 많아졌다. 그리하여 1577년에 부친상을 당하고도 휴직 중에 탄핵될까 두려워 상을 치르지 않았다. 1582년에 병으로 사망한 후 上柱國의 봉호와 文忠이란 시호가 내려졌으나 탄핵이 잇따라 1583년에 봉호와 시호가 박탈되고 사후 사형을 선고받았으며, 가산은 몰수되고 가족은 변경으로 보내졌다. 58년이 지난 후에 복권되었다. 저서로 ≪張太岳集≫·≪四書集注直解說約≫·≪女誡眞解≫ 등이 있다.

**八十一事**요 **爲戒者三十六事**라 **其圖以四字爲目**하고 **而列說於後**하니 **其說皆明白簡易**(이)하여 **使童儒可曉**라 **蓋所以待其君者**니 **自處固甚重矣**라

同年[2) ]蔡季瞻[3)]이 그 제목들을 차례로 나열하여 試帖[4)]을 만들어 117수의 시를 지었는데, 陸立夫[5)]가 이를 좋아하여 간행하면서 나에게 서문을 부탁하였다. 그리하여 내가 이 시첩을 읽고서 蘇氏 子由[6)]의 말에 느낀 바가 있기에 "진실로 權臣은 있어서는 안 되고 重臣은 없어서는 안 되거늘[7)] 임금들은 왕왕 권신은 용납하고 중신은 용납하지 못하니, 개탄스럽다."라 하노라.

**同年蔡季瞻**이 **次其目爲試帖**하여 **得百一十七首**어늘 **陸立夫好而刊之**할새 **屬**(촉)**爲序**라 **曾亮因讀之而有感於蘇氏子由之言也**라 **曰 信乎權臣不可有而重臣不可無**어늘 **而爲人君者往往能容權臣而不能容重臣**하니 **爲可歎也**라하노라

霍光[8)]・諸葛武侯[9)]・慕容恪[10)] 이후로 李文饒[11)]・張太岳 같은 이들은 모두 거의 중신이라 할 만한데 장태악이 명나라에 있어서는 더욱이 百官이 자기 직책을 총괄

2) 同年 : 같은 해의 과거에 급제한 사람을 가리키는 말이다.
3) 蔡季瞻 : 蔡紹洛이다. 그의 자가 季瞻이다.
4) 試帖 : 唐나라 이래로 과거 시험에서 쓰는 일종의 詩體이다. 일반적으로 古人의 詩句로 제목을 삼고 그 위에 '賦得' 두 글자를 얹으므로 賦得體라고도 한다.
5) 陸立夫 : 淸나라 문신 陸建瀛(1792~1853)이다. 그의 자가 立夫이다. 湖北 沔陽 사람으로 1822년에 진사시에 급제하여 누차 布政使로 발탁되었고 雲南巡撫, 兩江總督을 역임하였다.
6) 蘇氏 子由 : 唐宋八大家의 한 사람인 宋나라 蘇轍이다. 그의 자가 子由이다.
7) 權臣은……되거늘 : 蘇轍의 〈臣事 第一道〉에 "대저 권신이란 천하에 하루도 있어서는 안 되고 중신은 천하에 하루도 없어서는 안 된다.〔夫權臣者天下不可一日而有 而重臣者天下不可一日而無也〕" 라 하였다.(≪欒城應詔集≫ 권7 〈進策五道〉)
8) 霍光 : 漢나라 때 平陽 사람으로 자는 子孟이며, 武帝・昭帝・宣帝를 보필하여 큰 공적을 세웠다. 昭帝가 8세로 즉위하자 遺詔를 받들어 잘 보필하여 博陵侯가 되었고, 소제가 죽자 昌邑王을 황제로 세웠으나 음란하다고 폐위하고 宣帝를 세웠다. 霍光은 20여 년간 정권을 잡고서 친척들을 많이 기용하였다. 그가 죽고 선제가 親政을 하면서 모반하였다는 죄목으로 그의 족속을 誅滅하였다.(≪漢書≫ 권68 〈霍光傳〉)
9) 諸葛武侯 : 삼국시대 蜀漢의 승상 諸葛亮을 가리킨다. 武侯는 그의 시호이다.
10) 慕容恪 : 前燕의 왕 慕容皝의 넷째 아들로 大司馬가 되어 조정을 總攝하였다.
11) 李文饒 : 唐 武宗 때 淮南節度使로 있다가 조정에 들어와 재상이 된 李德裕(787~849)이다. 그의 자가 文饒이다. 이덕유는 명재상 李吉甫의 아들로 6년을 정승으로 있으면서 藩鎭의 화를 미연에 방비한 공적을 이루었다. 宣宗이 즉위한 후 참소를 받아 崖州司戶參軍事로 貶斥되어 그곳에서 죽었다.(≪舊唐書≫ 권174 〈李德裕傳〉)

하여 명을 들은 재상[12]이라 할 만하다. 그러나 한 사람은 생전에 화가 발생하였고,[13] 한 사람은 사후에 권세가 무너졌다.[14] 그리하여 論者들은 마침내 권세를 믿고 지위를 훔친 자들과 같은 부류로 취급하여 다들 비웃으니, 탄식할 일이다.

100尺 높이의 장대를 따라 올라가면서 쉬지 않는 것은 비록 몹시 어리석은 사람이라도 마침내 한 번 넘어져 쓰러지고 말 것임을 아는데, 하물며 지혜로운 이야 말할 나위 있겠는가. 그런데도 끝내 이러한 계책을 내고 만 것은 어째서인가.

대저 세상에 超絶한 재주를 자부하는 이는 자기 몸이 문드러져 죽는 것도 꺼리지 않고 반드시 자기 가슴속의 뛰어난 계책을 한번 내어서 차라리 발호한다는 평판을 받을지언정 견제하는 자들로 하여금 자신의 일을 망치도록 하지 않은 지가 오래이다.

自霍光諸葛武侯慕容恪後로 如李文饒張太岳은 皆幾乎可以爲重臣이로되 而太岳之在明에 尤可謂總己以聽者矣라 然이나 一則禍發於身前하고 一則勢敗於身後라 論者遂與怙權竊位者同類而共笑之하니 嗟夫라 緣百尺之竿而不息은 雖甚愚者라도 知其終一跌而靡也온 況智士哉아 然而計卒出於此者는 何也오 夫負高世之材者는 不憚糜爛其身하고 而必一出其胸中之奇하여 寧負跋扈之名이언정 而不使有所牽制者之敗吾事久矣라

대저 인심이 날로 그릇되어 가는 판국에 큰 공적을 이루고 큰 명성을 세운 사람은 용렬한 자들에게 해를 입지 않은 이가 없다. 어찌 용렬한 자들뿐이리오. 이들이 자기 마음대로 專橫할 때에는 군자들도 그 마음을 의심하여 많은 사람들이 후일에 속 시원히 〈분풀이할〉 수 있게 되길 바랐으니, 그 禍患이 곧바로 닥쳐온 것이 진실로 이상할 것도 없다.

대저 공적과 명성이 이루어진 다음에 몸이 조정에서 물러난 이는 옛날에는 진실로 있었으니, 이는 평범한 수준에서 현달한 경우에는 가능하다. 그러나 임금을 두렵게 할 권세를 잡은 경우에는 반드시 미리 헤아려보아 권세가 다한 뒤의 몸이 용

12) 百官이……재상 : ≪論語≫ 〈憲問〉에 "군주가 죽으면 백관이 자신의 직책을 총괄하여 총재에게 명을 듣기를 3년 동안 하였다.〔君薨 百官總己 以聽於冢宰三年〕"라 한데서 온 말로, 재상으로서 조정의 관원들을 잘 통솔하였음을 뜻한다.

13) 한……발생하였고 : 李德裕가 崖州司戶參軍事로 貶斥되어 그곳에서 죽은 것을 말한다.

14) 한……무너졌다 : 張居正이 사후에 봉호와 시호를 박탈당하고 사형을 선고받았으며, 가산은 몰수되고 가족은 변경으로 보내진 것을 말한다.

납될 곳이 없어도 후회하지 않을 것 같으면 그렇게 하고, 그렇지 않으면 차라리 참고서 〈공적과 명성을〉 버려 죽을 때까지 세상에 나오지 않아야 한다.

내가 장태악이 당시 사람에게 보낸 편지를 보건대 또한 자기가 앉아 있는 자리가 위태하고 어려운 줄 스스로 알았으니, 이미 이러한 상황에 이르러서는 나아가도 패망하고 물러나도 패망할 뿐이다. 그는 이전에 진실로 참지 못할 바가 있었던 것이니, 자신이 큰일을 할 수 있을 때를 만나서는 또 어찌 후회할 것에 대비해 다시 계책을 세웠겠는가.

**夫人情之日非也**에 **成大功立大名者**는 **未有不害於庸衆者也**라 **豈惟庸衆而已**리오 **當其專己獨行**하여는 **卽君子**도 **亦疑其心**하여 **而群思有以快其後**하니 **則其禍不旋踵**이 **固無足怪者**라 **夫功成名遂而身退者**는 **古固有之**하니 **此尋常之顯榮者則可矣**어니와 **若操震主之權**은 **必逆策夫權盡之身**이 **無所容而不悔者**면 **則爲之**요 **不然則寧忍而捨之**하여 **沒世而不出**이라 **吾觀太岳與時人書**에 **亦自知所踞之危且難矣**니 **及已至是**하여는 **進亦敗退亦敗耳**라 **彼其先固有所不能忍者也**니 **則當其得爲之時**하여는 **又豈復爲後悔者計哉**아

安化 사람 陶文毅公[15)]이 장태악에 대해 깊이 크게 탄식하고 그 遺集을 刊定하였다. 내가 이 때문에 그가 세상 사람들을 따라 비방하거나 칭찬하지 않는다는 것을 아니, 채계첨도 도문의공과 같은 뜻을 가졌을 것이다. 작품이 좋기로 말하자면 채계첨의 시는 試帖으로 다 알 수 있는 것이 아니므로 또한 더 이상 贅言하지 않는다.

**安化陶文毅公**이 **於太岳**에 **蓋深太息之**하고 **而爲之刊定其遺集**이라 **吾以是知其不隨俗爲毁譽也**하노니 **則季瞻亦文毅之志也夫**인저 **至於所作之工**하여는 **季瞻之詩**는 **非可以試帖盡也**라 **故亦不復贅也**라

15) 陶文毅公 : 陶澍(1779~1839)를 가리킨다. 그는 자가 子霖이고, 호가 雲汀 또는 髯樵이며, 시호가 文毅이고, 湖南 安化 사람이다. 嘉慶 7년(1802)에 진사시에 급제하였고, 道光 연간에 安徽・江蘇 巡撫를 역임하고 兩江總督에 이르렀다. 저서로 ≪印心石屋詩抄≫・≪蜀輶日記≫가 있다.

# 11. 陳拜鄉의 詩에 대한 序　陳拜鄉[1)]詩序*

*매증량이 1833년 48세 때 쓴 글이다. 陳祖望(호 拜鄕)은 문학이 뛰어났지만 과거에 급제하여 출세하지 못하고 지방관의 幕僚로 실의에 빠져 오로지 시에만 즐거움을 두고 있었다. 매증량은 南宋의 시인 陸游의 경우에서 알 수 있듯이 좋은 시들은 대개 막료로 있을 때 지은 것이 많다고 하면서 진조망도 고향 會稽로 돌아가지 못하고 오래 막료로 머물면서 좋은 작품을 남기게 될 수도 있다는 말로 위로하였다.

매증량은 원래 젊은 시절에는 騈儷文을 잘 지었는데, 후일에 자신이 지은 변려문의 글들을 다 버리고 전향하여 古文을 지었다. 이러한 사실은 그의 〈覆陳伯游書〉와 〈管異之文集書後〉에 보인다. 이 글 중에는 매증량이 변려문을 지었던 흔적을 볼 수 있다.

歸安 사람 孫秋士와 震澤 사람 張淵甫와 會稽 사람 陳拜鄕은 모두 나와 교유하는 벗들 중 시를 잘 짓는 사람들이다. 秋士는 名公의 아들로서 과거를 볼 뜻을 끊었고 淵甫는 經書를 풀이하는 데 능통하기에 校官[2)] 한 자리를 얻어서 학업을 성취하고자 하는 뜻을 가졌었다. 그러므로 그 작품들이 혹은 閒冷하고 孤逸하며, 혹은 淸醇하고 淡古한데, 유독 陳拜鄕만은 연소할 때부터 곧 높은 재주로 어진 諸侯의 上客[3)]이 되어 산적한 書奏[4)]를 마치 아름다운 繡를 놓듯이 써 내려갔으며, 때로는 마음껏 술을 마시고 농담하면서 취해 즐겁게 놀면서 자기의 즐거움을 즐겼다.[5)]

그러므로 그 시가 淸曠하여 脫俗하면서도 典故를 망라하여 글과 사실이 서로 부

1) 鄕 : ≪柏梘山房文集≫에는 '薌'자로 되어 있다.
2) 校官 : 학교의 관원으로 學官과 같은 말이다.
3) 어진……上客 : 지방관의 幕僚를 말한다.
4) 書奏 : 書簡과 奏章이다. 즉 지방관으로서 보고할 공문이다.
5) 자기의……즐겼다 : ≪莊子≫ 〈大宗師〉와 〈騈拇〉에 "다른 사람의 즐거움을 자신의 즐거움으로 여겨 자기의 즐거움을 스스로 즐거워하지 못하는 자들이다.〔適人之適而不自適其適者也〕"라고 한 구절을 차용하였다.

합하니, 박람한 지식을 갖고 정밀히 선택하여 오로지 이를 바탕으로 삼아 시를 짓는 이가 아니면 이렇게 할 수 없다. 君은 거의 이 시를 짓는 일에만 참된 즐거움을 두고 그 밖의 다른 것은 단지 잠시 마음을 기탁할 뿐인 것이다.

**歸安孫秋士, 震澤張淵甫, 會稽陳拜鄕**은 **皆交遊中能詩人也**라 **秋士以名公子**로 **而絶意科擧**하고 **淵甫善說經**하여 **志欲得一校官**하여 **以就其業**이라 **故所作**이 **或閒**(한)**冷孤逸**하고 **或淸醇淡古**로되 **獨拜鄕**은 **自年少時**로 **卽以高才爲賢諸侯上客**하여 **書奏旁午**에 **下筆如刺蜚繡**하고 **時或劇飮詠調**하여 **酣嬉以自適其樂**이라 **故其詩淸曠邁俗**하되 **而殺縛事實**하여 **詞與事稱**하니 **非博覽精擇**하여 **一資爲詩者**면 **不能也**라 **君殆有眞樂於是**요 **而其他特寓焉者乎**인저

내가 일찍이 幕中에 빈객으로 있으면서[6] 주인과 더불어 연회에서 술을 마실 때 관악기가 사방에서 合奏함에 萬籟가 다 소리를 죽이고 비단옷을 입은 풍만한 미녀들이 고운 피부로 술기운이 올라 있었다.

이때에 빈객은 마치 담장을 둘러친 듯이 〈많이 앉아 있으며〉 시중을 드는 하인들은 마치 흐르는 시냇물처럼 〈많이 움직이고,〉 천 개의 손가락과 만 개의 눈이 저마다 향하는 곳이 있었다. 그런데 생각해보건대 나의 일신은 술상 앞에 우뚝이 앉아 멍청하기가 마치 하나의 마른 나무가 넓은 들판에 가지를 드리우고 있는 것과 같았으니, 이른바 높은 누대며 깊은 연못이며 아름다운 등잔이며 밝은 촛불 같은 것들을 어찌 보았겠는가.[7]

내가 이때에 슬펐던 마음으로 군도 이러한 때에 슬펐으리라는 것을 아니, 시를 짓는 즐거움은 아마도 근심을 잊기 위한 것일 터이다.

**吾嘗客幕中**하여 **與主人燕飮**할새 **簫管四合**에 **萬籟屛聲**하고 **錦繡豐潤**이 **膩肌醉骨**이러라 **當是時**하여 **客如垣牆**하며 **僕如流川**이요 **千指萬目**이 **各有所趣**로되 **念吾一身**이 **駊騀樽俎**하여 **塊然如一槁木**이 **枝委曠野耳**니 **烏覩所謂高臺深池華鐙明燭者哉**아 **以吾之慨於是**로 **知君之亦有慨於是也**하니 **其樂也殆所以忘憂者乎**인저

---

6) 내가……있으면서 : 매증량이 1822년 이후로 安徽巡撫 鄧延楨(1776~1846)과 江蘇巡撫 陶澍(1779~1839)의 幕僚가 되었던 것을 말한다.

7) 이때에……보았겠는가 : 과거에 급제하여 出仕하지 못하고 한갓 지방관의 幕僚로 있기 때문에 失意에 빠져 술자리에서도 즐기지 못하고 있는 모습을 형용한 것이다.

陸游

會稽에는 아름다운 산수가 많으니, 六朝 시대 사람들 중 벼슬하기를 좋아하지 않는 이들이 왕왕 이 지방에 들어갔다. 군도 오랜 객지 생활에 지쳐서 장차 향리로 돌아갈 것이다. 그러나 시는 唐나라 때보다 융성할 때가 없었으나 좋은 시는 대다수 막부에 있을 때 지은 것들이다. 陸務觀이 鑑湖로 돌아가 노년을 보낼 때에는 지은 시가 또한 成都와 南鄭에 있는 때 지극히 좋았던 것만 못하였다.[8] 둥지로 돌아가는 새는 소리가 없고 떨어져 뿌리에 거름이 되는 잎은 울지 않는 것은 그 형세가 그러하다.

지금 물이 골짜기로 돌아갈 때 아직 골짜기에 도달하기 전에는 굉음을 내면서 물결치고 우레처럼 달리며 구름처럼 뒤집혀 흐르다가 막상 골짜기에 이르면 그만 끝나고 만다. 이에 구경하는 이들이 마침내 팔을 흔들고 떠나간다. 그러므로 물이 사람으로 하여금 놀라 즐겁게 구경하도록 하는 것은 물의 즐거움이 아니지만 구경하는 이들이 반드시 이것을 즐거워하니, 하늘이 장차 군의 시를 창성하게 할 터인 즉 그렇다면 군이 향리로 돌아가는 것을 또 과연 기필할 수 있겠는가.

會稽多佳山水하니 六朝人不樂仕者往往入之라 君倦遊久에 亦將歸矣라 然詩莫盛於唐이나 而工詩者는 多幕府時作이라 陸務觀이 歸老鑑湖에 其詩亦不如成都南鄭中爲極盛이라 鳥歸巢者無聲하고 葉落糞本者不鳴은 其勢然也라 今夫水之歸壑也에 其未至則澎湃洶湧하고 雷奔雲譎이라가 及至於壑하여는 則已矣라 而觀者遂掉臂而去之라 故水而使人驚而樂之는 非水之適也로대 而觀者必樂乎是하니 天將昌君之詩면 則其歸又果可必乎아

8) 陸務觀이……못하였다 : 陸務觀은 南宋의 시인 陸游(1125~1210)이다. 務觀은 그의 자이다. 鑑湖는 곧 鏡湖이다. 이 호수는 浙江省 紹興縣에 있는데 後漢 順帝 때 馬臻이 會稽太守로 있으면서 灌漑를 위해 만든 것으로 절경으로 이름났다. 육유는 소흥 사람이라 만년에 고향으로 돌아가 여생을 보냈다. 南鄭은 본래 전국시대 秦나라의 南鄭邑으로 지금의 陝西省 漢中이다. 육유가 일찍이 夔州通判에 임명되어 四川에 들어간 뒤로 한중과 성도에 머물렀다. 육유는 이때 四川宣撫使 王炎의 막료로 일했고, 왕염이 조정으로 돌아가자 成都府按撫使參議官으로 직임이 바뀌었다. 한중과 성도에 있던 시절에 육유는 좋은 서정시를 많이 지었다.

# 12. ≪後漢書≫의 뒤에 씀　書後漢書後*

*매증량이 1813년 28세 때 쓴 글이다. ≪후한서≫를 읽다가 후한 말엽에 黃巾賊·五斗米敎 등 사이비 교주에 의한 민란으로 국가가 망하는 것을 보고 개탄하여 쓴 것으로, ≪柏梘山房全集≫ 권1의 〈民論〉과 내용이 유사하다.

敎란 본래 임금이 내리는 것이다. 그런데 후한 말엽에 이르러서는 민간에서 백성이 교주가 되어 백성들에게 敎를 내리고 교단을 만들면, 백성들은 자신들이 국법을 어긴 것에 두려움이 생겨 차츰 조정에 저항하게 되니, 여기서 변란의 싹이 생겼다. 말미에서 작자는 권력이 백성에게서 나와도 큰 화란을 일으킨다는 사실을 전제해 놓고 "王者의 권세를 가지고서 교화를 일으키기 쉽지 않다고 하는 것은 망령되다." 라 하여 후한 말엽의 桓帝·靈帝와 같은 무능한 황제들을 비판하였다.

옛날에는 변란을 일으키는 간특한 백성이 많았다. 관리에게 毒害를 입고 飢寒에 핍박을 받은 나머지 칼을 뽑아 들고 마침내 일어났다가 지명수배가 준엄하고 급박하면 제 편 사람들을 찾고 추종자들을 찾아서 자신을 구하게 되는 것은 모두 事勢의 常態이니, 요컨대 격발한 바 없이 오랫동안 생각하여서 敎를 세워 백성을 미혹시키는 경우는 있지 않다. 이러한 경우가 있는 것은 대개 東漢 말엽에 일어나 魏晉시대에 크게 성행하였다. 아아! 敎란 명칭은 백성이 長上에게 쉽게 받지 못하는 것이거늘 필부가 향리에서 〈敎를〉 받는 것은 백성이 할 수 있는 바가 아니고 事勢이다.

**古姦民爲亂者多矣**라 **毒官吏迫饑寒**하여 (梃)〔挺〕[1]**刃而卒起**라가 **及名捕嚴急**하여는 **則求黨與索隨和以自救**는 **皆事勢之常態**니 **要未有無所激發**하여 **處心積慮**하여 **立敎以惑民者也**라 **其有是者**는 **蓋起於東漢之末而大盛於魏晉之間**하니 **嗚呼**라 **敎之名**은 **民所不易**(이)**受於長上者也**어늘 **而匹夫能得之於鄕里**는 **非民之所能爲也**요 **勢也**라

---

1) (梃)〔挺〕: 저본에는 '梃'으로 되어 있으나, ≪柏梘山房全集≫ 〈民論〉에 의거하여 '挺'으로 바로잡았다.

지금 백성이 살아가는 것은 농사를 지어서 밥을 먹고 베를 짜서 옷을 입고서 머리를 떨군 채 기운 없는 모습으로 오갈 뿐 사대부들의 명성과 文物의 즐거움이 있는 줄 알지 못하며, 게다가 부유하여 능력이 있는 이들이 식사할 때 울리는 종, 말을 타고 수행하는 侍從, 아름다운 여색, 즐거운 視聽과 같은 오락을 가진 경우와 같지 않으니, 枯槁하고 寂滅한 사람[2]들은 혹 이런 삶을 견딜 수 있을지언정 백성들은 진실로 이를 즐길 수 없다.

聖人이 이를 근심하여 이에 鄕飮酒[3]·鄕射禮[4]의 법을 두고 儺(나)[5]·蜡(사)[6]의 禮를 두고 月吉讀法[7]의 법령을 두어서 백성들을 분주히 다니게 하고 빠르게 달리게 하되 자신의 심력을 허비하는 것을 꺼리지 않으셨으니, 그 생각은 '나의 법 중에 알 수 있는 것은 재능을 겨루고 敎訓을 익혀 時氣[8]를 사라지게 하는 데 있고,

---

2) 枯槁하고……사람 : 枯槁는 욕망을 끊어 마음이 마른 나무와 같은 상태이다. 즉 산중에서 수행하는 승려를 말한다.

3) 鄕飮酒 : 향리에 어진 이를 존경하고 어른을 봉양하는 미풍양속을 권장할 목적으로 베푸는 연회이다. ≪周禮≫ 〈地官 鄕大夫〉에 "鄕學에서 3년 동안 학업을 닦은 사람 중에 우수한 사람을 천거할 때, 그를 송별하기 위해 鄕老 및 鄕大夫가 전별연을 베푼다."라 하였는데, 이것이 향음주례의 시초이다. 후세에는 온 고을 사람들이 모여 나이 순서대로 앉아서 법도에 맞게 술을 마심으로써 敬老의 美風을 권장하는 행사가 되었다

4) 鄕射禮 : 고대에 봄과 가을에 백성을 모아 활쏘기를 하는 의식이다. 중국 周나라 때 鄕學에서 3년의 수업을 마친 사람 중에서 어질고 유능한 인재를 임금에게 추천할 때 실력을 가리기 위해 행하던 활쏘기 의식에서 비롯하였다.(≪儀禮≫ 〈鄕射禮〉)

5) 儺(나) : 음력 섣달 그믐날 밤에 궁중과 민간에서 악귀와 雜神을 쫓아내는 일종의 巫俗 행위이다. ≪禮記≫ 〈月令〉에 "12월에 유사에게 명하여 大儺를 거행한다.〔季冬之月 命有司 大儺〕"라고 하였다. 대나에는 백성들이 참여하여 노래와 춤을 즐기는 일종의 축제가 되었다.

6) 蜡(사) : 周나라 때 12월에 지내는 제사로 농사를 마친 뒤에 백성들이 참여하여 함께 즐기는 일종의 축제의 성격을 띠고 있다. 여덟 가지 제사가 있으므로 八蜡라고 하는데, 先嗇·司嗇·百種·農·郵表畷·禽獸·貓虎·坊과 水庸이다. 선색은 농사를 창시한 神農을 말하고, 수용은 논밭 사이의 도랑을 말한다.(≪禮記≫ 〈郊特牲〉) 子貢이 蜡祭를 구경하고 있을 때 孔子가 "賜야, 즐거웠느냐?" 하고 물으니, 자공이 대답하기를 "온 나라 사람들이 모두 미친 듯합니다. 저는 그 즐거움을 알지 못하겠습니다." 하였다. 이에 공자가 말하기를, "백 일 동안 〈노고한 뒤에 지내는〉 사제는 하루 동안 〈즐기며 놀도록 해주는 군주의〉 은택이니, 네가 알 수 있는 바가 아니다. 활을 조이기만 하고 풀어놓지 않은 것처럼 하는 것은 文王·武王이 하지 못하며, 활을 풀어만 놓고 조이지 않는 것처럼 하는 것은 문왕·무왕이 하지 않는다. 한 번 조이고 한 번 풀어놓는 것이 문왕·무왕의 도이다."라 하였다.〔子貢觀於蜡 孔子曰 賜也樂乎 對曰 一國之人皆若狂 賜未知其樂也 子曰 百日之蜡 一日之澤 非爾所知也 張而不弛 文武弗能也 弛而不張 文武弗爲也 一張一弛 文武之道也〕(≪禮記≫ 〈雜記 下〉)

7) 月吉讀法 : ≪周禮≫ 〈地官 司徒 上〉에 "族師는 그 一族의 戒令과 政事를 관장하여 매월 초하룻날에 백성들을 한곳에 모아 나라의 법을 읽어준다.〔族師 各掌其族之戒令政事 月吉則屬民而讀邦法〕"라 하였다.

법 중에 알 수 없는 것은 백성들로 하여금 耳目을 바꾸고 血氣를 흔들어서 겉으로는 그 鼓舞하는 감정을 이루어주고 안으로는 움직여 치달리고자 하는 생각을 거두게 하는 데 있다.'라 하였던 것이니, 그 敎는 이와 같았을 따름이다.

**今夫民之生也**는 **耕而食**하며 **織而衣**하여 **貿然相往來**하여 **不知有士大夫聲名文物之樂**이요 **又非如富厚有力者有鳴鐘連騎采色視聽之娛**하니 **若此者**는 **枯槁寂滅之士或能堪之**요 **而民固不能樂乎此也**라 **聖人憂之**하여 **於是**에 **有飮射之典**하며 **有儺蜡之禮**하며 **有月吉讀法之令**하여 **奔走之馳驟之**하되 **而不憚其勞拙**하니 **其意以爲吾法之可知者**는 **在乎角材能習敎訓而消息乎時氣**요 **而法之不可知者**는 **在使民回易耳目**하고 **震盪血氣**하여 **陽遂其鼓舞之情**하고 **而陰輯其動而思騁之意**라하니 **其敎如是而已**라

漢나라가 융성할 때에는 무릇 鄕射·大儺·都肄[9]·鄕會[10]들을 모두 太守와 縣令이 직접 참관한 것이 古法과 같았는데, 이 법이 없어진 것은 東漢이 쇠퇴해졌을 때일 것이다. 아아! 이것이 黃巾[11]·米賊[12]의 禍亂이 일어나 막을 수 없게 된 까닭이다.

**當漢之盛時**하여는 **凡鄕射大儺都肄鄕會**를 **皆太守與縣令親之**가 **猶古法也**러니 **法之廢**는 **其東漢之衰乎**인저 **嗟乎**라 **此黃巾米賊之禍所以起而不可禁也**라

대저 백성들이 즐거이 일에 달려가고 이익에 이끌리지 않는 것은 초야 중에 반드시 백성의 욕망을 인하여 윗사람의 뜻을 훔쳐서 자신의 간사한 계책을 실현하는 자가 있는 법이니, 처음에는 단지 사사로이 명목을 세우고서 재물을 거두어들여

---

8) 時氣 : 四時의 기운이 좋지 못하여 疫疾을 일으키는 것을 말한다.
9) 都肄 : 士卒을 검열하고 조련하는 일이다. ≪漢書≫ 顔師古의 注에 "肄는 익힌다는 뜻이니, 대대적으로 군사를 훈련하는 것이다."라 하였다.
10) 鄕會 : 고을의 일을 의논하기 위해 고을 사람들이 모이는 행사로 지방 士族이 중심이 되어 운영하는 일종의 지방자치 회의이다.
11) 黃巾 : 後漢 靈帝 때 張角이 일으킨 民亂을 말한다. 장각은 太平道를 창시하고, 자칭 '大賢良師'라고 부르며 교단을 조직하여, "蒼天은 이미 죽었으니 黃天이 서야 한다."라고 선전하였다. 교도가 수십만 명에 이르러, 靑·徐·幽·冀·荊·揚·兗·豫의 州로 퍼져나갔다. 이 교도들은 머리에 황건을 두르는 것을 표식으로 삼았으므로 황건적이라고 불렀다.
12) 米賊 : 後漢 말엽에 張陵이 蜀 땅에 창시한 敎團인 五斗米敎를 말한다. 모든 질병의 원인은 罪過가 있기 때문이라고 하면서 질병을 치료해주는 대가로 쌀 다섯 말을 받은 데서 이 이름이 생겼다.

賽會[13]를 열어 〈敎徒들이〉 모여 교유하는 데 목적을 두었을 뿐이었다. 그러나 후에는 마침내 국가를 소유한 임금의 근심거리가 되고 말았으니, 국가를 소유한 임금의 근심거리가 되는 데 이르러서는 대개 〈그 교주를〉 추종하여 호응하는 사람들만 좋아하지 않을 뿐 아니라, 또한 어찌 그 敎를 倡道한 이가 처음에 원한 바이겠는가. 그런데도 형세가 반드시 이러한 지경에 이르게 되는 것은 어째서인가.

자신이 사람들을 위해 말하여 인도하니, 자신이 사람들을 모았으면 자신이 사람들을 흩을 수 있다. 그러므로 그 권력이 윗사람에게 있으니, 백성들이 스스로 모이는 것은 법이 허용하는 바가 아니다. 백성들은 그 뜻이 윗사람에게서 나오지 않았다는 것을 알고서 형법이 자신에게 미칠까 두려워한다. 그리하여 두려운 마음에 윗사람과 버티려는 마음을 가지게 되니, 그 형세가 드디어 모여서 다시는 흩을 수 없게 된다. 그러므로 "백성이 할 수 있는 바가 아니고 事勢이다."라 한 것이다.

**夫民所樂趨之事而不爲利導之**는 **草野之間**에 **必有因民之欲**하여 **竊吾意以售其姦者**니 **其始特出於私立名字**하여 **斂財帛**하여 **賽會徵逐而已**라가 **而其後遂爲有國者之憂**하니 **至於爲有國者之憂**하여는 **蓋非獨從而和者不樂也**라 **而亦豈倡之者之始願哉**아 **然而勢必至乎此者**는 **何也**오 **吾爲之說以導之**호리라 **吾聚之**어든 **吾能散之**라 **故其權在上**하니 **民自爲聚者**는 **非法之所許也**라 **民知意不出於上**하여 **而恐法及己也**라 **鰓鰓然有與上相持之心**하니 **其勢遂聚而不可復散**이라 **故曰非民之所能爲也**요 **勢也**라하니라

옛날에 子貢이 蜡祭를 구경하고서 "온 나라 사람들이 모두 미친 듯합니다."라 하였으니, 온 나라 사람이 미친 듯한 지경에 이르러서는 비록 후세에 아무리 군중이 매우 많이 모인 경우일지라도 이보다 더한 것은 없거늘 고대의 聖王은 이렇게 사제를 행하였다.

孔子는 "활을 조이기만 하고 풀어놓지 않은 것처럼 하는 것은 文王·武王이 하지 못한다."라 하였으니, 대저 문왕·무왕도 하지 못하는 것을 후세 사람이 할 수 있다면 이는 반드시 그 백성들이 모두 다 마른 나뭇가지나 들판의 사슴[14]과 같은 것

13) 賽會 : 儀仗·鼓樂·雜戲 등을 벌여놓고 사당의 神像을 모시고 나와 동네를 돌던 일종의 종교 의식이다. ≪大明律例諺解≫에서는 신에게 기도하여 소원대로 되었을 때 감사의 뜻으로 올리는 제사를 말한다고 하였다.(≪大明律例諺解≫ 권14 28장)

14) 마른……사슴 : 莊子가 "지극히 잘 다스려진 시대는 어진 사람을 숭상하지 않고 능한 사람을

이 마치 上古에 〈上下가〉 서로 왕래하지 않는 상태와 같아진 뒤에야 가능할 터이니, 어찌 이런 이치가 있겠는가.

아아! 권세가 士에게서 나오자 黨錮淸流[15)]의 禍亂이 이루어졌고, 권세가 백성에게서 나오자 左道亂政[16)]의 화란이 거세어졌으니, 그렇다면 王者의 권세를 가지고서 교화를 일으키기 쉽지 않다고 하는 것은 망령되다.

**昔**에 **子貢觀於蜡**하여 **以爲一國之人**이 **皆若狂夫**라하니 **至於一國若狂**하여는 **雖後世聚衆之盛**이 **無過於此**나 **而聖王行之**라 **孔子曰 張而不弛**는 **文武弗能也**라하니 **夫文武所不能者**를 **而後人能之**는 **必其民皆標枝野鹿**이 **如上古之不相往來者而後**에 **可也**니 **而豈有是理哉**아 **嗟乎**라 **權出於士而黨錮淸流之禍成**하고 **權出於民而左道亂政之禍烈**하니 **然則以王者之權**으로 **而謂敎化不易**(이)**興者**는 **則妄矣**라

---

부리지 않으니, 위의 임금은 마른 나뭇가지처럼 〈無心하고〉 아래의 백성들은 들판의 사슴처럼 〈無慾하다.〉〔至治之世 不尙賢 不使能 上如標枝 下如野鹿〕"라고 한 데서 온 말이다.(≪莊子≫ 〈天地〉)

15) 黨錮淸流 : 後漢 桓帝・靈帝 때에 환관들이 권세를 잡고 국정을 농단하자 李膺・陳蕃・竇武 등이 태학생들과 함께 스스로 淸流라 일컬으면서 환관들에게 적극적으로 대항하였다. 이에 환관들이 황제를 선동하여 延熹 9년(166)에 이들을 黨人이라 지목하고 200여 명을 체포하였고, 그 이듬해에 금고령을 내려 이들을 종신토록 벼슬하지 못하게 하였다. 그 후 환제가 後嗣 없이 죽고 영제가 12세의 어린 나이로 즉위하자, 외척인 두무가 정권을 장악하고 진번과 함께 환관들을 모두 죽이려 하다가 도리어 반역죄로 몰려 멸족의 화를 당하였다. 환관들이 다시 득세하여 이응・杜密 등을 誅戮하고 당인과 태학생들을 대거 체포하는 한편 관련자들을 모두 폐출하거나 금고하였다.(≪後漢書≫ 권97 〈黨錮列傳〉)

16) 左道亂政 : 道敎와 같은 좌도가 國政을 혼란시킨 일로, 黃巾賊・五斗米敎의 난리를 가리킨다.

# 13. ≪莊子≫ 뒤에 씀　書莊子後*

* 매증량이 1823년 38세 때 쓴 글이다. ≪莊子≫는 심오한 이치가 담긴 책으로 ≪列子≫와 함께 중국 불교에 큰 영향을 끼친 책으로 평가받는다. 그러나 매증량은 ≪장자≫는 문장이 좋을 뿐이고, 저자 莊周는 富貴·利達을 바라는 욕망을 잊지 못하여 마음속에 원망하고 울울한 감정을 풀고자 고의로 필부는 높이고 王公大人은 깎아내렸다고 하였다.

아아! 莊子의 뜻은 隱微하도다. 대저 泰山이 큰 줄 알지 못할지언정 어찌하여 秋毫를 가지고서 비교해 같다고 하였으며, 彭祖가 오래 산 줄 알지 못할지언정 어찌하여 殤子를 가지고서 비교해 같다고 했단 말인가.[1] 비교해 같다고 하는 것은 같지 않음을 말한 것이니, 같지 않은 것을 굳이 같다고 하려 하지만 그 마음속으로는 진실로 같지 않음을 어찌할 수 없을 것이다.

내가 보건대 莊周의 立說은 대개 王公大人을 질문하는 사람으로 삼고 필부로써 이를 꺾었으니, 그가 자신을 달관한 사람으로 여기고 자신을 큰 사람으로 여기는[2] 것이 王斗[3]·顔斶[4]과 같은 자들과 다를 바 없고 단지 한 말이 다를 뿐이다. 戴晉人이

---

1) 泰山이……말인가 : ≪莊子≫ 〈齊物論〉에 "천하에 秋毫의 끝보다 더 큰 것이 없고 태산이 작은 것이며, 殤子보다 오래 산 것이 없고 彭祖가 요절한 것이다.〔天下莫大於秋毫之末 而太山爲小 莫壽乎殤子 而彭祖爲夭〕"라 하였다. 추호는 짐승이 가을에 털갈이를 하고 새로 자란 가는 털로 매우 가는 것을 비유하는 말이다. 상자는 성년이 되기 전에 일찍 죽은 사람이고, 팽조는 800세를 살았다는 전설상의 신선이다

2) 자신을……여기는 : ≪莊子≫ 〈山木〉에 "顔回가 단정히 拱手하고 눈을 돌려 자신(孔子)을 살펴보자 공자는 그가 자신(공자)을 달관한 사람이라고 여겨 지극히 큰 사람으로 여기며 자신(공자)을 사랑한 나머지 지나치게 슬퍼할까 염려하였다.〔顔回端拱 還目而窺之 仲尼恐其廣己而造大也 愛己而造哀也〕"라고 한 데서 온 말이다. 이 글에는 莊周가 자신을 달관한 사람으로 여기고 큰 사람으로 여기는 것이다.

3) 王斗 : 전국시대 齊나라의 高士이다. 왕두가 宮門에 이르러 齊 宣王을 만나고자 하니, 선왕이 使者를 시켜 맞아들이도록 하였다. 이에 왕두가 말하기를, "내가 급히 달려와 왕을 뵙는 것은 세력을 사모하는 것이며 왕이 달려나와 나를 만나는 것은 선비를 사랑하는 것이다. 왕에게 있어 어떠한가?"라 하였다. 사자가 다시 돌아가 보고하자 왕이 말하기를 "선생을 천천히 모셔라. 과인이 청을 따르겠다."라 하고는 자신이 직접 궁문까지 가서 왕두를 영접하였다.(≪戰國策≫ 〈齊策〉)

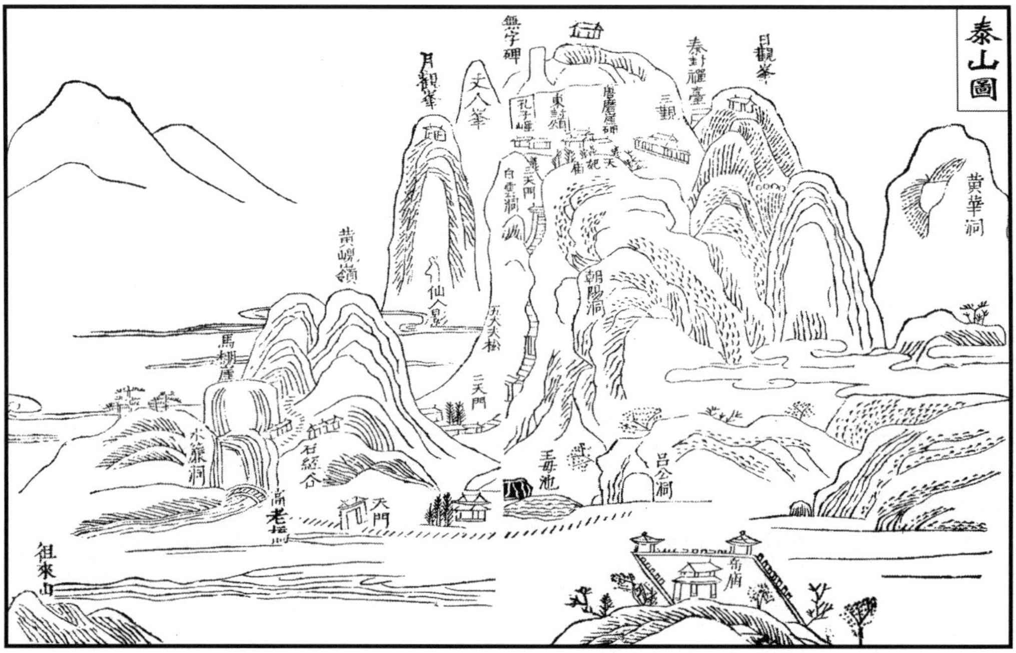


泰山圖

魏侯 瑩을 설득한 것이 이 경우로 반드시 말을 멀리 미루어가서 끝없는 〈우주 공간에〉 이르렀거늘 魏나라가 있는 듯 없는 듯한 공간에 있는 것을 돌아보았으니, 그렇다면 그가 위나라를 보는 것이 매우 중하지 않은가.[5)]

---

4) 顔斶 : 전국시대 齊나라의 高士이다. 齊 宣王이 顔斶을 접견하여 묻기를 “왕이 존귀한가, 선비가 존귀한가?” 하니, 안촉이 대답하기를, “선비가 존귀하고 왕은 존귀하지 않습니다.” 하였다. 선왕이 다시 묻기를, “그런 고사가 있는가?” 하니, 안촉이 대답하기를, “있습니다. 옛날 秦나라가 齊나라를 공격할 때, 진나라 임금이 명령을 내리기를, ‘柳下季의 무덤 50步 안의 언덕에서 나무하는 자는 용서하지 않고 모두 사형에 처한다.’라고 하고, ‘齊王의 목을 베어 오는 자는 萬戶侯에 봉하고 황금 1,000鎰을 하사한다.’라고 하였습니다. 이로써 보면 살아 있는 왕의 머리가 죽은 선비의 무덤 주변 언덕만도 못한 것입니다.”라 하였다. 선왕이 안촉을 스승으로 모시고자 최상의 衣食과 수레를 제공할 것을 약속하니, 안촉은 이를 사절하면서 “늦게 허기진 배를 채움으로써 고기를 먹는 것과 진배없게 하고, 느긋하게 걸음으로써 수레를 타는 것과 진배없게 하겠니다.〔晩食以當肉 安步以當車〕”라 하였다.(≪戰國策≫ 〈齊策〉)

5) 戴晉人이……않은가 : 魏侯 瑩은 전국시대 魏 惠王이다. 위후가 군사를 동원하여 자신과의 약속을 어긴 齊 威王을 응징하려 하자, 재상 惠子가 위후를 설득하고자 당시의 賢人 戴晉人을 왕에게 데리고 왔다. 대진인은 “달팽이 왼쪽 뿔에 있는 나라를 觸氏라 하고 달팽이 오른쪽 뿔에 있는 나라를 蠻氏라 하는데, 때로 서로 땅을 다투어 싸우면 넘어진 시체가 수만에 이르고, 패하여 달아나면 15일 뒤에 돌아옵니다.”라 하자 위후가 “아! 허황한 말이로다.”라 하였다. 대진인이 말하기를, “臣이 임금님을 위해 실증해 보이겠습니다. 임금님은 생각하시기에 상하사방에 끝이 있습니까?”라 하니, 위후가 “끝이 없다.”라 하였다. 대진인이 말하기를 “끝없는 공간에 마음을 노닐게 할 줄 알면서 다시 人跡이 통하는 한 나라에 마음을 두면, 한 나라가 있

대개 莊周라는 사람은 富貴·利達을 바라는 생각을 진실로 마음속에서 잊지 못하였으나 그렇다고 해서 張儀·蘇秦의 妾婦之道[6]는 하지 않을 바이었다. 그러므로 광대하고 심원하여 거침없는 문장을 마음대로 구사하여 필부인 자신의 뜻을 펴고 왕공대인을 굽히는 말을 힘써 함으로써 스스로 자기 마음을 즐겁게 하였던 것이니,[7] 또한 거듭 슬픈 일이다.

嗚呼라 莊子之意隱矣로다 夫不知泰山之爲大언정 烏乎以秋毫齊之며 不知彭祖之爲壽언정 烏乎以殤子齊之오 齊之者는 言乎其不齊也니 不齊而必且齊之나 其心固無如其不齊何也라 吾觀周之立說이 多以王公大人爲之質하고 而折之以匹夫하니 其廣己造大가 與王斗顔斶之徒로 無以異요 特詞不同耳라 戴晉人之說(세)魏侯瑩이 是已니 必推遠之하여 至於無垠이어늘 而反視魏在若存若亡之間하니 則其視魏也가 不已重乎아 蓋周之爲人이 於富貴利達之見을 固未能忘於心이나 而儀秦妾婦之道는 又所不爲라 故汪洋自恣하여 務爲伸彼屈此之言하여 以自適其意하니 亦重可悲矣라

≪莊子≫는 문장 중에서 좋은 것이니, ≪장자≫를 두고 道術을 말했다고 하는 것은 ≪장자≫를 아는 자가 아니다. 그런데 세상의 ≪장자≫를 말하는 이들은 굳이 道를 ≪장자≫에 귀속시켜 말하기를 "≪장자≫는 浮屠法(佛法)이 祖述한 바이다."라 하고, 또 말하기를 "孔孟의 무리이다."라 하고서 宋나라 사람[8]이 주장한 설들을 죄다 들어서 ≪장자≫에 곡진히 가져다 붙이고 말하기를 "이와 같이 하면 이치가 정밀하다."라 한다.

---

는 것 같기도 하고 없는 것 같기도 한 작은 존재로 느껴질 것입니다."라 하자 위후가 "그렇소."라 하였다. 대진인이 말하기를 "인적이 통하는 나라 중에 魏라는 나라가 있고 위나라 안에 서울인 梁 땅이 있고 양 땅 안에 임금님께서 계십니다."라 하였다.(≪莊子≫ 〈則陽〉) 대진인의 마음이 끝없는 우주 공간에 노닐었다면 모든 것을 잊었어야 하는데 魏나라의 존재를 돌아보았으니, 그의 마음속에 부귀영달을 아주 잊지는 못했다는 말이다.

6) 張儀……妾婦之道 : 張儀·蘇秦은 전국시대 대표적인 遊說家이다. 妾婦之道는 지아비에게 순종하는 부녀자의 도리이다. 孟子가 公孫衍·장의와 같이 자기 임금에게 순종하여 권세를 부린 유세가들을 두고 첩부지도라 하였다.(≪孟子≫ 〈滕文公 下〉)

7) 광대하고……것이니 : ≪史記≫ 권63 〈老子韓非列傳〉에서 莊子의 학설을 가리켜 "그의 말은 광대하고 심원하여 자기 마음대로였기에 왕공대인들도 마음대로 그를 부릴 수 없었다.〔其言洸洋自恣以適己 故自王公大人不能器之〕"라고 하였다.

8) 宋나라 사람 : 儒·佛·仙 三教一致를 주장하였고 ≪莊子口義≫를 저술한 宋나라 林希逸 같은 학자를 가리킨다.

서적은 六經 이외에는 그 이치가 순수하여 瑕疵가 없는 것이 드물거늘 천하 사람들이 옳지 않다고 하는 것을 무릅쓰고 자기 마음에 편안히 여기는 바를 속 시원히 주장하고 싶어 하는 것은, 立言하는 사람은 진실로 때로 이러한 경우가 있지만, 만약 행실은 周公·孔子에 이르지 못하고 문장은 육경에 이르지 못하여 凡庸한 사람으로 자처하는 것은 怯弱하여 스스로 樹立하지 못하는 자가 하는 바이니, 이른바 雄俊한 군자가 아니다.

그렇지 않다면 문장이 순수하고 이치가 정밀하기로는 오늘에 말하는 制義[9]만한 것이 있지 않으나 어찌 입언이라 할 수 있겠는가. 莊周·屈原·司馬遷의 저술들은 모두 당시에 뜻을 펴지 못한 이들로서 한 바이니, 모두 원망하고 답답한 마음에서 저술한 책들이다. 그러나 莊子의 원망하고 답답한 마음은 은미하다.

**莊子者**는 **文之工者也**니 **以莊子爲言道術**은 **非知莊子者也**어늘 **而世之言莊子者**는 **必以道歸之**하여 **曰 莊子者浮屠法之所祖也**라하고 **又曰 孔孟之徒也**라하여 **凡宋人之所以爲說**을 **悉擧而曲傅之莊子**하여 **曰 如是則理精**이라하니 **夫書自六經以外**는 **其理之純而無疵者寡矣**어늘 **冒天下之不韙**하고 **而必快其意之所安**은 **立言者固時有是**어니와 **若行不至周孔**하며 **文不至六經**하여 **而以中庸自居**는 **是選耎不自樹立者之所爲**니 **非所謂雄俊之君子也**라 **不然**이면 **則言之純義之精**이 **未有如今所謂制義者矣**나 **而豈得謂立言乎哉**아 **莊周也屈原也司馬遷也**는 **皆不得志於時者之所爲也**니 **皆怨悱之書也**라 **然而莊子之怨悱也隱矣**로다

9) 制義 : 明·淸 시대 과거 시험의 文體 중 하나로, 八股·八比·制藝라고도 한다. 원래 宋·元 시대의 經義에서 비롯하였다. 明代 이후로 지속되다가 淸 德宗 光緖 말년에 폐지되었다. 排律의 本體인 6韻 12句 중 처음과 끝의 1운 2구를 제외하고, 그 중간의 4운 8구를 八比라고 한다. 그중 4운의 처음을 承題 또는 頷比라 하고, 그다음을 頸比 또는 中比라 하고, 그다음을 腹比라 하고, 끝부분을 後比라 한다.

# 14. ≪淮南子≫의 뒤에 씀　淮南子書後*

*매증량이 1813년 28세 때 쓴 글이다. 이 글은 ≪淮南子≫의 眞僞 문제와 가치를 辨析한 것이다. 작자는 먼저 ≪회남자≫는 劉安의 저작이 아님을 밝히고, 다음으로 ≪회남자≫에는 古書의 글이 많이 들어 있는 것으로 보아서는 東漢 이전의 저작일 것으로 추정할 수 있으나 동한 이후의 글들도 섞여 있는 것으로 보아 후대의 僞書일 것으로 추정하였다.

≪淮南子≫는 다른 책의 글을 剽竊하였고 문장이 만연체라 劉安이 지은 다른 글과 같지 않다. 그러나 ≪呂氏春秋≫ 이외에는 내용 속에 古書의 글을 보존한 것이 이 책보다 많은 것이 없으니, 東漢 사람이 지은 것이 아님이 분명하다. 다만 〈天文訓〉에서 말한 365度 4分度의 1은, 四分曆[1)]은 章帝가 처음 시행했고 그중 24氣도 東漢 때 更定한 것과 같으니, 어쩌면 이 또한 후세 사람이 덧붙인 것이 있을 터이다. 孔子가 "옛것을 믿고 좋아한다."라 하였으니,[2)] 어쩌면 믿기가 어려운 것이 아니라 옛것임을 능히 변별하기가 어렵기 때문이 아니겠는가.

**淮南子**는 **剽竊曼衍**하여 **與安所爲文不類**라 **然自呂氏春秋外**로 **存古書者莫多是書**하니 **非東漢人爲之**가 **決也**라 **惟天文訓所言三百六十五度四分度之一**은 **則四分歷**은 **章帝始行之**요 **其二十四氣**도 **亦與東漢更定者同**하니 **豈亦有後人附益者與**인저 **孔子曰 信而好古**라하니 **豈不以非信之難**이요 **能辨其爲古者難歟**아

옛날에 柳子厚는 "≪列子≫는 質直하여 조작한 글이 적으니, ≪莊子≫가 이 책을 많이 본받았다."라 하였는데[3)], 대저 ≪열자≫는 ≪장자≫를 표절한 책일 뿐이다.

---

1) 四分曆 : 後漢 章帝가 조서를 내려 만든 曆法으로, 1년을 365일과 4분의 1일로 정하였다.(≪後漢書≫〈曆志 中〉)

2) 孔子가……하였으니 : 공자가 "傳述하기만 하고 창작하지 않으며, 옛것을 믿고 좋아함을 나는 우리 老彭에게 비기노라.〔述而不作 信而好古 竊比於我老彭〕"라 하였다.(≪論語≫〈述而〉)

3) 柳子厚는……하였는데 : 柳子厚는 唐宋八大家의 한 사람인 柳宗元이다. 그의 자가 子厚이다. 유종원의 〈辨列子〉에서 ≪列子≫에 대해 "그 문장은 ≪莊子≫와 같되 더욱 질박하고 돈후하여

그 책에서 ≪장자≫ 및 다른 諸子書에 있지 않은 것들은 그 文氣가 모두 몹시 비천하여 周·秦 시대의 글과 같지 않으니, ≪장자≫가 이 책으로부터 나왔다고 하는 것은 엉성한 견해이다

樸學하는 선비들은 옛날을 옳다 하고 오늘날을 그르다 하기를 좋아하여 문장이 오르내린 근원을 두루 알지 못하고, 학문에 근거가 없는 이들은 그 문장만 가져다 쓰고 그 시종의 사실은 매몰해버린다. 유자후는 진실로 이 두 부류가 比肩할 수 있는 분은 아니니, ≪鶡冠子≫[4]에서 賈誼의 賦를 표절하여 그 책에 넣었다고 말한 것은 참으로 옳다. 그런데 도리어 ≪열자≫에 대해 잘못 본 것은 어째서인가?

**昔**에 **柳子厚謂列子書質直少爲作**하니 **莊子多本之**라하니 **夫列子**는 **剽莊子者耳**라 **其書非莊子及諸子書所有者**는 **文氣皆甚卑**하여 **不類周秦時文**하니 **而以爲莊子之所從出**은 **疏矣**라 **樸學之士**는 **好是古而非今**하여 **不能通知文字升降之源**이요 **不根者**는 **攬其詞**하고 **昧沒其終始**이라 **子厚固非二者之可倫比**니 **其言鶡冠子剽賈誼賦入其書**는 **信當矣**로되 **而顧失之於列子**는 **何哉**오

---

조작한 글이 적으니, 문장을 좋아하는 사람이 이 책을 무시할 수 있겠는가.〔其文辭類莊子 而尤質厚 少爲作 好文者可廢耶〕"라 하였다.(≪柳河東集≫ 권4)

4) 鶡冠子 : 이 책의 저자 鶡冠子는 춘추시대 楚나라 사상가로 알려져 있으나 성명은 미상이다. 깊은 산골에 살면서 鶡鳥란 새의 꽁지깃으로 장식한 관을 쓰고 다녔기 때문에 갈관자란 이름이 붙었다고 한다. ≪갈관자≫는 ≪漢書≫ 〈藝文志〉에 수록되어 있다. 그러나 現傳하는 ≪갈관자≫에는 유종원이 밝힌 대로 漢나라 賈誼의 〈鵩鳥賦〉를 표절한 글이 있어 僞書로 판명되었다.

## 15. ≪復社人姓氏≫의 뒤에 씀　書復社人姓氏後*

*매증량이 1821년 36세 때 쓴 글이다. 天啓 연간에 古學을 부흥할 것을 주장하며 江蘇省 常熟에서 일어난 應社가 중심이 되어 崇禎 6년(1633)에 다시 南北 여섯 省의 文人 단체들을 소집하여 蘇州 虎丘에 회합하여 復社를 결성하였다. 그 핵심 인물은 張溥(장보, 1602~1641)·張采(1596~1648)이다. 이들은 東林黨을 이어받아 당시의 空疏한 학문 경향과 정치 현실을 비판하는 한편 宦官 및 환관과 결탁한 관료들을 공격하였다. 南明 弘光 연간에 馬士英·阮大鋮 등의 공격을 받았고, 淸나라 順治 9년(1652)에 정부에 의해 체포되었다.

복사에 가입한 구성원들의 인적 사항을 기록한 책으로는 陸世儀(1611~1672)의 ≪復社紀略≫ 및 吳扶九(1584~1645)의 ≪復社姓氏前後編≫과 그 후손 吳銘道(1671~1738)의 ≪復社姓氏補錄≫ 등이 있다. ≪복사기략≫에는 651명, ≪복사성씨록≫에는 2,200여 명, ≪복사성씨전후편≫과 ≪복서성씨보록≫에는 1,990명이 기록되어 있다.

매증량은 국가가 復社와 같은 문인 단체를 탄압하여 潰滅시킨 것은 지나친 처사이지만 복사 안에도 군자와 소인이 섞여 있어 비판을 받을 소지가 다분히 있다고 하였다.

위 ≪復社人姓氏≫ 한 卷은 朱氏 彝尊[1)]이 얻어서 曹氏 寅[2)]에게 소장되었던 것으로, 맨 앞은 順天이고 그다음으로는 應天·浙江·江西·福建·湖廣·廣東·河南·山東·山西·四川이요 가장 〈기록된 사람이〉 적은 것은 廣西의 한 사람이 이 책의 끝에 기록되어 있으니, 모두 2,255명이다. 그 사람들은 그 지역들이 혹 서로 멀어서 만날 수 없는 경우도 있고, 게다가 그 이름을 알 수 있는 사람은 10분의 1도

---

1) 朱氏 彝尊：朱彝尊(1629~1709)은 자가 錫鬯이고, 호가 竹垞이다. 淸나라 초엽의 학자로, 經史에 두루 밝고 古文과 詩詞에 능하여 王士禛(1634~1711)과 함께 남북의 두 大家로 일컬어졌다. 저서로는 ≪曝書亭集≫·≪經義考≫·≪詞宗≫ 등이 있다.

2) 曹氏 寅：曹寅(1658~1712)은 淸나라 滿洲 正白旗 사람으로 자가 子淸이고, 호가 荔軒 또는 楝亭이다. 어머니가 康熙帝의 유모였던 인연으로 어릴 때부터 황궁에 들어가 황제의 신임을 받았다. 康熙 31년(1692)에 관직에 올라 督理江寧織造·兩淮鹽漕監察御史를 거쳐 通政使에 이르렀으며, 강희제가 6차례 南巡할 때 그가 4차례나 수행하였다. 詩詞와 희곡에 능하였다. 저서로 ≪楝亭詩鈔≫·≪詩鈔別集≫·≪詞鈔≫·≪續琵琶記≫ 등이 있고, 이 밖에도 音韻書인 ≪楝亭五種≫과 예술에 관한 雜著인 ≪楝亭藏書十二種≫이 있다.

못 되니, 아아, 과도하게 많도다.

右復社人姓氏一卷은 朱氏彝尊得之而藏於曹氏寅者니 首順天이요 次應天浙江江西福建湖廣廣東河南山東山西四川이요 至少者는 廣西一人이 居其末하니 凡二千二百五十五人이라 其人其地或遼遠不相及하고 其名而可知者又不能十之一이니 嗚呼濫已라

대저 君子가 서로 교유하면서 학문과 기예를 강설할 때 명성이 높으면 따르는 黨類가 많고 당류가 많으면 온갖 부류의 사람들이 섞이게 마련이니, 대개 반드시 어떤 사람이 우리 黨을 위하다가 천하에 원망을 받고는 同類를 보살피지 못하는 것은 수치라는 말로 우리 당류를 격발시킨다. 그러므로 분쟁이 있게 되는 것이니, 분쟁이 있으면 상대를 이기고자 하는 술수가 혹 小人과 다름없게 되고, 게다가 이들이 구원해주는 사람들은 반드시 다 군자는 아니다. 그리하여 군자들이 드디어 세상 사람들에게 질시를 받는다.

傳에 이르기를, "의지하여 〈주인으로 삼을 사람을 정할 때〉 친할 만한 사람을 잃지 않으면 또한 〈그 사람을 끝까지〉 宗主로 삼을 수 있다.[3)]"라 하였으니, 어찌 진실한 말이 아니겠는가.

夫君子相游處하여 講說道藝에 名高則黨衆이요 黨衆則品淆니 蓋必有人이 爲吾取怨於天下하고 而激吾以不能庇同類之恥라 故有爭이니 爭則所以求勝之術이 或無異乎小人이요 而所營救者又不必皆君子라 而君子遂爲世之詬病이라 傳曰 因不失其親이면 亦可宗也라하니 豈不諒哉아

黨禍가 바야흐로 급박할 때[4)]를 당하여 婁東 사람 張氏[5)]가 급히 군졸을 시켜 京師로 달려가 要路의 사람에게 서찰을 보내어 周延儒[6)]를 起復[7)]하게 하니, 사태가 비로소 풀렸다. 대저 주연유가 곧바로 재상이 되지 못했다면 진실로 明나라가 망

3) 의지하여……있다 : ≪論語≫ 〈學而〉에 보인다.

4) 黨禍가……때 : 崇禎 14년(1641)에 재상 薛國觀이 兵部尙書 楊嗣昌과 결탁하여 국정을 장악하여 復社를 탄압하려 할 때를 말한다.

5) 婁東……張氏 : 婁東은 江蘇省 太倉縣을 가리킨다. 張氏는 張溥를 가리킨다. 장보는 同鄕 사람인 張采와 더불어 復社를 이끌었던 핵심 인물이다.

6) 周延儒 : 자는 玉繩이고 常州 宜興 사람이다. 明나라 萬曆 연간에 進士試에 급제하였고 崇禎 초에 太學士가 되었다. 溫體仁과 함께 明 毅宗이 신임하여 나라를 부흥시킬 신하로 기대하였으나 결국 나라를 망하게 한 신하가 되고 말았다. 주연유는 尙書 兼 文淵閣太學士가 되어 중대한 국사에 참여하였으나 부정을 자행하다가 직위를 모두 삭탈당하고 강요를 받아 자결하였다.

7) 起復 : 起復出仕의 준말로 喪中에는 관직을 맡지 않는 것이 관례인데 국가의 필요에 따라 상중에 나와서 관직을 맡는 것을 말한다.

하는 것을 구제할 수 없었을 터이나 張氏가 당시 재상[8]을 밀쳐낸 것은 黨人에게 화를 입힌 것과 다를 바가 있는가.

내가 ≪幾社源流≫[9] 한 책을 보건대, 명나라 말엽의 일을 말한 것이 매우 많으나 사실보다 지나치지 않을까 퍽 의심스럽고, 范蔚宗이 기술한 〈黨錮傳〉[10]의 경우도 마찬가지이다.

**當黨禍方急時**하여 **婁東張氏走急卒京師**하여 **致書要人**하여 **起復周延儒**하니 **事乃解**라 **夫延儒卽不相**이면 **固無救於明之亡**이나 **而張氏之所以傾時相者有異乎其禍黨人者耶**아 **余觀幾社源流一書**에 **言明季甚夥**나 **然頗疑過其實**이요 **范蔚宗傳黨錮也亦然**이라

대저 漢나라와 明나라는 다 환관에게 화를 입었거늘 東林[11]과 黨錮가 유독 그 오명을 받았다. 文人은 자랑하고 과장하여 능히 천하를 진동하고 분주하게 할 수 있어 浮華하고 허황한 말이 많거늘 국가를 소유한 이가 혹 전력을 내어서 이들을 이기고자 하니, 그 계책이 그릇되었다.

그러나 〈문인들이〉 一時의 習尙을 가지고서, 후세 사람들로 하여금 士類의 기상을 펴서는 안 된다고 여기게 하고 名賢들 또한 이 때문에 모욕을 받아서 점점 더 淸議가 서지 못하고 염치의 도리가 사라져서 용렬하고 나약하며 염치없는 자들이 正論를 빙사해 빌붙어서 스스로 편의를 노보하노록 하였으니, 黨人들에게 또한 후세의 질책이 없을 수 없을 것이다.

**夫漢與明**이 **皆受禍於宦豎**어늘 **而東林與黨錮**가 **偏受其名**하니 **文人矜夸**하여 **能震動奔走天下**하여 **多浮語虛詞**어늘 **而有國者或欲出全力以勝之**하니 **其計左矣**라 **然以一時之習尙**으로 **使後世謂士氣不可伸**하고 **而名賢亦爲之受垢**하여 **馴至淸議不立**하고 **廉恥道消**하여 **庸懦無恥之徒**가 **附正論以自便**하니 **則黨人者亦不能無後世之責也夫**인저

8) 당시 재상 : 薛國觀를 가리킨다.

9) 幾社源流 : 미상이다. 幾社가 어떻게 하여 결성되었는지 연유를 밝힌 책으로 추정된다. 기사는 復社와 같은 시대에 활동한 문인 단체로 陳子龍(1608~1647)·夏允彝(1596~1647) 등이 중심 인물이다. 복사와 마찬가지로 明나라가 망한 후에 淸나라에 항거하였다.

10) 范蔚宗이……黨錮傳 : ≪後漢書≫를 찬술한 范曄의 자가 蔚宗이다. ≪후한서≫ 列傳에는 黨錮傳이 들어 있다.

11) 東林 : 東林黨을 말한다. 明나라 말기에 顧憲成(1550~1612)이 그의 제자 高攀龍(1562~1626) 등과 함께 無錫의 東林書院에서 강학하였고, 東林學派를 일으켜 동림당을 세웠다. 동림당은 처음에 재야의 학자들이 모여 時政을 비판하다가 조정의 관리들까지 가담하여 큰 政黨이 되었고, 후에 환관 魏忠賢의 탄압으로 해를 입었다.

## 16. 方植之의 ≪書林揚觶≫ 뒤에 씀　書方植之書林揚觶後*

*매증량이 1829년 44세 때 쓴 글이다. 方東樹(1772~1851)의 ≪書林揚觶≫에 대한 書後이다. 방동수는 자가 植之이고, 호는 副墨子 또는 儀衛老人이며, 安徽省 桐城 사람으로, 문장에 뛰어났고 중년에는 性理學을 공부하다가 만년에는 禪學에 심취하였다. 매우 박학하였으나 평생 불우하여 관직에 나아가지는 못하였다. 서후는 文體의 일종으로 통상 타인의 저작에 대한 설명이나 논평을 적는다.

그런데 매증량은 ≪서림양치≫의 설을 引伸한다고 하면서 그 의미를 넓혀 ≪世說新語≫·≪北夢瑣言≫·≪文昌雜錄≫·≪唐摭言≫ 등 근거 없는 野史와 일화를 모은 小說集의 기록들을 史家들이 무분별하게 역사에 편입해 넣는 폐단을 지적하여 통렬히 비판하였다.

方子(方東樹)가 이 책을 지음에 그 설이 이미 매우 좋지만 나는 청컨대 그 설을 引伸하여 다음과 같이 말하겠노라.

唐나라 이전은 人品의 邪正과 政事의 是非가 분명하게 드러나 한 개인이 어진 이가 되었다가 간사한 이가 되었다가 하는 경우는 없었는데, 당나라 이후로는 朋黨이 서로 알력을 일으켰고 明나라 이후로는 師弟간에 서로 구원하여 저마다 사사로이 주장하는 설이 있어 그 설들이 稗官[1]에 전해지니, 愛憎이 드세어지고 名實이 뒤섞인다. 그 작자들이 대체로 신분이 높고 掌故[2]에 익숙하다고 정평이 난 터라 초야의 선비가 그 진위를 변별할 길이 없으나, 따져 들어가보면 이러한 책들을 쓰는 이들이 다 자기 쪽을 편들고 다른 쪽을 공격하는 학식이 없는 사람들이다.

**方子之爲此書**에 **其說旣盛美矣**어니와 **曾亮請引伸其說曰 唐之前**은 **人品之邪正**과 **政事之是非**가 **較然分明**하여 **未有一人之身乍賢乍佞者也**러니 **唐以後**에 **朋黨相傾軋**하고 **明以後**에 **師生相救援**하여 **各有私說**하여 **傳之稗官**하니 **而愛憎勝**하고 **名實淆矣**라 **其人大都身居貴游**하고 **號習**

1) 稗官：小官이다. 小說家가 패관에서 나왔기 때문에 野史 소설을 패관이라 하였다. ≪漢書≫ 〈藝文志〉에 "小說家의 부류는 대개 패관에서 나왔다."라 하였다. 여기서는 소설가를 말한다.
2) 掌故：국가의 제도나 舊例, 故事, 史實 등을 말한다.

掌故라 草野之士가 無由辨其僞眞이나 而究之爲此書者가 皆黨同伐異不學無術之人也라

唐나라의 牛李[3)]와 宋나라의 紹述[4)]과 明나라의 몇 가지 큰 事案[5)]은 史書를 읽는 이들이 〈이러한 기록들을 보면〉 正人君子에 대해 모두 유감이 없을 수 없게 되니, 비록 完人이 되기는 실로 어려우나 또한 진실을 어지럽히는 邪說이 사람들의 마음의 선입견에 적중한 점이 있었던 것이다.[6)]

唐之牛李와 宋之紹述과 明之數大案은 讀史者於正人君子에 俱不能無遺憾焉하니 雖完人實難이나 亦邪說亂眞이 有中於人心之先入者矣라

宋나라 사람이 이르기를 "자제가 ≪世說≫[7)]을 읽으면 교만한 마음이 생기기 쉽다."라 하였으니, 대저 ≪세설≫의 잘못은 사람의 실정에 가깝지 않다는 점일 뿐이지만 唐나라 사람들은 과거를 중시하여 一時의 學士들이 책을 저술할 때 흔히 선배의 行卷[8)]과 師弟의 衣鉢[9)]을 미담으로 삼았고 한번 급제하느냐 여부에 生死가

---

3) 唐나라의 牛李 : 唐 穆宗 때부터 武宗 때까지 牛僧孺와 李德裕가 서로 알력이 심했다. 그리하여 우승유와 李宗閔을 중심으로 한 黨과 李吉甫·李德裕 父子를 중심으로 한 당이 40년 동안 대립하였다. 당시에 이를 두고 牛李之黨이라 하였다.(≪新唐書≫ 권180 〈李德裕傳〉)

4) 宋나라의 紹述 : 宋 神宗 때 재상 王安石이 新法을 시행하다가 그만두었는데, 哲宗이 즉위하자 이듬해 연호를 紹聖으로 고치고 章惇과 蔡京이 정사를 전횡하면서 예전의 법을 계승한다고 하면서 소술을 國是로 삼고 신법을 다시 시행하였다.(≪宋史≫ 권471 〈姦臣列傳1〉)

5) 明나라의……事案 : 소위 明末三案을 말한다. 명말삼안이란 명나라 말엽 神宗·光宗·熹宗 연간에 궁중에서 발생한 세 가지 의문 사건인 挺擊案·紅丸案·移宮案을 말한다. 정격안은 1615년 5월에 張差라는 자가 몽둥이를 들고 황태자 朱常洛이 거주하는 慈慶宮에 난입하여 守門太監에게 위해를 가한 사건이다. 홍환안은 1620년 8월에 신종의 뒤를 이어 황위에 오른 광종이 鴻臚寺(홍려시)의 관리 李可灼이 仙丹이라며 바친 붉은 환약을 먹고 갑자기 죽은 사건이다. 이궁안은 1620년에 左光斗·楊漣 등이 조정의 권력을 장악하려 하던 選侍 李氏와 환관 魏忠賢을 乾淸宮에서 떠나도록 압박한 사건이다.(≪明史≫ 권21 〈神宗本紀2〉, 권22 〈熹宗本紀〉)

6) 完人이……것이다 : 完人은 흠결 없이 덕행이 完美한 사람이다. 즉 당시의 군자들도 아무런 흠결이 없었다고는 할 수 없지만 역사에 잘못된 기록이 있어 사람들로 하여금 사실을 잘못 알게 하는 점이 있다는 말이다.

7) 世說 : 宋나라 劉義慶이 지은 ≪世說新語≫를 말한다. 이 책은 後漢에서 東晉에 이르기까지 귀족·문인·학자·승려들의 일화를 분류하여 기록해놓았다.

8) 行卷 : 唐나라 때 과거에 응시하는 사람은 반드시 자신을 主試官에게 추천하는 顯官이나 명망 있는 학자의 추천서가 있어야 했다. 따라서 응시생들은 추천을 받기 위해 자신이 지은 글을 골라 卷軸에 정서하여 보냈다. 이를 行卷이라 한다. 이 卷軸을 행권이라 하기도 한다. 여기서는 권축을 말한다.

9) 衣鉢 : 가사와 발우로 본래 禪家에서 法統을 상징한다. 達摩가 인도에서 중국으로 오면서 석가

달린 경우도 있었으니, 어찌 그 기록이 반드시 사실이라 보장할 수 있으리오. 또한 무턱대고 급제하려는 이들이 스스로 아부하는 말을 만들어냈을 뿐이다.

그러나 용렬하고 비루한 설이 마침내 사람들의 마음을 속박하고 미혹시켜서, ≪北夢瑣言≫[10)]·≪文昌雜錄≫[11)]·≪唐摭言≫[12)] 등의 책에 이르러서는 그 저자들이 모두 전란으로 困苦하여 國運이 위태할 시기에 人士들이 〈자기의 책을 읽고〉 한번 과거에 급제하는 것을 스스로 기뻐하였으니, 어찌 염치의 도리가 사라져 학식이 없는 자들 중에서도 특히 심한 경우가 아니겠는가. 그런데도 역사를 찬술하는 이들이 이러한 글들을 혹 취하여 수록하니, 是非가 도치되는 것이 당연하다.

**宋人謂子弟讀世說則驕蹇易(이)生**이라하니 **夫世說之失**은 **不近人情而已**어니와 **唐人重科第**하여 **一時學士**가 **著書**에 **多以先輩行卷師生衣鉢爲美談**하고 **一第之得失**이 **有死生以之者**하니 **豈必其情事之實然**이리오 **亦冒得者之自爲夸毗而已**라 **然庸鄙之說**이 **遂錮溺於人心**하여 **以至於北夢瑣言文昌雜錄唐摭言等書**하여는 **其人皆當戎馬倥傯國祚顚沛之時**하여 **而沾沾於人士之一第**하니 **豈非廉恥道息而爲無學識之尤者哉**아 **爲史者或取而錄之**하니 **其是非之倒置**가 **宜矣**라

---

모니의 가사와 발우를 가지고 와서 제자 慧可에게 법통의 상징으로 전해주었다는 설에서 유래하였다. 여기서는 스승의 학설을 제자가 이어받은 것을 말한다.

10) 北夢瑣言 : 唐나라 孫光憲(901~968)이 지은 筆記小說로, 문인·사대부의 언행 및 정치와 역사 사실을 기록한 것이다.

11) 文昌雜錄 : 宋나라 龐元英이 見聞을 기록한 책으로 ≪宋史≫에 빠진 조정의 典章·典故·일화 등이 많이 수록되어 있다. 7권이 現傳한다.

12) 唐摭言 : 五代 때 王定保(870~940)가 편찬한 것으로 逸事를 모은 일종의 小說集이다.

# 17. ≪守濬記≫의 뒤에 씀　書守濬記後*

* 매증량이 1821년 36세 때 쓴 글이다. 제목이 ≪柏梘山房全集≫에는 〈守濬日記書後〉로 되어 있다. ≪守濬記≫는 淸나라 嘉慶 18년(1813) 9월부터 12월 사이에 있었던 소위 天理教 起義 사건을 진압한 과정을 당시 濬縣令 朱鳳森[1]이 일기로 기록한 것으로 ≪守濬日記≫라고도 한다.

천리교 기의는 李文成[2]·林淸[3]·馮克善[4]이 天理教徒인 농민들을 모아서 河南·直隸·山東 등지에서 叛軍을 일으킨 사건으로 癸酉之變·天理教起事·八卦教起事라고도 불린다. 이 거사는 본래 9월 15일에 각지에서 일제히 일어나 北京 都城까지 침공하려 하였으나 5일에 河南 滑縣에서 거사하기로 했던 작전이 누설되어 이문성이 滑縣令 強克捷[5]에게 체포되었다. 7일에 풍극선이 활현의 教徒 3,000명을 이끌고 가서 이문성을 구출하고 강극첩을 살해하여 활현을 점령하였고, 그 후 山東 定陶·曹縣을 점령하고 濬縣을 포위하였다. 이 때준현을 수비한 일을 기록한 것이 이 ≪수준기≫이다.

임청은 원래 계획대로 교도 200명을 이끌고 紫禁城에 침입하였으나 활현이 관군에게 포위되어 지원군이 오지 못하였고, 嘉慶帝(仁宗)가 황궁에 없었기 때문에 황제를 살해하려던 목적을 이루지 못하고 관군에게 진압되었다. 11월 초에 이문성은 輝縣에서 포위되자 焚身하여 자살하였고, 풍극선은 獻縣에서 체포됨으로써 천리교 기의는 실패로 돌아가고 말았다.

이 글의 말미에서 매증량은 백성이 飢寒에 절박하여 일어난 경우는 반란이 성공하지만, 그렇지 않고 모반을 일으킨 경우는 실패하니, 임금은 백성을 보살펴 민심이 離反하지 않게 해야 한다고 결론을 내린다.

---

1) 朱鳳森 : 1776~1832. 처음에는 이름이 奕森이었는데 후에 鳳森으로 고쳤고, 자는 韞山이다. 嘉慶 6년(1801) 進士試에 급제하였고, 河南 濬縣令·開封府通判을 역임하였다.
2) 李文成 : ?~1813. 호는 嚴霜이고, 河南 滑縣 사람이다. 비밀 조직인 八卦教에 가입하여 곧 震卦의 首長이 되었고 마침내 팔괘를 총괄하는 교주가 되어 교명을 天理教로 바꾸고 수만 명의 교도를 거느렸다.
3) 林淸 : 1770~1813. 順天 大興 사람이고, 天理教 坎卦의 수장으로서 천리교 기의를 주동하였다. 거사가 실패하자 관군에 체포되어 능지처참을 당하였다.
4) 馮克善 : 河南 滑縣 사람이고, 天理教 離卦의 수장으로서 천리교 기의를 주동하였다.
5) 強克捷 : ?~1813. 자는 月三이고, 陝西 韓城 사람이다. 嘉慶 13년(1808)에 진사시에 급제하였고 滑縣令이 되었다. 9월 15일에 거사하려는 天理教의 계획을 미리 알고 5일에 급습하여 李文成 등을 체포하였으나 이문성을 구출하기 위해 쳐들어온 수천 명의 천리교 徒黨들에게 자신과 가족이 살해당하였다. 천리교 기의가 진압된 후 조정이 그의 공로를 기려 '忠烈'이란 시호를 하사하고 京師의 昭忠祠에 제향하였다.

嘉慶 18년(1813)에 桂林 사람 朱鳳森이 濬縣令으로 있으면서 성을 지킨 공로로 同知[6)]의 직함을 상으로 받았으니, 이 책은 주봉림이 손수 기록한 것이다. 이 전투에서 滑縣令 强克捷이 9월 5일에 먼저 李文成을 사로잡았고, 7일에 그의 처자식이 馮克善에게 살해당하고 滑縣을 잃었고, 8일에 濬縣이 포위당하였는데, 17일에 河北 邑의 鎭將이 官兵을 거느리고 와서 적의 포위를 풀었고, 12월에 大兵이 滑城을 수복하였고 적의 수괴 林淸이 9월 15일에 京師에게 변란을 도모하다가 먼저 伏誅되었다.

**嘉慶十八年**에 **桂林朱鳳森**이 **爲濬縣令**하여 **以守城功**으로 **賞同知銜**하니 **此書鳳森所自記也**라 **是役也**에 **滑縣令强克捷**이 **以九月五日**로 **前捕得李文成**하고 **以七日**로 **其孥被戕於馮克善而滑縣失**하고 **初八日圍濬**이러니 **十七日**에 **河北邑鎭將**이 **以官兵至**하여 **解賊圍**하고 **十二月**에 **大兵復滑城**하고 **而賊首林淸**이 **於九月十五日謀變京師**라가 **先伏誅**하다

나는 다음과 같이 말하노라.

하늘의 道가 神明하다는 것이 어찌 믿을 만하지 않은가. 국가가 하늘의 도움을 후하게 받은 것이 연유가 있도다. 옛날에 큰 변란이 이루어지는 것은 늘 처음 일을 시작한 사람이 미처 생각하지 못한 데서 나오니, 饑寒에 절박하여 변란을 일으키면 그 변란이 반드시 성공하는 법이다. 이런 경우가 아니면 計謀가 비록 치밀하고 徒黨이 비록 많을지라도 왕왕 期會가 어긋나 계획이 누설됨으로써 관군에 좋은 장수와 큰 병력과 튼튼한 성과 깊은 垓字가 굳이 있지 않더라도 반란은 실패하고 만다. 하늘의 마음은 "위의 군주는 변란을 초래한 바가 없고 禍亂을 좋아하는 자의 죄는 아래에 있으니, 기한에 절박하여 변란을 일으킨 경우와 비할 바가 아니다."라고 생각한다. 그러므로 국가의 長이 된 이는 백성을 보살피는 것으로 마음을 삼는 것이 국가를 만년토록 길이 유지하는 기반을 갖는 것이다.

**曾亮曰 天道神明**이 **豈不信哉**아 **國家之厚得天助也**가 **有由然矣**로다 **古大亂之成**이 **常出始事者所不及料**하나니 **迫饑寒而亂**에 **其亂必成**이라 **非是則謀雖密黨雖衆**이라도 **往往以期會乖牾而洩**로 **不必有良將重兵堅城深池而敗**라 **天之心以爲上無所以致之**요 **而樂禍者罪在下也**니 **不得與迫饑寒爲亂者比**라 **是以長國家者恤民爲心**이 **有萬年之基**라

---

6) 同知：官名으로 宋나라 때 처음 설치하였다. 淸나라 때 府·州 및 鹽運使에 두었던 副職으로, 府의 동지는 동지를 官稱으로 쓰고 州의 동지는 州同, 염운사의 동지는 鹽同이라 칭하였다.

# 18. 〈石瑤臣傳〉의 뒤에 씀　石瑤臣傳書後*

*매증량이 1851년 66세 때 쓴 글이다. 〈石瑤臣傳〉은 석요신이란 循吏에 대한 傳이다. 이 글에서 매증량은 석요신이 백성을 자식처럼 사랑했던 훌륭한 牧民官이었다고 찬양하였다. 석요신은 이름은 家紹이고, 자가 요신인데 또 다른 자는 瑤辰이고, 자호는 民傭이며, 山西 翼城 사람이다. 道光 2년(1822)에 進士試에 급제하여 江西 龍南縣·上饒·南昌 등의 고을을 다스리면 가는 곳마다 선정을 베풀어 민심을 얻었다.

옛날에 太史公(司馬遷)이 〈循吏列傳〉[1]을 쓸 때 춘추시대로부터 周나라 말엽까지 기간이 거의 수백 년이었으나 傳을 지은 것은 4, 5명뿐이었으니, 어쩌면 그토록 〈순리에 들기〉 어려웠던가! 대개 그러한 사람은 있었으나 그 사적이 전해지지 못하는 경우가 많았을 것이다.

예컨대 麴令[2]·何易于(하이우)[3] 같은 경우는 아무도 詩歌나 문장에 드러내지 않았다면 또한 그 사적이 후세에 泯沒되고 말았을 터이니, 높고 현달한 지위에 있는 이는 그 사적이 드러나기 쉬우며 낮고 곤궁한 처지에 있는 이는 그 사적을 기술하는 사람이 적은 것은 형세가 진실로 그러하도다!

혹자는 말하기를 "循吏는 백성에게 마음을 다할 따름이니, 지혜롭다는 명성이나

1) 循吏列傳 : 循吏는 법을 지키고 이치를 따르는 관리라는 말로 善政을 베푼 지방관을 말한다. 司馬遷의 《史記》〈循吏列傳〉의 〈太史公自序〉에 "법을 받들고 이치를 따르는 관리는 공로를 자랑하지 않고 능력을 과시하지 않아 백성의 칭송도 없지만 또한 잘못된 행적도 없다. 이에 〈순리열전〉 제59권을 짓는다.〔奉法循理之吏 不伐功矜能 百姓無稱 亦無過行 作循吏列傳第五十九〕"라 하였다.

2) 麴令 : 望江縣令을 역임한 麴信陵을 가리킨다. 국신릉은 唐나라 때 사람으로 貞元 연간에 進士試에 급제하고 망강현령이 되었는데 가뭄이 심할 때 기우제를 지내니 단비가 내렸다. 이에 백성들이 사당을 세웠고, 白居易가 이 사실을 두고 〈秦中吟〉이란 시를 지었다.

3) 何易于(하이우) : 唐나라 때 循吏로 益昌縣令으로 있을 때 刺史 崔朴이 봄에 뱃놀이하러 나와 백성들에게 배를 끌게 하자 하이우가 笏을 허리에 꽂고서 자신이 직접 배를 끌었다. 자사가 놀라서 그 이유를 묻자, "백성들은 밭 갈고 누에를 치느라 바빠 다른 일을 할 수 없고 오직 수령만 할 일이 없다."라고 대답하니, 자사가 부끄러워하며 뱃놀이를 그만두었다 한다.(≪新唐書≫ 권197 〈何易于列傳〉)

용맹한 공로는 자질구레하게 따지는 바가 아니다."라 하였다. 任峻[4) ]・鄧艾[5) ]・杜元凱[6) ] 같은 이들은 이익을 일으킨 것은 召信臣[7) ]과 같으나 공명을 세우려는 생각이 많았으니, 군자는 역시 그 마음을 逆探하여 許與하고자 하지 않았다. 이런 까닭에 이름은 순리라는 이름에 부합하는 자일지라도 대개 〈순리에 들기는〉 어려운 것이다.

**昔**에 **太史公傳循吏**할새 **自春秋盡周末**이 **幾數百年**이나 **然爲之傳者四五人而已**니 **何其難也**아 **蓋有其人而事不傳者多歟**인저 **如麴令何易**(이)**于**는 **使無人焉見**(현)**於詩歌文字**면 **亦沒沒於後世矣**니 **居高明者易**(이)**彰**이요 **而卑困者寡述**은 **勢固然歟**인저 **或曰 循吏者**는 **心乎民而已**니 **智名勇功**은 **非其所屑計也**라하니 **任峻鄧艾杜元凱之流**는 **其興利與召信臣等**이나 **而功名之意居多焉**하니 **君子亦探其心而不欲與**라 **以是**로 **名則副乎循吏之名者**나 **蓋其難哉**인저

오늘날 세상에서 나는 한 사람을 찾았으니, 石家紹이다. 그는 자가 瑤臣이요 冀城 사람이다. 道光 2년(1822) 進士試에 급제했고 관직은 江西知縣으로 시작하여 銅鼓營[8) ]同知로 마쳤으니, 大吏[9) ]・僚友・사대부・士民 및 노역에 복무하는 미천한 사람들까지도 군을 순리라 하지 않는 이가 없다.

---

4) 任峻 : 삼국시대 魏나라 장수로 자는 伯達이다. 전란이 잦아 식량이 부족하자 曹操가 임준을 시켜 屯田을 경영하게 하니, 임준이 백성을 모집하여 둔전을 잘 경영하여 식량이 넉넉해져서 다른 나라들을 정벌할 수 있었다.(≪三國志≫ 권16 〈魏書 任峻傳〉)

5) 鄧艾 : 삼국시대 魏나라 장수로 자는 士載이다. 司馬懿의 보좌관으로 있으면서 건의하여 兩淮 지역에 屯田을 경영하고 漕渠(運河)를 넓혔다. 등애가 兗州刺史로 나갔을 때 그 지방 사람들이 농사에는 게으르고 사치만 일삼는 것을 보고 상소하여 "考課하여 賞을 주는 기준이 곡식을 저축하고 백성을 부유하게 하는 데에 있으면, 겉만 화려하게 꾸미는 짓은 더 이상 생기지 않을 것입니다."라 하였다.(≪三國志≫ 권28 〈魏書 鄧艾傳〉)

6) 杜元凱 : 晉나라 杜預의 자가 元凱이다. 두예는 都督荊州諸軍事・鎭南大將軍으로 襄陽에 주둔해 있으면서 백성을 동원하여 수리 시설을 만들어 1만여 頃의 전답에 灌漑한 일로 杜父로 일컬어졌다. ≪春秋左氏傳≫을 매우 좋아하여 스스로 左傳癖이 있다고 말하였다. 저서로 ≪春秋左氏經傳集解≫가 있다.(≪晉書≫ 권34 〈杜預傳〉)

7) 召信臣 : 漢나라 壽春 사람으로 자는 翁卿이다. 외직으로 나가 零陵太守・南陽太守・河南太守 등을 역임하면서 治績이 당시에 으뜸이었다. 그는 몸소 경작하면서 백성들에게 농업을 권장하고 善政을 많이 베풀어 백성들로부터 召父라고 칭송을 받았다. 六門堰・鉗盧陂와 같은 堤堰을 건설하여 水利 시설을 크게 확충하였다.(≪前漢書≫ 권89 〈循吏傳 召信臣〉)

8) 銅鼓營 : 江西의 지명으로 修水縣 남쪽에 있다. 淸나라 때 銅鼓廳을 설치하여 南昌府에 소속시켰다.

9) 大吏 : 우리나라의 관찰사와 같이 한 방면을 맡은 지방관을 일컫는 말이다. 대개 한 省을 맡아 다스리는 지방관을 말한다.

군이 도성에 들어왔을 때 섣달그믐 밤에 나의 집에서 술을 마시면서 ≪史記≫에 대한 말이 입에서 끊이지 않았다. 군이 하는 일을 물은즉, 웃으며 사양하고 스스로 말하지는 않았다. 군이 세상을 떠났을 때에 그의 벗이 지은 傳을 보았더니, 모두 백성의 관리 된 이가 응당 해야 할 일들이었다. 남들은 혹 이러한 일들에 태만하고 가식적인데 군은 홀로 힘써 정성으로 실행하여 마음을 다하였다.

近今之世에 吾得一人焉하니 曰石家紹니 字瑤臣이요 冀城人이라 道光二年進士요 官江西知縣하고 終銅鼓營同知하니 自大吏僚友搢紳先生士民卒隸가 無不以君爲循吏也라 入都時에 除夕飮余齋中할새 論史記不絶口라 問君所行事則笑謝不自言이러니 及卒하여 見其友所爲傳하니 皆爲民吏者所當爲라 人或怠焉僞焉이어늘 獨力誠行之하여 以盡其心이라

河西 지방에 일찍이 큰 기근이 들어서 錢穀을 마련하지 못하자 굶주린 백성들로 西山에 모인 자가 이미 수만 명이 되었다. 이 백성들이 일제히 소리를 높여 賑恤해 줄 것을 호소하자 巡撫署의 건물이 모두 진동하니, 大吏가 어찌할 바를 알지 못하였다. 혹자가 "급히 檄文을 보내 石縣令을 부르십시오."라 하였다. 석현령이 이르자 수만의 군중이 다 맞이하여 엎드려 무릎을 꿇고서 절하고 말하기를 "원컨대 처분을 따르겠습니다."라 하였다. 이에 이 진휼을 늦출 수 있었고 변란이 없었다.

대저 울부짖으며 소란을 피울 때 한 사람을 보고는 잠잠하게 복종하는 것은 오직 어린애가 어머니에게만 그러할 수 있거늘 군은 수천, 수만 명의 굶주림에 절박하여 사나운 기세로 일어난 백성들에게 그렇게 할 수 있었다. 게다가 군은 백성에 대해 자기 옷을 벗어서 두루 다 입혀준 것도 아니고 자기 음식을 미루어 두루 다 먹여준 것도 아닌데, 이와 같이 된 것은 어째서인가?

대저 남다르고 탁월한 행실은 진실로 倫常에 마땅히 있는 바이지만 부모가 자식에 대한 경우에 이르러서는 비록 정을 다하여도 특이한 일이 되지 않는다. 그러므로 비록 군과 같은 훌륭한 관리로서도 단지 백성을 자식처럼 여겨야 하는 지방관으로서 당연히 해야 할 일을 다한 것일 따름이다. 그러나 부모의 그 마음이 아니면 할 수 없는 일이니, 이것이 군이 백성들에게 이러한 〈존경을〉 받을 수 있었던 까닭이다.

河西嘗大饑하여 錢粟未辦이어늘 而饑民集西山者已數萬이라 齊聲呼賑에 巡撫署屋宇皆震하니

大吏不知所爲라 或曰 急檄石令이라 石令至에 萬衆皆迎伏跪拜曰 願聽處置라하니 是賑也得緩而無變이러라 夫啼呼搶攘之時에 見一人則帖然服者는 惟嬰兒於慈母則然이어늘 而君能得之數千萬洶洶饑迫之衆이라 且君之於民에 非能解衣而徧衣之요 推食而徧食之也어늘 而若此는 何哉오 夫殊尤卓絶之行은 固倫常所宜有也어니와 至父母於子하여는 雖極其情而不足爲異라 故雖以君之爲吏로도 亦特盡子民者所當爲而已라 然而非父母其心者면 則不能爲니 此君所以得此於民者歟인저

일찍이 스스로 記를 쓰기를, "관리로서 어진 이는 백성의 부모요 어질지 못한 이는 백성의 도적이다. 부모는 내가 될 수 없지만 백성의 도적은 내가 감히 되지 못하니, 나는 백성에게 고용된 일꾼〔民傭〕이 될 것이다."라 하였다. 그리하여 自號를 民傭이라 하였다. 아아! 부모로서 자기 자식을 보살피고 안아 기르는 이들은 대개 날마다 고용된 일꾼이 되고서도 스스로 그 사실을 알지 못하는 것이니, 이것이 곧 군이 自處하는 바이다.

嘗自記曰 吏而良은 民父母也요 其不良은 則民賊也라 父母는 吾不能이어니와 民賊也는 則吾不敢이니 吾其爲民傭者乎인저 故自號曰民傭이라 嗟夫라 父母之保抱其子者는 蓋日爲傭而不自知也니 是則君所以自處者矣라

## 19. ≪葉耳山遺稿≫의 뒤에 씀　葉耳山遺稿書後*

* 매증량이 1846년 61세 때 쓴 글로 매증량이 고향인 上元縣에서 젊은 시절 알았던 葉怡(섭이)의 유고에 쓴 것이다. 이 글에서 매증량은 당시에 알고 지냈던 黃蛟門을 섭이와 함께 떠올린다. 이 두 사람은 모두 가난한 생활 속에서도 태연자약하고 당당한 모습을 보였기 때문에 매증량에게 심어진 인상이 깊어 오래도록 잊히지 않았던 것이다.

葉耳山은 이름이 怡로서 上元縣의 諸生[1]이었다. 나는 스무 살 남짓할 때 管異之[2]와 교제하면서 그의 이름을 듣고 그와 더불어 城 서쪽 小盤谷[3]의 산들을 유람하고 그의 집에서 밥을 먹고 밤이 깊어서야 헤어졌다. 그가 거처하는 곳은 외지고 멀기에 나는 때때로 나와서 〈그가 사는 곳에〉 와보고 그를 늘 만나지는 못하였다.

葉耳山은 名怡니 上元諸生이라 余年二十餘에 交管異之할새 聞其名하고 與同游城西小盤谷諸山하고 飯其家하고 夜半而別이라 其所居僻遠일새 余時出游不常見이러라

道光 2년(1822)에 京師로부터 돌아와 그의 이웃을 찾아갔더니 耳山은 이미 죽었다. 혹자가 책 한 권을 꺼내어 내게 주면서 말하기를 "이것은 葉先生이 남긴 것입니다."라 하였고, 그의 가족을 물었더니, "선생은 가족이 없습니다."라 하였다. 대개 학생을 가르쳐 받는 수입은 자기 혼자 살기에 족할 따름이라 처자식을 부양하면 장차 남에게 도움을 요구하게 될 터이니, 그래서 〈가족을 두지〉 않았던 것이다.

道光二年에 自京師歸하여 訪其隣하니 則耳山死矣라 或出卷一書授余曰 此葉先生所遺者라하고 問其室家하니 曰 先生無室家也라하니 蓋其課徒所入이 足自給而已라 若畜妻(휵)子면 將求人하리니 則不爲也라

---

1) 諸生 : 省에서 실시하는 각종 考試에 합격한 다음 府·州·縣의 학교에 들어가 공부하는 자들을 가리킨다.
2) 管異之 : 管同(1780~1832)의 자가 異之이다. 江蘇省 上元縣 사람으로 매증량과 함께 姚鼐에게 수학하였다.
3) 小盤谷 : 지금의 南京인 康寧에 있는 지명이다. 매증량이 1818년에 지은 〈遊小盤谷記〉가 있다.

같은 시기 사람 黃蛟門도 諸生이라 耳山과 서로 아는 사이이고 행실도 서로 비슷하였으니, 두 사람 다 집안에 칩거하면서 스스로 태연자약하였고 또한 저마다 뜻대로 자족하며 살았다.

나는 집이 본래 가난하였으나 蛟門만큼 몹시 가난하지는 않았다. 늘 그의 옷과 신발이 변변찮고 해졌는데도 몸과 마음은 편안한 모습을 볼 때마다 번번이 나 자신이 부끄러웠다. 그는 관이지와 매우 다정히 환담을 나누다가도 내가 가면 때로 자리를 피해 떠나갔다. 나는 그가 나를 俗流로 의심하는 것을 몹시 원망하였으나 마음속으로 그 사람됨을 더욱 어질다고 여겼다.

同時黃蛟門도 亦諸生이라 與耳山相知而行相似하니 皆閉戶自若하고 亦各自得也라 余家固貧이나 然未若蛟門甚이라 每見其衣履寒敝而形神怡然에 輒以自失이러라 與異之談甚歡이라가 余至에 或時避去라 吾甚望以流俗疑我也나 然心益賢其人이러라

耳山이 남긴 책에 〈燕石序〉가 있으니, 글 뜻이 奇詭하여 알기 어려우나 그의 시 중에서 좋은 작품은 내가 왼다. 蛟門이 남긴 글은 내가 본 것이 없으나 다만 관이지가 일찍이 그의 시를 칭찬하였다. 이 두 사람은 비록 다 文詞로 이름이 알려지기를 바라지는 않았으나 추억해보면 지금도 이들을 잊지 못하니, 어찌 그 인품 때문이 아니겠는가.

耳山遺書에 有燕石序하니 詞意奇詭難識이나 其詩之佳者를 余能誦之라 蛟門所遺는 余無有見者矣로되 獨異之嘗稱其詩라 二人雖皆不欲以文詞名이나 而憶之至今不能忘하니 豈非以其人哉아

대저 가난을 편안히 여기는 것은 진실로 선비의 平常한 행실이나 선비들이 그 평상한 행실을 잃은 이가 많고부터 마침내 평상한 것을 특이한 것으로 여기게 된 것이지 이 두 사람은 결코 스스로 특이한 행실을 했던 것이 아니다. 그러나 이를 어려운 일이라 하지 않을 수는 없다. 아아! 이 두 사람의 행실을 나는 다 관이지에게서 들었으니, 관이지가 없었으면 비록 이 두 사람과 같이 어진 이가 있을지라도 내가 그 사람을 만나볼 수 있었겠는가.

夫安貧은 固士之常行也나 自士之失其常者多로 遂以常者爲異요 而兩人固未嘗自異也라 然不謂之難焉은 不可矣라 嗟夫라 此兩人之行을 余皆得於異之하니 異之亡(무)면 雖有賢如兩人者라도 吾猶得而見之焉否耶아

# 20. 管異之의 문집 뒤에 씀　管異之文集書後*

* 매증량이 1833년 48세 때 쓴 글이다. 姚鼐의 제자 管同(1785~1831)의 자가 異之이다. 그는 매증량과 同鄕인 江蘇省 上元縣 사람으로 가장 이른 시기에 요내에게 수학하여 문장과 經學에 뛰어났으나 향년이 47세로 길지 못했던 탓에 명성이 크게 알려지지는 못했다. 이 글에서 매증량이 젊을 때 변려문을 짓다가 관동의 영향을 받아 桐城派 古文을 공부하게 된 내력을 알 수 있다.

내가 젊을 때 騈儷文을 짓기를 좋아하였는데, 異之가 말하기를 "사람에게 슬픔과 즐거움이 있는 것은 얼굴에 드러난다. 이제 옥으로 꾸며 冠을 씌우면 비록 아름다우나 그 본래의 얼굴을 잃게 되니, 이것이 변려문의 잘못된 점이다."라 하였다.

내가 말하기를 "참으로 이러한 점이 있다. 그러나 〈哀江南賦〉[1]와 〈報楊遵彦書〉[2]는 그 意思가 진실로 통쾌하지 않은가? 그런데 천하게 여긴단 말인가?"라 하니, 이지가 말하기를 "저 글은 그 의사가 진실로 제한되었으니, 가사 孟子·荀子·莊周·司馬遷의 의사가 구름이 일어나듯이 오며 수레가 몰려오듯이 모이는 경우라면 비록 백 명의 徐陵·庾信의 글이라도 그중 하나의 의사도 다 표현하지 못할 것이다."라 하였다.

이에 내가 드디어 차츰 배워서 古文을 지었더니, 이지는 다 잘 지었다고 말하지 않고 "그대의 글은 雜駁한 점이 병통이니, 한 편의 글 중에 몇 가지 문체가 번갈아 나타난다. 무인의 冠이요 선비의 복장인 셈이니, 온전한 사람이 아니다."라 하였다. 나는 나 자신을 믿는 것이 이지를 믿는 것만큼 깊지 못한 터라 그의 한마디 말을 들으면 그 때문에 며칠 동안 근심하기도 하고 기뻐하기도 하였다.

**曾亮少好爲騈體文**이러니 **異之曰 人有哀樂者**는 **面也**라 **今以玉冠之**면 **雖美**나 **失其面矣**니 **此騈**

---

1) 哀江南賦 : 南北朝 시대 시인 庾信(513~581)이 지은 賦로 변려문이다. 侯景의 반란으로 梁나라가 망하자 北周의 벼슬아치로 살면서 양나라를 잊지 못하는 애통한 심정으로 지은 것이다.
2) 報楊遵彦書 : 南朝 梁·陳 시대 시인 徐陵(507~583)이 지은 서간문으로 변려문이다. 서릉은 庾信과 더불어 徐庾로 일컬어지며 文名이 높았다.

**體之失也**라하여늘 **余曰 誠有是**라 **然哀江南賦**와 **報楊遵彦書**는 **其意固不快耶**아 **而賤之也**아하니 **異之曰 彼其意固有限**하니 **使有孟荀莊周司馬遷之意**가 **來如雲興**하며 **聚如車屯**이면 **則雖百徐庾之詞**라도 **不足以盡其一意**라하여늘 **余遂稍學爲古文詞**러니 **異之不盡謂善也**하고 **曰 子之文**은 **病雜**하니 **一篇之中**에 **數體互見**(현)이라 **武其冠**이요 **儒其服**이니 **非全人也**라하여늘 **余自信**이 **不如信異之深**이라 **得一言**에 **爲數日憂喜**러라

슬프다! 이제 異之는 세상을 떠나고 없으니, 내 글의 得失을 나 자신은 알지 못하고 남이 알아도 내게 말해주지 않는다. 내 비록 〈문장을〉 공부하는 데 날로 종사하고 있으나 아득하여 내 글이 근심할 만한 것인지 기뻐할 만한 것인지 스스로 알지 못한다. 그러므로 더욱 이지가 생각나서 잊지 못하는 것이다.

**嗚呼**라 **今異之亡矣**니 **吾得失**을 **不自知**요 **人知之**에 **不能爲吾言之**라 **余雖於學**에 **日從事焉**이나 **茫乎不自知其可憂而可喜也**라 **故益念異之不能忘**이라

이지는 道光 11년(1831)에 세상을 떠났다. 그 이듬해에 지금 安徽巡撫 鄧公[3]이 그의 遺文을 간행하고 나에게 명하여 서문을 짓게 하였다. 이에 옛날에 이지가 나의 글을 논평한 말을 문집의 뒤에 써서 나의 슬픔을 기록한다.

**異之卒於道光十一年**이라 **其明年**에 **今巡撫安徽鄧公**이 **刊其遺文**하고 **命曾亮爲之序**라 **乃書疇昔(之)〔論〕**[4]**文語於集後**하여 **以誌吾悲**하노라

---

3) 安徽巡撫 鄧公 : 鄧廷楨(1776~1846)을 가리킨다. 그는 江蘇 江寧 사람으로 嘉慶 연간에 진사시에 급제하였고, 道光 6년(1826)에 安徽巡撫가 되었다. 저서로 ≪雙硯齋詩鈔≫가 있다.

4) (之)〔論〕 : 저본에는 '之'로 되어 있으나, ≪柏梘山房全集≫에 의거하여 '論'으로 바로잡았다.

# 21. 朱丹木에게 답한 편지　答朱丹木書*

＊매증량이 1847년 62세 때 쓴 글이다. 朱䕶의 자가 丹木이다. 淸나라 때 雲南 石屛 사람으로 道光 9년(1829) 進士試에 급제하였고 시를 잘 지었다. 매증량은 이 글에서 문장은 작자가 사는 시대의 변화에 따라 그 시대의 실상을 반영하는 것이 중요하다고 역설하였다. 形式美에 치우친 騈儷文을 지양하고 현실을 잘 서술할 수 있는 古文을 중시하는 매증량의 文學觀이 드러나 있다.

吳紅生[1)]의 寓居에서 한번 이별하고는 마침내 행차를 붙잡고 송별하지 못하였습니다. 이미 각하께서 陞遷하신 것을 기뻐하고 또 서로 거리가 더욱 멀어짐을 원망하였습니다. 이제 거리가 조금 가까워졌지만 미처 한 통의 서찰을 보내 축하를 드리지 못하였는데, 외람되이 먼저 안부를 물어주시고 땔감과 양식을 살 비용을 내려주시면서 "옛날의 작자의 경지에 나아갈 수 있다.[2)]"라고 하여 학업에 마음과 힘을 다할 수 있게 해주시니, 부끄럽고 감사하며 부끄럽고 감사합니다.

吳紅生寓中一別에 遂不獲攀送이라 旣喜閣下遷擢하고 又以相去益遠爲望이러니 今稍近矣로되 未及馳一書爲賀러니 猥先賜存問及薪米之費하여 以爲可進於古라하여 使得竝心力於所業하니 慚荷慚荷라

저의 글은 단지 일삼을 일이 없기 때문에 애오라지 스스로 즐기면서 소일거리로 삼고 있을 뿐이니, 古人으로써 기대하는 것은 바라는 바가 아닙니다. 다만 생삭선

1) 吳紅生 : 吳葆晉(1791~1860)의 호가 紅生인데, 鴻生 또는 虹生이라고도 하고, 자는 佶人이다. 淸나라 河南 光州 사람이다. 道光 9년(1829)에 進士試에 급제하였고 시를 잘 지었으며, 정치가요 시인으로 유명한 龔自珍(1792~1841)과 친하였다.

2) 옛날의……있다 : 元나라 吳澄의 〈題吳節婦傳後〉에 "나는 늘 東平 李公의 글이 사실을 명확하게 서술하고 문장이 뜻을 잘 전달하여 알기 어려운 글자나 읽기 어려운 구절을 빌려서 일부러 글을 어렵고 깊게 만들지 않는 점을 좋아하니, 거의 옛날의 작자의 경지에 나아갈 수 있을 것이다.〔余每愛東平李公之文 事覈而辭達 不藉難識之字難讀之句爲艱深 蓋庶乎可進於古之作者〕"라 하였다.(≪吳文正集≫ 권55)

대 문장의 일은 그 시대를 따르는 것보다 큰 것이 없으니, 여기서 내가 글을 지으면 비록 그 글에 실린 事物이 지극히 미미하고 몹시 작다 할지라도 당시 朝野의 풍속의 취향을 모두 나의 글을 통하여 볼 수 있습니다. 가사 唐나라 貞元·元和[3] 때에 글을 지을 경우에 〈그 작자가〉 정원·원화 때 사람인 줄 독자가 알지 못해서는 안 되며, 宋나라 嘉祐·元祐[4] 때에 글을 지었을 경우에 〈그 작자가〉 가우·원우 때 사람인 줄 독자가 알지 못해서는 안 됩니다.

**曾亮之文**은 **直以無所事事**로 **聊自娛悅**하여 **銷暇日耳**니 **以古人期之**는 **非所望也**라 **惟竊以爲文章之事**는 **莫大乎因時**하니 **立吾言於此**면 **雖其事之至微物之甚小**나 **而一時朝野之風俗好尙**을 **皆可因吾言而見之**니 **使爲文於唐貞元元和時**어든 **讀者不知爲貞元元和人**은 **不可也**요 **爲文於宋嘉祐元祐時**어든 **讀者不知爲嘉祐元祐人**은 **不可也**라

韓子는 말하기를 "오직 진부한 말을 힘써 제거해야 한다."라 하였으니,[5] 어찌 말만 그대로 이어받아 써서는 안 될 뿐이겠습니까. 대저 고금의 情勢가 진실로 크게 같은 점이 있으나, 시운의 추이에 따라 人事가 점점 더 넓어져 변역하여 날로 새로워지는 것은 끝을 이루 다 알 수 없습니다. 그런데 고금의 같은 점만 가지고서 다른 점을 개괄하여 말하면 비록 말에서는 〈옛것을〉 빌려온 바가 없더라도 그 말은 이미 진부해집니다.

**韓子曰 惟陳言之務去**라하니 **豈獨其詞之不可襲哉**아 **夫古今之理勢**가 **固有大同者矣**나 **其爲運會所移**에 **人事所推演而變異日新者**는 **不可窮極也**어늘 **執古今之同而概其異**면 **雖於詞**에 **無所假者**나 **其言亦已陳矣**라

각하께서는 예전에 업무가 번다한 고을을 맡아서 사나운 백성을 다스릴 때에는

3) 貞元·元和 : 貞元(785~804)은 唐 德宗의 연호이고, 元和(806~820)는 唐 憲宗의 연호이다. 이 시기에 唐宋八大家의 韓愈·柳宗元과 같은 古文의 작자들이 활동하였다.

4) 嘉祐·元祐 : 嘉祐(1056~1063)는 宋 仁宗의 연호이고, 元祐(1086~1093)는 宋 哲宗의 연호이다. 이 시기에 唐宋八大家의 歐陽脩·蘇洵·蘇軾·蘇轍·王安石·曾鞏 등 고문의 작자들이 활동하였다.

5) 韓子는……하였으니 : 韓子는 唐나라 문호 韓愈를 가리킨다. 한유의 〈答李翊書〉에 "마음에서 취하여 손으로 쓸 때에 오직 진부한 말을 힘써 제거하는 것이 매우 어렵도다.〔當其取於心而注於手也 惟陳言之務去 戛戛乎其難哉〕"라 하였다.

黃老[6]를 숭상하지 않으시다가 督糧道[7]를 관직으로 맡아서는 황로를 숭상하니, 이는 단지 權道를 가지고 변화에 부합한 것입니다. 문장이 시대에 따라 변하는 것도 마찬가지입니다. 제가 지은 글 몇 편을 첨부하여 보내 보여드리오니, 이미 간행된 것이라 하여 결점을 너그러이 용서하지 마시고 〈지적해주시면〉 매우 고맙겠습니다.

**閣下前任劇邑**하여 **治悍民**할새 **不尙黃老**라가 **今官督糧道**에 **乃尙黃老**하니 **此持權合變者也**라 **文之隨時而變者**도 **亦如是耳**라 **附文數篇呈閱**하니 **勿以已刊刻而恕其疵累焉**이면 **幸甚**이라

---

6) 黃老 : 黃帝와 老子의 병칭으로 淸靜無爲를 근본으로 삼는 道家를 뜻한다.
7) 督糧道 : 明나라 때 생긴 관직으로 淸나라 때에는 각 省에 설치하였다. 양곡을 漕運하는 일을 관장하였다.

## 22. 吳子序에게 답한 편지　答吳子序書*

*매증량이 1848년 63세 때 쓴 글이다. 당시 매증량은 文名이 날로 높아져 갔다. 吳嘉賓은 자가 子序(子敍)이고, 매증량에게 수학한 제자이다. 이 글은 오가빈이 자기가 지은 시문을 보내와 가르침을 구한 데 답한 것으로, 문장은 德行을 서술하는 것도 중요하지만 문학 그 자체만으로도 높은 가치가 있다고 역설하였다. 오가빈은 道光 연간에 進士試에 급제하였고 經學에 밝았고, 陽明學을 숭상하였다. 문장은 姚鼐를 宗主로 삼았고, 특히 歸有光의 문장 작법을 터득하였다. 저서로 ≪求自得之室文鈔≫·≪尙絅廬詩鈔≫·≪詩說≫ 등이 있다.

子序 同年[1] 閣下. 두 차례 手書와 詩文을 받고서, 기거가 평안하며 멀고 황량한 변경 고을에서 학술과 문예로 스스로 즐기면서 지낸다는 것을 알았으니, 이번의 잃음이 반드시 얻음이 되지 않는 것은 아닙니다.[2] 요컨대 이는 또한 才力이 강건한 사람이 아니면 그렇게 할 수 없는 것입니다.

**子序同年閣下 兩得手書竝詩文**하여 **承起居安吉**하고 **於荒漠阻絶之區**에 **能以學術文藝自娛**하니 **此之失**이 **未必不爲得**이로되 **要亦非姿力强定者不能也**라

저는 가족이 딸을 시집보내고 남쪽 향리로 돌아가는 일로 인하여 동반할 사람을 구해주었는데, 山東에는 行旅의 길이 많이 막힌 터라 이제야 집에 도착하니 아직 소식이 오지 않았습니다. 그래서 마음속에 늘 염려를 놓지 못하여 思慮를 가라앉히고 찬찬히 글을 玩味해보고자 하지만 아직도 그렇게 하지 못하고 있습니다. 그러나 보내온 詩文을 또한 펼쳐서 몇 차례 읽어보았지만, 종전에 미묘한 性理에 대

1) 同年 : 같은 해의 과거에 급제한 사람을 가리키는 말이다. 그런데 매증량은 道光 2년(1822)에 진사시에 급제하였고, 吳嘉賓은 도광 18년(1838)에 진사시에 급제하였는데, 어떻게 해서 동년이란 호칭을 쓴 것인지 알 수 없다.

2) 이번의……아닙니다 : 吳嘉賓은 35세 때 翰林院編修의 자리에 올랐다가 모종의 일에 연루되어 落職하고 변방에 가서 戍자리를 서다가 석방되었는데, 이때의 정황을 두고 말하는 듯하다.(≪中國歷代人名辭典≫, 이회문화사, 2010)

해서는 공부한 적이 없고, 조금 아는 것은 문장뿐입니다.

曾亮因家眷送女南回하여 經營同伴者러니 山東行旅多梗이라 今到家未來消息일새 心常懸懸하여 欲使澄息思慮하여 細硏玩文字호되 尙未能也라 然來詩文을 亦展讀數過로되 向於性理微妙에 未嘗窺涉이요 稍知者는 獨文字耳라

옛날 孔子의 문하에 德行을 잘 말하는 이가 있고 言語를 잘 구사하는 이가 있었으니,[3] 이는 예로부터 大賢도 겸비할 수 없었습니다. 언어를 잘 구사하는 이는 덕행을 일삼을 게 없다고는 할 수 없습니다. 그러나 반드시 덕행을 잘 말하는 이라야만 언어를 잘 구사할 수 있게 된다고도 할 수 없습니다. 莊周·列禦寇[4] 및 전국시대 策士들은 덕행에 있어 어떠했습니까. 그러나 어찌 文詞를 잘 구사하지 못했다고 할 수 있겠습니까. 宋·明 시대 사람들이 저술한 語錄은 진실로 문사로 논할 수 있는 것은 아니고 덕행에 있어서도 잘 말한 것은 아닙니다.

昔孔氏之門에 有善言德行者하며 有善爲說詞者하니 此自古大賢不能兼矣라 謂言語之無事乎德行은 不可也라 然必以善言德行者라야 乃得爲言語도 亦未可也라 莊周列禦寇及戰國策士가 於德行에 何如오 然豈可謂文詞之不工哉아 若宋明人所著語錄은 固非可以文詞論이요 於德行에도 亦未爲善言者也라

작일에 보여주신 글은 그 이치의 옳고 그름은 절충할 수 없지만 문장을 가지고 말한다면 각하의 뜻은 진실로 문장에 있지 않고 이치로써 이기고자 하는 것입니다. 저는 생각건대 古人의 글을 읽는 것은 나에게 이익이 되는 것을 찾는 것일 따름이니, 그 하자를 찾아서 辨析하여 이기는 것은 타당하지 않습니다. 오로지 하자만 찾는다면 나에게 이익이 될 수 있는 것이 드물 것입니다.

바야흐로 하나의 설을 얻었을 때에는 다들 스스로 그것으로 世道를 유지하고 人心을 방비할 수 있다고 여깁니다. 그러나 인심과 세도가 오래 존속하여 毁滅하지 않는 것은 그 까닭이 따로 있습니다. 비록 朱陸의 是非[5]와 良知·格物의 同異[6]일

---

3) 孔子의……있었으니 : 孟子가 "宰我·子貢은 언어를 잘 구사하였고, 冉牛·閔子·顔淵은 덕행을 잘 말하였는데, 孔子는 이 둘을 겸하셨다.〔宰我子貢善爲說辭 冉牛閔子顔淵善言德行 孔子兼之〕"라 하였다.(≪孟子≫ 〈公孫丑 上〉)

4) 莊周·列禦寇 : 莊周는 ≪莊子≫의 저자이고, 列禦寇는 ≪列子≫의 저자이다.

지라도 영향을 주기에 부족한데 하물며 변석하는 바가 이보다 못한 것이 있으니, 혹 前人이 이미 변석하여 굳이 변석을 둘 필요가 없는 것은 더욱 맛이 적습니다.

**昨所示文**은 **其理之當否**는 **無能折衷**이어니와 **若以文論**이면 **則閣下之意**가 **固不在文**이요 **而欲以理勝者也**라 **竊以爲讀古人書**는 **求其爲吾益者而已**니 **求其疵而辨勝之**는 **無當也**니 **專求其疵**면 **則可爲吾益者寡矣**라 **方其得一說焉**하여는 **皆自以爲維世道防人心也**라 **然人心世道久存而不毁者**는 **自有在焉**하니 **雖朱陸之是非**와 **良知格物之同異**라도 **猶未足爲其輕重也**온 **況所辨有下於此者**하니 **或前人所已辨而不必置辨者**는 **愈少味矣**라

나태한 성품이 스스로 제가 좋아하는 것을 좋아하므로[7] 소견이 이와 같습니다. 보여주신 시는 맑고 질박하여 意思가 〈詞藻보다〉 우세합니다. 근자에 지은 한 수를 아울러 보내 보여드리오니, 〈보시면〉 言辭만 허비했음을 아실 것입니다. 塞外의 추운 날씨에 건강을 잘 보살펴 멀리서 염려하는 마음을 위로해주십시오.

**疏惰之性**이 **自適其適**이라 **故所見如是**라 **所示詩**는 **淸樸**하여 **以意勝**이라 **近作一首**를 **竝往呈覽**하노니 **當覺其詞費耳**라 **塞**(새)**外寒**에 **珍攝爲慰**라

---

5) 朱陸의 是非 : 朱陸은 朱熹와 陸九淵을 가리킨다. 주희와 육구연은 鵝湖에서 만나 토론하였는데, 당시 논변의 주제는 ≪中庸≫에서 "군자는 덕성을 높이고 학문을 말미암는다.〔君子尊德性而道問學〕"라고 한 대목의 尊德性과 道問學, 어느 쪽을 중시할 것인가 하는 문제였다. 대개 주희는 먼저 도문학, 즉 학문을 통하여 지식을 얻은 바탕 위에서 존덕성, 즉 心性을 수양할 수 있다는 입장이었고, 육구연은 존덕성을 근본이라 하여 중시하였다.

6) 良知……同異 : 明나라 학자 王守仁(1472~1529)은 號가 陽明이다. 그는 陸九淵의 학설을 이어서 良知가 바로 天理이므로 자기 자신의 마음속에서 천리를 찾아야 한다고 주장하였다. 이는 실재하는 사물에서 理를 찾아야 한다고 주장하는 朱熹의 格物致知說과 상반된다.

7) 스스로……좋아하므로 : ≪莊子≫ 〈大宗師〉에 "이러한 사람은 다른 사람이 할 일을 대신 처리하고 다른 사람의 즐거움을 자신의 즐거움으로 여겨 자기의 즐거움을 스스로 즐거워하지 못하는 자이다.〔是役人之役 適人之適 而不自適其適者也〕"라 하였고, 〈騈拇〉에 "남이 좋아하는 것을 좋아하고, 자기가 좋아하는 것은 좋아하지 못하는 자〔適人之適而不自適其適者〕"라 하였다.

## 23. 雅州로 부임하는 余小坡에게 주는 序　贈余小坡之任雅州序*

*이 글은 매증량이 1844년 59세 때 쓴 글로 余坤을 송별하면서 준 贈序이다. 여곤의 자가 小坡이다. 매증량이 북경에 있을 때 사귄 벗들 중에서 여곤이 雍州知事로 나가게 된 데 대해 축하하는 마음과 아쉬워하는 정을 절실하게 표현하였다. 이 글에 보이는 朱琦·吳嘉賓·王拯·馮志沂 등은 모두 桐城派의 주요한 인물들이다.

道光 원년(1821)에 내가 처음 京師에 왔을 때 당시 교유하던 이들 중에는 옛것을 좋아하고 박학한 선비들이 많았기에 의기가 서로 맞아 몹시 사이가 좋았는데, 10여 년 후에 또 경사에 왔더니 그 사람들 중에 어떤 이는 죽었고 어떤 이는 향리로 돌아갔고 어떤 이는 먼 외직으로 나갔으며 어떤 이는 志趣가 처음에는 서로 같았다가 마침내 달라진 이들도 있었다. 10여 사람이나 많은 벗들로서 구름이 걷히고 물결이 옮겨가듯이 사라져 마침내 한 사람도 남아 있는 이가 없었다.

그래서 마음이 슬퍼 나는 더 이상 붕우가 모이는 즐거움이 없으리라 여겼더니, 오래 지나자 陳君 藝叔[1]·朱君 伯韓[2]·吳君 子敍[3]를 벗할 수 있었고, 또 백한을 통하여 小坡 및 馮君 魯川[4]·王君 少鶴[5]을 벗할 수 있었으며, 지취는 같으나 늘 함께 모이지 못하는 이가 또 있었다. 요컨대 이들은 모두 雄俊한 선비로서 함부로 남을 인정하여 사귀지 않는 사람들이었다.

**道光元年**에 **余初遊京師**할새 **一時交遊**가 **多好古博洽之士**라 **意氣相得甚歡**이러니 **後十餘年**에

---

1) 陳君 藝叔 : 陳學受의 자가 藝叔이며, 山西 新城 사람이다. 桐城派의 문장을 배웠다.
2) 朱君 伯韓 : 朱琦의 자가 濂甫이고, 호가 伯韓이며, 廣西 桂林 사람이다. 道光 연간에 진사시에 급제하였고 給事中을 거쳐 杭州知事에 이르렀다. 太平天國의 난 때 叛軍에게 살해되었다. 詩格이 雄渾하다는 평가를 받는다.
3) 吳君 子敍 : 吳嘉賓의 자가 子敍(子序)이다. 앞의 〈答吳子序書(吳子序에게 답한 편지)〉 참조.
4) 馮君 魯川 : 馮志沂의 자가 魯川이며, 山西 代州 사람이다.
5) 王君 少鶴 : 王拯의 호가 少鶴이고, 원래 이름은 錫振이고, 자는 定甫이며, 廣西 馬平 사람이다. 道光 연간에 진사시에 급제하였고 벼슬은 通政使에 이르렀다. 古文·詩·詞에 두루 뛰어났다. 詞는 常州派를 배웠고, 文은 桐城派에 가깝다. 저서로 ≪滄齋文鈔≫·≪龍壁山房詩藁≫·≪茂陵秋雨詞≫가 있다.

又來京師하니 其人或死或歸或遠宦하고 或志趣始同而終異者有之라 以十餘人之多로 而雲卷波徙하여 遂無復有一人存者라 慨然自以爲無復朋友聚處之樂矣러니 久之에 得交陳君藝叔朱君伯韓吳君子敘하고 又因伯韓하여 得交小坡及馮君魯川王君少鶴하고 其志趣同而不常合幷者又有人焉하니 要皆雄俊之士不妄與可於人者也라

내가 처음 小坡를 알았을 때에는 그의 용모가 매우 孤高하였는데, 오래 지내면서 정이 더욱 친밀해지고 의론이 서로 부합하였다. 그가 글을 지은 것이 있으면 내가 잘 지었다고 평가하지 않은 적이 없었고, 나의 글에 대해서도 可否의 평가가 나의 생각과 같지 않은 적이 없었다.

대개 6, 7년 이래로 내가 이들 몇 군자와 함께 지내는 즐거움과 글과 술로 어울려 담론을 나누는 기쁨에, 예법을 굳이 갖추지 않되 방종한 데로 흘러가지 않고 말을 거침없이 하되 옆길로 새지 않아서, 강직하면서도 서로 추중하고 無心하면서도 무턱대로 순종하지는 않았으니, 비록 예전의 意氣投合했던 이들이라 할지라도 그 즐거움이 지금처럼 성대하지는 않았다. 그런데 몇 군자들 외에 한두 사람들을 더 보탤 수 없었으니, 심하도다, 벗을 얻기 어려움이여! 이 즐거움을 소홀히 여길 수 없도다.

余初識小坡에 其貌甚落落이러니 久而情益親議論益同이라 其有所作에 余未嘗不以爲工하고 而於余文에 所可否가 未嘗不與我同其意也러라 蓋自六七年以來로 余與數君子로 游處之適과 文酒諷議之歡에 曠乎禮而不流하며 肆於言而不歧하여 莊莊乎其相推하고 儻然而無所隨하니 雖昔之意相合者라도 其樂蓋無如今日之盛이라 而數君子外에 增一二人焉而亦不可得하니 則甚矣라 友之難이여 而斯樂之不可忽也라

올해 2월에 小坡가 조정의 명으로 戶部郎中에서 〈외직으로 나가〉 雅州[6] 수령으로 나가게 되었다. 함께 從遊하던 벗들이 그의 赴任을 매우 축하하였으나 한편으로는 그가 떠나는 것을 애석하게 여겼다. 아아! 그가 머무는 것을 좋아하고 그가 떠나는 것을 좋아하지 않는 것이 나보다 심한 이가 있겠으며, 또 그중에서도 소파

6) 雅州 : 隋나라 때 州를 설치하였고, 淸나라 雍正 연간에 府로 승격하였다. 治所는 지금의 四川省 雅安縣에 있다.

와 나보다 심한 이가 있겠는가? 그러나 소파의 입장에 있어서 어떠하겠는가.

외직을 피하고 어려운 자리를 싫어하여 政事를 백성들에게 배풀어보지도 못하고 녹봉으로 어버이를 넉넉히 봉양하지 못하는 것은 어찌 士君子가 自處할 바이겠으며, 어찌 붕우가 친한 벗에게 바랄 바이겠으며, 또 어찌 우리 벗 소파가 친척과 부형을 스스로 위로하는 바이겠는가. 나는 또 그가 떠나감에 있어 어떠하겠는가.

그렇다면 지금 이후로 우리 군자들은 다 이 지역에 오래 매어 있지 못할 이가 있을 터이니, 누가 먼저 떠날 것이며, 누가 뒤에 머물 것인가? 마침내 헤어질 것인가? 다시 만날 것인가? 나는 사방으로 툭 트인 길 한복판에 우두커니 서 있고[7] 떠나는 사람은 날로 멀어질 것이다.

今歲二月에 小坡以朝命으로 由戶部郞中으로 出守雅州라 同遊者甚祝其行하되 而又惜其去也라 嗟夫라 樂其留而不樂其去者가 孰有甚於余者乎며 又孰有甚於小坡與余者乎아 然其如小坡에 何哉아 避外而惡(오)難하여 政不得試乎民하며 祿不得贍乎親은 豈士君子之所以自處者乎며 豈朋友望於所親厚者乎며 又豈吾友所以自慰其親戚父兄者乎아 吾且於其行에 何哉아 然則自今以往으로 諸君子皆有不能久縻於玆者리니 孰先去乎며 孰後處乎며 其終離乎며 其復合乎아 余其儵然於四虛之途요 而去人日遠也夫인저

7) 사방으로……있고 : ≪莊子≫ 〈天運〉에 "사방으로 툭 트인 길에 무심히 서 있다.〔儻然立於四虛之道〕"라 하였다.

## 24. 張梧岡을 보내는 序　送張梧岡序*

* 매증량이 1834년 49세 때 쓴 글로 仁化縣令으로 부임하는 張梧崗에게 준 送序이다. 이 글에서 매증량은 현령은 법에 얽매이면 현령으로서 역할을 제대로 수행할 수 없게 되니, 법의 원칙은 지키되 상황에 따라 법을 잘 운용하여 집행해야 한다고 충고하였다.

법이 바른 것은 千古에 바뀌지 않으나 법을 쓰는 방법은 고금에 따라 같지 않으니, 옛날에 令[1)]이 된 이는 100리 고을 안에서 刑政을 자신이 전담하여 經術에 통달하고 名法에 숙달한 사람을 스스로 불러서 曹椽[2)]으로 삼으며, 포졸과 병졸들이 구하지 않아도 갖춰져 있고, 아래로는 嗇夫[3)]·鄕老·亭長[4)]들이 직책을 분담하고 위로는 오직 太守 한 사람만이 令의 成績을 의지할 뿐이니, 專權을 잡고 형세가 편리하다. 그러므로 일을 시행하기가 쉬워 文官은 문관으로 일하기 쉽고 武官은 무관으로 일하기 쉽다.

그러나 漢나라 시대를 마치도록 循吏는 몇 사람에 불과하고 흔히 맹금이 작은 새를 잡아먹는 것과 같은 〈酷吏의 정사[5)]를〉 잘 다스려진 것으로 여겼으니, 이는 다름이 아니라 위엄은 시행하기 쉬운 데서 생겨나고 권력은 독단하는 데서 편리하기 때문이다. 〈이러한 제도에서는〉 법으로 사람(令)을 다스릴 수 없고 사람(令)이 잘못하면 법이 그 사람(令)을 따르게 된다. 따라서 법을 잘 지켜 백성을 편리하게

---

1) 令 : 秦·漢 시대에 큰 縣의 수령이다. ≪漢書≫ 〈百官公卿表 上〉에 "縣의 令과 長은 다 秦나라 때 설치된 관직이니, 현을 맡아 다스린다. 萬戶 이상의 직급이 令이 된다."라 하였다. 이후 역대에 인습하였는데, 明·淸 시대에는 知縣으로 改稱하였다.
2) 曹椽 : 고대에 官署의 屬官을 통칭하는 말로, 여기서는 郡縣의 속관을 가리킨다.
3) 嗇夫 : 지방 고을에서 訴訟·賦稅 등을 맡던 하급 관리이다. 秦나라 때에 설치하여 漢나라·晉나라 때에도 그대로 인습하였다.(≪通典≫ 〈職官典 州郡 鄕官〉)
4) 鄕老·亭長 : 漢나라 제도에 10리가 1亭인데 정에는 亭長을 두고, 10정이 1鄕인데 향에는 三老를 두어 교화를 관장하게 하였다.(≪漢書≫ 권1 〈高帝紀〉)
5) 맹금이……정사 : 漢나라 酷吏로 이름난 義縱이 長陵·長安令을 거쳐 定襄·南陽의 太守를 역임했는데, 마치 맹금이 작은 새를 잡아먹듯이 가혹하여〔鷹擊毛摯〕 鷹擊이란 별호가 붙었다.(≪史記≫ 권122 〈酷吏列傳〉)

해주는 이가 옛날의 순리이다.

法之正은 千古不易이나 而用法之術은 今古不同하니 古爲令者는 百里之內에 刑政을 自專之하여 通經術習名法者를 得自辟爲曹椽하며 逐捕吏兵이 不待索而具하고 下有嗇夫鄕老亭長이 分其職이요 而上獨一太守가 仰其成하니 其權專하며 其勢便이라 故事易(이)行하여 文易文武易武也라 然終漢之世에 循吏不過數人하고 而多以鷹擊毛鷙爲治하니 此無他라 威生於易行하며 權便於獨斷이라 法不足以治人하고 人失而法隨之라 故能守法以便民者가 古循吏也라

후세의 제도는 大吏는 많고 小吏는 적어 令 아래에 丞·尉[6]만 관원으로 갖추어져 있을 따름이고, 6, 7등급의 상관이 그 윗자리에 번갈아 부임해 앉아 있다. 선비는 縣學에 分屬해 있어 관리와 스승의 역할을 겸하지 못하고, 병사는 군영에 分屬해 있어 文官과 武官의 일이 이어지지 못하므로, 令이 지휘하는 바는 오직 胥吏(아전)만 있을 뿐이다. 〈그런데 서리는〉 다들 대대로 물려받는 恒產이 있어 집안에서 授受하므로 관가에서 이들을 마음대로 통재할 수 없으니, 〈영과 서리〉 上下의 정은 〈생면부지인〉 행인과 다를 바 없다.

따라서 권력은 나뉘고 세력은 막혀 비록 용맹하고 방자한 사람일지라도 포악한 짓을 드러내놓고 자행하지는 못하니, 이는 제도의 좋은 점이다. 그러나 〈이 제도에서는〉 사람(令)이 법을 이기지 못하니, 법에 파탄이 생겼을 때에는 사람(令)도 그 법을 그대로 따르게 된다. 따라서 법을 잘 집행하여 백성을 평안하게 하는 이가 있으면 그가 오늘날의 循吏이다.

後世之制는 大吏多而小吏少하여 令下有丞尉備員而已요 而有六七級之上官이 遞臨其上이라 士分於學而官師不相兼하며 兵分於營而文武不相屬이라 所指揮는 獨有胥吏하니 皆恒產世業하여 自爲授受라 非官所得專하니 上下之情이 途人無以異라 其權分하며 其勢格하여 雖武健恣睢之人이라도 不得顯肆其暴하니 此制之所爲得也라 然人不足以勝法하니 及法敝而人亦隨之라 其有能執法以安民者면 則今之循吏也라

그렇다면 어떻게 법을 집행해야 하는가. 오늘날의 법은 진실로 어진 이를 속박하여 제 뜻을 실행하지 못하게 할 수 있으니, 법을 빙자하여 私益을 챙기는 자들이

6) 丞·尉 : 令을 보좌하는 관리이다.

진실로 세상에 끊이지 않는다. 그렇다면 법이 속박할 수 있는 이는 자기 마음에 진실로 그만둘 만하면 그만두는 자이다. 자기 마음에 진실로 그만둘 만한데도 그만두지 않으면 법이 진실로 그 사람을 속박하지 못하고 그 사람 자신에게 쓰이게 될 것이니, 법을 집행하는 이가 또한 그 방법을 잘 쓰면 될 따름이다.

**然則若之何而執之**오 **曰 今之法**은 **固足以困賢者**하여 **不得行其意矣**니 **其藉法以行私者**가 **固未絶於世也**라 **然則法所能困者**는 **吾意之苟可以止而止者也**라 **吾意不以苟可以止而止**면 **法固不能吾困而爲吾用**이니 **執法者亦善其術焉而已**라

나의 벗 張子 梧岡이 謁選[7]하여 仁化縣令으로 임명되었다. 그가 부임하러 떠날 무렵 어떤 이가 "그 지역은 南海에 가까워 민심이 사납고 경박하니, 의당 강경한 방법으로 제압해야 한다."고 말해주었다. 그러나 循吏란 법을 따르는 자일 뿐이다. 법이 이와 같은데 무엇을 이름하여 강경한 방법이라 하겠는가. 게다가 방법을 잘 쓰지 않고 강경한 데 뜻을 두는 것은 이른바 법을 잘 집행하는 자가 아니다.

옛사람은 書法을 논하면서 "結字[8]는 고금에 따라 같지 않으나 붓을 잡는 법은 천고에 바뀌지 않는다."라 하였으니, 법도 응당 이와 같아야 한다. 오강은 어진 이이고 서법에 조예가 깊으니, 이 말에 대해 응당 미루어 생각해 마음에 와 닿는 점이 있을 것이다.

**吾友張子梧岡**이 **謁選得仁化邑**이라 **將行**에 **或告以地近南海**하여 **俗悍輕**하니 **宜克以剛者**라 **然循吏者**는 **循法而已**라 **法如是**하니 **何名爲剛哉**아 **不善其術而有意於剛**은 **又非所云能執法者矣**라 **昔人論書**에 **謂結字**는 **今古不同**이나 **而執筆**은 **千古不易**이라하니 **法亦猶是也**라 **梧岡**은 **賢者**요 **而深於書**하니 **則於是**에 **必能推而合之**라

7) 謁選 : 관리가 吏部에 가서 선발을 받는 것이다.
8) 結字 : 書法의 용어로 글자의 結構, 즉 짜임새를 말한다.

# 25. 總兵 劉公 淸의 家傳　總兵劉公淸家傳*

* 매증량이 1835년 50세 때 쓴 글이다. 매증량은 道光 15년(1835)부터 도광 29년(1849)까지 북경에서 관직 생활을 하였다. 劉淸(1749~1827)은 자가 天一이고, 호는 朗渠 또는 松齋이며, 貴州 長順縣 廣順鎭 사람이다. 嘉慶 초에 四川省 南充縣令으로 있을 때 청렴하고 강직하여 백성들이 劉靑天이란 칭호로 불렀다. 嘉慶 원년(1796)에 鄕勇[1]을 모집하여 白蓮敎의 수괴 王三槐를 죽이고 난리를 진압한 공로로 按察使로 승진하였고, 가경 17년(1812)에는 山東鹽運使가 되었다. 이후 林淸·李文成 등이 주동한 天理敎의 난을 진압하는 데 공로를 세워 總兵이 되었다.

공은 諱가 淸이고 자가 天一이니 貴州 廣順 사람이다. 拔貢生[2]으로서 布政使를 역임하였고 總兵으로 관직을 마쳤다. 그러나 사람들은 다들 劉靑天이라 부르니, 四川省의 縣令으로 있을 때 백성들이 부르던 칭호를 따른 것이다.

**公**은 **諱淸**이요 **字天一**이니 **貴州廣順人**이라 **以拔貢生**으로 **歷官布政使**하고 **終總兵**이라 **然人皆呼爲劉靑天**하니 **從其官四川縣令時民所稱也**라

嘉慶 원년(1796)에 達州 사람 王三槐가 敎匪[3]를 거느리고 반란을 일으켰으니, 당시 공은 縣丞[4]으로 있다가 知縣으로 陞遷하여 몇 차례 鄕勇兵을 거느리고 南充·廣元 지역에서 적을 격파하였다. 공은 백성과 사졸을 慰撫하여 모두 자식처럼

---

1) 鄕勇 : 淸나라 말기에 지방에서 조직된 義勇軍이다. 18세기 말엽에 발생한 白蓮敎의 난과 19세기 중엽에 발생한 太平天國의 난에 관군이 무력한 모습을 보이자 지방에서 자위대로 조직한 군대이다.

2) 拔貢生 : 淸나라 제도에 각 省의 學政이 문장과 행실이 모두 우수한 생원을 선발하여 國子監에서 수학하게 하였다. 여기에 뽑힌 사람을 拔貢生이라 한다. 생원의 일종으로 예비 관리라 할 수 있다.

3) 敎匪 : 반란을 일으킨 종교단체를 匪賊이라 일컬은 것으로, 여기서는 白蓮敎徒를 지칭한다. 기근에 시달리던 5개 省의 농민들이 1796년에 반란을 일으켰고, 이후 湖南의 苗族과 연합하여 그 세력이 급속히 커졌다. 이 반란은 1805년에 이르러서야 진압되었다.

4) 縣丞 : 현령을 보좌하는 관리이다.

보살피니, 사람들이 기꺼이 공을 위해 목숨을 바쳤다.

적들은 백성으로 있을 때부터 공의 명성을 알았던 터라 전투할 때 사람들은 나서지 않았다. 그러므로 공을 만나면 적들은 번번이 도망쳤다. 睿皇帝[5]가 이 사실을 알아서 공은 南充縣令으로 있다가 신속히 승진하여 관직이 建昌道[6]에 이르고 花翎[7]을 冠에 드리우는 은전을 상으로 받았는데, 그 후에는 누차 기용되었다가 누차 좌절하였다.

**嘉慶元年**에 **達州王三槐**가 **以敎匪倡亂**하니 **時**에 **公以縣丞遷知縣**하여 **數以鄕兵破賊於南充廣元間**이라 **公撫民及士卒**하여 **皆以兒子畜之**하니 **人樂爲死**라 **賊自爲民時**로 **知公名**이라 **戰**에 **人莫爲用**이라 **故遇公輒逃**러라 **睿皇帝知之**하여 **由南充縣**으로 **驟遷至建昌道**하고 **賞戴花翎**이러니 **後屢起屢躓**라

이보다 앞서 皇上이 적이 오래 평정되지 못하고 있다고 하여 적을 招撫하자는 주장을 하는 사람이 있기에 그 말을 따라 시행해보고자 하였는데, 經略大臣이 생각하기를 적을 慰撫하는 데는 공만큼 적임자가 없다고 여겼다. 그래서 공이 단신으로 적의 진영에 들어갔다가 돌아오기를 몇 차례 하자 王三槐가 드디어 항복하였다. 그런데 공을 차지하려는 자가 거짓말로 속여서 왕삼괴를 사로잡았다.

왕삼괴가 誅殺되자 다른 적의 수괴들은 의심하고 꺼려서 나오지 않았다. 이 때문에 공을 제때 이루지 못했는데, 官兵은 적을 섬멸하자는 주장과 적을 위무하자는 주장, 두 가지 입장을 견지하여 전투에 힘을 쓰지 않았다. 그러나 적의 병졸들은 공을 깊이 신임하여 전후로 투항한 賊黨이 2만 명이나 되었다.

堅壁淸野[8] 작전을 실시할 때에 이르러 의론을 올리자 경략대신에게 명하여 그 작전을 공에게 일임하게 하니, 적의 병졸들이 이로 말미암아 흩어졌다. 남은 匪賊들을 사로잡고 鄕勇을 줄이고 해산할 때 공의 전공이 그중에서 많았다.

**先是**에 **上以賊久未平**으로 **有進招撫之說者**할새 **試行之**러니 **經略大臣**이 **念撫賊莫如公宜**라 **隻**

5) 睿皇帝 : 淸 仁宗의 시호이다.
6) 建昌道 : 天津 河北區 관할 지역으로 13개 지역을 관할하는 중요한 곳이다.
7) 花翎 : 淸代에 관원의 모자 뒤에 드리우는 공작 깃털로, 황제가 5품 이상의 고위직 유공자에게 하사하였다.
8) 堅壁淸野 : 성벽을 견고히 지키고 들판을 깨끗이 치운다는 말로 성을 견고히 지키는 한편, 그 일대의 곡식을 모두 성안으로 거두어 들여 적의 군량미 공급의 길을 끊는 전술이다.

身入賊營하여 數返에 三槐遂降(항)이어늘 而冒功者詭言生得之라 三槐誅에 他賊首疑憚不出이라 故功不時就어늘 而官兵持勦撫兩端하여 戰不力이라 然賊卒深信公하여 前後降黨與二萬人이라 及行堅壁淸野하여 議上에 命經略大臣하여 一委公하니 賊卒由是破散이라 捕餘匪하고 裁撤鄕勇에 公功爲多라

嘉慶 8년(1803)에 큰 전공을 이루었다고 보고하였다. 공이 조정에 들어가 황제를 알현하자 시를 하사하였으니, 백성들이 공을 호칭한 靑天[9]이란 말을 넣어서 시구를 지은 것이었다.

공은 四川按察使를 거쳐 山西按察使로 옮겨가고 布政使로 陞遷하였는데, 下屬 관리의 일로 좌천되어 刑部員外郎에 제수되었고 山東鹽運使로 轉職하였다. 이때가 가경 17년(1812)이다.

한 해를 넘기자 敎匪 朱成良이 曹縣과 定陶[10]를 함락하였다. 공은 從軍하겠다고 자청하여 官兵 500명을 거느리고 髣山에서 적을 격파하여 정도를 수복하였고, 또 韓家廟에서 적을 격파하여 적 2,000여 명을 죽이니, 적이 曹縣에서 扈家集을 보루로 삼아서 흙 담장을 쌓음에 가시나무로 사방을 둘러쳤다.

공이 정도로부터 그 동쪽을 공격하여 불을 놓고 木柵을 뽑으니, 적이 뛰쳐나왔다가 많이 죽었고, 조금 달아난 자들은 남쪽과 북쪽에 있던 관병들이 이르러 합동으로 공격하여 적의 수괴 朱成良・王奇山을 주살하였다. 이에 山東에 있던 적들은 다 소탕되었고, 河南의 적들로 滑縣에서 정도로 달아났던 자들 역시 공에게 섬멸되었다. 그리하여 11월에 적이 평정되었다.

八年에 大功告成이라 入覲에 賜詩하니 取民所呼靑天者以爲句라 由四川按察使로 改山西하고 遷布政使러니 以屬吏事로 責授刑部員外郎하고 轉山東鹽運使하니 時嘉慶十七年矣라 逾年而敎匪朱成良이 陷曹縣定陶라 公自請從戎하여 以官兵五百으로 敗賊於髣山하여 復定陶하고 又敗之於韓家廟하여 殺賊二千餘하니 賊保扈家集於曹縣하여 樹土牆에 荊棘四周라 公自定陶로 攻

9) 靑天 : 청렴하고 엄정한 관원을 상징하는 말이다. 北宋 때 開封府知事 包拯(999~1062)이 청렴하여 뇌물과 청탁을 일절 받지 않고 법을 집행하는 것이 엄정하였다. 그래서 당시 개봉부의 사람들이 포정을 閻羅包老라 하고 包靑天이란 별칭을 붙였던 데서 유래하였다.(≪宋史≫ 권316 〈包拯列傳〉)

10) 曹縣과 定陶 : 둘 다 曹州府의 屬縣이다.

其東하여 縱火拔柵하니 賊突出多死하고 稍逸者는 南北官兵至하여 合擊之하여 誅賊首朱成良王奇山하니 賊在山東者皆盡하고 而河南賊自滑縣奔定陶者亦殲於公이라 十一月에 賊平하다

공이 扈家集을 격파하자 황상이 下諭하기를 "劉淸은 나이 예순이 넘었고 게다가 文官에 속하거늘 몸소 사졸을 거느리고서 적의 소굴을 탈취하였으니, 용감한 점이 가상하다."라 하고 布政使의 직함 및 玉韘[11]과 크고 작은 荷包[12]를 상으로 하사하였다.

이때에 이르러 드디어 雲南布政使에 제수되었고 곧바로 2品으로 頂帶[13]를 받고 山東鹽運使로 유임하였다. 嘉慶 21년(1816) 8월에 登州鎭總兵으로 옮겨 제수되고, 다시 曹州鎭總兵으로 옮겨 제수되었다.

今上(道光帝) 즉위 2년(1822)에 질병으로 사직을 청하고서 官籍에 있으면서 현직과 같은 녹봉을 받다가 7년(1827)에 집에서 운명하니, 황상이 몹시 애석해하였다. 아들 廷榛은 앞서 候選知縣[14]이 되어 있었기에 손자 熾昌에게 兵部主事를 제수하고, 鎣에게 擧人[15] 자격을 주었다. 얼마 뒤 祭葬의 은전을 하사하였다.

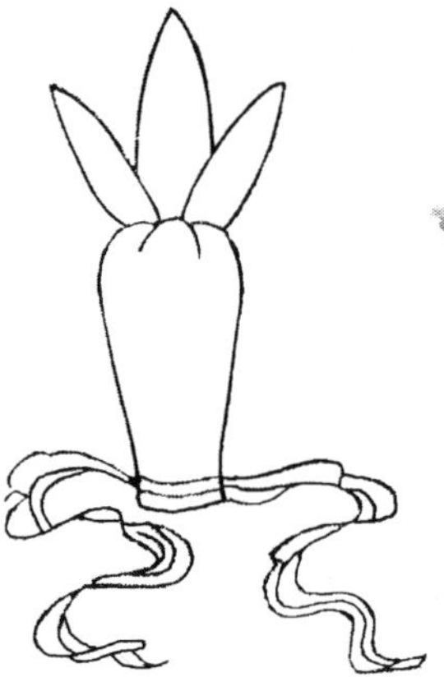
韘

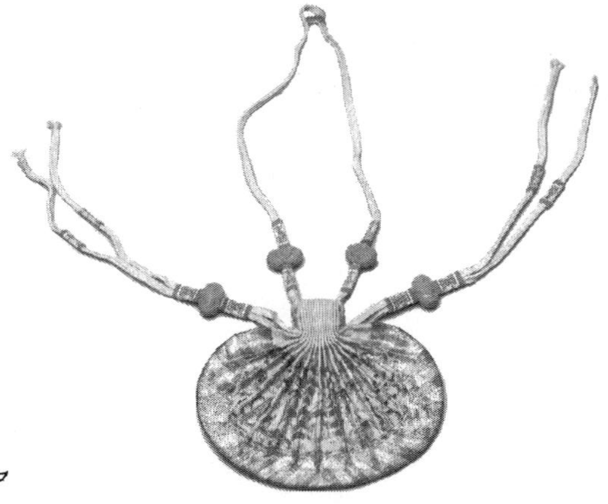
荷包

頂帶

11) 玉韘 : 韘은 활을 쏠 때 엄지손가락에 끼워서 시위를 당시는 도구로 깍지라고 한다. 즉 옥으로 만든 깍지이다.
12) 荷包 : 좌우 허리춤에 차는 수놓은 주머니로 憑口子라고도 한다. 이 주머니에 담뱃대·쌈지·차·향 또는 수건·粧刀·부싯돌 등을 넣어 가지고 다녔다.
13) 頂帶 : 淸나라 때 관원들의 冠에 달아서 직급을 구별하던 冠飾이다
14) 候選知縣 : 知縣으로 임용되기를 기다리는 후보이다. 候選은 淸나라 때의 관리 임용 제도이다. 郎中이나 道員 이하의 관원이 考試나 捐納을 통해 보결로 출사했다가 원임 관원이 起復하게 되면, 吏部에 보고한 뒤 법규에 따라 選用되기를 기다리는 것이다.
15) 擧人 : 鄕試에 합격한 사람을 말한다. 擧人은 會試에 응시할 자격이 주어진다.

公之破扈家集也에 上諭曰 劉清은 年逾六旬하고 且係文職이어늘 能身率士卒하여 取賊巢하니 勇敢可嘉라하고 賞布政使銜及玉韘大小荷包라 至是하여 遂授雲南布政使하고 旋以二品頂戴하고 留山東鹽運使任하고 二十一年八月에 改登州鎮總兵하고 復改曹州鎮總兵이라 今上卽位二年에 以疾乞休하여 在籍食全俸이라가 七年에 終於家하니 上深惜之라 子廷榛先候選知縣일새 乃官其孫熾昌兵部主事瑩舉人이라 尋賜祭葬하다

論은 다음과 같다.

國朝의 漢總督[16)]이 武官 출신인 이가 두 사람 있으니 岳公 鍾琪[17)]와 楊公 遇春[18)]이요, 布政使로서 總兵에 제수된 이는 오직 공 한 사람뿐이다. 공은 軍中에 오래 있으면서 성품이 소탈하여 까다로운 예절을 싫어하였으니, 이 관직(총병)에 轉任된 것은 필시 마음속으로 편하게 여기지 않음이 아니었을 것이다. 그러나 定陶를 수복할 때 병력을 전담한 장수로서 전공이 있었으니, 또한 상관의 시기심에 의해 中傷을 입지 않을 수 없었을 것이다.

論曰 國朝漢總督이 以武起家者二人이니 岳公鍾琪楊公遇春也요 布政使改總兵은 惟公一人이라 公軍中久에 坦率厭苛禮하니 改是官은 未必非意所便也라 然復定陶時에 專將有功하니 亦不能無中於上官之忌云이라

16) 漢總督 : 淸나라 때 漢族으로서 총독이 된 사람을 말한다.
17) 岳公 鍾琪 : 川陝總督을 역임한 岳鍾琦로 岳飛의 후손이라 한다.(≪淸史稿≫ 권296 〈岳鍾琪傳〉)
18) 楊公 遇春 : 楊遇春(1760~1837)은 자가 時齋이고, 四川 崇慶 사람이다. 무과 출신으로 乾隆 60년(1795)에는 福康安을 따라 貴州로 가서 苗族의 반란을 집압하였고, 嘉慶 2년(1797)에는 額勒登保를 따라가서 白蓮教의 반란을 진압하였고, 가경 8년(1803)에는 那彦成을 따라가서 林淸·李文成의 반란을 진압하였다. 용장이란 호칭을 받았고, 道光 5년(1825)에 陝甘總督이 되었다. 섬감총독은 陝西省과 甘肅省의 軍政과 民政을 총괄하는 관직이다.

# 26. 王剛節公의 家傳　王剛節公家傳*

* 매증량이 1842년 57세 때 쓴 글로 아편전쟁 때 영국 군대와 맞서 定海縣을 수비하다가 장렬히 전사하여 剛節이란 시호를 받은 王錫朋(1786~1841)의 家傳이다. 매증량은 이 글의 말미에서 왕석붕은 儒者의 의리를 알았기 때문에 전투에서 절의를 지켜 장렬하게 전사했다고 논평하였다.

영국 오랑캐가 海域을 침공할 때[1] 廣東·福建에서는 국사를 위해 죽은 이가 두세 사람이었지만 오직 浙江만은 定海가 함락되자 王剛節公과 두 總兵이 모두 힘써 싸워 적을 상당히 많이 죽였으나 구원병이 오지 않았던 탓에 마침내 패전하였으니, 사람들이 특히 애석하게 여긴다.

**英夷擾海疆**에 **廣東福建**은 **死事者數人**이로되 **惟浙江**은 **定海陷**에 **王剛節公與兩總兵**이 **皆力戰**하여 **殺賊過當**이로되 **以無救遂敗**하니 **人尤惜之**러라

공은 휘가 錫朋이고 자가 樵慵이니 順天府 寧河縣 사람이다. 젊을 때 씩씩하고 용감하여 俠氣가 있었다. 무과에 급제하여 兵部差官에 보임되었고 관례에 따라 固原 城守營遊擊에 임명되고 慶陽營參將을 攝任하였다.

道光 6년(1826)에 大軍[2]를 따라 張格爾[3]를 정벌하러 가서 大河拐(대하괴)로부터 回莊에 이르러서 전투에서 신속하게 공격하여 화살로 적의 추장을 쏘아 죽였다. 그리하여 상으로 花翎을 冠에 드리우는 은전을 받았고, 진격하여 阿瓦巴特에 이르러 견고한 적진을 함락시킬 때 적이 渾河 기슭을 의지하고 있거늘 대군을 따라 사잇길로 혼하를 건너 喀什噶爾城에 들어가고 진격하여 英吉沙爾·葉爾光·和

---

1) 영국……때 : 1840년에 발발하여 1842년에 영국의 승리로 끝난 아편전쟁을 말한다.

2) 大軍 : 대군을 통솔하는 대장을 敬稱하는 말이다. 당시 대장은 楊遇春이다. 王錫朋은 道光 26년(1826)에 양우춘을 따라 가서 新疆을 정벌하였다.

3) 張格異 : 신장〔新疆〕 위구르족의 추장으로 이슬람교 白山派의 수령이다. 嘉慶 때부터 침략하였고 道光 5년(1825)에 다시 반란을 일으켜 喀什噶爾·英吉沙爾·葉爾光·和闐 4개 城을 함락하고 20만 대군을 이끌며 세력을 떨쳤으나 도광 7년(1827)에 楊遇春·楊芳 등의 군대에 맞서다가 패전하여 도주하다가 그 이듬해 사로잡혀 북경으로 압송되어 처형되었다.

闐을 취할 때 모두 전공이 있었고 別將이 적의 두목 玉努斯[4])를 사로잡았다.

公은 諱錫朋이요 字樵慵이니 順天府寧河縣人이라 少雄武하여 有俠氣라 以武擧補兵部差官하고 援例得固原城守遊擊하고 擢慶陽營參將하다 道光六年에 從大軍征張格爾하여 自大河拐로 至回莊하여 戰疾力하여 矢殪其酋라 賞戴花翎하고 進戰至阿瓦巴特하여 陷堅할새 賊附渾河沿이어늘 從大軍하여 間道渡河하여 入喀什噶爾城하고 進取英吉沙爾葉爾羌和闐에 皆有功하고 別將獲賊目玉努斯하다

道光 12년(1832)에 猺民[5]) 趙金隴[6])이 湖南에서 반란을 일으켜 常寧·新田[7]) 일대를 노략질하였다. 공이 臨武參將으로 提督 羅思擧[8])를 따라가서 羊泉街에서 적을 격파하니 逆黨의 수괴가 주살되었다. 別將이 高家坪까지 적을 추격하여 大捷을 거두고 돌아와 楊家園에 있는 大軍에게로 나아가 적을 포위하여 섬멸하니, 상으로 銳勇巴圖魯[9])라는 명호를 하사받고 寶慶協[10]) 副將으로 발탁되었다.

十二年에 猺民趙金隴이 亂湖南하여 殘常寧新田이라 公以臨武參將으로 從提督羅思擧하여 破賊羊泉街하니 首逆誅하고 別將逐賊高家坪하여 大捷하고 回就大軍楊家園하여 圍賊殲之하니 賞銳勇巴圖魯名號하고 擢寶慶協副將하다

이때 廣東의 猺民도 趙仔青을 선동하여 湖南에 쳐들어와서 소란을 피웠다. 兩廣[11]) 總督이 檄文을 보내 〈공을 부르기에 공이〉 병력으로 〈廣東·廣西〉 두 省 지역을 장악하고서 背江口에서 적을 죽이고 濠江口에 이르러 또 銀匠衝에서 적을 격파하여 추장의 깃발을 빼앗았다. 조자청이 도주하거늘 추격하여 그 처자식까지 사로잡았다.

---

4) 玉努斯 : 신강 투루판〔吐魯番〕 사람으로 위구르족이다. 투르판의 群王인 伊斯堪達爾의 장자이다. 嘉慶 16년(1811)에 아버지를 이어 군왕이 되었다. 道光 6년(1826)에 淸나라 군대에 사로잡혀 처형되었다.

5) 猺民 : 瑤族(猺族)을 가리킨다. 廣西·湖南·雲南·廣東·貴州 등지에 사는 蠻族을 이른다.

6) 趙金隴 : 湖南省 江華縣 錦田鄕 사람으로 賦稅가 과중하다는 이유로 반란을 일으켰다.

7) 常寧·新田 : 둘 다 湖南省에 속한 縣이다.

8) 羅思擧 : 1765~1840. 자는 天鵬이다. 嘉慶 연간에 白蓮敎의 반란이 일어나자 종군하여 四川·陝西·湖南 등지에서 전공을 세웠고, 貴州·四川·雲南·湖北의 제독을 역임하였다.

9) 銳勇巴圖魯 : 巴圖魯는 몽고어로 勇士라는 뜻이다. 元나라 때에는 拔都·拔突·霸都魯라 일컬었고, 淸나라 때 전공이 있는 사람에게 모두 이 칭호를 하사하였다.

10) 寶慶協 : 寶慶은 지금의 湖南省 邵陽市에 해당하는 지역이고, 協은 明·淸 시대 군대 편제의 단위이다. 淸나라 말기의 軍制에 의하면, 3營이 1標이고, 2표가 1協이다. 오늘날의 旅團에 해당한다.

11) 兩廣 : 廣東과 廣西의 합칭이다.

호남이 평정되자 連州 大洪橋에 있는 廣東의 大軍에게로 달려가서 勝勢를 타고 火燒排[12]의 蛇兒嶺으로 들어가서 馬鞍山을 탈취하여 드디어 五排猺[13]를 평정하고, 또 이어서 蓮花汛·冷水衝·金竹根·桃花衝·紅泥田 각 지역의 猺族들을 평정하니, 이에 排後猺[14]도 스스로 투항하였다. 이에 공은 福建 汀州鎭總兵으로 발탁되었고, 喪期가 끝나자[15] 壽春鎭總兵으로 옮겨 임명되었다.

**時에 廣東猺亦煽動趙仔青하여 進擾湖南이라 兩廣總督이 檄以兵控兩省中地하여 殺賊背江口하고 至濠江口하여 又破賊銀匠衝하여 獲其酋旗한대 仔青反走어늘 追獲之及其孥하다 湖南平에 赴廣東大軍連州大洪橋하여 乘勝入火燒排之蛇兒嶺하여 奪馬鞍山하여 遂平五排猺하고 又從定(連)〔蓮〕[16]花(汎)〔汛〕[17]冷水衝金竹根桃花衝紅泥田各猺하니 乃排後猺亦就擒服이라 擢福建汀州鎭總兵하고 服闋에 改壽春鎭總兵하다**

공은 遊擊으로 있을 때부터 楊忠武公[18]을 따라가서 回疆[19]을 평정하여 명성이 알려졌는데, 猺族을 평정했을 때에 이르러서는 전공이 가장 으뜸이었다. 일찍이 士卒들에게 훈시하기를 "전세가 이로울 때 사람들을 불러 함께 참여하게 하면 노획하는 것이 곱절로 많고, 가령 남의 전황이 불리할 경우에 달려가 구원하면 양쪽 모두 온전할 수 있다."라 하였다. 그러므로 전투할 때마다 전공을 거두었는데 定海

---

12) 火燒排 : 八排猺 중 하나이다. 排는 猺族들이 산중에서 木柵을 세워서 배열을 이룬 마을 단위를 말한다. 부족이 큰 것은 排라 하고 작은 것은 沖이라 한다. 팔배요는 세력이 크고 강한 여덟 부족으로 油嶺排·南崗排·横坑排·軍寮排·火燒排·大掌排·裏八峒排·馬箭排이다. 이 중 유령배·남강배·횡갱배는 連州에 속하여 동쪽에 있기 때문에 州屬三排·東三排·外三排 등으로 통칭하고, 군료배·화소배·대장배·이팔동배·마전배는 連山縣에 속하여 서쪽에 있기 때문에 縣屬五排·西五排·內五排 등으로 통칭한다.

13) 五排猺 : 八排猺 중 縣屬五排·西五排·內五排로 통칭되는 軍寮排·火燒排·大掌排·裏八峒排·馬箭排를 지칭한다.

14) 排後猺 : ≪連山縣志≫에 "排 뒤에는 큰 산이 이어져 있고 산목이 무성하며 筋竹을 많이 심었다.〔排後大山綿亘 山木暢茂 多栽筋竹〕"라 하였다. 이로 미루어 猺族 중 八排 뒤쪽 산에 사는 작은 부족들을 말하는 것으로 추정된다.

15) 喪期가 끝나자 : 王錫朋은 道光 13년(1833) 福建省 汀洲鎭總兵으로 부임하여 3년 뒤 재임 중에 부친상을 당하여 三年喪을 마쳤다.

16) (連)〔蓮〕: 저본에는 '連'으로 되어 있으나, ≪柏梘山房全集≫에 의거하여 '蓮'으로 바로잡았다.

17) (汎)〔汛〕: 저본에는 '汎'으로 되어 있으나, ≪柏梘山房全集≫에 의거하여 '汛'으로 바로잡았다. '汛'은 明·淸 시대에 군대가 주둔하여 방어하던 지역을 가리킨다.

18) 楊忠武公 : 楊遇春을 가리킨다. 〈總兵劉公淸家傳〉의 역주 '楊公 遇春' 참조.

19) 回疆 : 淸나라 때 新疆 天山南路 지역을 통칭하는 말이다. 回教徒가 사는 곳이라 回部라 하기도 한다.

의 전투에서는 끝내 구원 병력이 없어 패전하고 말았다.[20)]

公自遊擊으로 從楊忠武하여 定回疆하여 知名이러니 及平猺하여 功居最라 嘗戒諭士卒曰 戰利에 呼人共之면 獲倍多요 卽人不利어든 趨救之면 可兩全이라하다 故戰比有功이러니 而定海事는 竟以無救敗라

이보다 앞서 영국 오랑캐가 定海를 함락하였는데, 〈영국 군대를〉 물리쳐 떠나보내자 공이 壽春鎭의 병력으로 그 땅을 鎭撫하였다.

道光 21년(1841) 8월에 영국 오랑캐가 재차 쳐들어왔다. 공이 出兵하여 九安門을 지키고 있었는데, 鄭國鴻[21)]은 竹山門에 주둔하고 葛雲飛[22)]는 曉峰嶺에 주둔하여 서로 거리가 10여 리였다. 적이 먼저 구안문에 쳐들어왔다가 전세가 불리하자 퇴각하여 죽산문과 효봉령을 공격하였다. 공이 달려가 두 진영을 구원하였는데, 〈공이 도착하기〉 전에 〈두 진영은〉 이미 패전한 터라 적이 다투어 항전하였다. 공의 군사들이 다 죽어가는지라 공은 친한 군졸과 자신이 적 수십, 백 명을 공격해 죽였지만 밀려오는 적은 더욱 많아졌다. 공은 短兵(刀劍)을 휘두르며 싸우다가 적진에 빠져 전사하였다.

先是에 英夷陷定海러니 去之에 公以壽春兵으로 鎭其地하다 二十一年八月에 夷再至라 出守九安門이러니 鄭國鴻駐竹山門하고 葛雲飛駐曉峰嶺하여 相去十餘里라 賊先犯九安門하여 不利라 退攻竹山曉峰이어늘 公馳救兩營한대 已先敗라 賊爭鬪어늘 公衆且盡이라 所親卒及身自盪殺數十百人하되 賊至益衆이라 揮短兵이라가 陷陣死하다

이 전투에서 적의 병력은 3만 명이나 되었고 아군의 병력은 5,000명쯤 되었다. 공이 檄文을 보내 병력을 더 보내줄 것을 요청하였는데 大府[23)]가 응하지 않았다. 전투가 장차 5, 6일 이어져 구원을 기다릴 수 있는 형세였는데도 대부는 坐視하고

20) 定海의……말았다 : 1841년 3월 壽春鎭總兵으로 있던 왕석붕은 定海鎭總兵 葛雲飛·處州鎭總兵 鄭國鴻과 함께 3,000명의 병력을 이끌고 定海區에 주둔해 있던 영국 군대를 몰아냈으나 구원 병력이 없어 패전하였다.

21) 鄭國鴻 : 1777~1841. 자가 雪堂이고, 湘西 鳳凰縣 사람이다. 1840년에 浙江 處州鎭總兵이 되었고, 아편전쟁 때 전사하였다.

22) 葛雲飛 : 1789~1841. 자가 鵬起 또는 雨田이고, 호가 凌臺이다. 浙江 紹興府 山陰縣 사람으로 定海鎭總兵으로 있으면서 아편전쟁 때 전사하였다.

23) 大府 : 상급 官府의 長을 말한다.

구원하지 않으면서 말하기를 "나는 鎭海[24)]를 지키는 자이다."라 하고, 진해가 위급하자 또 달아났다. 인가에서 도적이 문에 이르면 실내를 지키는 자는 뜰에 나가 싸우지 않으며 문을 지키는 자 또한 알지 못하고서 단지 주인에게 달려와서 '적이 아무 곳에 이르렀고 아무 곳을 지나갔습니다.'라고만 보고하는 격이니, 이는 대군을 거느리고서 적을 정탐만 하고 있는 것이다. 세 총병이 모두 이 때문에 패전하여 죽었는데 공은 적을 죽인 것이 홀로 많았고 죽음도 특히 장렬하였다. 이 사실이 보고되자 천자가 놀라고 슬퍼하여 제독의 禮로 시호를 하사하고 䘏典으로 專祠[25)]를 세웠다. 아들 承泗는 騎都尉를 蔭襲하였다.

**是役也**에 **賊可三萬**이요 **我兵**은 **計五千**이라 **公檄請益兵**한대 **大府不應**이라 **戰且五六日**에 **勢足以待救**어늘 **亦坐不救**하고 **曰 吾守鎭海者也**라하고 **鎭海急則又走**라 **人家賊至門**이어든 **守室者不出鬭於庭**하고 **門焉者亦不知**하고 **但走告主人**하되 **賊至某所過某所**라하니 **是擁大軍**하여 **爲偵候而已**라 **三總兵皆坐是敗死**로되 **公殺賊獨多**하고 **死尤烈**이라 **事聞**에 **天子震悼**하여 **以提督禮賜謚**하고 **䘏建專祠**라 **子承泗襲騎都尉**하다

論은 다음과 같다.

내가 공의 家書와 친한 사람에 대한 제문을 읽어보았더니, 말뜻이 溫雅하여 武人이 쓴 글인지 알지 못할 정도였다. 공의 고향 사람들은 말하기를 "형제를 대하고 벗을 사귐에 모두 至性이 있었고, 집에 돌아와 어버이를 뵐 때에는 평상복을 갈아입고 신발을 묶고서 몸소 자식의 직분을 다하였다."라 하였으니, 儒者의 풍모가 있다고 할 만하다. 대저 도망치는 군대에는 사나운 병졸이 많은 법이니, 이들은 의리를 알지 못한다. 의리를 안다면 비록 나약한 자라도 흥기할[26)] 터이니, 하물며 공과 같이 무용이 있는 이야 말할 나위 있겠는가.

**論曰 予讀公家書及祭所親文**에 **詞旨溫雅**하여 **不知其爲武人**이러라 **鄕人言待兄弟交友**에 **皆有至性**이요 **歸省親**에 **更衣結履**하여 **身盡子職**이라하니 **可謂儒者風矣**로다 **夫逃軍多悍卒**하니 **不知義也**라 **知義**면 **雖懦者立焉**이니 **況公之武勇者哉**아

---

24) 鎭海 : 지금의 浙江省 寧波市 鎭海區에 해당하는 곳으로 定海와 바다를 사이로 마주하는 지역이다.
25) 專祠 : 특정한 사람을 위하여 세우는 사당으로 국가에 큰 공훈이 있는 사람을 위해 세운다.
26) 나약한……흥기할 : 孟子가 "伯夷의 풍도를 들은 자는, 완악한 자는 청렴해지고 나약한 자는 뜻을 세우게 된다.〔聞伯夷之風者 頑夫廉 懦夫有立志〕"라 하였다.(≪孟子≫ 〈萬章 下〉)

# 27. 栗恭勤公의 傳　栗恭勤公傳*

* 매증량이 1844년 59세 때 쓴 글이다. ≪柏梘山房全集≫에는 〈栗恭勤公家傳〉으로 되어 있다. 이 글은 栗毓美(1778~1840)의 傳인데 그의 행적 중에서 특히 道光 15년(1835)에 河南山河道總督으로 있으면서 河南省과 山東省 일대를 흐르는 황하의 치수사업을 한 업적을 자세히 기록하였다.

공은 성이 栗氏이고, 諱가 毓美이고, 자가 樸園이니, 山西 渾源州 사람이다. 嘉慶 6년(1801)에 拔貢生으로 河南知縣으로 있으면서 흉년을 만나 賦稅를 면제하고 곡식을 풀어 賑恤하여 백성들에게 실질적인 혜택을 주었고 상관의 뜻에 따라 損益하지 않았다. 光州知州·汝寧府知府로 옮기고, 開封府로 옮겼고, 河南糧儲道[1]·開歸陳許道[2]를 거쳐, 湖北按察使·河南布政使로 옮겼다. 道光 15년(1835)에 河東河道總督에 제수되었다.

**公姓栗氏**요 **諱毓美**요 **字樸園**이니 **山西渾源州人**이라 **嘉慶六年**에 **以拔貢生**으로 **官河南知縣**하여 **遇災年**하여 **放稅賑穀**하여 **以實惠民**하고 **不以上官意爲損益**이라 **遷光州知州汝寧府知府**하고 **徙開封**하고 **歷河南糧儲道開歸陳許道**하고 **遷湖北按察使河南布政使**하다 **道光十五年**에 **授河東河道總督**하다

공은 이전에 武陟知縣으로 있을 때 馬營壩[3]와 黃沁隄[4]의 공사에 모두 직접 그 일을 하였고, 河道總督을 맡게 되어서는 황하의 兵官(軍官)으로 황하 유역에 오래 근무해온 사람에게 지세·수맥 및 전임 관리가 한 일이 타당한지 여부를 더욱 부지런히 諮問하였다.

---

1) 河南糧儲道 : 糧儲道는 租穀의 저장과 운송을 감독하는 관직으로 總督과 巡撫의 統轄을 받는다. 督糧道라고도 한다.
2) 開歸陳許道 : 省과 府의 중간에 위치하는 지방 官府로 완칭은 開歸陳許鄭道이다.
3) 馬營壩 : 河南 武陟縣 馬營에 있는 방죽이다.
4) 黃沁隄 : 河北 懷州에 있는 黃沁河의 제방이다.

대개 北岸은 武陟[5)]으로부터 封邱[6)]에 이르기까지 200여 리이고, 南岸은 祥符[7)] 下汛[8)]으로부터 陳留[9)]에 이르기까지 60여 리이니, 모두 지세가 낮아서 串溝가 많다. 관구란 것은 황하 제방 중에 있는 도랑인데 처음에는 끊어진 물길에 물이 고여 있는 정도에 그칠 뿐이다가 오래 지나면 도랑 머리 부분이 강물을 받아들이고 또 오래 지나면 도랑 꼬리 부분이 강물로 들어가서 관구가 드디어 황하의 지류를 이룬다.

이에 10여 리 밖 먼 제방의 황하로서 변하여 가까운 제방의 황하가 된다. 그런데 황하의 제방이 먼 곳은 예전에 모두 工事가 없어 〈범람을 막을〉 재료를 비축해 두지 않았는데, 이에 공사가 없었던 곳으로서 변하여 지극히 위험한 공사를 하는 곳이 되고 말았다. 이런 까닭에 사람들이 미처 알아차리지 못하였고 알아차렸더라도 미처 방비하지 못하여 왕왕 제방이 무너져 큰 우환거리가 되곤 하였다.

**公前知武陟縣**할새 **馬營壩黃沁隄工**을 **皆親其事**하고 **及任河督**하여 **益勤詢河兵官久於河者以地勢水脈**과 **前任官行事之當否**하니 **蓋北岸**은 **自武陟至封邱二百餘里**요 **南岸**은 (之)〔自〕[10)]**祥符下**(汎)〔汛〕[11)]**至陳留六十餘里**니 **皆地勢卑下**하여 **多串溝**라 **串溝者**는 **在河隄間**하니 **其始**는 **但斷港積水而已**라가 **久之**에 **溝首受河**하고 **又久之**에 **溝尾入河**하여 **而串溝遂成支河**라 **於是**에 **以遠隄十餘里之河**로 **變爲近隄之河**라 **而隄河相遠之處**는 **舊皆無工不儲料者也**러니 **於是**에 **以無工之處**로 **變爲至險之工**이라 **故人不及覺**하고 **覺不及防**하여 **往往潰隄爲大患**이라

공은 작은 배를 타고서 南岸과 北岸을 두루 다녔는데, 당시 북안 原武汛의 串溝의 물이 들어오는 입구가 이미 300여 丈이나 넓어져서 물이 40여 리를 가서 陽武

5) 武陟 : 河南 焦作市 관할에 속하며, 황하 서북쪽에 있다.
6) 封邱 : 河南 新鄕市의 관할에 속하며, 황하 동북쪽에 있다.
7) 祥符 : 河南 開封市의 관할에 속하며, 황하 서남쪽에 있다.
8) 下汛 : 汛은 明·淸 시대 군사 編制의 단위 또는 그 군대가 주둔하는 지역을 지칭하는 말이다. 汛은 주로 바닷가, 河口 등에 많이 설치되었기 때문에 황하 유역의 汛에 소속된 兵官은 황하의 상황을 잘 알 수 있는 것이다. ≪淸史稿≫ 22권에는 "河北의 下汛의 강물이 범람하였다.〔河北下汛溢〕"라 하였고, 24권에는 "갑신일에 永定河 북쪽 下汛의 제방이 다시 터졌다.〔甲申 永定河北下汛復決〕"라 하였다.
9) 陳留 : 河南 開封市 관할에 속하며, 황하 동남쪽에 있다.
10) (之)〔自〕 : 저본에는 '之'로 되어 있으나, 앞의 '自武陟至封邱二百餘里'와 대구를 이루고 뒤의 '至陳留六十餘里'로 볼 때 '之'가 '自'가 되어야 하므로 '自'로 바로잡았다.
11) (汎)〔汛〕 : 저본에는 '汎'으로 되어 있으나, ≪柏梘山房全集≫에 의거하여 '汛'으로 바로잡았다. 아래도 같다.

汎 천구의 꼬리 부분에 이르러 다시 大河로 들어가고 또 沁河와 합류하여 武陟 滎澤灘에 이르러 물이 죄다 제방 아래로 몰려들었다. 그런데 兩汎[12]은 본디 토목공사가 없었기 때문에 稭石[13]이 없었고, 제방 남북은 온통 다 물이라 흙을 가져다 둑을 쌓을 수 없었다. 공은 즉시 백성의 벽돌을 사들여서 물살이 들이닥치는 곳에 벽돌을 던져 넣어 둑을 만들어 40여 일 밤낮으로 일하여 벽돌 둑 60여 곳을 완공하였다. 둑이 막 완공되자 비바람이 크게 몰아쳐서 황하 지류의 머리와 꼬리 부분이 다 터져서 물길이 수십 丈이나 넓어졌지만 벽돌 둑은 손상되지 않았다.

공은 이로 말미암아 벽돌이 쓸 만하다는 사실을 알고서 또 原陽[14]의 越隄[15]·攔黃堰[16]·南岸의 黑堈[17]에 시험하여 모두 효과가 있었다. 드디어 공은 주청하여 벽돌 천 개로 1方[18]을 만드니, 1방을 만드는 데 드는 가격은 6냥이었다. 그리하여 稭石을 채취하고 구매하는 銀兩을 줄여서 벽돌을 사들이는 값을 두 배로 마련하니, 이후로 公役이 있을 때마다 혹 벽돌에 碎石과 稭埽[19]를 넣으니, 비용이 크게 덜 들었다. 그래서 몇 해 안에 官銀 130여만 냥을 줄였는데도 공사는 더욱 튼튼해졌다.

**公乘小舟**하여 **歷南北**이러니 **時**에 **北岸原武(汎)〔汎〕串溝受水口**가 **已寬三百餘丈**이라 **行四十餘里**하여 **至陽武(汎)〔汎〕溝尾**하여 **復入大河**하고 **又合沁河**하여 **及武陟滎澤灘**하여 **水畢至隄下**로되 **兩(汎)〔汎〕素無工**하여 **故無稭**(갈)**石**이요 **隄南北皆水**라 **不可取土築壩**(파)어늘 **公卽收買民甎**하여 **於受衝處**에 **拋甎成壩**하여 **四十餘晝夜**에 **成甎壩六十餘所**러니 **壩始成**에 **而風雨大至**하여 **支河首尾皆決開數十丈**하되 **而隄不傷**이라 **公由是**로 **知甎之可用**하여 **又試之原陽越隄及攔(堰黃)〔黃堰〕**[20]**及南岸之黑堈**하여 **皆效**라 **遂奏請千甎爲一方**하니 **方價六兩**이라 **減採買稭石銀**하여 **兼備甎價**하니 **是後每有工役**에 **或甎加碎石及稭埽**하니 **用大減**이라 **數年內**에 **省**(생)

---

12) 兩汎 : 原武汎과 陽武汎을 가리킨다.
13) 稭石 : 강물의 범람을 막는 데 쓰는 볏짚과 돌이다.
14) 原陽 : 河南 新鄕市 관할에 속한다.
15) 越隄 : 淸나라 때 큰 제방의 바깥에 별도로 제방을 쌓되 머리와 꼬리가 큰 제방과 연결되어 물이 직접 큰 제방에 들이쳐 침식하지 못하게 만드는 둑이다.
16) 攔黃堰 : 武陟縣에 있는 황하의 제방이다.
17) 黑堈 : 開封 북쪽에 있는 지명으로 황하와 인접해 있다.
18) 1方 : 淸나라 때 토목공사를 할 때 흙을 파내거나 운반하거나 쌓는 단위를 土方으로 계산하는데, 1토방은 1입방미터의 흙이다. 따라서 1방은 1입방미터이다.
19) 稭埽 : 埽는 옛날에 황하를 治水할 때 볏짚, 돌덩이, 나뭇가지 등을 한데 모아 묶어서 둥근 기둥 모양으로 만들어서 물길을 막거나 기슭을 보호하는 것이다. 즉 짚으로 만든 埽이다.
20) (堰黃)〔黃堰〕 : 저본에는 '堰黃'으로 되어 있으나, ≪柏梘山房全集≫에 의거하여 '黃堰'으로 바로잡았다.

**官銀百三十餘萬**하되 **工益堅**이러라

그런데 그 일을 불편하다고 하는 사람이 있어 그의 주장하는 말이 자못 황상에게 보고되었다. 공은 전후로 上奏였다.

"제방을 보호하는 방법은 대체로 稭埽를 씁니다. 그러나 埽는 물살의 기세를 억눌러 격발시켜 아래로 제방의 뿌리 부분을 침식하게 할 수 있고, 게다가 비축해 두기만 하고 쓰지 않으면 썩기 쉬우며, 碎石坦坡[21]로 말하자면 오직 鞏縣[22]과 濟源縣[23]에서 나는 돌이 비교적 가까이에 있으나 채굴하여 운송하기가 매우 어렵습니다.

황하의 치수 공사가 실패하는 것은 대다수 공사가 없었던 곳에 있었습니다. 1,000리나 되는 긴 제방은 형세상 모든 곳에 다 물자를 비축해둘 수 없는데 황하의 형세는 변천하여 일정하지 않으니, 물살이 들이치는 데가 방비한 곳이 아닐 경우에 마침내 둑에 구멍이 생기게 됩니다.

벽돌은 황하 연안 백성들의 가마에서 한 해 내내 구워서 만들므로 곳곳마다 가져다 쓸 수 있어 일의 時機를 놓치지 않을 수 있습니다. 게다가 벽돌과 쇄석은 둘 다 方으로 계산하지만 쇄석은 빈틈이 많고 벽돌은 반듯하여 매 1방마다 쇄석은 5~6,000근인데 벽돌은 무게가 그 3분의 1입니다. 1방의 쇄석 가격으로 벽돌 2방을 구매할 수 있고, 벽돌 1방을 던져놓으면 쇄석 2방을 쓰는 것과 같은 효과가 있습니다.

그리고 그 재질이 쇄석보다 잘 固着되기 때문에 물속에 들어가도 옮겨가지 않으며, 稭埽보다 더 견고하기 때문에 물속에 오래 있어도 썩지 않습니다. 게다가 공사할 때 물속에 둑을 쌓을 수 없지만 벽돌은 물속에 던져 넣어 둑을 쌓아서 곧 물살 속에서 밋밋한 둔덕을 이룰 수 있으니, 이렇게 되면 또한 세찬 물살을 완화하여 험난한 곳을 평온한 곳으로 만들 수 있습니다.

혹자는 말하기를 '벽돌은 〈둑이 터지는 水害가〉 장차 발생할 수 있거나 아직 발생하지 않은 곳의 공사는 보장할 수 있고, 이미 〈수해가〉 생겨난 곳에는 쓸 수 없다.'라고 하였습니다. 그러나 가사 〈수해가〉 장차 발생할 곳을 보장할 수 있다면

---

21) 碎石坦坡 : 돌을 부수어 만든 자갈로 쌓은 평평한 둑이다.
22) 鞏縣 : 河南에 있는 현이다. 오늘날 鄭州市 관할에 속한다.
23) 濟源縣 : 河南 懷州에 속하는 현이다. 오늘날 縣級市 관할에 속한다.

이미 〈수해가〉 발생한 곳의 공사는 별도로 없게 될 것입니다.

예전에 衡工[24]의 둑이 터졌던 것은 세찬 물살이 집어삼키기 때문에 埽를 물속에 넣지 못했기 때문이고, 馬營壩의 둑이 터졌던 것은 제방을 보수할 쇄석을 얻을 수 없었기 때문이니, 가사 埽를 쓰는 것은 벽돌을 던져 넣는 것만 못하고 벽돌을 입수하는 곳이 돌을 운반하는 곳보다 쉬운 줄을 알면 수천만 냥의 官銀을 줄일 수 있습니다."

奏文이 들어가자 공이 忠實하여 중책을 맡길 만하고 게다가 모든 상황을 종합하여 계획을 세우는 것이 周密하다는 사실을 황상이 알고서 마침내 모두 윤허하였으며 누차 詔命을 내려 褒賞하였다. 공이 직책을 맡은 지 5년 동안 황하에 수재가 발생하지 않았다.

有不便其事者하여 其說頗上聞이어늘 公前後陳奏曰 護隄之法은 率用稭埽나 然埽能壓激水勢하여 俯嚙隄根하고 備而不用이면 又易(이)朽腐요 至碎石坦坡하여는 惟鞏縣濟源産石이 較近이나 而採運已艱이라 河工失事가 多在無工處所하니 千里長隄가 勢不可盡爲儲備어늘 而河勢變遷不常하니 衝非所防에 遂成決口라 甎則沿河民窯에 終歲燒造하여 隨地取用하여 不誤事機요 且甎及碎石은 皆以方計로되 而石多嵌空하고 甎則平直하여 每方에 石五六千斤이어늘 而甎重三分之一이라 一方石價購甎兩方이요 而抛甎一方이 當石兩方之用이요 其質滯於石이라 故入水不移하며 堅於稭埽라 故久水不腐하고 又工不能築(埽)〔壩〕[25]水中이로되 甎則能水中抛壩하여 卽盪成坦坡하니 亦能緩減急衝하여 化險爲易라 或謂甎可保將生未生之工이요 不能用於已生之後라 然使將生者可保면 卽別無已生之工이라 昔衡工之決은 因灘陷埽不能施요 馬營壩之決은 因補隄不能得碎石하니 使知用埽不如抛甎하고 收甎易於運石하면 則數千萬之官銀可省(생)이라하니 奏入에 上知公忠實可任하고 且綜畫(획)周密하여 卒皆允之하고 屢詔褒賞하다 訖公任五年에 河不爲患이러라

24) 衡工 : 道光 원년(1821)에 祖同이 상소하여 河南 지역 치수 공사의 정황을 말한 내용 중에 "황하 공사의 실패는 드러나 알기 쉽고 민생의 병폐는 숨겨져 다스리기 어렵습니다. 황하 공사에 더 드는 비용의 가격은 常賦 360여만 냥 외에 각 지방에 분담시켜 징수하고 있습니다. 衡工이 아직 끝나지 않았는데 睢工이 이어집니다.〔河工之敝壞 顯而易見 民生之凋瘵 隱而難治 河工加價 自常賦三百六十餘萬外 逾額攤徵 衡工未已 睢工繼之〕"라고 한 것으로 보아 衡工의 衡은 지명이다. 즉 이 지역 황하의 치수 공사를 말한다.(≪淸史稿≫ 列傳 권168)

25) (埽)〔壩〕 : 저본에는 '埽'로 되어 있으나, ≪柏梘山房全集≫에 의거하여 '壩'로 바로잡았다.

道光 20년(1840) 〈河東河道總督으로〉 재임 중에 薨逝하니, 황상이 놀라며 슬퍼하고 시호와 제사 및 太子太保의 직함을 하사하였다. 이때 장자 煊이 이미 刑部郎中의 벼슬에 있기에 차자 燿에게 進士를 하사하였다.

二十年에 薨於位하니 上爲之震悼하고 賜諡祭及太子太保銜하다 時에 長子煊이 已官刑部郎中일새 乃賜次子燿進士하다

공은 工役 중에 있을 때 비바람의 위험이 있으면 반드시 자신이 직접 일을 하였다. 평소 황하에 거주하여 물길의 曲折·高下·向背가 모두 그의 料量 속에 있었다. 매일 물이 장차 어느 곳에 이를지를 헤아려 급히 방비하니, 혹자는 迂闊한 데다가 수고와 비용만 든다고 하였다. 공이 말하기를 "비용이 덜 들 방법을 알 수 있어야 비로소 비용을 참으로 줄일 수 있는 자이다."라 하였는데, 큰 물이 이르자 비로소 크게 탄복하였다.

그러므로 道光 15년(1835) 原陽의 支河와 18년(1838) 8척 높이로 크게 불어난 물이 둘 다 둑에 구멍이 터졌는데도 여유가 있어 마침내 무사할 수 있었다. 혹자는 天幸이라 하였으나 공이 부임하기 3년 전에 祥符의 둑이 터졌고, 공이 세상을 떠난 지 1년 뒤에 南岸이 또 터졌으니, 어찌 사람의 일이 아니겠는가. 관리와 백성들이 모두들 공을 사모하여 神이라 여기고 또 사당을 세운 것이 마땅하도다.

公在工에 有風雨危險이어든 必身親之러라 平居河하여 曲折高下嚮背가 皆在其隱이라 度(탁)每日水將抵某所하여 急備之하니 或以爲迂且勞費라하여늘 公曰 能知費之省(생)이라야 乃眞能省費者也라하더니 水至에 乃大服이라 故十五年原陽之支河와 十八年盛漲八尺之水가 皆決口而有餘하여 卒以無事라 或以爲天幸이나 然前公任三年에 祥符決하고 公卒逾一年에 南岸又決하니 則豈非人事哉아 宜吏民群思公하여 以爲神하고 且立廟也로다

論은 다음과 같다.

공이 安陽과 武陟의 현령으로 있고 開封府尹으로 있을 때 판단하기 어려운 옥사를 처결하는 것이 신명과 같았다. 다른 사람들은 한 가지 일만으로 循吏가 될 만한 것이 있으나 공에 있어서는 오히려 큰 것이 아니다.

傳에 이르기를 "마음으로 진실로 구하면 비록 딱 맞지는 않더라도 멀지 않다."라

하였으니,[26] 공이 황하에 치수할 때 物性을 잘 알아서 이익을 다 얻을 수 있었던 것은 정성이 전일했기 때문이다. 그런데 하물며 民情을 구함에 있어서겠는가.[27]

**論曰 公之令安陽武陟守開封時**에 **折疑獄如神**이라 **他人有一事足爲循吏**나 **然於公猶非其大者**라 **傳曰 心誠求之**면 **雖不中**이나 **不遠**이라하니 **公治河**에 **能通物性**하여 **以盡利**는 **誠壹故也**온 **況求民情也哉**아

26) 傳에……하였으니 : ≪大學章句≫ 傳 9장에 "〈康誥〉에 이르기를 '적자를 보호하듯이 한다.' 하였으니, 마음에 진실로 구하면 비록 딱 맞지는 않으나 멀지 않을 것이다. 자식 기르는 것을 배운 뒤에 시집가는 자는 있지 않다.〔康誥曰 如保赤子 心誠求之 雖不中 不遠矣 未有學養子而后嫁者也〕"라 하였다.

27) 공이……있어서겠는가 : 栗毓美가 황하의 범람을 막을 때 벽돌을 사용하여 성공했던 것은 벽돌의 성질을 잘 알았기 때문이다. 따라서 벽돌의 성질조차도 잘 알았는데, 하물며 백성들의 실정이야 말할 나위 없이 잘 알 수 있었을 것이라는 말이다.

## 28. 劉忠義의 傳　劉忠義傳*

*매증량이 1845년 60세 때 쓴 글로 忠義公이란 시호를 받은 劉斌의 傳이다. ≪柏梘山房全集≫에는 〈劉忠義家傳〉으로 되어 있다. 유빈은 일개 縣의 巡檢으로서 天理教의 난이 일어날 것을 미리 알고 자신이 직접 정탐하여 賊徒의 수괴 李文成을 체포하여 訊問하였다. 이 일로 천리교의 도당이 역모가 탄로 난 줄 알고 당초 약속한 거사 일자를 앞당겨 성문을 탈취하여 쳐들어올 때 유빈은 장렬히 전사하였다.

君은 성이 劉氏이고, 휘가 斌이니, 陝西 咸寧 사람이다. 처음에는 盧氏縣 朱陽關巡檢[1)]으로 있다가 嘉慶 초에 鄉兵을 훈련하여 적을 막은 적이 있고, 가경 9년(1804)에는 滑縣 老安司巡檢으로 옮겨갔으니, 縣의 治所와 거리가 70리였다. 군이 자기 직분을 근면히 수행하니, 간특한 백성들이 두려워하였다.

일찍이 聶監生[2)] 처소에서 술을 마신 적이 있는데, 술을 몇 잔 마셨을 때 섭감생이 몰래 군에게 말하기를 "이 고을에 장차 변란이 있을 터이니, 군은 속히 관직을 떠나면 화를 면할 것이다."라 하였다. 때는 가경 18년(1813) 8월 15일 밤이었다.

그리하여 微服 차림으로 촌락을 순행하였는데 오래 비가 내리던 때라 밤공기가 싸늘한 가운데 병장기를 두드려 만드는 소리가 매우 크게 들렸다. 군은 가슴을 치며 슬피 탄식하기를 "섭감생의 말이 거짓이 아니구나."라 하고, 대장장이를 정탐하여 역적 李文成[3)]과 直隸 사람 林清[4)]이 내통하여 반역을 도모한 일을 자세히 알아내어 현령과 군수에게 고하니, 두 사람 다 그 일을 난처하게 여겼다. 군은 곧바로 대장장이를 신문하여 이문성과 牛亮臣[5)]을 찾아내어 직접 縣의 치소로 데리고 와서 이문성을 신문하여 그의 정강이를 부러뜨렸다.

---

1) 巡檢 : 병사를 조련하고 고을을 순시하면서 도적을 체포하는 일을 하는 직책이다. 五代 後唐 때 처음 설치되었고, 明·淸 때에는 현령의 관할에 속했다.
2) 監生 : 國子監에 소속된 太學生을 이르는 말이다.
3) 李文成 : 天理教의 교주이다. 〈書守滑記後〉의 역주 '李文成' 참조.
4) 林清 : 天理教의 난을 주동한 인물이다. 〈書守滑記後〉의 역주 '林清' 참조.
5) 牛亮臣 : 河南 滑縣 사람으로 天理教의 난에 가담하였다.

君은 姓劉氏요 諱斌이니 陝西咸寧人이라 始爲盧氏縣朱陽關巡檢이라가 嘉慶初에 嘗練鄕兵以禦賊하고 九年改滑縣老安司巡檢하니 去縣治七十里라 勤其職하니 姦民畏之러라 常飮聶監生所러니 酒半에 私語君曰 是邑將有變하리니 君亟去官이면 可免이라하니 時十八年八月十五(日)〔夜〕[6]也라 因微服行村落中이러니 時久雨라 夜氣慘悽에 聞治兵仗聲甚厲라 君拊膺悲歎하되 聶監生言이 不誣也라하고 偵鐵工하여 具知賊李文成與直隸林清首尾謀逆事하여 告令守하니 皆難其事라 卽訊鐵工하여 以得李文成牛亮臣하여 親致之縣하여 訊文成하여 折其脛하다

賊徒들이 당초에 林清과 모의하여 9월 15일로 거사할 시기를 정하였는데, 이때에 이르러 〈그 시기를〉 미처 기다리지 못하였고 게다가 군이 그들의 수괴를 해친데 분노하였다. 그리하여 9월 7일에 성문을 빼앗아 들어갔다. 군이 이때 典史署[7]에 있으면서 새벽에 일어나 옷을 갈아입다가 변란이 일어났다는 보고를 듣고 옷을 가지고 시중을 드는 하인에게 묻기를 "사실인가?" 하니, "사실입니다." 하였다. 군은 즉시 간편한 복장으로 바꾸어 입고 무기를 쥐고 나가서 한길에서 적을 만나서 앞으로 나아가 두 명의 적을 擊殺하고 아들 嘉善과 함께 죽었다.

賊始與林清謀定九月十五日期也러니 至是하여 不及待하고 又忿君戕其魁也라 九月七日에 奪城門以入하니 君時居典史署하여 晨起更衣라가 聞變하고 問僕持衣者曰 信乎아하니 曰 信也라하여늘 君卽更短衣하고 持械出하여 遇賊於衢하여 前擊殺二賊하고 竝子嘉善皆死하다

妻 韓氏는 군의 영결하는 편지를 앞서 받고는 곧바로 전사서 누각에 앉아서 아들 炳善·達善, 딸 巧雲과 함께 스스로 焚身하여 죽었고, 따라 죽은 여종이 두 사람이니 春梅와 夏蓮이다. 이보다 앞서 한씨가 전처의 아들 寶善에게 노한 척하여 姻戚의 집으로 쫓아냈기 때문에 보선은 화를 면할 수 있었다.

군이 죽자 이 사실이 조정에 보고되니, 知縣에 추증하고 忠義란 시호를 내렸다. 그리고 아들은 雲騎尉를 蔭襲하다가 文職으로 바꾸어 貴州 某官이 되었다. 당시 군과 같이 죽은 이는 敎諭 呂秉鈞·典史 陳寶勳·把總 戚明彰이다.

妻韓氏는 先得君與訣書하고 卽坐署樓中하여 與子炳善達善女巧雲으로 自焚死하고 婢從死二

6) (日)〔夜〕: 저본에는 '日'로 되어 있으나, ≪柏梘山房全集≫에 의거하여 '夜'로 바로잡았다.
7) 典史署 : 典史가 근무하는 부서이다. 전사는 縣의 屬官으로 捕盜와 監獄을 맡던 관리이다.

人[8)]者이니 曰春梅 曰夏蓮이라 先是에 韓僞怒前妻子寶善하여 逐之姻家라 故以免이러라 君死에 事聞하니 贈官知縣諡忠義요 子蔭襲雲騎尉라가 改文職하여 爲貴州某官하다 時與君同死者는 敎諭呂秉鈞典史陳寶勳把總戚明彰也라

매증량은 말하노라.

오랫동안 역모를 꾀하고 비밀리에 계책을 세워놓았던 林清의 도당으로서 〈거사를 앞당겨〉 사형을 받게 되더라도 발꿈치를 돌리지 않았던 것은 자기 편 사람이 사로잡혀 약속한 날짜에 모이기로 했던 것이 수포로 돌아가고 말았기 때문이니, 군의 공로는 어찌 죽음으로써 名節에 보상하는[9)] 정도에 그칠 뿐이겠는가. 가사 남의 말을 따라 떠나서 자신은 죽음을 면하고 禍를 그대로 묵혀두었을지라도 그 누가 이 관직에 있는 군에게 반드시 죽어야 할 책임이 있다고 요구할 수 있겠는가. 그러나 의리상 차마 이렇게 하지 못하고 처자식은 불길 속에서 따라 죽었으니, 슬프도다! 비록 그러하나 군이 죽지 않았다면 간악한 정상은 필시 드러나지 못했을 터이니, 군은 진실로 보전해야 할 바가 큰 것[10)]을 스스로 알았도다.

梅曾亮曰 以林清黨之蓄謀秘計로 而服死不旋踵은 以黨與禽而期會誣也니 則君之功이 豈僅以死償節者哉아 使其從人言去하여 免身而宿禍라도 孰以必死責是官者리오 義不忍出此하고 而妻子相隨於煨燼也하니 悲夫라 雖然이나 君不死면 姦必不彰이니 君固自知所全大矣로다

---

8) 二人 : ≪柏梘山房全集≫에는 '二人'이 없다.

9) 죽음으로써……보상하는 : ≪莊子≫ 〈庚桑楚〉에 "다른 사람들로 하여금 자기의 名節을 인정하게 하고 이어서 죽음으로 그 명절에 보상한다.〔使人以爲己節 因以死償節〕"라고 한 데서 온 말로, 목숨을 바쳐 자신의 명예를 세상에 알린다는 뜻이다. 명절은 명예와 節操이다.

10) 보전해야……것 : 삼국시대 魏나라 陳琳의 〈檄吳將校部曲文〉에 "덫에 발이 걸리면 맹호는 그 발을 끊어버리고, 독사가 손을 물면 장사는 그 손을 잘라버리니, 어째서인가? 보전해야 할 것이 중하고, 내버리는 것은 가볍기 때문이다.〔夫係蹄在足 則猛虎絶其蹯 蝮蛇在手 則壯士斷其節 何則 以其所全者重 其所棄者輕〕"라고 한 데서 인용한 말로 명예와 節操가 크다는 이치를 알고 이를 보전하기 위해 죽음을 선택했다는 뜻이다.(≪文選≫ 권22)

# 29. 艾方來의 家傳　艾方來家傳*

*매증량이 1834년 49세 때 쓴 글이다. 醫員 艾錫朋의 傳이다. 애석붕은 자신은 의원으로 일생을 마쳤으나 그의 부부가 다 선행을 베풀어 음덕을 쌓은 덕분에 그의 아들 艾暢은 進士試에 급제하여 집안을 일으킬 수 있었다.

艾君은 이름이 錫朋이고 자가 方來이니 撫州 東鄉 사람으로 明나라 艾千子[1] 先生의 후예이다. 부친은 이름이 子登이니, 나이 64세에 군을 낳았고 한 달을 넘기지 않아 생모 王氏가 세상을 떠났다. 군은 조금 성장하자 곧 모친 饒孺人[2]의 뜻을 잘 살펴서 순종하였다. 이웃 아이들이 군을 꼬여서 엽전 던지기 놀이를 할 때 이웃 아이의 어머니가 유인을 불러 엿보았더니, 〈그 사실을 알아차리고서〉 다른 아이들은 도망갔는데 군은 당시 7세의 나이로 조용히 유인을 따라 돌아오면서 몹시 부끄러워하는 기색이 있었다.

**艾君**은 **名錫朋**이요 **字方來**니 **撫州東鄉人**이니 **明艾千子先生裔也**라 **父**는 **名子登**이니 **年六十四**에 **生君**하고 **未踰月而生母王氏卒**하다 **稍長**에 **卽能察母饒孺人意**하여 **媚順之**러라 **隣兒誘爲擲錢戲**할새 **隣母邀孺人覘之**하니 **群兒逸**이어늘 **君時七歲**에 **逡巡隨孺人歸**에 **貌愧甚**이라

15세에 글을 지을 줄 알았고, 부친이 권세가 있는 부호에게 능욕을 당했다고 하여 무예를 익혀서 저자거리에서 많은 사람들 앞에서 그 부호를 능욕하였다. 그러다가 마침내 길을 바꾸어 의술을 익히니, 싸우다가 다친 자들이 군의 약을 쓰면 곧 나았다. 군이 일찍이 병들어 〈진료하지 못한 적이 있었는데,〉 싸우다 다친 자들이 군의 약을 얻지 못해서 죽었다. 그리하여 〈죽게 한 사람 쪽과 죽은 사람 쪽이〉 訟事하여 두 집안이 파산하니, 사람들이 더욱 군을 중시하였다.

---

1) 艾千子 : 明나라 말엽의 문장가이고 문학비평가인 艾南英(1583~1646)의 자가 千子이고, 호가 天傭子이며, 撫州 臨川 사람이다.

2) 饒孺人 : 繼母 饒氏를 말한다. 孺人은 《禮記》 〈曲禮 下〉에 "大夫의 부인을 유인이라 한다.〔大夫曰孺人〕"라 하여 본래 대부의 부인을 가리키는 호칭이다. 明·淸 시대에는 7品 관원의 어머니 또는 아내의 封號로 쓰였고, 일반적으로 부인에 대한 존칭으로도 쓰였다.

十五에 能屬(촉)文하고 以父爲勢豪所辱으로 習武勇하여 於市中衆辱豪러라 遂改習醫하니 鬭傷者得藥輒愈러라 君嘗病이러니 鬭傷者失藥死하여 訟破兩家하니 人愈重君이러라

군은 일찍 독서를 그만둔지라 밤낮으로 아들[3]이 글을 배우기를 바라는 마음이 간절하여 소매 속에 〈아들이 지은〉 글을 넣고 다니다가 남에게 보여주고서 남이 혹 아들의 글이 빨리 진보했다고 하면 기뻐하여 집에 돌아와 아들에게 말하기를 "아무 선생이 네 글이 좋다고 하시니, 응당 거짓말은 아닐 것이다."라 하였고, 응시하여 합격하지 못하면 "우리 집안이 나 자신에 이르기까지 11代 동안 寒微한 가문이었으니, 벼슬하는 것은 바랄 수 있겠느냐. 그러나 내가 평생에 남에 대해 시기하는 마음이 없었으니, 너는 응당 알라."라 하였는데, 후에 아들이 鄕試에 합격하는 것을 보고서야 세상을 떠났다.

君廢書早라 日夜望子學文甚하여 銜文袖中示人하여 或言兒文亟進하면 則喜하여 歸語兒曰 某先生道汝文佳하니 當不妄耶인저하고 試不售면 則曰 吾家至吾身하여 十一世爲單門하니 仕進則可望耶아 然吾生平에 於人物無忮害心하니 汝當知之어다하더니 後見子擧鄕試하고 乃卒하다

饒孺人을 아내로 맞았다. 시어머니가 중풍을 앓았는데, 부부가 대나무 걸상에 시어머니를 태워 둘이 함께 들고서 거리를 다니니, 이웃집과 저잣거리의 사람들이 다들 놀라 비웃었지만 시어머니는 매우 즐거워하였다. 정원에는 과실나무 하나와 채소 하나를 심고 우리 안에는 송아지와 돼지 새끼를 길러서 시어머니가 보고 기뻐하도록 하였다.

눈 내리는 어느 밤, 신발을 만들고 있을 때 날씨가 몹시 추웠다. 유인이 아들에게 말하기를 "접때 보니 이웃집 婦人의 침상에 솜이불이 유독 낡아 있더구나. 그 부인에게는 시어머니가 있으니, 차마 추위에 얼어 죽도록 둘 수는 없다."라 하고는 곧바로 갖고 있던 이불을 거두어 아들에게 가지고 가게 하였다. 아들이 돌아와 말하기를 "부인이 울고 있다가 제가 오는 것을 보고는 몹시 기뻐하였습니다."라 하였다.

---

3) 아들 : 艾暢이다. 그는 자가 至堂이고 江西 東鄕 사람이다. 擧人이 되어 臨江 教授가 되었고, 廣東 博羅知縣이 되었다. 道光 20년(1840)에 進士試에 급제하였고, 詩文에 뛰어났다. 저서로 ≪詩義求經≫·≪論語別注≫·≪至堂詩鈔≫ 등이 있다.

남편이 醫藥을 베풀기를 좋아하였기 때문에 유인은 찾아오는 사람들에게는 모두 술과 음식을 대접하였다. 마을 사람들은 다들 유인이 자애롭다고 말하였고, 유인의 선행을 말하기를 좋아하였다. 향년이 79세이니, 隱君[4]과 같은 해 태어났고 한 해 먼저 세상을 떠났다. 아들 暢은 道光 2년(1822) 擧人이 되었다.

娶饒孺人이라 姑病痱어늘 夫婦以竹榻載母舁遊하니 隣家街市皆駭笑로되 母則大樂이러라 園中實一果하며 甲一菜하고 欄中增牛犢豚子하여 必使姑得觀以爲快러라 雪夜製履할새 寒甚이라 語兒曰 頃見隣婦牀獨敗絮라 渠有姑하니 不可使忍凍死라하고 卽徹具하여 命兒持往한대 返曰 隣婦方泣이라가 見兒至則大喜也라하다 以夫好施醫藥으로 來者竝助以酒餌라 村中人皆言孺人慈라하고 喜道孺人事러라 年七十九에 與隱君同年生하고 先一年卒하다 子暢은 道光二年擧人이라

매증량은 말하노라.

歸熙甫[5]가 찬술한 〈先妣事略〉[6]은 〈그 내용이〉 다 자질구레하여 사람을 놀라게 할 일은 없지만 어머니를 잃은 사람이 그 글을 읽으면 슬픔을 그칠 수 없다. 과장하는 이들은 실정에 지나친 浮華한 말을 꾸며내어 〈그 내용이〉 사람들마다 다 같으니, 누구 아들인지 어떻게 알겠는가. 至堂(艾暢의 호)이 자기 어버이에 대해 말하는 것이 熙甫와 매우 흡사하니, 그의 어버이는 죽지 않았다[7]고 할 만하다. 그는 또 말하기를 "힘써 검소한 생활을 해도 부모님이 남에게 베풀기를 좋아하는 마음에 부응할 수 없었다."라고 하였다. 일찍이 보건대 효성스런 아들과 며느리들은 대개 베풀기를 좋아하니, 仁이 쌓이는 바이다. 비록 萬鍾의 녹봉일지라도 어찌 그 뜻에 다 부응할 수 있겠는가.

梅曾亮曰 歸熙甫撰先妣事略은 皆瑣屑無驚人事로되 失母者讀之에 痛不可止라 夸者飾浮語過情에 人人同하니 安知爲誰氏子乎아 至堂述其親이 甚似熙甫하니 親爲不死矣라 又言力儉不得稱父母施與心이라하니 嘗見孝子婦多好施하니 仁所積也라 雖萬鍾이나 烏能竟其志哉아

4) 隱君 : 隱君子와 같은 말이다. 벼슬하지 않고 초야에 살면서 德行이 있는 인물을 뜻하는 말로, 여기서는 남편 艾錫朋을 가리킨다.
5) 歸熙甫 : 明淸八大家의 한 사람인 歸有光의 자가 熙甫이다.
6) 先妣事略 : ≪明淸八大家文鈔≫ 1권에 보인다. 歸有光이 일찍 세상을 떠난 어머니를 회상하여 쓴 글이다.
7) 죽지 않았다 : 不朽와 같은 말로 기록으로 남아 후세에 길이 전해짐을 뜻한다.

## 30. 鮑氏의 어머니 謝孺人의 家傳　鮑母謝孺人家傳*

*매증량이 1834년 49세 때 쓴 글이다. 鮑文淳의 어머니 謝氏의 傳으로, 자애로우면서 엄격한 어머니의 像이 짧은 글 속에 잘 묘사되어 있다. 사씨는 남편이 일찍 세상을 떠난 뒤로 고생하며 자식 교육에 힘써 아들 포문순이 官爵에 오를 수 있도록 하였다.

謝孺人은 歙縣御史 鮑文淳의 어머니이니, 나이 22세에 愚謙贈君[1]에게 시집와서 再繼配(두 번째 繼室)가 되었다. 당시 前娶 程孺人이 두 아들을 남겼는데 아들이 이미 혼인한 터라 며느리와 시어머니의 나이가 서로 비슷하였다. 그래서 며느리를 어루만지며 〈함께 살면서〉 恩愛와 예의가 각기 도리에 맞았는데, 증군이 세상을 떠났을 때 며느리가 이어서 세상을 떠났다. 손자가 젖을 먹지 못하여 종일 울기에 유인은 떡을 가지고 손자를 안고 먹이면서 방안을 맴돌기도 하였고 자지러지게 울면 유인도 눈물을 흘렸다.

**謝孺人**은 **歙**(섭)**縣鮑御史文淳母也**니 **年二十二**에 **歸愚謙贈君**하여 **爲再繼配**라 **時**에 **前娶程孺人遺二子**하니 **已婚**이라 **婦與姑年相若也**라 **撫之**에 **恩禮各當**이러니 **贈君喪**에 **子婦繼卒**이라 **孫失乳**하여 **終日啼**어늘 **以餠餌抱哺**하여 **環走房中**하고 **啼亟**에 **孺人亦泣**이러라

당시 孺人은 이미 아들을 낳아 역시 10여 세였다. 유인은 비록 몹시 피로가 쌓였으나 자식을 교육하는 일은 하루도 잊지 않았다. 아들이 서당에서 돌아오면 반드시 배운 책을 背誦하여 틀리게 읽는 글자가 없어야 그만두었다. 매일 밤이 깊어 촌락이 고요할 때 괴상한 휘파람 같은 공허한 소리가 들리면 자녀들은 읽던 책과 바느질하던 것들을 던져버리고 달려가 유인의 품에 의지하였다. 그러면 유인은 한참 동안 어루만져주고는 다시 책을 읽게 하였다. 늙은 할미 종과 지난 일을 얘기하다가 아들이 글 읽기를 그만두고 들으면 즉시 중지하고 얘기하지 않았다.

1) 愚謙贈君 : 贈君 鮑遇謙이다. 증군은 贈公과 같은 말로 옛날에 관원의 부친에 대한 敬稱이다.

어린 아들이 입학했을 때 몹시 기뻐하며 말하기를 "내가 너희 집 며느리가 된 뒤 듣기로는 고조부 세대 중에 諸生이 되어 이름이 알려진 분이 있었는데, 그 후 兩代에 걸쳐 더욱 빈곤해졌다. 그래서 네 아버지는 한 해 내내 객지를 다니면서 고생하여 집안을 이루었다. 그러나 재물에 인색하지 않아 우리 종족 중에 의탁할 데 없는 자제로서 단정하고 謹愼한 이들을 도와주어 자립하게 해준 것이 10여 집이다. 그리고 '우리 집은 본래 제생이었으니, 아들이 다시 제생이 되면 족하다.'라고 자주 말씀하였다. 그러나 나는 네가 그 정도에 그치지 않기를 바라니, 네가 나를 위로해줄 것을 기필할 수 있느냐?"라 하였다.

후에 아들 文淳이 顯貴한 官爵에 올랐을 때 미처 보지 못하였으니, 향년이 58세였다. 아들은 文灼·문순이고, 딸 한 사람은 王氏에게 시집가서 守節하여 아버지 잃은 자식을 撫育하였고 현숙하여 어머니의 풍도가 있었다.

**時已生子亦十餘歲**라 **孺人雖勞瘁甚**이나 **然敎子無一日忘也**라 **自塾歸**면 **必背誦書**하여 **無躓字乃已**라 **每夜分村墟寂寥**에 **虛響怪嘯**면 **兒女棄書冊鍼線**하고 **奔依孺人**이어든 **孺人撫之久**에 **令還讀**이러라 **與老媼談往事**라가 **兒輟讀聽**하면 **卽止不談**이러라 **幼子入學**에 **喜甚**하여 (則)〔乃〕[2] **曰 自我爲汝家婦**로 **聞高祖輩爲諸生有名**이러니 **兩世益困**이라 **汝父終歲客**하여 **勞苦成家**라 **然不吝財**하여 **族無依子弟端謹者**를 **援植成立十餘家**러라 **數**(삭)**言吾家固諸生**이니 **子復爲諸生**이면 **足矣**라 **然我望汝不止是**하니 **汝慰我則可必乎**아하더니 **後子文淳貴**에 **不及見**하니 **卒年五十八**이라 **子文灼文淳**이요 **女一**은 **適王氏**하여 **以節撫孤**하고 **賢淑有母風**이러라

매증량은 말하노라.

내가 듣기로 贈君은 객지를 많이 다니다가 만년에 병들어 일을 못하였기 때문에 孺人이 자식을 교육하는 일을 홀로 맡았다. 그러나 옛날의 이름난 인물, 길출한 신비들 중에도 진실로 이와 같이 〈성장한〉 이들이 많으니, 어머니의 자애로운 마음 뿐만이 아니라 자식을 점차 감화시키는 세밀한 노력이 그렇게 되도록 했던 것이었다.

**梅曾亮曰 余聞贈君多客遊**라가 **晩病廢**라 **故孺人敎子獨專**이나 **然古名人魁士**가 **固多如是**하니 **非惟慈心**이라 **蓋漸摩之密**이 **致然云**이라

2) (則)〔乃〕: 저본에는 '則'으로 되어 있으나, ≪柏梘山房全集≫에 의거하여 '乃'로 바로잡았다.

## 31. 禮部侍郎 陳公의 墓誌銘　禮部侍郎陳公墓誌銘*

*매증량이 1835년 50세 때 쓴 글로 陳用光(1768~1835)의 묘지명이다. 진용광은 어릴 때 외숙 魯九皐(1732~1784)에게 수학하였고, 장성한 뒤로 姚鼐(1731~1815)와 翁方綱(1733~1818)에게 수학하였다. 嘉慶 6년(1801) 進士試에 급제하여 編修·禮部侍郎 등을 역임하였으며, 桐城派의 대표적인 인물인 管同·매증량 등이 그의 문하에서 나왔다. 저서로 ≪太乙舟文集≫·≪衲被錄≫ 등이 있다. 이 글에서 매증량은 진용광이 평소 후덕한 인품을 지녔고 試官으로서 중앙의 會試와 각 지방의 鄕試에서 인재를 선발한 일을 특히 강조해 서술하였다.

陳用光

공은 휘가 用光이고, 자가 碩士이니, 江西 新城 사람이다. 그의 증조부 贈資政公 世爵이 道를 낳았으니 乾隆 戊辰科 進士이고 贈光祿大夫이다. 光祿公이 守詒를 낳았으니 陳州府知府이고 贈資政大夫이다. 陳州公이 공의 형제 5인을 낳았으니, 공은 그중 셋째이다. 진주공 이상 윗대는 모두 명성과 덕망으로 존중을 받았고 궁핍한 빈민을 구제하여 州里에 베푼 은덕이 있었다.

公은 諱用光이요 字碩士니 江西新城人이라 其大王父贈資政公世爵生道하니 乾隆戊辰科進士요 贈光祿大夫라 光祿公生守詒하니 陳州府知府요 贈資政大夫라 陳州公生公兄弟五人하니 公次三이라 自陳州公以上으로 皆以名德尊重하고 振匱濟貧하여 於州里有恩이라

공은 7세에 모친 魯夫人을 여읜 뒤로 기일을 만나면 슬퍼하여 천부적으로 효성이 조숙하였다. 14세에 지은 四書文[1)]

1) 四書文 : 八股文의 이칭이다. 明나라 이후의 科文으로 원래 宋·元 시대의 經義에서 비롯하였다. 明代 이후로 지속되다가 淸 德宗 光緖 말년에 폐지되었다. 주로 四書에서 출제하였기 때문에 四書文이란 명칭이 붙은 것이다.(≪日知錄≫ 권16 〈科擧·試文格式〉)

에 明나라 사람 과문의 법도가 있었다. 嘉慶 5년(1800) 順天 鄕試에 합격하여 擧人이 되었고, 그 이듬해 進士試에 급제하여 庶吉士[2)]로 바뀌고 散館[3)]으로 編修에 제수되었다. 가경 19년(1814)에 御史로 자리를 옮겨 西城[4)]을 순시하다가 部議[5)]로 編修에 돌아와 供職하였다. 道光 2년(1822)에 司業으로 옮겼고, 中允·侍講·庶子[6)]·侍講學士·詹事府詹事·內閣學士·禮部侍郞·署戶部侍郞을 역임하였으며, 禮部侍郞으로 관직을 마침에 품계는 資政大夫였다.

**公七歲喪母魯夫人**하여 **逢忌哀感**에 **天性夙成**이라 **年十四**에 **爲四書文**이 **有明人程度**라 **中嘉慶五年順天鄕試擧人**하고 **次年進士**하여 **改庶吉士**하고 **散館授編修**라가 **十九年**에 **轉御史**하여 **巡視西城**이라가 **以部議回編修供職**하고 **道光二年**에 **遷司業**하고 **歷中允侍講庶子侍講學士詹事府詹事內閣學士禮部侍郞署戶部侍郞**하고 **終禮部侍郞**에 **階資政大夫**하다

공은 어릴 때부터 문장을 짓기를 좋아하다가 장성해서는 桐城 학사 姚鼐를 師事하여, "古文詞는 반드시 도리를 扶植하여 經術에 따라 義法[7)]의 宗旨를 삼아야 하거늘 우매한 선비들은 문장에 근거가 없고 재주가 높은 사람들은 또 주인과 종의 사이처럼 서로 견해가 달라 大體를 파괴하니 학문이 행실에서 모범을 보이지 못하면서 문예는 정심해지고 道學은 황폐해진다."라 하고서 慨然히 문장과 道學으로 자

2) 庶吉士 : 官名으로 庶常이라고도 하는데, ≪書經≫ 〈周書 立政〉의 '庶常吉士'에서 따온 명칭이다. 진사 중에서 文學과 書法에 뛰어난 사람을 선발하여 임용하였다. 明나라 초기에는 각 관서마다 이 관직을 두다가 후에는 翰林院에 소속시켰고, 淸나라 때에는 庶常館을 설치하여 3년마다 한 번씩 시험을 보였다.

3) 散館 : 庶吉士로서 翰林院에 들어간 이를 入館이라 하며, 이후 3년 동안 교육을 받고 考試를 치른 이를 散館이라 한다. 산관 중에서 성적이 우수한 이를 翰林院 編修나 檢討에 제수하였다.

4) 西城 : 北京 중심 城區의 서북쪽에 위치한 西城區이다.

5) 部議 : 조정 각 부서의 결정을 말한다.

6) 庶子 : 周나라 때 司馬의 屬官으로 제후와 경대부의 庶子를 교육하는 일을 맡았다. 兩晉·南北朝 시대에는 中庶子 또는 서자라 칭하였고, 隋·唐 이후 左右庶子로 명칭을 바꾸어 그 후대에 이어졌다.

7) 義法 : 方苞가 제창한 古文論으로, 문장의 내용·사상에 해당하는 義와 문장의 형식에 해당하는 法을 겸비할 것을 요구하는 이론이다. 방포는 〈又書貨殖傳後〉에서 "≪春秋≫의 義法은 太史公으로부터 나와서 이후에 문장에 깊이 깨달은 자들 또한 이를 갖추었다. '義'는 ≪易≫에서 말한 '말에 내용이 있다.'라는 것이고, '法'은 ≪역≫에서 말한 '말에 질서가 있다.'라는 것이다. 의가 날줄이 되고 법이 씨줄이 된 뒤에야 體裁가 완성된 문장이 된다.〔春秋之制義法 自太史公發之 而後之深於文者亦具焉 義卽易之所謂言有物也 法卽易之所謂言有序也 義以爲經而法緯之 然後爲成體之文〕"라고 하였다.

신을 표방하고자 하여 歐陽文忠[8]과 歸熙甫[9]의 사람됨에 뜻을 두었다.

**公自少**로 **好爲文章**이라가 **及壯**에 **師桐城姚學士鼐**하여 **以爲古文詞**는 **必扶植理道**하여 **緣經術爲義法宗**이어늘 **瞀儒不根**하고 **而高材生又奴主同異**하여 **破碎大體**하니 **學不杓**(적)**行**에 **藝精道荒**이라하고 **慨然欲以文章道術自表見**(현)하여 **於歐陽文忠歸熙甫**에 **有意乎其爲人也**라

공은 御史로 있은 기간은 매우 짧았으나 일찍이 深遠한 의론을 주장하였지 형세에 따라 움직이거나 작은 일을 들먹이지 않았다. 어사로 있다가 編修에 돌아오자 형편이 더 심하게 가난하였다. 어떤 사람이 외직으로 나가기를 권하자 공은 말하기를 "나는 近臣이어늘 또 남의 빈객이 된다면 어떠하겠는가!"라고 하였다.

일찍이 벗에게 재물을 꾸어준 적이 있었는데, 그 사람의 집에 가서는 시를 읊고 바둑을 두면서 날이 다 저물도록 놀다가 찾아왔던 목적을 잊은 채 돌아왔다. 평소 저술하면서 도서와 史書를 초록하여 책상 위에 빈 곳이 없었고, 짧은 글을 쓴 작은 종이가 집 안의 벽에 가득 붙어 있었다. 혹 빈객들과 왕래하면서 유람하고 시를 읊으며 노는 데 비용이 얼마나 드는지는 계산하지 않았다.

**其爲御史甚暫**이나 **然嘗建深遠之論**하여 **不趨避形勢**하고 **攟摭細故**러라 **自御史回編修**에 **益貧甚**이라 **人勸其出遊**어늘 **公曰 吾近臣也**어늘 **又爲人客**은 **奈何**오하다 **嘗有貸於友人**이러니 **至則賦詩弈棋盡日暮**하여 **忘所事而返**이러라 **平居著作**에 **鈔錄圖史**하여 **几案上無空隙處**하고 **斷章片紙**가 **粘帖滿屋壁中**이라 **或過從賓客**하여 **遊賞吟弄**이어든 **不訾省有無費**러라

전후로 編修가 된 지 20년 만에 비로소 司業으로 자리를 옮기니, 사업은 관례상 大考[10]에 참여하지 않게 되어 있었다. 공이 나에게 말하기를 "나는 성품이 글 읽기는 좋아하고 글씨는 서투니, 이보다 내게 잘 맞는 관직은 없다."라 하였는데, 몇 해도 못 되어 빨리 승진하여 內閣太學士에 이르렀다. 황상이 下諭하기를 "너는 保擧[11]한 사람이 있는 것이 아니라 네가 벼슬에 욕심이 없다는 것을 짐이 알고서

---

8) 歐陽文忠 : 唐宋八大家의 한 사람인 歐陽脩의 시호가 文忠이다.
9) 歸熙甫 : 明淸八代家의 한 사람인 歸有光의 자가 熙甫이다.
10) 大考 : 淸나라 제도에 翰林과 詹事의 승진을 결정하는 考試이다. 詹事府少詹事 이하와 翰林院侍讀學士 이하는 10년 전후에 임시로 선포하여 소집해 고시를 보인다.
11) 保擧 : 기예・학식・공적이 있는 사람을 추천하게 하여 관직에 임명하는 제도이다. 淸나라 때에는 3품, 4품 이상의 科道官・督撫・學政・布政使・按察使 등에게 인재를 천거하게 하였다.

너의 관직을 승진시켜 준 것이다."라 하기에 공이 머리를 조아려 謝恩하였다.

**前後爲編修二十年**에 **始轉司業**하니 **司業例不與大考**라 **公語曾亮曰 吾性好閱文而拙於書**하니 **莫宜是官**이라하더니 **不數年**에 **驟遷至閣學**이라 **上諭曰 汝非有保擧人也**라 **朕知汝恬退**하여 **進汝官**하노라하여늘 **公頓首謝**하다

공은 일찍이 日講起居注官, 文淵閣直閣事[12], 國史館[13]·文穎館 및 明鑑總纂에 충원되었다. 그리고 編修로서 갑술년(1814)·을묘년(1819) 會試 同考官[14], 을묘년 順天鄕試 副考官, 무진년(1808) 河南鄕試 正考官이 되었고, 侍講學士로서 을유년(1825) 江南鄕試 副考官이 되었고, 閣學侍郎으로서 福建學政·壬辰科 會試覆試 閱卷大臣·武會試總裁·浙江學政이 되었다.

學政으로 있을 때 宋나라 신하 孫覿[15]이 충신을 꺾고 간신을 도왔다는 이유로 상주하여 그의 專祠를 없앴고, 諸生들을 훈시하여 선포한 詩文에서 옛날 先儒가 警戒한 도리에 근본을 두었다. 과거의 당락은 감추고 입에 올리지 않았으나 후진 文士에 대해서는 마음에 흡족하여 칭찬하면서 사람들이 많이 있는 자리에서 추천하고 愛護하며, 다른 사람들이 〈그 문사에 대해〉 好惡의 감정을 드러내고 〈자기 말에〉 수긍하건 말건 아랑곳하지 않았다.

**嘗充日講起居注官文淵閣直閣事國史館文穎館及明鑑總纂**하고 **以編修**로 **爲甲戌乙卯會試同考官乙卯順天鄕試副考官戊辰河南鄕試正考官**하고 **以侍講學士**로 **爲乙酉江南鄕試副考官**하고 **以閣學侍郎**으로 **爲福建學政壬辰科會試覆試閱卷大臣武會試總裁浙江學政**하다 **爲學政時**에 **以宋臣孫覿摧忠助邪**로 **奏罷其專祠**하고 **訓諸生宣詩布文**에 **原本古儒先警戒之道**러라 **科擧契戾**는 **屛不置口**나 **至後進文士**하여는 **則稱心褒賞**에 **薦寵廣坐**하여 **不顧人有厚薄然否**러라

使命을 받았던 일[16]을 마치자 황상이 獄事를 訊問할 일로 유임시켰다. 道光 15년

12) 文淵閣直閣事 : 淸나라 乾隆 41년(1776)에 설치한 관직으로 궁중의 장서·전적을 보관하고 조사, 보수하는 일을 맡았다.
13) 國史館 : 康熙 29년(1690)에 天命(1616)~順治(1661) 연간의 역사를 편찬하기 위해 설치한 역사편찬 기구이다.
14) 同考官 : 과거 시험의 부심사관이다.
15) 孫覿 : 1081~1169. 南宋 때 문신으로 자가 仲益이고, 호가 鴻慶居士이다. 徽宗 大觀 3년(1109)에 진사시에 급제하였고 벼슬이 戶部尙書에 이르렀다. 詩文에 뛰어났으나 權臣 汪伯彦·黃潛善 등에게 빌붙어 충신 李綱을 비난하고 岳飛를 헐뜯었다.

(1835) 3월에 옥사가 완결되었기에 復命하고 禮部左侍郎으로 供職하였다. 마침 황상이 〈平定回疆圖〉[17]를 하사하였기에 공이 손님과 술을 마시며 공경히 보고 감상하면서 몹시 즐거워하였다.

그리고 얼마 안 되어 병들었는데 꿈속에 부친 陳州公이 말하기를 "나의 나무를 집에서 찾아 이것으로 너에게 약으로 쓰면 질병이 달아날 것이다."라 하였다. 내가 이 말을 듣고 슬퍼하며 말하기를 "병에 나무를 구하는 것은 관에 들어갈 조짐이다."라 하였다. 병이 위독해지자 휴가를 내려준 것이 두 차례였다. 8월 13일에 薨逝하니, 향년 68세였다.

〈平定準部回部得勝圖〉 중 〈黑水圍解〉

**使事畢**에 **上以訊獄事留**러니 **道光十五年三月**에 **獄成**이라 **復命**하고 **以禮部左侍郎供職**이러니 **適上賜平定回疆圖**라 **公觴客敬觀**에 **樂甚**이러라 **未幾**에 **病夢陳州公曰 求吾木於家**하여 **以是藥**

16) 使命을……일 : 編修・侍講學士・閣學侍郎으로서 지방에 나가 考官・學政 등의 일을 한 것을 말한다.

17) 平定回疆圖 : 〈平定準部回部得勝圖〉를 약칭한 것이다. 乾隆 20년(1755)부터 24년(1759)까지 서쪽 변방의 準噶爾部의 반란과 回部의 반란을 평정한 것을 기념하여 제작한 화첩이다. 모두 16폭의 동판화와 18폭의 글로 이루어져 있다. 건륭 29년(1764)에 황제의 명으로 그림을 그리게 한 다음 프랑스로 보내 동판화로 제작하게 하였다. 건륭 42년(1777)에 동판화가 완성되어 淸나라에 들어오자 200장의 동판화를 건륭제가 王公大臣에게 하사하고 行宮에 보관하였다.

汝면 疾其逃逋라하여늘 曾亮聞而傷曰 病求木은 兆之棺矣라하다 疾篤에 賞假者再라 以八月十三日薨하니 年六十八이라

공은 문학으로 임금의 인정을 받았고 인품이 정직하고 和樂하여 立身한 데 本末이 있었다. 그러므로 시종 優渥한 예우가 이와 같았던 것이다. 녹봉으로 들어오는 것은 다 형제와 친족들에게 나누어주었고, 師友인 學士 姚鼐와 進士 魯仕驥[18]의 祭田에 들어간 재물이 千金 또는 수백 金이었다. 그래서 공이 세상을 떠났을 때에 집에 남은 재산은 없고 ≪衲被錄≫ · ≪太乙舟詩文集≫ 약간 권이 있었으며, ≪春秋屬詞會義≫ 약간 권이 완성되지 못한 채 남아 있었다.

公以文學結主知하고 正直樂易(이)하여 立身有本末이라 故始終優禮如此라 俸祿所入은 皆散贍昆弟親族하고 及師友姚學士鼐魯進士仕驥祭田이 千金或數百金이라 其卒也에 家無餘財하고 有衲被錄太乙舟詩文集若干卷春秋屬詞會義若干卷未成이러라

配는 魯夫人이고 네 아들 중 蘭瑞는 國學生이었는데 일찍 죽었고, 蘭滋는 上思州[19]知州이고, 蘭第는 戶部河南同候補郎中이고, 蘭豫는 高堂縣縣丞이다. 손자는 3인이고, 증손은 1인이다. 딸 7인은 魯氏에게 시집가고 涂氏에게 시집가고 祁氏에게 시집가고 譚氏에게 시집가고 曹氏에게 시집갔고, 그중 셋째 · 넷째가 시집간 사람은 다 王氏이다. 모년 모월 모일에 新城縣 아무 고을 아무 둔덕에 공을 안장하였다. 공의 아들 난제가 와서 나에게 말하기를 "아버님을 알기로는 그대만큼 깊이 아는 이가 없으니, 감히 銘을 지어주길 청합니다."라 하였다.

配는 魯夫人이요 四子는 蘭瑞國學生早卒이요 蘭滋上思州知州요 蘭第戶部河南同候補郎中이요 蘭豫高堂縣縣丞이라 孫三人이요 曾孫一人이라 女七人은 適魯適(徐)〔涂〕[20]適祁適譚適曹하고 其三四所適은 皆王姓이라 以某年月日로 葬〔公〕[21]於新城〔縣〕[22]某鄉某原하다 公之孤蘭第來告曰 知公者莫如子深하니 敢請銘하노라하다

18) 魯仕驥 : 魯九皐(1732~1784)의 본명이 仕驥이고, 자는 絜非이며, 호는 樂廬(악려) 또는 山木居士로 陳用光의 외숙이다. 姚鼐에게 고문을 배웠고 진용광을 요내의 문하로 인도하였다.
19) 上思州 : 오늘날 廣西 僮族 자치구인 上思縣이다.
20) (徐)〔涂〕: 저본에는 '徐'로 되어 있으나, ≪柏梘山房全集≫에 의거하여 '涂'로 바로잡았다.
21) 〔公〕: 저본에는 '公'이 없으나, ≪柏梘山房全集≫에 의거하여 보충하였다.
22) 〔縣〕: 저본에는 '縣'이 없으나, ≪柏梘山房全集≫에 의거하여 보충하였다.

銘은 다음과 같다.

공의 행실은 세상에 높았기에
드디어 황제의 지우를 입었으니
사람들은 교묘한 수단 부려 달려가지만
공은 느긋하고 편안히 높은 벼슬에 올랐어라
옛날의 잣대와 저울을 가지고서
五方의 풍속을 관찰하게 하니[23)]
어진 인재를 뽑고 선한 이를 이롭게 함에
그 마음 지성스럽고 전일하였어라
더 장수하지 못해 極位에 오르지 못했으니
남겨진 외로운 선비들 가만히 탄식하누나
산은 서리고 두 물줄기가 만났으니
공의 영령이 이곳에서 안락하시리
명을 새겨 돌을 묻어서
이 무덤 속에 안치하노라

**其詞曰 公行高世**라 **帝遂其逢**하니 **人巧人趨**어늘 **安安而通**이라 **持古律衡**에 **命觀五風**하니 **貪賢利善**에 **悃悃斷斷**이라 **年不極位**하니 **孤士幽歎**이라 **山盤水交**하니 **公神是愉**라 **窆石鑱詞**하여 **以奠陰墟**하노라

23) 옛날의……하니 : 五方은 동서남북과 중앙이다. 考官이 되어 북경에서 실시하는 會試와 각 지방에서 실시하는 鄕試에서 인재를 선발한 것을 말한다.

# 32. 誥授朝議大夫 貴州 遵義府知府 胡君의 墓誌銘

## 誥授朝議大夫貴州遵義府知府胡(公)〔君〕[1]墓誌銘*

* 매증량이 1826년 41세 때 쓴 글로 胡鐘의 묘지명이다. 誥授는 조정이 誥命으로 제수한 封號이다. 호종은 일찍 벼슬길에 올라 遵義府知府에 이르렀으나 사직하고 돌아와 향리에서 만년을 보냈다. 인품이 소탈하여 노소·귀천을 가리지 않고 사람들을 평등하게 대했으며 書畫에 조예가 깊었다.

군은 성이 胡氏이고, 諱가 鐘이며, 자가 山音이고 또 다른 자가 蘭川이며, 후에 自號를 晩晴居士라 하였으니, 江寧 사람이다. 선조는 婺源으로부터 明나라 말엽에 강녕에 와 거주하면서 몇 대 동안 隱德이 있고 벼슬하지 않았다.

**君姓胡氏**요 **諱鐘**이며 **字山音**이요 **又字蘭川**이요 **後自號晩晴居士**하니 **江寧人**이라 **其先**은 **自婺源以明末來居**하여 **數世有隱德不仕**러라

군은 성품이 효성스럽고 우애로우면서 박학하고 多能하였으며 書畫에 특히 뛰어났다. 나이 16세에 邑庠生[2]이 되었고, 乾隆 丁酉科에 응시하여 拔貢生이 되었으니, 이 과거로 鄕試에 급제하였다. 四庫會要館·內廷方略館 兩館의 謄錄議敘로서 雲南 太和縣知縣에 제수되었고, 여러 관직을 역임하여 貴州 遵義府知府에 이르렀고, 嘉慶 9년(1804)에 사직하고 향리로 돌아왔다.

**君性孝友**에 **博學多能**하고 **書畫尤工**이라 **年十六**에 **補邑庠生**하고 **應乾隆丁酉科拔貢**하니 **以是科擧於鄕**이라 (於)〔以〕[3]**四庫會要內廷方略兩館謄錄議敘**로 **授雲南太和縣**하고 **歷任至貴州遵義府知府**하고 **以嘉慶九年致仕歸**하다

---

1) (公)〔君〕: 저본에는 '公'으로 되어 있으나, ≪柏梘山房全集≫에 의거하여 '君'으로 바로잡았다.
2) 邑庠生 : 庠生은 府·州·縣學의 生員인데, 明·淸 시대에는 秀才의 別稱으로 쓰였다.
3) (於)〔以〕: 저본에는 '於'로 되어 있으나, ≪柏梘山房全集≫에 의거하여 '以'로 바로잡았다.

군이 당초 雲南에 있을 때 민란을 진압하고 뇌물을 엄금하고 학교를 세워서 그 업적이 탁월하여 기술할 만하였으나 家居[4)]할 때는 한 번도 남에게 말한 적이 없었다. 향리의 좋은 일에는 앞장서서 굳게 실행하여 후진들과 같이 일하였는데, 일을 맡은 사람은 군이 서명하면 곧바로 그 일이 시행될 수 있다는 것을 알았으나 군은 평소에 한 번도 官府에 간 적이 없었다.

學士·大夫·연로한 친구·동년배·신진 젊은이들로부터 山僧·道士에 이르기까지 사귀지 않는 이가 없었고, 무성한 숲과 그윽한 바위며 적요하고 드넓은 들판에 노닐지 않는 곳이 없었다. 향리에서 사람들이 모여 文酒를 즐기는 성대한 일에 사람들이 반드시 군을 초대하여 자리를 빛내곤 하였는데 군은 한 번도 다른 일을 이유로 사양한 적이 없었다.

고금의 도서와 동전·古鼎·그림·인장에 대해 그 美醜와 진위를 묻는 사람이 있으면 반드시 성심으로 말해주었다. 군이 그린 그림과 쓴 해서·행서·전서·예서는 친소를 막론하고 반드시 技藝를 다하여 써주었다. 그러나 늘 겸손하여 무능한 것 같은 모습을 보이면서 화평하고 엄숙하였고, 늘 한결같은 기준으로 남을 대하여 부귀와 빈천에 따른 차이를 보이지 않은 것이 20년이었으나 조금도 減衰하지 않다가 77세에 卒하였다.

始在雲南時에 靖變民하며 嚴苞苴하며 立學校하여 卓卓可紀述이나 而家居不一語人이러라 鄕里善事에 銳身堅行하여 與後進均勞逸하니 當事者知君署可輒行이나 而平居不一至官府러라 自學士大夫老親流輩新進小生으로 至山僧羽士히 無不交하고 茂樹幽石寂寥莽蒼之墟에 無不遊라 州閭聚會文酒之盛事에 人必引之以爲名이어든 而未嘗辭以事러라 古今圖書錢鼎畫印에 其姸媸眞僞를 有問者必告以誠이라 所作丹靑眞行篆隷는 無疏戚히 爲之必盡其技라 然常退然若無能하여 和平齋莊하고 以一律持物하여 不見其待富貴貧賤迹者二十年而不衰라가 七十七歲而卒하다

아아! 선비가 그 자신, 그 시기, 그 처지를 헤아려 국가에 도움을 주고 인민을 보살필 수 있는 것이 있으면 세상에 나가는 것이 옳으며, 자기 마음을 스스로 괴

4) 家居 : 벼슬을 그만두고 집에서 생활하는 것이다. 《韓非子》 〈十過〉에 "仲父가 家居하며 병환이 있다.〔仲父家居有病〕"라 하였다.

롭히지 않고 한가로이 소요하면서 유유자적할 수 있다면 세상에 나가지 않는 것이 옳다. 가사 군이 사퇴하는 때가 이르지 않고 뜻이 견고하지 못하여 祿位와 榮寵을 더 보태게 되었다면 강건한 몸으로 여유롭게 지내는 즐거움을 또한 때때로 아울러 누릴 수도 있었을 터이거늘 군이 한쪽을 버려 자기 뜻을 온전히 지켰으니, 능히 生을 존중했다[5]고 할 만하다.

**嗟夫**라 **士君子度**(탁)**其身其時其地**에 **有可以裨國家庇民人者則出**은 **可也**요 **不自苦其心而逍遙無爲以適己則處**는 **可也**라 **使君乞身之時不早**하고 **志不堅**하여 **以增其祿位榮寵**이면 **卽優游强健之樂**을 **亦時有兼得者**어늘 **而必有所棄以全之**하니 **可謂能尊生矣**로다

군은 嘉慶 24년(1819)년 12월 21일에 卒하였고, 그 2년 후에 配 盧恭人[6]이 졸하여 道光 모년 모월 모일에 聚寶門 밖 아무 고을에 合葬하였다. 아들 瀠은 湖南候補縣丞이고, 瀓은 嘉慶 癸酉科 擧人으로 鑲紅旗官學敎習·沛縣學生이 되었다. 딸 3인은 張氏에게 시집가고, 藍氏에게 시집가고, 汪氏에게 시집갔다. 손자는 8인이고 손녀는 6인이다. 혼인한 집안이 모두 仕族으로 화락하여 모범이 될 만하였다.

**君卒於嘉慶二十四年十二月二十一日**하고 **後二年而配盧恭人卒**하여 **以道光某年月日**로 **合葬於聚寶門外某鄕**하다 **子瀠**은 **湖南候補縣丞**이요 **瀓**은 **嘉慶癸酉科擧人**이요 **充鑲紅旗官學敎習沛縣學生**이라 **女三人**은 **適張適藍適汪**하다 **孫男八人女孫六人**이라 **凡婚嫁 皆仕族**이니 **雍雍可風**이라

銘은 다음과 같다.

대로에 말을 달리니

날이 아직 저물지 않았거늘

---

5) 능히……존중했다 : ≪莊子≫ 〈襄王〉에 "태왕 단보는 生을 존중할 줄 알았다고 할 만하다. 능히 생을 존중하는 사람은 비록 부귀할지라도 몸을 기르는 것으로 자신을 해치지 않으며, 비록 빈천할지라도 이익을 구하려고 몸에 누를 끼치지 않는다.〔夫大王亶父 可謂能尊生矣 能尊生者 雖貴富 不以養傷身 雖貧賤 不以利累形〕"라고 한 데서 온 말이다.

6) 恭人 : 옛날에 命婦의 封號 중 하나이다. 宋 徽宗 政和 3년에 만들어진 제도로 中散大夫로부터 中大夫에 이르는 관원의 妻를 恭人에 봉했다. 元나라 때는 6品 관원, 明·淸 때에는 4품 관원의 처를 공인에 봉했다. 대체로 관원의 처에 대한 존칭으로 쓰였다.

문득 말고삐를 놓고서
즐거운 삶을 맘껏 살았도다
높은 산봉우리에 오르매
물은 느릿느릿 흘러갔나니
예전에 벼슬아치였던 몸이
청수하게 늙은 백성 되었어라
고생할 줄 알지 못하였으니
退愚[7]라 할 만하고
옛 의리에 밝았으니
선생이로다
그 재질[8]에 명을 새겨서
무덤 속에 안치하노라

**銘曰 騁高衢**하니 **日未晡**로다 **忽解轡**하여 **肆嬉娛**로다 **眺嶔岑**하니 **水舒舒**로다 **古官人**이니 **爲民癯**로다 **昧其艱**하니 **謂退愚**로다 **明古義**하니 **先生歟**인저 **銘其質**하여 **奠幽墟**로다

7) 退愚 : 물러난 어리석은 사람이란 말이다.
8) 그 재질 : 묘지명은 陶器나 돌에 새겼다. 묘지명을 새기는 재질인 도기나 돌을 말한다.

# 33. 戶部郎中 湯君의 墓誌銘　戶部郎中湯君墓誌銘*

* 매증량이 1844년 59세 때 쓴 글로 湯鵬(1800~1844)의 묘지명이다. 탕붕은 호가 浮邱子이고 道光 연간의 저명한 사상가요 문학가로 동시대 인물인 龔自珍・魏源・張際亮과 함께 '京中四子'로 일컬어졌다. 그는 20세의 젊은 나이로 진사과에 급제하여 文名을 떨치고 宦路가 순탄하였으나 강직한 성품으로 과감하게 直言한 것이 왕실의 비위를 거슬러 좌천되고 말았다. 세상을 떠났을 때 향년이 겨우 44세였다.

군은 성이 湯氏이고, 휘가 鵬이고, 자가 海秋이니, 湖南 益陽 사람이다. 부친은 義峃이고, 모친은 아무 恭人이다. 道光 3년(1823) 군의 나이 겨우 20세에 진사가 되었으니, 군이 지은 制藝[1]가 서점에 나열되어 있어 선비들이 그 글을 보고 모방하여 연이어 과거에 급제하기도 하였다. 그러나 군은 이때에 이미 오로지 詩歌를 짓는 데 힘을 쏟아 上古의 가요로부터 《詩經》・〈離騷〉・漢・魏・六朝・唐 시대의 작품들에 이르기까지 형식을 본받고 정신을 헤아려서 얼마 지나지 않아 3,000수의 시집을 이루었다.

君姓湯氏요 諱鵬이요 字海秋니 湖南益陽人이라 父義峃이요 妣某恭人이라 道光三年君年甫二十에 成進士하니 所爲制藝가 列書肆中하여 士子模擬하여 相接得科第어늘 而君是時에 已專力爲詩歌하여 自上古歌謠로 至三百篇離騷漢魏六朝唐에 無不形規而神絜之하여 未幾에 成詩集三千首하다

처음 관직에 올라 禮部主事로 있을 때 이미 軍機章京[2]을 兼帶하였고 곧바로 戶部主事에 보임되고 貴州司員外郎으로 轉補되고 山東道監察御史[3]에 발탁되었으니,

1) 制藝 : 制義라고도 하며, 明・淸 때의 과문인 八股文이다.
2) 軍機章京 : 軍機는 群機處로 淸나라 雍正 때 설치된 기관이다. 章京은 官名으로 청나라 때 都統・副都統으로부터 각 衙門에 이르기까지 문서를 관리하는 관원이다.
3) 監察御史 : 唐나라 때 처음 설치된 관직으로 宋・元・明・淸 시대에서 그대로 이어졌다. 조정 百官을 감찰하고 지방 州縣들을 순시하여 감찰하는 일을 한다.

이때 나이가 비로소 30세라 의기가 드높아서 천하의 일은 하지 못할 것이 없다고 여겼다.

그래서 그의 의론에서 인정하는 이는 오직 李文饒[4]·張太岳[5] 같은 이들뿐이었고 한갓 詞章만 하는 선비는 해당되지 못하였다. 이에 용감하게 국사를 직언하다가 한 달을 넘기기도 전에 세 차례 소장을 올렸는데, 마지막 소장에서 "宗室 출신 尙書가 滿司官[6]을 질타하여 모욕한 것은 국가의 체모에 맞지 않다."라고 한 것이 말이 과당하였고, 게다가 이미 御旨를 받들어 처분한 뒤라는 이유로 감찰어사에서 파직되어 戶部員外郎으로 돌아왔고 四川司郎中으로 轉補되었다.

**其始官禮部主事**에 **旣兼軍機章京**하고 **旋補戶部主事**하고 **轉貴州司員外郎**하고 **擢山東道監察御史**하니 **年始三十餘**라 **意氣蹈厲**하여 **謂天下事無不可爲者**라 **其議論所許可**는 **惟李文饒張太岳輩**요 **徒爲詞章士無當也**러라 **於是**에 **勇言事**라가 **未踰月**에 **三上章**이러니 **最後以〔言〕**[7]**宗室尙書叱辱滿司官非國體**가 **言過當**이요 **且在已奉旨處分後**라하여 **罷御史**하여 **回戶部員外郎**하고 **轉四川司郎中**하다

이때에 영국 오랑캐가 海域에서 소란을 피우며 通商을 요구하였다. 군은 이미 조정에서 쫓겨나 국사를 말할 수 없는 처지였지만 그래도 上奏할 글을 조목조목 써서 오랑캐에 대한 機務의 후속 대책 30가지를 轉奏[8]하니 비록 황상에게 보고되었으나, 후에 미국이 통상조약을 고치기를 요구한 것 가운데 군의 상주 중에서 허락해서는 안 된다고 한 조약 몇 가지가 있었다. 사람들이 이 일로 군의 정밀한 식견에 탄복하였으니, 큰 책략에 어두운 이가 아니었다.

**是時**에 **英夷擾海疆**하여 **求通市**라 **君已黜**하여 **不得言事**로되 **猶條上奏書**하여 **轉奏夷務善後者三十事**하니 **雖報聞**이나 **而後美利堅求改關市約**에 **有奏中不可許者數事**라 **人以是服其精**하니 **非疏闊大略者也**러라

4) 李文饒 : 〈帝鑑圖詩序〉의 주 '李文饒' 참조.
5) 張太岳 : 〈帝鑑圖詩序〉의 주 '張太岳' 참조.
6) 滿司官 : 만주족 출신 司官이란 말이다.
7) 〔言〕 : 저본에는 '言'이 없으나, ≪柏梘山房全集≫ 〈湯海秋墓誌銘〉과 ≪淸史稿≫ 제4部 列傳 173권 〈湯鵬傳〉에 의거하여 보충하였다.
8) 轉奏 : 직접 올리지 못하고 남을 통하여 上奏하는 것이다.

군은 이미 才氣를 자부하였고 官署에 오래 근무한 터라 "일은 이해와 승패를 막론하고 하는 바가 있으면 응당 남의 이목에 드러내 환히 알 수 있도록 해야 하니, 움츠러든 채 이루기 쉬운 공적을 이루는 것은 귀한 일이 아니다. 이미 〈세상에 나가〉 일하지 못했다면 장차 말로 드러내야 할 것이니, 나의 책이 세상에 나갔을 때 사람들이 옛날에도 이런 말이 있었다고 한다면 그 글이 아무리 잘된 것일지라도 귀한 것이 아니다."라 하였다.

이에 ≪浮邱子≫ 1책을 저술하였는데, 하나의 意思를 세워 줄기를 만들면 한 줄기에서 몇 개의 가지가 나뉘고 가지 중에 또 가지가 있으니, 가지가 다시 줄기가 되고 가지와 줄기가 서로 이어져 무궁하게 서로 늘어났다. 대저 이 책에서 軍國의 利害, 吏治의 요체, 人事의 진위와 개방의 형세를 말하여 오묘한 이치를 밝혔다. 한 편에 수천 자인 것이 90여 편이니 도합 40여만 자이다. 군은 사람을 만날 때마다 "내 집에 들러 ≪부구자≫를 한번 읽을 수 있겠는가?"라 하였으니, 스스로 좋아한 것이 이와 같았다.

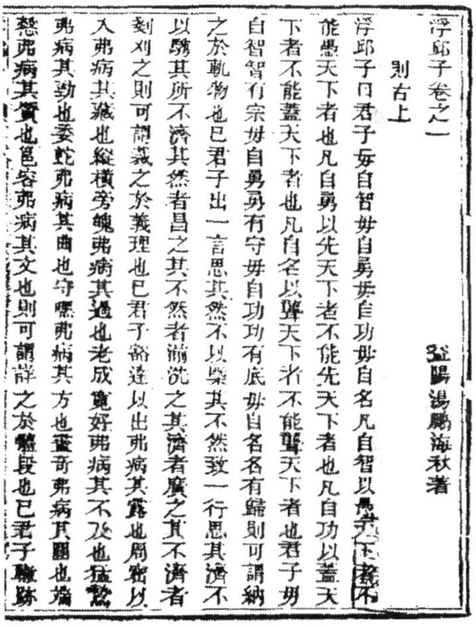
浮邱子卷之一　益陽湯鵬海秋著
則右上
浮邱子曰君子毋自智毋自勇毋自功毋自名凡自智以愚天下者不能愚天下者也凡自勇以先天下者不能先天下者也凡自功以蓋天下者不能蓋天下者也凡自名以聾天下者不能聾天下者也君子毋自智智有宗毋自勇勇有守毋自功功有底毋自名名有歸則可謂納之於軌物也已君子出一言思其然不以槩其不然致一行思其濟不以驕其所不濟其然者昌之其不然者詘之其濟者廣之其不濟者剗刈之則可謂義之於義理也已君子欲達以出弗病其露也周密以入弗病其藏也縱橫旁魄弗病其過也老成寬好弗病其不及也猛鷙弗病其勁也委蛇弗病其曲也守嘿弗病其方也靈奇弗病其圜也端慤弗病其質也邕容弗病其文也則可謂辯之於體段也已君子職跡

浮邱子

姚石甫[9]가 臺灣道에 있으면서 영국 오랑캐를 살상한 일 때문에 무함을 받았다가 일이 밝혀져 감옥에서 나오자 군은 기뻐하여 萬柳堂에서 손님과 술을 마시면서 요석보를 위해 축하하였다. 내가 이때에 처음으로 군과 面識이 생겨 ≪부구자≫란 책을 읽을 수 있었다.

군은 일찍이 會試의 同考官을 맡은 터라 문하의 인사들 중 九卿의 반열에 오른 이가 많으니, 군을 稱譽할 마땅한 사람이 없을까 염려할 필요는 없을 것이다. 그런

9) 姚石甫 : 姚瑩(1785~1853)의 자가 石甫이고, 호가 東溟으로, 安徽省 桐城 사람이다. 姚鼐의 姪孫으로 동성파의 주요한 인물이다. 嘉慶 13년(1808)에 진사시에 급제하였고, 관직은 湖南按察使에 이르렀다. 아편전쟁이 발발했을 때 대만의 任地에 있으면서 將領 達洪阿와 협력하여 영국군의 침입을 막았다. 그러나 淸나라 왕조가 영국과 굴욕적인 강화조약을 맺은 뒤 무함을 받아 하옥되었다가 풀려나 四川知州로 좌천되었다.

데도 도리어 나의 말을 얻어서 이 책에 대한 가부를 판단하고자 하였다. 이에 나는 세상 사람들이 한갓 군의 재주 있고 출중한 면을 두려워하고, 군이 스스로 자신의 글에 대해 만족하지 못한 것이 이와 같았음을 모른다는 사실을 탄식한다.

君旣負才氣하고 久居曹司라 以爲事無論利鈍成敗요 有所爲어든 當震襮人耳目이니 拘拘焉成易(이)就之功은 弗貴也라 旣不得施事면 則將著之言이니 吾書出而人以爲古嘗有是言이면 雖工이나 弗貴也라하고 於是에 爲浮邱子一書하되 立一意爲幹이어든 一幹而分數支하고 支之中又有支焉하니 則支復爲幹하고 支幹相演하여 以遞於無窮이라 大抵言軍國利病과 吏治要最와 人事情僞와 開張形勢에 尋躡要眇라 一篇數千言者九十餘篇이니 最四十餘萬言이라 每遇人에 輒曰 能過我하여 一閱浮邱子乎아하니 其自喜如此러라 姚石甫以臺灣道로 創英夷하여 受誣訴라가 事白出獄이어늘 君大喜하여 觴客於萬柳堂하여 爲石甫賀러라 余於是에 始識君하여 得讀浮邱子者러라 君嘗爲會試同考官이라 門下士多至九列하니 譽君者不患無其人이로되 顧欲得余言爲可否라 於是歎世徒畏君之才而豪하고 不知其不自足者乃如是也라

슬프다! 군은 이제 죽었으니, 선비로서 재주가 있는 이는 진실로 이와 같이 세상 사람들의 비난을 받는 것이 당연하다. 그러나 그가 죽고 났을 때에는 세상에 더 이상 그를 비난하는 사람은 볼 수 없고 오직 그 재주만 남아 있을 뿐이니, 군의 명성은 후세에 길이 알려지지 못할까 염려할 것이 없다.

군은 道光 24년(1844) 7월 9일에 卒하였으니, 향년 44세이다. 세상을 떠나기 전에 내 집에 들러서 말하기를 "石甫는 同知로 四川에 부임하였으니, 大吏 된 이가 의당 어떠하겠는가.[10)]"라 하고는, 이윽고 말하기를 "천하의 일은 아마도 사람의 마음에 차기 어려울 듯하다."라 하였는데, 그리고 8일 뒤에 세상을 떠났다. 내가 長春寺에 들렀을 때 군과 함께 張亨甫[11)]의 靈柩에 읍하고 돌아온 일을 기억하는데, 한 해를 넘기지 않아 군이 죽어 다시 여기에 빈소가 차려져 있으니, 마음이 몹시 슬프다.

10) 石甫는……어떠하겠는가 : 同知는 淸나라 때 府·州 및 鹽運使에 두었던 副職으로 낮은 관직이다. 즉 湖南按察使로 있던 姚石甫가 좌천되어 하급 관원이 되었으니 그 상관이 난처할 것이라는 말이다.

11) 張亨甫 : 張際亮(1799~1843)의 자가 亨甫이고, 호가 華胥大夫·松寥山人으로, 福建 建寧縣 溪口鎭 渠村 사람이다. 시인으로 명성을 떨쳐 魏源·龔自珍·湯鵬과 함께 '道光四子'로 일컬어진다. 저서로 ≪松寥山人集≫·≪婁光堂稿≫ 등이 있다.

嗚呼라 君今其死矣니 士而才는 固宜負病如是라 迨旣死而世無復見其病者요 獨其才在耳니 君之名은 其可無慮於後世矣라 君卒以道光二十四年七月九日하니 年四十四라 未卒前에 過予曰 石甫以同知官四川하니 爲大吏者當何如라하고 旣而曰 天下事恐難滿人意也라하더니 後八日而卒하다 余過長春寺하여 記與君揖張亨甫柩而歸也러니 未逾歲에 而君復殯於是하니 黯然傷之로다

군은 모씨에게 장가들었다. 아들은 俶昭·佶昭·佑昭·什昭·啓昭이고, 손자는 惇允이다. 딸 2인은 杜氏에게 시집가고 李氏에게 시집갔다. 道光 20 몇 년 모월 모일에 아무 縣 아무 고을의 둔덕에 안장하였다. 그의 벗 王少鶴(王拯)이 나에게 이르기를 "〈고인이 생전에〉 銘은 군에게 부탁했다."라 하였다. 이에 명을 쓰노라.

君娶於某라 子俶昭佶昭佑昭什昭啓昭요 孫惇允이라 女二人은 適杜適李라 以道光二十年[12] 某月日로 葬君於某縣某鄉之原이라 其友王少鶴謂余曰 銘以屬(촉)君이라하여늘 乃爲之詞曰

하늘이 탁월한 재기를 주었으니
정신은 호방하고 말은 통쾌하매 사람들이 두려워하였지
역량이 큰 사람은 요행을 미루어 일을 이루나니
그럭저럭 평범하게 나아가는 것은 마음에 들지 않았지
어려운 상황 속에서 상소한 씩씩한 기개 막을 수 없었으니
실패한 뒤 조정이 계획을 바꾼 것은 거의 후세였어라
40여만 자 저술을 남겨놓았으니
넋은 땅에 묻혔어도 영령은 덮이지 않았도다

天與以才負之氣하니 神豪(與)〔語〕[13]快士所悸라 大力者推幸以遂하나니 容頭平進不可意라 摧堅犯難壯莫掣하니 蹶而改圖幾後世라 四十餘萬載厥字하니 魂雖埋幽靈不翳로다

12) 道光二十年 : 湯鵬은 이 글 앞에서 道光 24년(1804)에 卒했다고 기록해놓았으니, 도광 20년에 안장하는 것은 이치에 맞지 않다. ≪柏梘山房全集≫에 '年'자 앞에 1자 공란이 있는 것으로 보아 여기서 도광 20년이라 한 것은 도광 20년대의 아무 해로 보아야 한다. 탕붕의 ≪浮邱子≫에도 이 글이 실려 있는데, 여기에는 도광 25년 3월 9일로 되어 있다.
13) (與)〔語〕: 저본에는 '與'로 되어 있으나, ≪柏梘山房全集≫에 의거하여 '語'로 바로잡았다.

## 34. 國子監學正 劉君의 墓表　國子監學正劉君墓表*

*매증량이 1849년 64세 때 쓴 글로 劉傳瑩의 묘표이다. 유전형은 당시 일반 문사들과는 달리 곤궁한 형편에도 재물을 탐내지 않고 爲己之學에 뜻을 둔 진실한 학자였으나 어릴 때부터 병치레가 잦았고 안타깝게도 31세의 젊은 나이로 세상을 떠나고 말았다.

군은 휘가 傳瑩이고, 자는 蕉雲이니, 漢陽 사람이다. 조부는 方行이고, 부친은 正柏이다. 내가 처음 군과 면식이 있을 때 군은 20여 세라 擧人으로서 國子監學正이 되어서 바야흐로 옛 전적을 고찰하여 학식이 정밀하고 博洽해지는 데 힘쓰는 한편 古文을 짓기를 좋아하였다. 그러나 늘 병치레가 많았고 병이 발작할 때마다 음식을 먹지 못하였고 또 책을 가까이할 수 없었다.

**君諱傳瑩**이요 **字蕉雲**이니 **漢陽人**이라 **祖方行**이요 **父正柏**이라 **余初識君時**에 **君二十餘**라 **以擧人官國子監學正**하여 **方考古**하여 **務爲精博**하고 **又好爲古文詞**라 **然常多疾**하고 **疾每發**에 **輒廢食**하고 **且不能近書**라

군은 집이 본래 가난하여 부모·형제를 떠나 산 지가 오래였고, 게다가 연이어 아내를 잃었다. 그래서 군을 사랑하는 이들은 다 군에게 뜻대로 안 되는 바가 있다는 이유로 공부를 조금 쉬라고 당부하였는데도 군은 스스로 더 애써 공부하여 뜻이 더욱 높았고, 게다가 옛날의 爲己之學[1)]을 좇아 따르고자 하여 문학하는 사람으로 자처하지 않았으나 그렇다고 하여 유달리 표방하지도 않았다. 그래서 나조차도 그가 병들어 향리로 돌아갈 때에야 비로소 군의 학문이 날로 진보했음을 알았으니, 부끄럽다.

---

1) 爲己之學 : 孔子가 "옛날 학자들은 자기를 위한 학문을 하였는데, 지금의 학자들은 남에게 보이기 위한 학문을 한다.〔古之學者爲己 今之學者爲人〕"라고 한 데서 유래한 말로, 자기 완성을 위한 참된 학문을 말한다.(≪論語≫ 〈憲問〉)

君家故貧하여 去父母兄弟久하고 又連喪婦라 愛君者는 皆以君有所不自得者로 戒於學宜少休어늘 而君自苦彌甚하여 志益高하고 且欲追古爲己之學而從之하여 不以文學人自處也나 而不自標異라 雖余나 亦於其疾且歸에 始知其日進也하니 可愧也라

향리로 돌아온 지 몇 달이 안 되어 道光 28년(1808) 9월 18일에 卒하니, 향년 31세였다. 군이 세상을 떠난 뒤에야 비로소 그의 일기와 遺命을 받아 읽고서 처음에는 괴이쩍은 듯이 여겼고 이어서 슬퍼하였고 마지막에는 공경하는 마음을 일으켰다.

歸未數月에 道光二十八年九月十八日卒하니 年三十一이라 旣卒에 乃得其日記竝遺令讀之하여 始若可怪하고 繼爲之悲하고 卒乃起人敬이라

슬프다! 군의 학문은 대개 말을 함부로 하지 않는 데서부터 시작하였다.[2] 군은 일찍이 "세상에서 사람을 곤경에 빠뜨리는 것은 오직 功利뿐이다. 문장을 짓고 傳述하는 일도 그 심오한 경지를 얻을 경우에는 밖으로 希求하는 욕심을 줄여서 자족할 수 있지만, 요컨대 자신을 지키는 義理의 학문이 모든 俗累의 밖으로 벗어나 아무도 나를 꺾지 못하게 되는 것만 못하다. 이것이 호걸의 선비[3]가 반드시 이 학문에 뜻을 두어 스스로 부끄럽지 않게 되는 까닭이다."라 하였으니, 군이 뜻한 바로 말하자면 이것일 따름이다.

嗚呼라 君之學은 蓋自不妄語始矣라 嘗以爲世之困人者는 獨功利耳니 文章傳述之事는 得其深者亦有以淡外慕而自足이로되 要不若守身義理之學이 超萬累之表하여 而莫吾挫하니 此豪傑之士所以必志於是而不以自怍也라하니 如君所志者是已라

군은 처음에는 湯氏를 아내로 맞았고, 이어서 陳氏를 아내로 맞았고, 마지막으

2) 말을……하였다 : 北宋 때 학자 劉安世가 司馬光을 뵙고 "평생토록 마음을 다해 실천할 공부의 요체는 무엇입니까?"라고 묻자, 사마광이 "誠이다."라 대답했다. 유안세가 "이를 실행하려면 무엇을 먼저 해야 합니까?'라고 묻자, 사마광이 "말을 함부로 하지 않음으로부터 시작해야 한다.〔自不妄語始〕"라고 하였다.(≪心經附註≫ 誠意章)

3) 호걸의 선비 : 孟子가 "文王이 나와야 흥기하는 자는 일반 백성이니, 豪傑之士 같은 경우에는 문왕이 없어도 흥기한다.〔待文王而後興者 凡民也 若夫豪傑之士 雖無文王 猶興〕"라고 한 데서 온 말로 스스로 학문하여 일가를 이루는 출중한 선비를 뜻하는 말이다.(≪孟子≫ 〈盡心 上〉)

로 鄧氏를 아내로 맞았는데, 등씨는 고매한 행실이 있었다. 〈등씨를 시집보내면서〉 그 부형이 수천 金을 딸려 보냈는데, 남편인 군이 받기를 좋아하지 않아 마침내 처가로 돌려보냈다. 이 사실로 군의 固窮[4]의 절개가 가정에서 행해졌다는 것을 알 수 있다.

군은 아들이 없어 형의 아들 世圭를 後嗣로 삼았다. 군이 세상을 떠난 이듬해 모월 모일에 조부의 묘소 곁에 안장하였다. 군은 세상을 떠날 무렵 편지로 벗에게 이르기를 "上元 梅先生(梅曾亮)이 나의 墓表를 쓰고 龍侍講(龍啓瑞)이 그 글씨를 쓰며, 曾侍郎(曾國藩)이 나의 墓誌를 쓰고 何編修(何紹基)가 그 글씨를 쓰도록 하라."라 하였는데, 마침내 모두 그의 말대로 되었다.

**君始娶湯**하고 **繼娶陳**하고 **終娶鄧**하니 **鄧有高行**이라 **父兄媵以財數千金**한대 **夫不樂受**하여 **遂反之母氏**하니 **以是**로 **知君固窮之節行於家也**라 **無子**하여 **嗣兄子世圭**하다 **卒之明年某月日**에 **葬祖墓側**이라 **將卒**에 **書告友人曰 上元梅先生表吾墓**하고 **龍侍講書**하며 **曾侍郎誌吾墓**하고 **何編修書**라하더니 **遂皆如其言**이러라

4) 固窮 : 곤궁한 처지에서도 분수를 지키며 편안한 마음을 갖는 것으로, 孔子가 "군자는 곤궁해도 〈자신의 절조를〉 굳게 지키는데 소인은 곤궁해지면 못하는 짓이 없다.〔君子固窮 小人窮斯濫矣〕"라고 한 데서 온 말이다.(≪論語≫ 〈衛靈公〉)

# 35. 侯子有 선생의 墓誌銘　侯子有先生墓誌銘*

*매증량이 1818년 33세 때 쓴 글로 동향인 上元 사람으로 그의 어머니와 종형제인 侯雲錦의 묘지명이다. 후운금은 과거에 급제하지 못하고 失意에 빠진 채 일생을 마친 불우한 인물이다.

선생은 휘가 雲錦이며, 자가 子有이고 또 다른 자가 抑庵이니, 江寧 사람이다. 부친은 學詛이고, 모친은 顧氏이다. 선생은 嘉慶 3년(1798) 고시에 합격하여 擧人이 되었고, 羊氏와 陳氏를 거듭 아내로 맞았으나 모두 아들이 없었다.

先生은 諱雲錦이며 字子有요 亦字抑庵이니 江寧人이라 父學詛요 母顧氏라 試中嘉慶三年擧人하고 再娶羊氏陳氏하되 皆無子라

선생은 가정에서의 행실이 반듯하게 갖추어졌다. 젊어서는 문장으로 당시에 이름이 알려졌고, 벼슬에 있어서는 거의 얻을 뻔했으나 끝내 뜻을 이루지 못하고 말았다. 만년에는 과거에 의욕이 빠져서 애써 득실을 염두에 두지 않는 모습을 보이면서 유유자적하였으나 끝내 〈아쉬운 마음을〉 스스로 이기지 못하였다. 세상을 떠날 때 肝에 병이 들어 무릇 청사에 나오지 못한 것이 몇 해였다. 세상을 떠났을 때 나이 57세였다.

先生於內行修也라 少以文名於時하고 於仕宦에 佹得之矣나 卒不遂라 晩乃頹墮委靡하여 務爲無訾省狀以自適이나 然終不能自勝이라 其卒也에 疾以肝하여 凡不至聽事者數年이러라 卒時에 年五十七이라

선생은 죽을 무렵 스스로 자기 행적을 쓰기를 "부모님이 이미 노쇠했으니 내 효성이 부모님의 자애를 이기지 못하였고, 松이란 아우가 있는데 내 우애가 아우의 공경을 이기지 못하였네. 젊어서 글공부를 한 것은 바로 利祿을 얻기 위해서였는데, 만년에 불교와 老莊으로 달아났으나 분노와 미움을 버리지는 못하였네. 시는

오늘날의 노예[1]요 글씨는 옛날의 노예이니, 아아, 슬프도다! 이름이 생애와 더불어 실패하였도다."라 하였다.

將死에 自書其行曰 父母已衰하니 孝不勝慈요 有弟曰松이니 友不勝恭이라 少治章句는 乃爲祿利러니 晩逃佛老나 未捐忿忮라 詩今之奴요 字古之隸니 嗚呼哀哉라 名與生斂로다하다

백부 휘 學詩는 進士試를 통하여 江西 撫州府知府를 역임하였으니, 그 문학과 政事가 다 기록할 만하다. 외손 매증량을 두었으니, 선생에게 제자가 되기에 실로 그 묘소에 銘을 쓰노라.

其伯父諱學詩는 由進士하여 歷江西撫州府知府하니 文學政事皆可書라 有外孫梅曾亮하니 於先生爲弟子라 實銘其墓하노라

銘은 다음과 같다.
살아서는 즐거움이 없었으니
죽어서는 어떠하신가
아아, 선생이시여!
이곳이 〈잠드신〉 골짜기로다

銘曰 生靡樂하니 死奚若가 嗚呼先生이여 此其壑이로다

1) 시는……노예 : 마음대로 문자를 구사하여 시를 짓지 못하고 시의 格律 등에 속박되는 것을 시의 노예란 뜻으로 詩奴라 한다. 唐나라 때 韓愈가 賈島와 可明을 칭찬하였는데, 宋나라 蘇軾이 승려 道通에게 준 〈贈詩僧道通〉에 "한공에게 이르노니 가벼이 허여하지 마오. 이제부터 가도는 시노일 뿐이라오.〔爲報韓公莫輕許 從今島可是詩奴〕"라고 한 데서 온 말이다.

# 36. 王惠川의 墓誌銘　王惠川墓誌銘*

* 매증량이 1818년 33세 때 쓴 글로 문장에 탁월한 재능을 가졌음에도 41세의 나이로 죽어 재능을 다 발휘하지 못하고 만 王渭를 애도하는 심정이 드러나 있다. 이 글에서 매증량은 당시에 유행하는 考證學을 비판하고, 儒學에 근본을 둔 문장학을 중시하였다.

군은 이름이 渭이고, 자가 惠川이니, 蘇州府 吳縣 사람이다. 증조로부터 군에 이르러 비로소 선비로서 글공부를 하여 吳縣의 生員이 되었고, 嘉慶 22년(1817)에 南昌 客舍에서 卒하였으니, 나이 41세였다. 모년 모월 모일에 그 처자식들이 아무 곳에 군을 안장하였다. 友人 梅曾亮이 銘을 쓰노라.

**君名渭**요 **字惠川**이니 **蘇州府吳縣人**이라 **自曾祖至君**하여 **始業儒**하여 **爲吳縣生員**하고 **以嘉慶二十二年卒於南昌客舍**하니 **年四十一**이라 **以某年月日**로 **其妻子葬君於某所**라 **友人梅曾亮爲之銘**하노라

군은 博覽强記하고 특히 역사에 익숙하여 ≪五代史職方考≫ 한 책을 저술하였는데, 같은 마을 사람 顧廣圻[1]는 정심하고 해박하기로 당대에 으뜸이었지만 특히 惠川을 자주 칭찬하였다. 그러나 혜천은 오직 역사의 得失을 토론하여 무엇보다도 문장을 지어서 일가의 저서를 이루는 데 뜻을 둘 뿐이었다. 일찍이 말하기를 "古人과 자신 중 누가 더 친밀한가? 章을 나누고 句을 갖다 써서 고인의 功臣이 되기를 달갑게 여기는 것은 나는 그렇게 할 겨를이 없다."라 하였다. 그의 文은 博洽한 식견에다 의론이 명확하고 준엄하면서 儒術과 유관한 것을 主로 삼았으며, 그의 시는 처량하고 침통하면서 그윽하고 깊어 비록 작은 사물일지라도 반드시 가리키는

1) 顧廣圻 : 1766~1835. 자는 千里이고, 호가 澗蘋 · 無悶子 · 思適居士 · 一云散人이며, 元和(지금의 江蘇省 蘇州) 사람이다. 淸나라 때의 교감학자 · 장서가 · 목록학자로, 저서로 ≪思適齋文集≫ 18권이 있으며, ≪墨子(道臧本)≫,≪說文解字≫, ≪禮記≫, ≪儀禮≫, ≪國語≫, ≪戰國策≫, ≪文選≫ 등을 교감했다.

바가 있으나 구상이 지극히 精微하여 세상 사람들이 알지 못하였다.

君博覽强記하고 尤熟於史하여 著五代史職方考一書하니 同里顧廣圻以精博擅一世로되 尤亟(기)稱許惠川이라 然惠川惟志於討論得失하여 要最爲文章하여 成一家之書라 嘗曰 古人與身誰親고 分章竄句하여 甘心古人之功臣은 吾不暇也라하다 其爲文은 辨博廉悍하여 以有關於道術爲主요 其詩는 悽慘幽邃하여 雖小物이라도 必有所指나 而用思至精하여 世俗人莫能知也라

국가가 文敎를 일으킨 지가 거의 200년에 名儒·碩學이 간간이 출현하여 한 글자의 착오를 설명할 때 심지어 수십 종의 책들을 늘어놓고서 샅샅이 뒤지고 멀리 찾아서 위로는 아득하여 알 수 없는 上古 때까지 올라가고 아래로는 사람들의 기호에 맞춰 장난삼아 쓴 글들에까지 이른다. 그리하여 이름을 가탁하는 한편 간간이 내용을 생략하고 찢어발겨서 古人이 말하지 않은 것을 왕왕 주장하여 잡다하게 주워 모은 자료들 중에서 써내니, 거의 더할 나위 없다 할 만하다.

그렇지만 유독 文章學만은 倡導하는 이가 이미 그럴 만한 사람이 드물고 게다가 문장을 짓는 이들은 혹 서책을 묶어두고 보지 않아, 머리와 꼬리가 분열된 꼴이다. 閭閻의 훈장은 童蒙이 읽는 글만 알고서 형식을 본받고 성률을 이어받아서 근거없는 얘기만 한가롭게 늘어놓고, 樸學을 하는 이들은 논쟁에서 이기기를 다투어[2] 상대의 기운을 빼앗는다. 그러므로 그 道가 더욱 고립되어 기운을 떨치지 못한다.

그렇다면 惠川이 걸출하고 박식한 재주로 세상 사람들이 좋아하는 것을 버리고 斯道(文章學)에 종사하였지만 끝내 장수하여 자기 재능을 다 발휘하지 못하였으니, 이는 군의 불행일 뿐만 아니라, 또한 그럴 만한 사람을 얻어서 창도하지 못한 사도의 불행이다.

國家興文敎가 幾二百年에 名儒大師間出하여 說一字之誤에 陳書至數十種하여 窮搜而遠探하여 以上及杳冥不可知之年하고 下至歈骳慢戱하여 假託名字하고 間脫分裂하여 古人之所不稱을 往往立之하여 而書出於剌取收攟之中하니 蓋幾於盡矣로되 獨文章之學은 倡之者旣寡其人하고 而爲之者又或束書不觀하여 割裂首尾라 惟閭里師戶는 知童守之文하여 形橅(모)聲襲하여 游談無根하고 爲樸學者는 鬪其捷而奪之氣라 故其道益孤而不能振이라 然則惠川以魁奇鴻博之才로

2) 논쟁에서……다투어 : ≪莊子≫ 〈人間世〉에 "王公은 반드시 다른 사람의 약점을 틈타 논쟁에서 이기기를 다툴 것이다.〔王公必將乘人而鬪其捷〕"라 하였다.

棄俗尙以從事於斯道나 而卒不得以壽考成其材하니 此非獨君之不幸이요 亦斯道之不得其人以倡之者之不幸也라

군은 사람됨이 크고 넓은 흉금으로 스스로 즐겁게 살면서 늘 스스로 자랑하기를 "내 어찌 오래 빈천할 사람이겠는가."라 하였고, 또 말하기를 "내 비록 가난하지만 동자의 스승이 될 수는 없다."라 하였다. 사람들이 이 말을 믿었는데, 군은 더욱 곤궁해졌다. 오직 南昌太守 張敦仁이 평소 군을 존중하였다. 군이 세상을 떠났을 때 남창태수가 실로 運柩하여 향리로 돌아가게 하였다.

君爲人落落自喜하여 每自詫曰 吾豈長貧賤者리오하고 又曰 吾雖貧이나 不能爲童子師라하여늘 人信之러니 君益困이라 惟南昌太守張敦仁이 雅重君이라 其卒也에 太守實歸其喪이러라

세상을 떠나기 석 달 전에 군이 江寧에 들렀을 때 학질을 앓은 지가 반년이었다. 내가 가지 못하게 막았는데, 군이 말하기를 "돌아가기는 쉽다. 병들지 않으면 굶어 죽을 터이니, 어찌하리오!"라 하였다. 군을 배웅하여 갈림길에 이르러 작별했는데, 군은 피곤한 모습으로 행인들을 따라가다가 100걸음을 더 가서도 자주 돌아보았으니, 때는 嘉慶 21년(1816) 12월 13일이었다. 내가 군을 본 것은 이것으로 마지막이었다.

슬프다! 死生과 이별의 감회는 진실로 고금에 실컷 보는 바이다. 그렇지만 평생에 의기가 투합한 벗으로서 그 아름다운 문장이 또 후세에 족히 드러날 수 있거늘 전혀 하늘이 나이를 더해주지 않아 才力을 끝까지 발휘하지 못하고 만 군 같은 경우는 애석하기가 어떠하겠는가.

未卒之三月에 君過江寧時에 病瘧者半載矣라 余阻其行한대 君曰 歸易(이)耳라 卽不病이면 當餓死니 奈何오하여늘 送君至歧路而別이러니 君儽然逐行李去하여 百步外에 猶數數(삭삭)反顧하니 時二十一年十二月十三日也라 余之見君이 蓋自此止矣라 嗚呼라 死生離別之感은 固今古所饜見이나 而以生平意氣之合으로 其文采又足以表見(현)於後世어늘 而曾不得假之年하여 以極其才力之所至如君者는 其爲可悼惜이 爲何如也리오

銘은 다음과 같다.

儒者는 狂妄하고[3] 義理學은 미약하고 문장은 위태하니
아전이 장부를 베껴서 책임을 때우는 격이로다
賢人과 姦人을 막론하고 다 동격으로 다루니
忠義로운 사람의 안색을 침통하게 하는구나
귀신과 물여우는 숨어서 모습을 볼 수 없으니[4]
누가 쫓아가 문장을 맡을 이를 돌아오게 할거나
군의 뜻 이루지 못했건만 죽음을 누가 애석해할까
군이 성취한 바를 보려거든 이 비석을 보라

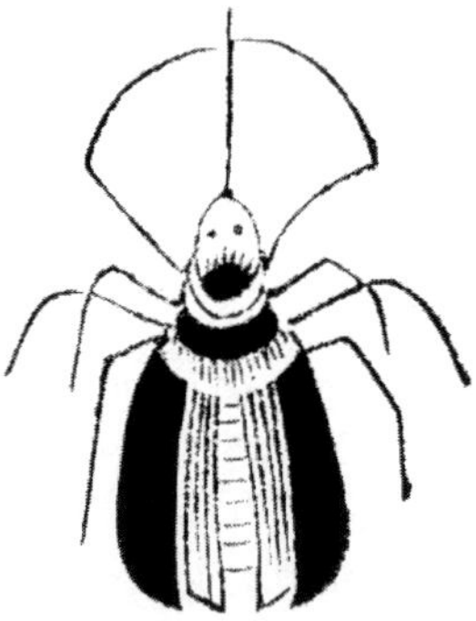

물여우〔蜮〕

銘曰 儒嵬義弱文杌隉하니 胥鈔計帳以塞責이라 無賢與姦用一格하니 使忠義人色有墨이라 鬼蜮逡巡貌不得하니 誰追使還文字職이리오 君志未就死誰惜가 觀所成者視此石하라

3) 儒者는 狂妄하고 : 고증학을 하는 학자들을 비판한 것이다. 원문의 '嵬'는 ≪荀子≫ 〈正論〉에 "오늘날 세속에서 설을 주장하는 자는 丹朱와 象을 괴이하다 하지 않고 堯와 舜을 그르다고 하니, 어찌 너무 지나친 것이 아니겠는가. 이를 일러 嵬說이라 한다.〔今世俗之爲說者 不怪朱象而非堯舜 豈不過甚矣哉 夫是之謂嵬說〕"라 하였는데, 嵬說은 楊倞의 注에 "狂妄한 설이다."라 하였다.
4) 귀신과……없으니 : 王渭를 죽인 귀신을 찾을 수 없다는 말이다. ≪詩經≫ 〈小雅 何人斯〉에 "귀신이 되고 물여우가 되면 볼 수가 없다.〔爲鬼爲蜮 則不可得〕"라 하였다.

# 37. 朝議大夫 臺灣府知府 蓋君(갑군)의 墓誌銘

## 朝議大夫臺灣府知府蓋君墓誌銘*

* 매증량이 1839년 54세 때 쓴 글로 蓋方泌(1768~1838)의 묘지명이다. 갑방필이 陝西 商州知府로 재임 중에 鄕兵을 훈련시켜 匪賊을 소탕하고 백성을 감화시킨 일을 자세히 기술하였다.

嘉慶 초에 賊이 川楚 지역에서 일어났을 때[1] 문과 출신 관리로서 적을 죽인 공로를 드러낸 이는 四川의 劉公 淸과 河南의 林君 嵐이고 陝西는 蓋君 方泌이다.

군은 자가 季源이고 또 다른 자가 碧軒이니, 山東 蒲臺 사람이다. 증조는 越이고 조부는 國杰이니, 모두 縣學生이다. 부친은 휘 熙인데 일찍 세상을 떠났고, 靳恭人을 아내로 맞이하여 아들이 없다. 그래서 아우의 아들로 後嗣를 삼았다. 本生父는 휘 東烈이니, 安徽司獄을 역임했고, 本生母는 王恭人이다. 조부로부터 본생부까지는 모두 군의 官爵과 같이 증직이 내려졌다.

군은 乾隆 56년(1791)에 己酉科 拔貢生으로 州에 가서 陝西通判이 되었고 署漢陰廳通判・石泉縣事가 되고 署商州州同이 되었으니, 이때가 가경 3년(1798)이다.

**嘉慶初**에 **賊起川楚**할새 **以文吏著殺賊功者**는 **四川劉公淸**과 **河南林君嵐**이요 **陝西則蓋君方泌也**라 **君字季源**이요 **亦字碧軒**이니 **山東蒲臺人**이라 **曾祖越**이요 **祖國杰**이니 **皆縣學生**이라 **父諱熙**니 **早卒**하고 **娶靳恭人**하여 **無子**라 **以弟子爲後**하다 **本生父**는 **諱東烈**이니 **任安徽司獄**이요 **本生母**는 **王恭人**이라 **自祖以下**로 **及本生**히 **皆贈如君之官**이라 **乾隆〔五〕**[2]**十六年**에 **以己酉科拔貢**으로 **就州判陝西**하고 **署漢陰廳通判石泉縣事**하고 **署商州州同**하니 **時嘉慶三年也**라

---

1) 嘉慶……때 : 川楚에서 川은 四川이고, 楚는 湖北・湖南의 통칭이다. 乾隆 말년에 白蓮教徒인 安徽 사람 劉之協 등이 河南의 王氏를 추대하여 明나라 왕실의 후예라고 속여서 민간을 선동하니, 湖北・四川 일대의 백성들이 호응하여 큰 민란이 일어났다. 嘉慶 7년(1802)에 이르러 역도의 수괴를 捕殺하여 난리를 평정하였다.

2) 〔五〕: 저본에는 '五'가 없으나, ≪柏梘山房全集≫에 의거하여 보충하였다.

商州를 다스릴 때 동쪽으로 100리 거리에 龍駒寨란 곳이 있었다. 용구채의 동쪽은 河南이요 남쪽으로는 武關·湖北으로 나갈 수 있어 도로가 사방으로 뚫려 있으니, 상인들이 물건을 실어와 모이는 요충을 장악하고, 게다가 우거진 숲과 산길이 많아 사람들이 몸을 숨기기 쉽다. 그래서 적들이 무관으로부터 陝西 용구채로 들어와 몇 차례 침략했으므로 군이 처음 부임했을 때 公私 간에 물자라고는 땅을 쓸어버린 듯 아무것도 없었다. 적의 수괴 張漢潮가 많은 무리를 거느리고 오거늘 군이 국수 속에 독약을 넣어 적을 유인하여 먹이니, 많이 죽었다. 적이 드디어 서쪽으로 도주하거늘 대군이 기세를 타고 공격하니, 장한조가 이로 말미암아 기세를 떨치지 못하게 되었으나 그래도 오히려 큰소리를 치기를, "반드시 너에게 보복하겠다."라 하였다.

治商州할새 東百里曰龍駒寨니 寨之東河南이요 南出武關湖北하여 路四通하니 綰商賈輸寫之會하고 又多林莽山徑하여 易(이)憑匿일새 賊自武關入陝寨數創이라 君始至에 民吏掃地赤立이요 而賊酋張漢潮擁衆至어늘 乃置藥麪中하여 誘賊食(사)하니 多死라 遂西走어늘 大軍乘之하니 漢潮由是不振이라 然且揚言曰 必報若이라하다

군이 뭇사람들을 모아놓고 모의하기를 "적이 비록 떠났으나 반드시 다시 동쪽으로 올 것이니, 그대들은 도망쳐도 죽고 수비만 하고 농사를 짓지 못하면 역시 앉아서 죽게 될 것이다. 나는 文官이라 병사가 없으니, 그대들이 나의 병사가 된다면 그대들의 목숨을 살리겠다."라 하였다. 뭇사람들이 사흘 동안 의논한 뒤에 답하기를 "생사를 오직 명대로 따르겠습니다."라 하였다. 이에 보루를 쌓고 식량을 모은 다음 현재 거주하는 民戶를 근거로 장정 3인 중에 1인을 뽑아서 3,000인을 모았다. 그리고 장정이 없는 민호는 재물을 내어 병기와 식량을 마련하는 데 도왔다. 장차 전투 훈련을 시킬 때 辰時에 모여 午時에 해산하게 하면서 말하기를 "농사를 방치하지 말라."라 하였다.

君集衆謀曰 賊雖去나 必復東이니 若等逃亦死요 守不得耕種이면 亦坐臥死라 我文官也라 無兵하니 若能爲吾兵이면 當相爲全活爾命이라한대 衆議三日而後에 復曰 生死惟命이라하야늘 乃築堡聚糧하고 據見(현)戶三丁抽一하여 得三千人하고 無丁者는 以財佐兵械糧糗라 且敎之戰에 辰集午散曰 無廢農事라하다

嘉慶 4년(1799)에 적이 山陽・鎭安에 주둔하여 장차 동쪽으로 河南으로 도주하려 하거늘 적을 맞아 공격하여 패배시켰고, 또 鐵峪鋪에서 적을 공격하면서 적을 쫓아 숲속으로 들어갔는데, 창이 부러졌고 적은 이미 다가왔거늘 적의 창을 빼앗아 적을 죽였다.

이때 적들은 산 위에 웅크리고 있으면서 병력의 절반을 도랑에 매복해두고 있었다. 군은 이에 병력을 나누어 매복한 적을 공격하고 동쪽 산 위를 탈취하고서 적이 해이해진 틈을 타 몇 차례 공격하여 상당히 많은 적을 살상하니, 적이 밤중에 도주하여 마침내 동쪽으로 오지 못하였다.

후에 적이 雒南으로부터 동쪽으로 달아나거늘 군이 달려가 分水嶺에 이르러 사잇길로 鐵洞溝로 달려가서 적의 앞에 나와서 매복하니, 적이 갑자기 경악하여 맞아 싸우다가 마침내 패배하였다. 그리하여 적 수백 인을 죽이니, 鄕兵의 명성이 이로 말미암아 크게 떨쳐졌다. 武關으로부터 竹林關까지 향병들이 모두 龍駒寨에 소속되기를 자청하였다.

**四年**에 **賊屯山陽鎭安**하여 **將東走河南**이어늘 **迎擊敗之**하고 **又擊賊於鐵峪鋪**하여 **逐賊入林中**한대 **矛折**하고 **賊已近**이어늘 **奪矛以斃賊**하다 **時**에 **賊踞山上**하고 **而伏其半於溝**어늘 **乃分兵覇伏**하고 **奪據其東山上**하여 **數乘懈擊之**하여 **殺傷過當**하니 **賊宵遁**하여 **卒不得東**하다 **後賊由雒南東逸**이어늘 **君馳至分水嶺**하여 **間道走鐵洞溝**하여 **出賊前而伏**하니 **賊錯愕迎戰**이라가 **遂敗**라 **殺數百人**하니 **鄕兵名**이 **由是大振**이라 **自武關**으로 **至竹林關**히 **鄕兵皆請隷龍駒寨**하다

嘉慶 5년(1800)에 知州가 적에게 곤욕을 당하고 있자 군이 190리를 달려가 北灣에 도착하니 적이 놀라 "龍駒寨의 鄕兵이 왔다."라 하고는 마침내 달아났다. 이때에 적이 商州 서쪽과 雒陽・山陽에 주둔하여 각각 1만여 명의 무리가 모여서 그 기세가 동쪽으로 나오려 하였다.

군은 武關・竹林關의 향병 2만 인을 모아서 세 개의 큰 진영을 치고서 기다리니, 적이 감히 전진하지 못하였다. 그러다가 楊忠武公[3]이 군사를 거느리고 상주에서 왔다는 소식을 듣고 곧바로 나아가 적을 공격하여 동쪽과 서쪽으로 협공하니,

3) 楊忠武公 : 楊遇春을 가리킨다. 〈總兵劉公淸家傳〉의 역주 '楊公 遇春' 참조.

적이 대패하여 거의 섬멸되었다.

이 전투에서 군은 창을 베개 삼아 베고 잔 것이 50일이었는데 遊擊이 모종의 일로 무함하여 해직되었다. 그런데 大吏가 그 모함을 바로잡아 유임할 수 있었다. 적들이 마침내 서로 경계하여 "상주는 지나가지 말라."고 하였다.

五年에 知州困於賊이어늘 君馳百九十里하여 至北灣하니 賊驚曰 龍駒寨鄕兵至矣라하고 遂遁去하다 是時에 賊屯商州西及雒陽山陽하여 各萬餘人集衆하여 勢欲東出이라 君合武關竹林兵二萬人하여 列三大營以待하니 賊不敢前이라 而聞楊忠武公以兵自商州至하고 卽前擊賊하여 東西夾攻하니 賊大敗幾殲이라 是役에 枕戈而寢者五十日이어늘 遊擊誣以事解職이어늘 大吏直其譖하여 得留任이라 賊遂相戒하여 無過商州라하다

嘉慶 8년(1803)에 적이 평정되자 비로소 盩厔知縣에 제수되었다. 군이 商州에서 재임한 6년 동안 적들은 陝西에 출몰하여 오래도록 약탈한 이득이 없자 河南에 몹시 눈독을 들여 이리와 쥐새끼처럼 몰래 날뛰면서 곧장 뛰쳐나올 태세였다. 그런데 군은 작은 일개 文吏로서 하나의 성, 하나의 군량도 의지하지 않고서 도망하고 남은, 굶어 파리한 사람들 중에서 천백 명의 농사꾼들을 일으켜 반드시 쟁취해야 할 요충에서 사납고 교활한 적의 공격을 막아서 적의 예봉을 꺾고 견고하게 수비하니, 적이 죽음을 무릅쓰고 돌격해도 쳐들어올 수 없어 평지에서는 곧 도주하여 산골짜기에 들어가 갇혀 있다가 마침내 곧 사로잡히고 소멸되었다.

八年에 賊平이라 始授盩厔知縣하다 公在商州六年에 賊出入陝西하여 久無所掠利라 銳欲窺河南甚하여 狼奔鼠偸하여 情狀捷出이어늘 而眇然以一文吏로 不憑一城藉一餉하고 起千百農家子於逃亡餓羸之餘하여 抗堅悍滑習之賊於必爭之衝하여 摧鋒守堅하니 賊死突不能入하여 平地便(변)奔走하여 牢困山谷이라가 卒就擒滅하다

대저 古人 중에 자신이 중임을 받아서 한 번 수비를 잘못하여 적을 풀어놓아 좁은 곳에서 나와 걷잡을 수 없이 상황이 악화되게 만든 경우에는 사람들이 반드시 이후의 禍敗의 죄를 들어서 처음에 그 화패의 단서를 연 사람에게 무거운 책임을 돌린다. 그런데 다행히 큰 역량이 있는 이가 이런 상황을 만나면 걷잡을 수 없이 악화되는 禍가 사라져 볼 수 없게 되고, 또 시간이 지나면 잊혀서 패전한 이에게

무거운 죄를 돌리지 않고 성공한 이에게 무거운 功을 더해주게 된다. 그렇고 보면, 혁혁한 명성은 없고 그 공은 국가에 유익한 것이야말로 진실로 군이 사양할 수 없는 바이다.

**夫古人有身受重寄**하여 **一失守**에 **縱賊出隘**에 **奔騰潰漫**하여 **不可收拾者**는 **人必擧後此禍敗之罪**하여 **歸重於首禍之人**이어늘 **幸有大力者當之**면 **奔騰潰漫之禍**가 **泯不復見**이요 **又習而忘之**하여 **未嘗以歸罪於敗者之重**하고 **增重於成者之功**이라 **然則惟無赫赫之名**이요 **而其功乃有益於人國**은 **此固君所不得而辭者也**라

군은 盩厔에서 재임할 때에도 때때로 산중에 들어가 적을 수색하였으니, 巡撫 方勤襄公[4]이 이 사실을 上奏하자 藍翎[5]을 상으로 받았다. 또 嘉慶 13년(1808)에 江寧과 陝西에서 변란을 일으킨 자 40여 인을 생포하였으니, 이 사실을 조정에 상주하자 寧陝廳撫民同知에 제수되었다. 睿皇帝(仁宗)가 召見하여 商州에서의 일을 매우 자세히 물어보고 四川 順慶府知府에 제수하였고, 다시 成都府知府로 옮겼다. 가경 18년(1813), 岐郿 지역에 있던 적이 사천으로 들어오거늘 군이 鄕勇을 사천과 섬서의 통로를 막고 주둔하니, 적이 龍駒寨의 鄕兵을 거느리던 사람임을 알고서 즉시 도망쳐 섬서로 돌아갔다가 곧 소멸되었다.

**在盩厔**에 **猶時時入山搜賊**하니 **巡撫方勤襄公奏賞藍翎**하고 **又生得十三年寧陝倡亂者四十餘人**하니 **奏授寧陝廳撫民同知**라 **睿皇帝召見**하여 **問商州事甚悉**하고 **授四川順慶府知府**하고 **改成都府**하다 **十八年岐郿有賊入川**이어늘 **以鄕勇屯川陝通路**하니 **賊知爲統龍駒寨鄕兵者也**하고 **卽遁歸陝**이라가 **就滅**하다

모친상을 당해 喪期를 마치자 福建 延平府知府에 제수되었고, 다시 臺灣府兩攝臺灣道事로 옮겼다. 道光 3년(1823)에 병으로 향리에 돌아와서, 18년(1838) 6월에 卒하니, 나이 71세였다.

---

4) 方勤襄公 : 方維甸(1759~1815)의 시호가 勤襄이다. 그는 자가 南藕이고, 호가 葆巖 또는 觀承子로, 安徽 桐城 사람이다. 乾隆 46년(1781)에 진사시에 급제하였고, 陝西巡撫를 거쳐 提升閩浙總督에 이르렀다.

5) 藍翎 : 淸나라 때 관원의 冠 뒤에 꽂은 장식으로, 鶡이라는 새의 깃으로 만들었다. 6품 이하의 有功者에게 하사하였다.

母憂服闋에 授福建延平府知府하고 改臺灣府兩攝臺灣道事하다 道光三年에 以病歸里하여 十八年六月卒하니 年七十一이라

군은 처음에는 陝西에서 재임하고 뒤에는 四川에서 재임하여 두 지방 다 兵事가 중요함을 알았다. 그러나 관리로서의 업무를 정밀히 보고 백성들의 목숨을 소중히 여겼다. 盩厔에 있을 때 적이 막 평정되자 곧바로 자기 녹봉을 덜어서 굶주린 백성을 賑恤하고 절개를 지키다 죽은 부인에게 旌閭로 표창하였으며, 河灘[6]·馬廠[7]·소금에 관한 법을 모두 구획하여 오래 지속할 수 있는 계책을 만들었다.

君始在陝하고 後在川하여 皆以知兵重이라 然精吏事하며 重民命하고 其在盩厔에 賊甫定이라 卽捐俸賑飢하고 旌死節婦하고 及河灘馬廠鹽法을 皆區畫久遠計러라

처음 順慶府에 부임했을 때 大吏가 그 고을 백성이 반란을 일으켰다는 말을 듣고 군사를 주었다. 군이 말하기를 "이는 모임을 가진 사람이 많다 보니 주객이 서로 놀라고 의심하여 와전된 말이 제멋대로 생겨난 것이지 반란이 아닙니다."라 하고 병력을 쓰지 말기를 청하고는 12인을 체포하자 변란이 그쳤다. 처음 閩 고장에 부임했을 때 30金의 현상금을 걸어 周永和를 붙잡았으니, 이는 곧 總督이 鎭將에게 명하여 병력으로 잡고자 했던 자이다.

始至順慶에 大吏聞渠縣民叛하여 屬以兵이어늘 君曰 此作會人衆에 客主相驚疑하여 訛言橫生이니 非叛也라하고 請毋用兵하고 捕十二人하니 而其變息이라 始至閩에 以三十金賞捕하여 得周永和하니 乃總督命鎭將欲以兵取者也라

臺灣에서 재직할 때 판결하는 네 獄事에 다 천백 명의 군중이 모여서 조금만 격발하면 변란이 일어날 상황이었다. 군은 오로지 이치로 이들을 설득하니, 백성들이 진심으로 복종하였다. 군은 법대로 죄를 판결하여 의로운 飢民은 顯彰하고 양민을 겁박한 자 70인을 체포하여 처벌하니, 하늘이 비로소 비를 내렸다. 이에 백성들이 이 비를 太守雨라 불렀다. 일처리에 적절히 조종하여 機會에 맞도록 하는

6) 河灘 : 황하 가의 물이 불어날 때는 물속에 잠기고 물이 얕아질 때는 땅이 노출되는 지역이다.
7) 馬廠 : 국가에서 말을 키우는 목장이다.

것이 또 이와 같았다.

在臺灣에 所讞四獄이 皆千百聚群이라 稍激則變이어늘 君一以理諭하니 民輸其誠이라 蔽罪如法하여 彰義飢하고 捕劫者七十人하여 置之法하니 天乃雨라 民呼爲太守雨라하다 其行事操舍適機會가 又如此러라

配는 萬恭人인데 군보다 먼저 卒하였다. 향리에 살 때 군이 날마다 적과 전투한다는 소식을 듣고 몹시 근심하였지만 시어머니 靳恭人을 모신 앞에서는 담소하면 마치 아무 일도 없는 듯한 모습을 보였다. 일찍이 아들에게 훈계하기를 "너는 操行은 넉넉하다. 그러나 관직에 있을 때 의당 일을 이루고자 해야 한다."라 하였다. 7남 8녀를 두었다. 장남 鈺은 陝西 佛坪廳同知이니 만공인 소생이다. 그다음은 鍇·錕·錡·鍉·鋋·鏻이다. 손자는 1인이고, 손녀는 2인이다. 道光 19년(1839) 10월 28일에 군을 蓋村 북쪽 둔덕 위에 안장하였다.

配는 萬恭人이니 先卒하다 里居時에 聞君日戰賊하고 憂甚이로되 侍靳恭人前에 言笑若無事者러라 嘗誡子曰 爾守有餘나 然居官에 當求濟於事라하다 有七子八女하니 長子鈺은 陝西佛坪廳同知이니 萬恭人出이라 次鍇錕錡鍉鋋鏻이요 孫男一女孫二라 以道光十九年十月二十八日로 葬君於蓋村北原上하다

내가 江南에 있을 때 일찍이 劉公 淸·林君 嵐 및 군의 遺事를 기술한 적이 있었는데, 군의 장남이 후에 나와 同年進士가 되어서 京師로 달려와서 군의 행장을 가지고 와서 나에게 보여주면서 말하기를 "그대는 나의 선친에 대해 유사를 기술한 것이 있으니, 묘지명까지 마저 지어주십시오."라 하였다. 이에 銘을 붙이노라.

曾亮在江南時에 嘗記劉公淸林君嵐及君遺事러니 君長子後爲同年進士하여 走京師하여 以狀示曰 子於先君에 嘗有述也라 請遂成之라하어늘 乃系以銘曰

적을 토벌할 일이 바야흐로 급박할 때
백성을 모아서 적을 공격하였어라
처음에는 그 힘에 의지하였고
마지막에는 그 공로에 의지하였어라[8)]

그대로 기르면 국가에 병폐가 되고
걸러내 없애려 하면 도적이 되나니
그대로 기르지도 걸러내지도 않은 것은
오직 龍駒寨 한 곳이로다[9]
낮에는 밭에 가 경작하고
아침에는 깃발을 드날려 훈련했으니
군의 德義에 깊이 감화된 터라
범과 이무기처럼 용감히 돌진하여
마침내 도망치는 적을 막아서
적을 주살하는 전공을 이루었어라
만 명의 병사보다 오히려 낫거늘[10]
나라의 대신들은 이를 알지 못했도다
아아! 이는 옛 府兵制[11]의 遺制이니
이후에 일하는 이는 모범으로 삼아야 하리

**討賊方亟**에 **募民以攻**이라 **始仗其力**하고 **終怙其功**이라 **養之病國**이요 **汰之爲賊**이니 **勿養勿汰**는 **惟龍駒寨**라 **晝趣而耕**하고 **朝揚其麾**라 **飽德飫義**에 **奮如虎螭**라 **遂遏逋寇**하여 **成誅於師**이라 **勝兵萬人**이어늘 **廷臣不知**라 **嗚呼**라 **此則府兵之遺**니 **而後事者可以爲規**니라

8) 처음에는……의지하였어라 : 처음에 백성들을 모아 鄕兵을 조직하여 적을 무찔렀고, 결국 그 공로의 도움을 국가가 받았다는 말이다. 본문에서 "혁혁한 명성은 없고 그 공은 국가에 유익한 것이야말로 진실로 군이 사양할 수 없는 바이다."라 하였다.

9) 그대로……곳이로다 : 변란을 진압한 뒤에 鄕兵을 국가의 兵制에 편입하면 국가의 재정을 손상시키게 되고 그렇다고 해서 향병을 아무 대가도 지불하지 않고 무작정 해산하면 이들이 반발하여 도적이 되는데, 향병이 되었던 백성들이 자청하여 龍駒寨에 그대로 남은 것을 말한다.

10) 만……낫거늘 : 龍駒寨의 향병이 3,000명이었지만 정규군 만 명보다 나았다는 말이다.

11) 府兵制 : 兵農一致 제도로 西魏 때 宇文泰가 처음 시행하였다. 백성 가운데 장정을 뽑아 軍籍에 올려 府兵을 만들고 조세를 면제해주는 한편 농사철에는 일을 하게 하고 농한기에는 군사 훈련을 시켰다. 이후 唐나라 때에 이르러 제도가 정비되었다.(≪資治通鑑≫ 권163 〈梁紀 19〉 梁 太宗 大寶 1년)

## 38. 項府君의 墓誌銘　項府君墓誌銘*

*매증량이 1841년 56세 때 쓴 글로 項炷의 묘지명이다. 항홍은 형제와 자매, 친족과 姻族은 물론 향리 사람들에게 두루 선행을 베푸는 한편 글공부에도 힘썼지만 결국 과거에 급제하지 못하고 49세의 나이로 일생을 마쳤다. 매증량은 옛날의 獨行君子에 비교하여 항홍을 높이 평가하였다.

군은 휘가 炷이고, 자가 作豐이니, 溫州 瑞安縣의 歲貢生[1]이다. 조부는 啓龍이다. 부친은 휘 昌基인데 1남 5녀를 낳았다.

군은 성품이 효성스럽고 우애로우며 善을 좋아하여 형제에 대한 사랑을 여형제에게로도 옮겨 출가하여 가난한 사람에게는 재산을 나누어 전답을 마련해주면서 생모가 같고 다름에 따라 厚薄을 두지 않았다. 먼 조상의 墓田이 못 쓰게 되면 자기의 전답으로 충당하여 族親의 원근을 가지고 公私의 私感을 갖지 않았다. 그 사랑을 미루어 부모의 姻族에까지 미쳐 관계의 親疏와 상황의 緩急을 헤아려서 때로 구제해주는 것을 정기적인 일로 삼았다. 그리고 그 사랑을 미루어 이웃과 고을에까지 미쳐서 무릇 교량이나 도로가 사람에게 불편한 것이 있으면 보수하지 않은 적이 없었으며, 그해에 기근이 들거나 疫疾이 돌아 사람을 救活할 일이 있으면 하지 않은 적이 없었고, 곡식・금전・의복・약물 등 사람들에게 지급할 수 있는 물품은 비축하고 구비해두지 않은 것이 없었다.

우연히 외출했다가 추위에 떠는 사람을 만나 옷을 입혀주고는 싶고 미쳐 집에 가서 가져올 수 없으면, 품팔이꾼의 옷을 벗겨서 입혀주고 돌아와서 새 옷으로 갚아주니, 품팔이꾼들이 다 즐거운 마음으로 따랐다. 밖을 다니다가 빈 그릇이 문 앞에 있는 것을 보고서 금전과 재물을 가득 채워 넣어두면 그 집 사람이 와서 가져갔는데 그 사람은 그 베풀어준 은덕을 잊고 군도 은덕으로 여기지 않았다.

---

1) 歲貢生 : 淸나라 때 府・州・縣 등 지방 학교의 生員 중에서 학문과 행실이 뛰어난 사람을 뽑아 京師로 올려 보내 太學에 입학시키는 제도가 있었는데, 여기에 선발된 사람을 貢生이라 한다. 공생에는 副貢・拔貢・優貢・歲貢・恩貢 등의 구별이 있었다.(≪淸會典≫ 〈禮部〉)

君諱灴이요 字作豐이니 溫州瑞安縣歲貢生이라 祖啓龍이요 考諱昌基이니 生一子五女하다 君性孝友樂善하여 移兄弟之愛於女兄弟하여 嫁而貧者는 析産置田하여 不以母同異爲厚薄하고 遠祖墓田廢어든 充以己田하여 不以族遠近爲公私하고 推其愛及父母之姻族하여 權疏戚緩急하여 時賙給以爲常하며 推其愛及隣里州黨하여 凡橋梁道路가 有不便於人者어든 無不修하고 年歲飢疫에 有活人之事어든 無不爲하고 粟米錢帛衣袴藥物可以給人之物을 無不蓄且(其)〔具〕[2)]러라 偶出하여 欲有所衣寒者요 不及歸取어든 解傭衣而歸하고 償以新衣하니 傭皆樂從之러라 遊見空器在門하고 實錢物令滿이어든 其人來自持去하여 人忘其施하고 君亦不以爲德也러라

집안을 다스리는 일과 외부에서 교제하는 일을 할 때에는 하루가 다 가도록 일하고야 쉬었다. 또 시와 書法을 좋아하였고 科文을 익히느라 동이 트기 전에 미리 일어나 공부하고, 빈객이 와서 비로소 세수하고 머리를 감으면, 그날 공부할 과정을 마쳤다. 學使[3)]는 늘 동학들 중에서 으뜸으로 꼽았으나 막상 향시를 볼 때에 이르러서는 몇 차례 낙방하고 말았다. 主司[4)]에게 주선해준 사람이 있었는데 준엄하게 거절하고는 諸生으로 일생을 마쳤다. 嘉慶 6년(1801) 5월 14일에 卒하니, 나이 49세였다.

治家及外所交際事에 盡日乃休하고 而又好詩及書法하고 習科擧學하여 乃先明而興하고 客至始盥沐하면 則程課畢矣러라 學使者每拔冠其曹로되 比鄕試하여는 數不售라 有人爲主司先游者어늘 峻拒之하여 以諸生終하다 嘉慶六年五月十四日卒하니 年四十九라

군은 처음에는 戈氏에게 장가들었고 이어 李氏·林氏에게 장가들었다. 장남은 俊이고, 다음은 霽·傅梅·傅霖이다. 딸은 4인 중 셋은 林氏에게 시집가고 孫氏에게 시집가고 張氏에게 시집갔으며, 그다음 3인은 시집가기 전에 죽었다. 부림은 京師의 禮部에서 주관하는 科試[5)]를 보았고 나와 친한 사이이다. 장차 모년 모월 모일에 아무 고을 아무 둔덕에 군을 안장할 터라 그가 군의 행적을 알려주고 또

---

2) (其)〔具〕: 저본에는 '其'로 되어 있으나, ≪柏梘山房全集≫에 의거하여 '具'로 바로잡았다.
3) 學使 : 學政과 같은 말이다. 提督學政이라고 하는데 淸나라 때 지방 교육을 관장하게 하기 위하여 각 省에 파견한 관직이다. 각 성의 과거와 학교에 관한 일을 담당하였다.
4) 主司 : 과거의 主試官이다.
5) 京師의……科試 : 會試, 즉 進士試를 禮部에서 주관하였다.

묘지명을 부탁하였다.

**君始娶戈**하고 **繼娶於李於林**하다 **長子俊**이요 **次霽次傅梅次傅霖**이라 **女四人**은 **適林適孫適張**하고 **其次三者**는 **未嫁卒**하다 **傅霖試禮部京師**하고 **與曾亮善**이라 **將以某年月日改葬君於某鄉某原**일새 **以君之行告**하고 **且乞銘**이러라

아아! 군의 행적은 옛날의 이른바 獨行[6)]하여 道가 있고 이름이 응당 선발될 만한 것이니, 옛날에 선비를 논한다면 이대로 하여 公卿에 이른 이가 있었을 것이다. 그러나 가사 옛날의 선비를 선발하는 법과 선비가 스스로 修身하는 道를 분리하여 둘로 만든다면, 그래도 그 操行이 과연 다 여기(修身)에서 나와 〈선발하는 법에〉 기대하는 바 없이 그렇게 되었는가. 아니면 〈선발하는 법과 수신하는 도, 둘의〉 형세가 서로 부딪침에 中等의 재능 이하는 스스로 저상되지 않을 자가 있겠는가.

대저 고인이 자신을 善하게 하고서 녹봉이 자신에 미칠지라도 오히려 녹봉을 받는다는 이유로 그 선을 의심해서는 안 되는데, 하물며 녹봉이 여기에서 나오지 않는데도 오늘날 세상에서 독행을 하는 군과 같은 이는 그 근면함이 고인과 비교해도 누가 더 많은가. 나는 이 때문에 인재를 선발하는 제도가 일어나자 행실에 거짓이 많아졌다고 하는 것은 미혹된 생각인 줄 알겠다.

**嗟夫**라 **君之行**은 **古所謂獨行有道名應選擧者也**니 **論士於古**에 **有循是而至公卿者矣**라 **然使古取士之法與士自修其身之道**로 **離而二之**면 **其操行**이 **果盡出於是而無待而然者歟**아 **抑勢之相激**에 **中材有不能自阻者歟**아 **夫古人善其身而祿及之**라도 **猶不可因祿以疑其善**이온 **況乎祿不出於是而獨爲於今之世如君者**는 **勤孰與古人多**오 **吾以是知謂選擧興而行多僞者惑也**하노라

銘은 다음과 같다.
운명은 복을 주는 데 인색하고
성품은 선을 하는 데 넉넉하였어라
명예는 자기에게서 막혔고
공덕은 남에게 뚫렸어라[7)]

---

6) 獨行 : ≪禮記≫ 〈儒行〉의 '特立獨行'에서 온 말로, 뜻과 행실이 고상하여 時流와 어울리지 않음을 뜻한다. 이 구절을 韓愈가 伯夷의 절개를 칭송한 〈伯夷頌〉에서도 썼다.

무덤 속에 담담히 누웠으니
진실로 종족을 평안하게 하도다[8)]

**銘曰 命於福爲嗇**이요 **性於善爲豐**이라 **名於己爲阨**이요 **功於人爲通**이라 **憺乎其幽宮**하니 **固安其宗**이로다

7) 명예는……뚫렸어라 : 과거에 급제하지 못하고 남에게 공덕을 많이 베푼 것을 말한다.
8) 무덤……하도다 : 조상의 기운과 음덕이 후손을 평안하게 한다는 뜻으로 말한 것이다.

## 39. 贈按察司 照磨 吳府君의 墓表　贈按察司照磨吳府君墓表*

* 매증량이 1845년 60세 때 쓴 글이다. 照磨는 元나라 이후에 설치된 벼슬로 문서·錢穀에 관한 일을 맡아보았다. 吳達德은 일찍 과거를 포기하고 성리학을 공부하였으며, 당시의 일반 儒者들과는 달리 재물을 베풀어 사람들을 많이 구제하였다. 매증량은 소위 通財의 의리는 본래 도덕을 갖춘 유자에게 있는 것인데 오달덕이 참된 유자의 면모를 갖추었다고 칭찬하였다.

군은 휘가 達德이고, 자가 懷新이다. 明나라 초에 江西로부터 지금의 湖南으로 이주한 이가 군의 14世祖니, 처음으로 巴陵을 본적으로 삼았다. 후대에 집안을 일으켜서 부유한 사람이 되는 이로 말하자면 傳經이니, 군과 두 아우를 낳았다. 군이 일찍이 응시할 때 어떤 사람이 신발을 밟아 앞으로 나아갈 수 없는데 관리가 나아가고 물러나게 하자 군은 곧바로 시험장에서 나와서 다시는 응시하지 않고 오로지 宋나라 五子[1]의 저서에 마음을 쏟았다. 그리하여 오자의 말을 편액으로 걸고서 출입할 때 앉은 자리에서 보도록 하였다.

**君諱達德**이요 **字懷新**이니 **明初自江西**로 **遷今湖南者**가 **爲君十四世祖**니 **始著籍巴陵**이라 **至起家爲富人者**하여는 **曰傳經**이니 **生君及其二季**하다 **嘗應試**할새 **人踐履不得前**이어늘 **吏前卻之**라 **徑出**하여 **不再應試**하고 **專意於宋五子書**하여 **扁表其言**하여 **使出入見之座**러라

계모를 섬기고, 이복 아우, 과부로 사는 제수 및 집안의 자제, 친족 노소를 대할 때 恩義가 공평한지 반드시 헤아렸다. 남이 〈錢穀을〉 꾸어달라고 하면 반드시 응낙하였지만, 訟事에 쓰려고 꾸어달라고 하면 반드시 사양하고 정황을 알아듣게 말해주어 양쪽이 소송을 그만두게 하고야 말았다.

嘉慶 18년(1813) 기근이 든 해에 곡식 만 섬을 내어 賑恤하여 縣의 사람들을 크게 놀라게 하였다. 군은 말하기를 "내가 스스로 생각해보건대 心計가 쇠퇴하였으

---

1) 宋나라 五子 : 北宋의 周敦頤·程顥·程頤·張載와 南宋의 朱熹를 말한다.

니 일을 줄이고자 한다."라 하고는 여가가 있으면 손수 書史를 베껴 쓰는 한편 스스로 채소와 과일나무를 심고서 일꾼과 소작인들에게 경작법을 가르쳐주었다. 자신은 때때로 아우들과 즐겁게 술을 마셨는데 취하면 더욱 화평하고 공손하였다. 道光 5년(1825) 정월 20일에 卒하니, 나이 71세였다.

**事繼母**하고 **待異母弟弟婦嫠居者及家子弟親族少長**에 **必隱度**(탁)**於恩義之平**하고 **人求貸必應**하되 **貸以訟必辭**하고 **開諭情事**하여 **使兩息而後已**러라 **嘉慶十八年歲飢**에 **出穀萬石賑之**하여 **大驚其縣人**이러라 **君曰 吾自惟心計衰**하니 **冀少事耳**라하고 **暇則手寫書史**하고 **自種菜果**하여 **課傭佃指授田法**하고 **時與諸昆弟歡飮**하되 **醉則益和而恭**이러라 **道光五年正月二十日卒**하니 **年七十一**이라

모친은 胥氏이고, 계모는 孫氏·李氏이다. 配는 羅氏·徐氏이다. 아들은 友樹·敏樹·庭樹이다. 딸은 1인이다. 손자는 8인이고, 증손은 12인이다. 그해 11월 5일에 橫板橋에 군을 안장하니, 집에서 정남쪽으로 10리 거리에 있다. 민수는 擧人으로서 관직은 教諭를 맡고 있다. 내가 京師에서 그의 글을 보고서 "歸熙甫(歸有光)를 능히 배운 것이다."라 하였다. 그가 군의 家狀을 써 가지고 나에게 墓表를 부탁하였다.

**母胥氏**요 **繼母孫氏李氏**라 **配羅氏徐氏**라 **子友樹敏樹庭樹**라 **女一**이요 **孫八人**이요 **曾孫十二人**이라 **以其年十一月五日**로 **葬君於橫板橋**하니 **直其家南十里**라 **敏樹以擧人官教諭**라 **曾亮見其文京師**하여 **以爲能學歸熙甫者也**러라 **狀君行**하여 **請爲之表**라

나는 일찍이 생각하기를 三代 이후로 道德이 쇠퇴하자 游俠이 번성하였다. 그러나 通財의 의리[2)]는 진실로 도덕 중에 본래 있는 것이다. 고대에는 빈부의 차이가 크지 않아 이것으로 높은 명예로 삼지 않았기 때문에 마침내 이것을 유협이 맨 먼저 시작했다고 하니, 儒者들은 그런 평판을 피하여 더 이상 이 의리를 헤아려 실행하지 않았던 것이다. 세상 사람들이 이로 인하여 유자의 행실은 광대하지 못한 게

2) 通財의 의리 : 붕우 사이에 재물을 함께 쓰는 의리이다. ≪朱子語類≫ 권29 〈論語 公冶長 下〉에 "'수레와 말과 가벼운 갖옷을 붕우와 함께 쓴다.'라는 말은 붕우 사이에는 재물을 함께 쓰는 의리가 있기 때문에 이렇게 말한 것이다.〔願車馬衣輕裘 與朋友共 以朋友有通財之義 故如此說〕"라 하였다.

병통이라 하니, 이 어찌 이른바 도를 크게 할 수 있는[3] 것이겠는가.

군은 도를 배우는 사람이다. 만금을 나누어주어도 그 마음에 괘념치 않았으니, 이는 유자들과 다르고 재물의 이익에 관심을 두지 않는 것이다.

嘗以謂三代後에 道德衰而游俠盛이나 然通財之義는 固道德中所自有者也라 以古之無甚貧富而不以是爲名高也일새 遂謂自游俠者倡之하니 儒者避其名而不復(부)權其義라 世因以儒之行이 病不廣大하니 豈所謂能宏道者乎아 君學道人也라 散萬金不以概其心하니 是異夫儒而不利於物者로다

---

3) 도를……있는 : 唐나라 王勃의 〈乾元殿頌序〉에 "도를 크게 하는 것은 사람에 달려 있고 흥망의 운수는 번갈아 바뀐다.〔弘道在人 興亡迭運〕"라 하였다. 이는 ≪論語≫ 〈衛靈公〉의 "사람이 도를 크게 하는 것이고, 도가 사람을 크게 하는 것은 아니다.〔人能弘道 非道弘人〕"라는 대목에서 온 말이다. 원문의 '宏'은 '弘'과 통용하며, 淸나라 乾隆帝의 이름 '弘曆'을 피휘한 것이다.

## 40. 館陶縣知縣 張君의 墓表　館陶縣知縣張君墓表*

* 매증량이 1846년 61세 때 쓴 글이다. 張琦는 문학에 뛰어난 文士이면서도 山東의 여러 縣을 맡아 다스리면서 관리로서도 탁월한 능력을 보였다. 매증량은 "政事는 알지 못하고 제대로 된 저술을 할 수 있는 경우는 대개 드물다."고 하여 浮華한 문장을 짓는 데에만 힘쓰는 당시의 文人들을 비판하였다.

군은 성이 張氏이고, 휘가 琦이고, 자가 翰風이니, 陽湖人이다. 조부 政誠과 부친 蟾賓은 다 군의 형 惠言이 編修에 임명됨으로써 翰林院庶吉士에 추증되고, 조모 白氏와 모친 姜氏는 다 孺人에 추증되었다.

**君姓張氏**요 **諱琦**요 **字翰風**이니 **陽湖人**이라 **祖政誠**과 **考蟾賓**은 **皆以君兄惠言官編修**로 **贈翰林院庶吉士**하고 **祖妣白氏**와 **妣姜氏**는 **皆贈孺人**하다

군은 擧人으로서 謄錄議敘가 되었고, 道光 3년(1823)에 山東 지방의 知縣이 되어 館陶縣에 보임되었다. 처음 부임했을 때 權知鄒平[1]이 되었다. 한 해가 다 갈 무렵 군은 촌락 470곳을 둘러보았는데, 보리가 심어진 땅이 없었다. 즉시 공문으로 재해를 보고하니, 공문의 내용이 강경하였기에 大吏가 파격적으로 받아들여 입조하여 上奏하였다. 이로 인하여 추평 지방에서 조세 징수가 늦춰진 곳이 16개 州縣이었다.

**君以擧人**으로 **謄錄議敘**하고 **道光三年**에 **官知縣山東**하여 **補館陶縣**하다 **始至**에 **權鄒平**이러니 **歲且盡**에 **君閱村四百七十**하니 **麥無入土者**라 **卽申牒報災**에 **其詞堅**일새 **大吏破成格入奏**라 **因鄒平得緩徵者十六州縣**이러라

한 백성이 물건을 잃고서 잘못하여 長山[2]에 가서 소송하여 그 옥사가 군에게로

1) 權知鄒平 : 權知는 임시로 맡는 것이다. 鄒平은 山東省의 屬縣이다.
2) 長山 : 山東省의 屬縣이다.

넘어왔다. 군이 말하기를 “네가 물건을 잃은 땅이 大樹 북쪽인가? 아니면 대수 남쪽인가?”라 하니, 그 백성이 말하기를 “대수 북쪽입니다.”라 하였다. 군이 말하기를 “그렇다면 나의 관할 지역이다.”라 하니, 그 백성이 깜짝 놀라 말하기를 “참으로 鄒平입니까? 그렇다면 몇 필의 베 때문에 父母官[3])을 귀찮게 하고 싶지 않습니다.”라 하고는 訴章을 가지고 떠나갔다.

후에 權知章邱[4])로 있을 때 추평의 백성들이 때로 가서 소송하면 군은 말하기를 “이는 법에 응당 받아서는 안 되는 것이다.”라 하고는 위로하여 돌려 보냈다. 章邱는 백성들이 소송을 좋아하고 게다가 大府의 書吏가 많아 현령의 권력을 흔들었다. 군이 2,000여 건의 일을 결정하여 바르게 처리하니, 사적으로 청탁하는 편지가 자취를 감추었다.

民失物하여 誤訟於長山하여 歸獄於君이어늘 君曰 汝失物地가 大樹北가 抑樹南也아하니 曰 大樹北이라하여늘 君曰 若是면 則我界也라하니 民愕然曰 誠鄒平耶아 卽不欲以數匹布煩父母官이라하고 持牒去하다 後權知章邱할새 鄒平民時赴訴어늘 君曰 此於法不當受者也라하고 慰遣之하다 章邱俗好訟하고 又多大府書吏撓令權이어늘 君結正二千餘事하니 私書絶蹤이라

그러나 군이 임시로 맡은 두 縣은 혹은 몇 달, 혹은 한 해 남짓 만에 곧 교체되었다. 오직 館陶縣에 8년 재임하는 동안 사람들이 친척처럼 〈친근하게 여기면서〉 떠받들었으나 군은 진실로 정사를 姑息的으로 처리하지 않았다. 처음 부임하여 縣의 일을 받았을 때 오래 가뭄이 들었다가 군이 기우제를 지내자 곧바로 비가 내렸다. 官倉의 곡식을 내어서 가격을 공평하게 낮춰서 양식을 분배해주니, 士民들이 다 흡족해 기뻐하였다. 이에 겁박하고 도적질을 한 간사한 백성을 엄히 체포하였다.

士族 중에서 소송하는 자가 있거늘 그 訟詞를 읽어보니 정당하지 않았다. 군이 즉시 말하기를 “너에게 글공부를 시켰더니 글은 오지 않고 송사가 왔단 말인가?”라 하고 글을 짓게 했더니, 문장의 법도에 맞지 않았다. 그런 뒤에 송사를 판결하니, 사족의 송사가 마침내 드물어졌다. 그 仁術로 백성들을 두루 구제하는 것이 대개 이와 같았다.

3) 父母官 : 옛날에 州縣의 백성들이 자기 고을의 수령을 일컫는 말이다. 약칭으로 부모라 하기도 한다. 즉 고을 수령은 그 고을 백성에게 부모와 같은 존재라는 말이다.
4) 權知章邱 : 長邱는 山東省의 屬縣이다. 임시로 長邱知縣을 맡은 것이다.

그런데 군은 특히 관도현의 땅이 척박하여 곡식을 기르기에 맞지 않고 게다가 衛水가 범람하여 자주 전답을 망친다고 하여 고대의 수로와 제방 및 전지를 구획하는 법을 정밀히 강구하여 시행해보다가 완수하지 못하고 병들어 道光 13년(1833) 3월 12일에 卒하니, 나이 70세였다.

然君所權兩縣은 或數月或歲餘에 卽受代라 惟館陶八年에 人戴之如親戚이나 而君政固不爲姑息이라 始受事에 久旱이라가 君禱雨旣應이라 糶倉穀하여 平價振口糧하니 士民皆洽歡이라 乃嚴捕刦盜姦民하다 士有訟者어늘 閱其詞에 不直이라 卽曰 課汝文不至하고 訟乃至耶아하고 試責以文하니 不中程이라 後乃決事하니 士訟遂稀라 其仁術兼濟類如是라 然君尤以館陶地斥鹵하여 不宜穀하고 又衛水數(삭)敗田이라하여 精求古溝防及區田法하여 試行之라가 未遂而病하여 道光十三年三月十二日卒하니 年七十이라

아들 玨孫은 이른 나이에 죽었고, 曜孫은 擧人으로서 武昌縣令이 되었다. 딸은 넷이다. 장녀는 吳廷珍에 시집갔으니, 오정진은 刑部員外郎이다. 그다음은 章政에게 시집갔고, 다음은 孫劼에게 시집갔고, 다음은 王曠에게 시집갔는데, 모두 士族이다. 그해 11월 6일에 縣의 龍山에 군을 안장하였는데 湯孺人이 먼저 卒하였기에 合葬하였다. 墓誌銘을 지어주고 나자 요손이 묘표를 지어달라고 청하였다.

子玨(각)孫殤하고 曜孫以擧人令武昌이요 女子四니 長適吳廷珍하니 刑部員外郎이요 次適章政하고 次適孫劼하고 次適王曠하니 皆士族이라 以是年十一月六日로 葬君於縣之龍山한대 湯孺人先卒而祔墓하다 旣誌에 曜孫乃乞爲之表하다

군은 젊을 때 문학으로 이름나서 編修인 형 皐文과 伯仲하였고, 詩詞·醫學·書法에 모두 심오한 경지를 터득하여 10여 종의 저술을 남겼다. 사람들은 군을 文人 중에 걸출한 인물로만 여겼지, 이와 같이 훌륭한 循吏가 될 수 있을 줄은 생각지도 못하였다. 아아! 이러해야 진정한 문인이 될 수 있는 것이니, 대저 政事는 알지 못하고 제대로 된 저술을 할 수 있는 경우는 대개 또한 드물다. 진실로 군이 한 일을 가지고서 문인들보다 더 나은 점이 있다고 한다면, 이는 군을 알았다고는 할 수 있을지언정 문인을 안 것이라고는 할 수 없다. 게다가 세상에서 말하는 문인이란 자들은 또 어떠한가!

君少以文學名하여 與兄皐文編修로 伯仲也요 (以)[5]詩詞醫學書法에 皆能得其深하여 著錄十餘種이라 人以君爲文人傑魁者矣요 而未意其能爲循吏如是라 嗟夫라 是乃所以爲文人也니 夫政不達而言立者는 蓋亦寡矣라 苟以君所爲者有過乎文人이면 此可謂能知君矣언정 未可爲知文人也라 且世之所謂文人者는 又何也오

5) (以) : 저본에는 '以'가 있으나, ≪柏梘山房全集≫에 의거하여 衍文으로 처리하였다.

# 41. 아들 八十의 墓碣　男八十墓碣*

*매증량이 1823년 38세 때 쓴 글이다. 매증량이 11살의 나이로 요절한 셋째 아들을 위해 쓴 묘갈이다. 이렇게 어린 나이에 죽은 사람을 정식 장례 절차에 따라 안장하고 묘갈을 세우는 것은 퍽 이례적인 일인 만큼 이 짧은 글 속에 아들을 잃은 깊은 슬픔이 잘 드러나 있다.

아들 八十[1)]은 다른 이름이 煥枝이니, 매증량 백언의 일찍 죽은 셋째 아들이다. 嘉慶 임신년(1812) 10월 13일에 태어났고, 道光 2년(1822) 12월 10일에 요절하였다. 태어난 지 3년 만에 그의 어머니가 병들어 장차 죽을 즈음에 손가락으로 팔십을 가리켜 나에게 보여준 뒤에 죽었는데, 이제 너도 죽었구나. 죽기 하루 전날 밤에 집안 사람들을 두루 부르다가 밤이 깊어 五更이 되자 비로소 소리가 끊어지고 조반·석반 시각을 넘긴 뒤에 숨이 끊어졌다. 그의 숙부 仲卿이 몹시 애통하여 成人의 禮로 西城 안 烏龍潭 동서쪽에 안장하였다.

**男八十**은 **又名煥枝**니 **梅曾亮伯言第三殤子也**라 **以嘉慶壬申年十月十三日生**하고 **殤於道光二年十二月之十日**이라 **生三歲而其母病且卒**에 **指八十以示吾而後死**러니 **今(兒)〔汝〕**[2)] **又死**로다 **前一夕**에 **徧呼家中人**이라가 **漏下五鼓**에 **始絶聲**하고 **朝晡後氣絶**하니 **其叔父仲卿痛之甚**하여 **以成人禮**로 **葬於西城內烏龍潭之東西面**하다

이보다 한 달 전에 팔십은 奴僕 韓貴를 따라가서 그의 어머니와 숙모의 묘소에 배알하고 이 오룡담을 따라 돌아왔는데, 이제 이 아이가 묻힌 곳이 마침 그곳이다.

슬프다! 이 아이는 평범한 아이들과 같이 멍청하였고 게다가 나이가 中殤[3)]에도

---

1) 八十 : 八寸 이내의 형제를 생년월일의 순서대로 서열을 매겨 80번째가 되기 때문에 이렇게 호칭한 것이다.
2) (兒)〔汝〕: 저본에는 '兒'로 되어 있으나, ≪柏梘山房全集≫에 의거하여 '汝'로 바로잡았다.
3) 中殤 : 19세에서 16세 사이에 죽는 것을 長殤이라 하고, 15세에서 12세 사이에 죽는 것을 中殤이라 하고, 11세에서 8세 사이에 죽는 것을 下殤이라고 한다. 7세 이하에 죽으면 無服殤이라고 한다.(≪儀禮≫ 〈喪服〉 傳)

미치지 못하였다. 우리 집안 사람이 이 아이를 대우한 장례는 대개 정이 禮보다 지나쳤다.[4] 그러나 나는 홀로 천하에 슬퍼할 만한 것으로 우리 아이만 한 경우가 없다고 여긴다.

**先是一月**에 **八十隨奴子韓貴**하여 **謁其母及叔母墓**하고 **循是潭而歸也**러니 **今所葬適値其地**라 **嗚呼**라 **兒憨癡如凡童**이요 **又年不及中殤**하니 **吾家人待之**에 **蓋情過於禮矣**라 **然獨以爲天下之可悲者莫吾兒若也**로다

4) 정이……지나쳤다 : 정은 슬퍼하는 마음이고 예는 장례의 禮儀이다. 정과 예가 적절히 서로 맞아야 하는데, 슬퍼하는 마음이 지나쳐 성인의 禮로 장사 지냈다는 말이다.

# 42. 鄒孺人의 墓表　鄒孺人墓表*

*매증량이 1846년 61세 때 쓴 글이다. 추유인은 江蘇省 上元縣 사람으로 매증량과 同鄉이요 姚鼐에게 함께 수학한 동문 친구인 管同의 어머니이다. 이 글은 관동이 자신에게 써주었던 글을 그대로 옮겨 大要를 삼고 전후의 사정을 조금 덧붙여 서술했을 뿐인 것이 특징이다.

道光 26년(1846) 겨울, 밤중에 상자를 뒤지다가 管異之[1]의 遺墨을 발견하였다. 그의 어머니 鄒孺人의 遺事를 기술한 것이 무릇 150자인데, "先母 鄒氏는 부친 휘 森은 安東縣教諭이고 모친 周氏는 휘 琫의 딸이니, 先君에게 시집와서 자녀 4인을 낳았고 37세에 선군의 喪을 당하여 女工[2]과 典質[3]로 門戶를 지탱하는 한편 先大母 葉孺人을 8년 동안 섬기면서 先祖와 祖母, 그리고 일찍 죽은 형제자매를 장례 지내고 딸 1인을 시집보내고 며느리 1인을 맞이하였다. 塾師를 집에 모셔와서 나에게 글공부를 가르쳐서 내 나이 17세가 된 뒤에야 그만두었다. 嘉慶 23년(1818) 9월 27일에 卒하니 나이 66세였다. 도광 7년(1827) 4월 28일에 江寧 安德門 밖의 傅家山에 선군과 함께 합장하였다. 아들은 1인이니 이름이 同이고, 손자는 1인이니 이름이 嗣復이다. 孤子 管同은 피눈물을 흘리며 삼가 기술하노라."라 하였다.

道光二十六年冬에 夜發篋이라가 得管異之遺墨하니 述其母鄒孺人事가 凡百五十字이니 曰 先母鄒氏는 考諱森은 安東縣教諭요 母周氏는 諱琫之女니 歸先君하여 生子女四人하고 年三十七而遭先君喪하여 以女工典質로 支拄門戶하고 事先大母葉(섭)孺人八年에 葬先祖祖母及殤弟妹하고 嫁一女娶一婦하고 延師於家하여 教同讀書하여 至十七歲而後止하고 嘉慶二十三年九月二十七日卒하니 年六十六이라 道光七年四月二十八日에 與先君合葬於江寧安德門外之傅家山하다 子一人이니 名同이요 孫一人이니 名嗣復이라 孤管同泣血謹述하노라하다

---

1) 管異之 : 管同(1780~1832)의 자가 異之이다. 〈葉耳山遺稿書後〉의 역주 '管異之' 참조.
2) 女工 : 길쌈, 바느질, 刺繡 등 부녀자들이 하는 일이다.
3) 典質 : 물건을 저당 잡혀서 금전을 빌려 기한 내에 갚는 것이다.

아아! 이는 異之가 쓴 것으로 자기 벗에게 보여주어 墓表를 부탁한 것이다. 이지는 이 글을 쓴 지 얼마 안 되어 禮部에 會試를 보러 갔다가 도중에 죽었다. 당시 아들이 바야흐로 어렸는데 이제 10여 년이 지났으므로 嗣復이 비로소 성인이 되었기에 뒤미쳐 이 글을 써서 보내 고인이 된 나의 벗의 뜻을 마무리해주노라.

**嗟夫**라 **此異之書**니 **示其友**하여 **乞墓表者也**라 **異之書此未幾**에 **試禮部**라가 **道卒**하니 **子方幼**리니 **今十餘年矣**라 **而嗣復始成立**일새 **乃追書以遺之**하여 **以卒吾先友之志**하노라

대저 異之가 기술한 바는 세속의 허황한 찬미에 힘쓰는 사람의 관점에서 보면 특별할 것이 없다. 그러나 〈이지의 어머니는〉 집이 빈한하고 사정이 困苦한 상황을 여자의 몸으로 홀로 떠맡았다. ≪詩經≫에 "슬프고 슬프다 부모님이시여! 나를 낳아 기르시느라 몹시 고생하셨도다."라 하였으니,[4] 이지는 아마도 고생한 사람으로 부모 된 분보다 더한 이가 없다는 것을 알았던 것이다. 이것이 자기 부모에 대해 잘 서술하여 내가 이에 더 보탤 수 없는 까닭이다.

**夫異之所述**은 **自世俗務虛美者觀之**면 **無絶殊者**나 **然以家之貧薄而事之危苦也**로 **獨以一女子當之**하니 **詩曰 哀哀父母**여 **生我劬勞**샷다하니 **異之**는 **蓋有以知劬勞之人**이 **無有過於爲父母者矣**라 **此所以爲善述其親而余不能有加於是者也**라

嗣復은 지금 諸生이 되었고 매우 문장을 잘하니, 아마도 자기 선친이 성심으로 모친을 공경하고 자기 벗에게 스스로 꾸며서 말하지 않은 것이 古道에 모두 부합한다는 것을 알리라. 孺人의 남편은 휘 文郁으로 내가 〈搨帖圖〉에 記文을 써주었고[5] 자는 西京인 사람이다.

**嗣復今爲諸生而甚文**하니 **庶其知先人以誠敬其親而不自飾於其友者**가 **於古道**에 **皆有合焉**이라 **孺人之夫**는 **諱文郁**이니 **余記(揭)〔搨〕**[6]**帖圖**요 **字西京者也**라

---

4) 詩經에……하였으니 : ≪詩經≫ 〈小雅 蓼莪〉에 보인다.

5) 내가……써주었고 : ≪柏梘山房全集≫에 〈潁上搨帖圖記〉가 실려 있는데, 1827년 매증량이 42세 때 쓴 글이다. 그 내용을 보면, 管同의 조부 管霈가 潁上縣의 敎諭로 있으면서 卜氏가 소장하고 있던 〈蘭亭記〉를 새긴 돌의 조각들을 가져와서 아들에게 손수 베끼게 한 것이 극히 많았다. 그 글에 "관패가 죽은 지 1년 만에 아들 문욱 자 서경인 이도 죽었다.〔卒一歲而子文郁字西京者亦卒〕"라고 하였다.

6) (揭)〔搨〕 : 저본에는 '揭'로 되어 있으나, ≪柏梘山房全集≫에 의거하여 '搨'으로 바로잡았다.

# 43. 朱孺人의 墓誌銘　朱孺人墓誌銘*

* 매증량이 1846년 61세 때 쓴 글로 孔憲彝(호 繡山)의 繼室 朱璵의 묘지명이다. 주여는 婦德을 갖추었을 뿐 아니라 당시 여성으로서는 매우 특이하게 詩와 詞를 지을 줄 알아 각각 한 권씩 저술을 남겼다. 공덕이는 이런 아내의 죽음을 몹시 슬퍼하여 당시 여성으로서는 퍽 이례적으로 묘지명을 부탁하면서 아내의 이름과 자를 넣게 하였다.

나의 벗 繡山이 詩・詞 및 漢・魏 시대의 篆書・隸書를 摹寫한 것들을 상자에 넣어 가지고 와서 나에게 말하였다.

"이것은 나의 아내 朱孺人의 작품들이다. 나의 아내는 어려서 어머니를 잃고 어머니를 섬기던 정성을 오로지 쏟아 아버지와 계모를 섬기고 유복자로 태어난 아우를 보살펴 침실의 燥濕을 조절하고 외부의 侵侮를 막는 수고로운 일에 모두 함께 참여하였다.

20세에 나에게 시집와서는 자기 어버이를 섬기던 정성을 옮겨서 나의 어버이를 섬겨 감히 잘못하는 일이 없었으며, 나의 어머님이 〈일찍 세상을 떠나〉 섬기지 못했기에 시어머니를 섬길 정성을 옮겨 시조모를 섬겨 감히 잘못하는 일이 없었다. 우리 집은 본래 가난한데다 종족은 크고 인척은 많았는데, 손님 접대에 술과 음료며 束脩[1)]의 供饋를 안팎으로 잘 유지하여 부족한 적이 없도록 함으로써 나로 하여금 남에게 체면을 잃지 않도록 하였다.

또 그렇게 하고 남은 힘으로 詩詞와 繪畫며 隸書・楷書를 익혔는데 인척 여자들 중 배우기를 좋아하는 이들이 많이 따라 배웠으니, 그 성정과 좋아하는 취향이 진실로 보통 여자와는 월등히 달랐다. 그러나 천척들이 때로 모인 곳에서 尊卑에 따라 응대하는 것이 저마다 그 사람에 맞았고 어려운 문자를 써서 스스로 유별난 모

1) 束脩 : 옛날에 증정할 때 쓰는 일반적인 예물로 통상 간소한 예물을 뜻한다. ≪禮記≫ 〈少儀〉에 "네 병의 술과 속수와 한 마리의 개를 다른 사람에게 준다.〔其以乘壺酒束脩一犬賜人〕"라 하였는데 鄭玄의 注에 "속수는 열 개의 포이다.〔束脩 十脡脯也〕"라 하였다.

습을 보인 적이 없었으니, 그 세밀하게 마음을 쓰는 것이 이와 같았다.

이런 까닭에 피로가 쌓여 병들어서 장차 해산할 무렵에 죽고 말았다. 나는 아내가 어질고 고생한 나머지 수명을 단축하여 하늘의 보답을 제대로 받지 못한 것을 슬퍼하여 여자로써 세상을 떠나도 사람들이 알지 못하는 이름에 의탁하도록 하고자 하지만,[2] 나 스스로 좋아하여 드러내는 아내의 행적은 또 겨우 이것이 있을 뿐이니, 감히 質正하여 묘소의 글로 나타내 보이고자 한다."

아아! 그 슬퍼하는 마음이 이와 같으니, 銘이 없을 수 있겠는가.

吾友繡山이 以函封詩詞及摹漢魏篆隷書로 告曾亮曰 此吾婦朱孺人作也라 吾婦幼失母하고 專其事母者하여 事父(其)〔及〕[3]後母遺腹弟하여 調燥濕하며 禦侵侮에 皆與其勞라 年二十而歸余하여 移其事親者事吾親하여 不敢有失焉하고 不逮事吾母일새 移其事姑者事祖姑하여 不敢有失焉이러라 吾家素貧而族大婣衆이어늘 賓客酒漿束脩之供饋를 能內外支拄하여 不見罅漏하여 使吾無自失於人者하고 又以其餘功으로 習詩詞繪畫隷楷어늘 女婣好學者多從之遊하니 其性情好尙이 固絶異乎常女子也라 然親戚時聚處에 酬高應卑가 各適其人이요 未嘗以才語自標異하니 其密於用心者如是라 故瘁而病하여 且産遂卒하니 吾哀其賢且勞하여 致夭其生而嗇於報하여 以女子而求託於沒世不可知之名이나 而其所喜以自見(현)者又僅有是하니 敢質之以徵於墓詞하노라하다 嗚呼라 其哀也如是하니 其可無銘가

孺人은 휘가 璵이고, 자가 寶瑛으로, 海鹽 사람이다. 內閣學士 兼禮部侍郎 휘 方增의 딸이고, 曲阜 孔憲彝의 繼室이다. 道光 25년(1845) 6월 15일에 卒하니, 나이 35세였다. 저술한 詩·詞가 각 1권씩 있다. 아들은 慶第·慶篤이고, 딸은 慶婉이다. 그해 11월 27일에 衍聖[4] 恭慤公(孔毓圻)의 묘소 좌측에 안장하였다.

孺人은 諱璵요 字寶瑛이니 海鹽人이라 內閣學士兼禮部侍郎諱方增之女요 曲阜孔憲彝之繼室이라 道光二十五年六月十五日卒하니 年三十五라 所著詩詞各一卷이라 子慶第慶篤이요 女慶婉이라 以其年十一月二十七日로 葬於衍聖恭慤公墓左하다

---

2) 여자로써……하지만 : 아내의 행적을 후세에 알리고자 하면서 여자로서는 매우 이례적으로 이름을 묘지명에 쓰고자 한다는 말이다. 옛날에는 여자는 이름을 쓰지 않으므로 이름이 종신토록 세상에 알려질 수 없었다.

3) (其)〔及〕: 저본에는 '其'로 되어 있으나, ≪柏梘山房全集≫에 의거하여 '及'으로 바로잡았다.

4) 衍聖 : 宋나라 때부터 孔子의 후손에게 내려온 爵號이다.

銘은 다음과 같다.

옛 열녀전에 비범한 재주 많았으나
재주를 숨겼으니 누가 이에 이르리오
덕 있는 이 단명하니 재주가 흠이로다
시부모를 잘 모시면서 공경하였고
갖가지 서책 찾아서[5] 차분히 읽었으니
인척 여인들이 좋아하여 의지하였어라
바느질하는 여가에 붓 잡아 글을 쓰니
재주가 이 같은 이는 시를 쓸 수 있도다
사실을 못 믿는 이가 있거든 이 명을 보라

**銘曰 古傳列女多雅才**나 **以才爲諱孰致斯**오 **惟德不淑才乃疵**로다 **能宜尊章敬持持**하고 **囊篋細大安提提**하니 **六親攜𡡉歡如歸**로다 **箴管餘事藻筆**(擒)〔摛〕[6]하니 **才若此者乃可詩**라 **有**(傳)〔然〕[7] **疑者徵余詞**하라

5) 갖가지……찾아서 : 唐나라 韓愈의 〈進學解〉에 "많은 지식을 탐내고 얻는 것을 좋아하여 작고 큰 지식들을 버리지 않았다.〔貪多務得 細大不捐〕"라 하였다.
6) (擒)〔摛〕 : 저본에는 '擒'으로 되어 있으나, ≪柏梘山房全集≫에 의거하여 '摛'으로 바로잡았다.
7) (傳)〔然〕 : 저본에는 '傳'으로 되어 있으나, ≪柏梘山房全集≫에 의거하여 '然'으로 바로잡았다.

# 44. 崔恭人의 墓誌銘 崔恭人墓誌銘*

* 매증량이 1828년 43세 때 쓴 글이다. 최공인의 아들 余炳堃이 한 말이 주된 내용이고, 매증량은 銘만 덧붙였다. 최공인은 대체로 순탄한 삶을 살아 특기할 만한 것이 없다. 여병곤이 여러 차례 낙방한 끝에 향시에 합격하여 집에 돌아오는 길에 조금 지체했더니, 그 사이에 그의 어머니는 병이 위중해져서 아들이 와도 알아보지 못하였다. 이것이 여병곤이 어머니를 회상하며 몹시 슬퍼하는 까닭이다.

道光 6년(1826) 2월 2일에 太守 余公의 配 崔恭人이 江寧의 官署에서 卒하였다. 장차 장사 지내려 할 때 아들 炳堃이 울면서 나에게 말하였다.

"나의 어머님은 시부모를 섬김에는 사랑이 공경과 조화를 이루고, 남편을 섬김에는 德이 義와 조화를 이루었으며, 천성이 남에게 베풀기를 좋아하여 친인척을 보살펴줄 때는 禮가 情과 조화를 이루었습니다.

아버님은 어려서부터 서적을 좋아하여 그 밖에는 마음이 끌리지 않았고, 진사가 되어서는 刑曹에 임명되고 조정에 근무하면서 일심으로 奉公하고 생업에는 관심이 없었는데, 어머님은 의복과 음식을 절약하여 집안 살림을 잘 꾸려서 남편이 걱정하지 않도록 하였습니다. 아버님이 大郡에 부임할 때 따라가서는 儉約으로 家産을 잘 지키면서 조상을 공경하여 조석으로 반드시 정성을 다해 참배하는 한편, 아들에게 글공부를 시킬 때에는 늘 밤이 깊을 때까지 이르러 공부를 마치면 바늘과 실을 꺼내어 바느질하는 것을 일상으로 삼았습니다.

내가 省試[1]에 자주 낙방하여 돌아오면 어머님은 반드시 애써 말을 건네고 웃으면서 위로하였습니다. 그런데 내가 다행히 합격하여 돌아오는 길에 조금 지체하였더니, 어머님의 질환이 이미 위독하였습니다. 내가 예전처럼 시험에 합격하지 못하고 돌아와 우리 어머님이 애써 반겨주는 모습을 뵙고 싶어도 그럴 수 없게 되었습니다. 우리 어머님은 비록 내가 이번에 돌아오는 것을 기다릴 수는 있었으나 실

1) 省試 : 唐・宋 시대에는 尙書省 禮部에서 주관하는 과거로 禮部試 또는 會試라고 하였는데, 元나라 이후로는 鄕試와 같은 말로 쓰였다.

은 내가 조금 성취한 모습은 보지 못한 것과 같으니, 나의 슬픔은 다른 사람들은 알지 못할 것입니다. 아버님은 실로 그대와 아는 사이이고 그대는 나와 교분이 있으니, 감히 銘을 청합니다.”

道光六年二月二日에 太守余公之配崔恭人이 卒於江寧官署라 將葬에 子炳埜泣告曾亮曰 吾母事舅姑에 愛稱其敬하고 事家大人에 德稱其義하고 性好施與하여 周姻族에 禮稱其情이라 大人少好書史하여 外嗜不移하고 及成進士하여 官刑曹하고 直樞廷에 一心奉公하고 不問生産이어늘 母縮衣嗇食하여 區晝綜理하여 未嘗使大人憂하고 及隨宦大郡하여는 以約守盈하여 虔於神先하여 朝夕必致敬하고 課兒에 嘗至夜分하여 畢課에 出鍼線補綴以爲常이러라 吾數(삭)省試不售而歸어든 母必强言笑以慰之러니 及吾幸售하여 歸稍遲러니 而母疾已殆라 吾欲如昔不售而歸하여 見吾母强爲歡이라도 不可得也라 吾母雖及待吾歸나 實如未見吾稍有成也니 吾之悲는 蓋非人所能知也라 家大人實知子하고 子辱與炳埜交하니 敢請銘하노라하다

나는 사양할 수 없기에 삼가 다음과 같이 서문을 쓴다.

恭人은 성이 崔氏이니, 江西 德化縣 國學生 耀采의 따님이요, 縣學生 立達의 누이이다. 21세에 欽加道銜 江寧府知府 德化 余公에게 시집왔다. 아들은 5인이니, 思森과 堯恩은 일찍 죽었고, 炳埜은 道光 5년(1825) 乙酉科의 擧人이 되었고, 垕恩은 廣東鹽大使이고, 寶錕은 附生[2]으로 候選知縣이다. 손자는 安炘·安炯·安耀이다. 공인은 乾隆 34년(1769) 정월 5일에 태어났으니, 나이 58세이다. 도광 8년(1828) 모일에 덕화현 아무 고을 아무 里에 안장하였다.

曾亮不得辭라 則謹序曰 恭人은 姓崔氏니 江西德化國學生耀采之子요 縣學生立達之弟라 年二十一에 歸欽加道銜江寧府知府德化余公이라 子五人이니 思森堯恩早卒하고 炳埜은 道光五年乙酉科擧人이요 垕恩은 廣東鹽大使요 寶錕은 附生候選知縣이라 孫은 安炘安炯安耀이라 恭人生乾隆三十四年正月五日하니 年五十八이라 道光八年某日에 葬於德化縣某鄕某里하다

銘은 다음과 같다.

2) 附生 : 明·淸 시대에 府學·州學·縣學 등 지방 학교에 입학한 사람을 일컫는 말로 秀才와 같다. 명나라 때 額外로 增取하여 諸生 자격을 부여한 이들을 附學生員 혹은 附生이라 하였는데, 청나라 때에 와서는 부학·주학·현학 등에 입학한 學童을 모두 부생이라 하였다.

엄정한 神君[3)]을
누가 곁에서 보필했던가
영준한 아들을
누가 어루만져 길렀던가
영화를 버리고 저승으로 갔으나
그 향기는 영원토록 끊어지지 않으리

**銘曰 莊莊神君**을 **孰翼以輔**오 **英英令子**를 **孰摩以拊**오 **遺榮兮卽幽**하니 **馨無絶於終古**로다

3) 神君 : 옛날에 賢明한 官吏를 공경하여 일컫는 말이다. ≪後漢書≫ 92권 〈荀淑傳〉에 "荀彧이 외직으로 나가 朗陵侯相에 補任되어 업무를 처리하는 것이 사리에 밝으니, 사람들이 神君이라 일컬었다."라 하였다.

# 45. 倪孺人의 墓誌銘　倪孺人墓誌銘*

* 매증량이 1843년 58세 때 쓴 글이다. 남편이 객지에서 죽자 후사가 끊어질 것을 예견하고 자결한 劉孟塗의 아내 倪氏의 絶義를 기린 글이다.

孺人 倪氏는 望江 사람 桐城 劉孟塗의 처이다. 맹도는 문장으로 당시에 이름났으나 집이 가난하여 객지를 다니면서 부모를 공양하는 일을 일체 유인에게 맡겼는데 유인은 능히 공경하고 禮를 갖추어 태만하지 않았다.

道光 4년(1824) 7월 14일에 맹도가 객지인 亳州에서 갑자기 죽었다. 당시 유인은 자식 몇을 낳았으나 요절하였고 또 딸을 막 잃었으며, 첩이 낳은 아들조차도 병들어 목숨이 위태하였다. 유인은 크게 통곡하면서 "나의 남편은 아마도 後嗣가 없겠구나."라 하고는 즉시 칼로 목을 찔렀으나 목숨이 끊어지지 않자 밤이 깊어 〈사람들이 잠들었을 때〉 목을 매어 죽으니, 때는 맹도가 죽은 지 100일째 되는 날이었다.

孺人倪氏는 望江人桐城劉孟塗妻也라 孟塗以文名於時나 家貧客遊하여 供養事를 一委之孺人하되 能敬禮不怠러라 道光四年七月十四日에 孟塗客亳州라가 暴卒하니 時에 孺人生子數不育하고 又新喪女요 而妾所擧子病且殆라 大慟曰 吾夫殆無後矣라하고 卽自剄不殊라 至人定後에 縊死하니 時去孟塗死百日이러라

道光 23년(1843)에 그 아들 繼가 京師에 와서 孟塗의 문집을 수레에 싣고 돌아갈 때 나에게 와서 말하기를, "우리 어머님을 올해 모월 모일에 아무 고을 아무 둔덕에 안장하니, 감히 銘을 청합니다."라 하고, 또 유인이 남편을 따라 殉節할 때의 일을 말하면서 고개를 숙이고 눈물을 흘렸다.

二十三年에 其子繼來京師하여 輿歸孟塗集할새 告曾亮曰 吾母以今年某月日葬縣之某鄕某原하니 敢請銘하노라하고 且言孺人殉夫時事에 俯首淚下러라

슬프다! 남편이 죽었거늘 孺人이 참고서 아들이 〈성장하길〉 기다리지 않았던 것은 이 아들을 반드시 지키지 못할 것으로 생각했기 때문이었다. 그런데 지금 유인을 안장하는데 이 아들이 와서 명을 청하니, 어떻게 슬프지 않으리오.

噫라 夫亡矣어늘 孺人不濡忍以待其子者는 以是子爲必不可保也어늘 今孺人葬而是子來乞銘焉하니 如之何其不悲也리오

銘은 다음과 같다.
後嗣가 남지 않음을 차마 못 보아
미리 죽어서 슬픔을 막았도다
자식이 이제 이미 장성하자
살아 계시는 어머님을 볼 수 없으니
슬프도다!
이로써 이 烈節과 이름이 있게 되었도다

銘曰 不忍靡遺하여 豫死塞悲로다 子壯旣成에 不見母生하니 悲夫라 以有此烈與名이로다

## 46. 小盤谷을 유람한 記　游小盤谷記*

*매증량이 1818년 33세 때 친구들과 함께 小盤谷이란 골짜기를 찾아갔다 와서 쓴 遊記로 짧은 글 속에 묘사가 매우 섬세하다. 소반곡을 유람했다고는 하지만, 이 글에서 매증량 일행은 소반곡이 어디에 있는지 확인하지 못하고 날이 저물어 돌아오는 길에 성 아래 저녁 어스름이 자욱이 깔리고 그 위에 햇살이 비쳐서 펼쳐지는 장관을 보면서 돌아온다.

江寧府城[1]은 그 서북쪽이 盧龍山[2]으로 둘러싸인 채 끝난다. 내가 일찍이 小盤谷이란 곳을 찾아가 그 지역에 이르자 그곳 사람 중 어떤 이가 말하기를 "없다."라 하였고, 온통 큰 대숲이 하늘을 가리고 갈림길은 많은 데다 골짜기의 굽이와 너비가 다 같아서 아무리 찾아도 끝까지 찾을 수 없었다. 그러던 차에 개 짖는 소리가 들리기에 급히 나아가 다섯 말의 쌀을 삶을 정도의 시간 만에 한 절에 당도하니, 歸雲堂이었다.

토지는 넓고 평탄했으며, 거주하는 백성들은 계수나무를 채취해 생활하고 있었다. 절 곁에는 풀숲으로 매우 작은 오솔길이 나 있었다. 오솔길을 따라 남쪽으로 나오자 길이 곧장 큰 골짜기 아래로 깊숙이 뻗어 있었다. 사방의 산들에는 온통 큰 계수나무숲이 산비탈을 따라 우거져 있고 골짜기 형상이 마치 큰 사발을 젖혀 놓은 것 같았다. 그래서 메아리가 골짜기 안에 갇혀 기침소리도 다른 곳으로 달아나지 못하므로 아무 소리도 없이 고요할 때도 귀에는 늘 울리는 소리가 가득하였고, 깊은 물이 고여서 산기슭이 다하는 지점에서 그쳤다.

절을 따라 북쪽으로 가서 노룡산에 이르니, 산 안의 계곡에 움푹하고 불룩한 곳들이 마치 들쭉날쭉한 우물과 부엌의 형상과도 같았다. 혹자는 말하기를 "遺老들이 난리를 피한[3] 곳이니, 36茅庵과 72團瓢[4]가 모두 그곳들에 해당한다."라 하였다.

---

1) 江寧府城 : 江寧은 江蘇省 南京의 옛 이름이다. 江寧府郡의 治所에 쌓은 성곽이다.
2) 盧龍山 : 일명 獅子山이라고도 하며, 지금의 南京市 서북쪽 2리 거리에 있다.
3) 遺老들이……피한 : 明나라 말엽에 遺民들이 淸나라 군사의 침입을 피한 것이다.

江寧府城은 其西北包盧龍山而止라 余嘗求小盤谷者하여 至其地하니 土人或曰 無有라하고 皆大竹蔽天에 多歧路하고 曲折廣狹如一하여 探之不可窮이러니 聞犬聲하야 乃急赴之하여 熟五斗米頃에 行抵寺하니 曰歸雲堂이라 土地舒寬하고 居民以桂爲業이라 寺傍有草徑甚微할새 南出之하니 乃隧(수)大谷이라 四山皆大桂樹가 隨山陂陁하고 其狀若仰大盂라 空響內貯에 謦欬不得他逸하여 寂寥無聲이나 而耳聽常滿이요 淵水積焉하여 盡山麓而止라 由寺北行하여 至盧龍山하니 其中阬谷窪隆이 若井竈甗鬶之狀이라 或曰 遺老所避兵者니 三十六茅庵과 七十二團瓢가 皆當其地라하다

날이 저물어가기에 산으로 도로 올라가서 성을 따라 돌아오니, 어둑한 暮色이 아래에 쌓여 있고 그 위에 달빛이 펼쳐져 있는지라 아래로 굽어보니 온갖 影像들이 서로 부딪치며 움직이는 모습이 마치 魚龍이 파도 속에 출몰하는 것과 같았다. 사람들이 다 말하기를 "이는 만 개의 대나무가 하늘을 가린 곳[5]이니, 이른바 小盤谷이 아마도 이에 가까울 듯하다."라 하였다.

함께 유람한 사람은 外叔 侯振廷[6]·管君 異之[7]·馬君 湘帆[8]·歐生 岳庵[9]·아우 念勤, 모두 여섯 사람이었다.

日且暮라 乃登山하여 循城而歸하니 瞑色下積하고 月光布其上이라 俯視萬影摩盪이 〔若魚龍〕[10] 起伏波浪中이라 諸人皆曰 此萬竹蔽天處也니 所謂小盤谷이 殆近之矣라하다 同遊者는 侯振廷舅氏, 管君異之, 馬君(夢湘)〔湘帆〕[11], 歐生岳庵, 弟念勤, 凡六人이러라

4) 團瓢 : 團焦와 같은 말로 둥근 형상의 초가집을 말한다.
5) 만 개의……곳 : 소반곡을 두고 이렇게 말하는 소문이 있었던 것이다.
6) 侯振廷 : 康寧 사람으로 매증량의 外叔이다.
7) 管君 異之 : 管同(1780~1832)의 자가 異之이다. 〈葉耳山遺稿書後〉의 역주 '管異之' 참조.
8) 馬君 湘帆 : 馬沅의 자가 湘帆이다. 江蘇省 上元 사람으로 道光 9년에 진사시에 급제하였다.
9) 歐生 岳庵 : 江蘇省 上元 사람으로 매증량에게 수학했고 金陵城 북쪽 又一村에 살았다.
10) 〔若魚龍〕 : 저본에는 '若魚龍'이 없으나, ≪柏梘山房全集≫에 의거하여 보충하였다.
11) (夢湘)〔湘帆〕 : 저본에는 '夢湘'으로 되어 있으나, ≪柏梘山房全集≫에 의거하여 '湘帆'으로 바로잡았다.

# 47. 盋山 餘霞閣에 대한 記　盋山餘霞閣記*

*매증량이 1818년 33세 때 쓴 글이다. 盋山(鉢山)은 지금의 南京市 서쪽에 있다. 餘霞閣은 陶子靜과 그의 숙질 형제가 독서하는 곳이다. 이 글은 여하각 위에서 본 경치를 매우 섬세하고 아름답게 묘사하였고, 끝부분에서 문장을 아름다운 경치에 비겨 가장 아름다운 순간을 포착해야 문장을 잘 지을 수 있다고 하였다.

江寧城은 산이 절반을 차지하는데, 사람에게 편안하고 들판에 알맞은 것으로는 오직 西城의 盋山이다. 나의 벗 陶子靜이 아우들과 함께 독서하는 곳이다. 산의 높낮이에 따라 집을 짓고 산등성이에 누각을 지어 '餘霞'라 하였으니, 누각에서 본 바에 따라 이름을 붙인 것이다.

**江寧城**은 **山得其半**하니 **便於人而適於野者**는 **惟西城盋山**이니 **吾友陶子靜**이 **偕群弟讀書所也**라 **因山之高下爲屋而閣於其嶺曰餘霞**라하니 **因所見而名之也**라

아래로 굽어보면 꽃나무들이 모두 〈누각을 향해〉 둘러서서 두 손을 맞잡고 오르내리는 모습을 이루고 풀숲 사이로 난 구불구불한 길이 사랑스러우니, 행인들은 마치 나는 새가 나뭇가지와 잎 위로 오르는 것처럼 보인다.

서쪽으로 성을 마주하고 있는데 淮水가 성을 감돌아 흐른다. 大江은 서쪽으로부터 동쪽으로 흘러와서 청색과 황색이 분명하여 하늘과 땅을 갈라서 나눈다.[1] 그리고 또 크고 둥근 거울과 같은 것이 평평하게 숲 저편에 놓여 있는 것은 莫愁湖[2]이다.

그 동남쪽은 수많은 가옥이 밀집하여 밥 짓는 연기가 마치 사람들이 서서 저마다 기다리는 사람이 있는 듯한 모습을 이루는데, 미풍이 에워싸서 왼쪽 오른쪽으로 이끌어 연기가 끊어지지 않고 길게 늘어지고 그 위로 저잣거리의 소리들이 떠

1) 청색과……나눈다 : 하늘은 청색이고 강물은 황색이다. 양자강 물이 멀리 수평선에서 하늘과 잇닿아 있는데, 청색과 황색이 분명하게 나뉜다는 말이다.
2) 莫愁湖 : 지금의 南京市 水西門 밖에 있는 호수로 明나라 때 中山王 徐達의 정원 안에 있었다. 고대의 여인 莫愁가 돌아와 살던 곳이라 하여 이 이름이 붙여졌다 한다.

올라 가까운 곳은 고요하고 먼 곳의 소리들이 들린다.

**俯視花木**이 **皆環拱升降**하고 **草徑曲折**이 **可念**하니 **行人若飛鳥度柯葉上**이라 **西面城**하니 **淮水縈之**라 **江自西而東**하여 **靑黃分明**하여 **界畫天地**하고 **又若大圓鏡**이 **平置林表**는 **莫愁湖也**라 **其東南**은 **萬屋沈沈**하여 **炊煙如人立**하여 **各有所企**어늘 **微風繞之**하여 **左引右挹**에 **繇繇緡緡**하고 **上浮市聲**하여 **近寂而遠聞**이러라

갑술년(1814) 봄에 子靜이 이 누각 위에서 마음 맞는 친구들과 술을 마실 때 뭇 경치들이 다 보이고 고담준론은 더욱 펼쳐졌다.

자정이 말하기를 "문장을 짓는 일은 마치 산에서 구름이 나오고[3] 江河의 흘러내리는 물과 같으니, 돌을 파서 끌어올리고 둑을 터서 끌어내릴 수 있는 것이 아니다. 그러므로 문장을 잘하는 사람은 기다리는 바가 있다."라 하고, 내가 말하기를 "문장이 천지에 있는 것이 마치 아름다운 구름과 경치 같으니, 잠깐 고개를 들었다 숙이는 사이에 만 리 밖으로 달아나버린다. 그러므로 문장을 잘하는 사람은 그 기회를 놓치지 않는다."라 하였다. 管君 異之가 말하기를 "陶子(도자정)의 말이 높으나 뒤의 말도 이 누각의 경우에는 또한 맞는 바가 있다."라 하였다. 드디어 이를 써서 記를 삼는다.

**甲戌春**에 **子靜觴同人於其上**할새 **衆景畢見**하고 **高言愈張**이라 **子靜曰 文章之事**는 **如山出雲**하고 **江河之下水**하니 **非鑿石而引之**하고 **決版而導之者也**라 **故善爲者有所待**라하고 **曾亮曰 文在天地**가 **如雲物煙景焉**하니 **一俯仰之間**에 **而遁乎萬里之外**라 **故善爲文者**는 **無失其機**라한대 **管君異之曰 陶子之論**이 **高矣**나 **後說者**도 **如斯閣**에는 **亦有當焉**이라하여늘 **遂書爲之記**하다

3) 산에서……나오고 : 구름이 산속의 바위에서 나온다 하여 바위를 雲根이라 하므로 이렇게 말한 것이다. 杜甫의 〈題忠州龍興寺所居院壁〉에 "충주는 삼협 안에 있으니 마을이 운근에 모여 있네.〔忠州三峽內 井邑聚雲根〕"라 하였는데, 그 註에 "五岳의 구름이 바위에 부딪쳐 일어나기 때문에, 구름의 뿌리라고 한다."라 하였다.(≪杜少陵詩集≫ 권14)

## 48. 강가 정자에서 避暑한 일에 대한 記　江亭消夏記*

*매증량이 1846년 61세 때 쓴 글이다. 강가의 정자에서 술을 마시며 피서한 일을 기록하였는데, 벌주를 마시게 하는 놀이인 射覆(석부)에 대해 자세히 기술하였다. 강가라고는 하지만 이 정자 주위에 물은 볼 수 없고 갈대가 우거져 서걱대는 소리가 마치 물결 소리처럼 들린다.

도성 안에서 빈객을 접대하여 연회를 베푸는 곳인 '館'이니 '堂'이니 하는 것들은 다 저잣거리에 있는 주점이라 雜劇을 구경하는 사람들이 모여 있다. 한적한 곳을 좋아하고 더위를 피하는 곳으로는 오직 강가의 정자가 좋다. 〈이 정자는〉 터가 南城 서쪽에 있어 옛날에는 물이 모여드는 곳이었는데, 지금은 사방으로 뚫린 길에다 수레가 다닌다.

**都中燕客者曰館曰堂**은 **皆肆也**니 **觀優者集焉**이라 **樂閒曠**하며 **避煩暑**는 **惟江亭爲宜**라 **地當南城西**하여 **故爲水會**러니 **今則四達皆通車**라

갑오년(1834) 5월 보름에 編修 徐廉峰[1)]과 給諫[2)] 黃樹齋[3)]가 손님을 초대하여 술을 마실 제 쾌청한 날씨에 땅은 드넓고 사람은 한가로웠다.

손님들이 다 얘기를 잘하는데 술은 잘 마시지 못하기에 射覆(석부)[4)]를 하여 술

---

1) 徐廉峰 : 徐寶善(1790~1838)의 호가 廉峰이고, 安徽 歙縣 사람이다. 嘉慶 25년(1820)에 진사시에 급제하여 編修에 제수되었고 御史에 이르렀으며, 시를 잘 지었고 특히 역사에 해박했다. 저서로 ≪壺園詩鈔≫가 있다.

2) 給諫 : 唐·宋 시대에 給事中과 諫議大夫의 合稱인데, 淸나라 때에는 六科給事中의 別稱으로 쓰였다.

3) 黃樹齋 : 黃爵滋(1793~1853)의 호가 樹齋이고, 자는 德成으로, 江西 宜黃縣 사람이다. 道光 3년(1823)에 진사시에 급제하여 編修에 제수되었고 御史·給事中을 거쳐 鴻臚寺卿(홍려시경)에 발탁되었다. 저서로 ≪黃小司寇奏疏≫·≪仙屛書屋詩錄≫ 등이 있다.

4) 射覆(석부) : 그릇을 엎어서 그 속에 물건을 숨겨두고 알아맞히게 하는 놀이이다. 淸나라 兪敦培의 ≪酒令叢鈔≫에 "오늘날 술자리에서 말하는 射覆는 射彫覆라고도 하는데, 규칙이 위의 한 글자를 彫라 하고 아래의 한 글자를 覆라 한다. '酒'자에 주의할 경우 酒와 연관되는 글자인 '春'자나 '漿'자를 말하여 '酒'자를 알아맞히게 한다. 대개 春酒와 酒漿이다."라 하였다. 春酒

잔을 돌리기로 하였다. 酒令[5]을 맡은 사람이 술상 위의 물건 중에 경전에 기재되어 있는 것을 골라 가지고 한 글자를 숨겨 正鵠을 삼고 그 위아래 글자를 노출하여 매개(힌트)를 삼아서 매개를 통하여 정곡을 맞히는 사람은 술을 마시지 않기로 하였다.

그러나 노출한 글자가 다 정곡과 전혀 동떨어져 연관성이 없고 게다가 다른 글자를 노출해서 곁에서 보좌하게 하니, 정곡과 연관시켜 맞히고자 하는 것이 전일할수록 매개는 더욱 아리송하게 만든다. 그리하여 사람의 마음을 헷갈리게 하여 정곡을 찾지 못하게 함으로써 즐기는 것이다. 홀연 정곡을 맞히면 기쁨과 놀람이 반반이 된다. 한 번 석부를 할 때마다 벌주를 마시는 사람이 10여 명이었다.

**甲午五月望**에 **徐廉峰編修黃樹齋給諫**이 **招客而觴之**할새 **天氣淸佳**하고 **地曠人適**이라 **以客皆雄於談而失飮也**일새 **乃射覆以行酒**하여 **當令者取樽**俎**間物載經典者**하여 **隱一字爲鵠**하고 **而出其上下字爲媒**하여 **因媒以中鵠者不飮**이라 **然所出字皆與鵠**繇**褫判散**하여 **不可膠附**요 **又出他字相佐輔**하니 **綴其鵠者愈專而媒愈幻**이라 **務以枝人心**하여 **使不使尋逐以爲快**라 **忽然得之**면 **歡愕相半**하니 **每一覆而(發)〔罰〕**[6]**飮者十數人**이라

술과 안주를 실컷 먹은 뒤 난간에 기대 주위를 둘러보니, 아래에는 갈대가 많이 우거져 비탈을 덮었고 바람에 불려 풀이 서로 부딪치면서 가지와 잎이 마찰한다. 그 소리가 마치 그 아래에 물결이 출렁이며 흐르는 것처럼 들리니, 광활한 큰 못, 가없는 江湖에 와 있다는 착각이 들었다.

**酒殽旣饜**에 **憑軒周流**하니 **下多葭葦**하여 **蒙籠坡陀**하고 **風草相噬**에 **柯葉綷縩**라 **疑其下有波浪瀄汩聲**하니 **渺若大澤無涯江湖之思焉**이라

주객이 대다수 江東·江南 사람이라 해를 연이어 발생한 홍수에[7] 얘기하는 이

---

는 겨울에 빚어 봄에 익는 술 또는 봄에 빚어 秋冬에 익는 술로 ≪詩經≫ 〈豳風 七月〉에 보이고, 酒漿은 술을 관장하는 酒人과 음료를 관장하는 漿人을 아울러 이른 말로 ≪周禮≫ 〈天官 凌人〉에 보인다.

5) 酒令 : 술자리의 흥을 돋우기 위하여 만든 음주의 규칙으로 觴令이라고도 한다.

6) (發)〔罰〕: 저본에는 '發'로 되어 있으나, ≪柏梘山房全集≫에 의거하여 '罰'로 바로잡았다.

7) 해를……홍수에 : 道光 11년(1831) 7월에 高郵湖의 황하가 범람하여 江蘇·安徽·浙江 지방이 모두 水災를 입었고, 그 이듬해 8월에는 陳端·陳光南·劉開成 등이 桃南廳의 제방을 몰

들이 근심하거늘 이 정자에서는 또 물을 볼 수가 없는 게 서운하였다. 給諫이 드디어 돌아가 이 모임을 그림으로 그리니, 그림 속의 사람들이 다 산을 마주하고 왼쪽으로 성을 의지한 채 정자 아래를 가리키며 서로 돌아보고 얘기하는 곳은 정자의 서쪽 軒檻이다. 上元 매증량은 기문을 쓰노라.

**主客多江東南人**이라 **歲比大水**에 **談者以爲憂**어늘 **於斯亭**에는 **又悵然於不可得水也**라 **給諫遂歸而圖之**하니 **圖中人皆面山**하고 **左倚城**하여 **指亭下相顧語者**는 **亭〔之〕**[8)]**西軒也**라 **上元梅曾亮**은 **記**하노라

래 틔워 큰 수재가 났다.

8) 〔之〕: 저본에는 '之'가 없으나, ≪柏梘山房全集≫에 의거하여 보충하였다.

# 49. 金山寺에 鼎을 보관한 일에 대한 記　金山寺藏鼎記*

*매증량이 1844년 59세 때 쓴 글이다. 葉志詵(섭지선)이 周 宣王 때의 古鼎을 입수하여 자신이 소유하지 않고 金山寺에 넘겨주어 보관하게 한 일에 대해 서술한 글이다. 宋나라 때 대문호 蘇軾이 吳道子의 그림을 惟簡이란 승려에게 넘겨주어 그 그림이 오늘날까지 전해올 수 있었다는 사실을 상기하면서, 승려는 자기 소유물이 없으므로 승려가 사찰에 보관한 물건은 공공의 물건과 진배없다. 이에 사람들이 그 물건을 소유하고자 하지 않기 때문에 오래도록 보존할 수 있다고 하였다.

葉東卿[1] 선생이 岐山[2]의 농부에게서 古鼎을 얻어서 글을 고찰하고 내용을 실증하여 周 宣王[3] 때의 것으로 추정하였으니, 그 당시 신하가 계책을 올려 玁狁[4]을 정벌하고 돌아오자 〈이 鼎을〉 하사하여 그 공로에 보답한 것이다. 이에 시를 지어 이 사실을 기리고서 丹徒[5]의 金山寺에 보내 안치하고 나에게 부탁하여 기문을 짓게 하였다.

大克鼎

**葉(섭)東卿先生**이 **得古鼎於岐山之農**하여 **徵文實事**하여 **定以爲周宣王時物**하니 **其臣遂啓謀伐玁狁歸**에 **賜以酬**

1) 葉東卿 : 葉志詵의 자가 東卿이다. 청나라 때 漢陽 사람으로 금석문에 조예가 깊었다.
2) 岐山 : 周나라의 선조인 古公亶父(고공단보)가 豳 땅으로부터 이주하여 주나라 건국의 기반을 마련한 곳이라 한다.
3) 周 宣王 : B.C. 827~B.C. 782 동안 재위하면서 仲山甫・尹吉甫 등을 기용하여 북쪽으로 玁狁을 정벌하고 남쪽으로 荊蠻・淮夷・徐戎을 정벌하여 中興祖로 일컬어진다.
4) 玁狁 : 중국의 북방, 지금의 내몽고 지방에 살던 소수 민족으로 周나라 때에는 玁狁이라 불렀고, 漢나라 때에는 匈奴라 불렀다. 周 厲王 때 중원을 침입하여 京邑에까지 이르렀는데, 여왕의 뒤를 이은 宣王이 군사를 일으켜 尹吉甫로 하여금 정벌하게 하여 물리쳤다. 《詩經》 〈小雅 六月〉에 "험윤이 자기 역량을 헤아리지 못하고서, 초 땅과 호 땅에 정연하게 웅거하여, 호와 삭방을 침략하여, 경양에 이르렀다.〔玁狁匪茹 整居焦穫 侵鎬及方 至于涇陽〕"라 하였다.
5) 丹徒 : 縣 이름으로 지금의 江蘇省에 속한다.

**庸者也**라 **於是**에 **詩以張之**하여 **寄置於丹徒之金山寺**하고 **屬**(촉)**曾亮爲之記**라

대저 만물이 즐거워하는 것은 이루어짐이요 오래감이다. 聖人으로부터 이를 어기지 못하여 물건에 銘을 새길 때에는 반드시 장수를 축원하였고 자손들이 이를 길이 보물로 삼았다. 그런데 莊周・列禦寇(列子)와 같은 이들에 이르러서는 득실・성패를 일체 똑같이 보았고, 浮屠氏(불교)가 일어나자 그 설이 더욱 심해졌다. 이제 古人이 대대로 지키고자 했던 물건을 부도씨에게 맡기니, 이 어찌 고인이 이 기물을 제작한 뜻이겠는가?

**夫萬物所樂者**는 **成也**요 **久也**라 **自聖人不能違之**하여 **銘物**에 **必祝其壽**하고 **子孫永寶用**이러니 **至莊周列禦寇之徒**하여는 **一切齊得喪成虧**하고 **浮屠氏興而其(道)**[6)]**說加(勝)〔厲〕**[7)]라 **今以古人欲世守之物**로 **而寄之浮屠氏**하니 **豈古人製是器之意哉**아

나는 말한다.

"지키기를 잘하는 이로는 대개 이보다 잘 지키는 이가 없다. 대저 물건을 잘 잃는 것은 자기 홀로 소유하고 남과 함께 소유하지 않기 때문이다. 대저 자기 홀로 어느 물건을 소유하고 다른 사람은 소유하지 못하게 하면 비록 세상을 덮는 위세를 가진 사람일지라도 그 후일을 보장할 수 없는데, 하물며 그 물건을 지키는 사람이 우리들 같은 사람임에랴!"

"그렇다면 누가 지킬 수 있는가?"

"오직 자신이 소유하지 않는 사람만이 지킬 수 있다. 지금 浮屠氏의 법은 자기 몸도 자기 소유로 여기지 않거늘 거처하는 곳을 어찌 소유할 것이며, 거처하는 곳도 스스로 소유하지 않거늘 남이 맡긴 물건을 어찌 소유하겠는가. 사찰은 비록 겹겹의 누각이 있어 장관인 곳이긴 하지만 행인들이 와서 유람해도 막지 않으며, 매우 귀중한 보물일지라도 행인들이 와서 구경해도 못 보게 하지 않는다. 대저 이러한 까닭으로 천하에서 이 물건을 가진 것을 시기하는 사람들이 다 의심을 풀고서 말하기를 '저들도 마음대로 소유하지 못하는데 내가 또 어떻게 가지려고 다툴 수

---

6) (道) : 저본에는 '道'가 있으나, ≪柏梘山房全集≫에 의거하여 衍文으로 처리하였다.
7) (勝)〔厲〕: 저본에는 '勝'으로 되어 있으나, ≪柏梘山房全集≫에 의거하여 '厲'로 바로잡았다.

있으리오.'라 하고, 천하의 이 물건을 가지고자 하는 사람들은 또 의심을 풀고서 말하기를 '내가 함께 소유하지 않은 적이 없으니, 내가 또 어찌 독차지할 수 있으리오.'라 한다. 그러므로 나는 '지키기를 잘하는 이로는 대개 이보다 잘 지키는 이가 없다.'라 한다."

曾亮曰 守之善者는 蓋莫有善於是也라 夫物之易(이)失者는 以己獨有之요 而人不與有之者也라 (苟)〔夫〕[8]獨有是物하여 而不使人與有之면 雖有蓋世之威라도 不足以持其後온 況守是物者之爲吾人也哉아 然則孰能守之오 曰 惟不自有者能守之라 今浮屠氏之法이 其身之不自有어니 而何有於居며 其居之不自有어니 而何有於所寄之物이리오 雖其重樓傑觀之地라도 途之人游焉에 莫之禦也요 雖其所(共)〔甚〕[9]寶貴之物이라도 途之人觀焉에 莫之非也니 夫然故로 天下之(忌)〔忮〕[10]有是物者皆釋然曰 彼且不能專之어니 吾又烏容競之리오하고 天下之欲有是物者又釋然曰 吾未嘗不與有之어니 吾又烏容專之리오하니 故曰 守之善者는 莫有善於是也라하노라

옛날에 東坡는 吳道子의 그림을 승려 惟簡에게 주면서 말하기를 "나는 스스로 생각해보건대 늘 이 그림을 지킬 수 없다. 그래서 그대에게 주니, 그대는 장차 어떻게 지킬 것인가?"라 하였으니,[11] 이 어찌 참으로 지킬 수 없다고 염려한 것이겠는가. 가사 염려했다면 또한 이 그림을 남에게 주지 못했을 것이다. 게다가 유간이 이 그림을 지킬 수 있을지 여부는 알 수 없거늘 동파는 능히 이 그림을 넘겨줄 수 있었다. 그러므로 오도자의 그림이 지금까지 없어지지 않았으니, 비록 "이 물건을

8) (苟)〔夫〕: 저본에는 '苟'로 되어 있으나, ≪柏梘山房全集≫에 의거하여 '夫'로 바로잡았다.
9) (共)〔甚〕: 저본에는 '共'으로 되어 있으나, ≪柏梘山房全集≫에 의거하여 '甚'으로 바로잡았다.
10) (忌)〔忮〕: 저본에는 '忌'로 되어 있으나, ≪柏梘山房全集≫에 의거하여 '忮'로 바로잡았다.
11) 옛날에……하였으니 : 東坡 蘇軾의 〈四菩薩閣記〉에 나온다. 惟簡은 승려 이름이다. 吳道子는 唐나라 때의 이름난 화가이다. 長安에 있는 藏經龕의 여덟 개 문의 앞뒤 면에 오도자가 그린 菩薩像과 天王像 16개가 있었는데, 黃巢의 난에 불타게 되자, 어떤 승려가 그중 두 畫板을 뽑아 가지고 岐州의 烏牙僧房에 의탁하여 그 문짝이 전해지게 되었다. 180년이 흘러서 어떤 나그네가 10만 錢의 값을 주고 사서 소식에게 보여주자 소식이 다시 그 값을 주고 그 그림을 사서 부친에게 드렸다. 부친이 세상을 떠나자, 그 그림을 승려 유간에게 맡기면서 "그대는 장차 이 그림을 어떻게 지키겠소?"라고 묻자, 유간은 "내 몸으로 지키리니, 내 눈은 파내고 내 발은 자를 수 있어도 내 그림은 빼앗을 수 없게 하겠습니다."라고 하였고, 또 "부처님에게 맹세하여 귀신이 되어 지켜서 이 그림을 가져가는 자와 이 그림을 남에게 주는 자는 그 죄를 법률대로 다스리게 할 것이다."라고 하였다.(≪古文眞寶後集≫ 권9)

잘 지키기로는 동파만 한 이가 없었다."라고 해도 될 것이다. 이것이 대개 선생의 은미한 의도일 것이다.

**昔**에 **東坡以吳道子畫(四菩薩)**[12]로 **捨僧惟簡而曰 吾自度**(탁)**不能常(有)〔守〕**[13]**是也**라 **故以與子**하니 **子將何以守之**오하니 **此豈眞慮其不能守也哉**아 **使慮之**면 **則亦不捨之矣**라 **且惟簡之能守與否**는 **卽未可知**어늘 **而東坡惟能捨之**라 **故道子畫至今不亡**하니 **則雖謂善守是物者莫如東坡**라도 **可也**라 **此蓋先生之微意也夫**인저

12) (四菩薩) : 저본에는 '四菩薩'이 있으나, ≪柏梘山房全集≫에 의거하여 衍文으로 처리하였다.
13) (有)〔守〕: 저본에는 '有'로 되어 있으나, ≪柏梘山房全集≫에 의거하여 '守'로 바로잡았다.

## 50. 〈歐氏又一村讀書圖〉에 대한 記　歐氏又一村讀書圖記*

* 매증량이 1824년 39세 때 쓴 글이다. 〈구씨우일촌독서도〉는 歐岳庵과 그의 아우 歐子白이 又一村이란 마을에 살면서 독서하던 광경을 묘사한 그림이다. 구악암 형제는 이제 예전처럼 한가롭게 독서만 할 수 없는 상황이 되었다. 이에 매증량은 唐宋八大家의 曾鞏과 蘇軾의 경우를 들어서 어떠한 처지에서도 독서해야 한다고 당부하였다.

성 북쪽[1)]에는 유서 깊은 정원이 많지만 董氏窺園[2)]이란 곳이 鍾山[3)]과 거리가 가깝다. 窺園으로부터 동북쪽은 다 채소밭이 종횡으로 펼쳐 있고 그 사이로 난 오솔길이 끝날 듯한 지점에 문득 대숲 속에 꽃나무가 환한 모습으로 나타나니, 곧 歐氏又一村이다.

기와집이 10여 칸이고 남쪽 땅을 넓게 열어 꽃과 약초 수십 종을 심었고, 軒檻의 북쪽을 틔우니 종산이 기거할 때 마치 几席 위에 있는 것과 같다. 울타리 너머로 보이는 행인은 아마도 깊은 산골의 나무꾼이나 어부일 듯하고 저잣거리의 사람 같지 않았다. 나와 從遊한 사람인 歐生 岳庵[4)]과 그의 아우 子白이 일찍이 조석으로 이곳에서 독서하였다. 이에 그림으로 그리고서 記文을 나에게 부탁하였다.

**城北多古園**이로되 **惟董氏窺園者**가 **去鍾山爲近**이라 **由窺園而東北**이 **皆菜畦縱橫**하고 **密徑若窮**에 **忽花木照耀篁竹中**하니 **則歐氏又一村也**라 **瓦室十餘間**이요 **敞其南**하여 **以植花藥數十種**하고 **拓其軒之北**에 **鍾山**이 **偃仰**에 **如在几席上**이라 **從籬落中見行者**는 **疑深山樵漁**요 **不類塵市人**이라 **從余游者歐生岳庵及其弟子白**이 **嘗朝夕讀書於是**라 **乃圖之**하고 **而以記告於余**라

---

1) 성 북쪽 : 南京城의 북쪽이다.
2) 董氏窺園 : 漢 文帝 때 대학자 董仲舒가 "휘장을 내리고 강송하며 3년간 뜰을 엿보지 않았다." 고 하였는데, 여기서는 이 말의 뜻을 뒤집어서 동중서가 살았던 곳의 정원을 命名한 것이다. (≪漢書≫ 권56 〈董仲舒傳〉)
3) 鍾山 : 南京 동쪽에 있는 北山의 이칭이다. 南朝 宋나라 孔稚圭의 명문인 〈北山移文〉에 나오는 산이다.(≪古文眞寶後集≫ 권2)
4) 歐生 岳庵 : 〈遊小盤谷記〉의 역주 '歐生 岳庵' 참조.

대저 그림과 기문·詩歌는 늘 빈객·산수·聲色이 노닐고 모인 상태에서 나오니, 이는 다 감정에서 환상을 만들어내고 경물을 쫓아간 것이다. 경물은 머물러둘 수 없고 감정은 붙잡아둘 수 없거늘 갑자기 다 한곳에 모였으니 이런 모임은 늘 있는 것이 아니다. 그래서 아름다운 경관들을 다 묘사하여 온갖 조화를 다 잡고서 놓지 않는다. 이에 스스로 판단하여 자부하고서 후인에게 남겨주니, 이것이 글이 날로 많아져서 하찮게 여겨지는 경우가 흔하게 되는 까닭이다.

그러나 집의 동산에 기거하면서 書史를 읽는 것과 같은 경우는 이 어찌 외부에서 오는 것을 期待하여 두려움과 즐거움이 일정하지 못하는 것이겠는가. 그러나 몇 해 이래로 子白은 늘 浙江에서 어버이를 봉양하고 岳庵은 비록 집에 거주하지만 또한 집안일이 많아서 예전처럼 한가로이 시를 읊을 수 없다. 게다가 재주가 이 두 사람 같은 이들이 어찌 끝까지 이 동산에서 서성이고 있겠는가. 그렇다면 이 그림은 예전의 근면하게 〈독서한 일을〉 끝마치고 앞으로 나태해질까 경계한 것이니, 그 뜻이 여기에 있을 것이다.

夫圖記歌詠은 恒出於賓客山水聲色之游聚하니 此皆幻於情而逐於物者也라 物不可留요 情不可執이어늘 卒然合并하니 斯會不常이라 姸窮景畢하여 執萬化而不釋이라 於是에 蔽而自矜하여 將貽後人하니 此文字之所以日繁而用多褻也라 若夫居家林玩書史는 此豈待於外而懼樂之不可常哉아 然이나 數年以來로 子白常侍養於浙하고 岳庵雖家居나 亦囊篋鱗雜하여 不能吟頌無事如曩時라 且才如二子가 豈終徜徉於斯園者리오 則是圖也는 卒前勤하고 懲後荒하니 意在斯乎인저

옛날에 曾子固는 배와 수레를 타고 다니느라 공부를 중단하지 않았고,[5] 蘇文忠은 禁內에 숙직하면서 밤이 깊도록 독서하자 두 늙은 병사가 지쳐서 누워 잤으

5) 曾子固는……않았고 : 唐宋八大家의 한 사람인 宋나라 문호 曾鞏의 자가 子固이다. 증공이 자신의 인생 역정을 술회한 〈學舍記〉에 "16, 7세 때 六經의 말과 고금 작가들의 문장을 읽고 보통 사람보다 뛰어난 점이 있는 것을 보고 좋아할 줄 알게 되었다. 이에 나는 뜻을 가다듬어 이와 같은 문장을 쓴 이들과 어깨를 나란히 해야겠다고 생각하였다. 그러나 이 당시에 家事 또한 많아졌다. 이때부터 서북쪽으로는 陳州·蔡州·譙縣·苦縣 일대와 睢水·汴水·淮河·泗河 유역을 경유하여 京師로 나갔으며, 동쪽으로는 長江을 가로질러 배로 운하의 수로를 지나 五湖를 넘고 封山·禺山·會稽山 등의 산을 지나 동해의 해변까지 이르렀으며, 남쪽으로는 장강에 배를 띄워서 夏口에 도달하여 洞庭湖를 바라보고 다시 彭蠡湖로 간 다음 大庾嶺을 오르고 眞陽縣에서 瀧水의 흐름을 따라 내려가 남해에 이르렀다. 이것이 내가 세상을 살면서 분주히 다닌 역정이다."라 하고는, "잠시 한가로운 때가 있으면 책을 끼고 공부를 하였다."라 하였다.(≪元豐類藁≫ 권17)

니,[6] 저들은 金馬門·玉堂 중과 파도·紅塵이 가득한 곳이 다 學舍였던 셈이다. 그러므로 古人은 스스로 수립한 것이 이와 같을 수 있었던 것이다.

그렇지 못하여 빈천할 때에는 "내가 달리 구하는 것이 있어서 공부할 겨를이 없다."라 하고, 부귀할 때에는 "나는 自重해야 할 것이 있으니, 우선 천천히 있다가 하겠다."라고 한다면, 이는 아마도 이 그림의 취지에 참여할 수 없을 것이다. 두 사람은 알 것이다.

**昔**에 **曾子固不以舟車**로 **廢其學**하고 **而蘇文忠直禁內**하여 **讀書夜分**에 **老兵皆倦臥**하니 **彼其視金馬玉堂之中波濤塵堺之內**가 **皆學舍也**라 **故古人有以自立者如此**라 **不然**하여 **當貧賤時曰 吾他有求焉**하여 **不暇學**이라하고 **富貴矣則曰 吾有以自重者**니 **姑緩之**라하면 **是殆不足與於斯圖也**라 **二子者其知之矣**라

曾鞏

蘇軾

6) 蘇文忠은……잤으니 : 唐宋八大家의 한 사람인 宋나라 문호 蘇軾의 시호가 文忠이다. 소식이 玉堂에 있을 때 하루는 杜牧의 〈阿房宮賦〉를 읽다가 문장에 심취해 시간 가는 줄 모르고 밤이 깊을 때에 이르자 시중을 들던 두 늙은 병사가 오래 앉아 있느라 지쳤다. 한 병사가 "알지 못하겠네. 무슨 좋은 점이 있기에 밤은 깊고 날씨는 몹시 추운데도 잠자려 하지 않는가."라 하니, 다른 병사가 "또한 한두 좋은 구절이 있다."라 하였다. 그 병사가 크게 노하여 "네가 무엇을 아는가?"라 하니, 다른 병사가 "나는 그가 '천하 사람들로 하여금 감히 말하지는 못하고 감히 노하게만 하였다.'고 말한 것을 좋아한다."라 하였다. 소식의 셋째 아들인 蘇過가 누워서 이 두 병사의 대화를 듣고 이튿날 소식에 말하니, 소식이 크게 웃고 말하기를 "이 사람들도 鑑識이 있다."라 하였다. '천하 사람들로 하여금 감히 말하지는 못하고 감히 노하게만 하였다.'는 〈아방궁부〉에 나오는 대목인데, 여기서는 소식이 밤늦도록 자지 않으므로 시중을 드는 병사가 불만이 가득 찼지만 말하지는 못하고 노하기만 할 수 밖에 없는 자신의 심정을 잘 표현했기 때문에 좋아한다고 한 것이다.(≪古今說海≫ 권116)

## 51. 吳淞口의 공사 결과를 시험한 일에 대한 記　吳淞口驗功記*

*매증량이 1828년 43세 때 쓴 글이다. 吳淞口는 지금의 上海市 寶山縣 동남쪽에 있는데, 吳淞江이 黃浦江과 만나 바다로 들어가는 어귀이다. 江蘇省 지역에 太湖의 물이 범람하여 잦은 水災를 만났는데, 陶樹(1777~1839)가 江蘇巡撫를 맡아서 오송강을 준설하여 바다로 물길을 틔우는 공사를 하여 道光 8년(1828)에 준공하였다. 이 글은 공사를 마치고 수로를 개통한 것을 기념하여 쓴 것이다.

太湖[1] 3만 6,000頃[2]이 經流[3]로 吳淞[4]에 도달한다. 오송은 머리는 태호를 베고 누웠고 꼬리는 黃浦에까지 닿아서 300여 리를 지나 바다에 들어가 발원이 멀고 흐름이 넓으니, 강이 커서 넓고 깊지 못하면 靈湖[5]를 삼키고 神委[6]에까지 이어질 수 없다.

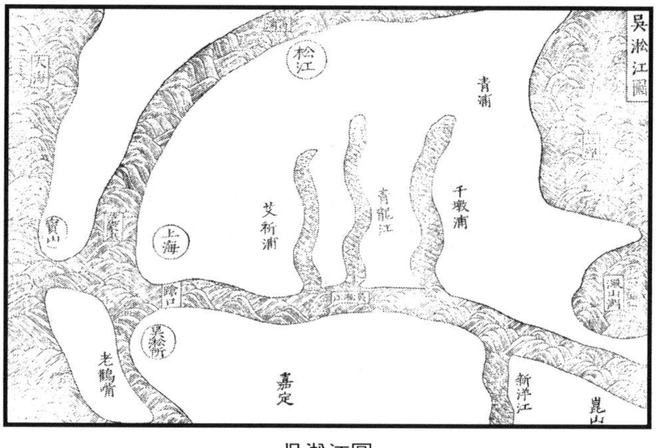

吳淞江圖

太湖三萬六千頃이 以經流達於吳淞하니 吳淞首枕太湖하고 尾掉黃浦하여 亘三百餘里하여 入海하여 源長流鋪하니 非洪壯闊深이면 不足以吐納靈湖하고 綱絡神委라

---

1) 太湖 : 江蘇省과 浙江省에 걸쳐 있는 큰 호수로 震澤·笠澤·五湖라고도 한다.
2) 頃 : 논밭의 넓이를 재는 단위이다. 淸나라 때에는 사방 5尺을 1步, 240보를 1畝, 100무를 1頃이라 하였다. 1경은 대략 1만 m²이다.
3) 經流 : 작은 지류인 支渠의 반대말로 강물의 큰 줄기이다.
4) 吳淞 : 吳淞江으로 太湖의 가장 큰 지류이다. 松江·吳江·蘇州河 등 다른 명칭도 있다. 태호 동북쪽에서 흘러나와 吳縣·昆山·靑浦·松江·上海·嘉定을 거쳐서 黃浦와 합류하여 바다로 들어간다.
5) 靈湖 : 신령한 호수란 말로 태호를 가리킨다.
6) 神委 : 신령한 지류란 말로 黃浦江 하류를 말한다. 委는 강의 하류이다.

明나라 嘉靖 초에 한 차례 국가에서 治水하였고 한 차례 민간에서 준설하고는 그 후로 오래도록 방치해두어 강물이 흘러나오는 입구에는 토사가 쌓였고 강가는 들쭉날쭉하며 갈대와 같은 수초들이 무성하게 자란 탓에 지대가 높건 낮건 평탄하건 다 홍수와 가뭄에 시달렸다.

**明嘉靖初**에 **一治於官**하며 **一濬於私**하고 **後曠不修**하여 **喉吻縮蓄**하고 **浦溆差互**하며 **茭葦怒生**에 **高卑平夷**가 **水旱皆困**이라

安化 陶公[7]이 江蘇巡撫로 부임하여 道光 7년(1827) 겨울 12월에 어명을 받들어 吳淞을 준설하는 공사를 시작하였다. 이때 사람들이 자기 소견을 올려 어떤 사람은 비루한 의론을 고수하고 어떤 사람은 새로운 공사를 하자고 주장하였다.

도공은 이에 고금의 사례를 참작하고 지형을 둘러보고서 "武康의 紵溪[8]를 옮겨 새 도랑을 뚫자는 것은 말이 너무 천착한 잘못이 있고, 吳江[9] 전 고을을 없애면서 松江을 준설하자는 것은 말이 너무 방종한 잘못이 있으며, 沙村을 옮기고 千橋[10]를 파고 白蜆[11]을 틔워서 太湖의 지류를 青龍[12]으로 옮기자는 것은 말이 너무 소란스럽게 하는 잘못이 있다. 그리고 元나라 때 黃浦를 틔워서 물길이 新洋[13]에까지 이르렀지만 시공한 것이 미미하여 물줄기를 틔우는 水利의 효과는 없었으니, 이는 또 너무 草率한 잘못이 있다."라 하고는, 이에 工人들을 모으고 공사 일정을 세워서 강을 메운 토사를 긁어내고 굽은 기슭을 파내어 평평하게 만들되 오직 물길을 넓고 깊게 만들 뿐 예전의 물길을 고치지는 않았다. 이에 큰 언덕과 이어진

7) 安化 陶公 : 陶澍(1777~1839)를 가리킨다. 그는 자가 子霖이고, 호가 雲汀 또는 髯樵이며, 湖南 安化 사람이다. 嘉慶 7년(1802)에 진사시에 급제하였고, 道光 연간에 安徽·江蘇 巡撫를 역임하고 兩江總督에 이르렀다. 시호는 文毅이다. 저서로 《印心石屋詩抄》·《蜀輶日記》가 있다.
8) 武康의 紵溪 : 武康은 옛 縣 이름으로 지금의 浙江省 德清縣에 해당한다. 紵溪는 무강현 동북쪽에 있는 시내이다.
9) 吳江 : 江蘇省의 屬縣이다. 淸나라 때 蘇州府를 설치하였다.
10) 千橋 : 吳江에 있는 호수 이름이다. 宋나라 蘇軾의 〈錄單鍔吳中水利書〉에 "伍堰을 수리하여 위의 물이 荊溪로 들어가지 않고 分水와 銀林 두 堤堰을 경유하여 곧바로 蕪瑚로 들어가게 하며 아래로 吳江의 기슭에 이르러서는 千橋를 만들어 太湖의 물이 바다로 들어가게 한다."라 하였다.(《東坡全集》 권59)
11) 白蜆 : 江蘇省 吳江縣 동남쪽에 있는 강이다. 역시 太湖의 지류로 일명 白蜆湖 또는 東江이라고도 한다. 지금은 없어졌다.
12) 青龍 : 강 이름으로 지금의 上海市 青浦縣 북쪽에 있다.
13) 新洋 : 강 이름인데 지금은 없어졌다.

구릉은 귀신이 옮겨놓은 듯하고 고여서 선회하던 물줄기는 구름이 흩어지고 하늘이 움직이는 듯하였다.[14] 그리하여 석 달을 넘기지 않아 治水 공사를 완료하여 좋은 날을 잡아 吳淞口에서 공사의 효과를 시험해보게 되었다.

安化陶公巡撫江蘇할새 以道光七年冬十二月로 奉命瀹疏하니 時에 群情獻疑하여 或守卑論하고 或求新功이어늘 爰斟酌古今하고 延覽地形하여 以爲徙武康(貯)〔紵〕[15]溪하여 穿新渠는 言失之鑿이요 廢吳江全邑하여 以濬松江은 言失之縱이요 遷沙村하며 鑿千橋하고 開白蜆하여 徙湖委於靑龍은 言失之擾요 而元時疏黃浦하여 至新洋이로되 功施卑卑하여 不利洩宣하니 又失之率이라하고 乃鳩工立程하여 爬抉塡淤하고 鏟咋曲岸하되 惟其寬深이요 無改故渠하니 巨阜連隴은 神移鬼推하고 盤盂涓澮는 雲解天動이라 不踰三月에 水工藏事하여 擇期驗功於吳淞口라

때는 화창한 봄날이라 복사꽃과 버들이 산뜻한 모습을 보였다. 수면에는 하늘이 비치는데 해묵은 잡초들은 구름 걷히듯 사라지고 물고기들은 물결 속에 노닐며, 멀리 고향을 향해 길이 돌아가면서 돛을 활짝 펼친 수많은 배들은 마치 말들이 들판을 마음껏 달리는 것과 같았다.

농사의 이익이 백성들에게 두루 있음에 기뻐하는 노래가 길에 가득하니, 공이 기쁜 안색을 띠고서 시로 이 일을 기록하자 화답하는 이가 천 명이라 화락한 기상이 重臣의 큰 계책이요 吉甫의 淸風[16]이었다. 이에 나에게 부탁하여 사실대로 기록하게 하니, 道光 8년 9월 10일이다.

時當春和하여 桃楊獻新이라 水光納天에 積葑雲卷하고 龜魚舒波하며 望墟永歸에 千帆怒張은 如馬縱野라 農利普存에 歡謠載途하니 公顔載愉하여 詩紀其事에 和者千焉이라 雍雍乎元臣之訏謨요 吉甫之淸風也라 乃屬(촉)曾亮實事以紀하니 則道光八年九月之十日也라

---

14) 큰……듯하였다 : 강을 준설하면서 파낸 토사를 쌓은 것이 큰 언덕이나 구릉과 같고, 강을 준설하자 물줄기가 막힘없이 흘러가는 광경을 형용한 것이다.

15) (貯)〔紵〕 : 저본에는 '貯'로 되어 잇으나, ≪柏梘山房全集≫에 의거하여 '紵'로 바로잡았다.

16) 吉甫의 淸風 : 陶澍가 지은 시가 和樂하고 의미가 심장하다고 찬미한 것이다. ≪詩經≫ 〈大雅 烝民〉에 "尹吉甫가 誦詩를 지으니, 深長하기 청풍과 같도다.〔吉甫作誦 穆如淸風〕"라 하였다.

# 52. 從吾軒이 정벌에 따라간 것에 대한 記事　從吾軒從征記事*

* 매증량이 1835년 50세 때 쓴 글로 從吾軒이 참전하여 西康省 지역 소수민족을 정벌하러 갔다가 겪은 기이한 일을 기록한 것에 대해 쓴 것이다. 종오헌이 누구인지는 미상이다. 먼 絶域에 사는 소수민족 중에는 술법을 부려서 안개, 우레, 비바람을 불러오는 사람이 있는데, 이러한 이상 기후가 갑자기 생기는 것은 이런 절역에는 인간의 기운이 적어서 하늘과 땅의 기운이 서로 통하고 엉기면서 생긴 현상이라고 매증량은 설명하였다.

阿桂

唐나라 사람이 高仙芝가 小勃律을 정벌한[1] 일을 기록한 내용에 그곳 사람이 술법으로 요사한 안개와 장맛비를 불러왔다고 되어 있는데, 章佳公 阿桂[2]의 年譜에 金川을 정벌한 일을 기록한 것이 자못 이와 같다. 지금 이 기사에 말하기를, "打箭鑪[3]로 들어가서 서쪽으로 40일 가서 恩達塘의 瓦合山에 이르니, 金鼓 소리가 울려 갑자기 우레와 비를 불러왔다."라 하였으니, 어쩌면 먼 絶域에 사람은 怪徵[4]이 있고 地氣도 다른 것인가.

---

1) 高仙芝가……정벌한 : 高仙芝는 본래 高句麗 사람으로 唐나라 무장이 되었다. 小勃律은 서역에 있는 나라이다. 747년에 고선지가 서역을 정벌하러 가서 소발률까지 진격하였다.
2) 章佳公 阿桂 : 1717~1797. 성이 章佳이고, 이름이 阿桂이다. 乾隆 시대에 가장 신임받은 대신 중 한 사람으로, 金川과 準噶爾(준가르) 및 甘肅省 回民의 반란을 토벌하는 데 공을 세워 公爵의 작위를 받았다. 그 후 이슬람교도의 반란과 대만의 林爽文의 반란 등을 평정했고, 네팔 원정에도 참가했다.
3) 打箭鑪 : 지금의 西康省 康正縣 지역이다. 삼국시대 蜀漢의 승상 諸葛亮이 南征할 때 이곳에 대장간을 설치하여 화살을 만들었다고 해서 붙여진 이름이라 한다. 鑪자는 다른 本에는 대개 爐자로 표기되어 있다.
4) 怪徵 : ≪書經≫ 〈周書 洪範〉의 九疇의 여덟째 조목인 庶徵에 休徵과 咎徵이 있다. 날씨가 절후에 맞게 순조로운 것을 휴징이라 하고, 제때에 맞지 않은 것을 구징이라 한다. 여기서 괴징은 괴상한 날씨, 즉 때에 맞지 않은 비바람·우레 등을 부리는 술법을 뜻하는 것으로 생각된다.

唐人記高仙芝征小勃律에 其人能以術致妖霧淫雨러니 章佳公阿桂年譜에 記征金川事頗同이라 今此記에 言入打箭鑪하여 西行四十日에 至恩達塘之瓦合山하니 金鼓聲이 立致雷雨라하니 豈荒徼絶域에 人有怪徵하고 地氣亦殊與아

대개 하늘은 높고 땅은 낮은 것이 자연의 기운이거늘 사람의 기운이 〈하늘과 땅 사이에〉 꽉 찰 경우에는 또한 부딪쳐 흔들어서 〈위아래의 기운을〉 오르내리게 하며, 人·物의 기운이 적으면 중간이 비어서 위아래의 기운이 쉽게 합하여 陰·陽이 어지럽게 발산하여 본래의 일정한 자리를 지키고 있지 못하니, 이런 까닭에 옛날의 성인이 땅과 하늘이 통하는 것을 끊었던 것이다. 그런데 저 머나먼 絶域에는 태곳적과 같은 상태가 또한 이와 같았을 따름이다.

蓋天高地下者는 自然之氣也어늘 而人氣之充塞엔 亦有以摩盪而升降之요 人物少則中虛하여 而上下之氣易(이)合하여 陰陽發亂하여 不主故常하니 古聖人所以絶地天之通也라 彼殊徼絶域者엔 太古之事가 亦如是而已라

아아! 날로 개척하고 날로 넓어지는 것은 땅이고, 날로 태어나고 날로 많아지는 것은 사람이다. 이 지역도 천백 년 뒤에는 필시 吳會[5] 중과 같은 좋은 논밭, 아름다운 대숲과 바위, 좋은 의복과 맛있는 음식이 있어 장차 이 글을 터무니없는 말이라 할 것이다.

嗚呼라 日闢而日廣者는 地也요 日生而日衆者는 人也라 斯域也 千百年之後에 必有良田疇美竹石好衣甘食이 如吳會中하여 而且以是書爲妄語者리라

5) 吳會 : 東漢 때에 會稽郡을 吳郡과 회계군으로 나누고 吳會로 병칭하였다. 후세에 이 두 郡이 있었던 옛 지역을 泛稱해서 오회라 하였다. 江蘇省과 浙江省 일대로 매증량이 거주하고 활동하던 지역이다.

# 53. 李林孫의 일에 대해 씀　書李林孫事*

*매증량이 1818년 33세 때 쓴 글이다. 乾隆 60년(1795)에 白蓮教徒인 安徽 사람 劉之協 등이 四川·湖北에서 큰 민란을 일으켰을 때 재야에 숨은 인재인 李林孫이란 인물과 함께 陳伯瑜·林嵐·蓋方泌(갑방필)의 활약을 기록하였다. 이임손은 승전의 비결을 묻는 말에 "대호걸은 다른 것이 없고 인심을 얻을 뿐이다."라 하였다.

郟縣(겹현)[1] 사람 陳伯瑜는 豪俠한 선비이다. 일찍이 巡撫 某公의 좌중에서 큰 소리로 말하기를 "아무 아무 곳의 教匪들이 응당 일어날 것이다."라 하니, 때는 乾隆 60년이라 천하가 안정되었고 좌중의 인사들은 다 사대부와 大吏 官屬이라 크게 소리치면서 요망한 사람이라 하여서 某公에게 사주하여 곧바로 좌중에서 체포하게 하였다. 伯瑜가 말하기를 "나를 체포하는 것은 쉽고도 쉬우나 어떠한 경우에 풀어 줄 것인가?"라 하였다. 얼마 지나지 않아 川楚[2] 지방의 賊徒들이 과연 일어났다. 이에 관리들이 모두 놀라 백유를 예우하여 上客으로 삼았다.

**郟縣陳伯瑜**는 **任俠士也**라 **嘗於巡撫某公座**에 **大言曰 某某處教匪當起**라하니 **時乾隆六十年矣**라 **天下乂安**이요 **坐中皆搢紳先生大吏官屬也**라 **大譁以爲妖人**이라하여 **嗾某公**하여 **卽坐上執之**한대 **伯瑜曰 執我易易**(이이)**耳**나 **若何者而釋**이리오하더니 **無何**요 **川楚賊果起**라 **官吏皆驚**하여 **禮爲上客**이라

당시 적의 무리들은 이미 세력을 뻗었으나 河南 지역에는 아직 들어오지 못하였다. 하남은 길이 사방으로 뚫려 있기에 적이 나는 새처럼 가볍게 옮겨 다니면 제어할 수 없기에 이 지역의 관리들은 특히 이 점을 걱정하였다. 그런데 적이 襄城으로부터 온다는 소문이 점점 들려오는데 文·武 관리들이 다들 다른 곳으로 나가 守禦하고, 布政使 馬慧裕[3]만이 홀로 성을 지킨다는 허울 좋은 이름만 갖고 있을

1) 郟縣(겹현) : 고대의 縣으로 춘추시대에는 鄭나라의 읍이었다. 지금의 河南省에 있다.
2) 川楚 : 〈朝議大夫臺灣府知府蓋君墓誌銘〉의 역주 '嘉慶……때' 참조.
3) 馬慧裕 : ?~1816. 자가 朗山이고, 호가 朝曦이다. 乾隆 36년(1771)에 進士試에 급제하였고,

뿐 실은 병력이 없기에 伯瑜의 계책을 써서 양성 사람 李林孫을 얻어서 500인의 병력으로 양성에서 적을 격파하였다. 이때 적의 병력이 이미 대대적으로 이르러 물가에 다다라 물을 건너려 하던 차에 백유가 250인의 병력을 가지고 閱兵한다는 소문을 듣고서 희롱하며 구경하다가 미처 전투가 벌어지기도 전에 後陣이 소란스러웠으니, 이임손이 250인을 거느리고 적의 배후로 나와서 공격한 것이었다. 적이 전후로 혼란에 빠진 틈을 타서 상당한 적을 살상하자 적은 마침내 도망쳤다.

**時**에 **賊衆已蔓延**이나 **然未入河南界**하니 **河南路四通**일새 **輕徙鳥擧**에 **不可制**라 **當事者尤是爲憂**러니 **而浸淫聞賊自襄城來**어늘 **文武吏皆他出守禦**하고 **獨布政使馬慧裕**가 **提空名守城**이요 **實無兵**이라 **用伯瑜計**하여 **得襄城李林孫**하여 **以五百人破賊襄城**하니 **時**에 **賊已大至**하여 **臨水欲渡**라가 **聞伯瑜以二百五十人閱兵也**하고 **戱觀之**라가 **未及戰**에 **而後陳囂**하니 **林孫以二百五十人出其背**라 **賊前後相紛拏**에 **殺傷過當**일새 **乃遁去**러라

李林孫이 襄城에서 이미 적을 격파하니, 鄕兵의 명성이 梁楚 일대에서 알려졌다. 그래서 林嵐이 병력을 청하여 盧氏[4]를 지키는데, 적의 장수 張潮兒가 와서 공격하였다. 적은 군사를 10만이라 주장하였지만 2, 3만 남짓 되었다. 임람의 군사는 2,000이 채 못 되어 감히 진격할 수 없었다.

임람이 사람들에게 말하기를 "공들은 모두 林孫의 사람이니, 부질없이 죽을 뿐 아무 이득이 없다."라 하고, 큰 나무를 가리키면서 "나는 관리이니, 여기서 죽을 따름이다."라 하니, 사람들이 노하여 말하기를 "누군들 면목이 없는 사람이기에 관리로 하여금 이런 말을 하게 한단 말입니까. 오늘 전투에서 적을 이기지 못하고 살아남는 자는 큰 바위에 머리를 부딪쳐 죽을 것이다."라 하였다. 임람이 절하였고, 사람들도 절하였다. 드디어 전투하자 적이 거의 섬멸되었다. 적이 달아나면서 욕하기를 "내가 너를 기억한다. 내가 너를 기억한다."라 하였다.

**林孫已破賊襄城**하니 **其鄕兵**이 **聲聞梁楚間**이라 **林嵐乞其兵守盧氏**러니 **賊帥張潮兒來攻**에 **衆號十萬**이나 **可二三萬**이라 **嵐卒不滿二千**일새 **莫敢進**이라 **嵐謝其衆曰 公等皆林孫人**이니 **徒死**

嘉慶 연간에 陝西・河南 등지의 按察使・布政使 등을 역임하였고, 관직이 禮部尙書에 이르렀다. 관직에 있을 때 청렴하고 유능하다는 평판을 받았고, 산수화와 書法에 뛰어났다. 저서로 《續集蘭亭》・《河干詩鈔》 등이 있다.

4) 盧氏 : 河南省의 縣으로, 西漢 武帝 元鼎 4년에 縣이 설치되었다. 지금 三門峽市 관할이다.

無益이라하고 指大樹曰 我官也니 死是間耳라한대 衆怒曰 誰無面目者완대 〔乃〕致(公)〔官〕[5]爲此言가 今日戰에 有不勝賊而生者는 撞大石破腦死라하여늘 嵐拜하고 衆亦拜라 遂戰에 賊幾殲이라 賊走且詬曰 我識(지)若이라 我識若이라하다

林嵐이란 사람은 河南省에서 知縣으로 임용되었다가 후에 安徽省同知가 되었다. 蓋方泌[6]란 이가 있으니, 陝西省 商州州同이고 역시 鄕兵을 잘 부렸다.

일찍이 패전했을 때 평소처럼 웃으며 얘기하거늘 사람들이 노하여 말하기를 "남의 부형과 자제들이 죽는 것을 보고서 도리어 웃다니, 진실로 이해할 수 없다."라 하였는데, 갑방필이 말하기를 "적이 작은 승리를 거두었으니, 교만해졌을 것이다. 내가 부형과 자제들의 원수를 갚아 전투에서 반드시 승리하여 진귀한 보물들을 다 차지할 것이다. 내가 이 때문에 웃었다."라 하였다. 이에 사람들의 사기가 진작되어서 다시 전투할 때에는 대승을 거두었다.

방필이 종전에 전투했던 곳에 이르러 죽은 사람들을 불러 곡하면서 말하기를 "好男子들이 내가 적을 죽이는 것을 보지 못하고 죽었구나."라 하고는 땅에 엎드려 곡하기를 그치지 않으니, 사람들이 다 곡하였다.

林(陝)〔嵐〕[7]者는 河南省試用知縣〔也〕[8]라가 後爲安徽省同知하다 有蓋方泌者하니 爲(嵐)〔陝〕[9]西商州州同이요 亦善使鄕(民)〔兵〕[10]이라 (常)〔嘗〕[11]敗에 言笑如平常이어늘 衆怒曰 見人父兄子弟死에 反笑爲하니 固不可解也라한대 方泌曰 賊小勝하니 驕矣라 我報父兄子弟仇하여 戰必勝하여 珍寶盡有之라 我故樂而笑也라하니 衆氣振이라 復戰에 乃大勝이러라 方泌至前戰地하여 呼亡者而哭曰 好男子不見吾殺賊而死也로다하고 因伏地하여 哭不能已하니 衆皆哭이러라

汪正鋆이 말하기를 "내가 梁楚 지역을 왕래하면서 소문으로 들은 이임손이란 이를 수소문하여 襄城의 객사에서 만났더니, 나이는 60여 세이고 溫厚한 長者였다.

5) 〔乃〕致(公)〔官〕: 저본에는 '致公'으로 되어 있으나, ≪柏梘山房全集≫에 의거하여 '乃致官'으로 바로잡았다.
6) 蓋方泌 : 위의 〈朝議大夫臺灣府知府蓋君墓誌銘〉 참조.
7) (陝)〔嵐〕: 저본에는 '陝'으로 되어 있으나, ≪柏梘山房全集≫에 의거하여 '嵐'으로 바로잡았다.
8) 〔也〕: 저본에는 '也'가 없으나, ≪柏梘山房全集≫에 의거하여 보충하였다.
9) (嵐)〔陝〕: 저본에는 '嵐'으로 되어 있으나, ≪柏梘山房全集≫에 의거하여 '陝'으로 바로잡았다.
10) (民)〔兵〕: 저본에는 '民'으로 되어 있으나, ≪柏梘山房全集≫에 의거하여 '兵'으로 바로잡았다.
11) (常)〔嘗〕: 저본에는 '常'으로 되어 있으나, ≪柏梘山房全集≫에 의거하여 '嘗'으로 바로잡았다.

내가 그와 함께 形勢의 旺相[12]과 用兵의 奇正[13]의 도리를 얘기했더니, 모두 알지 못하였고, 말하기를 '대호걸은 다른 것이 없고 인심을 얻을 뿐이다.'라 하더라."라 하였다.

汪(士)〔正〕[14]鋆曰 吾往來梁楚間하여 問所聞李林孫者하여 見之襄城逆旅中하니 年六十餘矣요 而溫厚長者라 正鋆與言(言)〔形〕[15]勢(王)〔旺〕[16]相用兵奇正之道하니 皆不省하고 曰 大豪傑無他라 得人心耳라하다

12) 旺相 : 孤虛旺相의 준말이다. 孤虛는 兵法에서 行軍할 때 方位와 日時 등을 보는 법이다. 예를 들면 甲子日로부터 癸酉日까지가 10일 중에서 地支인 戌日과 亥日은 孤이고 辰日과 巳日은 虛가 되는데, 이런 방위와 이런 일시에 행군을 하면 크게 흉하다고 한다. 旺相은 五行이 四時에서 서로 교대해가면서 消長하는 것을 말한다. 예컨대 봄 석 달 동안은 木이 旺이 되고 火가 相이 되며, 여름 석 달 동안은 화가 왕이 되고 土가 상이 된다. 병법에서도 이 왕상의 기운을 잘 타야만 승리한다고 본다.

13) 奇正 : 병법의 용어로, 마주 陣을 쳐서 전투하는 것을 正이라 하고, 매복하거나 습격하는 것을 奇라 한다.

14) (士)〔正〕 : 저본에는 '士'로 되어 있으나, ≪柏梘山房全集≫에 의거하여 '正'으로 바로잡았다.

15) (言)〔形〕 : 저본에는 '言'으로 되어 있으나, ≪柏梘山房全集≫에 의거하여 '形'으로 바로잡았다.

16) (王)〔旺〕 : 저본에는 '王'으로 되어 있으나, ≪柏梘山房全集≫에 의거하여 '旺'으로 바로잡았다.

# 54. 棚民의 일에 대해 씀　書棚民事*

*매증량이 1823년 38세 때 쓴 글이다. 棚民은 산속에서 황무지를 개간하면서 풀로 지붕을 인 움막에서 사는 백성을 말한다. 산을 개간하면 곡식을 더 많이 거두게 되어 이득이 있다는 주장과, 산을 개간하면 토사가 흘러내리고 산이 물을 저장하지 못하여 정작 농사가 잘 안 되고 세금이 걷히는 저지대의 논밭이 해를 입게 된다는 주장, 두 가지 견해를 기록해 둠으로써 民事의 利害를 선불리 판단하기 어렵다는 이치를 밝혔다.

내가 董文恪公[1]을 위하여 그의 行狀을 지을 때 그의 奏議를 다 읽어보았더니, 安徽巡撫로 있을 때 붕민이 산을 개간하는 일을 비준할 것을 힘써 주청하였다. 그 大旨는 다음과 같다.

"붕민과 상대하여 고발하는 자들은 다 龍脈風水[2]의 설에 빠져서 심지어 수백 畝[3] 면적의 산으로 棺 하나가 들어간 땅을 보호하느라 典禮를 버리고[4] 이로운 땅을 묵혀두니, 〈이들의 주장대로〉 시행해서는 안 됩니다. 붕민들은 높은 산속, 사람들이 다니지 않는 곳에서 변변찮은 음식을 먹으며 힘든 노동을 하여 旱穀[5]을 심어서 벼·기장과 같은 主穀의 부족을 보충할 수 있습니다. 사람은 노는 백성이 없으며 땅은 버려진 이익이 없게 되고 계책에 지극히 편리하니, 〈산을 개간하는 일을〉 금지하여 事端을 열어서는 안 됩니다."

---

1) 董文恪公 : 董教增의 시호가 文恪이고, 자는 益甫이다. 淸나라 上元 사람으로 乾隆 연간에 진사가 되었고, 嘉慶 연간에 관직이 浙閩總督에 이르렀다.
2) 龍脈風水 : 묘지의 터를 보는 풍수이다. 풍수에서 산을 용에 비유하고 산의 기복을 龍脈이라 한다. 墓穴의 왼쪽 용맥을 청룡이라 하고 오른쪽 용맥을 백호라 한다.
3) 畝 : 대략 100步가 1畝에 해당하는데, 오늘날의 면적으로는 사방 100m쯤 된다.
4) 典禮를 버리고 : 典禮는 ≪周易≫ 〈繫辭 上〉에 "성인이 천하의 움직임을 보고서 그 회통을 관찰하여 그 전례를 행한다.〔聖人有以見天下之動 而觀其會通 以行其典禮〕"라고 한 데서 온 말로 옛 성인이 제정해놓은 禮制를 말한다. 즉 禮書에 있는 제도를 무시하고 명당을 차지하기 위해 풍수설을 따른다는 말이다.
5) 旱穀 : 마른 땅에서도 잘 자라는 곡식으로 보리, 밀, 메밀 같은 곡식을 말한다.

내가 이 설을 읽어보고 옳다고 여겼다.

余爲董文恪公하여 作行狀할새 盡覽其奏議하니 其任安徽巡撫에 奏準棚民開山事甚力이라 大旨는 言與棚民相告訐者가 皆溺於龍脈風水之說하여 至有以數百畝之山으로 保一棺之土하고 棄典禮하며 荒地利하니 不可施行이요 而棚民能攻苦茹淡於崇山峻嶺人迹不可通之地하여 開種旱穀하여 以佐稻粱하니 人無閒民하며 地無遺利하고 於策至便하니 不可禁止하여 以啓事端이라하여늘 余覽其說而是之러라

내가 宣城[6]에 왔을 때에 향리 사람들에게 물어보니, 다들 이렇게 말하였다.

"개간하지 않은 산은 흙이 견고하고 돌이 단단히 박혀 있으며 초목이 우거지고 빽빽하여 몇 해 동안 썩은 잎들이 쌓인 것이 2, 3寸 두께가 된다. 비가 올 때마다 빗물이 나무로부터 잎에 이르고 잎으로부터 흙과 돌에 이르러 돌 틈을 거쳐서 방울방울 떨어져 작은 물줄기를 이루니, 물이 내려가는 것이 느리고 게다가 물이 내려가도 흙은 물을 따라 내려가지 않는다.

물이 느리게 흐르기 때문에 낮은 지대의 논밭은 물을 받아도 水災가 되지 않으며, 반 달 동안 비가 오지 않더라도 높은 지대의 논밭은 조금씩 적셔 들어오는 물을 여전히 받을 수 있었다. 그런데 지금은 도끼와 자귀로 온통 민둥산을 만들고 호미와 쟁기로 흙을 파헤쳐 한번 비가 왔다 하면 채 비가 그치기도 전에 모래와 돌이 물을 따라 골짜기와 계곡 속으로 세차게 흘러내린다. 따라서 온통 다 토사가 쌓여 물을 저장해둘 수 없어서 마침내 저지대의 논밭에 이르러서야 물줄기가 그치게 된다. 따라서 저지대의 논밭에 물이 마르면 더 이상 이어댈 山田의 물이 없게 되니, 이는 不毛의 땅을 개간하여 곡식이 자라는 논밭을 해치고 세금을 안 내는 일꾼들을 이롭게 하여 세금을 내는 民戶를 못 살게 하는 것이다."

내가 또한 이 말을 듣고 옳다고 여겼다.

及余來宣城하여 問諸鄕人하니 皆言未開之山은 土堅石固하고 草樹茂密하여 腐葉積數年에 可二三寸이라 每天雨에 從樹至葉하고 從葉至土石하여 歷石罅하여 滴瀝成泉하니 其下水也緩하고 又水下而土不隨其下라 水緩이라 故低田受之라도 不爲災하고 而半月不雨라도 高田猶受其浸漑러니

6) 宣城 : 安徽省의 屬縣으로 매증량의 선조가 이주하여 살던 곳이다. 이곳의 柏梘山이 先山이라 선대의 묘소들이 모여 있다. 매증량은 38세 때 음력 4월에 백견산에 와서 선대에 성묘하고 39세 때에는 宣城의 文峰書塾에서 강학하였다.

今以斤斧童其山하고 而以鋤犁疏其土라 一雨未畢에 沙石隨下하여 奔流注壑澗中하여 皆填汙不可貯水하여 畢至窪田中乃止라 及窪田竭하면 而山田之水無繼者하니 是爲開不毛之土而病有穀之田하며 利無稅之傭而瘠有稅之戶也라 余亦聞其說而是之러라

아아! 利·害를 둘 다 온전히 갖출 수 없은 지 오래이다. 앞의 주장을 따르면 분규를 그치게 할 수 있고, 뒤의 주장을 따르면 이익을 지킬 수 있으니, 이익을 잃지도 않고 게다가 董公이 걱정하는 바에 이르지 않게 하는 것과 같은 경우는 나는 그 방법을 찾지 못하겠다. 그러므로 이를 기록하여 民事에 익숙한 이를 기다리노라.

嗟夫라 利害之不能兩全也久矣라 由前之說이면 可以息事요 由後之說이면 可以保利니 若無失其利요 而又不至於董公之所憂는 則吾蓋未得其術也라 故記之以俟夫習民事者하노라

# 55. 楊氏의 종 이야기를 씀　書楊氏婢*

*매증량이 1813년 28세 때 쓴 글이다. ≪柏梘山房全集≫에는 〈書楊氏婢事〉로 되어 있다. 주인의 改嫁를 막고 자신도 시집가지 않은, 양씨 가문의 곧고 슬기로운 여종 얘기이다.

楊氏의 과부가 된 妾이 가난 때문에 양씨네 집에 그대로 있을 수 없어 〈다른 곳으로〉 改嫁하기로 한 날이 얼마 남지 않았다. 개가하러 가기 전날 밤에 그 첩이 여종을 부르니 세 차례나 응답하지 않았다. 첩이 노하여 "너는 내 여종인데 어찌 감히 이와 같이 하느냐?"라 하니, 여종이 꾸짖으며 말하기를 "나는 양씨의 종이다. 너는 지금 누구 집 아낙네기에 '나의 여종, 나의 여종.'이라 하느냐?" 하였다.

첩이 바야흐로 가위를 쥐고 있다가 방바닥에 떨어뜨리고 일어나 방 안을 돌다가 동이 틀 무렵에 이르러 그 여종을 불러 "너는 이제 결국 어떻게 하겠느냐? 나는 다시 네 주인이 될 것이다."라 하니, 여종이 머리를 조아리며 울었다. 첩도 울고는 마침내 중매쟁이에게 말하고 〈다른 집으로 개가하러〉 가지 않았다.

**楊氏之寡妾**이 **以貧故不安於室**하여 **嫁有日矣**라 **未嫁前一夕**에 **呼其婢**에 **不應者三**이라 **怒曰 汝我婢也**어늘 **何敢如是**오 **婢叱曰 我楊氏婢耳**라 **汝今誰家婦者**오 **曰 我婢我婢**여하다 **妾方持翦刀**라가 **落於地**하고 **起環走房中**이라가 **至天曙**하여 **呼其婢曰 汝今竟何如**오 **吾復**(부)**爲爾主矣**라하니 **婢叩頭泣**이어늘 **妾亦泣**하고 **竟謝媒妁不行**하다

후일에 그 여종을 시집보내려 할 때 여종이 말하기를 "남이 나의 한마디 말 때문에 굶어 죽을 〈지경인 가난을〉 참고 지금에 이르렀으니, 나도 끝까지 양씨 가문을 떠나지 않고 또한 〈다른 곳에〉 시집가지도 않을 것입니다."라 하였다. 첩의 남편은 楊勤恪公 錫紱[1]의 아들이다.

**後將嫁其婢**한대 **婢曰 人以我一言故忍死至今**하니 **我亦終不去楊氏門**이요 **亦不嫁**라하다 **妾之夫**는 **楊勤恪公錫紱子也**라

1) 楊勤恪公 錫紱 : 楊錫紱(1700~1768)의 시호가 勤恪이고, 자는 方來, 호는 蘭畹이며, 江西 淸江 사람이다. 雍正 5년(1727)에 진사시에 급제하였고, 관직이 太子太傅에 이르렀다.

# 56. 家譜를 요약한 글　家譜約書*

* 매증량이 1823년 38세 때 쓴 글로 집안 족보의 중요한 내용을 요약하여 후손들이 읽기 쉽도록 한 것이다.

太七公과 配位 許氏를 柏梘山 어귀 蝦蟆田에 합장하였으니, 南宋 嘉泰[1] 때로 우리 譜系가 여기서 시작된다. 아들이 3인이다. 둘째는 九一이고 배위는 朱氏인데 백견산 大井頭에 합장하였으니, 南宋 寶慶[2] 때이다. 아들은 4인이다. 장남은 迪九이고 배위는 汪氏인데 백견산 대정두에 합장하였으니, 남송 寶祐[3] 때이다. 아들은 4인이다. 장남은 壽一이고 배위는 錢氏인데 백견산 菴隴에 합장하였으니, 南宋 咸淳[4] 때이다. 아들은 3인이다. 장남은 魁一이고 배위는 徐氏인데 백견산 飛橋隴 서쪽에 합장하였다. 아들은 4인이다. 막내는 淸四公 휘 卓一, 자 質齋이고 배위는 陳氏인데 柏梘大山의 오른쪽에 합장하였으니, 元나라 天歷[5]을 거쳐 明나라 洪武[6]에 이르는 때이다. 아들은 3인이다. 둘째는 敬同公 휘 淑敬, 一字 欽夫이고 배위는 郭氏인데 백견산 飛橋 북쪽 산등성이에 합장하였으니, 원나라 至正[7]을 거쳐 명나라 宣德에 이르는 때이다. 아들은 3인이다. 막내는 朝甫公 휘 榮이고 배위는 錢氏인데 백견대산의 오른쪽 청사공의 묘소 곁에 합장하였으니, 명나라 永樂[8]을 거쳐 天順[9]에 이르는 때이다. 아들은 5인이다. 장남은 君重公 휘 珍이고 배위는 李氏인데 栗木崗에 합장하였으니, 명나라 宣德[10]을 거쳐 宏治[11]에 이르는 때이다. 아들

1) 嘉泰 : 南宋 寧宗의 연호로 1201~1204년이다.
2) 寶慶 : 南宋 寧宗의 연호로 1225~1227년이다.
3) 寶祐 : 南宋 理宗의 연호로 1253~1258년이다.
4) 咸淳 : 南宋 度宗의 연호로 1265~1274년이다.
5) 天歷 : 元 天順帝 文宗의 연호로 1328~1329년이다.
6) 洪武 : 明 太祖의 연호로 1368~1398년이다.
7) 至正 : 元 順帝의 연호로 1341~1367년이다.
8) 永樂 : 明 成祖의 연호로 1403~1424년이다.
9) 天順 : 明 英宗의 연호로 1457~1464년이다.
10) 宣德 : 明 宣宗의 연호로 1426~1434년이다.
11) 宏治 : 弘治의 이칭이다. 明 孝宗의 연호로 1488~1505년이다. 淸 高宗의 이름이 弘曆이기 때문에 황제의 이름을 諱하여 洪자를 宏자로 바꾸어 쓴 것이다.

은 6인이다. 다섯째는 時中公 휘 棖, 一字 小溪로 淮王府典膳이며, 배위 稽氏는 塘衝山에 먼저 안장하였고 劉氏와 側室 余氏는 寧國縣 方家衝에 祔葬하였으니, 명나라 成化[12]를 거쳐 嘉靖[13]에 이르는 때이다. 아들은 7인이다. 셋째는 幼光公 諱 繼前, 一字 南溪이고 배위는 郭氏인데 백견산 槽水圈에 합장하였으니, 명나라 正德[14]을 거쳐 隆慶[15]에 이르는 때이다. 아들은 4인이다. 셋째는 毅甫公 휘 守立, 一字 石門으로 江西 寧州同知이고 배위는 劉氏인데 許村 雙廟崗에 합장하였으니, 명나라 嘉靖을 거쳐 崇禎[16]에 이르는 때이다. 아들은 4인이다. 장남은 懸符公 휘 瑞祚로 浙江 衢州府 西安縣丞이고 배위는 劉氏인데 梅隴 敎場山에 합장하였으니, 명나라 隆慶을 거쳐 國朝 順治[17]에 이르는 때이다. 아들은 3인이다. 장남은 期生公 휘 士昌 一字 大千으로 邑庠生[18]이며 배위는 鮑氏이고 側室은 胡氏·陳氏인데 勞山에 합장하였으니, 명나라 萬歷[19]을 거쳐 국조 순치에 이르는 때이다. 아들은 5인이다. 장남 定九公은 胡氏 소생으로 휘 文鼎이고 一字 勿庵이니 歲貢生이다. 明나라 숭정 계유년에 태어났고 국조 康熙 신축년(1721) 卒하니, 聖祖 仁皇帝께서 江寧織造 曹頫에게 명하여 葬事를 감독하도록 하였다. 배위는 陳夫人인데 獨山에 합장하였다. 아들은 1인이니, 正謀公 휘 以燕, 一字 筆侯로 강희 계유년(1693) 擧人이다. 순치 을미년(1655)에 태어났고 강희 을유년(1705)에 卒하여 정구공의 묘소 곁에 祔葬하였다. 배위는 郭夫人인데 雁塔橋에 안장하였다. 아들은 2인이다. 장남은 文穆公이니 曾亮의 증조이다. 처음에 御旨를 받고 宣城으로부터 江寧으로 移籍하였고, 賜葬[20]을 받아 句容縣 基隆山 기슭에 안장하였다. 배위 중 錢氏·吳氏 두 夫人은 査村橋에 안장하였고 王氏 夫人은 시어머니의 묘소 곁에 祔葬하였으니, 모두 공보다 먼저 卒하였기 때문에 그대로 宣城에 안장한 것이다.

太七公配許氏를 合葬柏梘山口蝦蟆田하니 當南宋嘉泰時하니 譜所始也라 子三人이니 仲曰九

12) 成化 : 明 憲宗의 연호로 1464~1487년이다.
13) 嘉靖 : 明 世宗의 연호로 1522~1566년이다.
14) 正德 : 明 武宗의 연호로 1506~1521년이다.
15) 隆慶 : 明 穆宗의 연호로 1567~1572년이다
16) 崇禎 : 明 毅宗의 연호로 1628~1644년이다.
17) 順治 : 淸 世祖의 연호로 1644~1641년이다.
18) 邑庠生 : 〈誥授朝議大夫貴州遵義府知府胡君墓誌銘〉의 역주 '邑庠生' 참조.
19) 萬歷 : 明 神宗의 연호로 1573~1620년이다.
20) 賜葬 : 장례에 필요한 물품을 임금이 하사하는 것이다.

一이요 配朱氏니 合葬柏梘山大井頭하니 當南宋寶慶時라 子四人이니 長曰迪九요 配汪氏니 合葬柏梘山大井頭하니 當南宋寶祐時라 子四人이니 長曰壽一이요 配錢氏니 合葬柏梘山之菴隴하니 當南宋咸淳時라 子三人이니 長曰魁一이요 配徐氏니 合葬柏梘山飛橋隴西라 子四人이니 季曰清四公諱卓一字質齋요 配陳氏니 合葬柏梘大山之右하니 歷元天歷及明洪武時라 子(二)〔三〕[21]人이니 次曰敬同公諱(叔)〔淑〕[22]敬一字欽夫요 配郭氏니 合葬柏梘山之飛橋北隴하니 歷元至正及明宣德時라 子三人이니 季曰朝甫公諱榮이요 配錢氏니 合葬柏梘大山之右하여 祔清四公하니 歷明永樂及天順時라 子五人이니 長曰君重公諱珍이요 配李氏니 合葬栗木崗하니 歷明宣德及宏治時라 子六人이니 五曰時中公諱桭一字小溪니 爲淮王府典膳이요 配稽氏는 先葬塘衝山이요 〔配〕[23]劉氏側室余氏는 祔葬寧國縣方家衝하니 歷明成化及嘉靖時라 子七人이니 三曰幼光公諱繼前一字南溪요 配郭氏니 合葬柏梘山之槽水圈하니 歷明正德及隆慶時라 子四人이니 三曰毅甫公諱守立一字石門이니 爲江西寧州同知요 配劉氏니 合葬許村雙廟(岡)〔崗〕[24]하니 歷明嘉靖及崇禎時라 子四人이니 長曰懸符公諱瑞祚니 爲浙江衢州府西安縣丞이요 配劉氏니 合葬梅隴教場山하니 歷明隆慶及國朝順治時라 子三人이니 長曰期生公諱士昌一字大千이니 邑庠生이요 配鮑氏요 側室胡氏陳氏니 合葬勞山하니 歷明萬歷及國朝順治時라 子五人이니 長曰定九公은 胡氏出이니 諱文鼎一字勿庵이니 歲貢生이라 明崇禎癸酉年生하고 國朝康熙辛丑年卒하니 聖祖仁皇帝가 命江寧織造曹頫監葬事하다 配陳夫人이니 合葬獨山이라 子一人이니 正謀公諱以燕一字筆侯니 康熙癸酉擧人이라 生順治乙未하고 卒康熙乙酉하여 祔定九公墓리 配郭夫人이니 葬雁塔橋라 子二人이니 長爲文穆公이니 爲曾亮之曾祖라 始奉旨하여 自宣城移籍江寧하고 賜葬句容縣基隆山麓이라 配錢吳兩夫人은 葬查村橋요 王夫人은 祔姑葬하니 皆先公卒이라 故仍葬宣城하다

嗣孫 曾亮은 이르노라.

고금에 氏族의 분묘가 꼭 자손이 쇠미해진 것이 아닌데도 소재를 알 수 없는 데 이르는 것은 반드시 자손이 이주할 때로부터 비롯한다. 옛날에 文穆公께서 江寧에 사실 때 거주하는 곳의 편액을 寄圃라 하셨으니, 타향에 임시로 거주한다는 뜻을 보이신 것이었다. 그런데 지금에 60년이 지나 타향에 임시로 거주하는 사람이 토착민이 되었으니, 후세 자손들이 〈선조가〉 온 곳을 잊을까 염려되고, 譜牒은 내용

21) (二)〔三〕: 저본에는 '二'로 되어 있으나, ≪柏梘山房全集≫에 의거하여 '三'으로 바로잡았다.
22) (叔)〔淑〕: 저본에는 '叔'으로 되어 있으나, ≪柏梘山房全集≫에 의거하여 '淑'으로 바로잡았다.
23) 〔配〕: 저본에는 '配'가 없으나, ≪柏梘山房全集≫에 의거하여 보충하였다.
24) (岡)〔崗〕: 저본에는 '岡'으로 되어 있으나, ≪柏梘山房全集≫에 의거하여 '崗'으로 바로잡았다.

이 너무 번다하여 때때로 열람하기 어렵다. 그래서 本孫과 支孫의 諱·字와 卒·葬을 삼가 기록하여 이 글에 드러내니, 후인들은 볼 수 있을 것이다.

**嗣孫曾亮曰 古今氏族墳墓**가 **非必其子孫(陵)〔凌〕**[25)]**替而至於不可識**은 **必自遷居始矣**라 **昔**에 **文穆公居江寧**할새 **顔所居曰寄圃**라하니 **志僑居也**라 **今六十餘年**에 **僑者土著**(착)하니 **竊恐後世之忘所自也**요 **而譜牒煩重**하여 **難時閱**이라 **故敬錄本支之諱字卒葬**하여 **著於篇**하노니 **後人可觀焉**이라

아아! 조상이 자손을 두고 싶어 하는 마음은 천백 世가 지나도 끝이 없을 것이니, 賢哲하여 명성이 있는 이가 있으면 "능히 조상을 영광스럽게 한다."라 한다. 그러나 조상은 이 사실을 알지 못하면서도 오히려 자손이 그들의 조상이 있는 줄 알 것이라고 믿으니, 그 마음은 "진실로 천백 세가 지날지라도 내가 조상인 줄 안다면 나는 진실로 천백 세가 지나도록 자손을 두는 것이다."라 생각한다. 자손 된 이들은 조상이 믿는 바를 잃지 않도록 해야 할 것이다.

**嗚乎**라 **祖宗之欲有其子孫**은 **更千百世而無極也**니 **其賢哲有聲者**는 **則曰是能榮其先人**이라 **然祖宗固不及知矣**요 **而猶恃子孫之知有其祖宗**하니 **其意曰 苟千百世而知吾爲其祖宗**이면 **則吾固千百世而有其子孫矣**니 **爲子孫者**는 **其勿使祖宗之失所恃哉**인저

25) (陵)〔凌〕: 저본에는 '陵'으로 되어 있으나, ≪柏梘山房全集≫에 의거하여 '凌'으로 바로잡았다.

# 57. 先塋에 배알한 일에 대한 記　謁墓記*

*매증량이 1823년 38세 때 쓴 글로 安徽 宣城 柏梘山의 先塋에 성묘한 일을 기록한 것이다. 조상의 묘소가 있는 위치를 상세히 기록하여 후손들에게 알려주려는 목적으로 쓴 글이다.

道光 3년(1823) 4월 25일 甲子日에 坐吉村을 경유하여 柏梘山에 들어가 성묘하였다. 산에 이르기 전 5리 지점에서 查村橋의 묘소에 배알하였으니, 증조모 錢氏·吳氏 두 夫人을 안장한 곳이다. 그리고 산어귀에 이르러 太七公의 묘소에 배알하였으니, 처음으로 〈江寧에〉 이주한 조상이다. 춘분 때 두꺼비〔蝦蟆〕들이 이곳에서 새끼들을 데리고 골짜기에 두루 가득하기 때문에 세상 사람들이 蝦蟆田이라 한다.

道光三年四月二十五日甲子에 由坐吉村하여 入柏梘山謁墓할새 未至山五里하여 謁查村橋墓하니 曾祖母錢吳兩夫人之所葬也요 至山口하여 謁太七公墓하니 始遷祖也라 春分時에 蝦蟆將子於此하여 徧滿坑谷이라 故俗謂之蝦蟆田이라

이곳을 지나 庵隴에 이르러 壽一公의 묘소에 배알하고, 또 이곳을 지나 飛橋 북쪽 산기슭에 이르러 欽夫公의 묘소에 배알하였다. 또 앞으로 나아가 비교에 이르자 두 물줄기가 다리 아래에 모여서 북쪽으로 흘러 20리를 가서 河水가 된다. 다리를 지나 왼쪽 시냇물을 따라가서 柏建寺를 지나서 柏梘大山에 이르러 質齋公과 朝甫公의 묘소에 배알하고, 이곳을 지나 槽水圈에 이르러 南溪公의 묘소에 배알하니, 해가 이미 저물었다.

이에 돌아오면서 비교를 지나 동쪽으로 가니 온통 바위 벼랑이고 시냇물이 길 좌우로 흐르는데 물소리가 요란하고 물결이 거세게 일어 사람의 발을 앞으로 내딛을 수 없을 것만 같았다. 바위 벼랑에는 큰 글자가 많았지만 바위가 다소 길어 劃을 옮겨 글자 밖으로 나오게 하였기에 괴상하여 식별할 수 없었다. 조카 六有가 말하기를 "조수권을 지나 동쪽으로 가면 산은 더욱 높아지고 길은 더욱 좁아집니다."

라 하였다. 나는 처음 갈 때는 발을 딛고 이어 손을 짚으면서 가다가 마침내 꽁무니로 바위에 앉은 채 〈엉금엉금〉 옮겨가서야 비로소 水露臺에 오르고 七當山을 지나 江寧 땅에 이를 수 있었다.

**過此至庵隴**하여 **謁壽一公墓**하고 **又過此至飛橋北隴**하여 **謁欽夫公墓**하고 **又前至飛橋**에 **兩水會橋下**하여 **北流二十里**하여 **成河**라 **過橋**하여 **循左澗水**하여 **過柏建寺**하여 **至柏梘大山**하여 **謁質齋公及朝甫公墓**하고 **過此至槽水圈**하여 **謁南溪公墓**하니 **日已暮**라 **乃歸**할새 **自過飛橋而東**에 **皆石壁**이요 **流水左右夾路**에 **聲洶湧逆**하여 **人足如不得前**이라 **石壁多大字**로되 **石稍長**이라 **移其畫**(획) **出字外**에 **怪不可識**이라 **姪六有曰 過槽水圈而東**이면 **山愈高**하며 **徑愈狹**이라하다 **吾始行也**에 **以足繼以手**라가 **終以尻坐石而移之**하여 **乃上水露臺**하고 **過七當山**하여 **得寧邑界焉**하다

신축일에 勞山에 이르러 大千公의 묘소에 배알하니, 산기슭은 모두 돌로 이어지고 중간은 흙으로 되어 있었다. 임인일에 梅隴에 이르러 懸符公의 묘소에 배알하였다. 묘소에 이르기 전 5리 지점에서 비를 만났다. 그래서 먼저 京山堂寺에 들르기로 했는데 가는 길이 갑자기 가팔라져 가마꾼들이 서로 지탱하여 간신히 올라가니, 절 앞에 땅은 평평하게 넓고 맑은 샘물과 대나무, 바위가 오는 사람을 맞아주었다. 이에 문득 매우 괴이하게 여겼으니, 이렇게 몹시 험준한 곳에 이러한 땅은 없다.

**辛丑**에 **至勞山**하여 **謁大千公墓**하니 **山足皆緣以石而土其中**이라 **壬寅**에 **至梅隴**하여 **謁懸符公墓**하다 **未至墓五里**에 **雨**라 **先過京山堂寺**할새 **路斗絶**하여 **輿者相枝柱**하여 **僅乃得上**하니 **而寺前土平以寬**하고 **淸泉竹石迎媚來者**라 **輒以爲大怪**하니 **奇險中無此地也**라

식사를 마치자 비가 그쳤기에 敎場으로 올라가니, 바로 묘소가 있는 곳이다. 명나라 말엽에 鄕兵이 이곳에 주둔했기 때문에 교장이란 이름이 붙여진 것이다. 묘소는 산꼭대기에 있으니, 때때로 만 길 깊은 골짜기가 肩輿 아래로 지나가기에 골짜기가 오른쪽에 있으면 나는 눈길을 돌려 왼쪽 절벽을 보고 골짜기가 왼쪽에 있으면 나는 눈길을 돌려 오른쪽 절벽을 보았다. 묘소에 이르니, 산이 양 날개처럼 벌려 있고 중앙은 땅이 평평하여 밭을 만들 수도 있고 집을 지을 수도 있었다. 勞山과 梅隴의 墓碣은 다 安溪 李文貞公(李光地)이 바위에 쓴 것이다.

**食畢**에 **雨止**라 **乃上敎場**하니 **卽墓所也**라 **明末**에 **有鄕兵屯之故以名**이라 **墓在山絶頂**하니 **時時**

有萬丈壑過肩輿下할새 壑在右면 余睨左壁이요 在左면 余睨右壁이라 至墓則山舒兩翼이요 而中平可田可廬라 勞山梅隴墓碣은 皆安溪李文貞公書石이라

5월 2일 경오일에 寧國縣 方家衝에 이르러 小溪公의 묘소에 배알하였다. 산꼭대기에 있는 묘소의 형상이 마치 젖혀놓은 사발과 같아 중앙은 낮고 사방은 높으며, 뒤에 산이 있어 손으로 쥐는 자루 모양을 이룬다. 산 아래에는 시냇물이 남쪽으로 흐르고 산기슭은 펼쳐져 서쪽으로 가니, 묘소에 올라 바라보면 마치 물이 산의 뱃속으로 들어가는 것과 같다.

五月二日庚午에 至寧國縣方家衝하여 謁小溪公墓하니 墓在山頂에 形如仰盂하여 中頹而四高之하고 後有山이 持之如柄이라 山下有溪水南流하고 而山足展而西하니 登墓望之에 若水入山腹矣라

을해일에 獨山에 이르러 定九公과 正謀公의 묘소에 배알하니, 묘소에는 비석이 있는데 "江南織造 曹頫가 감독하여 조성하다."라 쓰여 있었다. 聖祖 仁皇帝께서 특별히 내리신 은혜인 것이다. 栗木崗에 이르러 君重公의 묘소에 배알하고, 1리를 채 못 내려와서 雁塔橋에 이르러 高祖妣 郭夫人과 曾祖妣 王夫人의 묘소에 배알하였다. 병자일에 許村에 이르러 石門公의 묘소에 배알하였다.

독산으로부터 허촌에 이르기까지 묘소 네 곳은 산이 없고 한길 가에 있다. 坐吉村을 경유하여 柏梘山에 이르기까지는 하루에 마치고, 梅隴은 이틀에 마치고, 勞山은 하루에 마치고, 方家衝은 이틀에 마치고, 독산·율목강·안탑교는 한나절 만에 마치고, 허촌은 하루에 마친다.

乙亥에 至獨山하여 謁定九公及正謀公墓하니 (謁)〔墓〕[1]有碑曰 江南織造曹頫監造라하니 聖祖仁皇帝特恩也라 至栗木崗하여 謁君重公墓하고 不一里에 至雁塔橋하여 謁高祖妣郭夫人曾祖妣王夫人墓하고 丙子에 至許村하여 謁石門公墓하다 自獨山으로 至許村에 墓四所가 無山하고 當大路側이라 由坐吉村하여 至柏梘山은 一日畢이요 梅隴은 兩日畢이요 勞山은 一日畢이요 方家衝은 兩日畢이요 獨山栗木崗雁塔橋는 半日畢이요 許村은 一日畢이라

무릇 배알한 묘소마다 어김없이 봉분이 高大하고 견고하였다. 묘소 앞에는 甃石

1) (謁)〔墓〕: 저본에는 '謁'로 되어 있으나, ≪柏梘山房全集≫에 의거하여 '墓'로 바로잡았다.

과 障土[2]를 세웠고 어김없이 큰 비석에 글씨를 깊이 새겨서 연월과 이름, 성씨 및 비석을 세운 자손을 기록하였으며, 어김없이 몇 丈 너비로 돌을 깔아서 후손들이 절하고 陳設하기 편하도록 해놓았으며, 어김없이 墓道를 평탄하게 닦아 출입하기에 편하도록 해놓았으며, 어김없이 집과 전답을 두어 무덤을 지키는 사람 및 무덤에 배알하는 자손들을 편하게 해놓았다.

게다가 어김없이 묘소 좌우의 산을 넓게 두되 혹 수십 리에 이르는 면적에 수목을 심어서 멀리서 바라볼 수 있도록 하였다. 게다가 자손 중에서 有司를 정하여 1년에 두 차례씩 산을 巡視하여 境界를 점검하고 몰래 들어와 무덤을 쓰는 것을 방비하되 한 산을 전담하는 유사는 4인 혹은 8인을 두었다. 그러므로 산의 경계 안이 깨끗하고 숲이 무성하며 다니는 오솔길이 그윽하고 아름다워 혹 종일 다녀도 他姓의 땅을 밟지 않는 것이 마치 집안의 園林과도 같기에 깊은 산중에 있는 줄도 몰랐다.

**凡所謁墓**가 **必高大堅緻**하고 **立甃石障土於前**이요 **必豐碑深刻**하여 **以記年月名氏及立碑之子若孫**하고 **必布石數丈**하여 **以便跪起陳設**하며 **必平易(이)墓道**하여 **以便出入**하며 **必有舍有田**하여 **以便守塚者及謁墓之子孫**하고 **又必廣置墓之左右山**하여 **或延袤數十里**하여 **以植樹木**하여 **聳瞻視**하고 **又定子孫司事者**하여 **一歲再巡其山**하여 **以審界畫(획)防侵盜**하되 **而一山之專設者**는 **四人或八人**이라 **故其襟抱淸茂**하고 **徑路幽美**하여 **或終日行**에 **不涉他姓地**가 **如家林焉**일새 **不知爲窮山中也**러라

옛날의 名卿·碩士들도 그들이 살던 마을과 분묘는 史冊을 검토해보아도 늘 부합하지 않는다. 그런데 지금 천여 년이 된 무덤을 농부와 어린 후손들이 일일이 다니며 배알하고 소제할 수 있으니, 梅氏의 큰 행복이 아니겠는가! 또한 〈이 묘역들을〉 조성한 조상의 노고 덕분이다. 그 당시 인력과 물산의 풍족함을 생각할 때 또한 今昔의 感慨[3]가 없을 수 없다.

**古名卿碩士**도 **其墟里墳墓**를 **檢史冊**에 **常不可合**이어늘 **今於千餘年之墓**에 **農夫孺子**가 **得歷歷拜掃之**하니 **非梅氏之厚幸歟**아 **亦祖宗之經畫者勤矣**라 **而其時人力之給**과 **物産之豐**에 **亦不能無慨於今昔云**이라

---

2) 甃石과 障土 : 甃石은 무덤 앞의 石築이고, 障土는 흙을 쌓아서 낮은 담장처럼 둘러친 것이다.
3) 今昔의 感慨 : 옛날에는 가문이 번성했는데 지금은 쇠락하였으므로 마음속에 서글픈 심정이 일어난다는 뜻이다.

# 曾滌生文鈔

# 01. 人才에 대해 究明한 글　原才*

* 증국번이 인재의 출현 과정과 육성 방법에 대해 논한 글로, 道光 26년(1846)에 작성되었다. 사회의 풍속은 소수의 특출한 인물에 좌우되며 그들의 선도와 교화를 통해 사회의 인재가 육성되기 때문에 士人부터 皇帝에 이르는 모두가 인재를 육성할 책임이 있음을 역설하였다.

風俗의 厚薄이 어디에서 비롯되는가. 한두 사람의 마음이 향하는 곳에서 비롯될 따름이다. 백성이 태어남에 온통 다 용렬하고 나약한 이들인지라, 한두 현명하고 지혜로운 이가 있으면 뭇사람들이 임금으로 삼아 명을 받들고, 더욱 지혜로운 이는 임금으로 삼는 자가 더욱 많다.

이 한두 사람의 마음이 의리를 향하면 뭇사람들이 함께 의리로 달려가고, 한두 사람의 마음이 이익을 향하면 뭇사람들이 함께 이익으로 달려가니, 뭇사람들이 따르는 바와 세력이 쏠리는 바는 비록 큰 힘이 있더라도 아무도 감히 거스를 수가 없다. 그러므로 "만물을 흔드는 것은 바람보다 빠른 것이 없다."[1]라고 하니, 풍속이 사람의 마음에 있어서 처음에는 미약하다가 결국에는 막을 수가 없는 것이다.

風俗之厚薄이 奚自乎아 自乎一二人之心之所嚮而已니라 民之生에 庸弱者戢戢皆是也라 有一二賢且智者면 則衆人君之而受命焉이요 尤智者는 所君尤衆焉이라 此一二人者之心向義면 則衆人與之赴義하고 一二人者之心向利면 則衆人與之赴利하니 衆人所趨와 勢之所歸는 雖有大力이라도 莫之敢逆이라 故로 曰 撓萬物者는 莫疾乎風이라하니 風俗之於人心也에 始乎微而終乎不可禦者也라

先王이 천하를 다스릴 적에 현명한 이로 하여금 모두 要路에서 권세를 잡게 하였다. 그들이 모두 의리로 백성을 교화했기 때문에 道가 하나이고 풍속이 같았다.

1) 만물을……없다 : ≪周易≫ 〈說卦傳〉에 보인다.

그런데 世教가 이미 쇠한 뒤로 이른바 한두 사람이 전부 지위에 있지는 못하니, 저들이 자기 마음이 향하는 바를 전하여 말로 만들고 퍼뜨려 聲氣[2)]를 조성하지 않을 수 없는 형편이었으며, 뭇사람들은 〈한두 사람의〉 명을 듣고 점점[3)] 풍조를 이루지 않을 수 없는 형편이었다.

이에 〈한두 사람을 추종하는〉 무리가 성대히 일어남에 한 시대의 인재가 출현하게 된다. 仁義를 창도하는 이가 있으면 그 무리가 또한 인의를 위해 죽더라도 개의치 않고, 功利를 창도하는 이가 있으면 그 무리가 또한 공리를 위해 죽더라도 돌아가지 않는다. 물은 축축한 곳으로 번져가고 불은 건조한 곳으로 타들어가는 것과 같아서[4)] 감화시킴에 응하지 않음이 없는 것은 유래가 오래되었다.

**先王之治天下**에 **使賢者**로 **皆當路在勢**하니 **其風民也皆以義**라 **故**로 **道一而俗同**이러니 **世教既衰**에 **所謂一二人者**가 **不盡在位**하니 **彼其心之所嚮**을 **勢不能不騰爲口說而播爲聲氣**하며 **而衆人者**는 **勢不能不聽命而蒸爲習尙**이라 **於是乎徒黨蔚起**에 **而一時之人才出焉**하니 **有以仁義倡者**면 **其徒黨亦死仁義而不顧**요 **有以功利倡者**면 **其徒黨亦死功利而不返**이라 **水流溼**하고 **火就燥**하여 **無感不讐**가 **所從來久矣**라

지금 권세를 잡은 군자는 번번이 "천하에 인재가 없다."라고 하니, 그가 스스로 하는 일 없이 高明한 자리를 차지하고는 자신이 지향하는 바로써 습속을 변화시켜 한 세상의 인재를 육성하지 못하고 도리어 변명하여 "인재가 없다."라고 하니, 속이지 않는다고 할 수 있겠는가. 그렇지 않다.

**今之君子之在勢者**는 **輒曰 天下無才**라하니 **彼自尸於高明之地**하여 **不克以己之所嚮**으로 **轉移習俗**하여 **而陶鑄一世之人**하고 **而翻謝曰 無才**라하니 **謂之不誣**가 **可乎**아 **否也**라

---

2) 聲氣 : 뜻이 맞는 同類 사이에 공유하는 지향이나 풍조를 말한다. ≪周易≫ 乾卦 九五에 "구오는 나는 용이 하늘에 있음이니 大人을 봄이 이롭다.〔九五 飛龍在天 利見大人〕"라고 하였는데, 乾卦 〈文言傳〉에서 이를 풀이하여 "같은 소리는 서로 응하고 같은 기운은 서로 찾는다.〔同聲相應 同氣相求〕"라고 한 데서 나왔다.

3) 점점 : 원문은 '蒸'이다. 수증기의 열기가 물건을 익게 하는 것처럼 점차적으로 형성되는 것을 가리킨다.

4) 물은……같아서 : ≪周易≫ 乾卦 〈文言傳〉에 "같은 소리끼리 서로 응하며 같은 기운끼리 서로 찾는다. 물은 축축한 곳으로 번져가고 불은 건조한 곳으로 타들어간다.〔同聲相應 同氣相求 水流濕 火就燥〕"라고 하였다.

열 가호의 작은 마을에도 의리를 좋아하는 선비가 있으니,[5] 그 지혜가 열 사람을 변화시킬 수 있으면 반드시 열 사람 중에서 특출한 자를 뽑아 인재로 삼을 수 있고, 그 지혜가 백 사람을 변화시킬 수 있으면 반드시 백 사람 중에서 특출한 자를 뽑아 인재로 삼을 수 있다. 그렇다면 습속을 변화시켜 한 세상의 인재를 육성하는 것은 비단 고명한 자리에 있는 이만 그런 것이 아니니, 무릇 一命[6] 이상의 관원은 모두 책임을 공유하고 있는 자이다.

**十室之邑**에 **有好義之士**하니 **其智足以移十人者**면 **必能拔十人中之尤者而材之**하고 **其智足以移百人者**면 **必能拔百人中之尤者而材之**하니 **然則轉移習俗而陶鑄一世之人**은 **非特處高明之地者然也**니 **凡一命以上**은 **皆與有責焉者也**라

국가를 소유한 자가 내 말을 듣고서 유념한다면 天位[7]를 함께할 사람을 신중히 선발할 것이고, 士大夫가 내 말을 듣고서 유념한다면 두려워하며 그 마음이 향하는 바를 삼가서 한 번이라도 합당하지 못하여 풍속을 무너뜨리고 인재를 해칠까 두려워할 것이다. 이대로 시행한다면 수십 년 뒤에 만에 하나라도 그 효험을 거둘 자가 있겠는가. 이는 미리 알 수 있는 것이 아니다.

**有國家者**가 **得吾說而存之**면 **則將愼擇與共天位之人**이요 **士大夫得吾說而存之**면 **則將惴惴乎謹其心之所嚮**하여 **恐一不當以壞風俗而賊人才**라 **循是爲之**면 **數十年之後**에 **萬有一收其效者乎**아 **非所逆睹已**로다

---

5) 열……있으니 : ≪論語≫ 〈公冶長〉에 孔子가 "열 가호의 작은 마을에도 나만큼 忠信한 사람은 반드시 있겠지만, 나처럼 학문을 좋아하는 사람은 아마 없을 것이다.〔十室之邑 必有忠信如丘者焉 不如丘之好學也〕"라고 한 것을 변용한 표현이다.

6) 一命 : 처음 관리가 되어 임명되는 최하등의 관직이다. 周代의 관직 제도가 一命부터 九命까지의 아홉 등급으로 구분된 것에서 유래하였다.

7) 天位 : ≪孟子≫ 〈萬章 下〉에 "그와 더불어 天位를 함께하지 않았으며 그와 더불어 天職을 다스리지 않았으며 그와 더불어 天祿을 먹지 않았으니, 이는 선비가 현자를 높이는 것이요 王公이 현자를 높이는 것이 아니다.〔弗與共天位也 弗與治天職也 弗與食天祿也 士之尊賢者也 非王公之尊賢者也〕"라고 한 데서 나온 말로, 천자의 지위는 하늘이 어진 이에게 준 것이므로 군주가 인재를 잘 등용하여 천하를 함께 다스려야 한다는 뜻을 내포하고 있다.

## 02. 孫芝房 侍講의 ≪芻論≫에 대한 序　孫芝房侍講芻論序*

*증국번이 咸豐 9년(1859) 6월 孫芝房이 죽은 몇 달 뒤에 지은 글이다. 손지방은 孫鼎臣(1819~1859)으로, 자가 子餘이고, 호는 芝房이며, 湖南 善化人이다. 道光 25년(1845)에 進士가 되었고, 여러 번 翰林院侍講을 지냈다. 琦善・賽尙阿 등을 기용하는 것을 반대한 일로 벼슬을 그만두고 돌아갔다. 梅曾亮 등과 교유하였고, 古文에 뛰어났으며, 저서로 ≪蒼莨文集≫ 등이 있다.

咸豐 8년(1858) 3월에 善化 孫芝房 侍講 鼎臣이 나에게 建昌의 軍中[1])으로 편지를 보내면서 자신이 지은 ≪芻論≫을 부쳐서 비평해주기를 부탁하였다. 모두 25편이니, 정치를 논한 것이 6편이고, 鹽法을 논한 것이 3편이고, 漕運을 논한 것이 3편이고, 화폐를 논한 것이 2편이고, 軍兵을 논한 것이 3편이고, 唐 이래의 大政을 通論한 것이 7편이고, 明의 부세와 군량을 논한 것이 1편이다. 그 첫 장은 오늘날 혼란의 근원을 거슬러 올라가서 근세의 漢學家의 말이 사사로운 뜻으로 門戶를 분별하는 것을 깊이 책망하니, 그 말이 매우 통절하였다.

이듬해 4월에 다시 芝房의 편지를 받으니 병이 위독하여 고별하는 말이었는데, 지방은 3월에 죽었다. 靈位를 마련하여 곡하고 나서 또 仁和 邵君 懿辰[2])에게 편지를 써서 고해주었다. 이에 책머리에 서문을 써서 孤子에게 돌려준다.

**咸豐(九)〔八〕[3])年三月**에 **善化孫芝房侍講鼎臣**이 **以書抵余建昌軍中**하여 **寄所爲芻論**하여 **屬**(촉)**爲裁定**이라 **凡二十五篇**이니 **曰論治者六**이요 **論鹽者三**이요 **論漕者三**이요 **論幣者二**요 **論兵者三**이요 **通論唐以來大政者七**이요 **論明賦餉者一**이라 **其首章追溯今日之亂源**하여 **深咎近世漢學家言**이 **用**

---

1) 建昌의 軍中 : 建昌은 江西省의 지명으로, 증국번은 당시 군에서 태평천국의 난을 평정하고 있었다.

2) 仁和……懿辰 : 邵懿辰(1810~1861)을 말한다. 소의진은 자가 位西이며, 仁和(지금의 浙江 杭州) 사람이다. 道光 11년(1831)에 擧人이 되어 관직이 刑部員外郞에 이르렀다. 학문은 朱子學을 종주로 삼았으며, 문장은 桐城派를 종주로 삼았다. 저서로 ≪禮經通論≫・≪尙書傳授同異考≫ 등이 있다.

3) (九)〔八〕 : 저본에는 '九'로 되어 있으나, ≪曾國藩詩文集≫에 의거하여 '八'로 바로잡았다.

私意分別門戶하니 其語絶痛이라 明年四月에 復(부)得芝房書하니 則疾革告別之詞러니 而芝房以三月死矣라 旣爲位而哭하고 且以書告仁和邵君懿辰이라 於是爲敍諸簡首하여 而歸諸其孤라

대개 옛 학자는 이른바 '經世의 학술'이 없었고, 禮를 배울 따름이었다. ≪周禮≫ 한 經은 국도와 교외의 경계를 구획하는 것[4]에서부터 酒漿[5], 廛市[6], 巫卜[7], 繕槀[8], 夭鳥[9], 蠱蟲[10]에 이르기까지 각각 전담하는 관원이 있어서 작은 것에 이르기까지 자세히 살폈다. 내가 杜元凱의 ≪春秋釋例≫[11]를 읽고서 左丘明이 범례를 밝힌 것[12]과 仲尼의 權衡과 萬變이 대부분 周의 옛 법제를 지킨 것임을 감탄하였다. 그러므로 "周나라의 禮가 모두 魯나라에 있다."[13]라고 한 것이다.

---

4) 국도와……것 : ≪周禮≫ 〈天官 冢宰〉에, "제왕이 국도를 건설할 때에 방위를 분별하여 바르게 하며, 국도와 교외의 경계를 구획하며, 관직을 설치하고 구분하여 백성의 표준이 되게 한다.〔惟王建國 辨方正位 體國經野 設官分職 以爲民極〕"라고 하였다.

5) 酒漿 : ≪周禮≫ 〈天官〉에 따르면, 酒를 맡은 것은 酒人, 漿을 맡은 것은 漿人이라 하였다.

6) 廛市 : ≪周禮≫ 〈地官〉에 따르면, 시장을 관장하는 직책으로 司市・廛人 등이 있었는데, 사시는 시장의 治敎・政刑・量度・禁令 등을 맡았으며, 전인은 市肆의 부세 등의 일을 맡았다.

7) 巫卜 : ≪周禮≫ 〈春官〉에 따르면, 巫를 맡은 관원으로는 司巫・男巫・女巫 등이, 卜을 맡은 관원으로는 大卜・卜師・卜人 등이 있었다.

8) 繕槀 : 繕을 맡은 것은 繕人으로, ≪周禮≫ 〈夏官 繕人〉에 "왕의 활과 쇠뇌〔弓弩〕, 화살집〔矢箙〕, 주살〔矰弋〕, 활깍지〔抉拾〕를 관장한다."라고 하였고, 槀를 맡은 것은 槀人으로, ≪周禮≫ 〈地官 司徒 下〉에 따르면 내외의 조정에서 숙직하는 자의 식사와, 노인이나 고아, 왕궁을 숙위하는 경・대부의 자제의 음식과 제사에 쓸 개를 기르는 일을 관장하였다고 한다.

9) 夭鳥 : ≪周禮≫ 〈秋官 司寇 下〉에 "硩蔟氏는 요망한 새의 둥지를 뒤엎는 일을 관장하였다.〔硩蔟氏 掌覆夭鳥之巢〕"라고 하였는데, 夭鳥는 惡鳥로, 올빼미〔鴞〕와 鵩鳥를 가리킨다.

10) 蠱蟲 : ≪周禮≫ 〈秋官〉에 따르면, 庶氏는 독이 있는 벌레를 제거하는 일을, 翦氏는 蠹物을 제거하는 일을, 壺涿氏는 水蟲을 제거하는 일을 맡았다고 한다.

11) 杜元凱의 春秋釋例 : 杜元凱는 西晉의 학자 杜預(222~284)로, 원개는 그의 자이다. ≪春秋釋例≫는 經의 조목들은 모두 傳에서 나오며, 傳의 義例는 '凡'이라고 한 부분으로 종합된다고 판단하여, 경전 여러 조목을 나열하고서 '凡' 부분에 자신의 뜻을 가지고 해석한 내용을 아울러서 편찬한 책으로, 총 15권이다. 두예의 또 다른 저서인 ≪春秋左氏經傳集解≫와 서로 표리를 이룬다.

12) 左丘明이……것 : 左丘明은 魯나라 史官이었던 사람으로, ≪春秋左氏傳≫을 저술한 것으로 알려져 있다. 杜預의 〈春秋左氏傳序〉에 "≪춘추좌씨전≫에서 '凡'자를 써서 例를 말한 것들은 모두 나라를 다스리는 不變의 制度와 周公이 전한 법과 史書의 옛 典章을 仲尼께서 그대로 따라 編修하여 ≪춘추≫ 1經의 通體로 삼은 것이다.〔其發凡以言例 皆經國之常制 周公之垂法 史書之舊章 仲尼從而脩之 以成一經之通體〕"라고 하였다.

13) 周나라의……있다 : 춘추시대 晉나라의 대부 韓起가 昭公 2년에 魯나라에 聘問을 갔다가 文王의 글인 ≪易象≫과 周公의 법을 따라 작성한 ≪魯春秋≫를 보고 이처럼 감탄하였다고 전해진다.(≪春秋左氏傳≫ 昭公 2년)

司馬氏가 ≪史記≫를 짓고서부터 외람되이 〈禮書〉를 〈封禪〉·〈平準〉과 병렬하였고,[14] 班·范[15] 아래로 서로 그대로 따르면서 살피지 못하였다. 唐나라 杜佑가 ≪通典≫을 찬술함에[16] 禮에 대해 말한 것이 반이 넘었는지라 비로소 先王의 經世의 遺意에 맞게 되었으니, 宋의 張子(張載)와 朱子(朱熹)가 이를 더욱 높여서 밝혔다.

**蓋古之學者**는 **無所謂經世之術也**요 **學禮焉而已**라 **周禮一經**은 **自體國經野**로 **以至酒漿廛市巫卜繕稾夭鳥蠱蟲**히 **各有專官**하여 **察及纖悉**이라 **吾讀杜元凱春秋釋例**에 **歎邱明之發凡**과 **仲尼之權衡萬變**이 **大率(솔)秉周之舊典**이라 **故曰 周禮盡在魯矣**라 **自司馬氏作史**로 **猥以禮書與封禪平準竝列**하고 **班范而下**로 **相沿不察**이러니 **唐杜佑纂通典**에 **言禮者居其泰半**이라 **始得先王經世之遺意**하니 **有宋張子朱子益崇闡之**러라

聖淸이 하늘의 명에 응함에 巨儒가 배출되니, 顧亭林(顧炎武) 씨가 책을 저술하여 禮敎를 扶植하는 것을 자신의 책임으로 삼았고, 江愼修[17] 씨가 ≪禮書綱目≫을 찬집하여 크고 작은 일을 다 수록하였는데, 秦樹灃[18] 씨가 마침내 ≪五禮通考≫를 찬수하여 天文·地理와 軍政·官制까지도 모두 그 가운데 모으고 두루 각종 유파를 종합하되, 번쇄하거나 논박된 의론은 받아들이지 않았다.

내가 사사로이 홀로 이를 종주로 삼았으되, 食貨 부분이 조금 부족한 것을 애석하게 여겨, 일찍이 鹽漕(鹽法과 漕運)·賦稅 등 國用의 경영을 모아서 따로 한 編을

---

14) 司馬氏가……병렬하였고 : 司馬氏는 ≪史記≫를 저술한 司馬遷을 가리킨다. ≪사기≫의 八書는 〈禮書〉·〈樂書〉·〈律書〉·〈曆書〉·〈天官書〉·〈封禪書〉·〈河渠書〉·〈平準書〉로, 〈太史公自序〉에서 "禮는 사람의 실질적 생활을 말미암아 節文을 만들어, 대략 고금의 변화에 맞게 하는 것이니, 이로써 禮書를 지었다.〔禮因人質 爲之節文 略協古今之變 作禮書〕"라고 하였다. 封禪은 泰山에 올라가 흙을 높이 쌓아 단을 만들고 天祭를 지내는 것을 封, 태산의 아래 梁父(양보)에 땅을 깎아 깨끗이 쓸고 地神에게 지내는 제사를 禪이라고 하며, 平準은 관부에서 물자를 운반하여 물가를 조정하였던 조치를 가리킨다.

15) 班·范 : ≪漢書≫의 저자 班固와 ≪後漢書≫의 저자 范曄을 가리킨다.

16) 唐나라……찬술함에 : 杜佑(735~812)는 자가 君卿이며, 萬年 사람이다. 唐 德宗·順宗·憲宗 때 재상을 지냈다. 그 식견을 바탕으로 上古 시대부터 唐 玄宗까지 역대의 제도와 典故를 食貨·選擧·職官·禮·樂·兵·刑·州郡·邊防의 아홉 부문으로 나누어, 200권에 달하는 ≪通典≫을 저술하였다.

17) 江愼修 : 江永(1681~1762)을 말한다. 강영은 자가 愼修이며, 徽州 婺源 사람이다. 皖派의 창시자로 戴震에게 영향을 미쳤으며, 考據學에 빼어났고 三禮에 정통하였다.

18) 秦樹灃 : 秦蕙田(1702~1764)을 말한다. 진혜전은 자가 樹灃이며, 호는 味經이고, 시호는 文恭이며, 江蘇 金匱 사람이다. 乾隆 원년(1736)에 進士가 되었고 관직이 工部와 刑部의 尙書에 이르렀다. 三禮에 정통하여, 徐乾學의 ≪讀禮通考≫를 계승한 ≪五禮通考≫를 지었다.

만들어 秦氏의 책의 다음에 붙이고자 하였다. 이는 한갓 한계를 지을 수 없는 광활한 영역에서 자기의 뜻을 편 것일 뿐만이 아니라 先聖이 禮를 제정한 체례가 모든 것을 갖추지 않음이 없는 것이 본디 이와 같은 것이다. 세상살이에 일이 많고 글 쓰는 일은 구차하게 해서는 안 되므로 미처 그 일을 시작하기도 전에 나이가 진실로 이미 노쇠해버리고 말았다.

**聖淸膺命**에 **巨儒輩出**하니 **顧亭林氏著書**하여 **以扶植禮敎爲己任**하고 **江愼修氏纂禮書綱目**에 **洪纖畢擧**러니 **而秦樹澧氏**가 **遂修五禮通考**하여 **自天文地理軍政官制**로 **都萃其中**하고 **旁綜九流**하되 **細破無內**(납)이라 **國藩私獨宗之**로되 **惜其食貨稍缺**하여 **嘗欲集鹽漕賦稅國用之經**하여 **別爲一編**하여 **傳於秦書之次**하니 **非徒廣己於不可畔岸之域**이요 **先聖制禮之體之無所不賅**가 **固如是也**라 **以世之多故**와 **握槧之不可以苟**로 **未及事事而齒髮固已衰矣**라

옛날에 漢陽 劉傳瑩 茮雲[19]이 실로 漢學(고증학자)을 하는 자의 설을 전심하여 연구하고는 〈그들이〉 단편적인 말과 자질구레한 해설로 가볍게 宋나라의 賢人들을 배척하는 것을 미워하였다.

근간에 나에게 말하기를, "학문은 자신의 마음에 돌이켜서 찾아야 할 따름이니, 어찌 범박하게 하겠는가. 일신과 집안과 국가에 일이 있는 데 이르면 응당 하나하나 상세히 조사하여 그 옳음을 구하여 방에서 상고한 것을 저자에서 행할 수 있고, 자신에게 확인한 것을 많은 사람들이 따를 수 있어야 하네."라고 하였고, 또 "禮는 考據가 아니면 밝힐 수 없고, 학문은 心得이 아니면 이루어질 수 없다."라고 하였다. 나는 크게 옳다고 여겨 知言[20]한 이의 무리라 여겼다.

얼마 지나지 않아 초운이 별세하였는데, 임종에 유언을 남겨 後事를 조처하되 오로지 古禮를 지키게 하였다. 내가 묘지명을 짓고 나서 또 家傳을 지어서 한학의 득실과 주객의 마땅함[21]에 대해 대략 말하여 劉氏의 감실에 보관해두었다.

**往者漢陽劉傳瑩**茮(초)**雲**이 **實究心漢學者之說**하고 **而疾其單辭碎義**가 **輕**笮(착)**宋賢**이라 **間嘗**

19) 漢陽……茮雲 : 劉傳瑩(1818~1848)은 자가 茮雲이고, 호가 實甫이며, 湖北 漢陽 사람이다. 道光 19년(1839)에 擧人이 되어, 國子監學正을 지냈다. 고증학을 좋아하였으며, 훗날 理學에 전심하였다.

20) 知言 : 견식이 있는 말을 한다는 뜻으로 쓰였다. 秦伯이 士鞅의 말을 듣고 "견식이 있는 말이라고 여겼다.〔秦伯以爲知言〕" 한다.(≪春秋左氏傳≫ 襄公 14년)

21) 주객의 마땅함 : 宋學의 의리를 主로, 漢學의 고증을 客으로 본 것이다.

語余하되 學以反求諸(저)心而已니 泛博胡爲리오 至有事於身與家與國이면 則當一一詳覈焉而求其是하여 考諸室而市可行하고 驗諸獨而衆可從이라하고 又曰 禮非考據면 不明이요 學非心得이면 不成이라하야늘 國藩則大韙之하여 以爲知言者徒也러니 未幾에 茱雲卽世라 臨絶에 爲先令處分後事에 壹秉古禮라 國藩旣銘其墓하고 又爲家傳하여 麤道漢學得失主客之宜하여 藏諸劉氏之祏하다

君子의 말은 평온하면 화평을 이루고 격발하면 분쟁을 부르니, 辭氣의 輕重을 두는 것이 쌓여 오래 지속되면 세상의 풍속을 바꾸어 동류들이 다투면서 그칠 줄 모르는 법이다. 예전에 良知의 설[22]이 진실로 폐단이 없었던 것은 아니지만, 반드시 晩明의 禍를 빚어낸 것이라고 하는 것은 조금 지나치고, 근래 漢學의 설이 진실로 폐단이 없는 것은 아니지만, 반드시 粵賊의 난[23]을 불러일으킨 것이라고 하는 것은 조금 지나치다.

≪芻論≫이 大政을 살핀 것은 대개 顧氏・江氏・秦氏의 뜻과 가깝다. 저 몇 사람은 진실로 漢學家가 받들어서 귀의하려는 대상이거늘 芝房이 首篇에서 비판한 것이 너무 지나치니, 과연 분석한 것이 털끝만큼의 차이가 천 리만큼 어긋나는 데[24] 미친 것인가. 아니면 한두 명의 나이 많고 덕 있는 위인이 곡학아세한 것에 분개하여 지극히 격분해 한 번 불평을 토로한 것인가.

지방은 뜻은 크고 신속하게 나아간 것이 茱雲과 같고, 세상을 떠날 때 편지를 나에게 보내어 영결을 고한 것도 초운과 같다. ≪추론≫ 외에 따로 詩 10권, 文 11권, ≪河防紀略≫ 4권이 있으니, 저서가 많은 것이 초운과 다르지만 널리 보고서 신중하게 취한 점은 같고, 한학이 표방해 게시하는 것을 미워한 것도 같지만 立言한 것은 조금 다르다. 내 그러므로 評論을 조금 붙여서 차마 벗이 죽었다고 여기지 못하는 뜻을 밝히고 또한 이로써 두 사람이 자신의 뜻을 다하지 못한 것이 단지 나의 사사로운 슬픔만이 아님을 보이노라.

君子之言也는 平則致和하며 激則召爭하니 辭氣之輕重이 積久하면 則移易世風하여 黨仇訟爭

---

22) 良知의 설 : ≪孟子≫ 〈盡心 上〉에서 "생각하지 않아도 아는 것은 良知이다.〔所不慮而知者 其良知也〕"라고 하였는데, 明代에 王守仁이 이에 의거하여 양지의 학설을 제창하였다.
23) 粵賊의 난 : 太平天國運動을 가리킨다. 粵賊은 太平天國軍을 낮추어 표현한 말이다.
24) 털끝만큼의……데 : ≪禮記≫ 〈經解〉에 "군자는 처음을 삼가니 털끝만큼 같은 차이가 천 리나 어긋난다.〔君子愼始 差若毫釐 繆以千里〕"라고 하였다.

而不知所止라 曩者에 良知之說이 誠非無蔽로되 必謂其釀晩明之禍는 則少過矣요 近者에 漢學之說이 誠非無蔽로되 必謂其致粵賊之亂은 則少過矣라 芻論所考諸(저)大政이 蓋與顧氏江氏秦氏之指爲近하니 彼數子者는 固漢學家所奉以爲歸者也어늘 而芝房首篇譏之已甚하니 其果有剖及毫釐千里者耶아 抑將憤夫一二鉅人長德이 曲學阿世하여 激極而一鳴耶아 芝房之志大而(說)〔銳〕[25]進也가 與茱雲同이요 其卒也에 寄書抵余以告永訣이 亦與茱雲同이라 其自芻論外에 別有詩十卷文十一卷河防紀略四卷하니 著書之多가 與茱雲異로되 而其博觀而愼取則同이요 其嫉夫以漢學標揭也亦同이로되 而立言少(矣)〔異〕[26]라 余故稍附諍論하여 以明不忍死友之義하고 亦以見二子者之不竟其志가 非僅余之私痛也라

---

25) (說)〔銳〕: 저본에는 '說'로 되어 있으나, ≪曾國藩詩文集≫에 의거하여 '銳'로 바로잡았다.
26) (矣)〔異〕: 저본에는 '矣'로 되어 있으나, ≪曾國藩詩文集≫에 의거하여 '異'로 바로잡았다.

## 03. 歐陽生의 文集에 대한 序　歐陽生文集序*

*이 글은 증국번이 咸豐 8년(1858)에 자신의 벗 歐陽兆熊의 요절한 아들 歐陽勳의 문집을 위하여 쓴 序이다. 전반부에 桐城派의 성립과 계보를 서술하고 말미에 이를 계승한 구양훈의 문학 경향을 약술하였다. 이 글에서 증국번은 姚鼐가 漢學과 宋學 어느 하나에 경도되지 않고 義理・考據・詞章을 공히 중시하였음을 강조하고 있다.

乾隆 말엽에 桐城의 姚姬傳 先生 鼐가 古文辭를 잘 지었으니, 자기 고을의 선배인 方望溪(方苞) 侍郎이 지은 글을 흠모하여 본받고 劉君 大櫆 및 자신의 伯父인 編修君 範[1]에게서 作法을 전수받았다. 세 분이 이미 박식한 儒者요 명망 높은 분들이었고 姚先生이 그 작법을 연구한 것이 더욱 정밀하였으니, 歷城의 周永年 書昌이 이에 대해 말하기를 "천하의 문장이 동성에 있도다."라고 하였다.[2] 이로 말미암아 배우는 자들이 많이 동성으로 쏠려 桐城派로 불렸으니, 이전 시대에 江西詩派[3]라고 일컬어진 경우와 같았다.

**乾隆之末**에 **桐城姚姬傳先生鼐**가 **善爲古文辭**하니 **慕效其鄕先輩方望溪侍郎之所爲**하고 **而受法於劉君大櫆**와 **及其世父編修君範**이라 **三子旣通儒碩望**이요 **姚先生**이 **治其術益精**하니 **歷城周**

1) 編修君 範 : 姚範(1702~1771)은 安徽 桐城 사람으로 자가 南青이며, 호는 薑隖이다. 乾隆 7년(1742)에 進士가 되고 翰林院編修, 三禮館纂修를 역임하였다. 劉大櫆와 친분이 깊었으며 方苞의 고문 이론을 수용하여 姚鼐에게 큰 영향을 끼쳤다.

2) 歷城의……하였다 : 周永年(1730~1791)은 山東 曆城 사람으로 書昌은 그의 자이다. 乾隆 36년(1771)에 進士가 되었으며 程晉芳・姚鼐와 함께 四庫全書 찬수관이 되었다. 요내가 京師에 있을 때 정진방과 주영년이 말하기를, "문장을 짓는 이는 법으로 삼은 바가 있은 뒤에 유능해지고, 변화한 바가 있은 뒤에 훌륭해진다. 성대한 淸의 통치가 前代보다 천배 백배 뛰어나거늘 유독 선비 중에 古文을 능히 짓는 이는 많지 못하다. 예전에 方侍郎이 있었고 지금은 劉先生이 있으니, 천하의 문장이 桐城에서 나오는 것이 아니겠는가.〔爲文章者 有所法而後能 有所變而後大 維盛淸治 邁逾前古千百 獨士能爲古文者未廣 昔有方侍郎 今有劉先生 天下文章 其出於桐城乎〕"라고 하였다는 내용이 요내의 〈劉海峰先生八十壽序〉에 보인다.

3) 江西詩派 : 宋나라 黃庭堅(1045~1105)에게서 비롯하여 기교를 중시하는 작풍을 공유한 시인들의 유파이다. 呂本中(1084~1145)이 ≪江西詩社宗派圖≫에서 황정견과 그 문학을 계승한 25인의 시인을 나열하였는데, 황정견이 江西 사람이고 그를 계승한 시인들 가운데 강서 출신이 많았으므로 江西詩派라 명명하였다.

永年書昌이 爲之語曰 天下之文章이 其在桐城乎인저 由是로 學者多歸嚮桐城하여 號桐城派하니 猶前世所稱江西詩派者也라

姚先生이 만년에 鍾山書院의 講席을 주관할 때에[4] 문하에 이름을 올린 자로 上元에는 管同 異之[5]와 梅曾亮 伯言[6]이 있었고, 桐城에는 方東樹 植之[7]와 姚瑩 石甫[8]가 있었으니, 이 네 사람은 가장 뛰어난 弟子로 일컬어지면서 저마다 얻은 바를 門徒와 벗에게 왕왕 끊임없이 전수하였다.

동성에 있는 자로 戴鈞衡 存莊[9]이 있었으니, 석지를 오랫동안 섬겼으며 특히 精力이 다른 사람에 비해 훨씬 뛰어나 스스로 그 고을 前代 賢人의 法을 지켜서 後進에게 전수하는 것이 의리상 사양할 바가 아니라고 여겼다.

제자의 명단에는 끼지 않았으나 같은 시기에 진심으로 신봉한 자들로서 新城 사람 魯仕驥 絜非[10]와 宜興 사람 吳德旋 仲倫[11]이 있었으니, 魯絜非의 조카가 陳用光 碩士[12]이다. 석사는 외숙을 스승으로 섬기고 또 요선생의 문하에서 직접 가르

4) 姚先生이……때에 : 姚鼐는 乾隆 55년(1790)부터 南京의 鍾山書院에서 主講으로 학생들을 가르쳤다. 嘉慶 6년(1801)부터 3년간 敬敷書院에 있을 때를 제외하면 가경 20년(1815)에 세상을 떠날 때까지 종산서원에 머물며 강의하였다.

5) 管同 異之 : 管同(1780~1831)은 자가 異之이며, 江蘇 上元 사람이다. 道光 5년(1825)에 擧人이 되었다. 저서로 《因寄軒文集》 등이 있다.

6) 梅曾亮 伯言 : 梅曾亮(1786~1856)은 자가 伯言이며, 江蘇 上元 사람이다. 道光 2년(1822)에 進士가 되었으며, 관직이 戶部郎中에 이르렀다. 관직에서 물러난 뒤에는 揚州 梅花書院의 主講을 지냈다. 저서로 《柏梘山房文集》, 《柏梘山房詩集》 등이 있다.

7) 方東樹 植之 : 方東樹(1772~1851)는 자가 植之이며, 安徽 桐城 사람이다. 諸生 출신이며, 廉州書院·韶州書院·宿松書院·祁門書院 등에서 主講을 지냈다. 저서로 《漢學商兌》, 《儀衛軒文集》 등이 있다.

8) 姚瑩 石甫 : 姚瑩(1785~1853)은 자가 石甫이고, 호가 明叔·展和이며, 安徽 桐城 사람이다. 요내의 從孫이다. 嘉慶 13년(1809)에 進士가 되었으며, 관직이 湖南按察使에 이르렀다. 저서로 《中复堂全集》이 있다.

9) 戴鈞衡 存莊 : 戴鈞衡(1814~1855)은 자가 存莊이고, 호가 蓉洲이며, 安徽 桐城 사람이다. 道光 29년(1849)에 擧人이 되었다. 저서로 《味經山館詩文鈔》 등이 있다.

10) 魯仕驥 絜非 : 魯仕驥(1732~1794)는 자가 絜非이고, 호가 山木이며, 江西 新城 사람이다. 乾隆 36년(1771)에 進士가 되었으며 夏縣知縣을 지냈다. 저서로 《山木居士集》이 있다.

11) 吳德旋 仲倫 : 吳德旋(1767~1840)은 자가 仲倫이며, 江蘇 宜興 사람이다. 諸生 출신이다. 저서로 《初月樓集》이 있다.

12) 陳用光 碩士 : 陳用光(1767~1835)은 자가 碩士이며, 江西 新城 사람이다. 嘉慶 6년(1801)에 進士가 되었으며, 編修·禮部左侍郎·福建浙江學政 등을 지냈다. 저서로 《太乙舟文集》, 《衲被錄》 등이 있다.

침을 받았는데, 고을 사람들이 그에게 감화되어 文章을 좋아하는 이들이 많았다.

석사의 從孫들 가운데 陳學受 藝叔[13]과 陳溥 廣敷[14]가 있었고 南豐에 또 吳嘉賓 子序[15]가 있었으니, 모두 혈비의 풍격을 계승하고 요선생을 私淑하였다. 이로부터 江西의 建昌府에 桐城學이 있게 되었다.

**姚先生晩而主鍾山書院講席**할새 **門下箸籍者**가 **上元有管同異之梅曾亮伯言**하고 **桐城有方東樹植之姚瑩石甫**하니 **四人者稱爲高第弟子**하여 **各以所得**으로 **傳授徒友**가 **往往不絕**이라 **在桐城者**가 **有戴鈞衡存莊**하니 **事植之久**요 **尤精力過絕人**하여 **自以爲守其邑先正之法**하여 **禫之後進**이 **義無所讓也**라 **其不列弟子籍**이나 **同時服膺**이 **有新城魯仕驥絜非宜興吳德旋仲倫**하니 **絜非之甥**이 **爲陳用光碩士**라 **碩士旣師其舅**하고 **又親受業姚先生之門**이어늘 **鄕人化之**하여 **多好文章**이라 **碩士之群從**이 **有陳學受藝叔陳溥廣敷**하고 **而南豐又有吳嘉賓子序**하니 **皆承絜非之風**하고 **私淑於姚先生**이라 **由是**로 **江西建昌**에 **有桐城之學**이라

仲倫은 永福 사람 呂璜 月滄[16]과 교우하였다. 월창의 동향 사람으로 臨桂 사람 朱琦 伯韓[17]과 龍啓瑞 翰臣[18]과 馬平 사람 王拯 定甫[19]가 있었으니, 모두 吳氏와 呂氏를 추종하였고 梅伯言에게서 그 학술을 넓히기를 더욱 추구하였다. 이로부터 桐城 宗派가 廣西에 널리 퍼지게 되었다.

---

13) 陳學受 藝叔 : 陳學受는 자가 永之이고, 호가 藝叔이며, 江西 新城 사람이다. 諸生 출신이며, 弋陽書院의 主講을 지냈다. ≪圈注春秋讀本≫ 등을 편찬하였다.

14) 陳溥 廣敷 : 陳溥는 자가 稻孫이고, 호가 廣敷이다. 陳學受의 從弟이다. 諸生 출신이며, 九峰書院에서 主講을 지냈다. 저서로 ≪陳廣敷集≫이 있다.

15) 吳嘉賓 子序 : 吳嘉賓(1803~1864)은 자가 子序이며, 江西 南豐 사람이다. 道光 18년(1838)에 進士가 되었으며, 관직이 內閣中書에 이르렀다. 저서로 ≪四書說≫, ≪求自得之室文鈔≫ 등이 있다.

16) 呂璜 月滄 : 呂璜(1778~1838)은 자가 禮北이고, 호가 月滄이며, 廣西 永福 사람이다. 嘉慶 16년(1811)에 進士가 되었다. 浙江의 奉化·山陽·錢塘 등의 知縣을 지냈다. 저서로 ≪月滄文集≫이 있다.

17) 朱琦 伯韓 : 朱琦(1803~1861)는 자가 濂甫이고, 호가 伯韓이며, 廣西 臨桂 사람이다. 道光 15년(1835)에 進士가 되었다. 翰林院 庶吉士, 御史 등을 지냈다. 道員으로 발탁되어 杭州를 지키고자 하였으나 太平軍의 공격으로 전사하였다. 저서로 ≪怡志堂詩文集≫이 있다.

18) 龍啓瑞 翰臣 : 龍啓瑞(1814~1858)는 자가 輯五이고, 호가 翰臣이며, 廣西 臨桂 사람이다. 道光 21년(1841)에 壯元으로 급제하였으며, 관직이 江西布政使에 이르렀다. 저서로 ≪經德堂詩文集≫ 등이 있다.

19) 王拯 定甫 : 王拯(1815~1876)은 初名이 錫振이고, 자가 定甫이며, 호는 少鶴이다. 廣西 馬平 사람이다. 道光 21년(1841)에 進士가 되었으며, 관직이 通政使司通政使에 이르렀다. 저서로 ≪龍壁山房文集≫이 있다.

仲倫이 與永福呂璜月滄으로 交友라 月滄之鄕人이 有臨桂朱琦伯韓龍啓瑞翰臣馬平王拯定甫하니 皆步趨吳氏呂氏하고 而益求廣其術於梅伯言이라 由是로 桐城宗派가 流衍於廣西矣라

예전에 나는 姚先生이 湖南에서 考試를 주관하였는데 그 문하 출신인 우리 고을 사람 중에 그를 좇아 학문에 종사하는 자가 〈있다는 말이〉 들리지 않음을 이상하게 여긴 적이 있었다.

이윽고 巴陵 사람 吳敏樹 南屛[20]을 얻으니, 〈남병은〉 그의 학술을 칭도하고 이어받아서 독실히 좋아하고 싫증내지 않았고, 武陵 사람 楊彝珍 性農[21]과 善化 사람 孫鼎臣 芝房[22]과 湘陰 사람 郭嵩燾 伯琛[23]과 溆浦 사람 舒燾 伯魯[24] 또한 '姚氏가 문장가의 올바른 軌範이니 이를 떠나면 또 어디에서 正道를 찾겠는가?'라고 여겼다.

가장 마지막으로 湘潭 사람 歐陽生을 얻었으니, 生은 나의 벗인 歐陽兆熊 小岑[25]의 아들로, 파릉의 吳君과 상음의 郭君에게 作法을 배우고 또 新城의 두 陳氏(陳學受와 陳溥)를 스승으로 섬겼다. 그가 영향을 받은 자가 많았으되 그의 志趣와 嗜好는 온 천하의 아름다움으로도 桐城의 요씨와 바꿀 만한 자가 없었다.

昔者에 國藩嘗怪姚先生典試湖南이로되 而吾鄕出其門者가 未聞相從以學文爲事러라 旣而요 得巴陵吳敏樹南屛하니 稱述其術하여 篤好而不厭하고 而武陵楊彝珍性農善化孫鼎臣芝房湘陰郭嵩燾伯琛溆浦舒燾伯魯가 亦以姚氏文家正軌니 違此則又何求오 最後에 得湘潭歐陽生하니 生은 吾友歐陽兆熊小岑之子니 而受法於巴陵吳君湘陰郭君하고 亦師事新城二陳이라 其漸染者多로되 其志趣嗜好는 擧天下之美라도 無以易乎桐城姚氏者也라

---

20) 吳敏樹 南屛 : 吳敏樹(1805~1873)는 자가 本深이고, 호가 南屛이며, 湖南 巴陵 사람이다. 道光 12년(1832)에 擧人이 되었으며, 濟陽訓導를 지냈다. 저서로 ≪盤湖詩文集≫이 있다.

21) 楊彝珍 性農 : 楊彝珍(1805~1898)은 자가 湘涵이고, 호가 性農이며, 湖南 武陵 사람이다. 道光 30년(1850)에 擧人이 되었으며, 兵部主事를 지냈다. 저서로 ≪移芝室文集≫이 있다.

22) 孫鼎臣 芝房 : 孫鼎臣(1817~1859)은 자가 子餘이고, 호가 芝房이며, 湖南 善化 사람이다. 道光 25년(1845)에 進士가 되었으며, 관직이 翰林院侍讀에 이르렀다. 저서로 ≪蒼莨文集≫ 등이 있다.

23) 郭嵩燾 伯琛 : 郭嵩燾(1818~1891)는 자가 伯琛이고, 호가 筠仙·玉池老人이며, 湖南 湘陰 사람이다. 道光 27년(1847)에 進士가 되었으며, 咸豐 4년(1854)에서 함풍 6년(1856)까지 증국번의 幕下에서 보좌하였다. 庶吉士·兵部左侍郎·英國大使 등을 지냈다. 저서로 ≪禮記質疑≫, ≪養知書屋文集≫ 등이 있다.

24) 舒燾 伯魯 : 舒燾는 자가 伯魯이며, 湖南 溆浦 사람이다. 戶部郎中을 지냈다. 저서로 ≪綠綺軒文鈔≫가 있다.

25) 歐陽兆熊 小岑 : 歐陽兆熊은 자가 小岑·曉岑·筱岑이고, 湖南 湘潭 사람이다.

乾隆 중엽이 되어 나라 안의 大儒・畸士[26)]가 학식이 깊고 넓음을 숭상하여 번잡하게 인용하고 광범하게 고증하여 한 글자를 조사할 때에 몇천 글자가 쌓여도 그만두지 못하였으니 따로 기치를 세워 '漢學'이라고 이름하였다. 宋나라 여러 학자의 의리에 대한 설을 깊이 배척하여 그것들을 다시 존속할 것이 못 된다고 여겼으며, 그들이 글을 짓는 것은 더욱 어수선하여 요령이 부족하였다.

그런데 姚先生은 홀로 여러 논의를 배척하여 '義理・考據・詞章 이 세 가지는 어느 하나 버려둘 수 없는 법이니 반드시 의리를 바탕으로 삼은 뒤에 文이 따를 곳이 있고 고거가 돌아갈 곳이 있다.'고 여기고서 한 편의 글 안에 오직 이를 특히 주의하였다. 당시에는 고립되어 도움받을 곳이 없었는데 5, 60년 동안 전해지면서 근세 학자들이 조금씩 그의 글을 讀誦하여 그 설을 이어받아 따랐다. 道의 興亡에 또한 각각 때가 있으니, 운명인 것일까.

**當乾隆中葉**하여 **海內魁儒畸士**가 **崇尙鴻博**하여 **繁稱旁證**하여 **考覈一字**에 **累數千言不能休**하니 **別立幟志**하여 **名曰漢學**이라 **深擯有宋諸子義理之說**하여 **以爲不足復存**이요 **其爲文**이 **尤蕪雜寡要**라 **姚先生獨排衆議**하여 **以爲義理考據詞章三者**는 **不可偏廢**니 **必義理爲質而後**에 **文有所附**요 **考據有所歸**라하여 **一編之內**에 **惟此尤兢兢**이라 **當時**에 **孤立無助**러니 **傳之五六十年**에 **近世學子稍稍誦其文**하여 **承用其說**이라 **道之廢興**이 **亦各有時**하니 **其命也歟哉**인저

洪秀全과 楊秀淸이 앞장서 난을 일으킨 이후로[27)] 東南 지역이 피해를 입었으니, 鍾山과 石城[28)]은 예전에 姚先生이 지팡이를 쥐고 講席을 주관한 곳이었는데 지금은 犬羊의 소굴이 되어버렸기에 몹시 견고하여 함락할 수 없고, 桐城은 빼앗겨 異域이 되어버려[29)] 탈환하였다가 다시 함락되었다. 戴鈞衡은 온 집안이 國難에 殉死하고 자신 또한 피를 토하며 죽었다.

---

26) 畸士 : 독특한 志行으로 세속과 어울리지 않는 사람을 말한다.
27) 洪秀全과……이후로 : 廣東 출신 洪秀全(1813~1864)이 廣西省에서 기독교 결사 拜上帝會를 설립하고 이를 바탕으로 1851년 太平天國이라는 국호를 내세워 淸나라에 대항한 사건을 말한다. 楊秀淸(1821~1856)은 홍수전에 의해 태평천국의 東王에 봉해졌다.
28) 鍾山과 石城 : 金陵(지금의 江蘇省 南京)을 이른다. 鍾山은 금릉에 있는 산의 이름으로, 紫金山이라고도 한다. 石城은 漢代에 금릉의 石頭山에 쌓은 石頭城을 가리킨다.
29) 빼앗겨……되어버려 : 태평천국군에 점령된 것을 말한다.

내가 建昌에 와 新城과 南豐이 兵火를 겪은 뒤의 형편을 물어보니, 모든 것이 다 사라지고 田地가 황폐해져 경작되지 아니하여 잡풀이 사람을 덮어 가릴 정도로 무성하였고 한두 文士가 머물 곳도 없이 떠돌고 있었다. 廣西는 전투한 지 9년이 되었지만 群盜의 〈기세가〉 여전히 드세어 대번에 다스릴 수 없었고 龍君 翰臣 또한 세상을 떠났다.

유독 내 고향(湘鄕)은 조금 안정되어 두세 君子가 아직도 조용히 문학에 치력하며 마음을 다해 桐城派의 궤적에 부합하기를 추구하였으나, 舒燾는 이전에 죽고 歐陽生 또한 병으로 죽었다. 연로한 사람은 人事에 얽매이거나 전란을 당하여 그 학업을 마치지 못하고, 연소한 사람은 혹 중도에 요절하였다. 사방에 변고가 많아서 姚先生처럼 총명하여 일찍 현달하고 태평한 시대에 장수하며 여유로이 옛 작가의 반열에 올라서고자 한들 마침내 그럴 수 없으니, 그렇다면 학업의 성취 여부가 또한 운명이 아니라고 할 수 있겠는가.

自洪楊倡亂으로 東南荼毒하니 鍾山石城은 昔時姚先生撰杖都講之所러니 今爲犬羊窟宅에 深固而不可拔이요 桐城은 淪爲異域에 旣克而復失이라 戴鈞衡은 全家殉難하고 身亦歐血死矣라 余來建昌에 問新城南豐兵燹之餘하니 百物蕩盡하고 田荒不治하여 蓬蒿沒人이요 一二文士가 轉徙無所라 而廣西用兵九載에 群盜猶洶洶하여 驟不可爬梳요 龍君翰臣又物故라 獨吾鄕少安에 二三君子가 尙得優游文學하여 曲折以求合桐城之轍이로되 而舒燾前卒하고 歐陽生亦以瘵死라 老者는 牽於人事어나 或遭亂하여 不得竟其學하고 少者는 或中道夭殂라 四方多故에 求如姚先生之聰明早達太平壽考從容以躋於古之作者인들 卒不可得하니 然則業之成否를 又得謂之非命也耶인저

歐陽生은 이름이 勳이고, 字가 子和이다. 咸豐 5년(1855) 3월에 죽으니, 나이 스물 몇이었다. 그의 문과 시는 淸淡하고 세밀하며 단조롭지 않게 변화가 있는 것을 좋아하고 또한 때때로 전란으로 流離하는 데 대한 슬픔을 담고 있다.

莊周가 이르기를 "텅 빈 골짜기에 숨어 사는 자는 사람의 발자국 소리가 터벅터벅 나는 것만 들어도 기뻐한다. 하물며 형제와 친척이 그 옆에서 담소한다면 얼마나 더 기뻐하겠는가."라고 하였다.[30] 내가 桐城의 여러 어르신들의 담소를 듣지

30) 莊周가……하였다 : ≪莊子≫ 〈徐无鬼〉에 "텅 빈 골짜기에 숨어 사는 사람은 명아주와 콩잎

못한 지 오래된 터에 구양생이 지은 글을 보았으니 어찌 다만 발소리를 듣는 것과 같을 뿐이었겠는가. 그러므로 이 서문을 지음으로써 小岑의 슬픔을 달래고 또 문장과 세상사의 변화가 서로 연관됨을 드러내어 후세 사람들로 하여금 살펴볼 수 있게 하는 바이다.

**歐陽生**은 **名勳**이요 **字子和**라 **歿於咸豐五年三月**하니 **年二十有幾**라 **其文若詩**는 **淸縝喜往復**하고 **亦時有亂離之慨**라 **莊周云 逃空虛者**는 **聞人足音跫然而喜**온 **而況昆弟親戚之謦欬其側者乎**아하니 **余之不聞桐城諸老之謦欬也**가 **久矣**에 **觀生之爲**하니 **則豈直足音而已**리오 **故爲之序**하여 **以塞小岑之悲**하고 **亦以見**(현)**文章與世變相因**하여 **俾後之人得以考覽焉**하노라

---

이 족제비의 길마저 막고 있으니 빈 골짜기에서 걷다 쉬다 사람의 발자국 소리가 터벅터벅 나는 것만 들어도 기뻐한다. 또 하물며 형제와 친척이 그 옆에서 담소한다면 얼마나 더 기뻐하겠는가.〔夫逃空虛者 藜藿柱乎鼪鼬之逕 踉位其空 聞人足音跫然而喜矣 又況乎昆弟親戚之謦欬其側者乎〕"라는 말이 보인다.

# 04. ≪國朝先正事略≫에 대한 序　國朝先正事略序*

*≪國朝先正事略≫은 李元度(1821~1887)가 편찬한 것으로, 淸나라 건국부터 咸豐 연간까지 朝野에서 활동한 각 방면 名人들의 행적을 名臣·名儒·經學·文苑·遺逸·循良·孝義 등의 7부류로 나누어 기록한 책이다.

이원도는 湖南 平江 사람으로, 자가 次靑 또는 笏亭이고, 호는 天岳山樵이다. 道光 23년(1843)에 擧人이 된 이래 함풍 연간에 증국번의 幕下에 들어가 太平天國軍을 진압하는 데 참여하여 벼슬이 貴州布政使에 이르렀으며, 문장에 능하고 掌故에 해박하다는 평가를 받았다. 이 글에서 증국번은 ≪국조선정사략≫의 편찬 배경 및 경위를 서술한 한편, 이원도가 이 책을 꾸준히 수정 보완하여 淸朝의 위대한 저작으로 완성하기를 바라는 기대를 드러내었다.

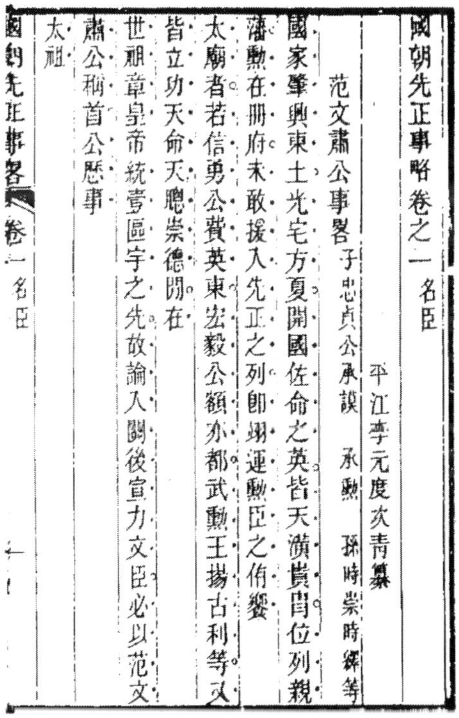
國朝先正事略卷之一　名臣
平江李元度次青纂
范文肅公事畧　子忠貞公承謨　承勳　孫時崇時繹等
國家肇興東土光宅方夏開國佐命之英皆天潢貴冑位列親
藩勳在冊府未敢援入先正之列即翊運勳臣之侑饗
太廟者若信勇公費英東宏毅公額亦都武勳王揚古利等又
皆立功天命天聰崇德閒在
世祖章皇帝統壹區宇之先故論入關後宣力文臣必以范文
肅公稱首公歷事
太祖
國朝先正事畧　卷一　名臣

國朝先正事略

나는 일찍이 大淸의 현달하고 걸출한 人士들이 옛적을 넘어서는데도 그에 대한 記述이 부족하였기에 이로 인해 한탄하였다. 道光[1] 말에 嘉興 사람 錢衎石 給事 儀吉[2]이 明나라 焦竑의 ≪獻徵錄≫[3]을 모

1) 道光 : 淸나라 제8대 황제인 宣宗(재위 1820~1850) 때의 연호이다.
2) 錢衎石……儀吉 : 錢儀吉(1783~1850)은 자가 衎石이고, 호가 心壺이며, 浙江 嘉興 사람이다. 嘉慶 13년(1808)에 進士가 된 이래 벼슬은 戶部主事, 翰林院庶吉士, 工科給事中 등을 지냈다. 漢學과 宋學 중 어느 한쪽에 치우치지 않고 널리 취하였으며, 특히 史學에 뛰어났다는 평가를 받는다.
3) 明나라……獻徵錄 : 焦竑(1541~1620)은 자가 弱侯이고, 호가 澹園이며, 明나라 應天府 江寧 사람이다. 萬曆 17년(1589)에 壯元으로 進士가 되었고, 翰林院 修撰을 지냈다. 古文에 능하였고, ≪國朝獻徵錄≫을 비롯하여 ≪焦氏筆乘≫, ≪國史經籍志≫, ≪澹園集≫ 등 많은 저서를

방하여 本朝 ≪徵獻錄≫을 만들었다는 말을 듣고 인하여 급사의 종질인 錢應溥[4] 에게 그 목록을 베껴달라고 부탁하니, 將相・大臣・循良・忠節・儒林・文苑 등 모두 800여 인을 얻어 2, 3백 권이나 되었고, 名人들의 碑文과 傳을 가지고 명인들의 事蹟을 보존한 것이었다.

京師를 떠난 후로 오래도록 行役에 종사하여 이 목록책을 다시 볼 수 없었는데, 同治[5] 초에 다시 鄢陵 사람 蘇源生[6]의 문집을 얻어보니, 그 스승 錢給事가 ≪징헌록≫ 외에 또 名臣들을 節錄하여 ≪先正事略≫을 만든 사실이 자세히 기술되어 있었다. 이에 錢氏가 저술한 것이 꽤 있었고, 단지 諸家의 글을 초록하여 편찬하였을 뿐만이 아님을 알았다.

그리고 2년 뒤에 우리 고을의 李元度 次靑이 저술한 ≪선정사략≫을 얻으니, 書名을 붙인 것이 마침 전씨와 서로 합치하였다. 이보다 앞서 2백여 년 동안 이루어진 책이 없었는데 근래 30년 중에 전씨가 汴水[7]에서 편찬하고 차청이 湖湘[8]에서 사업을 이루었으니, 이에 통달한 儒者들이 지향하는 바가 같음을 징험할 수 있다. 아마도 지하에 있는 현달하고 걸출한 인사들은 그 神明이 끝까지 묻혀 있을 수 없는 것이다.

**余嘗以大淸達人傑士**가 **超越古初**어늘 **而紀述闕如**라 **用爲歎憾**이러라 **道光之末**에 **聞嘉興錢衎石給事儀吉**이 **倣明焦竑獻徵錄**하여 **爲國朝徵獻錄**하고 **因屬**(촉)**給事從子應溥寫其目錄**하니 **得將相大臣循良忠節儒林文苑等凡八百餘人**하여 **積二三百卷**이요 **借名人之碑傳**하여 **存名人之事蹟**이라 **自別京師**로 **久從征役**하여 **而此目錄冊者**를 **不可復**(부)**覩**러니 **同治初**에 **又得鄢陵蘇源生文集**하니 **具述其師錢給事**가 **於徵獻錄之外**에 **復節錄名臣**하여 **爲先正事略**이라 **於是**에 **知錢氏頗有造述**이요 **不僅鈔纂諸家之文矣**러라 **又二年而得吾鄕李元度次靑所著先正事略**하니 **命名乃適**

---

남겼다. 시호는 文端이다. ≪국조헌징록≫은 초횡이 만력 때에 편찬한 인물 자료집으로 모두 120권이다. 洪武 연간(1368~1398)에서 嘉靖 연간(1522~1566) 사이의 神道碑・墓誌銘・行狀・傳・野史 등을 폭넓게 수집하여 名人들의 事跡을 기술한 것이다.

4) 錢應溥 : 錢應溥(1824~1902)는 자가 子密이며, 嘉興 사람으로, 錢儀吉의 從弟인 錢泰吉의 아들이다. 道光 29년(1849)에 拔貢이 되었다. 光緖 연간에 工部尙書, 軍機大臣에 올랐다.

5) 同治 : 淸나라 제10대 황제인 穆宗(재위 1862~1874) 때의 연호이다

6) 蘇源生 : 1808~1870. 자가 泉沂이고, 호가 菊村이며, 鄢陵 사람이다. 道光 20년(1840)에 貢生에 副榜으로 공생이 되었다. 文淸書院에서 15년 동안 강의를 맡았으며 程朱理學을 제창하였다.

7) 汴水 : 汴河를 말한다. 변하는 黃河와 淮河를 연결하는 運河이다.

8) 湖湘 : 湖南의 洞庭湖와 湘江 지대를 말한다.

與錢氏相合이라 前此二百餘年에 未有成書러니 近三十年中에 錢氏編摩於汴水하고 次靑成業於湖湘하니 斯足徵通儒意趣之同이라 抑地下達人傑士는 其靈爽不可終閟也로다

예로부터 명철하고 비상한 임금은 왕왕 인재를 얻어 흥성하였으니, 漢 武帝와 唐 文皇[9]과 宋 仁宗과 元 世祖와 明 孝宗과 같은 이들은 그 시기에 모두 특출한 인재들이 성하게 일어나고 결출한 선비들이 구름같이 모여든 사실이 서적에 환히 드러나 있다. 그러나 그 流風이 미친 바를 살펴보면 대략 수십 년에 지나지 않을 뿐인데, 오직 周 文王과 우리 聖祖 仁皇帝[10]만은 수백 년이 지나도록 遺風이 그치지 않고 전해졌다.

聖祖 仁皇帝(康熙帝)

周나라는 后稷[11]으로부터 15世가 되어 文王 때에 集大成되었는데 成王과 康王으로부터 東周에 이르기까지[12] 많고 많은 선비들이 모두 문왕의 덕을 지닌 듯하였고, 우리 國朝의 六祖一宗[13]은 康熙帝 때에 집대성되었는데 雍正帝와 乾隆帝 이후에 영민하고 현명한 인재들이 배출된 것이 모두 성조의 가르침을 입은 듯하였다. 이는 어리석은 백성이라도 아는 듯하지만 그렇게 된 까닭은 아무리 지혜가 뛰어난 사람이라도 설명해낼 수 없다.

성조께서 일찍이 스스로 말씀하시기를 "17, 8세 때에 책을 읽으며 과로하여 피를 토하는 지경에 이르러서도 조금도 쉬려 하지 않았고 늙어서도 손에서 책을 놓지 않

9) 唐 文皇 : 唐 太宗 李世民을 말한다. 諡號가 文武大聖皇帝이므로 이렇게 일컬은 것이다.
10) 우리……仁皇帝 : 淸나라의 제4대 황제인 康熙帝(재위 1661~1722)를 말한다.
11) 后稷 : 周나라의 先祖이다.
12) 成王과……이르기까지 : 周 成王은 武王의 아들이며, 康王은 성왕의 아들이다. 성왕과 강왕이 다스리던 시기는 천하가 안정되어 형벌이 시행되지 않았던 聖世로 일컬어진다. 周나라는 平王 대에 이르러 洛邑으로 천도하였는데, 천도 이후를 東周라 한다.
13) 우리……六祖一宗 : 추존 황제를 포함하여 聖祖 康熙帝에 이르기 전까지의 淸나라 황제인 肇祖, 興祖, 景祖, 顯祖, 太祖, 太宗, 世祖를 말한다.

았다."라고 하셨다. 名家의 手卷[14)]을 임모한 것이 많게는 만여 권이나 되고 寺廟의 편액을 쓴 것이 많게는 천여 개나 되니 아마 비록 한미한 俊才라도 그가 전념한 데에 견줄 수 없을 것이며, 북방을 정벌하여 사막을 건너고[15)] 남방을 순행하여 하천을 다스렸으니[16)] 비록 卒役이라도 그 수고를 능가할 수 없을 것이다. 비가 내리기를 빌고 질병이 사라지기를 기원할 제 걸어서 天壇[17)]에 행차하여 변변치 않은 음식[18)]조차도 드시지 않았는데, 예순을 넘긴 연세에도 여전히 병든 몸을 이끌고 힘써 행하셨다.

무릇 전대 성인이 일컬은 지극한 덕과 순정한 품행에 거의 하나도 갖추지 못한 것이 없었고, 위로 天文, 地理, 曆法과 算術, 음악, 禮文의 고찰, 군대의 지휘, 刑律, 農政으로부터 아래로 활쏘기와 말타기, 醫藥, 奇門[19)], 壬遁[20)], 만주와 몽고와 西域과 외국의 文書에 쓰이는 字母에 이르기까지 거의 하나도 통달하지 못한 것이 없었으며, 게다가 어느 것 하나 새로운 法을 창립하여 따로 길을 열지 않은 것이 없었으니, 후래에 높은 재주와 뛰어난 기예를 지닌 사람들이 끝내 그 범위를 벗어나지 못한다. 그렇다면 雍正·乾隆·嘉慶·道光 여러 시대의 인재들은 비록 모두 성조께서 가르치고 길러내어 이루었다고 말하더라도 누가 그렇지 않다고 하겠는가.

**自古**로 **英哲非常之君**은 **往往得人鼎盛**하니 **若漢之武帝**와 **唐之文皇**과 **宋之仁宗**과 **元之世祖**와 **明之孝宗**은 **其時**에 **皆異材勃起**하고 **俊彦雲屯**이 **焜燿簡編**이라 **然**이나 **考其流風所被**면 **率不過數十年而止**로되 **惟周之文王暨我聖祖仁皇帝**는 **乃閱數百載而風流未沫**이라 **周**는 **自后稷十五世**에 **集大成於文王**이러니 **而成康以洎東周**에 **多士濟濟**가 **皆若秉文王之德**이요 **我朝六祖一宗**은 **集大成於康熙**러니 **而雍乾以後**에 **英賢輩出**이 **皆若沐聖祖之教**라 **此在愚氓**에 **亦似知之**나 **其所以然者**는 **雖大智**라도 **莫能名也**라 **聖祖嘗自言年十七八時**에 **讀書過勞**하여 **至於咯血而不肯少休**하고

14) 手卷 : 두루마리 형태의 書畫를 말한다.
15) 북방을……건너고 : 康熙帝는 1690년부터 1697년까지 총 4차례의 親征을 행하여 서몽골의 유목국가 준가르(junghar, 準噶爾)의 수령 갈단(Galdan)을 토벌하였다.
16) 남방을……다스렸으니 : 淸나라 초기 黃河가 수차례 범람하였고 이후 물길이 바뀌어 淮河와 합류하면서 漕運의 피해와 농경지 손실이 잇따르자 康熙帝는 1689년, 1702년 총 2차례에 걸쳐 남방을 순행하여 황하와 회하의 제방 공사를 시찰하였다.
17) 天壇 : 明淸 대에 황제의 祭天 의식을 행하기 위하여 설치한 원형 제단이다.
18) 변변치……음식 : 원문은 '醢醬虀鹽'으로, 肉醬과 채소 절임, 소금 등 변변치 않은 음식을 말한다.
19) 奇門 : 奇門遁甲의 약칭이다. 기문둔갑은 十干 가운데 乙·丙·丁을 三奇로 하고 休·生·傷·杜·景·死·警·開를 八門으로 하여 길흉을 예상하는 용병술이다.
20) 壬遁 : 六壬과 遁甲을 함께 일컫는 말이다. 육임은 일진과 시간을 위주로 길흉을 점치는 술법이다.

老耄而手不釋卷이라 臨摹名家手卷이 多至萬餘하고 寫寺廟扁榜이 多至千餘하니 蓋雖寒畯이라도 不能方其專이요 北征度漠하고 南巡治河하니 雖卒役이라도 不能踰其勞라 祈雨禱疾에 步行天壇하여 幷醯醬薑鹽而不御러니 年逾六十하여도 猶扶病而力行之러라 凡前聖所稱至德純行이 殆無一而不備요 上而天象地輿歷算音樂考禮行師刑律農政으로 下至射御醫藥奇門壬遁滿蒙西域外洋之文書字母히 殆無一而不通이요 且無一不刱立新法하여 別啓津途하니 後來高才絶藝가 終莫能出其範圍라 然則雍乾嘉道累葉之才는 雖謂皆聖祖教育而成이라도 誰曰不然이리오

지금 계신 皇帝께서 帝位를 계승하시자 帝業이 중흥하였다. 비록 康熙帝 때와는 더욱 멀어졌으나 장수 가운데 時運을 타고 功名을 세운 자가 한 시대의 章句를 분석하는 선비들 중에서 많이 나왔으니, 또한 모두 애초에 聖祖의 남은 은택이 무궁한 후세에 양성해낸 것이다.

次青 같은 이도 대개 장구를 분석하는 선비가 軍務에 종사한 경우이다. 咸豐 갑인년(1854)과 을묘년(1855) 사이에 國藩과 함께 환난에 서로 의지하여 온갖 고난과 위험을 겪었는데 그 후에 스스로 부대 하나를 통솔하여 이곳저곳 옮겨 다니며 수년 동안 전투를 치렀다. 〈나는〉 군대가 패할 때마다 번번이 공정한 의리로 〈그를〉 糾劾하여 파직하였는데, 논하는 자[21]들은 혹 내가 법을 집행하는 것이 지나치다고 나무라기도 하고, 또 차청이 군대에서 文學을 너무 좋아하여 병사들을 다스릴 시간을 빼앗긴 것이 마치 莊生이 기롱한 '책을 끼고 있다가 양을 잃어버렸다.'[22]는 경우와 같다고 자못 나무라기도 하였다.

오랜 뒤에 중앙과 지방의 大臣들이 위급할 때에 의지할 만하다고 차청을 누차 천거하였고, 나 또한 상소를 지어 은밀히 아뢰기를, "李元度는 글을 매우 빨리 지으니 兼人의 재주[23]입니다. 신은 예전에 지나치게 엄하게 탄핵하였는데 지금은 속

21) 논하는 자 : 言官을 가리킨다.

22) 책을……잃어버렸다 : 좋아하는 것에 빠져 본업을 방기하는 것을 말한다. ≪莊子≫ 〈騈拇〉에 "臧과 穀 두 사람이 함께 양을 치다가 모두 양을 잃어버렸다. 장에게 무슨 일을 하고 있었는지 묻자 책을 끼고 글을 읽고 있었다 하고, 곡에게 무슨 일을 하고 있었는지 묻자 노름을 하고 있었다고 하였다. 두 사람이 한 일은 같지 않지만 양을 잃어버린 것은 마찬가지이다.〔臧與穀二人相與牧羊 而俱亡其羊 問臧奚事 則挾策讀書 問穀奚事 則博塞以遊 二人者 事業不同 其於亡羊均也〕"라는 말이 보인다. 책은 원문이 '策'이다. 서책이 아니라 양을 치는 채찍으로 보는 견해도 있다.

23) 兼人의 재주 : 몇 사람을 당할 만한 뛰어난 재주를 뜻한다. ≪論語≫ 〈先進〉의 "由는 여러 사람의 능력을 겸하였기 때문에 물러나게 하였다.〔由也兼人 故退之〕"라고 하였다.

으로 가책을 느끼고 있습니다. 부디 조정에서 헤아려 칭찬하고 살펴주소서." 하였다. 당시에는 비록 吏議[24]에 의해 저지되었으나 천자께서 마침내 그를 도와 벼슬길로 나오게 하여 다시 黔南(貴州)의 軍事를 맡겼다가 出兵하여 연이어 공이 있자 등급을 뛰어넘어 雲南按察使에 제수하였으니 이 책 또한 黔中에서 완성되었다.

今上皇帝嗣位에 大統中興이라 雖去康熙益遠矣나 而將帥之乘運會立勳名者가 多出一時章句之儒하니 則亦未始非聖祖餘澤이 陶冶於無窮也라 如次青者는 蓋亦章句之儒가 從事戎行이라 咸豐甲寅乙卯之際에 與國藩患難相依하여 備嘗艱險이러니 厥後自領一隊하여 轉戰數年이라 軍每失利에 輒以公義糾劾罷職이어늘 論者或咎國藩執法過當하고 亦頗咎次青在軍偏好文學하여 奪治兵之日力이 有如莊生所譏挾策而亡羊者러니 久之에 中外大臣數薦次青緩急可倚하고 國藩亦草疏密陳하되 李元度는 下筆千言하니 兼人之才라 臣昔彈劾太嚴이러니 至今內疚라 惟朝廷量予褒省하소서하니 當時에 雖爲吏議所格이나 天子終右之하여 起家하여 復任黔南軍事라가 師比有功에 超拜雲南按察使하니 而是書亦於黔中告成이라

聖祖의 말씀에 "학문은 처음에는 분명히 정하여 변하지 않는 뜻을 두고, 중간에는 용맹히 정진하는 마음을 지니고, 마지막에는 꿋꿋하고 곧으며 오래도록 굳건한 힘을 갖는 것이 중요하다."라고 하였다. 次青은 4개 省에서 군대를 통솔하여 수차례 패하고도 이내 떨쳐 일어났으니 이른바 곧고 굳은 자가 아니겠는가. 발분하여 책을 저술하매 巨作이 즉시 완성되었으니 또한 용맹하다 할 것이다.

원컨대 더욱 곧고 굳은 道로써 지켜서 錢氏가 남긴 책을 찾아서 참고하여 정정하고 수정 보완하여 오랜 세월 동안 삼가 정련하여 사소한 부분에도 포폄을 신중히 하고 여러 사람의 말을 참작하여 절충해서 마침내 聖淸의 거대한 典籍을 완성하여 위로 周나라의 雅·頌·誓·誥[25]의 반열에 올린다면 더욱 장하게 여길 만하지 않겠는가.

聖祖有言曰 學貴初有決定不移之志요 中有勇猛精進之心이요 末有堅貞永固之力이라 次青提兵四省하여 屢蹶仍振하니 所謂貞固者非邪아 發憤著書에 鴻編立就하니 亦云勇猛矣라 願益以貞固之道로 持之하여 尋訪錢氏遺書하여 參訂修補하여 矜練歲年하여 愼褒貶於錙銖하며 酌群言而取衷하여 終成聖清鉅典하여 上躋周家雅頌誓誥之林하면 不尤足壯矣哉아

24) 吏議 : 사법을 관장하는 관리들이 죄에 대해 논의하는 것을 말한다.
25) 雅……誥 : ≪詩經≫의 雅와 頌, ≪書經≫의 誓와 誥를 이른다.

# 05. ≪衡陽彭氏譜≫에 대한 序　衡陽彭氏譜序*

* 증국번이 同治 5년(1866)에 彭玉麟의 요청에 따라 지은 ≪衡陽彭氏譜≫ 서문이다. 팽옥린은 湖南 衡陽 사람으로, 자는 雪琴이고, 호는 退省齋主人이다. 諸生 출신으로 증국번의 幕下에서 湘軍 水軍을 통솔하였으며, 이후 관직이 兵部尙書까지 올랐다. 이 글에서 증국번은 ≪형양팽씨보≫의 수찬자인 팽옥린의 이력과 彭氏 家譜의 改修 과정, ≪형양팽씨보≫ 소재 家系表의 특징을 서술한 한편, ≪형양팽씨보≫가 闕疑하는 의리에 특히 투철한 점을 높이 평가하고 있다.

내가 젊었을 때 家譜의 '曾子의 15세손인 曾據가 關內侯로서 王莽의 난[1]을 피하여 남쪽으로 거주지를 옮겨 남쪽 고을 曾氏들의 시조가 되었다.'라는 대목을 읽고 증거의 事蹟이 다른 책에 보이지 않는데 옛 가보가 어디에서 증거를 취했는지 마음속으로 괴이하게 여겼는데, 이후에 ≪歐陽文忠公集≫[2]을 읽다가 그가 曾子固(曾鞏)에게 답한 편지[3]에서 역시 관내후 증거를 의심스럽게 여겨 史書의 體例를 인용하여 諷諫한 것을 보고 비로소 우리 증씨가 증거에 본원을 두어 始遷祖[4]로 삼아서 또 천 년을 이어져왔으니 유래가 오래되었음을 알았다.

歐陽公의 譜牒에 관한 학문은 정밀하고 확실하다고 일컬어지지만, 그가 저술한 唐나라의 〈宰相世系表〉[5]는 巨族에 대해 이미 그 본원이 어떤 皇帝와 어떤 王에게서 나왔는지 밝히고 또 漢代의 名賢들을 죽 서술하였으니, 예컨대 琅邪 王氏에 대

1) 王莽의 난 : 王莽(B.C. 45~A.D. 23)은 前漢 元帝의 황후인 孝元皇后 王氏의 조카이다. 왕망은 원제의 손자인 平帝를 옹립하고 실권을 장악하였다가 곧 평제를 시해하고, 다시 宣帝의 현손인 劉嬰을 세워 자신이 섭정하다가 마침내 왕위를 찬탈하고 新 王朝를 세웠다.
2) 歐陽文忠公集 : 宋나라 周必大가 편찬한 歐陽脩의 시문집이다. 文忠公은 구양수의 시호이다.
3) 曾子固(曾鞏)에게……편지 : ≪居士集≫ 권47에 수록된 〈與曾鞏論氏族書〉를 가리킨다. 이 편지에서 歐陽脩는 曾氏가 曾元의 4世孫 曾據에 이르러 王莽의 亂世를 만나 비로소 都鄕을 떠나 豫章에 가서 살았다고 한 曾鞏의 말이 역사 기록과 맞지 않다는 점을 지적하고, ≪史記≫의 〈十二諸侯年表〉를 참조하여 증거가 도향을 떠난 것이 왕망의 시대에 있었던 일은 아닐 것으로 추정하였다.
4) 始遷祖 : 거주지를 처음 옮긴 先祖를 말한다.
5) 唐나라의 宰相世系表 : 歐陽脩가 편찬한 ≪新唐書≫의 〈宰相世系表〉를 가리킨다.

해서는 이미 周 靈王의 太子 晉[6]의 후손에서 나왔다고 일컫고도 또 王吉과 王駿[7]의 家系를 서술하였고, 蘭陵 蕭氏에 대해서는 이미 帝嚳의 후손에서 나왔다고 일컫고도 또 蕭何와 蕭望之[8]의 가계를 서술하여, 서로 이어져 끊임없이 서술한 것이 마치 손가락을 꼽아 뜰의 나무를 세는 듯하고 대조하여 살펴보거나 주저하는 말은 조금도 없었다. 公이 일찍이 司馬遷이 闕疑[9]하지 못하였다고 기롱하였는데 후대 사람은 또 歐陽氏가 궐의를 잘하지 못했다고 기롱하니, 이른바 눈으로 천 리 밖은 볼 수 있으면서 제 속눈썹은 스스로 볼 수 없다는 경우이다.

**吾少時讀家譜**의 **曾子十五世孫據**가 **以關內侯**로 **避王莽之亂**하여 **南遷爲南州諸曾之祖**하고 **私怪據事蹟不見**(현)**於他書**어늘 **舊譜於何取徵**이러니 **後**에 **讀歐陽文忠公集**이라가 **見其答曾子固書**에 **亦以關內侯據爲疑**하여 **引史例**하여 **以諷之**하고 **乃知吾曾氏本據爲始遷之祖**하여 **相沿且千歲**하니 **由來舊矣**라 **歐陽公譜牒之學**이 **號爲精審**이나 **然其所著唐宰相世系表**는 **於巨族**에 **既推其本源出於某帝某王**하고 **又歷敘漢世名賢**하니 **如琅邪**(야)**王氏**는 **已稱出周靈王子晉之後**어늘 **而又敘王吉王駿之系**하며 **蘭陵蕭氏**는 **已稱出帝嚳之後**어늘 **而又敘蕭何望之之系**하여 **相承不絶**이 **如屈伸指而數庭樹**하고 **略無參稽猶豫之辭**라 **公嘗譏司馬遷不能闕疑**러니 **後人又譏歐陽氏不善闕疑**하니 **所謂目能見千里而不能自見其睫也**로다

군자는 일생을 신중히 보내어 마음에서 믿으면 큰 어려움을 겪고 중대한 계획을 결정하면서도 두려워하지 않으며, 마음에서 믿지 못하면 비록 평탄한 길이라도 선불리 시도하려 하지 않나니, 문장을 지을 때도 이렇게 하면 될 따름이다.

衡陽 사람 彭雪琴 侍郎은 諸生으로서 종군한 지 13년 만에 長江을 평정하여 이름난 성을 함락한 것이 백으로 헤아리고 金陵에서 元凶을 패망시켰다. 굶주린 군

---

6) 周……晉 : 晉은 王子喬의 이름이다. 그는 생황으로 봉황 울음소리를 잘 내었는데, 신선 浮丘公을 만나 嵩山으로 들어가 도술을 배워서 백학을 타고 緱氏山 마루에 올라 며칠 있다 떠났다고 한다.(≪列仙傳≫ 〈王子喬〉)

7) 王吉과 王駿 : 王吉은 자가 子陽이며, 前漢 琅邪 사람이다. 五經에 정통하였으며 漢 元帝 때에 관직이 諫議大夫에 이르렀다. 王駿은 왕길의 아들이다. 孝廉으로 郎이 되었으며, 후에 관직이 御史大夫에 이르렀다.

8) 蕭何와 蕭望之 : 蕭何는 前漢 高祖 때의 개국 공신이다. 蕭望之는 자가 長倩이며, 東海 蘭陵 사람으로 太子太傅를 지냈다.

9) 闕疑 : 의심나는 점에 대해서는 잠시 제쳐두어 보류하는 것을 말한다. 孔子가 子張에게 이르기를 "많이 듣되 의심나는 것은 빼놓고 그 나머지 아는 것을 삼가서 말하면 허물이 적다.〔多聞闕疑 愼言其餘則寡尤〕"라고 한 데서 온 말이다.(≪論語≫ 〈爲政〉)

대를 거느리고서 칼날과 화살촉 사이를 드나들 때에 이 賊과는 해와 달과 별을 함께 이지 않겠노라고 맹세하였으니 천하 사람들이 烈士라고 일컬었다. 그 공로가 날로 뚜렷해지자 조정에서 安徽巡撫를 제수하고 漕運總督을 제수하였는데 모두 누차 상소하여 굳이 사양하고는 받들지 않고서 마음속으로 자신하지 못한 漆彫開처럼[10] 겸손히 물러나 있으면서 끝내 한번도 섣불리 시도하지 않으니, 또한 얼마나 신중한가.

**君子**는 **愼度身世**하여 **信諸**(저)**心**이면 **則蒙大難決大計而不懼**하고 **未信諸**(저)**心**이면 **則雖坦途**라도 **而不肯輕試**하나니 **其於臨文**에 **亦若是焉可耳**라 **衡陽彭雪琴侍郎**은 **以諸生**으로 **從戎十有三載**에 **肅清長江**하여 **克名城以百計**하고 **踣巨憝於金陵**이라 **當其提挈飢軍**하여 **出入鋒鏑**에 **誓不與此賊同戴三光**하니 **天下稱爲烈士**러라 **及夫勳勞日著**하여 **朝廷授爲安徽巡撫**하고 **授爲漕運總督**이어늘 **皆屢疏**하여 **固辭不拜**하여 **退然若漆雕之內不自信**하여 **卒不輕於一試**하니 **又何愼也**오

同治 4~5년(1865~1866) 사이에 동남 지방이 크게 안정되자 侍郎과 그 宗族의 長老들이 ≪彭氏家譜≫를 修訂하였다. 彭氏의 본관은 江西의 泰和였는데 明代에 이르러 彭聲揚이라는 이가 있어 비로소 衡陽으로 거주지를 옮겼다. 그리고 8대 뒤에 彭步南이라는 이가 譜牒을 처음으로 수찬하였고, 우리 皇朝의 康熙帝 때에 두 번째로 수찬하였으며, 道光 13년(1833)에 侍郎의 부친인 贈光祿君이 세 번째로 수찬하였는데, 이에 이르러 네 번째로 수찬하였다.

종족 가운데 재주가 뛰어난 子弟들이 군대에서 자취를 떨쳐 수차례의 정벌에서 공훈을 쌓으매 담비꼬리 장식을 꽂은 사람이[11] 줄을 잇고 冠簪과 纓帶를 갖춘 사람이[12] 구름처럼 일어난 것이 모두 기록에 뚜렷하니, 彭氏는 날이 갈수록 더욱 빛나고 성대해질 것이다.

**同治四五年間**에 **東南大定**에 **侍郎與其宗長老**가 **修訂彭氏家譜**라 **彭氏本貫江西之泰和**러니

10) 마음속으로……漆彫開처럼 : 孔子가 제자 漆雕開에게 벼슬을 하도록 권하자 칠조개가 "저는 벼슬하는 것에 대해 아직 자신할 수 없습니다.〔吾斯之未能信〕"라고 대답하니 공자가 기뻐하였다는 내용이 ≪論語≫ 〈公冶長〉에 보인다.

11) 담비꼬리……사람이 : 원문은 '珥貂'이다. 漢나라 侍中과 中常侍 등이 담비꼬리 장식을 冠에 꽂은 데서 高官을 뜻하는 말로 쓰인다.

12) 冠簪과……사람이 : 원문은 '簪紱'이다. 簪紱은 冠簪과 纓帶로서 모두 관원의 禮服이다. 高官을 뜻하는 말로 쓰인다.

至明世하여 有曰聲揚者하여 始遷於衡이러라 其後八傳하여 曰步南者가 肇修譜牒하고 我朝康熙中에 再修之하고 道光十三年에 侍郎之考贈光祿君이 三修之러니 及是하여 四次修纂이라 族之材俊子弟가 奮迹師中하여 積功累伐에 珥貂相望하고 簪紱雲興이 皆著於錄하니 彭氏日益光大矣로다

그 家系表는 聲揚公에서부터 끊어서 시작하고 이전 세대의 현달한 인물들 및 同姓異本의 현달한 자들은 별도로 한 編을 만들어 本宗[13]과 서로 뒤섞지 않았으니, 闕疑하는 의리에 엄격하다 하겠다.

나의 先祖 또한 江西에서 衡陽으로 거주지를 옮겼고, 明나라 말에 이르러 다시 湘鄕으로 옮겼는데 祠廟는 지금까지도 衡陽에 있으니, 彭氏와는 딱따기 소리가 서로 들리고 마을에서 밥 짓는 연기가 서로 이어질 만큼 가까이 있다. 예전에 나의 우둔함과 비루함은 헤아리지 않고 개연히 家譜를 다시 修訂하되 알 수 있는 것은 서술하고 의심스러운 것은 구분해서 나누어 別錄을 만들고자 한 적이 있었으니, 歐陽脩와 曾鞏 같은 大儒에게 완전히 필적하고자 한 것이 아니라 단지 내 마음에 만족하기를 구한 것이었다. 그러나 오래도록 전쟁터에서 시달리느라 簡冊을 잡을 겨를이 없었는데 侍郎이 서둘러 해야 할 일을 급히 하는 것에 감동하였다. 그러므로 이 序를 지어 그 요청에 답하고 인하여 내가 예전에 품었던 생각을 서술하는 바이다.

其系表가 斷自聲揚公하고 凡前世達人暨同姓異望之顯者는 別爲一編하여 不與本宗相淆하니 蓋凜凜乎闕疑之誼云이라 國藩之先世도 亦自江西로 遷居衡陽하고 至明季하여 更(갱)遷湘鄕이어늘 而祠廟今尙在衡하니 與彭氏로 擊柝相聞하며 墟烟相接이라 曩者에 不揆愚陋하고 嘗慨然欲重訂家譜하되 述其可知者하고 而差其可疑者하여 區爲別錄하니 不求盡合於歐曾大儒요 但求慊於吾心이라 久困兵間에 未遑執簡이러니 感侍郎急於先務라 故로 爲之序하여 以答其請하고 因抒余之夙懷하노라

---

13) 本宗 : 姓과 본관이 모두 같은 일족을 말한다.

## 06. ≪湖南文徵≫에 대한 序　湖南文徵序*

*증국번의 벗인 羅汝懷가 편찬한 ≪湖南文徵≫에 붙인 序이다. 이 책은 元代로부터 淸代에 이르기까지 600여 년 동안 남겨진 湖南의 문장을 수록한 것으로, 실려 있는 글이 4천여 편에 이르며, 작자는 8백 인이다. 증국번은 이 글에서 글을 쓰는 데 본래 法이 없었음을 논하고, 사람이 누구나 지닌 理와 情을 따라서 自然의 문장을 써야 한다고 주장하였다.

나의 벗 湘潭 羅君 研生[1)]이 자신이 편찬한 ≪湖南文徵≫ 190권을 나에게 보여주고서 그 끝에 그 서문을 지어주기를 부탁하였다. 나는 몹시 고루한 데다 나이도 더욱 노쇠하였으니 어찌 문장의 일을 말할 만하겠는가.

듣건대 옛날의 글에는 애당초 이른바 法이란 것이 없었다. ≪易經≫·≪書經≫·≪詩經≫·≪儀禮≫·≪春秋≫ 등의 經書가 그 체재와 기세, 성조와 문채가 한 글자도 서로 인습한 것이 없었다. 가령 周·秦의 諸子들조차도 각각 스스로 문체를 이루어서, 이것을 가지고서 저것을 견주어보면 마치 金玉과 草木처럼 부류가 달라 분명하게 나뉘었으니, 어찌 이른바 법이란 것이 있으리오. 후대의 사람들이 본디 문장에 능하지 못하여 억지로 古人이 지은 글을 가져다 摹擬하니, 이에 합하기도 하고 떨어지기도 하여 法이며 不法이라는 명칭이 있게 되었다.

**吾友湘潭羅君研生**이 **以所編簒湖南文徵百九十卷示余**하여 **而屬**(촉)**爲序其端**이라 **國藩陋甚**하고 **齒又益衰**하니 **奚足以語文事**리오 **竊聞古之文初無所謂法也**라 **易書詩儀禮春秋諸經**이 **其體勢聲色**이 **曾無一字相襲**하고 **卽周秦諸子**도 **亦各自成體**하니 **持此衡彼**에 **畫**(획)**然若金玉與卉木之不同類**하니 **是烏有所謂法者**리오 **後人本不能文**하여 **强取古人所造而摹擬之**라 **於是**에 **有合有離而法不法名焉**이라

---

1) 湘潭……研生 : 羅汝懷(1804~1880)로, 자가 研生이고, 호가 梅根居士이며, 湘潭 사람이다. 道光 17년(1837)에 貢生으로 선발되어 이듬해 경사에 가서 길에서 산천을 고찰하여 ≪北遊記裏錄≫을 지었다. 저서로 ≪綠漪草堂文集≫ 등이 있으며, ≪湖南文征≫·≪七律流別集≫ 등을 편집하였다.

모의하기도 전에 人心이 각각 自然의 문장을 갖추고 있는 것으로 말하면 약 두 가지 단서가 있으니, 理와 情이다. 이 두 가지는 사람마다 본래 가지고 있는 바이니, 내가 아는 理에 나아가서 책에 써서 세상에 전하고, 나의 사랑하고 미워하며 슬퍼하고 즐거운 情을 일컬어 문사를 엮어서 전달하기를 마치 속마음을 열어 보이듯이 簡策에 진술한다면, 이는 모두 自然의 문장이다. 性情이 돈후한 이라면 대부분 이렇게 할 수 있는데, 얕고 깊음과 능하고 서투름은 서로 간에 십, 백, 천, 만으로 달라서 애초에 끝이 없다.

여러 經書 외에 百家의 저술은 대부분 한쪽만 빼어나니, 理가 빼어난 이는 그윽한 것을 드러내어 지극함에 나아간 말이 많지만, 그 폐단으로 혹 격렬하고 분방하여 중도를 잃게 되며, 情이 빼어난 이는 우울하고 슬퍼서 남을 감동하게 하는 말이 많지만, 그 폐단으로 늘 문채가 풍부하면서 실질은 적게 된다.

東漢으로부터 隋에 이르기까지 文人・秀士가 대체로 이치만 달랑 전달하지 못하여 덧붙여 수식하는 말들이 많았으니, 가령 大政을 의논하고 大禮를 고찰하는 경우에도 늘 배열하여 연접하는 句로써 말을 이었고, 이따금 고운 성조를 사용하였다. 唐代를 지나도록 바뀌지 않아서, 비록 韓・李[2]가 뜻을 가다듬어 古文을 회복하였으나 온 세상의 駢儷의 文風을 변혁하지는 못하였으니, 이는 모두 情韻에 익숙한 부류이다.

宋나라가 일어난 지 오래 지나 歐陽・曾・王[3]의 무리가 韓公(韓愈)을 높이고 받들어서 不遷의 祖宗[4]으로 삼았다. 마침 이때를 만나 大儒가 번갈아 일어나서 함께 위로 鄒・魯[5]를 탐구하여 微言을 연구하고 토론하니, 선비들이 흠모하고 본받아 대개 韓氏의 氣體를 법으로 삼아 性・道를 밝혔다. 元・明으로부터 聖朝의 康・雍[6]의 사이에 이르도록 風氣가 대략 같아서, 斯文의 말석에 참여하기에 부족한 것이 아니었으니, 이는 모두 義理에 익숙한 부류이다.

---

2) 韓・李 : 唐나라의 문장가인 韓愈와 李翺를 가리킨다. 모두 古文運動의 선구자로 불린다.
3) 歐陽・曾・王 : 宋나라의 문장가인 歐陽脩・曾鞏・王安石을 가리킨다. 모두 唐宋八大家에 속한다.
4) 不遷의 祖宗 : 본래 不遷之宗은 祧廟로 옮겨 合祭를 지내지 않고 계속하여 종묘에 모시는 조상을 가리킨다. 《禮記》 〈大傳〉에 "백세토록 옮기지 않는 宗이 있고, 5世면 옮기는 宗이 있다.〔有百世不遷之宗 有五世則遷之宗〕"라고 하였다.
5) 鄒・魯 : 孔孟을 가리킨다. 孟子의 출생지인 鄒와 孔子의 출생지인 魯를 병칭한 말이다.
6) 康・雍 : 康熙(1642~1722)와 雍正(1723~1735) 연간을 가리킨다.

若其不俟摹擬하여 人心各具自然之文은 約有二端하니 曰理曰情이라 二者人人之所固有니 就吾所知之理하여 而筆諸(저)書而傳諸世하고 稱吾愛惡(오)悲愉之情하여 綴辭以達之를 若剖肺肝하여 而陳簡策이면 斯皆自然之文이니 性情敦厚者類能爲之어니와 而淺深工拙則相去十百千萬하여 而未始有極이라 自群經而外로 百家著述率(솔)有偏勝하니 以理勝者는 多闡幽造極之語로되 而其弊或激宕失中하며 以情勝者는 多悱惻感人之言이로되 而其弊常豐縟而寡實이라 自東漢至隋히 文人秀士가 大抵義不孤行하여 辭多儷語하니 卽議大政考大禮하여도 亦每綴以排比之句요 間以婀娜之聲이라 歷唐代而不改하여 雖韓李銳志復古나 而不能革擧世騈體之風하니 此皆習於情韻者類也라 宋興旣久에 歐陽曾王之徒가 崇奉韓公하여 以爲不遷之宗이라 適會其時하여 大儒迭起하여 相與上探鄒魯하여 硏討微言하니 群士慕效하여 類皆法韓氏之氣體하여 以闡明性道라 自元明至聖朝康雍之間히 風會略同하여 非是不足與於斯文之末이니 此皆習於義理者類也라

乾隆 이래로 鴻儒・碩學이 차츰 옛날에 들은 것을 싫증내 따로 길을 열어서 멀리 漢儒의 학문을 찾아 인하여 이른바 考據의 문장이 있게 되었다. 그리하여 한 글자의 音訓과 한 사물의 제도를 변론한 것이 걸핏하면 수천 자에 이르니, 예전에 일컬어지던 義理의 글로서 담박하고 심원하며 간약하고 질박한 것을 혹 물리치고 버려두고서 空疏하여 말할 것이 못 된다고 하였다. 이는 또 習俗의 趣向이 한 번 변한 것이다.

乾隆以來로 鴻生碩彦이 稍厭舊聞하여 別啓途軌하여 遠搜漢儒之學하여 因有所謂考據之文이라 一字之音訓과 一物之制度를 辨論動至數千言하니 曩所稱義理之文淡遠簡樸者를 或屛棄之以爲空疏不足道하니 此又習俗趨嚮之一變已라

湖南이라는 지방은 북쪽으로 長江을 베고 있고, 남쪽으로 五嶺[7]에 다다랐으며, 서쪽으로 黔滇에 접하니 苗族[8]이 모여사는 곳이다. 이는 또한 멀고 궁벽한 산악 지방에 버금가는 곳이다. 그러나 周나라 말기에 屈原이 그 사이에서 나와 ≪離騷≫ 여러 편이 후세의 情韻을 말하는 이들의 祖宗이 되었고, 宋代에 이르러 周子(周敦頤)가 다

7) 五嶺 : 大庾嶺・騎田嶺・都龐嶺・萌渚嶺・越城嶺을 가리킨다.
8) 苗族 : 고대 三苗의 후손으로 일컬어지며, 湖南과 貴州에 가장 많다고 알려져 있다.

시 여기에서 태어나 〈太極圖說〉과 ≪通書≫를 지어서 후세의 義理를 말하는 이들의 조종이 되었다.

屈原

이 두 현인이 모두 이전의 師承 없이 높은 문장을 창립하여 위로는 ≪詩經≫·≪周易≫과 기풍이 같고, 아래로는 百代의 逸才라도 대부분 그 범위를 뛰어넘지 못한다. 더구나 湖湘[9]의 後進으로서 流風의 영향을 입은 이들에게 있어서야 말할 나위 있겠는가.

이 책에 수록된 것 중 理에 정미한 것이 대개 열 중 여섯이고, 情을 잘 말한 것이 대략 열 중 넷인데, 駢體 또한 퍽 가려내어 채록하여 법을 말하지 않았으나 법이 애초에 혹 어지러웠던 적이 없다. 오직 考據의 글만은 수집한 것이 극히 적으니, 前哲의 창도가 넓지 못하였고, 後世의 흠모 역시 적었던 것이다.

硏生의 학문이 ≪說文解字≫를 살펴서 訓詁를 궁구하고 ≪尙書≫ 〈禹貢〉을 주해하여 地志를 밝혔으니, 진실로 또한 考據家의 설을 깊이 아는 것이로되, 문장을 논함에 있어서는 다만 體要만을 높여서 번거롭게 일컫고 널리 인용하는 것을 높이지 않아, 장점들을 취하여 한쪽에 빠지지 않았다. 이는 君子가 학술을 신중히 택하는 방도일 것이다.

**湖南之爲邦**은 **北枕大江**하고 **南薄五嶺**이요 **西接黔滇**하니 **群苗所萃**니 **蓋亦山國荒僻之亞**라 **然**이나 **周之末**에 **屈原出於其間**하여 **離騷諸篇**이 **爲後世言情韻者所祖**요 **逮乎宋世**하여 **周子復**(부)**生於斯**하여 **作太極圖說通書**하여 **爲後世言義理者所祖**라 **兩賢者皆前無師承**이요 **創立高文**하여 **上與詩經周易同風**하고 **下而百代逸才**라도 **擧莫能越其範圍**하니 **而況湖湘後進沾被流風者乎**아 **茲編所錄**이 **精於理者**가 **蓋十之六**이며 **善言情者**가 **約十之四**어늘 **而駢體亦頗有甄采**하여 **不言法而法未始或紊**라 **惟考據之文**은 **蒐集極少**하니 **前哲之倡導不宏**이요 **後世之欣慕亦寡**라 **硏生之學**이 **稽說文以究訓詁**하고 **箋禹貢以晰地志**하니 **固亦深明考據家之說**이로되 **而論文但崇體要**하여 **不尙繁稱博引**하여 **取其長而不溺其偏**하니 **其猶君子愼於擇術之道歟**인저

9) 湖湘 : 湖南省의 洞庭湖와 湘江 지대를 말하는데, 屈原이 간신들의 참소로 조정에서 추방되었다가 울분을 참지 못하고 빠져 죽은 곳으로 알려져 있다.

## 07. 前輩 黃仙嶠의 詩에 대한 序　黃仙嶠前輩詩序*

* 黃士瀛은 자가 仙嶠로, 湖北省 荊州府 松滋縣 사람이다. 道光 3년(1823)에 進士가 되어 翰林院編修를 지냈으며, 雲南迤南道·四川永寧道 등을 역임하였다. 이 글에서 증국번은 옛날의 君子는 器局과 識見을 갖추어 이를 事業에 드러내는 데 힘썼을 뿐 문장은 餘事에 불과하였음을 역설하고, 황사영 역시 이런 경지에 이르렀다고 평하였다.

옛날의 君子가 남들보다 스스로 특출한 것이 어찌 다른 이유가 있었겠는가. 또한 그 器局과 識見이 측량할 수 없는 점이 있을 따름이었다. 부귀와 빈천으로 시험해도 泰然히 기뻐하거나 슬퍼하지 않고 큰 근심과 큰 모욕을 만나도 그 常道를 바꾸지 않는 것이 기국이라는 것이며, 지혜가 천하의 微芒[1)]을 변석할 수 있고 밝음이 한쪽만 아는 고루함을 타파할 수 있는 것이 식견이라는 것이다.

기국과 식견이 충분하나 사업에 시행하는 데 미치지 못함이 있는 것을 군자가 깊이 비판하지는 않거니와, 기국과 식견이 충분하지 못한데 사업에서 작은 성취를 구하는 것은 말엽적인 일이고 사업이 충분하지 못한데 문장에서 相當하는 것이 있기를 구하는 것 또한 말엽적인 일이다. 그러므로 문장은 옛날의 군자가 우연히 한번 해볼 뿐 존재 가치는 중시하지 않았던 것이다.

**古之君子所以自拔於人人者**가 **豈有他哉**리오 **亦其器識有不可量度**(탁)**而已矣**니라 **試之以富貴貧賤而漫焉不加喜戚**하고 **臨之以大憂大辱而不易其常**이 **器之謂也**요 **智足以析天下之微芒**하고 **明足以破一隅之固**가 **識之謂也**라 **器與識及之矣**로되 **而施諸事業有不逮**를 **君子不深譏焉**이어니와 **器識之不及**이어늘 **而求小成於事業**은 **末矣**요 **事業之不及**이어늘 **而求有當於語言文字**는 **抑又末矣**라 **故**로 **語言文字者**는 **古之君子所偶一涉焉而不齒諸有亡**(무)**者也**라

예전에 일찍이 杜甫氏[2)]가 그 志氣와 度量으로도 일생토록 수고로이 詩篇을 지어

1) 微芒 : 은미하고 모호한 것을 비유한다.

章句를 조탁하여 퍽 연로하도록 쉬지 않았으니 어쩌면 이리도 스스로를 아끼지 않았는지 이상하게 여겼었다. 그러다 昌黎 韓氏가 일컬은 말을 보게 되자 "인간 세상에 남은 것은 太山의 털끝만큼 뿐이네."라고 하였고,[3] 蘇氏 또한 "이 노인은 시 말고 크게 일삼은 바가 있었다."라고 하였다.[4] 내가 비로소 두보씨의 문자가 흉금에 쌓인 것을 드러내지 못한 것이 세상에 전하는 것보다 거의 열 배는 되고, 기국과 식견의 심원함은 敬慕할 만함이 또 문자보다 열 배는 된다는 것을 알게 되었다.

杜甫

**昔者**에 **嘗怪杜甫氏以彼其志量**으로 **而勞一世以事詩篇**하여 **追章琢句**하여 **篤老而不休**하니 **何其不自重惜若此**러니 **及觀昌黎韓氏稱之**하여는 **則曰 流落人間者**는 **太山一豪芒**이라하고 **而蘇氏亦曰 此老詩外**에 **大有事在**라하여늘 **吾乃知杜氏之文字**가 **蘊於胸而未發者**가 **殆十倍於世之所傳**이요 **而器識之深遠**은 **其可敬慕**가 **又十倍於文字也**라

---

2) 杜甫氏 : 唐나라 시인으로 자가 子美이고, 호가 少陵이다. 律詩에 뛰어났으며 현실의 일을 시에 잘 반영하여 '詩史'로 일컬어졌다. 李白과 함께 唐代 최고의 시인으로 평가받는다.

3) 昌黎……하였고 : 昌黎 韓氏는 唐나라 문인 韓愈로, 창려는 그의 貫籍이다. 한유는 〈調張籍〉에서 李白과 杜甫를 두고 "평생 동안 쓴 시 천만 편이 金薤로 주옥 같은 시구를 드리웠네. 仙官이 여섯 神將에게 명령하여 우레와 번개를 내려 가져가버렸네. 인간 세상에 남은 것은 태산의 털끝만큼 뿐이네.〔平生千萬篇 金薤垂琳瑯 仙官敕六丁 雷電下取將 流落人間者 太山一豪芒〕"라고 하였다. 금해는 篆書의 일종인 倒薤書의 미칭으로, 뛰어난 필체나 문장을 비유한다.(≪昌黎先生文集≫ 권5)

4) 蘇氏……하였다 : 宋나라 문인 蘇軾이 〈評子美詩〉에서 "子美가 스스로를 后稷과 契(설)에 비긴 것을 사람들이 반드시 인정하지는 않는다. 그러나 그의 시에서 '舜임금이 열여섯 명의 재상을 등용하자 몸은 존귀해지고 도는 더욱 높아졌네. 秦나라 때 商鞅을 등용하자 법령이 소털처럼 세밀해졌네.'라고 하였으니, 이는 본래 설과 후직 같은 사람들이 하던 말이다. 또 '이름이 알려지는 것은 일컬을 것이 못 되니 商山에서 芝草를 먹던 四皓도 좀스럽다.'라고 하였고, 또 '王侯이든 개미이든 간에 모두 죽어 구릉에 묻히니, 바라는 것은 第一義를 듣고 初心을 회복하는 것이라네."라고 하였으니, 이제야 자미가 시 말고도 일삼은 것이 있었음을 알게 되었다.〔子美自比稷與契 人未必許也 然其詩云 舜擧十六相 身尊道益高 秦時用商鞅 法令如牛毛 此自是契稷輩人口中語也 又云 知名未足稱 局促商山芝 又云 王侯與螻蟻 同盡隨丘墟 願聞第一義 回向心地初 乃知子美詩外尙有事在也〕"라고 한 것을 가리킨다.(≪仇池筆記≫ 권上 〈子美詩外有事在〉) 杜甫는 〈自京赴奉先縣詠懷〉에서 "杜陵에 布衣의 선비가 있으니 늙어가매 뜻이 더욱 졸렬하여라. 몸을 허여함이 어찌 그리 어리석은지 가만히 후직과 설에 비기노라.〔杜陵有布衣 老大意轉拙 許身一何愚 竊比稷與契〕"라고 한 바 있다.

지금의 군자는 털끝만 한 영화로도 기뻐하고 털끝만 한 좌절로도 성을 내며 하나를 들고 둘은 빠뜨리며 1치를 보고 1척을 알지 못하여, 기국과 식견을 강구하지 않으며 사업도 묻지 않고서 오로지 의기양양 이른바 시라는 것에만 몰두한다. 그리하여 아침에 일어나 글자 하나를 지어내고는 저녁이 되도록 〈고심하느라〉 편안하지 못하며 젖니가 빠지는 어린아이 때부터 聲病[5]을 연구하여 늙어서 머리털이 다 빠지도록 쉬지 못하여, 웅얼대는 말과 난삽하고 천박한 말을 鐘彝[6]에 새기는 不朽의 성대한 사업[7]으로 여기니, 또한 그 미혹됨을 알 수 있을 뿐이다.

**今之君子**는 **秋豪之榮華而以爲喜**하며 **秋豪之摧挫而以爲慍**하고 **擧一而遺二**하고 **見寸而昧尺**하여 **器識之不講**하며 **事業之不問**하고 **獨沾沾以從事於所謂詩者**하여 **興旦而綴一字**하여 **抵莫**(모)**而不安**하며 **毁齒而鉤研聲病**하여 **頭童而不息**하여 **以咿嚘蹇淺之語**로 **而視爲鐘彝不朽之盛業**하니 **亦見其惑已**로다

松滋縣 사람 黃仙嶠 선생은 질박하고 올곧으며 마음이 확 트여 聲利의 바깥에서 담담하였다. 滇南(雲南)을 다스릴 때에 아전에 대해서는 간악한 습속을 척결하고 백성에 대해서는 숨겨진 善을 드러냈으니, 옛사람의 이른바 기국과 식견, 사업을 또한 이미 얼추 갖추었다. 그리고 간간이 여력을 발휘하여 詩文을 지은 것이 또 옛것을 버리고 새로운 것을 취하며 말은 간략하게 하고 뜻은 풍부하게 할 수 있었다. 그러나 선생은 일찍이 이로써 자신을 드러내지 않아 겸손히 물러나 마치 古人의 경지에 낄 수 없는 듯이 하였다. 사람의 도량은 서로 달라서 넓은지 좁은지 겸손한지 자만한지를 한두 가지로 헤아릴 수 없다.

---

5) 聲病 : 시를 지을 때는 平上去入의 四聲을 일정한 규칙에 따라 조합해야 하는데, 그 규칙에 어긋나는 것을 聲病이라 한다. 平頭・上尾・蜂腰・鶴膝・大韻・小韻・旁紐・正紐의 여덟 가지가 있다.

6) 鍾彝 : 鐘과 彝는 古代의 銅器로, 국가에 큰 공을 세우면 여기에 글을 새겨 후세의 자손에게 전하였다. 장구히 전해지는 詩文을 비유한다.

7) 不朽의……사업 : 春秋時代 魯나라 大夫 叔孫豹가 "덕을 세우는 것이 최상이고, 공을 세우는 것이 그다음이고, 훌륭한 저술을 남기는 것이 그다음인데, 이 세 가지는 비록 세월이 아무리 흘러도 없어지지 않으니, 이를 일러 썩지 않는다고 한다.〔大上有立德 其次有立功 其次有立言 雖久不廢 此之謂不朽〕"라고 하였다. 魏 文帝 曹丕가 "대개 문장은 나라를 경영하는 大業이요 영원히 썩지 않는 성대한 일이다.〔蓋文章經國之大業 不朽之盛事〕"라고 하였다.(≪春秋左氏傳≫ 襄公 24년, ≪文選≫ 권52 〈典論 論文〉)

**松滋黃仙嶠先生**은 **質直而洞**(통)**豁**하여 **泊然聲利之外**라 **觀察於滇南**에 **吏剔其奸**하고 **民宣其隱**하니 **於古人所謂器識事業者**를 **亦既近而有之**요 **間以其餘發爲詩章**이 **又能棄故攬新**하고 **約言豐義**로되 **而先生曾不以自鳴**하여 **退然若無以與於古者**라 **人之度量相越**하여 **爲閎爲隘**와 **爲謙爲盈**을 **不可一二計也**라

내가 이미 시를 받아서 다 읽고는 그중 더욱 좋은 것을 골라 약간 수를 얻어 기록해 두게 하였다. 세상에 종신토록 시를 짓는다고 자칭하면서 志趣가 혹 넓지 못한 자가 있으니, 선생의 이 책을 보면 또한 장차 내심 부끄러워하여 자신을 확충할 수 있을 것이다.

**國藩既受而卒讀**하고 **因爲擇其尤善者得若干首**하여 **俾錄而存之**라 **世有終其身以治詩自名而志趣或未廣者**하니 **觀先生此編**이면 **亦將內慙而有以自擴也夫**인저

## 08. ≪歸震川文集≫의 뒤에 씀　書歸震川文集後*

*道光 24년(1844)에 明代의 문인 歸有光의 문집을 읽고 쓴 글이다. 歸有光은 江蘇省 崑山縣 사람으로 字는 熙甫, 호는 震川이다. 唐宋古文을 본받아 질실한 문장을 지음으로써 桐城派 古文의 淵源이 되었다. 증국번은 귀유광이 질박하면서도 구성이 뛰어난 문장을 써 낸 점은 인정하면서도, 應酬文字를 많이 지어 글의 규모가 작고 의리가 부족함을 비판하였다.

近世에 문장을 짓는 선비가 자못 熙甫를 칭술하여 曾南豐(曾鞏)과 王半山(王安石)이 지은 문장을 계승할 수 있었다고 하니, 내가 보건대 이들은 동일 선상에 두고 말할 수 없다. 어떤 이는 또 方苞氏와 나란히 거론하기도 하나 同類가 아니다. 대개 옛날의 道를 아는 이는 함부로 남에게 비방이나 칭찬을 하지 않았으니, 정직함을 좋아해서일 뿐만 아니라 안으로는 성실함을 세우지 못하고[1] 밖으로는 후세에 믿음을 받지 못하는 것을 군자가 부끄러워하기 때문이다.

**近世綴文之士**가 **頗稱述熙甫**하여 **以爲可繼曾南豐王半山之爲之**하니 **自我觀之**컨대 **不同日而語矣**라 **或又與方苞氏竝擧**나 **抑非其倫也**라 **蓋古之知道者**는 **不妄加毁譽於人**하니 **非特好直也**라 **內之無以立誠**과 **外之不足以信後世**를 **君子恥焉**일새니라

周나라 ≪詩經≫에 〈崧高篇〉·〈烝民篇〉[2] 등이 있은 뒤로 漢代에는 河梁[3]을 노래하는 시가 있었는데, 六朝에 이르러서는 餞別하는 시가 걸핏하면 권질로 쌓였

1) 성실함을……못하고 : ≪周易≫ 乾卦 〈文言傳〉에 "말을 할 때 그 성실함을 세움이 학업을 지키는 것이다.〔修辭立其誠 所以居業也〕"라고 하였는데, 글을 지을 때는 작가의 진실한 의도를 표현해야지 거짓으로 꾸며낸 수식적인 글을 써서는 안 된다는 뜻이다.

2) 崧高篇·烝民篇 : 모두 ≪詩經≫ 〈大雅〉에 실린 시의 편명으로, 尹吉甫가 周 宣王을 찬미한 내용이다.

3) 河梁 : 다시는 만날 수 없는 생이별의 장소를 뜻하는 말로, 漢나라 李陵이 匈奴 땅에서 蘇武와 이별하면서 지은 〈與蘇武〉에 "손을 잡고서 河水의 다리에 오르노니, 그대는 저물녘에 어디로 가는가.〔携手上河梁 遊子暮何之〕"라고 한 데서 유래하였다.(≪漢書≫ 권54 〈李廣傳〉)

다. 이에 시에 대한 序를 써주는 경우가 생겼으니, 昌黎 韓氏(韓愈)가 이 文體를 지은 것이 특히 빈번하여 심지어 시는 없고 서만 있기도 하니, 쓸데없는 말[4]은 의리에 있어서는 너무 지나친 것이다.

熙甫는 꼭 전별하는 것이 아니어도 남에게 서를 써주어서 이른바 '賀序', '謝序', '壽序'라는 것이 있으니, 이는 무슨 말인가. 또한 그가 억누르기도 하고 추켜세우기도 하며 숨기기도 하고 드러내기도 하여 情韻이 무궁한 글은 진실로 의리로 판단하자면 혹 모두 늘어놓지 않아도 되는 말이다. 지푸라기 배[5]를 띄워 얕은 도랑의 물[6]에 풀어놓고는 천하에 바다의 큰 파도라는 것이 있는 줄 더는 생각하지 못하니, 神韻인가? 韻味(情趣)인가? 다만 글 낭비일 뿐이다.

**自周詩有崧高烝民諸篇**으로 **漢有河梁之詠**이러니 **沿及六朝**하여 **餞別之詩**가 **動累卷帙**이라 **於是有爲之序者**하니 **昌黎韓氏**가 **爲此體特繁**하여 **至或無詩而徒有序**하니 **駢拇枝指**가 **於義爲已侈矣**라 **熙甫則未必餞別而贈人以序**하여 **有所謂賀序者謝序者壽序者**하니 **此何說也**오 **又彼所爲抑揚呑吐**하여 **情韻不匱者**는 **苟裁之以義**면 **或皆可以不陳**이라 **浮芥舟以縱送於蹏涔之水**에 **不復憶天下有曰海濤者也**니 **神乎味乎**아 **徒詞費耳**라

그러나 당시에 난삽한 글을 짓는 습속[7]을 몹시 숭상하여 齊·梁의 雕琢하는 글[8]을 빌려 힘껏 周·秦의 문풍을 추구한다고 주장하는 자들[9]이 도처에 있었다.

---

4) 쓸데없는 말 : 원문은 '駢拇枝指'이다. 駢拇는 엄지발가락이 검지발가락과 붙어 하나가 된 것을 가리키고, 枝指는 엄지손가락 곁에 작은 손가락 하나가 더 생겨 육손이가 된 것을 가리킨다. 모두 쓸모없는 물건을 비유하는 말로 쓰인다.(≪莊子≫ 〈駢拇〉)

5) 지푸라기 배 : 원문은 '芥舟'이다. ≪莊子≫ 〈逍遙遊〉에 "한 잔의 물을 마루의 움푹 패인 자리 위에 엎으면 지푸라기가 그 위에 떠서 배가 되지만, 거기에 잔을 놓으면 바닥에 닿고 만다. 물은 얕고 배는 크기 때문이다.〔覆杯水於坳堂之上 則芥爲之舟 置杯焉則膠 水淺而舟大也〕"라고 한 데서 유래하였다.

6) 얕은……물 : 원문은 '蹏涔'이다. 소 발자국에 고인 빗물이라는 뜻으로, 용량이나 부피가 얼마 되지 않는 것을 비유하는 말로 쓰인다.(≪淮南子≫ 〈氾論訓〉)

7) 난삽한……습속 : 원문은 '茁軋'이다. 歐陽脩가 主試官으로 있을 때 평소 기험한 말을 쓰는 것을 좋아하던 劉幾라는 이가 "천지가 덜컹거리고 만물이 자라나며 성인이 일어난다.〔天地軋 萬物茁 聖人發〕"라는 문구를 써 낸 적이 있었는데, 구양수가 이를 보고 朱筆로 뭉개버렸다고 한다. 이후로 '茁軋'은 문사가 기괴하고 난삽한 것을 일컫는 말이 되었다.(≪夢溪筆談≫ 〈人事 1〉)

8) 齊·梁의……글 : 南朝의 齊나라와 梁나라 때는 화려한 수사와 聲調를 추구하는 문풍이 유행하였다.

9) 당시에……자들 : 王世貞을 위시로 한 後七子를 가리킨다. 이들은 "문장은 반드시 秦漢의 문장을 쓰고, 시는 반드시 盛唐의 시를 쓴다.〔文必秦漢 詩必盛唐〕"라고 하면서, 嘉靖 연간의 문단을

熙甫는 이를 일체 내버리고서 수식을 일삼지 않고 말을 골라 조리를 만들어[10] 조탁하지 않고도 物情을 비출 수 있어 옛날의 作者와 부합하였으니, 후인들이 본보기로 삼는 것이 지혜롭지 않다 할 수는 없다.

사람이 도를 넓힐 수는 있지만 운명은 어찌할 수가 없다.[11] 가령 희보가 일찍이 高明한 자리에 올라 견문이 넓어지고 情志가 트이며 輔翼해줄 師友를 얻었다면, 조예가 진실로 여기에 그치지 않았을 것이다.

**然**이나 **當時**에 **頗祟茁軋之習**하여 **假齊梁之雕琢**하여 **號爲力追周秦者**가 **往往而有**라 **熙甫一切棄去**하여 **不事塗飾**하고 **而選言有序**하여 **不刻畫而足以昭物情**하여 **與古作者合符**하니 **而後來者取則**(칙)**焉**이 **不可謂不智已**라 **人能宏道**나 **無如命何**니 **藉熙甫早置身高明之地**하여 **聞見廣而情志闊**하며 **得師友以輔翼**이면 **所詣固不竟此哉**인저

---

주도하였다.

10) 말을……만들어 : 桐城派의 文論인 義法 가운데 法에 해당한다. 方苞는 ≪周易≫의 家人卦 〈象傳〉에 '말에 내용이 있다.〔言有物〕'라고 한 것을 義, 艮卦 六五에서 '말에 조리가 있다.〔言有序〕'라고 한 것을 法이라 하면서 의와 법, 즉 문장의 내용과 형식을 겸비할 것을 주장하였다.

11) 사람이……없다 : ≪史記≫ 〈外戚世家序〉에 나오는 말이다. ≪論語≫ 〈衛靈公〉에 孔子가 "사람이 도를 넓히는 것이요, 도가 사람을 넓히는 것은 아니다.〔人能弘道 非道弘人〕"라고 하였다.

## 09. 賀耦庚 中丞에게 답한 편지 復賀耦庚中丞書*

* 하우경은 賀長齡(1785~1848)을 말한다. 하장령은 湖南 善化 사람으로 耦庚은 그 자이다. 호는 西涯 또는 雪霽이며, 晩號는 耐菴이다. 嘉慶 13년(1808)에 進士가 되었으며, 관직이 雲貴總督에 이르렀다. 저서로 ≪耐菴文存≫ 등이 있으며, ≪皇朝經世文編≫을 편찬하였다. 中丞은 明淸 때에 巡撫를 일컫는 말로 쓰였는데, 하장령이 당시 貴州巡撫로 있었으므로 이렇게 칭한 것이다. 이 글에서 증국번은 자신의 불성실함을 반성하고 당대의 허황된 학풍 또한 비판하면서, 存誠과 실천에 힘쓸 것을 다짐하고 있다.

賀長齡

저는 耦庚 前輩大人閣下께 머리를 조아립니다.

2월에 손수 쓰신 편지를 받고 아울러 외람되이 선물도 받았으니 대단히 감사합니다. 과분하게 총애를 받으니 칭찬이 지나치십니다. 저는 본디 근본이 없는 학문으로 소리나 찾고 메아리나 좇다가 鏡海 先生[1] 문하에 들어간 이후로 학문의 방향을 조금이나마 알게 되었지만 마른 우물 속에 앉아 밝은 하늘을 바라보는 듯한 상황이 또한 근심스럽습니다. 그런데 道學을 지향하는 영역으로 갓 들어서자마자 대뜸 실정에 지나친 칭찬을 얻으니 이는 재차 욕된 일입니다.

**國藩頓首耦庚前輩大人閣下**하노라 **二月接奉手示**하고 **兼辱雅貺**하니 **感謝感謝**하노라 **過蒙矜寵**에 **獎飾溢量**이라 **國藩本以無本之學**으로 **尋聲逐響**이라가 **自從鏡海先生遊**로 **稍乃粗識指歸**하니

1) 鏡海 先生 : 鏡海는 唐鑑(1778~1861)이다. 당감은 자가 栗生이고, 호가 鏡海이며, 湖南 善化 사람이다. 嘉慶 14년(1809)에 進士가 되었다. 아편전쟁 때 太常寺卿(태상시경)으로 있으면서 琦善과 耆英 등이 나라를 그르친 것을 탄핵하여 강직하다는 명성을 얻었다. 후에 致仕하고 金陵書院의 主講을 지냈다. 咸豐 초에 호남으로 돌아왔다. 程朱學을 숭봉하였고 만년에 江寧書院에서 강학할 때 증국번이 수학하였다. 저서로 ≪朱子年譜考異≫, ≪學案小識(학안소지)≫ 등이 있다.

**坐習見明**이 **亦耿耿耳**어늘 **乃甫涉向道之藩**에 **遽釣過情之譽**하니 **是再辱也**니라

일찍이 평생의 병폐의 근원을 척결하면서 등창을 방치하여 키우고 혹을 감추어 두어 온갖 구멍이 뒤섞여 나왔으니 그 핵심은 성실하지 못한 데에 있을 따름이었습니다. 생각건대 天地가 쉬지 않는 것과 나라가 수립되는 것과 賢人의 德業이 광대해질 수 있고 오래갈 수 있는 것은[2] 모두 성실함이 그렇게 만드는 것입니다. 그러므로 "성실함이라는 것은 사물의 처음과 끝이니 성실하지 못하면 사물이 없게 된다."[3]라고 하였습니다.

오늘날의 학자는 考據를 말하면 이를 가지고 마음대로 辯論하는 자루로 삼고, 세상을 다스리고 백성을 구제할 것을 講論하면 이에 근거하여 명성을 추구하는 나루로 삼으니, 말하는 자는 부끄러워하지 않고 믿는 자는 귀로 들은 것을 귀히 여겨서 서로 속이면서 그것을 수치로 여기지 않습니다.

벼슬길의 오래된 관습으로 말하면 더욱 虛禮를 숭상하여 간사한 폐단이 있는 바를 답습하면서도 이상하다고 여기지 않고, 알면서도 말하지 않아서, 서로서로 꾸며주면서 그럭저럭 스스로를 보전하여 해이하게[4] 氣風을 이루어서 같은 부류에는 영합하고 다른 부류는 괴이하게 여깁니다.

그러므로 매양 주제넘은 논의를 사사로이 펼치면서 "오늘날 나라를 다스리는 방법을 말한다면 명칭과 실제를 종합적으로 고찰하는 것만 한 일이 없고, 오늘날 학문을 하는 방법을 말한다면 독실하게 실천하는 선비를 취하는 것만 한 일이 없다."라고 합니다. 사물이 다하면 변하니, 浮華함을 구제하는 것은 질박함만 한 것이 없습니다. 오랫동안 두고 본 뒤에 용맹함으로 진작시키는 것은 그 뜻이 아마도 여기에 있을 것입니다.

---

2) 賢人의……것은 : ≪周易≫ 〈繫辭傳 上〉에 "오래갈 수 있는 것은 賢人의 德이요, 광대해질 수 있는 것은 현인의 業이다.〔可久則賢人之德 可大則賢人之業〕"라는 말이 보인다.

3) 성실함이라는……된다 : ≪中庸章句≫ 제25장에 "성실함이라는 것은 사물의 처음이고 끝이니 성실하지 못하면 사물이 없게 된다. 이 때문에 군자는 성실함을 귀하게 여긴다.〔誠者 物之終始 不誠無物 是故君子誠之爲貴〕"라고 하였다.

4) 해이하게 : 원문은 '泄泄'이다. ≪詩經≫ 〈大雅 板〉의 "하늘이 바야흐로 周나라를 쓰러뜨리려 하니, 그렇게 해이하게 있지 말라.〔天之方蹶 無然泄泄〕"라는 구절에 보이는데, 朱熹의 ≪集傳≫에서 이를 '弛緩'의 의미로 해석하였다.

蓋嘗抉剔平生之病源에 養癰藏瘤하여 百孔雜出하니 而其要在不誠而已矣라 竊以爲天地之所以不息과 國之所以立과 賢人之德業之所以可大可久는 皆誠爲之也라 故曰 誠者는 物之終始니 不誠이면 無物이라하니라 今之學者는 言考據면 則持爲騁辯之柄하고 講經濟면 則據爲獵名之津하니 言之者不怍하고 信之者貴耳라 轉相欺謾하여 不以爲恥요 至如仕途積習하여는 益尙虛文하여 奸弊所在를 蹈之而不怪하고 知之而不言하여 彼此塗飾하여 聊以自保하여 泄(예)泄成風하여 阿同駭異라 故每私發狂議하여 謂今日而言治術이면 則莫若綜覈名實이요 今日而言學術이면 則莫若取篤實踐履之士라 物窮則變이니 救浮華者는 莫如質이라 積翫之後에 振之以猛은 意在斯乎인저

지금의 時事가 매우 위급하니 화란의 단서가 생겨난 원인을 따질 때에 어찌 난을 일으킨 자에게 허물을 돌리지 않았겠습니까마는, 저들이 어찌 천하의 큰 계책을 실제로 알아서 반드시 통렬히 징벌하여 깨끗이 없애겠습니까. 어찌 오늘날의 변고를 미리 알아서 실로 자신이 수습할 수 있겠습니까. 말로 사람을 속여서 要路에 먼저 오르고자 한 데에 지나지 않을 따름입니다.

저는 이를 안으로 성찰하건대 젊은 시절에 書冊을 두루 보면서 여러 재예를 講求한 것이 어찌 하나라도 사람을 속이는 일이 아니었겠으며, 古今에 대해 고상하게 이야기하면서 嘐嘐하게[5] 스스로를 허여한 것이 어찌 하나라도 사람을 속이는 말이 아니었겠습니까. 한밤중에 생각하니 땀이 물 흐르듯 흘러내립니다.

얼마 전에 先生이 쓰신 柱聯을 보니 "道는 誠을 보존하는 데에 있다……."라고 하셨으니, 그 은은한 군자의 말씀이[6] 훌륭합니다. 과연 誠을 보존하고 스스로를 속이지 않는다면 聖學의 王道[7]가 또 어찌 다른 것이 있겠습니까.

鏡海 先生은 거의 속이지 않는 분입니다. 倭艮峰[8] 前輩는 허물을 발견하면 자기

5) 嘐嘐하게 : 뜻이 크고 말이 과장된 것을 뜻한다. 孟子가 '狂者'를 설명할 때 "그 뜻이 嘐嘐하여 '옛사람이여, 옛사람이여' 하지만, 그 행실을 살펴보면 말만큼 실천하지는 못하는 자이다.〔其志嘐嘐然曰 古之人 古之人 夷考其行 而不掩焉者也〕"라고 한 데 보인다.(≪孟子≫ 〈盡心 下〉)

6) 은은한……말씀이 : ≪中庸章句≫ 제33장에 "군자의 道는 은은하지만 날로 드러나고, 소인의 도는 선명하지만 날로 없어진다.〔君子之道 闇然而日章 小人之道 的然而日亡〕"라는 말이 보인다.

7) 聖學의 王道 : 聖學은 儒學이다. 유학에서 말하는 王道는 霸道와 상반되는 개념으로서 仁義로 천하를 다스리는 것을 말한다.

8) 倭艮峰 : 倭仁(1804~1871)을 말한다. 倭仁은 자가 艮齋·艮峰이며, 蒙古 正紅旗 사람이다. 道光 9년(1829)에 進士가 되었다. 工部尙書 및 文淵閣大學士, 文華殿大學士 등을 역임하였

를 꾸짖어 말과 행동이 망령되지 않고, 吳竹如 比部[9)]는 타고난 자질이 질박하고 어눌하며[10)] 貞固함이 일을 主幹할 수 있습니다.[11)] 같은 고을 사람으로는 黎月橋[12)] 전배가 지극한 성품이 성실하고, 陳岱雲[13)]은 몸가짐에 부끄러워할 줄을 알며, 馮樹堂[14)]은 힘써 배우는 데에 뜻을 두었으니, 모두 독실히 하고자 노력하는 사람들입니다.

方今時事孔棘하니 追究厲階之生에 何嘗不歸咎於發難者리오마는 彼豈實見天下之大計하여 當痛懲而廓清之哉아 豈預知今日之變하여 實能自我收之哉리오 不過以語言欺人하여 思先登要路耳라 國藩以茲內省건대 早歲所爲涉覽書冊하여 講求衆藝者가 何一非欺人之事며 所爲高談古今하여 嘐(효)嘐自許者가 何一非欺人之言이리오 中夜以思에 汗下如霤라 頃觀先生所爲楹帖에 道在存誠云云하시니 旨哉라 其闇然君子之言乎인저 果存誠而不自欺면 則聖學王道가 又有他哉리오 鏡海先生은 庶幾不欺者也라 倭艮峰前輩는 見過自訟하여 言動無妄이요 吳竹如比部는 天質木訥하고 貞足幹事라 同鄉則黎月橋前輩가 至性肫肫하며 陳岱雲이 行己知恥하며 馮樹堂이 有志力學하니 皆勉於篤實者也라

제가 비록 우매하고 유약하지만 이미 밝은 가르침을 들었으니 감히 따라 실천하지 않을 수 있겠습니까.

---

다. 唐鑑의 제자이다. 저서로 ≪倭文端公遺書≫ 등이 있다.

9) 吳竹如 比部 : 吳廷棟(1793~1873)을 말한다. 오정동은 자가 彦甫이고, 호가 竹如・拙修老人이며, 安徽 霍山 사람이다. 道光 5년(1825) 拔貢으로, 刑部七品小京官이 되었다. 刑部郞中, 河間知府, 直隸按察使, 山東布政使 등을 역임했으며 同治 初年에 刑部右侍郞이 되어 증국번과 교유하였다. 평생 朱子學을 추숭하고 王守仁의 心學을 배척했으나, 왕수인의 心卽理說를 일부 채용하기도 하였다. 저서로 ≪拙修集≫이 있다. 比部는 본디 고대의 관서명인데, 明淸 때에는 刑部를 일컫는 말로 쓰였다. 오정동이 刑部右侍郞에 올랐으므로 이렇게 칭한 것이다.

10) 질박하고 어눌하며 : ≪論語≫ 〈子路〉에 "강하고 굳세고 질박하고 어눌한 것이 仁에 가깝다.〔剛毅木訥 近仁〕"라는 孔子의 말이 보인다.

11) 貞固함이……있습니다 : ≪周易≫ 乾卦 〈文言傳〉에 "貞은 일의 근간이다.……貞固함이 일을 主幹할 수 있다.〔貞者 事之幹也……貞固足以幹事〕"라는 말이 보인다.

12) 黎月橋 : 미상이다.

13) 陳岱雲 : 陳源兗(1815~1853)을 말한다. 湖南 茶陵 사람으로, 道光 18년(1838) 進士가 되어 翰林院庶吉士에 선발된 이래 吉安知府, 池州知府 등의 벼슬을 역임하였다. 증국번과 同年進士로 절친하게 교우하였으며, 태평천국의 난을 진압하는 데에도 참여하여 수차례 賊을 격퇴하였으나 廬州 전투에서 패하여 문묘에 목을 매어 자결하였다.

14) 馮樹堂 : 馮卓懷이다. 湖南 長沙 사람으로, 증국번의 아들 曾紀澤의 塾師였다. 증국번이 祁門縣에 주둔할 때 萬縣의 知縣 직을 버리고 그 휘하에 투신하여 幕僚가 되었다. 字는 樹堂이다.

무릇 책을 읽는 방도는 널리 배우고 자세히 설명하는 것이며, 세상을 다스릴 인재는 두루 모으고 널리 물어야 하는데, 스스로 헤아리건대 지혜와 정신이 끝내 미치지 못하는 바가 있을 듯합니다. 오직 규범을 삼가 지켜서 감히 허황되고 과장된 것으로써 子弟를 인도하지 않고 감히 자포자기함으로써 부모가 남겨주신 몸을 위태롭게 하지 않아야 하니, 나아가는 바가 있다면 다행이고 나아가는 바가 없다면 이 한 몸을 마칠 따름입니다.

장려해주시는 성대한 마음을 외람되이 받듦에 저의 천박하고 비루함을 잘 살피지 않으시고 실정보다 지나치게 기대하시는 듯합니다. 그러므로 삼가 한두 가지 말씀을 드림으로써 가르침을 청할 바탕으로 삼으니, 또한 〈皇皇者華〉 詩에 세 번 절한 뜻[15)]을 따르는 것입니다. 편지로 다 말씀드리지 못하니 부디 살펴주시기를 바랍니다.

**國藩雖愚柔**나 **旣聞明訓**에 **敢不請事**리오 **若夫讀書之道**는 **博學詳說**이요 **經世之才**는 **徧采廣詢**이어늘 **自度**(탁)**智慧精神**이 **終恐有所不逮**라 **惟當謹守繩墨**하여 **不敢以浮夸**로 **導子弟**하고 **不敢以暴棄**로 **殆父母之遺體**하니 **其有所進**이면 **幸也**요 **無所進**이면 **終吾身而已矣**라 **辱承扶掖之盛心**에 **恐不察其淺鄙而期許過實**이라 **故**로 **謹布一二**하여 **以爲請益之地**하니 **亦附於皇華三拜之義云**이라 **書不宣盡**하니 **伏維垂鑒**하라

15) 皇皇者華……뜻 : 〈皇皇者華〉는 ≪詩經≫ 〈小雅 鹿鳴之什〉의 제3편이다. 魯나라 穆叔이 晉나라에 사신으로 가니 晉侯가 잔치를 베풀어 대접하였는데, 목숙은 다른 악곡에는 절하지 않다가 악공이 〈鹿鳴〉 3편을 노래하자 일어나 세 번 절하였다. 그 이유를 물으니 목숙이 답하기를 "三夏는 천자가 元侯를 접대하는 곡이니 사신이 감히 들을 수 없고, 〈文王〉은 두 나라 임금이 상견할 때의 음악이니 신이 감히 들을 수 없습니다. 〈鹿鳴〉은 진군이 우리 임금을 찬양한 것이니 감히 은혜에 拜謝하지 않을 수 있겠으며, 〈四牡〉는 진군이 사신을 위로한 것이니 감히 거듭 배사하지 않을 수 있겠습니까. 〈皇皇者華〉는 임금께서 사신에게 반드시 두루 자문하라고 하신 것입니다.〔三夏 天子所以享元侯也 使臣弗敢與聞 文王 兩君相見之樂也 臣不敢及 鹿鳴 君所以嘉寡君也 敢不拜嘉 四牡 君所以勞使臣也 敢不重拜 皇皇者華 君教使臣曰 必諮於周〕"라고 하였다.(≪春秋左氏傳≫ 襄公 4년) 杜預의 注에 따르면, '忠信한 사람에게 자문하여 자기의 부족한 점을 보완해야 한다.'는 의미이다.

# 10. 劉孟容에게 보낸 편지　致劉孟容書*

* 劉孟容은 劉蓉(1816~1873)으로, 자는 孟容, 호는 霞仙이며, 湖南 湘鄕 사람이다. 諸生 출신으로, 咸豐 4년(1854) 증국번의 막부에서 일하고, 11년(1861) 駱秉章의 초빙을 받아 蜀에 들어가서 布政使에 올랐다. 同治 원년(1862) 大渡河戰地에서 石達開의 항복을 받아 압송하다가 成都에서 석달개를 살해하고, 얼마 뒤 陝西巡撫에 임명되어 捻軍과 回民의 반란을 진압했다. 5년(1866) 張宗禹에게 패하여 파직되었다. 程朱學을 종주로 삼았고, 저서에 ≪養晦堂集≫·≪思辨錄疑義≫ 등이 있다.

지난해 보내오신 편지를 받으니, 학술을 講明한 것이 매우 올바르고도 상세하였습니다. 저를 관대하게 여겨주신 말씀이 많았으니, 인도하여 나아가게 하고자 하신 것일 것입니다. 또 학문의 大旨를 갖추어 서술하게 하시니, 진실로 후덕한 뜻입니다.

저는 일찍부터 스스로 수립한 바가 있지 못하였는데, 경자년(1840) 이래로 차츰 학문에 종사하여 前朝인 明代와 本朝의 大儒들의 책을 섭렵하였으나 그 득실을 변별하지 못하였습니다. 그러다가 이곳에 古文·古詩를 잘 짓는 이가 있다는 말을 듣고서 찾아가서 살펴보니, 바로 桐城 姚郎中 鼐의 緒論이었는데, 그 말이 진실로 취할 만하였습니다.

이에 司馬遷·班固·杜甫·韓愈·歐陽脩·曾鞏·王安石 및 方苞의 글을 가져다 마음을 다해 읽고, 그 밖에 六代(六朝)에 詩에 능했던 이들과 李白·蘇軾·黃庭堅 같은 이들에 대해 또한 모두 그 흐름을 타고서 그 귀결을 궁구하였습니다. 그런 뒤에 옛날에 道를 알던 이 중에 文字(문장)에 밝지 않았던 이가 없음을 알게 되었습니다. 글에 능하면서 道를 알지 못하는 이는 혹 있거니와, 어찌 道를 알면서 글을 밝게 알지 못하는 이가 있겠습니까.

**去歲辱惠書**에 **所以講明學術者**가 **甚正且詳**이요 **而於僕**에 **多寬假之詞**하니 **意欲誘而進之**하고 **且使具述爲學大指**하니 **良厚良厚**라 **蓋僕早不自立**이러니 **自庚子以來**로 **稍事學問**하여 **涉獵於前**

**明本朝諸大儒之書**로되 **而不克辨其得失**이라가 **聞此間有工爲古文詩者**하여 **就而審之**하니 **乃桐城姚郎中鼐之緖論**이니 **其言誠有可取**라 **於是**에 **取司馬遷班固杜甫韓愈歐陽脩曾鞏王安石及方苞之作**하여 **悉心而讀之**하고 **其他六代之能詩者及李(杜)〔白〕**[1]**蘇軾黃庭堅之徒**를 **亦皆泛其流而究其歸**라 **然後**에 **知古之知道者**는 **未有不明於文字者也**라 **能文而不能知道者**는 **或有矣**어니와 **烏有知道而不明文者乎**아

옛 聖人이 천지의 文과 짐승과 새의 자취를 관찰하여 書契를 만드시니[2] 이에 文이 있게 되었습니다. 文과 文이 서로 생겨나 字가 되고,[3] 字와 字가 서로 이어져 句가 되고, 句와 句가 서로 이어져 篇이 되니, 입으로 전달할 수 없는 바를 文字가 곡진하게 전할 수 있었습니다. 그러므로 문자란 것은 입을 대신하여 천세, 백세토록 전하는 것입니다.

伏羲[4]가 이미 三才(天·地·人)를 다스리는 도리를 깊이 알고 있어서 卦를 그어서 이를 드러내었는데, 文王과 周公[5]이 사람들이 이것을 밝게 알지 못할까 염려하였기에 이에 문자를 세워서 밝혔고, 孔子가 또 十翼[6]을 짓고서 여러 經을 정하여 이를 드러내었으니, 온갖 사물에 흩어져서 벌여 있던 道가 또한 대략 문자 중에 있게 되었습니다.

성인을 귀하게 여기는 것은 그 덕행을 세운 것이 온갖 사물과 교착하면서 곡진히 道에 맞아서 그 문자가 후세를 가르칠 수 있기 때문입니다. 우리 儒者가 聖賢을 배울 수 있는 것도 이 문자에 의지하여 옛 성현의 덕행을 살피고 그 마음이 있는 곳을 궁구하기 때문이니, 그렇다면 이 句와 句가 이어지고 字와 字가 이어진 것에

1) (杜)〔白〕: 저본에는 '杜'로 되어 있으나, ≪曾國藩詩文集≫에 의거하여 '白'으로 바로잡았다.
2) 옛……만드시니 : ≪周易≫ 〈繫辭傳 下〉에 "옛날 包犧氏가 천하에 왕 노릇을 할 때에 우러러 하늘의 상을 관찰하고 굽어 땅의 법을 관찰하며, 새와 짐승의 문장과 천지의 마땅함을 관찰하며, 가까이는 자신에게서 취하고 멀리는 물건에서 취하여, 이에 비로소 八卦를 만들었다.〔古者包犧氏之王天下也 仰則觀象於天 俯則觀法於地 觀鳥獸之文與天地之宜 近取諸身 遠取諸物 於是始作八卦〕"라고 하였다.
3) 文과……되고 : 종류에 따라 그 모양을 본떠 만든 글자를 文이라 하고, 이 文을 합하여 만든 글자를 字라 한다.(≪說文解字敍≫)
4) 伏羲 : 고대 전설상의 三皇 가운데 한 사람으로, 八卦를 그어 書契를 만들고, 그물을 발명하여 사람들에게 고기잡이하는 방법을 가르쳤다고 한다.
5) 文王과 周公 : ≪周易≫은 文王이 卦辭를 짓고 周公이 爻辭를 지었다고 전해진다.
6) 十翼 : ≪周易≫을 풀이한 〈彖傳〉 上下, 〈象傳〉 上下, 〈繫辭傳〉 上下, 〈文言傳〉, 〈序卦傳〉, 〈說卦傳〉, 〈雜卦傳〉을 가리키며, 孔子가 지은 것으로 알려져 있다.

옛 성현의 정신과 담소가 모두 깃들어 있는 것입니다.

터럭만큼 차이가 나면 천 리만큼 어긋나는 법이니, 詞氣의 완급과 韻致의 厚薄을 글을 짓는 이가 하나라도 신중히 하지 않으면 규모가 즉시 변하고, 글을 읽는 이가 하나라도 신중히 하지 않으면 거칠어서 아는 것이 없게 됩니다. 그러므로 나는 오늘날 先王의 道를 밝히고자 한다면 문자를 정밀하게 연구하는 것을 중요한 일로 삼지 않을 수 없다고 생각하였습니다.

西狩獲麟

古聖觀天地之文獸迒鳥迹而作書契하니 於是乎有文이라 文與文相生而爲字하고 字與字相續而成句하고 句與句相續而成篇하니 口所不能達者를 文字能曲傳之라 故로 文字者는 所以代口而傳之千百世者也라 伏羲既深知經緯三才之道하여 而畫(획)卦以著之러니 文王周公이 恐人之不能明也라 於是에 立文字以彰之하고 孔子又作十翼하여 定諸經以闡顯之하니 而道之散列於萬事萬物者가 亦略盡於文字中矣라 所貴乎聖人者는 謂其立行이 與萬事萬物로 相交錯而曲當乎道하여 其文字可以教後世也니 吾儒所賴以學聖賢者도 亦藉此文字하여 以考古聖之行하고 以究其用心之所在니 然則此句與句續字與字續者에 古聖之精神語笑가 胥寓於此라 差若毫釐면 謬以千里니 詞氣之緩急과 韻味之厚薄은 屬(촉)文者一不慎이면 則規模立變이오 讀書者一不慎이면 則鹵莽無知라 故로 國藩竊謂今日欲明先王之道인댄 不得不以精研文字爲要務라

三古의 태평성세에 聖君과 賢相이 서로 계승하여 태평한 세상을 이루니,[7] 도덕의 정미함이 골수에 스며들어 학문의 뜻이 閭巷에까지 이르렀습니다. 이 때문에

7) 三古의……이루니 : 三古는 上古, 中古, 下古로, 伏羲와 文王과 孔子의 시대가 각각 이에 해당된다. 원문 '熙洽'은 班固의 〈東都賦〉에 "永平의 때에 이르러 밝힘을 거듭하고 화합함을 거듭 쌓았다.〔至於永平之際 重熙而累洽〕"라고 한 데서 온 말로, 張銑의 註에 "熙는 광명함이고, 洽은 합함이다."라고 하였다. 대대로 현명한 임금이 나와 태평성대를 이어간다는 말이다.

그때에는 비록 토끼를 잡는 野人[8)]이나 漢陽(漢水의 남쪽)에 놀러 나온 여인[9)]일지라도 모두 곧은 성품을 지니고 우아하게 읍영하기를 마치 伊와 萊[10)], 周와 召[11)], 凡伯[12)]과 仲山甫[13)] 같은 이들처럼 하여서, 그 道의 충실함과 文의 빼어남이 또 거론할 필요도 없었습니다. 그런데 춘추시대로 내려와서 王者의 은택이 쇠하여 고갈되어서, 道가 진실로 없어지려 하게 되고 文 또한 매우 달라지고 말았습니다.

그러므로 孔子가 기린을 잡은 것을 보고는 "나의 道가 다하였도다."라고 하였고,[14)] 匡 땅에서 경계심을 품으셨을 때는 "斯文이 장차 없어질 것이다."라고 하였습니다.[15)] 이에 개연히 발분하여 六籍[16)]을 수정하여서 百王의 法戒를 밝혀 천세토록 마멸되지 않으니, 마음은 지극히 고되었으되 일은 지극히 성대하였습니다.

仲尼가 몰세하자 문도가 나뉘어 퍼져서 점점 더 널리 퍼졌으니, 그 후에 총명하고 걸출한 선비로서 혹 식견이 있어 글을 짓는 이가 있으면 대부분 孔氏의 후손이었는데, 그 글의 순수함과 잡박함을 오로지 道를 아는 것이 많고 적음을 기준으로 차등을 두었다. 道를 더욱 많이 아는 이가 글도 더욱 순후하였으니 孟軻가 그러하

---

8) 토끼를……野人 : ≪詩經≫ 〈周南 兎罝〉에 "맞게 쳐진 토끼그물, 말뚝 소리 정정하도다. 씩씩한 무부여, 공후의 간성이로다.〔肅肅兎罝 椓之丁丁 赳赳武夫 公侯干城〕"라고 하였는데, 朱熹의 註에 "현명한 인재가 많아, 토끼를 잡는 야인일지라도 그 재간의 쓸 만함이 오히려 이러했다.〔賢才衆多 雖罝兎之野人 而其才之可用 猶如此〕"라고 하였다.

9) 漢陽(漢水의 남쪽)에…여인 : ≪詩經≫ 〈周南 漢廣〉에 "漢水에 놀러 나온 여자가 있어도 구할 수 없도다.〔漢有遊女 不可求思〕"라고 하였는데, 이는 文王의 교화가 퍼져서 놀러 나온 여자들이 모두 단정하므로 구할 수 없다는 뜻이다.

10) 伊와 萊 : 伊尹과 萊朱로, 湯王을 보좌한 賢臣이다.

11) 周와 召 : 周公 旦과 召公 奭으로, 周 武王의 賢臣이며, 후에 어린 成王을 잘 보필한 재상이었다.

12) 凡伯 : 周나라의 大夫이다. 제후국인 凡나라의 國君으로, 周公의 후손이다.

13) 仲山甫 : 周 宣王의 賢臣이다. 注나라의 中興을 이룩하였다.

14) 孔子가……하였고 : 魯 哀公 14년 봄에 애공이 서쪽 들판으로 사냥을 나가 기린을 잡자, 공자가 聖王의 祥瑞인 기린이 난세에 잘못 나와서 잡혀 죽은 것을 몹시 상심하여 눈물을 옷소매로 닦으면서 "나의 도가 다하였도다.〔吾道窮矣〕"라고 하였다. 그리고는 마침내 ≪春秋≫를 지으면서 "14년 봄에 서쪽으로 사냥을 나가 기린을 잡았다.〔十有四年春 西狩獲麟〕"라는 구절로 絶筆하였다.(≪春秋公羊傳≫ 哀公 14년)

15) 匡……하였습니다 : ≪論語≫ 〈子罕〉에 "공자께서 匡 땅에서 경계심을 품으셨는데, 말씀하기를 '文王이 이미 별세하셨으니, 文이 이 몸에 있지 않겠는가? 하늘이 장차 이 문을 없애려 하셨다면 뒤에 죽는 내가 이 문에 참여하지 못하였을 것이다.' 하였다.〔子畏於匡 曰 文王旣沒 文不在玆乎 天之將喪斯文也 後死者不得與於斯文也〕"라고 하였다. ≪史記≫ 〈孔子世家〉에 따르면 魯나라 陽虎란 자가 일찍이 匡 땅에서 횡포를 부렸는데, 공자의 얼굴이 양호와 비슷했으므로 광 땅의 사람들이 공자를 양호인 줄 잘못 알고 포위했던 일이 있었다고 한다.

16) 六籍 : ≪詩≫·≪書≫·≪禮≫·≪樂≫·≪易≫·≪春秋≫ 六經을 가리킨다.

고, 그다음으로 많이 아는 이가 글도 그다음으로 순후하였고, 도를 적게 아는 이는 문이 잡박하고 더욱 적게 아는 이는 문도 더욱 잡박하였습니다. 荀(荀子)·揚(揚雄)·莊(莊子)·列(列子)·屈(屈原)·賈(賈誼)로부터 아래로 그 차제와 등차를 대략 가리켜 꼽을 수 있습니다.

三古盛時에 聖君賢相이 承繼熙洽하니 道德之精이 淪於骨髓하여 而學問之意가 達於閭巷이라 是以로 其時雖罝兔之野人漢陽之游女라도 皆含性貞嫻吟咏을 若伊萊周召凡伯仲山甫之倫이라 其道足文工이 又不待言이러니 降及春秋하여 王澤衰竭하여 道固將廢요 文亦殆殊已라 故로 孔子 覩獲麟하고 曰 吾道窮矣라하고 畏匡하고 曰 斯文將喪이라하시다 於是에 慨然發憤하여 修訂六籍하여 昭百王之法戒하여 垂千世而不刊하니 心至苦事至盛也라 仲尼既歿에 徒人分布하여 轉相流衍하니 厥後에 聰明魁傑之士가 或有識解撰著하면 大抵孔氏之苗裔로되 其文之醇駁이 一視乎見道之多寡以爲差라 見道尤多者가 文尤醇焉하니 孟軻是也요 次多者醇次焉이요 見少者文駁焉이요 尤少者尤駁焉이라 自(公)〔荀〕[17]揚莊列屈賈而下로 次第等差를 略可指數라

무릇 이른바 道를 아는 것이 많고 적고의 分數는 무엇이겠습니까. 깊음〔深〕과 넓음〔博〕입니다. 옛날에 孔子가 ≪易≫을 부연 설명하여 天道를 밝히고 ≪春秋≫를 지어서 人事의 지당함을 절충하였으니 깊다고 할 만합니다. 공자의 문하에 四科가 있었는데[18] 子路는 군대의 일을 잘 알았고 冉求는 나라를 부유하게 하였으며,[19] 柱史에게 禮를 묻고[20] 魯伶에게 樂을 논하여,[21] 九流[22]의 설을 모두 그 근원을 다하였으니, 넓다고 할 만합니다. 깊으면 온갖 사물의 아주 작은 기미까지 연구할

---

17) (公)〔荀〕: 저본에는 '公'으로 되어 있으나, ≪曾國藩詩文集≫에 의거하여 '荀'으로 바로잡았다.
18) 공자의……있었는데 : ≪論語≫ 〈先進〉에 "덕행에는 顏淵·閔子騫·冉伯牛·仲弓이 있고, 언어에는 宰我·子貢이 있고, 정사에는 冉有·季路가 있고, 문학에는 子游·子夏가 있다."라고 하였다.
19) 冉求는……하였으며 : 冉求는 孔子의 제자로, 권력자인 季康子의 家臣이 된 뒤에 무거운 세금을 부과하여 그의 재산을 늘려주자, 공자가 크게 노하여 제자들에게 북을 울려 죄를 성토하라고 하였다.(≪論語≫ 〈先進〉)
20) 柱史에게……묻고 : 柱史(柱下史)는 周나라 때의 史官이었던 老子를 가리킨다. 孔子가 주나라의 사관으로 있던 노자를 찾아가 禮를 물었다는 기록이 ≪史記≫ 등에 실려 있다.
21) 魯伶에게……논하여 : 魯伶은 魯나라 악공으로, 여기서는 太師에 오른 摯를 가리킨다. ≪論語≫ 〈泰伯〉에 "樂師인 摯가 처음 벼슬할 때 연주했던 〈關雎〉의 마지막 악장이 아직까지도 아름답고 성대하게 귀에 가득하구나!〔師摯之始 關雎之亂 洋洋乎盈耳哉〕"라고 한 孔子의 말이 보인다.
22) 九流 : 儒家·道家·陰陽家·法家·名家·墨家·縱橫家·雜家·農家의 아홉 가지 학술 유파를 가리킨다.

수 있고, 넓으면 만물의 情狀을 궁구하여 쓰임이 다하지 않을 수 있습니다.

후대에 道를 아는 것이 孔氏(孔子)에게 미치지 못하는 이들은 그 깊이에 차이가 있고 그 넓음에 차이가 있었습니다. 능히 깊으면서도 넓어, 글을 지음에 다시 옛 성현의 올바름을 잃지 않은 경우로는 孟氏(孟子) 이하로 오직 周子의 ≪通書≫[23]와 張子의 ≪正蒙≫[24]만이 순후하고 정대하여 아득히 필적할 이가 드뭅니다.

問禮老聃

許·鄭[25] 또한 능히 깊고 넓었으나 訓詁한 글이 혹 잘못되면 자질구레해졌으며, 程·朱 또한 깊고 넓었으나 지시한 말이 혹 잘못되면 협애해졌습니다. 그 밖에 杜佑[26]·鄭樵[27]·馬貴與[28]·王應麟[29] 같은 이들은 넓을 수는 있었으나 깊지는 못하였으니 文이 만연한 데로 흘러갔고, 游[30]·楊[31]·金[32]·許[33]·薛[34]·胡[35] 같

23) 周子의 通書 : 周子는 北宋의 학자 周敦頤(1017~1073)로, ≪通書≫는 그의 저술인 〈太極圖說〉과 짝이 되는 책이다.
24) 張子의 正蒙 : 張子는 北宋의 학자 張載(1020~1077)로, ≪正蒙≫은 蒙昧함을 바로잡는다는 뜻으로 붙인 제목이다.
25) 許·鄭 : 後漢의 학자 許愼(58~147)과 鄭玄(127~200)을 가리킨다. 허신은 고문경학가이자 문자학가로, ≪說文解字≫ 등의 저서를 남겼으며, 정현은 경학가로 저명하다.
26) 杜佑 : 735~812. 唐나라의 문신으로, 3대에 걸쳐 재상을 지냈으며 박학하여 ≪通典≫을 저술하였다.
27) 鄭樵 : 1104~1160. 宋나라의 학자로, 三皇으로부터 隋나라까지의 역사 기록인 ≪通志≫를 저술하였다.
28) 馬貴與 : 宋末 元初의 학자 馬端臨(1254~1323)으로, 귀여는 그의 자이다. 역대의 전장 제도를 집대성하여 ≪文獻通考≫를 저술하였다.
29) 王應麟 : 1223~1296. 南宋 때의 학자로, 박학하여 ≪玉海≫·≪困學紀聞≫ 등을 저술하였다.
30) 游 : 宋나라 학자 游酢(유작, 1053~1123)으로, 程顥 형제를 사사하였고, 程門四先生 중 한 사람으로 일컬어진다. 저서로 ≪易說≫·≪中庸義≫·≪游廌山集≫ 등이 있다.
31) 楊 : 宋나라 학자 楊時(1044~1130)로, 程顥 형제를 사사하였고, 程門四先生 중 한 사람으로

은 이들은 깊을 수는 있었으나 넓지는 못하였으니 문이 평이한 데서 잘못되었습니다. 이를 말미암아 漢學과 宋學의 구분이 있게 되었으니, 논쟁하여 서로 대치한 것이 하루아침의 일이 아닙니다.

夫所謂見道多寡之分數는 何也오 曰深也博也라 昔者에 孔子贊易以明天道하고 作春秋以衷人事之至當하니 可謂深矣라 孔子之門有四科하니 子路知兵하며 冉求富國이요 問禮於柱史하며 論樂於魯伶하여 九流之說을 皆悉其原하니 可謂博矣라 深則能研萬事微芒之幾요 博則能究萬物之情狀而不窮於用이라 後之見道不及孔氏者는 其深有差焉이며 其博有差焉이니 能深且博하여 而屬(촉)文復不失古聖之誼者는 孟氏而下로 惟周子之通書張子之正蒙이 醇厚正大하여 邈焉寡儔라 許鄭亦能深博이로되 而訓詁之文이 或失則碎하며 程朱亦且深博이로되 而指示之語가 或失則隘라 其他若杜佑鄭樵馬貴與王應麟之徒는 能博而不能深하니 則文流於蔓矣요 游楊金許薛胡之儔는 能深而不能博하니 則文傷於易(이)矣라 由是로 有漢學宋學之分하니 齗齗相角이 非一朝矣라

저는 자신의 역량을 헤아리지 않고서 외람되이 두 가지의 장점을 겸하여 취해서 道를 아는 것이 이미 깊고도 넓어서 글을 지어 흠이 없는 경지에 다시 이르고자 하였습니다. 구구한 제 마음이 과분한 소원을 감당할 수 없는 것이 비유컨대 모기로서 산을 지고[36] 맹인이면서 만 리를 가는 것과도 같으니, 또한 비웃을 만할 따름입니다.

위로는 ≪通書≫·≪正蒙≫을 우러러 바라고, 그다음으로는 司馬遷과 韓愈의 글을 독실히 좋아하니, 두 분은 참으로 역시 깊고도 넓으면서 古人이 글을 짓는 법을 자못 엿보았습니다. 지금 논하는 이들이 두 분의 식견을 궁구하지 않고서 걸핏하면 사마천의 글은 울분이 있어 평온하지 못하며, 한유의 글은 오만하고 꼿꼿하여

---

일컬어진다. 저서로 ≪二程粹言≫·≪龜山集≫이 있다.

32) 金 : 宋末 元初의 학자 金履祥(1232~1303)으로, 南宋이 망한 뒤 仁山에 은거하여 인산선생으로 불렸다. 저서로 ≪尙書注≫·≪論語集注考證≫·≪大學疏義≫ 등이 있다.

33) 許 : 元初의 학자 許衡(1279~1368)으로, 程朱學을 연구하였다. 저서로 ≪許魯齋集≫ 등이 있다.

34) 薛 : 明나라의 학자 薛瑄(1389~1464)으로, 程朱學을 연구하였다. 저서로 ≪讀書錄≫ 등이 있다.

35) 胡 : 明나라의 학자 胡居仁(1434~1484)으로, 程朱學을 연구하였다. 저서로 ≪居業錄≫ 등이 있다.

36) 모기로서……지고 : 능력이 부족하면서 큰 책임을 맡는 것으로, ≪莊子≫ 〈應帝王〉에 "모기에게 태산을 짊어지게 하는 격이다.〔使蚊負山〕"라는 표현이 보인다.

스스로 뽐낸다고 하는데, 足下께서 혹 깊이 살피지 않고서 또한 世人의 설에 동조하시니, 이는 마치 盤·誥의 聱牙함[37]을 보고서 ≪尙書≫를 읽어서는 안 되고, 鄭·衛의 음란함[38]을 보고서 ≪詩經≫ 전부를 산삭해야 한다고 하는 것과 같습니다. 이는 너무 대개를 모호하게 보아서 자세히 미루지 못한 것이 아닙니까.

**僕竊不自揆**하여 **謬欲兼取二者之長**하여 **見道旣深且博**하여 **而爲文復臻於無累**라 **區區之心**이 **不勝奢願**이 **譬若以蚊而負山盲人而行萬里也**니 **亦可哂已**라 **蓋上者仰企於通書正蒙**이요 **其次則篤耆司馬遷韓愈之書**니 **謂二子誠亦深博**하여 **而頗窺古人屬**(촉)**文之法**이라 **今論者不究二子之識解**하여 **輒謂遷之書**는 **憤懣不平**하며 **愈之書**는 **傲兀自喜**어늘 **而足下或不深察**하고 **亦偶同於世人之說**하니 **是猶覩盤誥之聱牙**하고 **而謂尙書不可讀**하며 **觀鄭衛之淫亂**하고 **而謂全詩可刪**이니 **其毋乃漫於一概**하여 **而未之細推也乎**아

孟子가 "君子의 본성은 비록 크게 뜻을 펴더라도 더 보태지지 않고 비록 곤궁하게 살더라도 줄어들지 않는다."라고 하였으니,[39] 저는 "군자의 본성은 만 권을 독파하더라도 더 보태지지 않고 한 글자를 알지 못하더라도 줄어들지 않는다."라고 하겠습니다.

서적을 떼어놓고서 道를 말하면, 仁·義·忠·信이 내 몸에 돌이켜보면 모두 갖추어져 있으니, 堯·舜·孔·孟이라도 남음이 있는 것이 아니고, 愚夫·愚婦라도 부족한 것이 아니어서, 애당초 文字와는 관계가 없습니다. 그런데 서적에 나아가서 道를 말하면, 道는 人心에 실려 있는 理와 같습니다. 文字는 人身의 血氣와 같으니, 혈기는 진실로 理라고 명할 수 없지만, 혈기를 버려두면 性情이 또한 어디에 붙겠습니까.

今世에 雕蟲하는 小夫[40]들이 이미 聲律과 수식 같은 지엽적인 일에 빠져 있는

37) 盤·誥의 聱牙함 : 盤은 ≪書經≫의 〈商書〉 가운데 〈盤庚〉 상·중·하 세 편을 가리키며, 誥는 ≪서경≫의 〈周書〉 가운데 〈大誥〉·〈康誥〉·〈洛誥〉 등의 편을 가리킨다. 聱牙는 난삽하다는 뜻으로, 韓愈의 〈進學解〉에 "周誥와 殷盤의 문장이 굴곡이 많고 난삽함〔周誥殷盤 佶屈聱牙〕"이라는 말이 보인다.
38) 鄭·衛의 음란함 : 춘추시대 鄭나라와 衛나라의 음악이 ≪詩經≫의 〈鄭風〉과 〈衛風〉 등에 남아 있는데, 음란한 음악으로 알려져 있다. ≪禮記≫ 〈樂記〉에 "정나라와 위나라의 음악은 난세의 음악이다.〔鄭衛之音 亂世之音也〕"라고 하였다.
39) 孟子가……하였으니 : 이 말은 ≪孟子≫ 〈盡心 上〉에 보인다.
40) 雕蟲하는 小夫 : 雕蟲은 벌레 모양이나 篆書를 새기는 것으로, 미사여구로 글을 꾸미는 작은

데, 조금 道를 아는 이가 또 "聖賢의 책을 읽을 적에 그 道를 밝혀야 하지 그 문자를 궁구해서는 안 된다."라고 합니다. 이는 마치 "사람을 보는 이는 마음이 싣고 있는 理를 보아야 하지 그 耳目과 言動 같은 혈기의 말단을 보아서는 안 된다."라고 논하는 것과 같으니, 또한 터무니없는 것이 아니겠습니까. 혈기를 버려두고서 마음의 理를 볼 수 없음을 안다면, 문자를 버려두고서 성인의 도를 엿볼 수 없다는 것을 알 것입니다.

孟子曰 君子所性은 雖大行이나 不加焉이며 雖窮居나 不損焉이라하니 僕則謂君子所性은 雖破萬卷이나 不加焉이며 雖一字不識이나 無損焉이라하노라 離書藉而言道하면 則仁義忠信이 反躬皆備하니 堯舜孔孟라도 非有餘요 愚夫愚婦라도 非不足이라 初不關乎文字也라 即書籍而言道하면 則道猶人心所載之理也요 文字猶人身之血氣也니 血氣誠不可以名理矣라 然이나 舍血氣則性情亦胡以附麗乎아 今世雕蟲小夫가 既溺於聲律繢藻之末이어늘 而稍知道者가 又謂讀聖賢書에 當明其道요 不當究其文字라하니 是猶論觀人者當觀其心所載之理요 不當觀其耳目言動血氣之末也니 不亦誣乎아 知舍血氣無以見心理하면 則知舍文字無以窺聖人之道矣리라

周濂溪 씨가 文以載道를 일컬으면서 빈 수레로써 俗儒를 비판하였으니,[41] 무릇 빈 수레도 진실로 불가하거늘 수레가 없다면 더구나 먼 길을 갈 수 있겠습니까. 孔·孟이 몰세하고서 道가 지금까지 남아 있는 것은 이 먼 길을 가는 수레가 있는 덕분입니다. 우리가 오늘날 만약 아는 바가 있어서 먼 길을 갈 작정을 하면 또 일찌감치 견고한 수레를 갖추지 않아서야 되겠습니까.

그러므로 무릇 저의 비루한 소원은 만약 道에 있어 아는 바가 있다면 단지 알 뿐만 아니라 반드시 실제로 몸소 행해야 하며, 단지 몸소 행할 뿐만 아니라 반드시 문사로 후세에 전하고자 해야 하는 것입니다. 비록 제 역량이 미치지 못한다고 할지언정, 뜻은 이와 같습니다.

---

기예를 이른다. 漢나라 揚雄의 ≪法言≫ 〈吾子〉에 어떤 사람이 "그대는 젊어서 賦를 좋아하였는가."라고 묻자, 양웅이 "동자 시절에나 짓던 조충전각과 같은 일로서, 장부가 되어서는 짓지 않았다.〔童子雕蟲篆刻 壯夫不爲也〕"라고 하였다.

41) 周濂溪……하였으니 : 周濂溪는 周敦頤로, 濂溪는 그의 호이다. 주돈이의 ≪通書≫ 〈文辭〉에 "文은 道를 싣는 수단이다. 수레를 꾸몄는데도 사람이 타지 않는다면, 그것은 괜히 꾸민 것이다. 더군다나 빈 수레야 말할 나위 있겠는가.〔文所以載道也 輪轅飾而人弗庸 徒飾也 況虛車乎〕"라고 하였다.

百家의 저술에 있어서 모두 그 문자에 나아가 道를 아는 것의 많고 적음을 따져서 아주 작은 것까지 분석하여 등차를 매길 것입니다. 그러나 漢學・宋學 두 학문이 쟁론하는 단서에 대해서는 모두 左袒[42]하여 하나의 분쟁을 덧붙일 수가 없고, 儒者들이 道를 높이고 文을 폄하하는 설에 대해서는 더욱 감히 부화뇌동하여 구차히 따를 수가 없습니다.

망령되고 그릇된 〈제 소견이〉 道를 지닌 군자들에게 깊이 물리쳐질 줄을 매우 잘 알고 있습니다. 그러나 묵묵히 있으면서 말하지 않으면 과실을 덮어두고 꾸며댐이 더욱 심할 것인지라, 그저 足下께서 이끌어주신 것을 말미암아 한 번 그 대강을 진술하였습니다. 삼가 바라건대 어리석음을 가엾게 여겨 허물을 바로잡아주시면 몹시 다행이겠습니다.

周濂溪氏가 稱文以載道而以虛車譏俗儒하니 夫虛車誠不可어늘 無車又可以行遠乎아 孔孟歿而道至今存者는 賴有此行遠之車也라 吾輩今日苟有所見하여 而欲爲行遠之計면 又可不早具堅車乎哉아 故로 凡僕之鄙願은 苟於道有所見이면 不特見之요 必實體行之며 不特身行之요 必求以文字傳之後世니 雖曰不逮나 志則如斯라 其於百家之著述에 皆就其文字하여 以校其見道之多寡하여 剖其銖兩而殿最焉이로되 於漢宋二家構訟之端에 皆不能左袒以附一鬨이요 於諸儒崇道貶文之說에 尤不敢雷同而苟隨라 極知狂謬爲有道君子所深屛이라 然이나 默而不宣이면 其文過彌甚이라 聊因足下之引誘하여 而一陳涯略하노니 伏惟憫其愚而繩其愆이면 幸甚幸甚이라

42) 左袒 : 왼쪽 소매를 벗어 어깨를 드러낸다는 말로, 어느 한쪽을 편드는 것을 뜻한다. ≪史記≫ 〈呂太后本紀〉에 漢 高祖 劉邦이 죽은 후 그의 아내 呂后가 권력을 쥐고 여씨 일족이 정권을 장악하였는데, 여후가 죽고 나서 그 일족인 呂祿・呂産이 난리를 일으키려고 하자, 太尉 周勃이 北軍에 들어가 명하기를, "여씨를 위하는 자는 오른쪽 어깨를 드러내고, 劉氏를 위하는 자는 왼쪽 어깨를 드러내라.〔爲呂氏右袒 爲劉氏左袒〕'라고 하니, 군중이 모두 왼쪽 어깨를 벗었다는 기록에서 온 말이다.

## 11. 劉孟容에게 답한 편지　答劉孟容書*

* 증국번이 유맹용에게 답한 편지로 道光 27년(1847)에 쓰였다. 유맹용이 朱子學에 힘쓰고 王守仁을 비판한 것을 높이 평가한 후, 왕수인의 格物致知說을 비판하며 주자학에 대한 자신의 지향을 밝혔다.

孟容 足下께.

2년간 세 번 보낸 편지에 한 번도 답을 하지 않았으니, 비록 무정한 마른 나무라도 이처럼 매정하게 내버려두지는 않을 것입니다. 저는 성격이 본래 나태하지만 간혹 남들에게 가르침을 베풀기도 합니다. 그러나 어찌 그대에게 베풀 생각을 했겠습니까. 한 번 종이를 펼칠 때마다 족하의 의중은 불초한 나의 말을 듣고자 하나 이러해서는 안 된다고 생각되었기에 번번이 다시 내버려두었습니다. 해와 달처럼 밝은 道가 위에 있으니, 족하께서 살펴보십시오.

삼가 보내온 편지를 받아 보고서 도를 믿고 학문에 힘쓰며 또 王氏[1]의 잘못을 밝게 分辨해낸다는 것을 알았으니, 참으로 대단합니다. 참으로 대단합니다.

**孟容足下** **二年三辱書**에 **一不報答**하니 **雖槁木之無情**이라도 **亦不恝置若此**라 **性本嬾怠**라 **然**이나 **或施於人人**이나 **豈謂施諸**(저)**吾子**리오 **每一伸紙**에 **以爲足下意中欲聞不肖之言**이나 **不當如是已也**라 **輒復**(부)**置焉**이라 **日月在上**하니 **惟足下鑒之**하라 **伏承信道力學**하고 **又能明辨王氏之非**하니 **甚盛甚盛**이라

대개 천하의 道는 둘이 아니면 서지 못합니다. 이 때문에 하늘의 도를 세우는 것을 陰과 陽이라 하고, 땅의 도를 세우는 것을 柔와 剛이라 하고, 사람의 도를 세우는 것을 仁과 義라고 하니,[2] 乾과 坤이 무너지면 변화〔易〕를 볼 수 없고[3] 仁과 義가 밝혀지지 않으면 도라는 것도 없습니다.

---

1) 王氏 : 明代의 학자 王守仁을 말한다. 浙江 사람으로 호는 陽明이다. 마음을 우주만물의 근본으로 삼은 宋代의 心學家 陸九淵의 心卽理說을 계승하여 집대성하였다.
2) 하늘의……하니 : ≪周易≫ 〈說卦傳〉에 보인다.
3) 乾과……없고 : ≪周易≫ 〈繫辭傳 上〉에 보인다.

傳에 "天地의 온후한 기운이 동북쪽에서 시작하여 동남쪽에서 성대해지니 이는 천지의 성대한 덕의 기운이고 이는 천지의 仁의 기운이며, 천지의 매섭고 차가운 기운이 서남쪽에서 시작하여 서북쪽에서 성대해지니 이는 천지의 존엄한 기운이고 이는 천지의 義의 기운이다."라고 하였습니다.[4] 이 두 기운은 생겨난 이후로 말하자면, 인으로 만물을 기르면 慶賞의 일이 일어나고 의로 만물을 바로잡으면 형벌의 일이 일어나니, 中道를 지키면 나라가 다스려지고 한쪽으로 치우치면 어지러워집니다. 그리고 생겨난 처음으로 말하자면, 太和의 기운이 화합하여[5] 流行하여 쉬지 않으니 사람이든 事物이든 聖人이든 평범한 사람이든 처음에 얻은 바가 똑같습니다. 사람은 그 온전한 것을 얻고 사물은 그 치우친 것을 얻습니다.

성인은 이미 그 온전한 것을 얻었는데 기질 또한 가장 맑고 두터우며 습관[6]에도 털끝만 한 누가 없습니다. 이에 이른바 仁義라는 것을 곡진히 실천하니 이를 본성을 다하는 것이라 하고, 이를 미루어 뭇사람들에게 이르면 준칙이 되고 이를 미루어 만물에 이르면 준칙이 되니[7] 이를 사람의 본성을 다하고 사물의 본성을 다하는 것이라 합니다.

평범한 사람은 비록 그 온전한 것을 얻었으나 기질이 구속하고 습관이 가립니다. 좋아하는 것이 온당치 못하면 인을 해치고 싫어하는 것이 온당치 못하면 의를 해치니,[8] 해치는 것이 날로 많아짐에 본성이 날로 미약해집니다. 대개 학문의 일은 여기서부터 시작합니다.

---

4) 傳에……하였습니다 : ≪禮記≫ 〈鄕飮酒義〉에 보인다.

5) 太和의……화합하여 : 太和는 천지에 가득한 陰陽의 기운을 말한다. 원문의 '絪縕'은 하늘과 땅의 두 기운이 서로 화합하여 만물을 만들어내는 것을 말한다. ≪周易≫ 〈繫辭傳 下〉에 "천지의 기운이 화합하여 만물이 화하여 엉기고, 남녀의 정기가 얽히어 만물이 생겨난다.〔天地絪縕 萬物化醇 男女構精 萬物化生〕"라고 한 데서 나온 말이다.

6) 습관 : 타고난 본성을 학습과 수양을 통해 실천하는 것을 말한다. ≪論語≫ 〈陽貨〉에서 孔子가 "사람의 본성은 서로 가까우나 습관으로 인해 서로 멀어진다.〔性相近 習相遠〕"고 하였다.

7) 이를…… 되니 : ≪禮記≫ 〈祭義〉에 曾子가 "孝는 세워두면 하늘과 땅에 가득 차고 펼쳐두면 사해에 퍼지고 후세에 전하면 아침저녁이 없게 될 것이다. 이것을 미루어 東海에 이르면 〈동해의 사람들이〉 준칙으로 삼고 이것을 미루어 西海에 이르면 〈서해의 사람들이〉 준칙으로 삼으며, 이것을 미루어 南海에 이르면 〈남해의 사람들이〉 준칙으로 삼고 이것을 미루어 北海에 이르면 〈북해의 사람들이〉 준칙으로 삼는다.〔夫孝 置之而塞乎天地 溥之而橫乎四海 施諸後世而無朝夕 推而放諸東海而準 推而放諸西海而準 推而放諸南海而準 推而放諸北海而準〕"라고 한 것을 변용한 표현이다.

8) 좋아하는……해치니 : 好惡(호오)가 온당치 못하다는 것은 善을 좋아하고 惡을 싫어하는 본성이 훼손된 것을 말한다. ≪孟子≫ 〈梁惠王 下〉에 "仁을 해치는 자를 '賊'이라 하고, 義를 해치는 자를 '殘'이라 한다.〔賊仁者 謂之賊 賊義者 謂之殘〕"라고 하였다.

蓋天下之道는 非兩不立이라 是以로 立天之道曰陰與陽이요 立地之道曰柔與剛이요 立人之道曰仁與義니 乾坤毁면 則無以見易이요 仁義不明이면 則亦無所謂道者라 傳曰 天地溫厚之氣가 始於東北하여 而盛於東南하니 此天地之盛德氣也요 此天地之仁氣也며 天地嚴凝之氣가 始於西南하여 而盛於西北하니 此天地之尊嚴氣也요 此天地之義氣也라하니 斯二氣者는 自其後而言之컨대 因仁以育物이면 則慶賞之事起하고 因義以正物이면 則刑罰之事起하니 中則治하고 偏則亂하며 自其初而言之컨대 太和絪縕하여 流行而不息하니 人也物也聖人也常人也가 始所得者鈞耳니라 人得其全하고 物得其偏이라 聖人者旣得其全이어늘 而其氣質又最淸且厚하며 而其習又無毫髮累라 於是에 曲踐乎所謂仁義者하니 夫是之謂盡性也요 推而放之凡民而準하고 推而放之庶物而準하니 夫是之謂盡人性盡物性也라 常人者雖得其全이나 而氣質拘之하고 習染蔽之라 好不當則賊仁하고 惡(오)不當則賊義하니 賊者日盛에 本性日微하니 蓋學問之事는 自此興也라

학문이라는 것은 무엇입니까? 본성을 회복하는 것일 따름입니다. 학문을 하는 방법은 무엇입니까? 格物과 誠意[9]일 따름입니다. 격물을 하면 仁義의 차등을 나누어 세밀히 변석하고, 성의를 하면 인의에 합당한 好惡(호오)를 모두 힘써 완수하니, 이것이 그 어려운 까닭입니다.

내 몸과 만물이 태어날 적에 그 이치는 본래 동일한 근원에서 나왔지만 分數는 분분히 다릅니다. 어버이를 친애하는 것이 다른 사람에 대한 것과는 다르며, 사람을 사랑하는 것이 사물에 대한 것과는 다르고,[10] 마을의 이웃집과 한집의 경우가 다르고,[11] 친척에게도 친애함의 降殺(강쇄)가 있으며 어진 이에게도 〈존경함의〉 차등이 있어서,[12] 그 차이가 두 배・다섯 배가 되기도 하고, 열 배・백 배가 되기

9) 格物과 誠意 : ≪大學章句≫ 經1章에 나오는 8條目 가운데 두 가지이다. 격물은 외물에 나아가 그 이치를 궁구하는 것이고, 성의는 자기 마음을 속이지 않고 진실하게 하는 것을 말한다.

10) 어버이를……다르고 : ≪孟子≫ 〈盡心 上〉에 "군자가 사물에 대해서는 아끼기는 하지만 사람처럼 사랑하지는 않으며, 사람에 대해서는 사랑하기는 하지만 어버이처럼 친애하지 않는다. 어버이를 친애하고 나서 백성을 사랑하고, 백성을 사랑하고 나서 사물을 아낀다.〔君子之於物也 愛之而弗仁 於民也 仁之而弗親 親親而仁民 仁民而愛物〕"라고 하였다.

11) 마을의……다르고 : ≪孟子≫ 〈離婁 下〉에 "지금 한집의 사람끼리 싸울 경우에는 머리를 풀어헤친 채 갓끈만 매고 가서 말려도 되지만, 마을 이웃끼리 싸우는 경우에 머리를 풀어헤친 채 갓끈만 매고 가서 말린다면 미혹한 것이니 문을 닫아버려도 괜찮다.〔今有同室之人鬪者 救之 雖被髮纓冠而救之 可也 鄕隣有鬪者 被髮纓冠而往救之 則惑也 雖閉戶 可也〕"라고 하였다.

12) 친척에게도……있어서 : ≪中庸章句≫ 제20장에 "仁은 사람이니 어버이를 친애함이 크고, 義는 마땅함이니 어진 이를 높임이 크니, 친척을 친애하는 것의 降殺와 어진 이를 높이는 것의 등급이 禮가 생겨난 까닭이다.〔仁者人也 親親爲大 義者宜也 尊賢爲大 親親之殺 尊賢之等 禮所

도 하고, 천 배・만 배가 되기도 하니,[13] 이렇게 똑같지가 않습니다.

그 분수를 알지 못하고 함부로 베풀어 인에 지나치면 변화하여 墨翟[14]이 되고, 의에 지나치면 변화하여 楊朱[15]가 됩니다. 마음에서 생겨나 정치에 해를 끼치니,[16] 극에 달해서는 모두 천하를 어지럽힐 만하여 짐승을 몰아 사람을 잡아먹는 지경[17]에 이르기 전에는 그치지 않을 것입니다. 그러므로 무릇 격물의 일은 그 하는 바가 복잡하고 번다한 일에 대해 그 똑같지 않은 분수를 분별하는 것일 뿐입니다.

**學者何**오 **復性而已矣**요 **所以學者何**오 **格物誠意而已矣**니라 **格物則剖仁義之差等而縷晰之**하고 **誠意則擧好惡**(오)**之當於仁義者而力卒之**하니 **玆其所以難也**라 **吾之身與萬物之生**에 **其理本同一源**이어니와 **乃若其分**은 **則紛然而殊矣**라 **親親與民殊**하며 **仁民與物殊**하고 **鄕隣與同室殊**하고 **親有殺**(쇄)하며 **賢有等**하여 **或相倍蓰**하고 **或相什伯**하고 **或相千萬**하니 **如此其不齊也**라 **不知其分而妄施焉**하여 **過乎仁**이면 **其流爲墨**이요 **過乎義**면 **其流爲楊**이라 **生於心**하여 **害於政**하나니 **其極皆可以亂天下**하여 **不至率**(솔)**獸食人不止**라 **故**로 **凡格物之事**는 **所爲**가 **委曲繁重者**를 **剖判其不齊之分焉爾**라

朱子가 말하기를 "人心의 영험함은 알지 못하는 것이 없다."라고 하였으니 이는 好惡에 대한 良知를 말한 것이고, "천하의 사물이 이치가 없는 것이 없으나 다만 이치에 대해 궁구하지 않음이 있기 때문에 그 앎이 지극하지 못함이 있다."라고 하였

生也〕"라고 하였다.

13) 그……하니 : ≪孟子≫ 〈滕文公 上〉에 "물건이 똑같지 않음은 물건의 실정이니, 값의 차이가 혹 서로 두 배, 다섯 배가 되며, 혹 서로 열 배, 백 배가 되며, 혹 서로 천 배, 만 배가 되거늘, 그대는 이것을 나란히 하여 똑같이 하려고 하니, 이는 천하를 어지럽히는 짓이다.〔夫物之不齊 物之情也 或相倍蓰 或相什伯 或相千萬 子比而同之 是亂天下也〕"라고 하였다.

14) 墨翟 : 春秋時代 魯나라 출신으로 모든 사람을 똑같이 사랑한다는 兼愛說을 주장했는데, 孟子는 그를 두고 "정수리를 갈아 발꿈치에 이른다 하더라도 천하를 이롭게 하는 일이라면 한다.〔摩頂放踵 利天下 爲之〕"라고 비판하였다.(≪孟子≫ 〈盡心 上〉)

15) 楊朱 : 戰國時代 衛나라 출신으로 자신의 지조를 지켜야 한다는 爲我說을 주장했는데, 孟子는 그를 두고 "터럭 한 올을 뽑아서 천하를 이롭게 하더라도 하지 않는다.〔拔一毛 而利天下 不爲也〕"라고 비판하였다.(≪孟子≫ 〈盡心 上〉)

16) 마음에서……끼치니 : ≪孟子≫ 〈公孫丑 上〉에 편벽된 말, 방탕한 말, 부정한 말, 회피하는 말 네 가지를 두고 "마음에서 나와서 정치에 해를 끼치며, 정치에 드러나서 일에 해를 끼친다.〔生於其心 害於其政 發於其政 害於其事〕"라고 하였다.

17) 짐승을……지경 : ≪孟子≫ 〈滕文公 下〉에 "楊朱와 墨翟의 도가 종식되지 않으면 孔子의 도가 드러나지 못할 터이니, 이렇게 되면 삿된 학설이 백성들을 속여서 인의를 꽉 막게 된다. 인의가 꽉 막히면 짐승을 몰아 사람을 먹게 하다가 사람끼리 서로 잡아먹게 될 것이다.〔楊墨之道不息 孔子之道不著 是邪說誣民 充塞仁義也 仁義充塞 則率獸食人 人將相食〕"라고 하였다.

으니 이는 내 마음의 앎은 한계가 있고 만물의 분수는 무궁하니 지극히 다른 분수를 궁구하지 않으면 지극히 전일한 이치를 통찰할 수 없음을 말한 것입니다.[18] 지금 王氏의 설에서는 "양지를 지극히 할 뿐이다."라고 하니,[19] 이는 마음의 밝음에 내맡겨서 마침내 만물의 분수에 곡진히 부합한다는 것이니 과연 믿을 수 있습니까.

冠과 신발의 자리가 같지 않고[20] 鳳凰과 鴟鴞가 한데 깃들지 않으니[21] 이는 사물이 본래 구비한 분수가 다른 것이고, 瞽瞍가 사람을 죽이면 皐陶는 법을 집행하고 舜임금은 고수를 업고 도망갈 것이며[22] 鯀이 홍수를 막아 〈성공하지 못하자〉 순임금은 그를 죽였고[23] 禹임금은 郊祭를 지냈으니[24] 이는 남과 내가 서로 관계되는 분수가 다른 것입니다.

仁義를 다르게 베푸는 것은 사물에 따라 구별하는 것입니다. 그런데 지금 도리어 사물에 나아가 이치를 궁구하는 것을 支離하다 여기니, 그렇다면 이는 내 마음이 여기에 한번 이루어진 앎[25]을 터무니없이 설정해두고서 만물과는 전혀 상관하지 않는데 모두 사물의 분수에 부합한다고 하는 것이니, 또한 믿을 수 있습니까.

**朱子曰 人心之靈**이 **莫不有知**라하니 **此言好惡(오)之良知也**요 **曰 天下之物**이 **莫不有理**로되 **惟於理有未窮**이라 **故其知有不盡**이라하니 **此言吾心之知有限**하고 **萬物之分無窮**하니 **不究乎至殊之**

18) 朱子가……것입니다 : 인용된 朱熹의 말은 ≪大學≫의 傳 제5장 補亡章에 보인다.

19) 王氏의……하니 : 朱熹는 '格物'의 '格'을 '이르다〔至〕', '물'을 '事物'로 보아, 격물치지를 外物에 나아가 그 이치를 아는 것이라고 하였다. 반면 王守仁은 주희의 격물론에는 마음과 이치가 둘로 나뉘고 格物과 誠意가 무관하게 되는 모순이 있다고 생각하여 '격'을 '바로잡다〔正〕', '물'을 '마음속의 일'로 보아 격물은 자기 마음을 바로잡는 것이라 하였으며 致知는 사람이 타고난 良知를 실현하는 것이라 보았다. 주희의 격물이 외물에 대한 지식을 탐구하는 것이라면, 왕수인의 격물은 자기 마음을 바깥으로 확충하는 것이다.

20) 冠과……않고 : ≪史記≫ 〈儒林列傳〉에 "관이 비록 해졌더라도 반드시 머리에 쓰고 신발이 비록 새것이라도 반드시 발에 신으니, 어째서입니까. 上下의 구분이 있기 때문입니다.〔冠雖敝 必加於首 履雖新 必關於足 何者 上下之分也〕"라는 말이 보인다.

21) 鳳凰과……않으니 : 봉황은 태평성대에 출현하는 상서로운 새로, 오동나무에만 깃들고 대나무 열매만 먹는다고 한다. 鴟鴞는 올빼미로 惡鳥로 여겨졌다.

22) 瞽瞍가……것이며 : 舜임금의 아버지인 瞽瞍가 살인을 했다면 어떻게 했겠냐는 桃應의 질문에 孟子는 皐陶는 법을 집행하였을 것이고 순임금은 아버지를 업고 달아났을 것이라고 답하였다.(≪孟子≫ 〈盡心 上〉)

23) 鯀이……죽였고 : 鯀은 禹임금의 아버지이다. 堯임금의 명으로 9년 동안 홍수를 막는 일을 맡았으나 공을 이루지 못하여, 舜임금에 의해 羽山에서 처형되었다.(≪書經≫ 〈堯典〉, 〈舜典〉)

24) 禹임금은……지냈으니 : ≪禮記≫ 〈祭法〉에 "夏后氏(禹) 또한 黃帝에게 禘祭를 지내고 鯀에게 郊祭를 지냈다.〔夏后氏亦禘黃帝而郊鯀〕"라고 하였다.

25) 한번……앎 : 한번 생겨난 뒤로 변치 않는 편견이나 선입견을 가리킨다.

分이면 無以洞(통)乎至一之理也라 今王氏之說曰 致良知而已라하니 則是任心之明하여 而遂曲當乎萬物之分이니 果可信乎아 冠履不同位하고 鳳凰鴟鴞不同棲하니 物所自具之分殊也요 瞽瞍殺人에 皐陶(요)執之하고 舜負之하며 鯀堙洪水에 舜殛之하고 禹郊之하니 物與我相際之分殊也라 仁義之異施는 卽物而區之也라 今乃以卽物窮理爲支離하니 則是吾心虛懸一成(一)〔之〕[26]知於此하여 與凡物了不相涉이어늘 而謂皆當乎物之分이니 又可信乎아

朱子가 말하기를 "善을 하고 惡을 없앨 줄 안다면 마땅히 그 힘을 실제로 써서 힘써 결단하여 버리고 구하여 반드시 얻어야 한다."라고 하였으니,[27] 이는 仁義의 분수가 이미 밝혀졌다면 마땅히 나의 好惡의 〈진실한 감정을〉 다하여 그 일을 마쳐야 함을 말한 것입니다.

그런데 지금 王氏의 설에 "알면 곧바로 행한다."라고 하고, "格物致知가 바로 誠意 공부이다."라고 하니, 이는 마음의 밝음에 내맡겨 실행이라는 것이 따로 없으므로 마음이 진실로 밝다면 바깥의 자취에 연연할 필요가 없으니 자취가 비록 不仁하고 不義하더라도 마음의 밝음에는 손상이 없다는 것입니다. 이 얼마나 간략하고 신속하여 따르기 쉽습니까. 이 설을 따라 분변하지 않는다면 머지않아 온 천하가 浮屠(불교)로 달려가지 않겠습니까.

朱子曰 知爲善以去惡이면 則當實用其力하여 務決去而求必得之라하니 此言仁義之分旣明則當畢吾好惡(오)以旣其事也라 今王氏之說曰 卽知卽行이요 格致는 卽誠意工夫라하니 則是任心之明하여 別無所謂實行이라 心苟明矣면 不必屑屑於外之迹하니 而迹雖不仁不義라도 亦無損於心之明이니 是何其簡捷而易(이)從也오 循是說而不辨이면 幾何不胥天下而浮屠之趨哉리오

堯·舜·禹·湯·文·武·周公·孔子의 학문이 어찌 다른 것이 있겠습니까. 사물에 나아가 도를 구하는 것일 따름입니다. 사물이 다함이 없고 보면 분수가 다른 것도 끝이 없습니다. 그러므로 格物은 그만둘 때가 없으니 잠시라도 격물을 하지

---

26) (一)〔之〕: 저본에는 '一'로 되어 있으나, ≪曾文正公書札≫과 ≪續古文辭類纂≫에 의거하여 '之'로 바로잡았다.

27) 朱子가……하였으니 : ≪大學章句≫ 傳6章의 "이른바 그 뜻을 성실히 한다는 것은 스스로 속이지 않는 것이니, 〈악을 미워하기를〉 악취를 미워하는 것과 같이 하며, 〈선을 좋아하기를〉 여색을 좋아하는 것과 같이 해야 하니, 이것을 自謙이라고 이른다. 그러므로 군자는 반드시 그 홀로를 삼간다.〔所謂誠其意者 毋自欺也 如惡惡臭 如好好色 此之謂自謙 故君子必愼其獨也〕"에 대한 朱熹의 해설을 요약한 것이다.

않으면 仁이 익숙하지 못한 바가 있고 義가 정밀하지 못한 바가 있습니다.

저 몇몇 성인들은 오직 시시각각에 격물을 하고 또 여색을 좋아하고 악취를 싫어하는 것[28]으로 완수하였으니, 이것이 바로 聖人인 까닭입니다. 이렇지 않다면 나는 그 성인다움을 알지 못하겠습니다. 大賢 이하는 앎에 정밀하고 거친 차이가 있고 행동에 진실함과 진실하지 못함의 차이가 있으니, 현명함과 어리석음이 차례로 나뉩니다.

**堯舜禹湯文武周公孔子之學**이 **豈有他與**아 **卽物求道而已**니라 **物無窮**이면 **則分殊者無極**하니 **則格焉者無已時**니 **一息而不格**이면 **則仁有所不熟**하고 **而義有所不精**이라 **彼數聖人者**는 **惟息息格物**하고 **而又以好色惡臭者竟之**하니 **乃其所以聖也**니 **不如是**면 **吾未見其聖也**로다 **自大賢以下**는 **知有精粗**하고 **行有實不實**하니 **而賢否以次區焉**이라

내가 불초하나 또한 외람되이 여기에 종사하고자 합니다. 무릇 同類와 교제하고 庶務를 단련함에 비록 仁에 절충하지는 못하나 반드시 이른바 藹然[29]하다는 것을 구하려 하고, 비록 義에 맞게 하지는 못하나 반드시 이른바 秩然[30]하다는 것을 구하려 합니다. 그런데 세월이 흘러감에 학업을 더 닦지 못하여 뜻대로 말하고 뜻대로 행동함에 허물과 후회가 내 몸에 모였습니다.[31] 하나의 사물이라도 제 분수에 마땅한 데 두고자 해도 그렇게 하지 못하니 〈사욕에〉 함닉된 것이 깊습니다.

스스로 생각건대 이번 생에는 비록 만에 하나의 이치를 궁구할 수 있더라도 극히 일부만을 엿보아 아는 것에 불과하고 근원을 만나는 경지[32]에는 이를 수 없습니다.

---

28) 여색을……것 : 여색을 좋아하듯이 선을 좋아하고 악취를 미워하듯이 악을 미워하는 것으로 '誠意'를 가리킨다.

29) 藹然 : 和氣가 가득하고 왕성한 모양을 가리킨다. 朱熹가 ≪小學≫ 〈小學題辭〉에서 "무릇 그 처음에는 선하지 않음이 없으니, 藹然하게 四端이 감응에 따라 나타난다.〔凡此厥初 無有不善 藹然四端 隨感而見〕"라고 하였다.

30) 秩然 : 질서정연한 모양을 말한다.

31) 뜻대로……모였습니다 : ≪論語≫ 〈爲政〉에 子張이 俸祿을 얻는 방법을 배우려 하자, 孔子가 "많이 들어서 의심나는 것은 빼버리고 그 나머지를 신중히 말하면 허물이 적을 것이며, 많이 보아서 위태로운 것은 빼버리고 그 나머지를 신중히 행하면 후회가 적을 것이다. 말에 허물이 적고 행실에 후회가 적으면 봉록이 그 가운데 있을 것이다.〔多聞厥疑 愼言其餘則寡尤 多見闕殆 愼行其餘則寡悔 言寡尤 行寡悔 祿在其中矣〕"라고 하였다.

32) 근원을……경지 : 도를 自得하여 어디에서든 도의 근원을 만나는 경지를 말한다. ≪孟子≫ 〈離婁 下〉에 "군자가 깊이 나아가기를 도로써 함은 자득하고자 해서이니, 자득하면 처하는 것이 편안하고 처하는 것이 편안하면 자뢰함이 깊고 자뢰함이 깊으면 좌우에서 취하여 씀에

그러나 끝내 감히 이를 버리고 달리 지름길을 구하여 영험한 마음이 한번 깨달으면 즉각 성인이 된다고 여기지는 못합니다. 下愚[33]의 사람은 하우의 분수를 감수할 뿐이니, 지혜가 비추지 못하는 바가 있고 행동에 만족하지 못하는 바가 있기 때문에 항상 주린 듯합니다.[34] 그래서 감히 〈王氏의〉 설을 가져다가 一掃하고 힘써 배척하지 못하니, 어리석은 자가 유약함이 많은 것은 이치가 본디 그러한 점이 있습니다.

지금 족하가 외진 땅에서 우뚝 일어나 이에 先王의 도를 구하고 은폐된 학술을 여니, 참으로 대단합니다. 참으로 대단합니다. 이것이 진실로 내가 기도하며 바라던 것입니다.

**國藩不肖**나 **亦謬欲從事於此**라 **凡倫類之酬酢**과 **庶務之磨礱**에 **雖不克衷之於仁**이나 **將必求所謂藹然者焉**이요 **雖不克裁之於義**나 **將必求所謂秩然者焉**이어늘 **日往月來**에 **業不加修**하여 **意言意行**에 **尤悔叢集**하니 **求付一物之當其分而不可得**하니 **蓋陷溺者深矣**라 **自維此生**에 **縱能窮萬一之理**라도 **亦不過窺鑽奇零**이요 **無由底於逢原之域**이라 **然**이나 **終不敢棄此而他求捷徑**하여 **謂靈心一覺**이면 **立地成聖也**라 **下愚之人**은 **甘守下愚已耳**니 **智有所不照**하고 **行有所不慊**이라 **故**로 **常餒焉**이라 **不敢取彼說者**하여 **廓淸而力排之**하니 **愚者多柔**는 **理有固然**이라 **今足下崛起僻壤**하여 **迺能求先王之道**하고 **開學術之蔀**하니 **甚盛甚盛**이라 **此眞國藩所禱祀以求者也**라

이곳에 太常 唐先生(唐鑑)이 있으니 견문이 넓으며 지킴이 간략하고 엄숙하고 화락합니다. 근래에 ≪國朝學案≫[35]이라는 한 책을 저술하였는데, 二陸과 二張[36]의

---

그 근원을 만나게 된다. 그러므로 군자는 자득하고자 하는 것이다.〔君子深造之以道 欲其自得之也 自得之則居之安 居之安則資之深 資之深則取之左右 逢其原 故君子欲其自得之也〕"라고 하였다.

33) 下愚 : 변화시킬 수 없는 지극히 어리석은 사람을 가리킨다. ≪論語≫ 〈陽貨〉에 孔子가 "오직 지극히 지혜로운 자와 지극히 어리석은 자는 변화시킬 수 없다.〔唯上知與下愚 不移〕"라고 하였다.

34) 행동에……듯합니다 : ≪孟子≫ 〈公孫丑 上〉에 "이 〈浩然之氣는〉 의리를 축적하여 생겨나는 것인지라 의가 갑자기 엄습하여 얻어지는 것이 아니니, 행함에 마음에 만족스럽지 않음이 있으면 주리게 된다.〔是集義所生者 非義襲而取之也 行有不慊於心則餒矣〕"라고 하였다. '餒'는 기가 위축되어 몸을 가득 채우지 못하는 것을 형용한 말이다.

35) 國朝學案 : 唐鑑이 편찬한 ≪國朝學案小識(국조학안소지)≫ 15권을 말한다. ≪淸學案小識(청학안소지)≫라고도 한다. 淸初부터 嘉慶 연간까지의 학자 261명의 생평, 학술의 연원, 사상, 주요 저작 등을 기록하였다.

36) 二陸과 二張 : 陸隴其와 陸世儀, 張履祥과 張伯行으로, 이들 모두 程朱學을 숭봉하고 陽明學을 배척한 淸初의 理學家이다. 육농기는 原名이 龍其, 자가 稼書, 호가 當湖로, 浙江 平湖 사람이다. 康熙 9년(1670)에 進士가 되어 嘉定縣令, 靈壽縣令 등을 지냈다. ≪困勉錄≫ 등을 저술하였다. 육세의는 자가 道威, 호가 剛齋·桴亭이다. 明나라 때 諸生이 되었으나 淸朝

趨向을 높이고 겉으로는 儒家이지만 안으로는 釋氏인 학설을 배척하였으니, 깊고 절실하며 분명하여 거센 물결에 버티고 선 砥柱山[37]이라 할 만합니다.

또 比部[38]의 六安 사람 吳君 廷尉[39]와 蒙古 사람 倭君[40]이 모두 朱子의 뜻을 실제로 구하여 힘써 실천합니다.

내가 이미 몇몇 군자의 뒤를 따라 논의에 참여하였으나, 천박하고 비루한 자질이 화려한 문장도 좋아하여 司馬遷·班固·杜甫·韓愈·王安石의 문장을 몹시 애호하여 밤낮으로 음송하며 싫증 나는 줄을 모릅니다. 그래서 내가 뜻한 바는 크게는 천하에 仁義를 행하여 만물이 각각 그 분수를 얻게 하려는 것이고, 작게는 내 몸에 허물을 적게 하여 妻子에게 도를 행하고[41] 이치에 어긋나지 않는 말을 저술하여 宗族과 鄕黨에 가르침을 베푸는 것이니, 성공한다면 이렇게 내 생을 마치는 것이고 성공하지 못한다면 이렇게 내 생을 마치는 것입니다.

족하가 나를 가장 잘 아는지라 부끄러워하지 않는 말[42]을 한번 내뱉었으니, 감

---

에서는 벼슬하지 않았다. 天文地理·兵法·禮樂·農桑 등 다방면에 박식하였고, 東林書院·毗陵書院·太倉書院의 主講을 지냈다. 저서로 《思辨錄》 등이 있다. 장이상은 자가 考夫, 호가 念芝로, 浙江 桐鄕 사람이다. 명나라 때 제생이 되었으나 청조에서는 벼슬하지 않았다. 젊어서는 陸九淵과 王守仁의 心學을 하였으나, 후에 《小學》과 《近思錄》을 읽고 정주학을 종주로 삼았다. 실천을 중시하고 空理空談을 배척하였으며 耕讀을 함께 할 것을 주장하였다. 저서로 《願學記》 등이 있다. 장백행은 자가 孝先, 호가 恕齋·敬庵으로, 河南 儀封 사람이다. 강희 24년(1685)에 進士가 되어 福建省과 江蘇省의 巡撫, 戶部侍郎, 禮部尙書 등을 지냈다. 저서로 《困學錄》 등이 있다.

37) 砥柱山 : 河南省 三門峽 동북쪽 황하 중간에 있는 바위산의 이름이다. 황하의 물결이 거세게 흘러 하류에 있던 모든 산이 침식되었으나 이 돌산만은 우뚝이 남아 있어 황하가 이 지점에 와서 갈라져 두 갈래로 산을 싸고 흐른다. 세속에 휩쓸리지 않고 꿋꿋하게 자신의 절조를 지키는 선비를 비유하는 말로 쓰인다.(《文選》 권19 〈高唐賦〉)

38) 比部 : 淸代에 刑部 및 형부의 司官을 통칭하던 말이다.

39) 吳君 廷尉 : 吳廷棟은 자가 彦甫, 호가 竹如, 晩號는 拙修老人으로, 安徽 六安 사람이다. 道光 5년(1825)에 拔貢으로 刑部郎中이 되었다. 河間知府, 直隷按察使, 山東布政使를 역임하였고 刑部右侍郎까지 올랐다. 宋儒의 학문을 좋아하여 王守仁의 心學을 배척하였으며 증국번과 교유하였다. 저서로 《拙修集》이 있다. 廷尉는 秦나라 때 설치된 刑獄을 담당하는 관직명으로, 刑部의 관원을 일컫는다.

40) 倭君 : 倭仁은 자가 艮齋·艮峰으로, 蒙古 正紅旗 사람이다. 道光 9년(1829)에 進士가 되었고 同治 초에 工部尙書와 文淵閣大學士가 되어 황제에게 글을 가르쳤다. 義理之學에 정통해 理學大師로 불렸다. 唐鑑의 제자로서 曾國藩과 함께 程朱理學을 연구하였다. 저서로 《倭文端公遺書》 등이 있다.

41) 妻子에게……행하고 : 《孟子》 〈盡心 上〉에 "자신이 道를 행하지 않으면 처자식에게 도가 행해지지 않고, 사람을 부리기를 도로써 하지 않으면 처자식에게 명령이 행해지지 않는다.〔身不行道 不行於妻子 使人不以道 不能行於妻子〕"라고 하였다.

히 길 가는 사람을 붙잡고 이렇게 쉬지 않고 언쟁하는 것은 아닙니다.

此間有太常唐先生하니 博聞而約守하고 矜嚴而樂易(이)라 近著國朝學案一書한대 崇二陸二張之歸하고 闢陽儒陰釋之說하니 可謂深切著明하여 狂瀾砥柱라 又有比部六安吳君廷尉蒙古倭君이 皆實求朱子之指而力踐之라 國藩旣從數君子後하여 與聞末論이로되 而淺鄙之資가 兼嗜華藻하여 篤好司馬遷班固杜甫韓愈王安石之文章하여 日夜以誦之不厭也라 故로 凡僕之所志가 其大者는 蓋欲行仁義於天下하여 使凡物各得其分이요 其小者는 則欲寡過於身하여 行道於妻子하고 立不悖之言하여 以垂敎於宗族鄕黨이니 其有所成與인댄 以此畢吾生焉이요 其無所成與인댄 以此畢吾生焉이라 辱知最厚라 輒一吐不怍之言하니 非敢執塗人而斷斷不休如此也라

천한 몸이 근래에 허약해져 〈족하에 대한〉 그리움을 견딜 수가 없습니다. 그러나 無恙하고 집안 식구들도 무양합니다. 郭大[43]가 우리 집에 머물고 있고, 또 馮君 卓懷[44]가 내 아들을 가르치고 있는데 모두 무양하고 또 배우기를 좋아합니다. 저는 再拜하고 편지를 올립니다.

賤軀比薄弱하여 不勝思라 然이나 無恙하고 閨室無恙이라 郭大棲吾舍하고 又有馮君卓懷課吾兒한대 都無恙하고 且好學이라 國藩再拜라

中流砥柱

42) 부끄러워하지……말 : 부끄러워하지 않고 큰소리치는 말을 가리킨다. ≪論語≫ 〈憲問〉에 孔子가 "말하는 것을 부끄러워하지 않으면 말을 실천하기가 어렵다.〔其言之不怍 則爲之也難〕"라고 하였다.

43) 郭大 : 郭氏 형제 가운데 연상인 郭嵩燾를 말한다. 곽숭도는 자가 筠仙이며, 湖南 湘陰 사람이다. 道光 27년(1847)에 進士가 되었고 翰林院庶吉士를 지냈다. 太平天國의 난이 일어나자 曾國藩을 따라 湘軍을 조직하여 난을 진압하였다. 동생 郭昆燾 역시 擧人으로 張亮基의 막부에 들어간 후 태평천국의 난 진압에 참여하여 증국번의 신임을 받았다.

44) 馮君 卓懷 : 馮卓懷는 자가 樹堂이며, 湖南 長沙 사람이다. 四川省 萬縣知縣을 지냈다. 증국번의 벗이자 증국번의 아들 曾紀澤의 塾師였다.

## 12. 彭麗生에게 답한 편지　復彭麗生書*

*이 글은 1854~1855년 무렵 증국번이 彭申甫에게 보낸 편지이다. 팽신보는 字가 麗生이며, 湖南 長沙 사람이다. 이 편지에서 증국번은 충성스러운 인재를 찾기 어려운 현실을 토로하고, 병사를 조련하여 太平天國軍을 진압하고자 하는 의지를 분명히 드러내고 있다.

이전에 보내주신 편지를 받으니 불효자를 위문해주셨고,[1] 얼마 전에 또 손수 쓰신 편지를 받으니 벗에게 면려하는 것이 매우 독실하고도 간절하셨습니다. 저는 허물이 쌓이고 죄악이 많으며 실질적인 행실이 없이 헛된 명성을 훔쳐서 神明에게 용서받지 못하게 되었습니다. 그런데 마침내 내 몸을 죽게 하지 않고 내 어머니께 화를 미치게 하였으니 가슴을 치며 후회하고 한탄합니다. 스스로 사람 축에 들지도 못하는데 더구나 세상을 다스리고 백성을 구제하는 일이야 어찌 말할 것이 있겠습니까.

前承惠書에 存唁不孝하고 頃又蒙手書하니 所以期勖故人이 甚篤且勤이라 國藩積愆崇慝하고 無實行而盜虛聲하여 爲神明所不容이라 乃不隕滅我躬하고 而延禍於吾母하니 椎心悔憾이라 蓋不得自比於人數어늘 其又何經濟之足言이리오

생각건대 足下께서 "오늘날 세상을 구제할 수 없는 까닭은 오직 人心이 惡에 빠져들어 염치가 전혀 없어진 데에 있다."라고 일컬으신 것은 저의 사사로운 견해가 실로 賢者와 서로 꼭 합치합니다. 일찍이 저는 이렇게 생각하였습니다.

'兵器가 없는 것은 깊이 근심할 것이 못 되고, 軍餉(군인의 봉급과 보급품)이 없는 것은 통곡할 것이 못 된다. 다만 눈을 들어 이 세상을 바라보매, 이익을 가로채는 일에는 앞장서지 않고 의리에 나아가는 일에는 뒤처질까 두려워하면서 忠憤이 간절한 사람 하나를 찾고자 하면 빨리 얻을 수가 없고, 혹시 그런 사람을 겨우 얻더

---

1) 불효자를 위문해주셨고 : 1852년 6월에 증국번의 어머니가 세상을 떠났다.

라도 또 낮은 지위에 머물러 있으면서 왕왕 억울하게 뜻을 펼치지 못하여 좌절하거나 떠나거나 죽는다. 그런데 탐욕스럽고 물러나 움츠려 있는 사람은 과연 고개를 쳐들고 윗자리에 올라 부귀해지고 명예를 얻으며 늙어서도 건강하여 죽지 않는다. 이것이 크게 탄식할 만한 것이다.'

족하께서 某公에게 보낸 편지에 이를 말씀하신 것이 지극히 통절하였으니, 여러 해 가려웠던 곳[2]을 남을 위해 한 번 긁어준 격이기에 우환을 당하고 남아 있는 이 목숨이 조금이나마 위안이 됩니다.

**顧如足下所稱今日不可救藥之端**은 **惟在人心陷溺**하여 **絶無廉恥云云**은 **則國藩之私見**이 **實與賢者相脗合**이라 **竊嘗以爲無兵不足深憂**요 **無餉不足痛哭**이로되 **獨擧目斯世**에 **求一攘利不先**하고 **赴義恐後**하여 **忠憤耿耿者**면 **不可亟得**이요 **或僅得之**라도 **而又屈居卑下**하여 **往往抑鬱不伸**하여 **以挫以去以死**어늘 **而貪饕退縮者**는 **果驤首而上騰**하여 **而富貴而名譽而老健不死**하니 **此其可爲浩歎者也**라 **足下與某公書**에 **言之至爲深痛**하니 **積年痒疥**를 **爲君一搔**라 **憂患餘生**이 **得少快慰**라

제가 여기에 온 것은 鄂中(湖北)이 함락되어 그들이 되돌아 달아날까 우려되기에 부득이 나와서 저 죽음을 두려워하는 부류로부터 스스로를 구별하려는 것입니다. 도와서 구제하고자 하는 것으로 말하면, 뻣뻣하고 꼿꼿한 제 성격이 장차 네모난 자루를 가지고 둥글게 깎은 구멍에 맞추는 격일 것이니 서로 어긋나 맞지 않을 줄은 또한 알고 있습니다.[3]

지금 뜻하는 바는 오직 병사들을 조련하고 暴亂을 제거하는 것 두 가지 일입니다. 병사들을 조련하는 것은 7년 된 병에 3년 묵은 약쑥을 구하는 것과 같으며[4] 폭란을 제거하는 것은 한 지방의 선한 이들을 의지하여 한 지방의 악한 이들을 제거하는 것입니다. 그러므로 내 부족한 곳을 도와줄 각 州와 縣의 공정한 紳士와 耆

2) 가려웠던 곳 : 원문의 '痒疥'는 옴을 말한다. 옴은 옴진드기로 인해 발생하는 피부병으로서 심한 가려움증을 수반한다.

3) 네모난……있습니다 : 전국시대 楚나라 宋玉의 〈九辯〉에 "둥글게 깎은 구멍에 네모난 자루를 끼우려 함이여, 서로 맞지 않아 들어가기 어려움을 내가 참으로 알겠네.〔圜鑿而方枘兮 吾固知其鉏鋙而難入〕"라는 말이 보인다.

4) 7년……같으며 : 사전에 장기적으로 대비한다는 뜻이다. 孟子가 "지금 왕 노릇을 하려는 자는 마치 7년 된 병에 3년 묵은 약쑥을 구하는 것과 같으니, 만약 비축해두지 않는다면 종신토록 얻지 못할 것이다.〔今之欲王者 猶七年之病求三年之艾也 苟爲不畜 終身不得〕"라고 한 말을 원용한 것이다.(≪孟子≫ 〈離婁 上〉)

老를 급히 찾고 있었습니다. 그런데 〈足下께서〉 먼저 한 통의 편지를 보내주셨습니다. 그런 다음에 〈보내주신 편지에서〉 이 점을 간절히 알려주셨습니다.

國藩來此는 蓋以鄂中失守에 恐其回竄이라 不得不出以自別於畏死者之徒라 至於求有補濟하여는 則骩髒之性이 將以方柄周旋於圓鑿之中이니 亦知其鉏鋙而鮮當矣라 刻下所志는 惟在練兵除暴二事니 練兵은 則猶七年之病에 求三年之艾며 除暴은 則借一方之良하여 鋤一方之莠라 故急訪各州縣公正紳耆로 佐我不逮어늘 先與以一書라 然後剴切示諭之라

근년 이래에 세상의 변고를 실컷 겪고 우환 또한 경험하여 이와 머리카락이 점점 빠지고 정신이 쇠퇴하고 있습니다. 부디 벗이 한번 와서 나를 찾아주어 서로 마주하여 논의를 펼쳐서 흩어져 사라진 혼백을 불러 거두고 산처럼 쌓인 먼지와 때를 씻어낸다면 아마도 새로운 생기가 생기고 예전의 모습을 회복할 수 있을 것이니, 그렇게 되면 만에 하나라도 시국의 어려움을 구제할지도 모릅니다.

郭筠仙(郭嵩燾), 劉霞仙[5], 羅羅山[6] 및 평소 사귄 벗들이 모두 이곳에 왔으니, 아무쪼록 足下께서 車馬를 준비하도록 명하여 왕림하시기를 바랍니다. 우두커니 기다리는 마음을 견디지 못하겠습니다.

年來飽更世故하고 又經憂患하여 齒髮稍侵하고 精神頹敗라 幸故人一來顧我하여 相對敘論하여 收召散亡之魂魄하고 祓濯如山之塵垢면 庶生新機而還舊識이리니 卽拯時艱於萬一을 亦未可知라 郭筠仙劉霞仙羅羅山及平日交舊가 都來此間하니 尙望足下惠然命駕하라 無任佇企하노라

---

5) 劉霞仙 : 劉蓉(1816~1873)이다. 자는 孟容・孟蓉이고, 霞仙은 그 호이다. 湖南 湘鄕 사람이다. 諸生 출신으로, 증국번의 휘하에서 太平天國軍을 진압하는 데 종사하였다. 저서로 ≪思辨錄疑義≫, ≪養晦堂集≫ 등이 있다.

6) 羅羅山 : 羅澤南(1807~1856)이다. 자는 仲嶽이고, 羅山은 그 호이며, 시호는 忠節이다. 湖南 湘鄕 사람이다. 鄕塾에서 宋學을 가르치다가 태평천국의 난이 일어나자 이에 대항하여 鄕勇을 편성하였고, 이듬해 증국번 휘하에서 湘勇의 中營을 지휘하였다. 武昌・湖北・江西 등지에서 싸우다가 호북에서 전사하였다. 저서로 ≪羅忠節公遺集≫이 있다.

## 13. 胡潤之에게 답한 편지　復胡潤之書*

* 胡潤之는 胡林翼(1812~1861)을 말한다. 호임익은 湖南 益陽 사람으로, 자는 貺生이고, 호는 潤之이며, 시호는 文忠이다. 道光 16년(1836)에 進士가 되었다. 이 편지에서 증국번이 호임익이 강포한 자들을 제거하는 일에 있는 힘을 다 쓰고 있다고 한 것은, 그가 咸豐 4년(1854) 道員으로 발탁되어 鄕勇을 이끌고 太平天國軍을 공격한 일을 말한 것이다.

얼마 전 손수 보내주신 편지를 받아보매 외람되이 후한 賻儀를 받았으니, 불효자를 위로하고 돌보아주시는 것이 매우 세심하고도 정성스러우십니다. 저는 7월 25일(咸豐 2년(1852))에 安徽 太湖縣을 지나는 도중에 어머니께서 돌아가셨다는 소식을 듣고, 스스로 생각하기를 평소의 거만한 마음과 교만한 기질과 남모르는 죄악과 헛된 명성이 神의 꾸짖음을 부르기에 마땅하거늘 도리어 내 몸에 재앙을 내리지 않고 내 어머니께 화가 미쳤으니, 더욱 마음속으로 자책하여 그지없이 뉘우치고 한탄하였습니다.

**頃奉手示**에 **辱承厚賻**하니 **所以存卹不孝**가 **甚周且摯**라 **國藩**은 **以七月二十五**로 **在安徽太湖縣途次聞先慈大故**하고 **自維平日亢心慉氣**와 **隱慝虛名**이 **宜干神譴**이어늘 **乃不降災我躬**하고 **而延禍吾母**하니 **尤用內疚**하여 **悔憾無窮**이라

그때 長沙가 포위되어 있었기에 허둥지둥 달려 사잇길로 가서 8월 23일에 집에 도착하여 9월 중순에 어머니를 居室 뒷산에 임시로 장사 지내고는 좋은 땅을 따로 찾아서 보잘것없는 정성을 조금이나마 다하겠다고 생각하고 있었습니다. 그런데 선달 13일에 갑자기 幫辦團練의 명을 받들고[1] 또 武昌[2]이 함락되었다는 소식을

1) 幫辦團練의……받들고 : '幫辦'은 어떤 일을 주관하는 사람을 보좌하여 일을 처리하는 것을 뜻한다. '團練'은 鄕兵을 가리킨다. 당시 증국번을 幫辦團練大臣으로 삼아 湖南의 단련을 조직하게 하였다.
2) 武昌 : 현재의 중국 湖北省 武漢市 武昌이다.

들었으니, 의리상 감히 몸을 숨기고 私情을 돌아봄으로써 물러나 움츠린 채 죽음을 두려워하는 자들이 하는 짓과 스스로 비슷하게 할 수는 없었습니다.

그리하여 마침내 21일에 省都로 달려와서 날마다 張石卿 中丞[3], 江岷樵[4], 左季高[5] 세 君子와 감개하여 깊이 담론하면서, 산을 짊어지고 河水를 치달리듯[6] 막중한 임무를 자임하여 우리 고을의 수척한 백성들을 만에 하나라도 구제하고자 생각하였습니다. 함께 진작하여 서로 면려하지 않는 날이 하루도 없고, 또한 台端[7]의 뛰어난 재주와 웅대한 포부가 오늘날의 滔滔한 세상을 구제할 수 있다고 거듭 일컫지 않는 날이 하루도 없거늘, 회합함으로써 병란이 끝난 뒤의 고향에 대한 지나친 근심을 함께 풀지 못하는 것이 한스럽습니다.

正月 4일에 石翁(張亮基)이 갑자기 兩湖(湖北과 湖南)의 임시 총독을 맡으라는 명을 받았으니[8] 성도의 시국의 형세가 이 때문에 조금 변하였습니다.

**時**에 **以長沙被圍**라 **匍匐間行**하여 **於八月二十三抵家**하여 **卽以九月中旬**으로 **權厝先慈於居室後山**하고 **尙思另尋善地**하여 **稍竭微忱**이러니 **臘月十三**에 **忽奉幫辦團練之命**하고 **又聞武昌淪陷之信**하니 **義不敢潛身顧私**하여 **以自隣於退縮畏死者之所爲**라 **遂於二十一日馳赴省垣**하여 **日與張石卿中丞江岷樵左季高三君子感慨深談**하여 **思欲負山馳河**하여 **拯吾鄕枯瘠於萬一**하니 **蓋無日不共以振刷相勖**이요 **亦無日不屢稱台**(태)**端鴻才偉抱**가 **足以救今日之滔滔**어늘 **而恨不得會**

3) 張石卿 中丞 : 張亮基(1807~1871)이다. 장양기는 자가 采臣이고, 호가 石卿이며, 江蘇 徐州 사람이다. 道光 14년(1834)에 擧人이 되어 內閣 中書에 발탁된 이래 雲南按察使, 雲南巡撫 등을 역임하였다. 咸豐 2년(1852)에는 湖南巡撫에 조용되어 태평천국군을 진압하는 데 참여하였다. 中丞은 明淸 때에 巡撫를 일컫는 말로 쓰였다.

4) 江岷樵 : 江忠源(1812~1854)이다. 강충원은 자가 岷樵・常孺이고, 시호는 忠烈이다. 湖南 新寧 사람이다. 道光 17년(1837)에 擧人이 되었다. 태평천국의 난이 일어났을 때 의용군을 조직하여 湖南・江西・安徽 등지에서 戰功을 세웠으나 廬州 전투에서 패배하여 자결하였다.

5) 左季高 : 左宗棠(1812~1885)이다. 좌종당은 자가 季高이고, 시호는 文襄이다. 湖南 湘陰 사람이다. 道光 12년(1832)에 擧人이 되었다. 태평천국의 난이 일어났을 때 湖南巡撫의 막료로서 진압에 참여하였고, 증국번의 湘軍에 가담하여 공을 세웠으며, 浙江巡撫가 되어 절강을 수복하였다. 이후 捻軍, 이슬람교도의 난, 위구르족의 난 또한 진압하였으나, 청-프랑스 전쟁에서 패배하고 병사하였다. 저서로 ≪左文襄公全集≫이 있다.

6) 산을……치달리듯 : 미미한 역량으로 중임을 감당하는 것을 비유하는 말이다. ≪莊子≫ 〈秋水〉에 "모기에게 산을 지게 하고 노래기에게 하수를 치달리게 한다면 반드시 책임을 감당하지 못할 것이다.〔使蚊負山 商蚷馳河 必不勝任矣〕"라는 말이 보인다.

7) 台端 : 상대방을 가리키는 敬稱이다.

8) 正月……받았으니 : 1852년 12월에 張亮基에게 湖廣總督을 署理하라는 명이 있었다.(≪淸實錄≫ 咸豐 2년 12월 26일)

合하여 以拚紓桑梓兵後之餘慮라 正月四日에 石翁忽有權督兩湖之命하니 會垣局勢가 爲之小變이라

오늘날의 위급함은 土匪를 깨끗이 없애면 실효를 거둘 수 있을 것입니다. 그런데 3, 40년 이래 일종의 분위기는, 흉악하고 완고한 무리를 대개 너그럽게 용서하여 죽이지 않는 것으로 대우하면서 '寬厚하면 복을 받는다'라고 스스로 생각하고 萬事가 알 수 없는 가운데로 무너져 점점 오늘날의 流寇를 빚어낸 줄은 알지 못하니, 어찌 다시 어리석고 유약하게 너그러이 내버려두어 다시 쥐새끼 같은 무리들이 벌 떼처럼 일어나게 할 수 있겠습니까.

듣기로 태단께서 강포한 자들을 제거하는 일에 있는 힘을 다 쓰고 계신다고 하니, 비루한 제 마음은 이를 취하여 도낏자루를 베는 법칙으로 삼고자 합니다.[9] 혹여 기꺼이 나에게 方略을 전수하여 이미 이루어놓은 방법을 때때로 알려준다면 실로 매우 다행이겠습니다.

今日之急은 廓淸土匪면 可收實效어늘 三四十年來에 一種風氣는 凡凶頑醜類를 槪優容而待以不死하여 自謂寬厚載福하고 而不知萬事墮壞於冥昧之中하여 浸漬以釀今日之流寇하니 豈復可闒弱寬縱하여 又令鼠子鋒起리오 聞台端剗除强暴에 不遺餘力이라하니 鄙懷欲取爲伐柯之則(칙)이라 儻肯授我方略하여 時示成法이면 實爲厚幸이리라

9) 도낏자루를……합니다 : 타인에게서 본보기를 취하는 것을 비유하는 말이다. 《詩經》 〈豳風 伐柯〉에, "도낏자루를 벰이여 도낏자루를 벰이여, 그 법칙이 멀지 않네.〔伐柯伐柯 其則不遠〕"라고 한 것을 인용한 것이다. 본디 이 구절은 도낏자루를 잡고서 도낏자루로 쓸 나무를 베는 사람이 자기 손에 쥔 도낏자루를 보고 새로 만들 도낏자루의 크기와 길이를 알 수 있다는 뜻이다.

# 14. 黃恕皆 侍郎에게 답한 편지　復黃恕皆侍郎書*

* 黃恕皆 侍郎은 黃倬(?~1885)을 말한다. 황탁은 자가 恕皆이며 湖南 善化 사람이다. 道光 20년(1840)에 進士가 되었으며, 翰林院編修・四川學政・兵部左侍郎・工部左侍郎・吏部左侍郎 등을 역임하였다. 이 편지에서 증국번은 將帥가 삼가야 하는 세 가지 금기를 말하면서, 자신이 대한 탄핵이 거듭 이어지는 상황에 대해 두려움을 표하고 있다.

보내온 편지의 내용 중에 佩蘅 兄[1)]께서 제가 사는 고을은 참으로 〈재능을〉 펼칠 만한 곳이니 사람들의 말에 흔들리지 말라고 하신 말씀을 언급하셨으니, 우러러 관심과 애정을 입게 되어 대단히 감사합니다.

제가 보건대 예로부터 내려온 신하의 도리는, 무릇 群臣百官이 모두 임금의 덕을 바로잡아 부지하여 직언하고 極諫할 수 있는데 오직 將帥만은 직언하고 극간할 수 없는 것은 그것이 鬻拳[2)]에 가깝기 때문입니다. 무릇 군신백관이 모두 權奸을 탄핵하고 공격하여 임금 곁에 있는 惡을 제거할 수 있는데 오직 장수만은 임금 곁에 있는 악을 제거할 수 없는 것은 그것이 王敦[3)]에 가깝기 때문입니다. 무릇 군신백관이 모두 제 뜻을 고집하여 독자적으로 행동하면서 사람들의 말을 돌아보지 않을 수 있는데 오직 장수만은 사람들의 말을 돌아보지 않을 수 없는 것은 그것이 諸葛恪[4)]에 가깝기 때문입니다. 兵權을 잡은 자가 이 세 가지 금기를 범하면 모두

1) 佩蘅 兄 : 寶鋆(1807~1891)을 말한다. 滿洲 鑲白旗 사람으로, 성은 索綽絡氏이며, 패형은 그의 자이다. 內閣學士・禮部右侍郎・總管內務府・軍機大臣 등을 역임하였다.

2) 鬻拳 : 춘추시대 楚나라 사람이다. 초나라 임금이 자신의 간언을 따르지 않자 임금을 무기로 위협하여 따르게 하였다.(≪春秋左氏傳≫ 莊公 19년≫)

3) 王敦 : 東晉 사람으로 元帝 때 鎭東大將軍이 되었는데 功을 믿고 권세를 專斷하였다. 원제의 측근인 劉隗와 刁協을 죽이겠다는 핑계로 武昌에서 반란을 일으켰다.(≪晉書≫ 권98 〈王敦傳〉)

4) 諸葛恪 : 삼국시대 吳나라 琅琊郡 사람으로, 자는 元遜이며, 오나라의 중신 諸葛瑾의 장남이다. 오나라의 2대 황제인 孫亮의 섭정이었다. 군대를 피로하게 한다는 여러 대신의 반대에도 아랑곳하지 않고 지나치게 자주 출병하였으며, 老將인 呂岱가 매사에 열 번 생각하라고 충언하였을 때에도 받아들이지 않는 등 자신을 과시하고 남의 말을 무시하다가 결국 주살되었다.(≪三國志≫ 〈吳書 諸葛恪傳〉)

자기 나라에 해를 끼치고 자기 집안을 흉하게 합니다.

承來示에 述及佩衡兄言敝處儘可施展이니 勿爲人言所撓하니 仰荷關垂에 感甚感甚하노라 竊觀古來臣道는 凡臣工皆可匡扶主德하여 直言極諫이로되 惟將帥不可直言極諫은 以其近於鬻(육)拳也요 凡臣工皆可彈擊權奸하여 除惡君側이로되 惟將帥不可除惡君側은 以其近於王敦也요 凡臣工皆可壹意孤行하여 不恤人言이로되 惟將帥不可不恤人言은 以其近於諸葛恪也니 握兵權者가 犯此三忌하면 類皆害於爾國하고 凶於爾家라

그러므로 저는 경신년(1860)에 외람되이 兵符를 찬 이래로 밤낮으로 공경하고 두려워하면서 사람들의 말을 가장 두려워하였으니, 예전에 제 마음대로 곧장 행동하던 옛 모습과는 전혀 달라졌습니다.

요사이 朱氏, 盧氏, 穆氏 등이 교대로 疏章을 올려 탄핵하고, 아직 받들어 올려 열람되지 못한 것들이 또 얼마나 되는지 모르니, 더욱 꿈에서도 떨면서 불측한 죄에 걸릴까 두렵습니다. 대개 公論의 시비와 조정의 상벌은 으레 사람들의 말을 따라 변해가니 비록 내 마음이 모두 흔들리지는 않더라도 또한 감히 소홀히 볼 수는 없습니다.

故로 弟自庚申忝綰兵符以來로 夙夜祗懼하여 最畏人言하니 迥非昔年直情徑行之故態라 近有朱盧穆等交章彈劾하고 其未奉發閱者가 又復不知凡幾하니 尤覺夢魂悚惕하여 懼罹不測之咎라 蓋公論之是非와 朝廷之賞罰은 例隨人言爲轉移하니 雖方寸不盡爲所撓나 然이나 亦未敢忽視也라

國朝에 翰林 출신으로서 諡號에 '文' 자가 없는 사람이 5인이니, 보여주기를 삼가 바랍니다. 鏡丈(唐鑑)의 行狀은 營中에서 우연히 잃어버렸는데 얼마 전 長沙에 편지를 보내 찾고 있으니 내년 봄에는 원고를 쓸 수 있을 것입니다. 다만 학술이 거칠고 비루하여 道가 있는 이를 드러내는 데에 부족할 따름입니다.

國朝由翰林起家而諡無文者五人이니 敬求見示라 鏡丈行述은 營中偶爾失之어늘 頃寄信至長沙尋求하니 明春當可擬稿로되 特學術荒陋하여 不足表章有道耳라

# 15. 劉霞仙 中丞에게 답한 편지 復劉霞仙中丞書*

* 劉蓉의 편지와 〈繹禮堂記〉를 읽은 소회를 밝힌 答書이다. 이 글에서 증국번은 유용의 禮學과 문장을 칭찬하면서, 禮經의 미비점을 보완한 저술을 편찬하도록 당부한 한편, 문장의 측면에서는 道와 文이 모두 지극한 성현을 본받으라고 조언하였다. 中丞은 漢나라 때 御史大夫 아래에 있었던 관직으로, 明淸 때에는 巡撫의 別稱으로 쓰였다.

12월 초에 8월 26일에 보내온 편지와 〈繹禮堂記〉를 받아보고서 삼가 起居가 평안하시며 부지런히 학문에 힘쓰고 게을리하시지 않음을 알았습니다. 거주하는 곳이 蓬萊山 속에 있는 듯하고 몸을 둔 것이 周나라와 秦나라 이전인 듯하니, 담박하여 욕심이 적고 사물을 보는 것이 투철하여 希聲[1]을 玩味하고 先賢을 벗 삼은 이가 아니라면 아마도 이것을 말할 수 없었을 것입니다.

三禮[2]를 연구하여 先王이 세상을 다스리고 만물을 주재한 근본을 환히 꿰뚫고 義理의 근원에 통달하여 마침내 撰述한 바를 두어 후세 사람들의 어리석음을 깨우치고자 하시니, 매우 훌륭하고 매우 훌륭합니다. 欽仰하는 마음이 어찌 끝이 있겠습니까.

**十二月初**에 **接八月二十六日惠書**와 **及繹禮堂記**하고 **敬悉興居康勝勤學不倦**이라 **所居疑在蓬島之間**하며 **置身若在周秦以前**하니 **非泊然寡營**하고 **觀物深窈**하여 **玩希聲而友前哲**이면 **殆未足語於此**라 **學究三禮**하여 **洞澈先王經世宰物之本**하고 **達於義理之原**하여 **遂欲有所撰述**하여 **以覺後世之昏昏**하니 **甚盛甚盛**이라 **欽企何窮**이리오

저는 禮經(≪儀禮≫)에 대해서도 일찍이 그 울타리를 대강 섭렵하였으나 官事가

1) 希聲 : 보통 사람은 귀로 듣지 못하는 위대한 음악으로, ≪老子≫의 "큰 음악은 소리가 들리지 않는다.〔大音希聲〕"라는 구절에서 온 말이다. 여기서는 淸淨無爲의 道를 뜻한다.

2) 三禮 : ≪周禮≫, ≪儀禮≫, ≪禮記≫를 가리킨다.

번다하여 공부를 마칠 수 없었습니다. 이런 까닭에 〈소견이〉 막혀 알지 못하는 것이 대략 몇 가지 있습니다.

대개 禮는 祭祀보다 중요한 것이 없고 제사는 郊祀와 廟祭보다 큰 것이 없거늘, 郊祀에서 祼地하고 獻酌하는 절차[3]와 宗廟에서 時享[4]하는 儀節은 그 전승을 잃은 지 오래입니다. 비록 후세 학자들의 정성스러운 수정 보완을 거쳤으나 疏漏하여 완전하지 못하니, 〈特牲饋食〉·〈少牢饋食〉[5] 두 편과 비교하면 상세하고 소략하기가 현저히 다르기에 천자와 제후가 큰 제사에서 엄숙함을 극진히 한 법을 엿볼 길이 없습니다.

**國藩於禮經**에 **亦嘗粗涉其藩**이로되 **官事繁冗**에 **莫竟其業**이라 **所以沮滯而不達者**가 **約有數端**이라 **蓋禮莫重於祭**요 **祭莫大於郊廟**어늘 **而郊(祝)〔祀〕**[6]**祼獻之節**과 **宗廟時享之儀**가 **久失其傳**이라 **雖經後儒殷勤修補**나 **而疏漏不完**하니 **較之特牲少牢饋食兩篇**에 **詳略迥殊**일새 **無由窺見天子諸侯大祭致嚴之典**이라

軍禮는 이미 五禮[7] 가운데 하나에 해당하니, 저는 戚元敬 氏가 기재한 각종 號令[8]이 伍·兩·卒·旅[9]로 하여금 등급이 있어 〈다른 편제 단위를〉 범하지 못하게 하고 坐·作·進·退[10]에 〈호령을〉 따르고 거스르지 못하게 한 것처럼 반드시 독립된 篇과 細目을 두어야 한다고 생각합니다.

지금 ≪儀禮≫ 17편 가운데 오직 軍禮가 없는데, 江永 氏와 秦蕙田 氏가 편집한 것[11]은 겨우 兵制·田獵·車戰·舟師·馬政과 같은 부류를 군례에 해당시켜 先王

---

3) 郊祀에서……절차 : 郊祀는 고대에 천자가 수도 밖 교외에서 하늘과 땅에 지낸 제사이다. 祼地는 降神을 위해 잔에 술을 따라 땅에 붓는 절차이고, 獻酌은 잔에 술을 따라 神에게 올리는 절차이다.

4) 時享 : 종묘에서 계절마다 한 차례 제사를 지내는 것을 말한다.

5) 特牲饋食·少牢饋食 : ≪儀禮≫의 〈特牲饋食禮〉와 〈少牢饋食禮〉를 가리킨다.

6) (祝)〔祀〕 : 저본에는 '祝'로 되어 있으나, ≪曾文正公書札≫에 의거하여 '祀'로 바로잡았다.

7) 五禮 : 국가에서 거행하는 다섯 가지 큰 의례인 吉禮, 凶禮, 軍禮, 賓禮, 嘉禮를 가리킨다.

8) 戚元敬……號令 : 戚元敬은 明末의 장수인 戚繼光(1528~1588)을 이른다. 元敬은 척계광의 字이다. 척계광은 ≪紀效新書≫, ≪練兵實紀≫ 등의 兵書를 저술하여 操鍊法, 陣法, 戰術, 號令 등을 체계적으로 정리하였다.

9) 伍……旅 : 군대의 편제 단위로, 5人이 伍, 5오가 兩, 5량이 卒, 5졸이 旅이다.

10) 坐……退 : 군사를 훈련할 때 앉고 일어서고 앞으로 나아가고 뒤로 물러나는 등의 일체 행동을 말한다.

11) 江永……것 : 江永(1681~1762)은 평생 벼슬하지 않고 연구에 전심한 淸나라의 학자로, 朱

의 行軍禮를 찾아볼 실마리가 없게 되고 말았습니다. 국가의 大事는 제사와 전쟁에 있는데[12] 古禮가 이와 같이 온전치 못하다면 다른 것을 아무리 상세히 고찰할 수 있다 하더라도 또한 어찌 만물을 경륜할 수 있겠습니까.

**軍禮旣居五禮之一**하니 **吾意必有專篇細目**을 **如戚元敬氏所紀各號令者**가 **使伍兩卒旅**로 **有等而不(下)〔干〕**[13]하며 **坐作進退**에 **率**(솔)**循而不越**이라 **今十七篇**에 **獨無軍禮**어늘 **而江氏永秦氏蕙田所輯**은 **乃僅以兵制田獵車戰舟師馬政等類**로 **當之**하여 **使先王行軍之禮**로 **無緖可尋**이라 **國之大事**가 **在祀與戎**이어늘 **而古禮殘闕若此**면 **則其他**를 **雖可詳考**라도 **又奚足以經綸萬物**이리오

先賢이 백성을 교화하고 좋은 풍속을 이룬 방도는 禮와 樂을 모두 중시한 것인데, 公卿大夫의 子弟에 대한 교육에서는 樂을 오로지 정밀하게 합니다. 지극한 樂은 능히 봉황이 날아와 춤추게 하고 百獸가 다 함께 춤추게 하는지라[14] 후세의 聖人이 천 년 뒤에 듣고 고기 맛을 잊었으니,[15] 성인의 典章制度를 엿보고자 한다면 어찌 음악을 강론하지 않은 채 내버려둘 수 있겠습니까.

저는 律呂와 樂舞에 대하여 전혀 아는 바가 없고, 曆法과 算術에 관한 학문으로서 악기를 만들고 音調를 살피는 데 관련이 있는 것도 일생 동안 미처 탐구하지 못했으니, 늙고 우둔하여 聞見이 없는지라 이 때문에 몹시 부끄럽습니다. 古樂을 講明하지 않아 끝내 古禮를 연구하지 못하는 것은 저의 사사로운 유감이고, 郊祀와 廟祭의 祭儀 및 軍禮 등이 온전치 않아 징험할 곳이 없는 것은 千古의 공적인 유감이니, 이는 모두 스스로 〈소견이〉 막혀 다 알지 못하는 까닭입니다.

**前哲化民成俗之道**는 **禮樂竝重**이로되 **而國子之敎**에 **樂乃專精**이라 **樂之至者**는 **能使鳳儀獸舞**라 **後聖千載聞之**에 **忘味**하니 **欲窺聖神制作**인댄 **豈能置聲樂於不講**이리오 **國藩**은 **於律呂樂**

---

熹의 ≪儀禮經傳通解≫를 보완한 ≪禮經綱目≫을 남겼다. 秦蕙田(1702~1764)은 經術과 篤行으로 이름이 있었던 청나라의 관리이자 학자로, 徐乾學의 ≪讀禮通考≫를 계승한 ≪五禮通考≫를 남겼다.

12) 국가의……있는데 : ≪春秋左氏傳≫ 成公 13년 조에 이 말이 보인다.

13) (下)〔干〕: 저본에는 '下'로 되어 있으나, ≪曾文正公書札≫에 의거하여 '干'으로 바로잡았다.

14) 지극한……하는지라 : 舜임금의 음악인 簫韶를 아홉 번 연주하자 봉황이 날아와 춤을 추었고, 순임금의 樂官인 夔가 경쇠를 치자 百獸가 다 함께 춤을 추었다는 말이 ≪書經≫ 〈虞書 益稷〉에 보인다.

15) 후세의……잊었으니 : 孔子가 齊나라에서 舜임금의 음악인 韶樂을 듣고 감탄하여 소악을 배우는 석 달 동안 고기 맛을 잊었다는 말이 ≪論語≫ 〈述而〉에 보인다.

舞에 茫無所解요 而歷算之學이 有關於製器審音者도 亦終身未及問津하니 老鈍無聞이라 用爲深恥로라 夫不明古樂하여 終不能硏究古禮는 國藩之私憾也요 郊廟祭儀及軍禮等이 殘闕無徵은 千古之公憾也니 是皆用以自沮而不達者也라

賢人과 豪傑을 귀하게 여기는 것은 이미 이루어진 법을 널리 상고할 뿐만 아니라 또한 장차 자신이 만난 시대와 살아가는 풍속에 따라서 법규와 제도를 새로이 만들어 변화에 따라 裁制하고 변통하여 三代에 禮를 만든 취지를 잃지 않게 하기 때문이니, 보내온 편지의 "진실로 中道에 맞다면 어찌 꼭 古人이어야 하겠는가."라는 말씀이 이러한 경우입니다.

그러나 時俗에는 쉽게 변하지 않는 것도 있습니다. 옛날에는 제사를 지낼 때 반드시 主婦를 두고 聘禮와 饗禮도 夫人에게 미쳤으니, 진실로 宮室에서 화목한지라 이에 사당에서 엄숙하고[16] 配匹에게 순후하게 공경하는 덕이 있어야 비로소 신령을 받들고 萬事 萬物을 다스릴 수 있기 때문이니, 이른바 〈關雎〉와 〈麟趾〉의 精深한 뜻이 있은 뒤에야 周官의 법도를 행할 수 있다는 것[17]입니다.

陽侯가 繆侯를 살해하고서부터 大饗에 부인이 참여하는 예가 폐지되었으니,[18] 후세에 만약 주부로 제사를 받들게 하면 세속을 놀라게 하여 〈세상 사람들이〉 오랑캐의 땅이 되었다고 헐뜯습니다만, 전적으로 바뀐 제도[19]를 시행한다면 또한 〈采蘩〉·〈采蘋〉[20]과 같은 시들의 精深한 뜻과 서로 어긋납니다.

所貴乎賢豪者는 非直博稽成憲而已라 亦將因其所値之時所居之俗하여 而創立規制하여 化

16) 宮室에서……엄숙하고 : ≪詩經≫ 〈大雅 思齊〉에 "宮室에 계실 때 화목하였고, 宗廟에 계실 때 엄숙하였다.〔雝雝在宮 肅肅在廟〕"라고 하였는데, 閨房에서는 지극히 화목하고 종묘에서는 지극히 엄숙하였던 文王의 盛德을 찬미한 구절이다.

17) 關雎와……것 : ≪近思錄≫ 〈治體〉에 보이는 程顥의 말을 가져온 것이다. 〈關雎〉와 〈麟趾〉는 ≪詩經≫ 〈周南〉의 편명으로, 〈관저〉는 文王과 后妃의 盛德을 찬미한 시이고, 〈인지〉는 후비의 성품이 인자하여 그 자손 또한 厚德함을 찬미한 내용이다. 가정이 和樂하고 가정에서부터 교화가 흘러넘쳐야 비로소 ≪周禮≫에 실려 있는 여러 법과 제도를 시행할 수 있다는 말인데, 여기서는 夫人도 제사에 참여하였던 古禮를 긍정하려는 취지에서 인용되었다.

18) 陽侯가……폐지되었으니 : ≪禮記≫ 〈坊記〉에 "陽侯가 오히려 繆侯를 죽이고 그 부인을 훔치므로 大饗에 부인이 참여하는 禮가 폐지되었다.〔陽侯猶殺繆侯而竊其夫人 故大饗廢夫人之〕"라는 공자의 말이 보인다.

19) 바뀐 제도 : 祭禮에 夫人의 참여를 배제하는 것을 말한다.

20) 采蘩采蘋 : ≪詩經≫ 〈召南〉의 두 편명으로, 蘩과 蘋을 뜯어서 정결하게 제사를 받드는 부인의 모습을 읊은 시이다.

裁通變하여 使不失乎三代制禮之意하니 來書所謂苟協於中이면 何必古人이 是也라 然이나 時俗亦有未易(이)變者하니 古者에 祭祀必有主婦하고 聘饗亦及夫人하니 誠以在宮雍雍이라 斯在廟肅肅이요 妃匹有篤恭之德이라야 乃足以奉神靈而理萬化일새니 所謂有關雎麟趾之精意而後라야 可行周官之法度也라 自陽侯殺繆侯로 而大饗廢夫人之禮하니 後世에 若以主婦承祭하면 則驚世駭俗에 譏爲異域이나 然全行變革이면 則又與采蘩采蘋諸詩之精義로 相悖라

옛날의 宮室은 후세와 다르거늘 禮를 논하는 학자들은 ≪明史≫에 기재된 品官과 冠禮가 ≪儀禮≫와 거의 다 합치하는 경우와 같이 반드시 후대의 儀節을 억지로 가져다 古人의 宮室 제도에 꿰맞추고자 하고, 동쪽 방 서쪽 창이니, 방 안 戶의 동쪽이니, 坫이니[21] 하는 것은, 明代에는 이미 이러한 궁실이 없었다는 것을 알지 못합니다.

그러나 ≪의례≫의 법을 조금이라도 본받으려 하면 堂庭이 비좁고 누추하여 반드시 〈옛 법과〉 어긋나 거행하기 어려운 점이 있게 마련이니, 진실로 배우기를 좋아하고 깊이 생각하는 선비를 얻어 옛 제도에 구애되지 않고 시속의 기호를 가벼이 따르지도 않아서 심오한 이치를 찾아서 간이한 제도를 만든다면 장차 반드시 釋然히 사람들의 마음에 꼭 맞는 점이 있을 것입니다.

古之宮室은 與後世異어늘 議禮之家는 必欲强後代之儀節하여 就古人之室制하여 如明史載品官冠禮가 幾與儀禮悉合이요 不知曰東房西牖曰房內戶東曰坫은 明世已無此宮室也라 然이나 稍師儀禮之法이면 則堂庭淺陋하여 必有齟齬而難行者하나니 誠得好學深思之士하여 不泥古制하고 亦不輕徇俗好하여 索之幽深而成之易(이)簡이면 將必犁然有當於人心이라

저는 婚·喪·祭의 세 가지 禮에 대하여 또한 涑水(司馬光)의 ≪書儀≫와 紫陽(朱熹)의 ≪家禮≫를 損益하여 한 편의 책을 纂訂하여 宗族과 鄕黨이 거행하고 익힐 본보기로 삼게 할 것을 자못 생각하였는데, 관직을 수행하느라 여가가 적어 古禮와 時俗의 中道를 참작하지 못하여 결국 느긋하게 만들지 못했으니, 이 또한 스스로 〈소견이〉 막혀 다 알지 못한 한 가지입니다.

閣下께서는 山居에서 고요히 지내시는 중에 장차 ≪禮經發微≫와 ≪禮經或問≫

21) 동쪽……坫이니 : 옛 廟堂의 제도이다. 이 중 坫은 祭需를 올려놓는 臺이다.

등의 책을 쓰심에 있어 어찌 먼저 이 세 가지 예를 취하여 巨篇을 著作하여 관원과 士庶人으로 하여금 널리 거행할 수 있게 하시지 않겠습니까. 오늘날의 冠服과 拜跪와 같은 常禮를 가지고 옛날의 仁義에 따라 등급을 두었던 정밀함에 모두 부합하게 하는 것은 어쩌면 또한 세상을 구제하는 이들이 종사할 바일 것입니다.

**國藩於昏喪祭三禮**에 **亦頗思損益涑**(속)**水書儀紫陽家禮**하여 **纂訂一編**하여 **以爲宗族鄕黨行習之本**이러니 **守官少暇**에 **不克斟酌禮俗之中**하여 **卒未能從容爲之**하니 **斯亦自沮而不達之一端也**라 **閣下山居靜篤**에 **將爲禮經發微及或問等書**에 **何不先取此三禮**하여 **撰著鴻篇**하여 **使品官士庶**로 **可以通行**가 **用今日冠服拜跪之常**하여 **而悉符古昔仁義等殺**(쇄)**之精**은 **儻亦淑世者所有事乎**인저

보내온 편지에 또 "문장은 歐陽公(歐陽脩) 같은 이들을 따라 그와 어깨를 나란히 하고자 하나 뜻과 바람은 이보다 더 큰 것이 있으니, 장차 결연히 〈문장을〉 버리거나 아니면 〈道와 문장을〉 둘 다 이롭게 여겨 모두 보존할 것입니다."라는 말로 비루한 저에게 물어서 取舍를 결정하려 하셨습니다.

제가 삼가 생각건대 道와 문장의 輕重에 대해서는 〈이론이〉 분분하여 定說이 없은 지 오래입니다. 朱子는 〈讀唐志〉에서 "구양공은 政事와 禮樂이 합하여 하나가 되지 않을 수 없다는 것만 알고 도덕과 문장이 더더욱 나뉘어 둘이 될 수 없다는 것은 몰랐다."라고 하였고, 韓公(韓愈)과 구양공이 道와 문장을 갈라서 두 가지로 만든 것을 비판할 때에는 언사가 매우 준엄하였습니다. 그러나 구양공은 〈送徐無黨南歸序〉에서 또한 몸을 닦고 일을 시행하고 말을 드러내는 것을 나누어 세 갈래 길로 삼았으니, 무릇 그가 몸을 닦는다고 말한 것은 곧 叔孫豹의 이른바 立德이고, 일을 시행하고 말을 드러낸다는 것은 곧 숙손표의 이른바 立功과 立言입니다.[22]

---

22) 구양공은……立言입니다 : 歐陽脩의 〈送徐無黨南歸序〉에 "그 聖賢이 되는 까닭은 몸을 닦아 〈德을 세우며〉 일을 시행하여 〈功을 세우며〉 훌륭한 말을 드러내어 〈후세에 남겨주기〉 때문이니, 이 세 가지가 不朽하여 오래도록 보존될 수 있는 이유이다.〔其所以爲聖賢者 修之於身 施之於事 見之於言 是三者 所以能不朽而存也〕"라고 하였는데, 여기서 '修之於身'은 立德을 가리키고, '施之於事'는 立功을 가리키며, '見之於言'은 立言을 가리킨다. ≪春秋左氏傳≫ 襄公 24년 조에 春秋時代 魯나라 대부 叔孫豹가 晉나라에 갔을 때에 范宣子가 오래되어도 불후한 것을 묻자, "가장 좋은 것은 덕을 세우는 것이고, 그다음은 공을 세우는 것이며, 그다음은 말을 남기는 것이다. 비록 오래되어도 없어지지 않으니, 이를 불후라고 한다.〔太上有立德 其次有立功 其次有立言 雖久不廢 此之謂不朽〕"라고 한 데서 온 말이다.

구양공의 뜻은 대개 德을 세운 이들을 깊이 흠모하여 功과 말은 족히 귀하게 여길 것이 못 된다고 낮추어 본 것이요, 또 이르기를 "한평생 부지런히 노력하여 文字에 마음을 다한 이들은 모두 슬퍼할 만하다."[23]라고 하였으니, 주자가 한공이 문장을 우선시하고 道를 뒤로한 것을 비판하고 永嘉의 학문[24]이 功業에 편중된 것을 비판한 것과 대개 앞뒤로 서로 부합하지 않은 적이 없습니다. 주자가 〈독당지〉를 지을 때 어찌 구양공의 〈송서무당남귀서〉의 말을 잊었겠습니까만, 어찌하여 이토록 병통으로 여긴 것입니까.

來書에 又以文章欲追歐陽公輩而與之竝이나 而志願은 有大於此者하니 將決然而棄去어나 抑兩利而俱存으로 就鄙人而卜取舍하니 國藩竊維道與文之輕重은 紛紜無有定說이 久矣라 朱子讀唐志에 謂歐陽公은 但知政事與禮樂이 不可不合而爲一하고 而不知道德與文章이 尤不可分而爲二라하고 其譏韓歐裂道與文하여 以爲兩物에 措辭甚峻이나 而歐陽公送徐無黨序에 亦(有)〔以〕[25]修之於身施之於事見(현)之於言으로 分爲三途하니 夫其云修之身者는 卽叔孫豹所謂立德也요 施之事見之言者는 卽豹所謂立功立言也라 歐公之意는 蓋深(憎)〔慕〕[26]立德之徒하여 而鄙功與言爲不足貴요 且謂勤一世以盡心於文字者는 皆爲可悲라하니 與朱子譏韓公先文後道하고 譏永嘉之學偏重事功으로 蓋未嘗不先後相符라 朱子作讀唐志時에 豈忘歐公送徐無黨之說이리오마는 奚病之若是哉아

어리석은 저는 다음과 같이 생각합니다.

功業의 성취 여부는 人力이 열에 셋을 차지하고 天命이 일곱을 차지하니, 진실로 천명이 없다면 비록 大聖이 일생토록 안절부절못하여도 세상에 도움 되는 것이 없을 것이요, 문장의 성취 여부는 학문이 열에 셋을 차지하고 타고난 자질이 일곱을 차지하니, 타고난 자질의 淸濁과 厚薄은 또한 命입니다. 前代에 문장을 좋아한 선비는 억으로 헤아릴 수 없을 정도로 많지만 성취한 자는 백 명 중 한 명이고 〈후세에〉 전해진 자는 천 명 중 한 명이니 저들에게 각각 명이 있는 것입니다.

---

23) 한평생……만하다 : 歐陽脩의 〈送徐無黨南歸序〉에 나오는 말이다.

24) 永嘉의 학문 : 南宋 때 永嘉(지금의 浙江省) 사람인 薛季宣, 陳傅良, 葉適(섭적) 등이 중심이 되어, 心性을 宗主로 한 朱熹와 陸九淵 등의 心學에 반대하여 經世와 事功의 가치를 더욱 중시한 理學의 한 조류이다.

25) (有)〔以〕: 저본에는 '有'로 되어 있으나, ≪曾文正公書札≫에 의거하여 '以'로 바로잡았다.

26) (憎)〔慕〕: 저본에는 '憎'으로 되어 있으나, ≪曾文正公書札≫에 의거하여 '慕'로 바로잡았다.

孔子는 斯文이 장차 망할지 망하지 않을지를 천명에 돌렸고,[27] 또 公伯寮로 인하여 道가 행해지고 폐해지는 것은 命에 달렸다고 하였으며,[28] 孟子 또한 성인이 天道를 행하는 것을 命에 돌렸으니,[29] 그렇다면 문장이 흥하고 쇠하는 것과 道가 능히 행해지고 밝아지는 데에는 모두 命이 그 사이에 있는 것입니다.

命이라는 것은 하늘이 주재하니 내가 어찌할 수 없는 바요, 학문이라는 것은 사람의 마음이 주관하니 내가 스스로 노력할 수 있는 바입니다. 周公 이하는 공자와 맹자만이 道와 문장이 모두 지극하였으니, 우리들이 공자와 맹자를 본받고자 한다면 진실로 장차 그 道와 문장을 취하여 모두 배워야 할지니, 혹 道는 체득하였는데 문장이 昌盛하지 않거나 문장은 능한데 도가 이루어지지 못하는 것은 각기 성품이 가까운 바를 볼 뿐입니다.

만약 타고난 자질이 진실로 더불어 문장을 말하기에 부족하다면 그만이지만, 閣下께서는 이미 古人의 경지에 오를 수 있다고 스스로 헤아리시니, 또 어찌 이를 버리고 달리 구하려 하십니까. 오로지 道德에 힘쓰면 문장이 장차 기약하지 않아도 절로 공교해진다고 말씀하신 것의 경우, 이는 혹 上哲은 그러한 경우가 있겠으나 또한 과연 확실한 의론이 된다고 기필할 수는 없을 듯합니다.

**國藩之愚**는 **以爲事功之成否**는 **人力居其三**하고 **天命居其七**하니 **苟爲無命**이면 **雖大聖畢生皇皇**이라도 **而無濟於世**요 **文章之成否**는 **學問居其三**하고 **天質居其七**하니 **秉質之淸濁厚薄**은 **亦命也**라 **前世好文之士**는 **不可億計**로되 **成者百一**이요 **傳者千一**이니 **彼各有命焉**이라 **孔子以斯文之將喪未喪**으로 **歸之天命**하고 **又因公伯寮**하여 **而謂道之行廢由命**이라하고 **孟子亦以聖人之於天道**로 **歸之於命**하니 **然則文之興衰**와 **道之能行能明**은 **皆有命焉存乎其間**이라 **命也者**는 **彼蒼尸之**하니 **吾之所無如何者也**요 **學也者**는 **人心主之**하니 **吾之所能自勉者也**라 **自周公以下**는 **惟**

27) 孔子는……돌렸고 : 孔子가 匡 땅에서 위협을 받을 때 "하늘이 장차 斯文을 없애려 하신다면 後死者가 사문에 참여할 수 없겠지만, 하늘이 사문을 없애려 하지 않으시니 광 땅 사람이 나를 어찌하겠느냐.〔天之將喪斯文也 後死者不得與於斯文也 天之未喪斯文也 匡人其如予何〕"라고 하였다.(≪論語≫ 〈子罕〉)

28) 또……하였으며 : 公伯寮가 季孫에게 子路를 참소하는 것을 보고 子服景伯이 분노하자, 孔子가 풀어주며 "道가 장차 행해지는 것도 命이며 도가 장차 폐해지는 것도 명이다.〔道之將行也與 命也 道之將廢也與 命也〕"라고 하였다.(≪論語≫ 〈憲問〉)

29) 孟子……돌렸으니 : ≪孟子≫ 〈盡心 下〉에 "仁이 부자에 있어서와 義가 군신에 있어서와 禮가 賓主에 있어서와 智가 賢者에 있어서와 聖人이 天道에 있어서는 命이나, 性이 있기 때문에 君子는 명이라 이르지 않는다.〔仁之於父子也 義之於君臣也 禮之於賓主也 智之於賢者也 聖人之於天道也 命也 有性焉 君子不謂命也〕"라고 하였다.

孔孟이 道與文俱至하니 吾輩欲法孔孟인댄 固將取其道與文하여 而竝學之니 其或體道而文不昌이어나 或能文而道不凝은 則各視乎性之所近이라 苟秉質誠不足與言文則已어니와 閣下旣自度(탁)可躋古人하니 又何爲舍此而他求哉아 若謂專務道德이면 文將不期而自工은 斯或上哲有然이어니와 恐亦未必果爲篤論也로라

저는 예전에 또한 作者의 반열에 뜻을 두었으나 오랜 세월 동안 붓을 잡고 글을 짓지 못하다가 작년에 우연히 羅忠節[30)]과 李忠武 형제[31)]의 碑文들을 지어보니 마음이 버려져 물 마른 우물과 같아 글이 늘어지고 변변치 못하였기에 비로소 늘그막에 〈기운이〉 쇠퇴하여 재주가 그 所見에 부응하기에 더욱 부족함을 알았습니다. 젊을 때 진실로 노력했어야 하는데 세월이 흘러가버렸으니 후회한들 돌이킬 수 있겠습니까.

僕昔亦有意於作者之林이로되 悠悠歲月에 從不操筆爲文이라가 去年에 偶作羅忠節李忠武兄弟諸碑하니 則心如廢井하여 冗蔓無似일새 乃知暮年衰退에 才益不足副其所見矣라 少壯에 眞當努力이어늘 光陰邁往하니 悔其可追아

姻丈[32)]이 작년 6월 改葬할 때 行狀을 부쳐 보내온 것을 받지 못했거니와 만약 과연 墓誌銘을 지었더라도 틀림없이 성대한 뜻에 걸맞지 못했을 것입니다. 南屛[33)]도 이미 노쇠하였으니, 함께 衡山과 九嶷山을 유람하자던 말은 과연 약속을 지킬 수 있으신지요? 筠仙(郭嵩燾)이 ≪通志≫를 編修하려는 논의는 일이 매우 거창하여서 작업을 마치기가 쉽지 않을 터인데 근래에 또 사랑하는 아들을 잃었으니, 근

30) 羅忠節 : 淸나라 말기의 장수인 羅澤南(1807~1856)을 이른다. 나택남은 湖南 湘鄕 사람으로, 字가 仲岳이고, 號가 羅山이며, 忠節은 그의 諡號이다. 태평천국의 난이 일어났을 때 증국번의 휘하에서 中軍을 지휘했다. 저서로 ≪羅忠節公遺集≫ 등이 있다. 증국번이 지은 나택남의 神道碑銘이 본서에 수록된 〈羅忠節公神道碑銘〉이다.
31) 李忠武 형제 : 淸나라 말기의 장수인 李續賓(1818~1858)과 그의 아우 李續宜(1823~1863)를 이른다. 이들은 羅澤南의 제자로, 그의 막하에서 여러 차례 太平軍 소탕 작전에 참여하여 공을 세웠다. 증국번이 지은 이속빈과 이속의의 신도비명이 본서에 수록된 〈李忠武公神道碑銘〉과 〈李勇毅公神道碑銘〉이다.
32) 姻丈 : 인척 관계의 어른에 대한 尊稱이다.
33) 南屛 : 淸나라의 문학가이자 역사가인 吳敏樹(1805~1873)를 이른다. 오민수는 湖南 巴陵 사람으로, 字가 本深이고, 南屛은 그의 號이다. 문장으로 명성이 높고 증국번과 교유하였다. 저서로 ≪柈湖文錄≫ 등이 있다.

심스러운 마음을 어떻게 스스로 달래겠습니까.

한미한 저의 집안은 이미 네 딸을 시집보내었는데, 세 집은 아직 아들을 낳지 못하였고 郭氏에게 시집간 딸은 아들을 낳았으나 일찍 과부가 되었으니, 슬프기 그지없습니다. 안사람은 실명한 뒤로 온갖 병이 모여들어 의원과 약이 서로 이어지고 맏며느리 또한 병이 많으니, 작은 아이가 元日에 아들 하나를 얻은 것이 그나마 기쁘고 위안이 됩니다.

미천한 이 몸은 그럭저럭 편안합니다만, 눈이 날로 어두워져 안경 위에 또 하나의 안경을 써도 글자를 볼 때 여전히 안개가 가린 듯합니다. 直隸[34]는 일 년 내내 크게 가물어 지난가을에 宿麥[35]을 파종하지 못하여 올해의 여름걷이가 실망스러우니, 지방관으로서 이러한 상황을 보고 있자니 바늘방석에 앉은 듯합니다. 공사간에 외롭고 고단한 처지라 도무지 좋은 회포가 없으니, 남쪽으로 고향을 바라보면 모든 일을 물리치고서 각하를 따라 한번 흉금을 터놓지 못하는 것이 한스럽습니다.

姻丈於上年六月改葬에 行述을 未蒙寄到어니와 若果爲銘章이라도 必不足稱盛意라 南屛은 亦已衰頹하니 共遊衡嶷之說은 果踐約否아 筠仙修通志之議는 事甚浩博하여 未易(이)卒業이어늘 近又喪其愛子하니 憂懷를 何以自遣고 寒門已嫁四女에 三家未得生子하고 郭氏女生子而早寡하니 感愴無涯라 內人失明之後로 諸病叢集에 醫藥相尋하고 冢婦亦多病하니 次兒於元日에 得擧一子가 差爲忻慰라 賤軀粗(추)適이로되 惟目光日蒙에 於花鏡之上에 又加一花로되 看字에 尙如隔煙霧라 直隸는 終年亢旱에 去秋未種宿麥하여 今歲夏收失望하니 疆吏對此에 如坐鍼氈이라 公私孑孑에 都無好懷하니 南望故鄕에 恨不得屛棄百事하여 從閣下一豁襟抱也라

34) 直隸 : 지금의 河北省 일대에 해당하는 지역의 옛 지명이다. 증국번이 이때 直隸總督으로 있었다.

35) 宿麥 : 가을에 파종해서 이듬해 여름에 수확하는 보리를 말한다.

# 16. 吳南屛에게 답한 편지　復吳南屛書*

* 吳南屛은 淸末의 문장가이자 史學者인 吳敏樹(1805~1873)를 이른다. 오민수는 巴陵 銅枰湖 사람으로, 자가 本深이고, 南屛은 그 호이다. 이 편지는 1867년에 오민수가 증국번에게 편지와 함께 자신의 詩文을 보내온 데 대하여 답한 것이다. 이 글에서 증국번은 오민수가 한적함을 표현한 글을 특히 칭찬하고, 한편으로 姚鼐에 대한 그의 비판에 의문을 제기하며 요내를 백 년의 正宗으로 삼아야 함을 역설하였다.

3월 초순에 答書 한 통을 보내드렸으니 이미 도착하여 읽으셨으리라 생각합니다. 곧 이어서 작년 섣달에 보내주신 편지와 저술하신 詩文의 全集 각 50부를 받으매 起居가 복되고 평안하신 줄을 알았으니 앙모하는 마음을 가눌 길이 없습니다.

문집의 古文을 삼가 한 번 읽어보니 예전에 겨우 보았던 약간의 글이나 짤막한 글에 비하여 더욱 뛰어납니다. 대체로 구절구절마다 정돈하고 꺾어 기묘한 말이나 심오한 句를 자랑하지 않으면서도 한 글자 한 글자가 마치 높은 바위를 밟고 내려가는 듯하여 붓을 들어 쓰면 마침내 느긋하고 침착해 비길 데가 없습니다. 그 가운데 한적함을 표현한 글은 맑고 탁 트여 스스로 즐거워하면서 세속의 바깥에서 蕭然하니, 〈說釣〉·〈雜說〉·〈程日新傳〉·〈屠禹甸序〉와 같은 것들은 마치 구름 위를 날면서 굽어보아 지극한 즐거움이 있는 듯합니다.

二月初旬에 奉復一函하니 想已達覽이라 旋接上年臘月惠書竝大著詩文全集各五十部에 就審履祺康勝하니 無任企仰이라 大集古文을 敬讀一過하니 視昔年僅見零篇斷幅者하여 尤爲卓絶이라 大抵節節頓挫하여 不矜奇辭奧句로되 而字字若履危石而下하여 落紙에 乃遲重絶倫이라 其中閒適之文은 淸曠自怡하여 蕭然物外하니 如說釣雜說程日新傳屠禹甸序之類는 若翱翔於雲表하여 俯視而有至樂이라

나는 일찍이 陶公(陶淵明) 및 韋應物·李白·蘇軾·陸游의 한적함을 표현한 시를

즐겨 읽었으니, 그들의 시가 物態를 포착하여 超逸한 정취가 가득 생겨나는 것을 볼 때면 栩栩(허허)하게[1] 정신이 즐거워지고 몸이 가벼워져 사람으로 하여금 모든 일을 버리고 따라 노닐고 싶게 하는데, 古文家 중에 이러한 종류의 편안하고 自適한 풍격이 드문 것이 애석하였습니다. 유독 柳子厚(柳宗元)의 山水記만은 하늘을 가르며 노닐면서 物과 我를 아울러 매우 自適한 境域에 들였으니 다른 고문가들이 미칠 수 있는 바가 아닙니다. 그런데 지금 마침내 당신의 문집에서 여러 번 이러한 글을 만났습니다. 그러므로 책 속에 비록 여러 장점이 겸비되어 있으나, 저는 이러한 글들이 더욱 뛰어나다고 봅니다.

**國藩**은 **嘗好讀陶公及韋白蘇陸閒適之詩**하니 **觀其搏之**[2]**物態**하여 **逸趣橫生**에 **栩栩焉神愉而體輕**하여 **令人欲棄百事而從之遊**로되 **而惜古文家少此恬適之一種**이라 **獨柳子厚山水記**는 **破空而遊**하여 **竝物我而納諸**(저)**大適之域**하니 **非他家所可及**이어늘 **今乃於尊集**에 **數數遘之**라 **故**로 **編中雖兼衆長**이나 **而僕視此等尤高也**라

歐陽筱岑(歐陽兆熊)에게 보낸 편지에서 桐城의 文派에 관해 論及하면서 劉大櫆와 姚鼐를 숭상하지 않아 姚氏를 呂居仁[3]에 견주기에 이르렀으니, 비판하여 평론한 것이 조금 지나치지 않습니까?

**劉氏**는 진실로 동류보다 과히 빼어난 조예를 가지고 있지 않으나, 요씨는 깊이 나아가 자득해서[4] 詞句의 뜻이 깊고 고아하니, 그의 문장 가운데 세상에서 稱誦되는 것으로 〈莊子章義序〉·〈禮箋序〉·〈復張君書〉·〈復蔣松如書〉·〈與孔撝約論禘祭書〉·〈贈撝約假歸序〉·〈贈錢獻之序〉·〈朱竹君傳〉·〈儀鄭堂記〉·〈南園詩存序〉·〈綿莊文集序〉 등의 글은 모두 뜻이 정밀하고 文詞가 뛰어나 세속의 밖으로 멀리

---

1) 栩栩(허허)하게 : 栩栩는 기뻐하여 자득하는 모양을 이른다. ≪莊子≫ 〈齊物論〉에 나비가 날아다니는 것을 형용한 말에서 온 것이다.

2) 搏之 : ≪續古文辭類纂評註≫에는 '博攬'으로 되어 있다.

3) 呂居仁 : 北宋 말의 시인이자 학자인 呂本中(1084~1145)을 이른다. 여본중은 壽州 사람으로, 號가 東萊先生이고, 居仁은 그의 字이다. 江西詩派의 대표 시인으로, 저서로 ≪東萊先生詩集≫, ≪紫微詩話≫ 등이 있다.

4) 깊이……자득해서 : ≪孟子≫ 〈離婁 下〉에, "군자가 깊이 나아가기를 도로써 함은 자득하고자 해서이니 자득하면 處하는 것이 편안하고 처하는 것이 편안하면 資賴함이 깊게 되고 자뢰함이 깊으면 좌우에서 취함에 그 근원을 만날 수 있을 것이다.〔君子深造之以道 欲其自得之也 自得之則居之安 居之安則資之深 資之深則取之左右 逢其原〕" 하였다.

떠나 있습니다.

〈요씨의 문장이〉 사람의 뜻을 만족시키지 못하는 부분은, 애석하게도 웅혼하고 강직한 기운과 힘차게 달리는 기세가 부족한 것이니, 요씨는 본디 陰柔의 說[5]에 치우친 면이 있고, 또한 일찍이 스스로 겸손하게 말하기를 재주가 박약하다고 하였습니다. 그의 論文에도 조예가 매우 깊은 말이 많으니, 國史에서는 "古人이 일찍이 말하지 않은 바가 있는데 姚鼐는 홀로 그 은미한 곳을 파헤쳐 그 온축된 뜻을 드러내었다."[6]라고 하였습니다. 다만 海峰(劉大櫆)을 자주 칭양한 것은 사사로운 好惡에 영합하였음을 면치 못합니다.

요컨대 方氏(方苞) 이후로는 惜抱(요내의 號)가 진실로 百年의 正宗이 되어야 하니, 해봉과 함께 같은 부류로 아울러 경시해서는 안 됩니다. 저의 얕고 그릇된 견해를 바로잡아주시기 바랍니다.

與歐陽筱(소)岑書中에 論及桐城文派에 不右劉姚하여 至比姚氏於呂居仁하니 譏評得無少過아 劉氏誠非有過絶輩流之詣나 姚氏則深造自得하여 詞旨淵雅하니 其文爲世所稱誦者 如莊子章義序禮箋序復張君書復蔣松如書와 與孔撝約論禘祭書贈撝約假歸序贈錢獻之序朱竹君傳儀鄭堂記南園詩存序綿莊文集序等篇은 皆義精而詞俊하여 敻絶塵表라 其不厭人意者는 惜少雄直之氣驅邁之勢하니 姚氏固有偏於陰柔之說하고 又嘗自謝爲才弱矣라 其論文亦多詣極之語하니 國史에 稱其有古人所未嘗言이어늘 鼐獨抉其微而發其蘊이라 惟亟(기)稱海峰은 不免阿於私好라 要之컨대 方氏以後에 惜抱固當爲百年正宗이니 未可與海峰同類而竝薄之也라 淺謬之見을 惟希裁正하라

내가 江南[7]으로 돌아와 부임한 지 눈 깜짝할 새에 반년이 지났습니다. 관할하는 境內가 안정되고 비가 내려 충분히 적셔주니 금년 농사는 풍년을 기대할 만합니다. 다만 精力이 날로 쇠하매 예전에 발생했던 疝氣(산기)[8]는 비록 이미 나았으나 눈빛이 흐려진 것은 만회할 방법이 없는지라 행정과 兵事를 모두 마음을 다하여

5) 陰柔의 說 : 姚鼐는 〈復魯絜非書〉에서 陰陽剛柔의 개념으로 역대 문장의 풍격을 설명한 바 있다.
6) 古人이……드러내었다 : 이 말은 ≪淸史稿≫ 〈文苑列傳〉 姚鼐 條에 보인다.
7) 江南 : 원문은 '江表'이다. 長江 이남 지역을 말한다. 증국번은 이때 兩江總督을 맡아 江蘇省, 安徽省, 江西省을 統轄하였다.
8) 疝氣(산기) : 病名으로, 고환이나 음낭이 붓고 아프면서 아랫배까지 땅기는 질병이다.

처리하지 못하니 몹시 부끄럽고 두렵습니다.

우리 고향의 會匪[9)]가 몰래 발동하자 益陽과 龍陽 등의 성이 잇따라 騷擾를 겪고 있습니다. 이 무리는 生業이 없이 방탕하게 노닐면서 항상 전란을 좇아 목적을 이루려고 합니다. 湘省(湖南省)은 해마다 난이 일어나는데 토벌하여도 두려워하지 않고 위무하여도 방법이 없습니다. 설령 열 번을 속히 섬멸할지라도 만약 한 번을 미루고 지체한다면 고향의 우환은 상상할 수 없을 것이니 너무도 근심이 됩니다.

國藩回任江表가 晌逾半年이라 轄境敉平하고 雨澤霑足하니 歲事可望豐稔이라 惟是精力日衰에 前發疝氣는 雖已痊愈나 目光蒙霧는 無術挽回라 吏治兵事를 均未能悉心料理하니 深爲愧悚이라 吾鄕會匪竊發에 益陽龍陽等城이 相繼被擾라 此輩遊蕩無業하여 常思逐風塵而得逞이라 湘省年年發難이어늘 剿之而不畏하고 撫之而無術하니 縱使十次速滅이라도 而設有一次遷延이면 則桑梓之患은 不堪設想하리니 殊以爲慮라

9) 會匪 : 민간의 비밀 결사나 그 구성원에 대한 卑稱이다.

# 17. 陳虎臣에게 답한 편지　復陳虎臣書*

＊同治 9년(1870)에 陳艾에게 보낸 답서이다. 진애는 安徽省 石埭縣 사람으로 字가 虎臣이다. 曾國藩의 幕僚였으며 程朱學을 연구하였다. 이 편지에서 증국번은 靜 공부에만 몰두하면 禪宗에 가까워지므로, 반드시 靜 공부와 動 공부를 병행해야 함을 말하였다.

閣下가 한가로이 두문불출하면서 응대하는 일이 드물고 때때로 竹如(吳廷棟) 선생을 따라 道를 상고하고 학업을 물으니, 切磋琢磨하는 즐거움을 미루어 알 수 있습니다. 竹翁은 程朱學을 삼가 지키는지라 각하로 인해 靜 공부[1]를 좋아하여 그 流弊를 미리 방비했으니, 持論이 절로 정밀하고 합당합니다. 그런데 각하의 생각으로는 평생 '靜' 한 글자에서 得力하였다 하여 이것이 아니면 窮理[2]의 근본이 될 수 없으므로 陽明의 치우친 주장[3]을 鑑戒로 삼아 〈한번 밥을 먹다가〉 목이 메었다고 밥을 영영 먹지 않아서는 안 된다고 하니,[4] 또한 辛苦를 감내한 끝에 터득한 바가 있는 말입니다.

**閣下閒居杜門**하여 **應酬稀簡**하고 **時從竹如先生**하여 **考道問業**하니 **想見切磋之樂**이라 **竹翁恪守程朱**라 **因閣下好靜**하여**而預防其流弊**하니 **持論自爲精當**이어늘 **尊意以生平得力於靜之一字**라하여 **以爲非此**면 **無以爲窮理之本**이니 **不可懲陽明之偏**하여 **而因噎廢食**이라하니 **亦係甘苦有得之言**이라

1) 靜 공부 : 喜怒哀樂의 情이 발동하기 전의 고요한 상태에서 마음을 보존하고 본성을 함양하는 공부로서, 정이 발동된 뒤에 성찰하여 삼가는 動 공부와 구별되는 말이다.
2) 窮理 : 程朱學에서 말하는 학문 수양 방법 중 한 가지로, 객관사물의 이치를 연구하여 지식을 얻는 외적 수양법이다. 窮理 공부 외에 몸과 마음을 삼가는 내적 수양법인 居敬 공부가 있다.
3) 陽明의……주장 : 陽明은 王守仁의 號이다. 程朱學에서 강조하는 窮理를 비판하면서, 格物致知는 외물이 아니라 자기 마음 안에서 구해야 한다고 주장하였다. 이런 주장은 내면 수양에만 치우쳐 외물에 대한 지식 추구 자체를 부정한다는 혐의가 있고, 본심의 함양과 외물에 대한 인식 사이의 연관성을 설명하지 못한다는 점에서 한계가 있다.
4) 한번……하니 : ≪淮南子≫에 보이는 말로, 작은 장애를 꺼려 중요한 일을 하지 않는 것을 말한다. 여기서는 陽明學이 가지는 작은 한계나 모순 때문에 양명학 자체를 부정해서는 안 된다는 말이다.

濂溪가 主靜의 宗旨를 내건 이후로[5] 程朱도 늘 '靜'자를 가지고 가르침을 베풀었으니, 만약 人倫과 物理를 내버리고 고요한 상태〔靜〕에서 이른바 '端倪'[6]라는 것을 따로 찾으면 혹 갈림길로 잘못 들어가는 것을 면치 못합니다. 靜 공부를 익혀 이 마음을 함양한다면 바로 ≪大學≫에서 말한 定・靜・安・慮[7]라는 것이니, 또 어찌 다른 길로 달려감이 있겠습니까.

朱子가 ≪中庸≫ 首章을 주해하여 "삼가고 두려워하는[8] 데서부터 요약하여 지극히 고요한 가운데 조금의 치우침과 기울어짐도 없어 그 지킴을 잃지 않는 데 이른다."라고 하였으니, 이 몇 마디 말은 定・靜이라 해도 되고 居敬[9]이라 해도 됩니다. 대개 靜을 잘 말하지 못하면 坐照[10]의 문으로 들어갈까 두렵고, 靜을 잘 말하면 그래도 이것이 存養[11]의 방도이니, 말이 어찌 한 가지뿐이겠습니까. 각각 합당한 바가 있는 것입니다.[12]

---

5) 濂溪가……이후로 : 濂溪 周敦頤는 〈太極圖說〉에서 "성인이 中・正・仁・義로써 정하되 靜을 주장하여 사람의 법칙을 세웠다.〔聖人定之以中正仁義 而主靜立人極焉〕"라고 하였는데, '主靜'은 마음을 고요한 상태로 유지하여 외물에 의해 동요되지 않게 하는 것이다. 염계는 程顥・程頤의 스승이며 〈태극도설〉은 宋代 性理學의 이론적 근거가 되었다.

6) 端倪 : 일의 처음에 생겨나는 끄트머리라는 뜻으로, 程朱學에서는 已發의 순간에 발현하는 本心의 단서를 가리킨다. 張栻은 "배우는 자는 먼저 端倪가 발하는 것을 살핀 뒤에야 存心養性의 공부를 더할 수 있다.〔學者先須察識端倪之發 然後可加存養之功〕"라고 하여 察識端倪說을 주장하였는데, 朱熹는 이에 대해 存心養性의 공부는 未發의 때부터 하는 것이므로, 已發의 순간을 기다려서는 안 된다고 반박하였다.

7) 定……慮 : ≪大學章句≫ 經1장 2절에 "머물 데를 안 뒤에 정함이 있으니, 정한 뒤에 고요할 수 있고, 고요한 뒤에 편안할 수 있고, 편안한 뒤에 생각할 수 있고, 생각한 뒤에 얻을 수 있다.〔知止而后有定 定而后能靜 靜而后能安 安而后能慮 慮而后能得〕"라고 하였는데, '定'은 뜻의 향방이 정해지는 것, '靜'은 마음이 함부로 움직이지 않는 것, '安'은 처한 상황에 편안한 것, '慮'는 일 처리가 정밀한 것이다.

8) 삼가고 두려워하는 : ≪中庸章句≫ 제1장에 "도란 것은 잠시도 떠날 수 없는 것이니, 떠날 수 있으면 도가 아니다. 그러므로 군자는 보이지 않는 바에도 경계하고 삼가며, 그 듣지 않는 바에도 두려워한다.〔道也者 不可須臾離也 可離 非道也 是故君子戒愼乎其所不睹 恐懼乎其所不聞〕"라고 하였다. 程朱學에서 '戒愼恐懼'는 靜할 때의 存養 공부에 해당하고, 홀로 있을 때 마음속의 생각을 삼가는 '愼獨'은 動할 때의 省察 공부에 해당한다.

9) 居敬 : 程朱學에서 말하는 마음을 보존하고 본성을 기르는〔存心養性〕 내적 수양법이다. 程頤는 居敬을 학문의 요체로 파악하면서 '敬'을 '主一無適'과 '整齊嚴肅' 두 가지로 설명하였다.

10) 坐照 : 坐禪하여 산란한 마음을 가라앉히고 현상의 이치를 관조하는 것으로, 禪宗의 宗旨이다.

11) 存養 : 存心養性의 준말로, ≪孟子≫ 〈盡心 上〉에 "마음을 보존하여 본성을 함양하는 것은 하늘을 섬기는 방법이다.〔存其心 養其性 所以事天也〕"라고 한 데서 나왔다.

12) 말이……것입니다 : ≪禮記≫ 〈祭義〉에 나오는 말이다.

自濂溪揭主靜之旨로 程朱亦常以靜字垂敎하니 苟其遺棄倫物하고 而於靜中에 別求所謂端倪者면 或不免誤入岐途라 若習靜以涵養此心이면 則卽大學所云定靜安慮者니 又何岐趨之有리오 朱子注中庸首章有云 自戒懼而約之하여 以至於至靜之中無少[13]偏倚而其守不失이라하니 此數語者는 謂之定靜也可요 謂之居敬也亦可라 蓋不善言靜이면 恐入坐照之門이요 善言靜이면 猶是存養之道니 言豈一端이리오 夫各有所當也라

聖賢이 덕행을 말한 것이 종류가 매우 많습니다. 진실로 한두 글자를 가지고 자신에게 절실하게 하여 돌이켜 구한다면 모두 종신토록 행할 만한 유익함이 있지만 末流의 폐단을 막지 않아서는 안 됩니다. 그래서 舜임금의 조정에서 冑子를 교육한 것[14]과 皐陶의 九德[15]이 모두 각각 상반되는 글자를 두어 그 치우침을 바로잡고 그 善을 완성한 것입니다. 閣下가 자기 장점을 스스로 지키고 竹翁의 말까지 받아들여 수시로 경계하고 힘쓴다면 邪辟함을 없애고 아름다움을 더하여[16] 조예가 더욱 한량하기 어려울 것입니다.

聖賢之言德行者가 名類甚多라 苟以一兩字로 切己反求하면 皆有終身可行之益이로되 但末流之弊를 不可不防이라 故虞廷敎冑及皐陶九德이 皆各有相反之字하여 以矯其偏而成其善이라 閣下自守所長하고 而兼采竹翁之言하여 時加惕勵면 則釋回增美하여 而所詣가 愈難限量矣리라

내가 畿內로 遷職한 지 이미 만 1년이 되었는데[17] 토지가 척박하고 백성이 가난하여 정책을 시행할 수가 없고, 게다가 여름부터 겨울까지 1년 내내 오랫동안 가

13) 少 : ≪中庸章句≫에는 '少'가 '所'로 되어 있다.
14) 舜임금의……것 : 舜임금이 夔를 典樂으로 삼으면서 "冑子에게 〈음악을〉 가르치되, 곧으면서도 온화하며 너그러우면서도 엄하며 강하되 사나움이 없으며 간략하되 오만함이 없게 해야 할 것이다.〔敎冑子 直而溫 寬而栗 剛而無虐 簡而無傲〕"라고 하였다. 주자는 천자와 경대부의 맏아들을 가리킨다.(≪書經≫ 〈虞書 舜典〉)
15) 皐陶의 九德 : 皐陶가 禹임금에게 사람의 덕을 총괄하여 한 말로, '너그러우면서도 장엄하며, 유순하면서도 꼿꼿하며, 삼가면서도 공손하며, 다스리면서도 공경하며, 온순하면서도 굳세며, 곧으면서도 온화하며, 간략하면서도 모나며, 굳세면서도 독실하며, 강하면서도 의를 좋아하는 것〔寬而栗 柔而立 愿而恭 亂而敬 擾而毅 直而溫 簡而廉 剛而塞 彊而義〕'을 가리킨다.(≪書經≫ 〈虞書 皐陶謨〉)
16) 邪辟함을……더하여 : ≪禮記≫ 〈禮器〉에 "예는 사벽함을 없애고 아름다운 바탕을 더해준다.〔禮釋回 增美質〕"라 하였다.
17) 내가……되었는데 : 曾國藩은 同治 7년(1868)부터 直隸總督으로 재직하였다.

물어 천릿길에 백성의 원망소리가 가득하나 구제할 방법이 없습니다. 官署 안에 의원과 약만 줄곧 이어져 즐거운 흥취가 전혀 없었는데, 다행히도 둘째 아이가 설날에 아들 하나를 얻어 조금이나마 기쁘게 해주었습니다.

나이가 겨우 예순이지만 정력이 이미 몹시 쇠해서 두 눈이 근래에 부쩍 침침합니다. 그래서 老眼에 또 다시 빛을 비추더라도 글자를 보면 여전히 안개가 낀 듯이 흐릿합니다. 노쇠한 나이에 학문을 쌓을 뜻이 없고 문서만 들춰 보는 것에도 모두 마음을 다하지 못합니다. 오래도록 重任에 있으면서 직무를 제대로 수행하지 못하는 것이 너무나 부끄럽습니다.

**國藩量移畿甸**이 **已及周期**어늘 **地瘠民貧**하여 **無可設施**하고 **重以自夏徂冬**히 **終年亢旱**하여 **千里嗷嗷**나 **拯救無術**이라 **署內醫藥相尋**하여 **殊少佳趣**러니 **幸二小兒於元旦擧一子**하여 **稍助歡悰**이라 **年甫六十**이나 **精力已極衰憊**에 **兩目近益蒙翳**하여 **雖於老花之上**에 **又復**(부)**加光**이라도 **而看字仍如隔霧**라 **衰年無意學殖**하고 **而披閱文牘**에 **均未究心**이라 **久處劇任**에 **殊以不能擧職爲愧**라

## 18. 陳右銘 太守에게 답한 편지 復陳右銘太守書*

*이 편지는 증국번이 直隸省總督으로 天津에 주둔하고 있을 때 陳寶箴에게 보낸 편지이다. 진보잠은 江西 義寧 사람으로 자가 右銘이다. 擧人 출신으로 증국번의 幕僚를 지냈으며, 이때는 증국번의 추천으로 湖南候補知府로 재직 중이었다. 이 편지에서 증국번은 진보잠이 보낸 글을 평가하면서 글을 쓸 때 지켜야 하는 규약을 제시하였는데, 첫째 남의 글을 표절하지 않는 것, 둘째 과도한 褒貶을 하지 않는 것, 셋째 首尾가 일관되며 간략하면서도 분명한 글을 쓰는 것이다.

4월 27일에 편지와 함께 보낸 훌륭한 글 1책을 받고서 台從[1]이 작년에 북쪽으로 가다가 도중에 전염병에 걸려 歷下[2]에서 의원에게 치료를 받고 정월 말에야 京師에 도착한 것을 알게 되었으니, 이때 내가 마침 이미 도성을 나가서 미처 서로 만나지 못한 것이 슬픕니다.

閣下는 志節이 강직하고 기량과 식견이 드넓으며 또 허심탄회하게 남의 좋은 점을 취하여 여러 장점을 겸비하였습니다. 보내온 편지에서 말한 吳侍郎[3] 이하 涂君·張君·方君 같은 이들은 모두 지금의 賢人으로서 우뚝 자립할 수 있는 사람이거니와, 비루한 나는 기량과 능력이 천루한데 외람되이 閣下에게 칭찬을 받았으니, 감히 받아들일 바가 아닙니다.

내가 전부터 오래도록 높은 지위를 차지하고 있는지라 지위를 떠나 현인에게 양보해서 만년을 보전할 생각이 많았습니다. 대궐에 달려간 후에 이 마음을 펴고자 했으나 방법을 찾지 못하여 또 결국 다시 청을 올리지 못했습니다. 보내온 편지에서 또 옛 의리를 크게 인용하여 갑자기 물러날 뜻을 품어서는 안 된다고 힘껏 말하였습니다. 나는 지금 이미 이곳에서 벼슬을 하고 있어 진퇴가 몹시 자유롭지 못

1) 台從 : 상대를 높여 부르는 말로 '臺駕'와 같다. 從은 僕從을 가리키는데, 상대를 곧바로 지칭하지 못하여 대신 상대의 복종을 부르는 것이다.
2) 歷下 : 지금의 山東省 濟南에 해당한다.
3) 吳侍郎 : 吳存義는 字가 和甫이고, 江蘇省 泰興 사람이다. 吏部左侍郎을 지냈으며 청렴하다고 일컬어졌다.

하니, 다만 정력이 날로 쇠하여 위난에 도움이 되지 못하고 비방을 불러들이기만 할까 두려울 따름입니다.

四月二十七日에 接到惠書와 竝附寄大文一冊하여 知台從去歲北行이라가 以途中染疾로 就醫歷下하여 至正月之杪에 乃達京師하니 是時에 鄙人適已出都하여 未及相見爲悵이라 閣下志節嶙峋하고 器識宏達이요 又能虛懷取善하여 兼攬衆長이라 來書所稱 自吳侍郞以下若涂君張君方君은 皆時賢之卓然能自立者어니와 惟鄙人器能竄薄이어늘 謬蒙崇奬하니 非所敢承이라 前以久玷高位라 頗思避位讓賢하여 葆全晩節이라 赴闕以後에 欲布斯懷나 而未得其方하여 亦遂不復(부)陳請이라 來書又盛引古義하여 力言不可遽萌退志라 今已承乏此間하여 進止殊不自由하니 第恐精力日頹하여 無補艱危하고 止速謗耳라

각하의 글을 대강 한번 읽어보니 분방하고 격앙하여 陳同甫와 葉水心[4] 같은 이들의 풍모가 있습니다. 내가 예전에 조정 관원으로 있을 적에 또한 옛사람의 문장을 보는 것을 좋아하였습니다. 내심 '唐나라 이후로 韓公(韓愈)을 잘 배운 이로는 王介甫(王安石) 씨만 한 이가 없고, 近世에 말을 아는 군자로는 오직 桐城의 方氏(方苞)와 姚氏(姚鼐)가 얻은 바가 특히 많다.'라고 생각하였습니다. 그리하여 몇 作家의 작품을 가지고 그 글을 상고하여 사사로이 禁約을 세우고는 반드시 어겨서는 안 되는 것이 있은 뒤에야 그 법이 엄정해지고 도가 비로소 회복되리라 생각했습니다.

대개 예전의 말을 표절하여 句마다 베끼고 글자마다 模擬하는 것이 戒律의 첫 번째입니다. 그리고 남의 善을 칭찬할 때는 일반적인 덕에 의거해야 하니, 褒揚이 과도하여 걸핏하면 기이한 행실과 징조를 일컬어 虛誕한 小說家가 하는 말에 가까워서는 안 되고, 남의 악함을 폄하할 때는 또 더욱 신중해야 합니다. 그리고 한 편 안에 단서가 번다해서는 안 되니, 비유하자면 萬山이 드넓지만 반드시 主峰이 있고 袞龍袍에 九章[5]이 있지만 한 옷깃만 드는 것과 같습니다. 그렇지 않으면 首尾가 이어지지 않고 뜻을 펼친 것이 잡란하니, 이는 더욱 경계할 만합니다. 식견과 도량이 남들과 결코 다르지 않은데 혹 도리어 僻字와 난삽한 구를 다투어 써서 평범한 사

4) 陳同甫와 葉水心 : 陳同甫는 南宋 때의 정치가이자 문학가인 陳亮으로, 자가 同甫, 호가 龍川이다. 섭수심은 南宋 때의 학자인 葉適으로, 자가 正則, 호가 水心이다. 두 사람 모두 朱熹와는 달리 실용적이고 공리적인 학문을 지향했으며 政論에 뛰어났다.

5) 九章 : 天子의 冕服에 그린 龍·山·華蟲·火·宗彝·藻·粉米·黼·黻 9가지 그림이다.(≪周禮≫ 〈春官 宗伯·司服〉)

람들을 놀라게 하고 자연의 元氣를 손상시키니, 이 또한 재주 있는 선비들이 모두 제대로 알지 못하는 바이자 계율에서 반드시 엄금하는 바입니다.

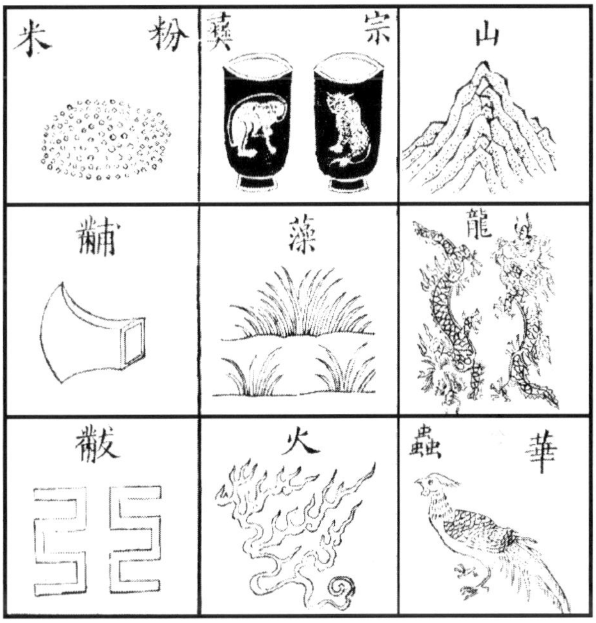

九章

이 몇 가지 조항을 분명히 알아서 지켜서 잃지 말아야 하니, 그런 뒤에 글을 쓰면 창졸간에도 모두 법도가 있게 됩니다. 그리하여 마침내 정신을 집중하여 내 기운을 다스려 韓公이 말한 '司馬相如・揚子雲과 공교함이 같다.'[6]라는 것을 깊이 추구하여 숙독하여 힘껏 탐구하고 길게 읊조리며 반복하여, 기운은 虛無 너머로 비상하는 듯하고 文辭는 跌宕하고 俊邁하여 무엇이라 형언할 수 없게 할 수 있습니다.

대개 그 근본을 논하자면 계율의 말을 따라 말이 더 간략해질수록 도가 더 진전되는 것이고, 그 말엽을 논하자면 내 기운을 드높여 옛사람의 기운과 서로 합하여 매우 간략하게 하려 해도 그렇게 할 수 없는 점이 있으니, 근본과 말엽을 함께 경영하고 번다함과 간략함을 적절히 안배하는 것이 예로부터 뜻 있는 선비들이 평생 부지런히 애쓴 바이자 우리들이 마땅히 힘써야 하는 바입니다.

내가 방도는 대강 알지만 구한 바는 매우 적고 군대에 있는 날이 오래됨에 예전의 학업이 더욱 황폐해졌습니다. 어느덧 노쇠하여 백 중에 하나도 이룬 것이 없습니다. 이미 절실한 질문을 받음에 대략 소견을 들어 참고하도록 돕습니다.

**大著粗讀一過**하니 **駿快激昂**하여 **有陳同甫葉**(섭)**水心諸人之風**이라 **僕昔備官朝列**할새 **亦嘗好觀古人之文章**이라 **竊以自唐以後**로 **善學韓公者**는 **莫如王介甫氏**요 **而近世知言君子**는 **惟桐城**

---

6) 司馬相如……같다 : 韓愈가 〈進學解〉에서 "아래로는 《莊子》, 〈離騷〉와 司馬遷의 《史記》와 揚子雲과 司馬相如의 공교함은 같되 곡조는 서로 다른 문장에까지 미쳤으니, 선생은 문장에 있어 그 내용을 넓히고 그 형식을 확장시켰다고 할 만합니다.〔下逮莊騷太史所錄子雲相如同工異曲 先生之於文 可謂閎其中而肆其外矣〕"라고 하였다. 同工異曲은 작가마다 문체나 표현 방식이 다르지만 모두 훌륭한 글이라는 뜻이다.

方氏姚氏가 所得尤多라하여 因就數家之作而考其書[7)]하여 (首)[8)]私立禁約하여 以爲有必不可犯者而後에 其法嚴而道始復이라 大抵剽竊前言하여 句摹字擬가 是爲戒律之首라 稱人之善에 依於庸德이니 不宜褒揚溢量하여 動稱奇行異徵하여 隣於小說誕妄者之所爲요 貶人之惡에 又加愼焉이라 一篇之內에 端緖不宜繁多니 譬如萬山旁薄이나 必有主峰하고 龍袞九章이나 但挈一領이니 否則首尾衡決하고 陳義蕪雜하니 滋足戒也라 識度曾不異人이어늘 或乃競爲僻字澀句하여 以駭庸衆하고 斲自然之元氣하니 斯又才士之所同蔽요 戒律之所必嚴이라 明玆數者하여 持守勿失이니 然後下筆이면 造次皆有法度하여 乃可專精以理吾之氣하여 深求韓公所謂與相如子雲同工者하여 熟讀而强探하고 長吟而反覆하여 使其氣若翔翥於虛無之表하고 其辭跌宕俊邁而不可以方物이라 蓋論其本이면 則循戒律之說하여 詞愈簡而道愈進이요 論其末이면 則抗吾氣以與古人之氣相翕하여 有欲求太簡而不得者니 兼營乎本末하고 斟酌乎繁簡이 此自昔志士之所爲畢生矻矻이요 而吾輩所當勉焉者也라 國藩粗識塗徑이나 所求絶少요 在軍日久에 舊業益荒이라 忽忽衰老에 百無一成이라 旣承切問에 略擧所見하여 以資參證이라

별지에서 말한 煙(鴉片)을 심는 폐단과 李編修의 편지에 대해서는, 비옥한 땅에 五穀 말고 罌粟[9)]을 심는 것은 백성들이 식량이 부족해 고통스러울 뿐만 아니라 또한 인심과 풍속의 근심거리입니다. 直隸省은 토양이 척박하니 이것을 심는 경우가 오히려 드물다고 들었거니와, 만약 과연 이런 풍습이 점점 퍼진다면 응당 嚴禁을 두루 신칙해야 합니다. 그러나 풍년이 들고 백성이 즐거우며 인구를 늘리고 물자를 비축하며 백성을 가르치고 훈련시키는 것[10)]이 아니면 또한 글로 告示하여 논쟁하기가 쉽지 않을 따름입니다.

別示種煙之弊及李編修書는 膏腴地畝에 舍五稼而種罌粟은 不惟民病艱食이요 亦人心風俗之憂라 直隸는 土壤磽薄하니 聞種此者尙少어니와 若果漸染此習이면 自應通飭嚴禁이로되 但非年豐民樂生聚教訓이면 亦未易(이)以文告爭耳라

---

7) 書 : ≪續古文辭類纂≫과 ≪曾文正公書札≫에는 '風旨'로 되어 있다.

8) (首) : 저본에는 '首'가 있으나, ≪續古文辭類纂≫과 ≪曾文正公書札≫에 의거하여 衍文으로 처리하였다.

9) 罌粟 : 양귀비과의 풀로, 아편의 재료로 쓰인다.

10) 인구를……것 : 나라의 軍民이 한마음 한뜻으로 발분해서 나라를 부강하게 만드는 것을 말한다. ≪春秋左氏傳≫ 哀公 원년 條에 "越나라가 10년 동안 인구를 늘리고 물자를 비축하며 10년 동안 백성들을 가르치고 훈련시키면 20년 뒤에는 吳나라는 쑥대밭이 될 것이다.〔越十年生聚 而十年教訓 二十年之外 吳其爲沼乎〕"라는 伍員의 말이 있다.

## 19. 王叶庭에게 보낸 편지 與王叶庭書*

*증국번이 생질인 王叶庭에게 보낸 편지로, 근면함·검소함·공경함·미더움 네 가지 덕목을 마음의 바탕으로 삼고 일상생활에서는 벗을 가려 사귈 것을 권면하였다.

甥姪이 처음 京師에 들어와 언제나 '勤·儉·敬·信' 4자를 근본으로 삼고 벗을 가려 사귀는 것을 작용으로 삼아야 한다. 4자가 없으면 매사에 모두 바탕이 없으니, 비록 화려한 재주가 있더라도 덧없는 영화일 뿐이고, 벗을 가려 사귀지 않으면 벗을 보고서 切磋琢磨하며[1] 규계하고 권면하는 이익이 없다. 그러므로 모름지기 어진 이를 물색하여 겉으로는 벗으로 삼고 남몰래는 받들어 스승으로 삼음으로써, 몸과 마음을 단속하는 밑천으로 삼아야 한다.

**甥初入京**하여 **總以勤儉敬信四字爲本**하고 **而以擇交爲用**하니 **無四字**면 **則凡事皆無根柢**니 **縱有才華**라도 **亦浮榮耳**요 **不擇交**면 **則無觀摩規勸之益**이라 **故須物色賢者**하여 **明以爲友**하고 **暗奉爲師**하여 **乃借以約束身心之資也**라

---

1) 벗을……切磋琢磨하며 : 원문은 '觀摩'이다. ≪禮記≫ 〈學記〉에 "大學의 교육 방법은 좋지 않은 생각을 미연에 방지하는 것을 '豫'라고 하고, 적절한 시기에 가르치는 것을 '時'라 하고, 감당할 수 있는 한도 내에서 가르치는 것을 '孫'이라 하고, 서로 좋은 점을 보고 배우도록 하는 것을 '摩'라고 한다.〔大學之法 禁於未發之謂豫 當其可之謂時 不陵節而施之謂孫 相觀而善之謂摩〕"라고 하였다.

## 20. 남쪽으로 돌아가는 郭筠仙을 보내는 序　郭筠仙南歸序*

*道光 25년(1845) 증국번이 벗 郭嵩燾(1818~1891)가 京師를 떠날 때 지어준 送序이다. 곽숭도는 淸나라 말기의 관료로, 字가 伯琛이고, 筠仙은 그의 號이다. 이 글에서 증국번은 곽숭도가 비록 德으로나 文章으로나 성취한 바가 없는 듯 보이지만 그가 그릇이 큰 인물이기 때문에 성취가 더딘 것이라는 평가와 기대를 드러내면서 동시에 더욱 정진할 것을 당부하고 있다.

무릇 물건 가운데 급히 만들어 갑자기 이루어진 것은 그 그릇이 작고, 물건 중에 한 번 훑어보아 쉽게 다 알 수 있는 것은 그 속이 비었게 마련이다.

郭君 筠仙은 나와 벗한 지 9년이다. 그 앞에 다가가면 온화하고 〈그의 장점을〉 취할 때면 늘 다하지 못하였는데, 道光 甲辰年(1844)과 乙巳年(1845)에 禮部에서 兩試[1]가 있어 京師에 머물며 우리 집에 寓居할 때 무릎을 대고 마주 앉아 말을 나눈 것이 400여 일이었기에 비로소 그 마음속에 품은 것을 다 엿볼 수 있었으니, 사람이란 쉽게 알 수 없음이 심하다 하겠다. 장차 헤어지려 하매 이에 그를 위하여 나의 깊은 속마음을 말하여 顔回와 子路가 〈헤어질 때〉 말을 해준 의리[2]를 따르고 나의 진심을 드러내려 한다.

**凡物之驟爲之而遽成焉者**는 **其器小也**요 **物之一覽而易**(이)**盡者**는 **其中無有也**니라 **郭君筠仙**은 **與余友九年矣**라 **卽之也溫**하고 **挹之常不盡**이러니 **道光甲辰乙巳兩試於禮部**에 **留京師**하여 **主於余**할새 **促膝而語者**가 **四百餘日**이라 **乃得盡窺其藏**하니 **甚哉**라 **人不易**(이)**知也**여 **將別**에 **於是爲道其深**하여 **附於回路贈言之義**하고 **而以吾之忠效焉**하노라

1) 兩試 : 道光 24년(1884)의 正科 會試와 25년(1885)의 恩科 會試를 가리킨다.
2) 顔回와……의리 : 벗 사이에 헤어질 때 서로 권면하는 말을 주고받는 의리를 말한다. 子路가 魯나라를 떠날 때 顔淵에게 말을 청하자, 안연이 나라를 떠날 때에는 어버이의 墓에 哭한 뒤에 가고 나라에 돌아와서는 곡하지 않고 어버이의 묘를 살펴본 뒤에 들어온다는 등의 말을 해주었다.(≪禮記≫ 〈檀弓 下〉)

대개 하늘이 인재를 낼 때 〈재능의 차이가〉 혹 서로 천 배 만 배가 되기도 하지만, 要는 그릇을 이루어 세상에 쓰이기 적합하게 할 따름이다. 재능이 작은 사람은 재능이 더 작은 사람에 비한다면 우월하겠으나, 만약 재능이 더 작은 사람이 재능을 琢磨하여 그릇을 이루고 재능이 작은 사람이 쓰이기에 이롭지 않다면 군자는 재능이 더 작은 사람을 취한다. 재능이 큰 사람은 재능이 더 큰 사람에 비한다면 열등하겠으나, 만약 재능이 더 큰 사람이 쓰이기에 이롭지 않고 재능이 큰 사람이 재능을 琢磨하여 그릇을 이룬다면 군자는 재능이 큰 사람을 취한다.

하늘은 큰 시작을 부여하고 사람은 물건을 만들어 완성하는 법이다.[3] 傳에 이르기를, "사람은 하늘이 아니면 말미암을 길이 없고, 하늘은 사람이 아니면 완성되지 않는다."[4]라고 하니, 擴充하고 彫琢하는 능력을 극도로 하지 않는다면 비록 周公과 같은 재주를 지녔더라도 버림받고 말 것이다.

蓋天之生材에 或相千萬이로되 要於成器以適世用而已라 材之小者는 視尤小者則優矣나 苟尤小者琢之成器하고 而小者不利於用이면 則君子取其尤小者焉이요 材之大者는 視尤大者則絀矣나 苟尤大者不利於用하고 而大者琢之成器면 則君子取其大者焉이라 天賦大始요 人作成物이니 傳曰 人不天不因이요 天不人不成이라하니 不極擴充追(퇴)琢之能이면 雖有周公之才라도 棄而已矣라

내가 벗한 天下의 賢士들은 혹은 덕으로 일컬어지고 혹은 문예로 드러나 대체로 스스로 성취함이 있는 사람들이다. 그러나 筠仙의 경우에는 남다른 자질을 지니고서 겸손하여 자신을 깊이 낮추는지라 그 덕을 말하려 하면 일컬을 만한 것이 없는 듯하고, 古人의 문장을 배워 들어간 경지가 이미 깊지만 그 外面은 오히려 〈세상과〉 맞지 않아 불안한 듯하니, 성취한 바가 없는 사람인가?

余所友天下賢士는 或以德稱하고 或以藝顯하여 類有以自成者나 而若筠仙은 躬絶異之姿하여 退然深貶이라 語其德에 若無可名이요 學古人之文章하여 入焉旣深이로되 而其外猶若鉏鋙而不安하니 其無所成者與아

---

3) 하늘은……법이다 : 《周易》 〈繫辭 上〉에 "乾은 큰 시작을 주관하고 坤은 물건을 만들어 완성한다.〔乾知大始 坤作成物〕"라고 하였다.

4) 사람은……않는다 : 사람이 노력하여도 천부적인 재능이 없으면 그릇을 이룰 방법이 없고, 천부적인 재능도 사람의 노력이 없으면 완성되지 않는다는 뜻이다. 《揚子法言》 〈重黎〉의 "하늘은 사람이 아니면 말미암을 길이 없고, 사람은 하늘이 아니면 완성되지 않는다.〔天不人不因 人不天不成〕"라는 대목을 응용한 표현이다.

匠石[5)]이 사방 한 치 되는 나무를 다듬을 때에는 자르고 깎아서 눈 깜짝할 새에 물건을 완성하고, 직경 한 자 되는 재목을 다듬어 서까래를 만듦에 미쳐서는 하루도 지나지 않아 완성하지만, 몇 아름 되는 큰 나무를 베어서 천자를 위해 總章[6)]과 太室[7)]의 마룻대와 들보를 經營함에 이르러서는 열흘이 지나고 한 달을 넘겨도 완성하지 못한다. 그 그릇이 클수록 완성하기가 더욱 어려운 법이니, 식견이 얕은 자들이 일률적으로 논단하고자 하기가 어렵다.

**匠石斲方寸之木**에 **斤之削之**하여 **不移瞬而成物矣**요 **及乎裁徑尺之材**하여 **以爲榱桷**하여는 **不閱日而成矣**로되 **及至伐連抱之梗(相)〔栴〕**[8)]하여 **爲天子**하여 **營總章太室之梁棟**하여는 **經旬累月而不得成焉**하니 **其器愈大**에 **就之愈艱**이니 **淺者欲以一槪律之**가 **難矣**라

또 賢人이라고 불리는 자들은 그 구속에서 벗어난 소견으로 광대한 구역을 널리 보고 한 자 한 치로 남을 얽매지 않는 자를 이르거니와, 시대를 만난 기예로 말하면 지혜가 족히 당세의 사물과 더불어 발하고 힘이 족히 형세와 더불어 만나니, 이는 뭇사람이 공히 목도하는 바이다.

군자는 그렇지 않아서 형세를 좇는 것이 매우 느리고 道를 취하는 것이 매우 오활하여 德을 구차하게 이루지 않으며 業을 구차하게 이름나게 하지 아니하여 어려움을 겪고 〈세상과〉 어긋나 오랜 시간이 흐른 뒤에야 나아가 한 銖[9)]를 쌓고 한 치를 쌓나니, 이미 순수히 익으면 聖人의 무리요, 힘써 나아감에 막힘이 없으면 또한 아름다운 명성을 잃지 않을 것이다. 그러나 나아가기를 힘써 하지 않고 여러 갈래로 나와 範圍가 없으면 비록 아름다운 자질이 있더라도 끝내 또한 쓰이지 못할 것이다.

**且所號爲賢者**는 **謂其絶拘攣之見**으로 **曠觀於廣大之區**하고 **而不以尺寸繩人者也**어니와 **若夫逢世之技**는 **智足以與時物相發**하며 **力足以與機勢相會**하니 **此則衆人之所共覩者矣**라 **君子則不然**하여 **赴勢甚鈍**하며 **取道甚迂**하여 **德不苟成**하며 **業不苟名**하여 **艱勤錯迕**하여 **遲久而後**

5) 匠石 : 고대의 솜씨가 뛰어난 匠人이다.(≪莊子≫ 〈人間世〉)
6) 總章 : 天子가 기거하는 宮室의 하나이다.(≪禮記≫ 〈月令〉)
7) 太室 : 太廟의 중앙에 있는 龜室이다.(≪書經≫ 〈周書 洛誥〉)
8) (相)〔栴〕 : 저본에는 '相'으로 되어 있으나, ≪曾文正公文集≫에 의거하여 '栴'으로 바로잡았다.
9) 한 銖 : 銖는 무게의 단위로, 한 냥〔兩〕의 1/24에 해당한다. 여기서는 아주 작은 노력을 비유하는 말로 쓰였다.

進하여 銖而積하며 寸而累하나니 旣其純熟이면 則聖人之徒요 其力造焉而無扞格이면 則亦不失於令名이어니와 造之不力하고 歧出無範이면 雖有瓌質이라도 終亦無用이라

孟子가 말하기를, "五穀이 익지 못하면 피만 못하다."라고 하였으니,[10] 이 말씀은 참으로 그러하다. 筠仙이 힘써 그 이른바 막힌다는 것을 제거하여 순수히 익는 경지에 이르기를 구한다면 거의 그러한 경지에 가깝게 될 것이니, 사람들은 또한 하지 않는 것이 문제일 뿐이다. 스스로 헤아리기에 이미 〈재능이〉 익었지만 혹 당시의 軌則을 통달하지 못한 경우[11]는 내가 감히 알 바가 아니다.

孟子曰 五穀不熟이면 不如荑稗라하니 誠哉라 斯言也여 筠仙이 勖哉하여 去其所謂扞格者하여 以蘄至於純熟則幾矣니 人亦病不爲耳라 若夫自揣旣熟이나 而或不達於時軌는 是則非余之所敢知也로라

10) 孟子가……하였으니 : ≪孟子≫ 〈告子 上〉에 "五穀은 종자의 아름다운 것이지만, 익지 않으면 피만 못하니, 仁 또한 그것을 익숙히 함에 달려 있을 따름이다.〔五穀者 種之美者也 苟爲不熟 不如荑稗 夫仁亦在乎熟之而已矣〕"라고 하였다.

11) 스스로……경우 : 차근차근 재능을 닦아 완숙한 경지에 이르고도 당시에 통용되는 시대적 軌則을 알지 못하여 쓰이지 못하는 경우를 이른다.

## 21. 남쪽으로 돌아가는 劉椒雲을 보내는 序 　劉椒雲南歸序*

* 劉椒雲은 劉傳瑩(1818~1848)을 이른다. 유전형은 자가 椒雲이고, 호는 實甫이며, 湖北 漢陽 사람이다. 道光 19년(1839)에 擧人이 되었으며, 관직이 國子監 學政에 이르렀다. 輿地를 깊이 연구하였으며 理學에 잠심하였다. 이 글은 증국번이 도광 28년(1848) 봄에 병을 이유로 사직하고 돌아가는 유전형을 위해 쓴 것이다.

聖人이 일반 사람과 다른 점은 어디에 있는가? 귀, 눈, 입, 코, 마음과 百體가 모두 맡은 일을 제대로 해서일 따름이다.

하늘이 사람을 낼 때에 귀는 듣는 것을 맡고 눈은 보는 것을 맡고 입과 몸은 말하는 것과 행동하는 것을 맡고 마음은 생각하는 것을 맡았다. 들을 것이 아닌 것을 지나치게 듣고, 볼 것이 아닌 것을 과도하게 보는 것은 관직에 있어서 불법을 자행하는 것이고, 끝까지 볼 수 있는 것을 내가 다 보지 못하고 훤히 들을 수 있는 것을 내가 다 듣지 못하는 것은 관직에 있어서 걸맞지 않은 것이다. 입과 몸과 마음과 생각에 있어서도 그러하니, 걸맞지 않은 자는 재주가 부족한 것이지만 불법을 자행하는 자는 알면서도 범하니 죄가 더욱 심하다.

성인이란 규범을 벗어나는 것은 듣지 않고 법도에 어긋나는 것은 보지 않는다. 한 방 안의 쌀과 소금처럼 사소한 것에서부터, 미루어나가 천하의 거대함과 귀신의 그윽한 세계처럼 人倫을 떠나 萬事에 섞여 있는 것에 이르기까지, 보고 듣기를 분명히 해야 할 것들은 모두 분명히 하고, 말과 행동을 신중히 해야 할 것들은 모두 신중히 하며, 마음과 생각을 조리 있게 해야 할 것들은 모두 조리 있게 하여, 온몸이 맡은 일을 제대로 하게 하고 천지 만물이 각각 그 본분을 편안히 여기게 하여 자리잡게 하고 길러내어[1] 나의 職司를 다한다면 이른바 '形色을 실천한다'[2]

1) 자리잡게……길러내어 : ≪中庸章句≫ 제1장에 "중화를 지극히 하면 천지가 자리잡히고 만물이 생육된다.〔致中和 天地位焉 萬物育焉〕"라는 말이 보인다.
2) 形色을 실천한다 : 원문은 '踐形'이다. 天性을 그대로 실천하는 것을 말한다. ≪孟子≫ 〈盡心上〉에 "形色은 천성이니, 오직 성인인 뒤에야 형색을 실천할 수 있다.〔形色 天性也 惟聖人然後可以踐形〕"라는 말이 보인다. 형색은 형체와 용모를 말한다.

라는 경우이다. 周公이 주공이 된 까닭과 孔子가 공자가 된 까닭은 이 때문이 아니겠는가.

**聖人之異於衆人者**는 **安在乎**아 **耳目口鼻心知百體**가 **皆得其職而已矣**라 **天之生夫人也**에 **耳職聽而目職視**하고 **口體職言動**하고 **心職思**라 **非所聽而濫焉**하고 **非所視而淫焉**은 **於官爲不法**이요 **可以視窮者而吾弗能盡焉**하고 **可以聽達者而吾弗能盡焉**은 **於官爲不稱**이라 **其於口體心思也**에 **亦然**하니 **不稱者**는 **才絀**이로되 **不法者**는 **知而奸之**하니 **罪又甚焉**이라 **聖人者**는 **不軌不耳**하고 **不度不目**이라 **其自一室之米鹽**으로 **推而極於天下之大鬼神之幽離於人倫殽於萬事**히 **凡視聽所宜晰**을 **無不晰**하고 **凡言動所宜審**을 **無不審**하고 **凡心思所宜條理**를 **無不條而理之**하여 **使夫一身得職而天地萬物各安其分**하여 **以位以育**하여 **以效吾之官司**면 **所謂踐形者也**라 **周公之所以爲周公**과 **孔子之所以爲孔子**가 **其不以此也哉**리오

오늘날 학문을 하는 君子들을 나는 의아하게 여긴다. 귀는 참으로 듣는 것이 없어서 일반 사람들이 귀 기울이는 것을 그도 귀 기울이고, 눈은 참으로 즐기는 것이 없어서 일반 사람들이 주목하는 것을 그도 주목하여, 간사하게 보고 사특하게 들으며 말은 道에 어긋나고 행동은 바르지 못하다.

허물이 없는데도 비난하는 것이 뭇사람들이 좋아하는 바인데도 이를 좇지 않으면 공경하지 않는다. 考據의 설을 주장하는 자는 "옛사람이여, 옛사람이여" 하면서 이와 같으면 거의 가깝고 저것은 그렇지 못하다고 하며, 詞章의 설을 주장하는 자는 "옛사람이여, 옛사람이여" 하면서 이와 같으면 거의 가깝고 저것은 그렇지 못하다고 한다. 그리하여 강하고 힘 있는 한 사람의 손과 입이 일어나면 수십 명 백 명이 무리를 이루어 개미 떼처럼 그에 붙어서, 아침저녁으로 암송하고 자취를 고찰하고 聲音을 탐구하여 자기의 귀와 눈과 마음과 생각을 다하여 남의 意氣를 받든다.

마침내 수십 년이 지나지 않아 風氣가 아주 달라져 자취 없이 사라지면, 또 장차 다른 학설을 주장하는 자가 나와서 뭇사람들의 의기가 그에게 모일 것이니 그렇게 되면 또 정신과 힘을 초췌하게 하며 그를 좇을 것이다. 똑같은 五官[3]과 百骸인데 聖人의 形色을 실천하지 못하고 뭇사람들의 기호를 좇아서 평생을 시달리며 평범한 사람들의 비방과 칭찬에 분주히 명을 따르다가 마침내 죽어도 후회하지 않으

3) 五官 : 귀, 눈, 입, 코, 마음을 말한다.

니, 대단히 어리석고 깨닫지 못한 자라고 할 만하다.

今之君子之爲學者를 吾惑焉하니 耳無眞受하여 衆耳之所傾을 亦傾之하고 目無眞悅하여 衆目之所注를 亦注之하여 奸視而回聽하고 言不道而動不端이라 無過而非焉者가 曹好所在어늘 而不之趨焉이면 則不相賓異矣라 爲考据之說者는 曰 古之人이여 古之人이여하여 如此則幾요 彼則否라하고 爲詞章之說者는 曰 古之人이여 古之人이여하여 如此則幾요 彼則否라하여 起一强有力者之手口면 群數十百人蟻而附之하여 朝記而暮誦하고 課迹而責音하여 竭己之耳目心思하여 以承奉人之意氣라 曾不數紀에 風會一變하여 蕩然澌滅하면 又將有他說者出하여 爲群意氣之所會하리니 則又憔神悴力而趨之리라 鈞是五官百骸也어늘 不踐聖人之形하고 而逐衆人之好하여 疲一世以奔命於庸夫之毁譽하여 竟死而不悔하니 可謂大愚不靈者也라

漢陽 劉君 椒雲은 진중하고 돈후하여 볼 것이 아니면 보지 않고 들을 것이 아니면 듣지 않아서 내면의 뜻과 외면의 신체가 한결같이 법을 따르니, 이로써 五官과 百骸의 쓰임을 확충하고 또 장차 지식을 미루어 지극히 하여 諸家를 두루 종합하여 그 국량을 다하고자 한다.

나는 그래도 그가 몸과 마음을 피폐하게 하여 뭇사람의 嗜好에 부림을 받게 될까 두렵기에 그와 헤어질 때에 이를 적어 그를 굳건하게 한다. 그러나 나 또한 진실로 앞에 말한 두 가지 학설을 주장하는 자의 부류에 자못 해당하여 일반 사람들이 좋아하는 영역에서 분주히 명을 따르는 자이니, 또한 인하여 이로써 나 자신을 경계하노라.

漢陽劉君椒雲은 湛(침)深而敦厚하여 非其視不視하고 非其聽不聽하여 (志外體內)〔內志外體〕[4]가 一準於法矣하니 而所以擴充官骸之用하고 又將推極知識하여 博綜百氏하여 以求竟乎其量이라 余猶懼其敝身心以役於衆好也일새 於其別也에 書是以貞之라 然이나 余固亦頗涉前二說者之流하여 而奔命於衆好之場者니 又因以自儆焉하노라

4) (志外體內)〔內志外體〕: 저본에는 '志外體內'으로 되어 있으나, ≪曾文正公文集≫에 의거하여 '內志外體'로 바로잡았다.

# 22. 江左에 부임하는 謝吉人을 전송한 序
## 送謝吉人之官江左序*

* 증국번과 같은 고향 출신 謝邦鑑(자 吉人)이 지방관으로 부임하러 떠날 때 지어 준 序이다. 사방감은 강직한 성품으로 이름났던 謝振定의 손자이고, 謝興峘의 아들이다. 道光 25년(1845)에 進士가 되었으며, 그 후 江蘇高淳知縣을 맡았다. 증국번은 이 글에서 오만함을 경계하고, 반드시 어진 이를 얻어서 자신을 보좌하도록 할 것을 당부하였다.

우리 湘鄕[1]은 乾隆 연간에 人才가 번성하여서, 鄧筆山이 雲南布政使가 되었고 羅九峯이 禮部侍郞이 되었으며 謝薌泉[2] 선생이 御史가 되었으니, 세 분은 모두 翰林 출신으로, 御史君은 이름이 천하에 진동하였다. 이때 和珅[3]이 국정을 장악하여 성세가 대단하니, 그 家奴가 높은 수레를 타고서 都市를 횡행하면서 꺼리는 바가 없었는데, 어사군이 城을 순시하다가 만나서 잡아 끌어내어 채찍질하고 그 수레를 거리에서 불태웠으니, 세상에서 '燒車御史(수레를 불태운 어사)'라고 일컫는 이이다.

**吾湘鄕**은 **當乾隆時**하여 **人才殷盛**하여 **鄧筆山爲雲南布政使**하며 **羅九峯爲禮部侍郞**이요 **而謝薌泉先生爲御史**하니 **三人者皆起家翰林**이요 **而御史君名震天下**라 **是時**에 **和珅柄國**하여 **聲張勢厲**하니 **家奴乘高車**하여 **橫行都市**하여 **無所憚**이어늘 **御史君巡城遇焉**하여 **捽之出而鞭之**하고 **火其車於衢**하니 **世所稱燒車御史者也**라

---

1) 湘鄕 : 湖南 長沙府 湘鄕縣으로, 증국번의 고향이다.
2) 謝薌泉 : 謝振定(1753~1809)으로, 자가 一齋이고, 호가 薌泉이며, 湘鄕 사람이다. 乾隆 45년(1780)에 進士가 되고, 庶吉士로 바꾸고 編修에 제수되었다. 御史가 되었다가 파직되고 禮部員外郞이 되었으며, 嘉慶 원년(1796)에 和珅의 수레를 불태운 일로 燒車禦史로 불렸다. 저서로 ≪知恥齋集≫·≪淸史列傳≫ 등이 있다.
3) 和珅 : 1750~1799. 原名은 善保, 자는 致齋이며, 乾隆帝의 외가인 만주 正紅旗 鈕祜祿氏이다. 25세에 侍衛가 된 뒤로 건륭제의 총애를 받으며 6部의 尙書 등 주요 관직을 역임하고 軍機大臣에 이르렀다. 전횡과 축재를 일삼다가 嘉慶 4년(1799)에 건륭제가 세상을 떠나자, 嘉慶帝가 즉시 화신을 체포하여 그의 죄상을 조사한 뒤에 그에게 자결을 명하고 그의 재산을 몰수하였다.

그 20여 년 뒤에 御史君의 아들 果堂[4)]이 河南縣令으로 卓薦[5)]되니, 불러서 만나볼 때 上께서 조용히 물으시기를, "네가 바로 燒車御史의 아들인가."라고 하였다. 몇 달이 지나지 않아 四川知府로 옮겼는데, 또 10여 년이 지나 謝吉人 邦鑑이 다시 進士로서 외직으로 나가 江南縣令이 되었으니, 吉人은 어사군의 손자이자 知府君 아우의 아들이다. 장차 관직에 나아갈 적에 평소 시를 주고받던 이들이 혹 시를 지어 전송하였는데, 길인이 이에 나에게 序를 지어주기를 요구하면서, 부족한 점을 바로잡아주는 말을 해달라고 청하였다.

**其後二十餘年**에 **御史君之子果堂**이 **以河南縣令卓薦**하니 **召見**에 **上從容問曰 汝卽燒車御史之子乎**아하다 **不數月**에 **遷四川知府**러니 **又十餘年**에 **而謝吉人邦鑑**이 **復以進士出爲江南縣令**하니 **吉人**은 **御史君之孫而知府君之弟之子也**라 **將之官**에 **其常所酬酢者**가 **或爲詩送之**어늘 **吉人乃索予爲序**하여 **而乞言以糾其不逮**라

이에 두 손 모아 절하고서 다음과 같이 말하였다.

"그대는 지금 사람들의 長이 되었다. 부임하는 고을의 封域 안에 존귀하기가 그대만 한 이가 없다. 堂上에서 턱으로 지시하면 堂下에서 종종걸음쳐서 올 이가 백 명이고, 알고 지내던 궁핍한 이들이 우러러 命을 기다리며,[6)] 객관을 마련하여 賓友를 맞이함에 〈빈우가〉 겉모습은 공경스럽지만 정은 멀어진다. 그리하여 설령 내가 잘하지 못하는 일이 있을지라도, 저 이른바 종종걸음쳐서 오는 이와 명을 기다리는 이와 모습은 공경스러운 이가 혹 이를 알면서도 諫言하지 않기도 하고 혹 간언하면서도 힘쓰지 않는다.

---

4) 御史君의……果堂 : 謝興嶢(1779~1849)로, 자는 果堂이다. 嘉慶 24년(1819)에 進士가 되고 庶吉士, 漢南寶豐知縣·陝州知州·四川敍州知府를 역임하였다. 아버지 謝振定의 유풍을 이어받아 성품이 강직하였다고 한다.

5) 卓薦 : 淸代에 吏部에서 관리를 考核할 때 재능이 탁월한 이를 卓異하여 천거하였는데, 이를 말한다.

6) 알고……기다리며 : 알고 지내던 궁핍한 이들이 의지하기를 바란다는 말이다. 원문의 '所識窮乏'은 ≪孟子≫ 〈告子 上〉에 "많은 녹봉은 예의를 분별하지 않고 받으니, 많은 녹봉이 나에게 무엇을 보태어주겠는가. 집을 아름답게 꾸미고, 처첩을 거두며, 내가 아는 궁핍한 자가 나를 고맙게 여기게 하기 위함인가.〔萬鍾則不辨禮義而受之 萬鍾 於我何加焉 爲宮室之美 妻妾之奉 所識窮乏者得我與〕"라고 한 데서 온 말이다.

내가 몸소 우뚝하게 뭇사람들의 윗자리에 있고, 총명함과 식견과 도량이 또 진실로 그들을 뛰어넘어 배가 되는지라, 앞에서도 '네.' 하고 뒤에서도 '네.' 한다. 이에 스스로 훌륭하게 여겨[7] 자부하는 습관이 득의양양하게 일어나는데, 좌우의 사람들이 또 여러 가지 방법으로 나를 꾀어내니, 내면의 오만한 것이 날로 드세어지고 외면의 속이는 자가 날로 많아진다. 이것이 어그러지는 까닭이다.

**於是**에 **拜手告曰 子今長人矣**라 **四封之內**에 **尊無與二**라 **堂上頤指**에 **堂下趨者百人**이요 **所識窮乏**이 **仰而待命**이요 **設館以延賓友**에 **貌敬而情離**라 **即有不善**이라도 **彼所謂趨者待命者貌敬者**가 **或知之而不諫**하고 **或諫焉而不力**이라 **吾以其身巍然處於衆人之上**하고 **而聰明識量**이 **又誠越而倍之**라 **前有唯後有諾**이라 **於是**에 **予聖自雄之習**이 **囂然起矣**어늘 **而左右之人**이 **又多其術以餂我**하니 **內之傲者日勝**하고 **外之欺者日衆**이라 **玆其所以舛也**라

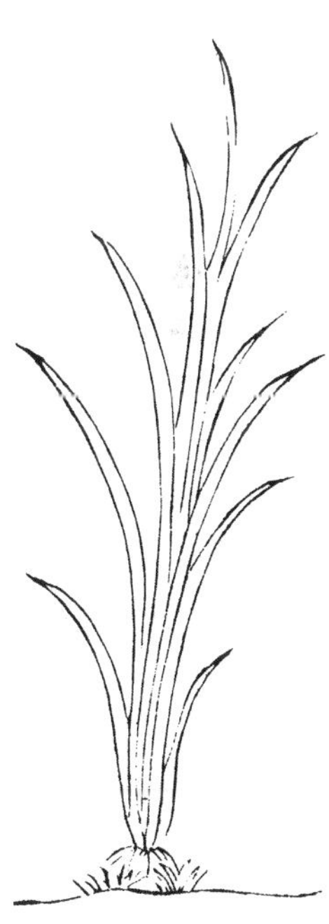
염교〔薤〕

옛날에 宓子賤[8]이 單父를 다스릴 적에 孔子가 '그대는 무엇을 베풀었기에 사람들이 기뻐하는가.'라고 하니, 대답하기를 '이곳의 백성 중에 不齊보다 어진 이가 5인이 있으니, 부제가 그들을 섬겨서 가르침을 받습니다. 모두 부제에게 사람들을 다스리는 방도를 가르쳐줍니다.'라고 하였다. 그러자 공자가 탄식하면서 '그 위대한 것이 바로 여기에 있구나.'라고 하였다.[9]

魯나라가 樂正子로 하여금 정사를 맡게 하였는데, 孟子가 '善을 좋아하는 것이 천하를 〈다스리더라도〉 충분한 법이다.'라고 하였다.[10]

東漢의 龐參이 漢陽太守가 되어서 우선 은거하던 任棠에게 안부를 여쭈었는데, 임당이 그와 말하지 않고 다만 큰 염교 뿌리 하나와 물 한 사발을 문 앞에 두고 손자 아이를 안고서 문 아래 엎드려 있었다. 방삼이 그 뜻을 알고서 '물은 나에게

---

7) 스스로……여겨 : 원문의 '予聖'은 ≪詩經≫ 〈小雅 正月〉에 "모두가 내가 성인이다 하니, 누가 까마귀의 암컷 수컷을 알리오.〔具曰予聖 誰知烏之雌雄〕"라고 한 데서 온 말이다.
8) 宓子賤 : 孔子의 제자로 이름은 不齊이며, 子賤은 자이다.
9) 옛날에……하였다 : 이 내용은 ≪孔子家語≫ 권3에 보인다. 宓子賤이 單父의 수령이 되어 다스릴 적에 거문고를 뜯으면서 당 아래로 내려가지 않아도 선보가 잘 다스려졌다고 한다.
10) 魯나라가……하였다 : 이 내용은 ≪孟子≫ 〈告子 下〉에 보인다.

청렴해지게 하려는 것이고, 큰 뿌리 염교를 뽑은 것은 나에게 힘 있는 집안을 깨부수도록 하게 하려는 것이고, 아이를 안고서 문에 있는 것은 나에게 문을 열고 외롭고 약한 이를 구휼하게 하려는 것이다.'라고 하였다.[11)]

昔者에 宓子賤治單父(선보)할새 孔子曰 子何施而衆悅고하니 對曰 此地民有賢於不齊者五人하니 不齊事之而稟度焉하니 皆敎不齊所以治人之道라하다 孔子歎曰 其大者乃於此乎有矣라하다 魯使樂正子爲政한대 孟子曰 好善優於天下라 東漢龐參(삼)이 爲漢陽太守하여 先候隱居任棠하니 棠不與言이요 但以薤一大本水一盂로 置戶屛前하고 抱兒孫伏戶下라 參會其意曰 水者는 欲吾淸也요 拔大本薤는 欲吾擊强宗也요 抱兒當戶는 欲吾開門恤孤也라하다

그러므로 古人의 학문은 어진 이를 구해서 자신을 돕게 하는 것보다 중대한 것이 없다. 작은 지혜를 쓰는 사람은 자신을 자랑하고 남을 폄하하여서, 뭇사람은 하찮아서 나를 이롭게 할 수 없다고 하니, 무릇 자신에게 돌이켜서 구하지 않고 일체 다른 사람의 장점을 덮고서 멸시하니 어쩌면 그리도 경솔하단 말인가. ≪詩≫에 '國論이 비록 정해지지 않았으나 혹 성스럽기도 하며 혹 그렇지 못하기도 하며, 인민이 비록 많지 않으나 혹 명철하기도 하며 혹 지모가 있기도 하며 혹 엄숙하기도 하며 혹 다스려진 이도 있다.'[12)]라고 하였다. 이는 어진 이를 구하였으나 끝내 얻을 수 없음을 이른 것이니, 篤論이 아니다.

故로 古人之學은 莫大乎求賢以自輔라 小智之夫는 矜己而貶物하여 以爲衆人卑卑無足益我라하니 夫不反求諸(저)己하고 而一切掩他人之長而蔑視之하니 何其易(이)與아 詩曰 國雖靡止나 或聖或否며 民雖靡膴나 或哲或謀며 或肅或乂라하니 謂求賢而終不能得者니 非篤論也라

지금 震澤宰 左君 靑峙는 우리 湘鄕의 현자이다. 의롭고 용맹하면서도 자긍하지 않으며, 사리를 잘 알면서도 이해를 따지지 않으니, 그대는 가서 한번 구해보면 필시 그대를 이롭게 함이 있을 것이다. 어진 이를 벗하여 덕을 닦으며 기물을 이용하여 일을 잘하여, 이미 위로 조상의 자취를 잇고서 또 고향 선배들의 아름다움을 잇게나. 네 수레 덧방나무를 버리지 말아 네 바퀴살에 덧대라고 하였으니,[13)] 청치는

11) 東漢의……하였다 : 이 내용은 ≪後漢書≫ 권51 〈龐參列傳〉에 보인다.
12) 國論이……있다 : ≪詩經≫ 〈小雅 小旻〉에 보인다.

그대의 덧방나무이다. 내 들으니 江南은 관리가 군집하는 곳이라 하니, 혹 청치를 말미암아 어진 사대부를 다 교유할 수 있다면 이는 더욱 내가 바라는 바이다.”

今震澤宰左君青峙는 吾湘鄉之賢者也라 任俠而不矜하며 諳事而不計利害하니 子往試求之면 必有所以益子者리라 友仁以礪德하며 利器以善事하여 旣以上繩祖武하고 又以紹諸鄉先輩之徽하라 無棄爾輔하여 員於爾輻이라하니 青峙는 子之輔也라 抑吾聞江南爲仕宦鱗萃之邦이니 或因青峙而得盡交其賢士大夫면 是尤余所望也라

---

13) 네 수레……하였으니 : ≪詩經≫ 〈小雅 正月〉에 나오는 말로, 輔는 바퀴살을 보호하기 위해 바퀴의 양쪽 변죽에다 덧대어 묶어두는 막대기로 덧방나무라고 한다.

## 23. 歐陽氏 姑婦의 節孝에 대한 家傳　歐陽氏姑婦節孝家傳*

*歐陽氏 집안의 節母 蔡氏와 채씨의 맏며느리인 節婦 채씨의 효행을 기록한 家傳이다. 두 사람은 고부간에 합심하여 집안 살림을 잘 꾸려나갔으며 劉孺人을 극진히 모셨다. 증국번은 절부 채씨의 손녀사위로, 이 글에서 두 절부의 효행을 상세히 서술한 뒤에 남편을 따라 죽는 과격한 節行만을 높이 평가하는 당시의 풍조를 비판하고 오랜 세월 동안 시어머니를 극진히 모신 두 사람의 행실이야말로 지극히 어려운 일임을 말하였다.

節母 蔡氏는 태어난 지 3년 만에 歐陽氏에게 시집와서 玉光 府君을 모셨으니, 집안이 한미하였다. 시어머니 劉孺人은 단정하고 엄정하며 바르고 신중하여 가차가 없었다. 하루 아침밥을 절약하여 이틀에 나누어 먹고 세 사람의 일을 합하여 한 사람에게 맡겨서, 집안일을 정밀한 것이든 거친 것이든 어려운 것이든 쉬운 것이든 모두 절모에게 일임하고 다른 사람을 질책하지 않았다.

절모는 닭이 울기 전에 일어나 시어머니가 이르기 전에 미리 나왔다가 동이 튼 뒤에야 쉬면서 시어머니가 빠뜨린 일을 마무리했으며, 쓰레받기로 쓸면 먼지가 없고 우물에서 물을 길으면 넘쳐서 적시는 일이 없으며, 반쯤 씷은 쌀과 한 치의 땔나무도 반드시 소중히 여겨 조심스럽게 다루었다.

동서들이 차례로 집안에 들어오자 절모가 어려운 일은 몸소 하고 쉬운 일은 양보하였다. 친척부터 여러 첩실들까지 옷이 더러우면 빨아주고 실밥이 터지면 기워주었으며, 애초에 누구 소생인지를 따지지 않고서 조카들이 추우면 옷을 입혀주고 굶주리면 자애롭게 맛있는 떡을 내주고 욕실에 나아가 씻겨주니, 조카들이 자기 어머니를 잊고 절모를 어머니로 여기기도 했고 절모 역시 그들이 자기 자식이 아닌 줄을 잊었다.

節母蔡氏는 生三歲而室於歐陽하여 事玉光府君하니 家微也라 姑劉孺人은 端嚴匡敕하여 無所假借라 節一朝之食하여 分之二日하고 併三人之事하여 責之一手하여 擧家事精麤劇易(이)하여 壹

委節母하고 不以何問他人이라 節母則先雞鳴而興하여 豫其未至라가 後斗轉而息하여 補其闕(疑)〔遺〕[1]하고 箕拘無塵하며 井汲無濡하고 半米寸薪도 必珍必戒라 諸娣姒次第入門에 節母躬其難者하고 讓其易者라 自親舍及衆私室히 衣垢則澣之하며 綻裂則補綴하고 初不問其所自來하여 群從子女가 寒則衣之하고 飢則慈以甘餮하고 就湢浴爲之潔除하니 群從或忘其母而母節母하고 節母亦忘其非己出也러라

乾隆 30년(1765) 乙酉年에 시아버지 席珍 府君이 죽고, 이듬해 玉光이 喪中에 건강을 해쳐 죽으니, 劉孺人이 크게 슬퍼하였다. 節母는 이때 나이가 28세였다. 장자 惟本은 겨우 3세이고, 어린 아들 成材는 아직 돌도 지나지 않았다.

〈절모가 집에〉 들어가서는 피눈물을 흘리고 마른나무처럼 〈여윈 몸으로〉 서서 〈쓰디쓴〉 황벽나무 가지를 먹으며 스스로 〈守節을〉 맹세했으며, 〈집을〉 나와서는 아들을 안고 시어머니를 봉양하면서 기쁜 음성이 끊이지 않았고 화려한 치장을 더욱 없애버리고 시어머니가 뜻을 드러내기 전에 먼저 일을 하였다.

먹는 것과 입는 것을 절약하여 아버지를 잃은 자녀에게까지도 절약하지 않는 바가 없었고, 힘을 부지런히 다하여 동서와 그들의 자식과 노비를 통솔하여 각자 전담하는 직분이 있었다. 땅은 한 치도 묵히는 곳이 없고 사람은 잠시라도 한가한 이가 없었으며, 언제나 집안일을 수습하여 손님 대접과 제사에 법도가 있었으며, 돼지와 닭이 살이 쪄서 커다랗고 채소와 과일이 무럭무럭 자랐다. 절모가 시어머니를 모시던 초기에는 해마다 곡식 20섬이 들어왔는데, 시어머니가 노년이 되어서는 곡식이 1천 섬에 육박하였다.

乾隆三十年乙酉에 舅席珍府君卒하고 明年玉光以毁死하니 劉孺人大戚이라 節母於時에 年二十有八이라 長子惟本은 甫三歲요 少者成材는 未期耳라 入則泣血柴立하여 茹蘖自盟하며 出則抱子奉姑하여 怡聲亹亹하고 益屛去華飾하고 先姑意之未發而從事라 約其口與體하여 以及其孤子女하여 無所不約하고 勤其力以率(솔)其妯娌與其子姓傭奴하여 各有專職이라 土無寸曠하며 人無晷暇하고 俛拾仰取하여 賓祭有經하고 豬雞肥碩하며 蔬果怒生이라 方節母事姑之初하여 歲入穀二十石이러니 逮姑之暮年하여 穀近千石이러라

1) (疑)〔遺〕: 저본에는 '疑'로 되어 있으나, ≪曾文正公詩文集≫에 의거하여 '遺'로 바로잡았다.

惟本은 독서하고 글을 지어 郡縣의 鄕試에 응시하여 명성이 있었는데, 27세에 죽었다. 부인 蔡氏 또한 정절로 이름이 났다. 節婦 채씨는 어려서 歐陽惟本에게 시집왔으니, 節母의 맏며느리이다.

乾隆 43년(1778) 戊戌年에 대기근이 들었다. 절부가 시집갈 적에 부친 輔世가 가난하여 예를 갖출 수 없었는데, 종족 가운데 어떤 이가 혼례 비용을 도와주어 도합 3천 錢 남짓을 얻었다. 부친이 이것을 행낭에 넣어 보내주었는데 절부가 몰래 그 돈을 돌려보내 멍석자리 안에 넣고 그 끝에 열쇠를 달았다. 부친이 돌아오자 집에 당시 남아 있는 식량이 없었는데 열쇠를 당겼더니 돈이 있었다. 부친이 흐느끼며 "효성스럽도다. 내 딸이여. 이것을 남겨두어 나를 살렸구나."라고 하였다.

**惟本**은 **讀書屬文**하여 **試於郡縣有聲矣**러니 **年二十七歲而卒**이라 **婦蔡氏**도 **亦以節著**라 **節婦蔡氏**는 **少歸歐陽惟本**하니 **節母之冢婦也**라 **乾隆四十三年戊戌**에 **歲大饑**라 **節婦將嫁**에 **其父輔世貧不能具禮**어늘 **宗族或助之結褵之貲**하여 **凡得錢三千有奇**라 **父爲裝遺之**러니 **節婦陰返其錢**하여 **置稈薦中**하고 **而繫鑰匙其端**이라 **父歸而室無見糧**이러니 **引鑰則錢在焉**이라 **泣曰 孝哉**라 **吾女**여 **留此以活我也**로다하니라

惟本이 죽었을 때 節婦 또한 28세였다. 이로 말미암아 만사를 제쳐두고 한결같이 節母를 따라 시할머니 劉孺人을 모실 방법을 찾았다. 새벽에 유유인이 일어나면 절모가 비녀를 잡고 왼쪽에서 모시거든 절부가 오른쪽에서 머리를 묶어드리며, 세수를 할 때는 절모가 물을 받들거든 절부가 대야를 받들며, 밥을 먹을 때는 절부가 음식을 차리거든 절모가 시중을 들며, 잠을 잘 때는 3대가 침상을 붙여서 자면서 〈유유인이〉 기척을 내기도 전에 들었다.[2] 유유인이 노하면 절모는 담장을 등지고 서서 두려워하고 절부는 천천히 행동을 바꾸어 그 뜻에 맞추었다. 병이 심해지면 절부가 약을 달이고 절모가 맛을 본 뒤에 바치며, 밤에는 돌아가면서 잠을 자며 교대로 시중을 들어 허리띠를 풀고 쉬지 않았다.

어느 저녁에 절모가 일어나다가 침상에서 떨어져 갈비뼈 두 대가 부러지니 절부가 울부짖으면서 나아가 붙잡았는데, 절모가 숨을 죽이라고 경계시켜 유유인이 이

---

2) 기척을……들었다 : ≪禮記≫ 〈曲禮 上〉에 "소리가 없는 것에서 듣고 형체가 없는 것에서 본다.〔聽於無聲 視於無形〕"라고 하였는데, 직접 보고 듣기 전에 부모의 의도를 먼저 헤아려 그 뜻을 받든다는 뜻이다.

를 듣고 알아차리지 말게 하였다. 유유인이 만년에 실명하고 수족이 마비되었는데, 筍輿(대나무로 엮어 만든 가마)를 끌고서 매일 뜰 안을 노닐 적에 절모가 앞에서 메고 절부가 뒤에서 멨다.

惟本歿時에 節婦亦二十八歲라 由是捐棄萬事하고 壹從節母求所以事祖姑劉孺人之法이라 黎明에 劉孺人興이면 節母執笄侍左어든 節婦自右約之하며 及盥에 節母奉水어든 節婦奉槃하며 及食에 婦具饌이어든 母侑之하고 及寢에 三世聯床하여 聽於無聲이라 劉孺人卽怒이면 節母負牆竦懼하고 節婦從容改爲하여 以適厥指라 卽疾病이면 婦煮藥하고 母嘗而後進하며 夜則番宿遞侍하여 衣不解帶라 一夕에 節母起라가 墮牀하여 折脇二骨하니 節婦號泣하여 就援之한대 母戒屛息하여 毋令劉孺人得聞知也라 劉孺人晩而喪明하고 手足痿痺어늘 挽筍輿하여 日游庭中할새 節母肩前하고 節婦肩後러라

그 후에 劉孺人이 90세의 나이로 세상을 떠났다. 節母도 60세였지만 두 갈비뼈가 끝내 병이 없었다. 그 20여 년 뒤에 집에 도둑이 들어 절모의 옷을 빼앗고 칼로 節婦의 손가락과 팔꿈치를 찔러 상처가 심했으나 또한 치료하지 않고도 끝내 병이 없었으니, 論者들이 "효의 徵驗이니 어쩌면 神이 도운 것이다."라고 하였다.

道光 9년(1829)에 절모가 죽으니 실제 나이가 96세였고, 23년(1843)에 절부가 죽으니 실제 나이가 83세였다. 5년 전인 己亥年(1839)에 모두 규례대로 節孝를 旌表하였다.

其後劉孺人九十而終이라 節母且六十矣로되 二脇骨者竟無恙이라 其後二十餘年에 盜入室하여 劫母衣하고 刃傷節婦指及肘하여 創甚이나 亦不醫而竟無恙하니 論者以爲孝徵이니 神或相之云이라하니라 道光九年에 節母歿하니 實年九十有六이요 二十三年에 節婦歿하니 實八十有三이라 其前五年歲在己亥에 均旌表節孝如例하니라

전임 史官[3] 曾國藩은 말한다.

"節婦의 손녀가 넷인데 둘째 손녀가 내게 시집을 왔다. 장인 福田先生[4]은 행실

3) 전임 史官 : 증국번이 1840년부터 1845년까지 翰林院에 재직하였고, 1846년에 文淵閣直閣事가 되었으므로 사관이라고 자칭한 것이다.

4) 장인 福田先生 : 증국번의 장인인 歐陽凝祉는 字가 柱六, 호가 福田이다.

이 독실한 군자인데 자주 내게 兩代의 일을 말해주었다. 내가 예전에 禮部의 관리로 있을 때 각 行省에서 글을 써서 부녀를 표창할 적에 무릇 남편을 따라 죽은 烈婦의 경우에는 따로 상소 한 통을 갖추어 올리는데 高宗皇帝(乾隆帝)가 항상 조서를 내려 그르다 하고 정표를 내리지 않으시는 것을 보고서, 행실은 구차히 어려운 일을 하는 것을 귀하게 여기지 않는다고 여겼다.[5] 그러나 末俗의 士論은 왕왕 과격하고 탁월한 행실을 어려운 일로 여긴다.

歐陽氏의 시어머니와 며느리의 절행을 보면, 또한 평범한 행실로 특별한 점이 없는 듯하나 순수한 효심으로 전전긍긍하여 시어머니를 오륙십 년이 되도록 오래 모시면서도 변치 않았으니 천하의 지극히 어려운 일이 무엇이 이를 넘어서겠는가."

**前史官曾國藩曰 節婦之孫女子四人**이니 **次二者歸於我**라 **外舅福田先生**은 **篤行君子也**니 **數**(삭)**爲余述誦兩世事狀**이라 **余昔官禮部**에 **見各行省題旌婦女**에 **凡烈婦殉夫者**는 **別具一疏**어늘 **高宗皇帝常下詔非之**하고 **不予旌表**하여 **以爲行不貴苟難也**라 **然**이나 **末俗士論**은 **往往以矯激卓絶之行爲難**이라 **觀歐陽姑婦之節**이면 **亦似庸行無殊絶者**나 **而純孝兢兢**하여 **事姑至六十年五十年之久而不渝**하니 **天下之至難**이 **孰踰是哉**리오

---

5) 행실은……여겼다 : ≪荀子≫ 〈不苟篇〉에 "군자는 행실은 구차히 어려운 일을 하는 것을 귀하게 여기지 않고, 논변은 구차히 살피는 것을 귀하게 여기지 않고, 명성은 구차히 전해지는 것을 귀하게 여기지 않고, 오직 예의에 합당함을 귀하게 여긴다.〔君子行不貴苟難 說不貴苟察 名不貴苟傳 唯其當之爲貴〕"라고 보인다.

# 24. 江忠烈公의 神道碑銘　江忠烈公神道碑銘*

*太平天國의 亂을 평정하는 데 큰 공을 세운 淸末의 名將 江忠源의 神道碑銘이다. 강충원은 湖南 新寧 사람으로, 亂이 일어나자 고향에서 楚勇이라 불리는 義勇軍을 조직하여 湖南, 江西, 安徽 등지에서 혁혁한 戰功을 세웠으나, 廬州 전투에서 패배하여 강물에 몸을 던져 자결한 인물이다. 이 글에서 증국번은 그의 擧兵 과정을 자세히 서술한 한편, 銘詩를 통해 幷序에서 미처 서술하지 못한 文武 兼備의 면모를 부각하였다.

公은 諱가 忠源이고, 號가 岷樵이니, 新寧 江氏이다. 曾祖는 登佐이니, 太學生이다. 祖父는 獻鵬이고, 부친은 上景이니, 歲貢生이다. 모친은 陳太夫人이니, 아들 넷을 낳았는데 公이 그중 맏이이다.

어려서부터 도량이 넓고 명석하며 才智가 특출하여 縣學 附生으로 道光 17년 丁酉年(1837) 科試의 拔貢生으로 선발되었는데 이내 이 과시의 鄕擧(鄕試)에 합격하였다. 오랫동안 京師에서 객지살이하면서 大挑[1]로 敎職을 얻었고, 曾國藩・陳源兗・郭嵩燾・馮卓懷 등 몇 사람과 벗이 되어 친하게 지냈다.

일찍이 조용히 나에게 말하기를, "신녕에 靑蓮敎匪[2]가 있으니, 亂이 시작될 조짐입니다."라고 하였는데, 신녕으로 돌아갔다가 2년 만에 다시 경사에 이르렀을 때 내가 장난삼아 公을 힐난하기를, "靑蓮會匪는 결국 어떻게 되었소? 어찌하여 오랫동안 징조가 없는 것이오?"라고 하였다. 이에 공이 "집에 있을 때 몰래 친한 이들을 경계하여 저들의 가르침에 물들지 못하게 하여 壯丁을 조직하고 은밀히 병기를 수선해두었으니, 일이 일어나면 이로써 막을 수 있을 것입니다."라고 자세히 말

1) 大挑 : 淸代에 會試에 응하여 합격하지 못한 擧人 중에서 성적이 좋은 자를 선발하여 知縣이나 敎職 등에 임용한 제도이다.
2) 靑蓮敎匪 : 淸나라 말기에 출현한 민간의 신앙 결사인 靑蓮敎를 이른다. 청련교는 無生老母라는 神이 지상에 미륵불을 파견하여 중생을 구제한다는 믿음에 기반한 종교 결사로서, 道光 연간에 四川・陝西・甘肅・湖北・湖南 등지에 성행하여 무장봉기를 일으켰다. '敎匪'는 '敎徒'를 비하한 말이다.

하였는데, 다시 신녕으로 돌아간 때에 이르러 과연 雷再浩[3]의 變亂이 있었다.

공은 군사 배치가 일찌감치 정해져 있었기에 한 번 전투하여 그 소굴을 격파하여 불사르고 賊黨을 유인하여 뇌재호를 결박하여 사지를 찢어 죽였다. 湖廣總督이 그 功을 上奏하자, 〈조정에서〉 상으로 藍翎을 달아주고 知縣으로 임용하였다.

공이 都城에 들어가 謁選할 때에 또 나에게 말하기를, "지난 일은 비록 평정되었으나 大吏가 姑息的으로 일하여 殘黨을 통렬히 주벌하려 하지 않으니, 난리는 아직 끝나지 않았습니다."라고 하였는데, 한 해가 지나 다시 李沅發[4]의 변란이 있었고, 또 한 해가 지나 廣西 群盜가 봉기하더니 洪秀全과 楊秀淸의 무리가 나오자 큰 亂이 일어났다.

**公諱忠源**이요 **號岷樵**니 **新寧江氏**라 **曾祖登佐**니 **太學生**이라 **祖獻鵬**이요 **父上景**이니 **歲貢生**이라 **母陳太夫人**이니 **生子四**하니 **公其長也**라 **少而豁朗英峙**하여 **以縣學附生**으로 **選爲道光十七年丁酉科拔貢生**이러니 **旋中是科鄕擧**라 **久客京師**에 **以大挑**로 **得敎職**하고 **與曾國藩陳源兗郭嵩燾馮卓懷數輩**로 **友善**이라 **嘗從容語國藩**하되 **新寧**에 **有靑蓮敎匪**하니 **亂端兆矣**라하더니 **旣歸二年而復至京**에 **余戱詰公**하되 **靑蓮會匪**는 **竟如何**오 **何久無驗也**오하여늘 **公具道家居時**에 **陰戒所親**하여 **無得染彼敎**하여 **團結丁壯**하고 **密繕兵仗**하니 **事發**에 **有以禦之**라하더니 **逮再歸**하여 **而果有雷再浩之變**이라 **公部署夙定**이라 **一戰**에 **破焚其巢**하고 **誘賊黨**하여 **縛再浩**하여 **磔之**라 **湖廣總督**이 **上其功**에 **賞戴藍翎**하고 **以知縣用**이라 **公入都謁選**에 **又語國藩**하되 **前事雖定**이나 **而大吏姑息**하여 **不肯痛誅餘黨**하니 **難猶未已**라하더니 **踰年而復**(부)**有李沅發之變**하고 **又踰年而廣西群盜蜂起**하더니 **洪秀全楊秀淸之徒出**에 **大亂作矣**라

公은 浙江에서 縣令을 한 지 한 해 남짓만인 咸豐 元年(1851)에 부친상을 당하여 新寧으로 돌아갔다. 大學士 賽尙阿[5] 공이 廣西에서 군대를 통솔할 때에 급히 상소하

3) 雷再浩 : ?~1847. 湖南 新寧 사람으로, 淸나라 말 瑤族 농민 봉기군의 우두머리이다. 일찍이 靑蓮敎에 入敎하였고, 棒棒會라는 조직을 결성하여 1847년 10월 신녕에서 봉기하였으나, 그 해 12월 江忠源의 伏兵에게 습격당해 처형되었다.

4) 李沅發 : 1828~1850. 湖南 新寧 사람으로, 淸나라 말 湖南 농민 봉기군의 우두머리이다. 일찍이 棒棒會에 가입하여 1847년 雷再浩의 봉기에 가담하였고, 1849년 11월 뇌재호의 殘黨을 규합하고 신녕에서 봉기하여 민중의 호응을 얻었으나, 1850년 5월에 官軍에 의해 체포되어 北京에서 참수되었다.

5) 賽尙阿 : 1794~1875. 蒙古 正藍旗 사람으로, 淸나라 말기에 文華殿大學士, 首席軍機大臣 등을 역임한 大臣이다. 태평천국의 난 때 두 차례 欽差大臣 자격으로 湖南에 파견되어 亂을 진압하는 책임을 맡았다.

여 공을 調發하여 粤 땅[6]으로 달려오게 하였는데, 월 땅에 이르러서는 또 副都統 烏蘭泰[7] 공의 恭待를 받게 되었다. 그리하여 〈오란태 공은〉 일은 큰 것이든 작은 것이든 반드시 공에게 거듭 자문한 뒤에 시행하였고, 사람은 먼 자든 가까운 자든 귀한 자든 천한 자든 반드시 공의 의향을 살핀 뒤에 厚하거나 薄하게 대하였으며, 공의 功勞를 서술하여 同知直隷州로 발탁하고 花翎으로 바꾸어 달아줄 것을 청하였다. 공 또한 정성을 다해 보좌하고 謀劃하여 楚勇[8] 500명을 모집하여 전투를 도우니, 湖南의 鄕勇이 〈호남의〉 경계를 벗어나 賊을 토벌한 것이 이로부터 시작되었다.

**公爲縣令浙江歲餘**에 **咸豐元年**에 **丁家艱歸**러라 **大學士賽尙阿公**이 **督師廣西**에 **馳疏調公赴粤**이러니 **旣至**엔 **則又爲副都統烏蘭泰公所賓敬**이라 **事無巨細**히 **必再諮而後行**하며 **人無疏戚貴賤**히 **必察公意嚮而薄厚之**하고 **敍公之勞**하여 **請擢同知直隷州**하고 **換戴花翎**이라 **公亦竭誠贊畫**(획)하여 **募楚勇五百人**하여 **助戰**하니 **湖南鄕勇出境討賊**이 **自此始也**러라

烏公은 강개하고 의기를 자부하여 提督 向公 榮[9]과 수차례 말이 맞지 않는 일이 있었다. 公이 편지로 오공을 開導하여 禮로써 낮추기를 매우 심하게 하여 상공을 감동시키기를 바랐으나 끝내 뜻대로 되지 못하였다. 永安에서 賊을 포위한 때에 이르러 다시 〈오공을〉 대신하여 한 통의 편지를 써서 상공에게 보내어 포위한 군대의 한 모퉁이를 틔워주자는 주장[10]에 대하여 극력 諫諍하고 사방을 에워싸고서 모조리 섬멸하자고 청하였으나 또다시 뜻대로 되지 못하였으므로 인하여 병을 핑계로 돌아갔다.

공이 돌아가자 영안의 賊이 나와 官軍을 크게 敗退시키고 마침내 桂林에 이르렀

6) 粤 땅 : 廣東과 廣西 지역을 가리킨다.
7) 烏蘭泰 : ?~1852. 滿州 正紅旗 사람으로, 淸나라 말의 名將이다. 火器營의 護軍으로서 回疆을 토벌하는 데 功을 세워 護軍參領으로 승진되었고, 道光 27년(1847)에 廣州副都統에 발탁되었다. 1851년에 向榮(상영)과 함께 永安에서 太平軍을 포위하고 공격하였으나 패배하고, 이듬해 태평군이 桂林을 공격할 때 피격되어 훗날 陽朔에서 죽었다.
8) 楚勇 : 太平天國의 亂을 진압하기 위하여 江忠源이 湖南에서 조직한 義勇軍의 명칭이다.
9) 向公 榮 : 淸나라 말의 名將 向榮(1792~1856)을 이른다. 상영은 四川 大寧 사람으로, 벼슬이 四川提督·固原提督·廣西提督·湖北提督 등을 거쳐 輕車都尉에 이르렀다. 太平天國의 亂을 진압하는 데 많은 공을 세웠다.
10) 포위한……주장 : 1851년 12월 官軍이 永安에서 太平天國軍을 포위하였을 때, 永安城 북쪽을 담당한 向榮은 賊軍의 퇴로를 열어주자고 주장하였고, 남쪽을 담당한 烏蘭泰는 포위를 더욱 굳건히 할 것을 주장하였다.

다. 공은 警報를 듣고는 鄕勇을 모집하여 노정을 배로 서둘러 구원하러 달려가서 장차 끝까지 오공을 도와 嶺外를 평정하려 하였는데, 도착하기도 전에 오공이 陣中에서 戰歿하였다. 이때부터 공이 홀로 한 부대를 거느리게 되었으니, 賊中에서는 왕왕 '江家軍'으로 지목하곤 하였다.

烏公慷慨負氣하여 與提督向(상)公榮으로 積有違言이라 公以書曉譬烏公하여 禮下之已甚하여 冀感動向公이로되 卒不能得이러라 逮圍賊於永安하여 復代爲一書하여 抵向公하여 力諫圍師缺隅之說하고 請合圍而盡殲之로되 又不能得일새 因引疾歸라 歸而永安賊出하여 大敗官軍하고 遂至桂林이라 公聞警募勇하여 倍道赴援하여 將終佐烏公하여 以平嶺表러니 未至而烏公陣沒이라 自是로 獨領一隊하니 賊中往往指目江家軍矣라

廣西의 포위를 풀고 나서 곧바로 蓑衣渡에서 크게 승리하자 賊이 배를 노략질하여 北上하지 못하니 衡州와 永州가 이로써 안정되었고, 賊이 長沙를 공격하자 公이 南門의 天心閣[11]에서 적과 힘껏 싸워 견고한 보루를 쌓고 要害處를 점거하니 장사가 이로써 온전하였다.

賊이 洞庭湖를 건너 東進한 것은 咸豐 2년(1852) 10월 말이 바로 그날이었으니, 깃발과 돛대가 강을 뒤덮고 내려왔다. 공은 時事가 더욱 무너져내린 것이 통탄스럽고 우리의 계책이 받아들여지지 않는 것이 원망스러워 失意한 채로 다시 동쪽으로 가고자 하지 않았다. 巡撫 張公 亮基[12]도 공을 머물게 하여 湖南을 지키게 해 달라고 上奏하였다.

이해 겨울에 賊의 두목 晏仲武[13]를 巴陵에서 격파하고 徵義堂會匪[14]를 瀏陽에서 討平하였는데, 이듬해 봄에 湖北按察使에 임명되어 叛民 劉立簡[15]을 通城에서

11) 天心閣 : 지금의 湖南省 長沙市에 남아 있는 長沙 古城의 한 城樓이다.

12) 張公 亮基 : 淸나라 말의 관리 張亮基(1807~1871)를 이른다. 장양기는 江蘇 徐州 사람으로, 字는 蔡臣이고, 號는 石敬이다. 道光 14년(1834) 擧人이 되어 內閣中書에 발탁된 이래 雲南按察使, 雲南巡撫 등을 역임하였다. 咸豐 2년(1852)에는 湖南巡撫에 조용되어 太平天國軍을 진압하는 데 참여하였다.

13) 晏仲武 : ?~1853. 湖南 巴陵 사람으로, 대대로 어업에 종사한 가난한 집안 출신이다. 道光 28년(1848) 廣西에 가 洪秀全의 拜上帝會에 가입하고 고향으로 돌아와 세력을 규합한 뒤 태평천국의 난에 적극 호응하여 호남 일대에서 봉기를 이끌었다.

14) 徵義堂會匪 : 道光 연간에 湖南 瀏陽에서 일어난 武裝 結社인 徵義堂 무리를 가리킨다. 징의당은 天地會의 일원이었던 周國虞 등이 창시한 결사로, 회원이 수천 명일 정도로 기세가 대단하였다. '會匪'는 비밀 결사의 조직원들을 비하하는 말이다.

제거하고 陳北斗[16]를 崇陽에서 사로잡으니, 모두 지친 兵卒 천여 명으로 寇賊 수만을 소탕한 것이었다. 天子께서 칭찬하고 감탄하니, 이로 말미암아 江南의 軍務를 幫辦하라는 命[17]이 있게 되었다.

**旣解廣西之圍**하고 **旋大捷於蓑衣渡**에 **賊不得掠舟而北**하니 **衡永以安**하고 **賊攻長沙**에 **公與力爭南門天心閣**하여 **築堅壘**하고 **據要害**하니 **長沙以完**이라 **賊之渡洞庭而東也**는 **實惟咸豐二年十月之杪**니 **旌旗帆檣**이 **蔽江而下**라 **公痛時事之益壞**하고 **怨吾謀之不見納**하여 **悵然不復欲東**이라 **巡撫張公亮基**도 **亦奏公留守湖南**이라 **是冬**에 **破賊目晏仲武於巴陵**하고 **剿平徵義堂會匪於瀏陽**이러니 **明年春**에 **署湖北按察使**하여 **翦叛民劉立簡於通城**하고 **縛陳北斗於崇陽**하니 **皆以疲卒千餘**로 **盪寇數萬**이라 **天子褒歎**하니 **由是**로 **有幫辦江南軍務之命**이라

公이 상소하고 장차 金陵으로 달려갈 때에 도중에 廣濟 사람 宋關佑[18]가 亂을 일으켰다는 소식을 듣고 군사를 옮겨 그를 토벌하였는데, 일이 겨우 진정되자 조정에서 공에게 속히 鳳陽을 구원하라고 명하고, 며칠 되지 않아 江西巡撫가 공에게 속히 南昌을 구원해달라고 檄文을 보내왔다.

공이 말하기를, "금릉과 봉양은 비록 조정의 명이 있었으나 〈이미 賊의 침공을 받아〉 殘破된 구역은 공효는 더디나 일은 쉽고, 江西는 비록 조정의 명은 없었으나 〈아직 賊의 침공을 받지 않아〉 완전한 땅은 화는 급하나 일은 어려우니, 나는 마땅히 어려운 것을 먼저 하겠다." 하고, 마침내 군대를 이끌고 九江[19]을 경유해서 400리를 질주하여 남창으로 달려 들어갔다.

이튿날 賊이 이른 때에는 방어 태세가 대략 갖추어져 있었기에 윗사람과 아랫사

15) 劉立簡 : 咸豐 3년(1853) 湖北 通城에서 일어난 叛軍의 우두머리이다. 그 외에는 이력이 자세하지 않다.

16) 陳北斗 : 咸豐 3년(1853) 湖北 崇陽에서 난을 일으킨 인물로, ≪淸史稿≫에 수록된 〈江忠源傳〉에는 이름이 '陳百斗'로 되어 있다.(≪淸史稿≫ 권407 列傳 〈江忠源〉) 그 외에는 이력이 자세하지 않다.

17) 江南의……명 : '幫辦'은 어떤 일을 주관하는 사람을 보좌하여 일을 처리하는 것을 뜻하는데, 여기서는 江忠源이 咸豐帝의 命으로 向榮의 江南大營에서 軍務를 방판한 것을 가리킨다.

18) 宋關佑 : 1807~1894. 湖北 廣濟 사람으로, 道光 연간에 廣濟縣에서 일어난 농민 봉기의 우두머리이다. 咸豐 3년(1853)에 縣民을 규합하여 縣城을 점령하고 창고를 열어 빈민을 구제하였다가 결국 官軍에 패하여 太平天國軍에 투신하였는데, 태평천국이 실패하자 중이 되어 숨어 살다가 병사하였다.

19) 九江 : 중국 江西省 북부에 있는 도시로, 揚子江 중류에 있다.

람이 이를 믿고 두려워하는 기색이 없었다. 賊이 밤낮으로 둘러싸고 공격하여 땅굴을 판 것이 열 개였고 인근 고을에서 소란을 피우면서 우리의 계책을 현혹하였으나 끝내 공의 方略을 다 파악하지 못하여 90여 일 만에 포위가 풀렸다. 상이 공의 공로를 가상히 여겨 2品의 頂戴를 상으로 내리고 翎管[20]과 반지 등 여러 물품을 하사하였다.

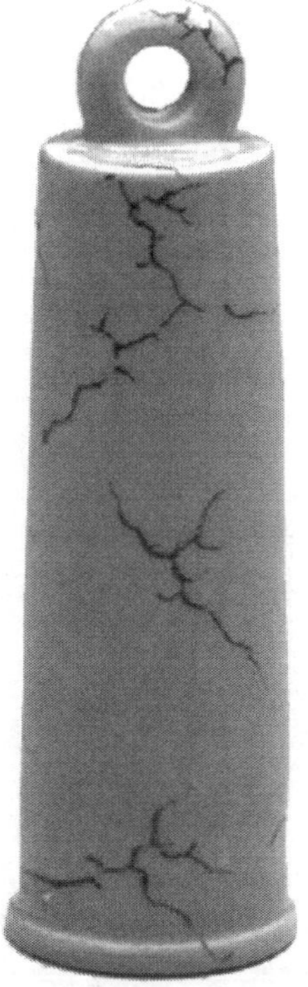

翎管

그 후에 〈공이〉 田家鎭[21]을 잃었을 때 상소하여 自劾하자 詔旨로 비록 네 資級을 깎아내리도록 허락하였으나, 이내 安徽巡撫를 맡으라는 명이 있었고, 또 공에게 조서를 내리기를, "楚 땅과 皖 땅[22]은 한 몸이다. 마땅히 緩急을 살펴 떠나거나 머물러야 할지니, 이미 내린 명령에 꼭 구애될 필요는 없다."라고 하셨으니, 대개 聖主께서 공에 의지하여 賊을 제압하려 하여 다시 중앙에서 제어하지 않은 것이요, 온 나라 사람들이 발돋움하여 간절히 기대한 바도 공이 아니고선 맡을 사람이 없다는 것을 다들 알았기 때문이었다.

공은 '武昌은 비교적 스스로 지킬 만하거니와 廬州는 行省을 새로 세운 터에 위험이 朝夕간에 닥쳐 있으니, 兵法 상 마땅히 淮南에서 일을 도모하여 吳 땅과 楚 땅의 賊勢를 분열시켜야 한다.'라고 생각하여, 상소하고 鄂 땅[23]에서 皖 땅으로 가면서 빗물로 얼굴을 씻으며 행군하였다. 장수와 군졸이 일 년 내 분주히 명을 받드느라 길에서 병이 들고 공 또한 병이 났는데 六安에 이르자 병이 심해졌다. 육안의 官吏와 백성들이 길을 막고 머물기를 청하였으나 허락하지 않고 병든 몸을 들것에 싣고서 마침내 여주에 다다랐다.

군사 배치가 아직 정해지지 않았는데 賊이 대거 이르자, 공이 계책을 내어 대적한 것은 長沙와 南昌을 지킬 때와 똑같았으나, 城에 현재 남은 군량이 없었고 火藥과 鉛丸이 바닥났으며 처음부터 따르던 병사가 채 천 명도 되지 않았다. 다른 군대들은

20) 翎管 : 淸代에 官員이 깃털 장식을 禮帽 위에 고정하기 위해 사용한 대롱이다.
21) 田家鎭 : 지금의 호북성 武穴市 서북쪽에 있던 鎭이다. 長江 北岸에 위치하고 남쪽에는 半壁山이 있어서 장강 전투의 요충지였다.
22) 楚……땅 : 楚 땅은 湖南과 湖北 일대를, 皖 땅은 安徽 일대를 가리킨다.
23) 鄂 땅 : 湖北을 가리킨다.

400리 밖에 주둔하여 관망하기만 하고 아무도 구원하지 않았고, 공의 아우 忠濬이 楚 땅에서 구원하러 왔으나 賊에게 막혀 지척간에서도 소식을 통하지 못하였다.

공의 병이 더욱 악화되어 며칠 동안 음식을 먹지 못하더니, 城이 함락되자 울분에 차서 물에 몸을 던져 죽으니, 咸豐 3년(1853) 12월 17일로, 향년 42세였다. 8일이 지나서야 사람을 모아 賊中으로 들어가서 공의 시신을 지고 나왔다. 일이 보고되자 天子께서 몹시 애도하여 總督을 追贈하고 제사와 장례에 필요한 물품을 하사하였고, 廬州와 湖南·江西에 모두 專祠[24]를 세우도록 명하였으며, 공의 3대를 褒賞하여 그의 관직과 같게 하고 忠烈이라는 諡號를 내리셨다.

公拜疏하고 將赴金陵할새 中途에 聞廣濟宋關佑爲亂하고 移師討之러니 事甫定에 而朝廷命公速救鳳陽하고 不數日에 而江西巡撫檄公速援南昌이라 公曰 金陵鳳陽은 雖有朝命이나 然殘破之區는 效遲而事易(이)요 江西는 雖無朝命이나 然完善之土는 禍急而事難이니 吾當先其難者호리라하고 遂挈師하여 由九江踔四百里하여 猋入南昌이라 翼日賊至엔 則設施略備에 上下恃以無恐이라 賊晝夜環攻하여 闕地十道요 分擾旁郡하여 以眩我謀로되 終不得窮公方略하여 凡九十餘日而圍解라 上嘉公功하여 賞二品頂戴하고 賜翎管班指諸物이러라 厥後에 田家鎭失에 上疏自劾이어늘 詔旨雖許鐫四級이나 然旋有安徽巡撫之命하고 又詔公하되 楚皖은 一體라 當相緩急하여 爲去留니 不必拘於成命이라하니 蓋聖主倚公辦賊하여 不復中制요 而海內企踵喁喁도 亦咸知非公莫屬(촉)也라 公以爲武昌은 差足自保어니와 廬州는 新立行省에 危在旦夕하니 法宜經營淮南하여 以分吳楚賊勢라하여 拜疏하고 自鄂之皖에 𩅦雨而行이라 將卒終歲奔命에 道病하고 公亦病이러니 至六安하여 病甚이라 六安吏民이 遮道請留어늘 不許하고 舁疾하여 竟達廬州라 部分未定而賊大至어늘 公設策應敵이 一如守長沙南昌時로되 而城無見(현)糧하고 藥鉛罄竭이요 元從之士가 不滿千人이라 諸軍屯四十里外하여 觀望莫救요 公弟忠濬이 自楚來援이로되 爲賊所梗하여 咫尺不得通問이라 公病益困하여 不食數日矣러니 城陷에 發憤하여 投水死하니 咸豐三年十二月十七日也니 春秋四十有二라 越八日에 募人하여 入賊中하여 負公屍以出이라 事聞에 天子震悼하여 追贈總督하고 賜祭葬하고 命廬州及湖南江西에 皆立專祠하고 褒公三代如其官하고 予諡忠烈이라

咸豐 5년(1855)에 劉公 長佑[25]가 먼 길에 고생하면서 公의 喪輿를 모시고 新寧

24) 專祠: 여러 神位를 모시지 않고 한 신위만 단독으로 제향한 사당을 이른다.

25) 劉公 長佑: 淸나라 말의 大臣인 劉長佑(1818~1887)를 이른다. 유장우는 湖南 新寧 사람으로, 字는 子默이고, 號는 蔭渠·印渠이다. 증국번과 함께 湘軍을 통솔한 주요 인물로, 太平

으로 돌아와 함풍 6년 某月에 某里 某山에 안장하였다. 공의 아우 세 사람 중 仲弟가 바로 忠濬인데, 전쟁에서 쌓은 공으로 道員[26]에 이르렀고, 安徽와 四川의 布政使를 역임하였다. 그다음 忠濟는 戰功이 가장 큰데, 岳州[27]에서 난리 중 순국하자 壯節이라는 시호를 내렸다. 그다음 忠淑은 縣學 附生인데, 保擧[28]로 知府에 敍任되었다. 부인 陳氏에게 아들이 없었으므로 조카 孝椿을 嗣子로 삼았는데, 첩 楊氏가 공이 죽고 나서 아들 孝棠을 낳았다.

**咸豐五年**에 **劉公長佑間**(간)**關歸公喪新寧**하여 **六年某月**에 **葬於某里某山**이라 **公弟三人**은 **仲卽忠濬**이니 **以兵事積功**으로 **至道員**하고 **歷官安徽四川布政使**라 **次忠濟**는 **戰功最偉**러니 **殉難岳州**에 **予諡壯節**이라 **次忠淑**은 **縣學附生**이니 **保敍知府**라 **夫人陳氏無子**라 **以弟子孝椿爲嗣**러니 **妾楊氏**가 **公旣沒而生子孝棠**이라

나는 예전에 公과 더불어 학문과 행실을 서로 切磋琢磨한 터라, 文宗(咸豐帝)께서 즉위하시자 공을 천거하여 賢士를 구하는 詔令에 응하였다. 공은 일찍이 상소하여 세 省에서 배를 만들어 水軍을 조련할 것을 청하였고, 또 일찍이 나에게 편지를 보내어 砲船을 널리 배치하여 長江 방면을 숙청하여 큰 禍亂을 막으라고 단단히 부탁하였으니, 그 후에 내가 수군에 專力하여 요행히 전공을 이룬 것은 공의 계책을 따른 것이었다.

공이 죽고서 忠濬 등이 수차례 나의 글을 청하여 公의 墓道를 表하려 하니, 大義가 서로 허여하고 神人이 함께 비추어보는 바에 내가 감히 사양할 수 있겠는가.

군대가 일어난 이래 전쟁에서 殉國한 자들이 많지만, 간혹 亂이 일어난 때를 우연히 만나 요행으로 忠義의 반열에 낀 자들을 어찌 이루 다 말할 수 있겠는가. 공이 江西의 위급함에 달려갈 때에는 金陵으로 가라는 조령이 있었고, 廬州의 위급함에 달려갈 때에는 우선 楚 땅에 머물러 있으라는 조령이 있었으니, 의당 조금이나마 안정을 취하여 크게 쓰일 몸을 아꼈어도 되는데, 공은 기필코 위험한 땅을 밟아 죽음을 엿처럼 달게 여기며 다만 神明에게 허물이 없기만을 바랐으니, 아마

---

天國의 亂을 진압한 공으로 疆大吏로 봉해지고, 廣東巡撫·直隸總督 등을 역임하였다.

26) 道員 : 淸代에 각 省의 부처 장관이나 각 府縣의 행정을 감찰하는 관리이다.

27) 岳州 : 지금의 湖南省 岳陽市에 해당한다.

28) 保擧 : 大臣 등 고위 관원이 신원을 보증하여 기예나 학식, 공적이 있는 사람을 황제에게 奏請하여 관직에 임용하도록 한 제도로, 천거의 일종이다.

도 이른바 마음이 환하여 자신을 속이지 않는다는 것이리라. 아아! 충성스럽도다.

내가 이미 그 用兵한 始末을 들어 서술한지라 이에 여타 行義를 아울러 서술하여 銘詩로 드러내어 읊어서 후세의 國聞을 다스리는 자[29]에게 알린다.

國潘은 昔與公으로 以學行相切磋라 文宗御極에 薦公하여 以應求賢之詔러라 公嘗疏請三省造舟하여 練習水師하고 又嘗寓書國藩하여 堅屬(촉)廣置礮船하여 肅淸江面하여 以弭巨禍하니 其後에 國藩專力水軍하여 幸而有成은 從公謀也러라 自公之薨으로 忠濬等이 數乞余文하여 表公墓道하니 大義相許요 神人共鑑에 余其敢讓가 軍興以來로 死事者多矣로되 或邂逅及難하여 而倖厠忠義之林을 何可勝道리오 當公赴江西之急하여 有詔令至金陵하고 及赴廬州之急하여 有詔且留楚中하니 宜可秒安하여 以惜有用之身이어늘 而公必蹈危地하여 甘死如飴하여 但求無疚於神明하니 豈所謂皎然不欺者耶아 嗚呼라 忠已로다 余旣揭其用兵始末이라 乃竝述他行義하여 聲之銘詩하여 用告異世治國聞者하노라

銘은 다음과 같다.

儒者의 文과 俠士의 武는 道를 함께 펴지 못하나니
一世의 이름난 英哲이라야 비로소 그 장점 겸하지
公이 일어나자 쇠퇴한 풍속 실로 바로잡히니
밝고 밝은 지혜 달과 같고 용감한 肝膽 명성이 알려졌어라
스승 鄧君이 있고 벗 鄒子가 있었으니
長安에서 병으로 누웠을 때 아침저녁으로 가서 살폈네
또한 曾生이 있었으니 燕南에서 客死하거늘
도모하여 세 喪輿 고향으로 운구해 만 리 길 돌아가 안장하였네[30]
두 차례 몸소 갔으니[31] 의리가 귀신을 울릴 만하네
近古의 俠士가 뉘라서 그와 비견하겠는가
吳와 越의 수령으로 있을 때 〈백성을〉 風敎로 적셔 길렀고

---

29) 國聞을……자 : 國史를 편찬하는 史官을 가리킨다.

30) 스승……안장하였네 : 鄧君, 鄒子, 曾生은 각각 鄧鶴齡, 鄒興愚, 曾如隴을 가리킨다. ≪新世說≫에 따르면 이 세 사람은 江忠源과 同年生으로, 모두 京師에서 客死하였으나 가난하여 反葬하지 못했는데, 강충원이 몸소 이들의 상여를 護送하여 고향 땅에 장사 지내주었다고 한다.(≪新世說≫ 권1 〈德行〉)

31) 두……갔으니 : 鄧鶴齡, 鄒興愚, 曾如隴을 反葬하기 위하여 江忠源이 몸소 이들의 상여를 護送한 일을 말한다.

秀水[32]에서 飢民을 진휼할 때 官長으로서 백성을 보호하였네
그 썩은 시체 소생시켜 무늬 있는 繈褓로 옷을 입히니[33]
儒吏의 기풍이 동시대에 둘 없었네
文武의 장점 다 갖춤에 風雷의 조화가 품 안에 들어오니
우르릉 변화함에 陰이 닫히고 陽이 열렸네
큰 난리 평정하여 다시 九州를 定해 마땅하거늘
중도에 수레를 푸니 하늘 탓인가 사람 탓인가
楚軍이 동쪽을 정벌한 지 10년이 훌쩍 지났네
30만 명이 철갑 입은 용맹한 군사였는데
죽은 자가 반을 차지하여 白骨이 높은 산을 이루니
사람들 忠憤한 마음 품기를 마치 자기 원수 갚는 듯하여라
천 번 갈리고 백 번 꺾여도 나아가기만 하고 쉬지 않더니
마침내 원흉 쓰러뜨리고 이름난 성 모두 수복하였네
은하수로 더러움 씻어내자[34] 海內가 다시 맑아지니
公이 처음 시작하고 완성은 보지 못하였네
죽은 이가 살아날 수 있다면 이 銘으로 위로하리

**銘曰 儒文俠武**는 **道不竝張**이니 **命世英哲**이라야 **乃兼厥長**이라 **惟公之興**에 **頹俗實匡**하니 **明明如月**이요 **肝膽芬芳**이라 **有師鄧君**하고 **有友鄒子**하니 **臥病長安**에 **朝夕往視**라 **亦有曾生**하니 **燕南旅死**어늘 **謀歸三喪**하여 **反葬萬里**라 **兩以躬致**하니 **義泣鬼神**이라 **近古之俠**이 **孰與比倫**가 **作宰吳越**에 **風敎露養**이요 **秀水賑飢**에 **翼民以長**이라 **蘇其枯胔**하여 **衣以文褓**하니 **儒吏之風**이 **竝時無兩**이라 **蘊此兩美**에 **風雷入懷**하니 **砰然變化**에 **陰闔陽開**라 **宜戡大難**하여 **重奠九垓**이어늘 **半駕而稅**(탈)하니 **天乎人哉**아 **楚師東征**이 **倏逾十秋**라 **三十萬人**이 **金甲貔貅**러니 **死者半之**에 **白骨嵩邱**니 **人懷忠憤**을 **如報私仇**라 **千磨百折**에 **有進無休**러니 **終殪元惡**하여 **盡復**(복)**名城**이라 **天河盪穢**에 **海宇再淸**하니 **公剏其始**하고 **不觀其成**이라 **九原可作**인댄 **慰以玆銘**이라

32) 秀水 : 浙江 秀水縣을 이른다. 江忠源은 일찍이 秀水知縣을 지냈다.
33) 그……입히니 : 飢餓로 빈사지경에 빠진 백성을 구휼하여 소생시키고, 繈褓에 싸인 赤子를 돌보듯 백성을 보살펴 그 衣食을 풍족하게 해주었다는 뜻이다.
34) 은하수로……씻어내자 : 逆亂이 평정되어 전쟁이 종식됨을 뜻한다. 杜甫의 시 〈洗兵行〉에 "어찌하면 壯士를 얻어 은하수를 끌어와 甲兵을 깨끗이 씻어 길이 쓰지 않게 할꼬.〔安得壯士挽天河 淨洗甲兵長不用〕"라는 말이 보인다.

# 25. 羅忠節公의 神道碑銘 羅忠節公神道碑銘*

* 太平天國의 난을 진압하는 데 공을 세운 名將 羅澤南의 神道碑銘이다. 나택남은 湖南 湘鄉 출신으로 忠節은 그 시호이다. 鄕塾에서 宋學을 가르치다가 태평천국의 난에 대항하여 鄕勇을 편성하고, 증국번의 휘하에서 湘勇의 中營을 지휘하였다. 이후 武昌·湖北·江西 등지에서 싸우다가 호북에서 전사하였다.

公은 諱가 澤南이고, 字가 仲嶽이며, 號가 羅山이니, 湘鄉 羅氏이다. 咸豐 4, 5년 사이에 공이 諸生으로서 군대를 거느리고 적을 격파하여 누차 큰 공을 세우니 朝野가 감탄하여 우러르며 名將으로 여겼으되, 그의 평소 포부가 오래도록 학문 쪽에 많았음은 알지 못하였다. 공의 학문은 그 대체는 '천지 만물이 본디 나와 일체이니[1] 역량이 천지 사방에 두루 펴지지 못하고 은택이 匹夫에게 미치지 못하면 자신을 훼손하고 욕되게 하는 것이 이보다 심한 일이 없다.'라고 여겼다. 그리하여 降衷의 큰 근원[2]을 두려워하고 靜을 위주로 하여[3] 기미를 연구할[4] 것을 생각하였으니, 이에 張子(張載)를 존숭하여 ≪西銘講義≫ 1권을 저술하였고, 周子(周敦頤)를 존숭하여 ≪人極衍義≫ 1권을 저술하였다.

---

1) 천지……일체이니 : ≪中庸章句≫ 제1장 제5절 朱熹의 주에 "천지 만물이 본래 나와 일체이니 나의 마음이 바르면 천지의 마음 또한 바르고 나의 기가 순하면 천지의 기 또한 순하다.〔蓋天地萬物 本吾一體 吾之心正 則天地之心亦正矣 吾之氣順 則天地之氣亦順矣〕"라는 말이 보인다.

2) 降衷의……근원 : 하늘로부터 받은 天命을 말한다. ≪書經≫ 〈商書 湯誥〉에 "훌륭하신 上帝가 下民에게 衷을 내려주어 〈그 자연스러운 이치를〉 따라 떳떳한 성을 소유하였다.〔惟皇上帝 降衷于下民 若有恒性〕"라는 구절이 보인다. 이에 대하여 ≪書經集傳≫에서는 "衷은 中이고, 若은 順이다. 하늘이 명을 내릴 적에 仁·義·禮·智·信의 이치를 갖추어 편벽되거나 치우친 바가 없으니, 이른바 衷이라는 것이다."라고 하였다. '큰 근원'은 董仲舒가 漢 武帝에게 올린 對策에서 "도의 큰 근원이 하늘에서 나오나니, 하늘이 변하지 않으면 도 또한 변하지 않는다.〔道之大原出於天 天不變 道亦不變〕"라고 한 데서 보인다.(≪漢書≫ 권56 〈董仲舒傳〉)

3) 靜을……하여 : 宋明 성리학의 수양 방법으로, 마음을 고요히 하여 외물에 동요하지 않게 하는 것이다. 周敦頤의 〈太極圖說〉에 "성인은 中·正·仁·義로써 定하되 靜을 위주로 하여 사람의 표준을 세웠다.〔聖人定之以中正仁義而主靜 立人極焉〕"라고 하였다.

4) 기미를 연구할 : 원문은 '硏幾'이다. 이 말은 ≪周易≫ 〈繫辭傳 上〉에 "≪易≫은 성인이 심오한 부분을 깊이 탐구하고 기미를 연구한 것이다.〔夫易 聖人之所以極深而硏幾也〕"라고 한 데서 보인다.

어린아이로서의 예의를 신중히 하지 않으면 居敬의 기반이 없게 되고 異說을 변별하지 못하면 천 리만큼이나 어긋나게 되니, 이에 朱子를 존숭하여 ≪小學韻語≫ 1권과 ≪姚江學辨≫ 2권을 저술하였다.

義와 利의 分限을 엄격히 하고 陰陽의 변화를 궁구하였으며 아울러 州域[5]의 形勢와 여러 학자의 저작을 연구하고 토론하지 않은 것이 없었으니, 이에 ≪讀孟子箚記≫ 2권과 ≪周易本義衍言≫ 약간 권과 ≪皇輿要覽≫ 약간 권과 詩文集 8권을 저술하였다.

그 주장은 비록 다양하지만 그 근본은 자신을 수양하여 四海를 지키는 것으로서 결국 같은 취지로 돌아가지 않은 적이 없었다.

**公諱澤南**이요 **字仲嶽**이며 **號羅山**이니 **湘鄕羅氏**라 **咸豐四五年間**에 **公以諸生**으로 **提兵破賊**하여 **屢建大勳**하니 **朝野歎仰**하여 **以爲名將**이로되 **而不知其平生志事裕於學者久矣**라 **公之學**은 **其大者**는 **以爲天地萬物**이 **本吾一體**니 **量不周於六合**하고 **澤不被於匹夫**면 **虧辱莫大焉**이라하여 **憭降衷之大原**하고 **思主靜以硏幾**하니 **於是乎宗張子而著西銘講義一卷**하고 **宗周子而著人極衍義一卷**이라 **幼儀不愼**이면 **則居敬無基**요 **異說不辨**이면 **則謬以千里**니 **於是乎宗朱子而著小學韻語一卷姚江學辨二卷**이라 **嚴義利之閑**하며 **窮陰陽之變**하고 **旁及州域形勢**와 **百家述作**을 **靡不硏討**하니 **於是乎有讀孟子箚記二卷**과 **周易本義衍言若干卷**과 **皇輿要覽若干卷**과 **詩文集八卷**이라 **其爲說雖多**로되 **而其本**은 **躬修以保四海**하여 **未嘗不同歸也**라

애초에 公은 집안이 대대로 몹시 가난하였는데, 曾祖父 羅阮과 祖父 羅拱詩는 모두 공이 현달하였기 때문에 通奉大夫에 추증되었고, 부친 羅嘉旦은 공이 죽은 뒤에 頭品頂戴[6]를 상으로 받았으며, 증조모 蕭氏와 조모 賀氏와 모친 蕭氏는 모두 夫人에 추증되었다.

**始公家世貧甚**이러니 **曾祖王父曰阮**과 **王父拱詩**는 **皆以公貴**로 **贈通奉大夫**하고 **父嘉旦**은 **公沒後**에 **賞加頭品頂戴**하며 **曾祖王母蕭氏**와 **王母賀氏**와 **母蕭氏**는 **皆贈夫人**이라

5) 州域 : 州별로 나누어진 구역을 말한다.
6) 頭品頂戴 : 頭品은 관직의 최고 등급을 말한다. 頂戴는 淸나라 때에 관원이 사용하던 모자 장식으로, 그 재질과 색깔로 등급을 구별하였다. 대체로 前代가 공을 세우거나 순직하였을 경우 그 자손이 이어받았다.

公이 어려서 스승에게 나아가 배울 적에 조부가 누차 옷을 전당 잡히고 쌀을 사서 집에서는 절약하고 글방의 식량을 도맡아 대주었다. 19세에 학생을 가르치는 일을 하여 돈을 받아서 생활을 하였다. 모친을 여의고 또 형을 여의고 곧 조부를 여의어 10년 동안 期功親[7])의 喪事를 연달아 당한 것이 11차례였다.

일찍이 科試를 마치고 걸어서 밤중에 돌아왔을 적에 집안사람들이 흉년으로 음식을 마련하지 못하고 아내는 세 아들을 연이어 잃고 실명해 있었다. 공은 더욱 스스로 각고의 노력을 하여 집안에 변고가 많은 것을 근심하지 않고 배운 바가 범속한 수준을 벗어나 聖人의 경지에 들지 못하는 것을 근심하였으며, 생계가 어려운 것을 부끄러워하지 않고 천하를 구제할 방법이 없는 것을 부끄러워하였다.

그 후 30세가 넘어 마침내 學官 附生[8])으로 보충되었고, 40세가 넘어 마침내 廩生(廩膳生員)으로서 孝廉方正[9])으로 천거되었고, 사방에서 객지살이하며 평생토록 〈생계를 꾸리느라〉 급급하게 살면서 자신의 門徒들과 濂洛關閩[10])의 緒餘를 강론하여 입이 아프도록 말하고 애를 태우면서 그 뜻을 크게 밝혔는데, 얼마 지나지 않아 전쟁이 일어나자 湘中의 書生들 중에 큰 환난을 구제하여 功名을 세운 자가 많았으니 대체로 공의 제자들이었다.

**公少就學**에 **王父屢典衣市米**하여 **節縮於家**하고 **專餉於塾**이러라 **年十九**에 **卽藉課徒取貲自給**이라 **喪其母**하고 **又喪其兄**하고 **旋喪王父**하여 **十年之中**에 **連遭期功之戚十有一**이라 **嘗以試罷徒步夜歸**할새 **家人以歲饑不能具食**하고 **妻以連哭三子喪明**이라 **公益自刻厲**하여 **不憂門庭多故**하고 **而憂所學不能拔俗而入聖**하며 **不恥生事之艱**하고 **而恥無術以濟天下**하다 **其後年逾三十**에 **乃補學官附生**하고 **逾四十**에 **乃以廩生擧孝廉方正**하고 **假館四方**에 **窮年汲汲**하여 **與其徒**

7) 期功親 : 상을 당하였을 때 朞服이나 功服을 입는 가까운 친척을 말한다. 기복은 喪期가 1년으로, 조부모・백숙부모・형제자매・처 등의 상이 이에 해당한다. 공복에는 친소관계에 따라 상기가 9개월인 大功과 5개월인 小功이 있다.

8) 附生 : 附學生員의 준말이다. 生員의 등급에는, 廩料를 지급받는 廩膳生員, 증원된 학생인 增廣生員, 廩膳生員과 增廣生員에 들지 못하였으나 추가로 뽑아 청강하게 하는 附學生員 등이 있었다.

9) 孝廉方正 : 淸代에는 효행 있고 청렴하고 방정한 자들을 지방관으로부터 추천받아 선발하는 제도가 있었는데 이를 孝廉方正科가 한다. 乾隆帝 이후에는 추천 이후 吏部의 고찰을 거쳐 직임을 내렸다.

10) 濂洛關閩 : 濂溪・洛陽・關中・閩中을 병칭하는 말로, 宋나라 理學의 네 학자를 가리킨다. 周敦頤는 염계에 살았고, 程顥와 程頤 형제는 낙양에 살았고, 張載는 관중에 살았고, 朱熹는 민중에 살았다.

**講論濂洛關閩之緖**에 **瘏口焦思**하여 **大暢厥旨**러니 **未幾**에 **兵事起**할새 **湘中書生**이 **多拯大難**하여 **立勳名**하니 **大率**(솔)**公弟子也**라

咸豐 2년에 粤賊[11]이 長沙를 공격하여 포위할 때 縣令이 공을 불러 鄕勇(의용병)을 훈련하여 不虞의 사태에 대비하게 하니 省城에 포위가 풀렸다.

이듬해 봄에 巡撫인 張公 亮基가 공에게 檄文을 보내 향용을 거느리고 장사에 오게 하였는데, 당시에 내가 명을 받들고 團練을 감독하여 다스리고 있었기에 인하여 공과 함께 隊伍를 짜고 전투하는 기술을 講求하여 밤낮으로 훈련하여 桂東에서 土寇를 공격하고 衡山에서 逆黨을 사로잡았다.

그해 여름에 적이 江西 성성을 포위하자 마침내 湘軍[12] 2,000명을 더 모집하고 新寧의 향용과 鎭筸[13]의 병사로 보조하여 공에게 격문을 보내어 南昌으로 나아가 구원하게 하였으니, 상군이 省의 경계를 넘어 적을 토벌한 것이 이로부터 시작되었다.

**咸豐二年**에 **粤賊攻圍長沙**할새 **縣令召公練鄕勇以備不虞**하니 **省城解圍**라 **明年春**에 **巡撫張公亮基**가 **檄公帶勇至長沙**하니 **維時國藩奉命督治團練**일새 **因與公講求束伍技擊之法**하여 **晨夕訓練**하여 **擊土寇於桂東**하고 **擒逆黨於衡山**이라 **其夏**에 **賊圍江西省城**할새 **乃益募湘勇二千**하고 **輔以新寧之勇鎭(篁)〔筸(간)〕**[14]**之兵**하여 **檄公赴援南昌**하니 **湘軍越境討賊**이 **自此始矣**라

南昌의 포위를 풀고 나서 다시 安福에서 적을 격파하고 돌아가 衡州에 이르러 永興에서 土匪를 섬멸하였다. 咸豐 4년(1854) 봄에 湖北의 적이 대거 남쪽으로 침입하자 官軍이 岳陽에서 패전하고 湘潭에서 승전하였다. 提督 塔齊布[15] 公이 적을

11) 粤賊 : 太平天國의 창시자인 洪秀全이 粤(廣東) 사람이기 때문에, 淸나라 조정에서는 태평천국군을 '粤賊', '粤匪', '粤逆', '粤寇'로 폄하하여 불렀다.
12) 湘軍 : 증국번이 황제의 명을 받아 태평천국의 난을 진압하기 위해 湖南省을 중심으로 의용병을 모집하여 훈련시킨 군대이다. 湘勇이라고도 한다.
13) 鎭筸 : 湖南省 鳳凰縣의 남쪽 지역이다. 淸나라 때에 鎭筸總兵을 설치하여 여기에 주둔하게 하였다.
14) (篁)〔筸(간)〕 : 저본에는 '篁'으로 되어 있으나, ≪曾文正公文集≫에 의거하여 '筸'으로 바로잡았다.
15) 塔齊布 : 1817~1855. 滿洲 鑲黃旗 사람으로 성은 陶佳氏이고, 자는 智亭이다. 淸나라 말기 湘軍의 名將으로, 湖南綠營都司, 副將을 지냈다. 증국번을 보좌하여 상군을 창건하였고,

뒤쫓아 岳州에 이르자 내가 공과 李公 續賓[16]에게 격문을 보내 그를 돕게 하였는데 공이 〈악주로 들어오는〉 큰 다리를 지키고서 그 요충지를 막아 모두 7차례 전투하여 적들이 궤멸하고 악주가 평정되었다. 勝勢를 타고 패주하는 적을 추격하여 3개 縣을 연이어 수복하였다.

**既解南昌之圍**에 **復破賊於安福**하고 **歸及衡州**하여 **殲土匪於永興**하다 **四年春**에 **湖北之賊**이 **大擧南侵**할새 **官軍失利於岳陽**하고 **克捷於湘潭**이라 **提督塔齊布公**이 **追賊至岳州**할새 **余檄公與李公續賓佐之**하니 **公扼大橋以遏其衝**하여 **凡七戰**에 **而群賊潰**하고 **岳州平**이라 **乘勝逐北**(배)하여 **連復三縣**하다

장차 武昌을 공격하려 할 적에 공이 손수 그림 하나를 그려 나에게 와서 계책을 결정하고자 하였으니, 군대가 2개 길로 나가되 塔公을 洪山 한 길로 나아가게 하고 자신은 花園 한 길을 공격하여 그 굳센 적을 맡고자 자청하였다. 그의 계책대로 하여 과연 武昌城과 漢陽城[17]을 함락하였다.

적이 동쪽으로 패주하자 뒤쫓아 興國에 이르고 田家鎭에서 크게 무찔렀다. 공이 2,000명의 병졸을 거느리고서 수십 배의 적을 방어하여 강가로 몰아붙이니, 바위에 걸리고 벼랑으로 떨어져 죽은 자가 만 명이나 되었다. 水軍 또한 강을 가로질러 설치된 쇠사슬을 끊고 적의 선박 수천 척을 불살랐다. 이때에 이르러 공의 명성이 천하를 진동하였다.

**將攻武昌**에 **公手一圖**하여 **就余決策**하니 **師出兩路**하되 **以塔公進洪山一路**하고 **而自請攻花園一路**하여 **當其堅者**라 **如其策**하여 **果克武昌漢陽兩城**이라 **賊既東奔**에 **追及於興國**하고 **大膊於田家鎭**이라 **公提卒二千**하여 **禦數十倍之寇**하여 **蹙之江濱**하니 **挂石墜崖**하여 **死者萬計**요 **而水師亦斷橫江鐵鎖**하고 **燔賊舟數千**이라 **當是時**하여 **公名震天下**라

---

咸豐 4년(1854)에 湘潭을 수복하는 데 공을 세워 提督으로 승진하고, 喀屯巴圖魯라는 호를 하사받았다. 이듬해 九江을 오래도록 공격하였으나 함락시키지 못하자, 분에 차서 피를 토하며 죽었다. 사후 輕車都尉에 추증되었다. 시호는 忠武이다.

16) 李公 續賓 : 李續賓(1818~1858)이다. 이속빈은 자가 迪庵·克惠이고, 시호가 忠武이다. 湖南 湘鄕 사람이다. 羅澤南에게서 수학하다가 태평천국의 난이 발발하자 나택남을 따라 團練을 조직하였고 이후 湘軍의 지휘관이 되어 각지에서 많은 전공을 세웠다.

17) 武昌城과 漢陽城 : 모두 湖北省에 있는 현이다.

이전에 공훈을 쌓아 保擧로 道員[18]의 花翎에 이르렀는데 이에 이르자 寧紹台道[19]로 삼는 명이 내리고 按察使의 직함이 더해졌다. 이윽고 병사들을 이끌고 북쪽으로 건너가서 廣濟縣과 黃梅縣[20]을 함락하니 葉普鏗額[21] 巴圖魯[22]라는 名號를 상으로 내렸다. 다시 병사들을 이끌고 남쪽으로 건너가서 九江을 공격하여 포위하고 진격하여 湖口縣[23]을 공격하려 도모하였는데 적이 견고하게 수비하여 대번에 함락할 수 없었다.

마침 수군이 병력을 나누어 宮亭湖[24]에 들어가서 강가의 군대가 이기지 못하고 湖北의 여러 군대가 거듭 패하니, 적이 黃梅에서부터 멀리 달려 서쪽으로 올라가서 武昌이 재차 함락되었다. 공이 크게 한숨 쉬고 깊이 근심하여 세상의 변고가 그치지 않음을 한탄하였다. 부하들을 더욱 단속하여 거듭 경계하고 혹 ≪周易≫을 해설하여 스스로 마음을 달래기도 하였다고 한다.

이때 다른 적군이 饒州의 弋陽을 함락하니 공이 江西로 들어가 구원하여 토벌해서 익양에서 크게 전투를 벌여 승리하고, 적이 廣信을 함락하자 다시 信州[25]에서 전투를 벌여 승리하였다. 또한 그 가운데 德興의 景德鎭을 수복하였다.

**前此累功**하여 **保至道員花翎**이러니 **至是**에 **有寧紹台道之命**하고 **加按察使銜**하다 **旣而**요 **引兵北渡**하여 **克廣濟黃梅**하니 **賞葉普鏗額巴圖魯名號**라 **又引兵南渡**하여 **攻圍九江**하고 **進規湖口**어늘 **賊堅守不可遽下**러라 **適會水師分兵入宮亭湖**하여 **江上之軍不利**하고 **而湖北諸軍屢敗**하니 **賊自黃梅長驅西上**하여 **武昌再陷**이라 **公太息深憂**하여 **歎世變之未已也**라 **益討部衆而申警之**하고 **或解說周易以自遣云**이라 **時別賊陷饒州弋陽**할새 **公入江西援剿**하여 **大戰弋陽**하여 **克之**하고 **賊陷廣信**할새 **又戰信州**하여 **克之**하다 **又以其間收復德興景德鎭**하다

**東路**가 평정되자마자 **義寧**이 다시 함락되니, 公의 군대가 湖漢을 건너서 서쪽으로 가서 도착해서는 杭口에서 진을 친 것처럼 가장하고서 몰래 鼇嶺으로 진군하여

---

18) 道員 : 淸代에 각 省의 부처 장관이나 각 府縣의 행정을 감찰하는 관리이다.
19) 寧紹台道 : 淸代에 浙江省의 寧波・紹興・台州 3府를 관할하는 道員이다.
20) 廣濟縣과 黃梅縣 : 모두 湖北省에 있는 현이다.
21) 葉普鏗額 : 만주어 'yebkengge'를 音譯한 것으로, 俊杰이라는 뜻이다.
22) 巴圖魯 : 淸代에 武功이 있는 관원에게 내린 칭호로서, 만주어로 勇士라는 뜻이다.
23) 湖口縣 : 江西省 九江郡에 있는 縣이다.
24) 宮亭湖 : 江西省 북부에 위치한 鄱陽湖에서 남쪽으로 南昌의 경계에 이르는 부분을 이른다.
25) 信州 : 江西省 廣信府의 옛 명칭이다.

높은 산봉우리에 주둔하면서 적을 내려다보며 三面으로 埋伏을 설치하여 가로막고서 4차례 전투를 벌여 적이 크게 패하였다. 의녕이 수복되자 詔命을 내려 布政使의 직함을 더해주었다.

공이 편지를 나에게 보내어 "吳·楚[26]의 형세는 九江의 湖口를 취하고자 한다면 이치상 武昌을 먼저 도모해야 하고, 무창을 취하고자 한다면 이치상 岳州와 鄂州의 접경 지역을 먼저 소탕해야 합니다."라고 갖추어 논하였다. 이에 말을 달려 상소하여 공에게 방향을 바꾸어 武漢을 구원하게 하니 조정에서 가상하게 여겼다.

**東路甫定**에 **而義寧復陷**이어늘 **公軍渡湖漢而西**하여 **至則示形杭口**하고 **而暗進鼈嶺**하여 **屯高峰以瞰敵**하여 **設三伏以要之**하여 **四戰而賊大熸**이라 **義寧旣克**에 **有詔加布政使銜**이라 **公以書抵國藩**하여 **具論吳楚形勢**는 **欲取九江湖口**인댄 **法當先圖武昌**이요 **欲取武昌**인댄 **法當先淸岳鄂之交**라하니 **於是**에 **馳疏**하여 **以公回援武漢**하니 **朝廷嘉焉**이러라

마침내 通城을 탈취하고 崇陽을 함락하고 濠頭堡에서 적을 무찌르고 蒲圻에서 크게 승리하였다. 武昌에 도착하려 하자 巡撫 胡文忠公[27]이 환영하며 위문하고 모든 일을 공에게 자문한 뒤에 행해서, 성 밖의 賊壘를 거의 다 없애버려 차례대로 궤멸시켰다.

공은 안개 속에서 육박전을 벌이다가 총탄에 맞아 부상을 입었는데, 創傷이 심하여 咸豐 6년(1856) 3월 8일에 軍中에서 졸하였으니 춘추가 50세였다. 이 일이 보고되자 천자께서 몹시 놀라고 슬퍼하며 순무에 해당하는 규례대로 卹典을 내리니[28] 두 아들은 모두 상으로 擧人 자격을 주고 3개 省에 專祠를 건립하고 忠節이라는 시호를 내렸다.

**遂略通城**하고 **克崇陽**하고 **挫衂於濠頭堡**하고 **大捷於蒲圻**하다 **將達武昌**에 **巡撫胡文忠公歡迎**

---

26) 吳楚 : 양자강 중하류 일대이다. 吳는 江蘇省 남부와 浙江省 북부, 楚는 湖南省과 湖北省을 칭한다.

27) 胡文忠公 : 胡林翼(1812~1861)이다. 호임익은 자가 貺生이고, 호가 潤之이며, 시호는 文忠이다. 湖南 益陽 사람이다. 道光 16년(1836) 進士가 되었다. 태평천국군이 南京을 점거한 후 西征을 개시하여, 호남에 진출하였을 때 의용군을 이끌고 대항하였다. 1855년 武昌을 함락한 공으로 湖北巡撫에 임용되어 재정을 확립하고 민심을 안정시키는 데 힘썼다. 이후 무창과 安慶을 수복하는 데도 공을 세웠으나 곧 병사하였다.

28) 卹典을 내리니 : 원문은 '賜卹'이다. 유공자가 사망하였을 때 그 공로에 따라 官爵을 추증하고 諡號를 내리고 그 가족을 포상하는 등의 예우를 베푸는 것을 이른다.

勞問하고 凡事咨而後行하여 城外賊壘를 鏟除略盡하여 殄滅有緒矣라 公以霧中搏戰이라가 中槍子傷하여 創甚하여 咸豐六年三月初八日에 卒於軍하니 春秋五十이라 事聞에 天子震悼하여 照巡撫例賜卹하니 二子皆賞給擧人하고 三省建立專祠하고 予謚忠節이라

공이 군중에 있는 4년 동안 여러 省의 안위를 논할 적에 모두 같은 집안 혈육들의 일처럼 여긴 것은 그가 주석한 〈西銘〉의 뜻과 서로 부합하였고, 전쟁터에 나아갔을 때 견고한가를 살핀 뒤에야 나서는 것은 또한 靜을 위주로 하여 기미를 살핀다는 주장에 근본한 것이었으며, 군대를 이동할 때 山川의 맥락을 살펴 헤아리기를 좋아한 것은 또한 地圖를 연구한 효과였으니, 군자가 이로써 공의 공적은 일찍부터 축적된 것이었고 요행이 아니었음을 알 수 있다.

配는 張氏이니 誥封[29] 夫人이다. 妾은 周氏이다. 아들 兆作은 配가 胡氏이고, 兆升은 配가 曾氏인데 나의 셋째딸이다. 나는 공과 學行으로써 서로 면려하였고 전쟁터에서 함께 종사하였고 혼인으로 맺어졌으니, 이에 그 큰 절목을 뽑아 墓道에 銘을 붙이노라.

公在軍四載에 論數省安危할새 皆視爲一家骨肉之事는 與其所注西銘之指相符하고 其臨陣에 審固乃發은 亦本主靜察幾之說하며 而行軍好相度(탁)山川脈絡은 又其講求輿圖之效니 君子是以知公之功은 所蓄積者夙也요 非天幸也라 配는 張氏이니 誥封夫人이라 妾周氏라 子兆作은 配胡氏요 兆升은 配曾氏니 國藩第三女也라 余與公以學行相勖하고 又相從於金革하고 申之以婚媾하니 迺摭其大節하여 銘諸墓道하노라

銘은 다음과 같다.

수레 적시는 시내에는 장맛물 거침없이 흐르다가
아침 되자 말라서 기세 걷히고 소리 그쳤는데
큰 강이 서쪽에서 흘러오매 그 발원이 만리이니
천하에 은택 두루 미쳐도 그 아름다움 자랑 않네
본원 없는 자는 다하고 본원 있는 자는 창성하니

29) 誥封 : 明淸 때에 5품 이상의 관원과 그 先代 및 妻에게 황제의 誥命으로 내리는 封典을 말한다.

羅公은 못처럼 고요히 있으며[30] 매우 오래 학문을 쌓았네
하늘과 사람을 환히 깨닫고 마음속으로 옛 성인처럼 되기를 희구하였으니
한 백성이라도 평안치 못하면 끝내 내 본성에 흠이 되네
荊州와 揚州에서 군대 이끌고 괴로이 전투하여
저 흉적을 베어 백성을 위해 복수하였네
용맹한 學徒들이 서로 좇아 토벌하니
아침에는 나가서 격렬히 싸우고 저녁에는 돌아와 道를 강론하였네
洛陽과 閩中의 학술[31]은 근세에 버림받았지만
姚江의 事業[32]이 혹시라도 前賢을 능가하겠는가
공은 趨向을 신중히 하여 그 詭說을 변별하고
이어 성대한 공적을 세워 이 수치를 한 번 씻어냈네
큰 근본이 안에서 세워지고 위대한 공적이 밖으로 가득하니
이를 豪傑이라 이르니 백세토록 존숭할 만하네

**銘曰 漸車之**淵은 **積潦縱橫**이라가 **崇朝卽涸**하여 **卷勢收聲**이어늘 **大江西來**에 **其源萬里**하니 **澤溥寰區**로되 **不矜厥美**로다 **無本者竭**이요 **有本者昌**이니 **羅公淵默**하여 **所蓄孔長**이라 **洞**(통)**徹天人**하고 **潛睎往聖**하니 **一物未康**이면 **終虧吾性**이라 **提師苦戰**을 **荊揚二州**하여 **斧彼凶豎**하여 **爲民復讐**라 **矯矯學徒**가 **相從征討**하니 **朝出鏖戰**하고 **暮歸講道**라 **洛閩之術**은 **近世所捐**이나 **姚江事業**이 **或邁前賢**가 **公愼其趨**하여 **旣辨其詭**하고 **仍立豐功**하여 **一雪斯恥**라 **大本內植**하고 **偉績外充**하니 **茲謂豪傑**이니 **百世可宗**이로다

30) 못처럼……있으며 : ≪莊子≫ 〈在宥〉에 "시동처럼 가만히 있다가 용처럼 나타나며, 못처럼 고요히 있다가 우레처럼 큰 소리를 낸다.〔尸居而龍見 淵默而雷聲〕"라는 구절이 보인다.

31) 洛陽과……학술 : 程朱理學을 말한다.

32) 姚江의 事業 : 明나라 王守仁이 주창한 陽明學을 말한다. 陽明은 왕수인의 호이며, 그가 浙江 餘姚 출신이기 때문에 그 학문을 姚江學이라 일컫기도 하였다. 理를 중시하는 程朱學에 대립하여 知行合一·心卽理·致良知를 주장하였다.

# 26. 李忠武公의 神道碑銘 李忠武公神道碑銘*

* 太平天國의 난을 진압하는 데 공을 세운 名將 李續賓의 神道碑銘이다. 이속빈은 湖南省 湘鄕縣 출생으로, 자는 迪菴 또는 克惠, 시호는 忠武이다. 어렸을 때 羅澤南에게서 수학하였는데, 태평천국의 난이 발발하자 나택남을 따라 團練을 조직하였고 이후 湘軍의 지휘관이 되어 각지에서 전공을 세웠다. 이 글에서 증국번은 이속빈의 전공을 상세히 서술한 뒤 銘을 통해 그의 덕성까지 아울러 서술하였다.

公은 諱가 續賓이고, 자가 迪菴이니, 湘鄕 李氏이다. 湘軍이 일어나자 위세가 海內에 진동하였으니, 군대를 처음 일으킨 이는 羅忠節公 澤南[1]이고 크게 확장한 이는 공이다.

公諱續賓이요 字迪菴이니 湘鄕李氏라 湘軍之興에 威震海內하니 剏(창)之者는 羅忠節公澤南이요 大之者는 公也라

咸豐 3년(1853)에 적이 江西의 省城을 포위하였다. 내가 湘勇 3천 명을 모집하여 가서 구원할 적에 공이 忠節公을 따라서 출행하였다. 처음 이르러서는 패전하여 右營의 주관자가 戰死하였는데, 공이 그 군대를 대신 통솔하였다. 이때부터 충절공은 中營을 거느리고 공은 右營을 거느리고서 향하는 곳마다 軍功이 있었다. 江西省에서는 太和縣와 安福縣을 수복하고 돌아와 湖南省에 이르러 永興縣을 수복하였다.

이듬해 粤賊이 岳州를 침범하였는데, 忠武公 塔齊布가 군대를 이끌고 방어하였다. 내가 충절공과 공에게 격문을 보내서 돕게 하니, 부대의 병사는 겨우 1천 명이고 적의 군사는 수십 배였다. 塔公이 동쪽을 막고 湘軍이 서쪽을 수비하여 무더위에 격전을 펼치면서 奇策을 내어 승리를 거두니, 20일 만에 악주가 평정되었다. 이리저리 옮겨가며 전투하면서 北上하여 세 성을 연이어 함락시켰다.

---

1) 羅忠節公 澤南 : 앞의 〈羅忠節公神道碑銘〉 참조.

8월에 武昌縣과 漢陽縣[2]으로 진격하여 이기고, 10월에 田家鎭[3]에서 크게 싸워 격파하였다. 전가진은 長江이 굽이쳐 흐르는 좁은 곳으로, 그 南岸이 半壁山이니 깎아지른 절벽이 험준하였다. 적이 쇠사슬로 장강을 횡단하여 1만 척의 배가 모여 들자 기세가 매우 날카로웠다. 공이 직접 겁먹은 군졸 세 명을 베어 죽이니, 군사들이 모두 죽음을 각오하고 싸워 적의 보루를 연이어 격파하고 水軍도 기회를 틈타 쇠사슬을 끊고 적의 배를 불태우니, 好事家들이 이르러 절벽에 공적을 새겼다.

공이 이전에 누차 세운 공으로 保擧로 直隸州知州에 이르렀는데, 이에 이르러 記名[4]하여 知府로 쓰기로 하고 상으로 '摯勇巴圖魯'라는 名號를 주었고 곧이어 安慶知府에 제수하는 명이 있었다.

咸豐三年에 賊圍江西省城이라 國藩募湘勇三千往援할새 公隨忠節公以行이라 初至失利하여 右營主者戰歿이어늘 公代領其衆이라 自是로 忠節公將中營하고 公將右營하여 所向有功이라 在江西克復太和安福하고 歸(與)〔至〕[5]湖南하여 克復永興이라 明年에 粤賊犯岳州어늘 忠武公塔齊布가 率(솔)師禦之라 余檄忠節公與公助之하니 所部僅千人耳요 賊衆數十倍라 塔公控其東하며 湘軍扼其西하여 盛暑鏖兵하여 出奇制勝하니 凡兩旬而岳州平이라 轉戰而北하여 連下三城이라 八月에 進攻武昌漢陽하여 克之하고 十月에 大戰於田家鎭하여 破之라 田家鎭者는 江流盤折偪隘之處니 其南岸爲半壁山이니 峭壁斗絶이라 賊以鐵鎖橫江하여 萬舟翔集에 氣銳甚이라 公手刃怯卒三人하니 士皆殊死戰하여 連破賊壘하고 而水師亦乘機斷鐵鎖하고 焚賊舟하니 好事者至摩崖以紀績이라 公前以累功으로 保至直隸州知州러니 至是하여 記名以知府用하고 賞給摯勇巴圖魯名號하고 旋有安慶府之命矣라

이에 앞서, 湖南省의 수군은 長江 중류에서 내려가고 육군은 장강 南岸으로 달려가고 湖北省의 육군은 장강 北岸으로 달려갔는데, 南軍이 누차 승리하자 적군들이 벌 떼처럼 북안에 모여 있었다. 이에 공 등이 군대를 이끌고 북쪽으로 건너가 廣濟縣과 黃梅縣의 적군을 소탕하였다.

---

2) 武昌縣과 漢陽縣 : 모두 湖北省에 있는 현이다.
3) 田家鎭 : 지금의 호북성 武穴市 서북쪽에 있던 鎭이다. 長江 北岸에 위치하고 남쪽에는 半壁山이 있어서 장강 전투의 요충지였다.
4) 記名 : 관원이 공을 세우면 그 이름을 기록해두었다가, 결원이 생기면 주청하여 임용하게 하는 제도이다.
5) (與)〔至〕 : 저본에는 '與'로 되어 있으나, ≪曾文正公詩文集≫에 의거하여 '至'로 바로잡았다.

이웃고 또 남쪽으로 건너가 九江의 郡城[6]에 있는 적군을 함께 공격하였는데, 성이 견고하여 대번에 함락할 수 없으니, 또 병력을 나누어 먼저 湖口縣과 梅家洲[7]의 적군을 섬멸하기로 논의하였다. 머지않아 누차 공격했으나 이기지 못하였으니, 수군은 패전하였고 北軍은 궤멸하였다. 金陵(南京)의 역적 괴수가 더욱 凶賊들을 풀어놓고 서쪽으로 올라가니, 武昌縣과 漢陽縣이 다시 함락되었으며 남군은 潯陽[8]에 고립되니, 내가 크게 근심하였고 공 역시 깊이 우려하여 세상의 변란이 끝이 없는 것을 통탄하였다.

**先是**에 **湖南水師中江而下**하고 **陸師趨江之南岸**하고 **湖北陸師趨江之北岸**이어늘 **南軍屢捷**에 **群寇蜂屯北岸**이라 **於是**에 **公輩引兵北渡**하여 **掃蕩廣濟黃梅之賊**이라 **旣又南渡**하여 **會攻九江郡城之賊**이어늘 **城堅不可遽下**하니 **又議分兵先剿湖口梅家洲之賊**이라 **無何**에 **累攻不克**하니 **水師失利**하고 **北軍撓敗**라 **金陵逆渠益縱群凶西上**하니 **武昌漢陽再陷**하며 **南軍孤立潯陽**하니 **國藩以爲大戚**하고 **公亦深憂之**하여 **痛世亂之靡有屆也**라

5년(1855) 2월에 信州[9]에서 경보를 알려왔다. 공과 忠節公이 潯陽에서 달려가 구원하여, 廣信의 府城[10]과 弋陽縣 등 네 현을 번갈아 수복하였다. 東路가 겨우 안정되자 마침내 서쪽으로 武昌縣을 구원할 계획을 세웠다. 義寧縣[11]에서 크게 이기고 通山縣에서 조금 기세가 꺾였다가 崇陽縣을 함락시키고 通城縣을 공략하였으며 羊樓峒을 짓밟고 蒲圻縣을 쳐부수고 咸寧縣을 손에 넣어 차례로 평정하였다.[12]

마침내 11월 말에 군대가 무창현에 주둔하니, 巡撫 胡文忠公 林翼이 크게 기뻐하여 큰 일이든 작은 일이든 오직 충절공과 공의 말만 들었다. 충절공이 큰 綱領을 잡고 전투와 수비의 機宜는 모두 공이 주관하였다. 공은 도량이 넓고 과묵하여 크게 겸양하여 겉으로 드러내지 않았다. 그래서 사람들이 많이 모인 자리에서 종일 한마디도 하지 않다가, 적을 만나면 남에게는 약한 적을 맡기고 자신은 강한 적을

6) 郡城 : 郡의 治所 소재지를 가리킨다.
7) 梅家洲 : 湖口縣 治所의 건너편에 있다.
8) 潯陽 : 江西省 九江郡 부근을 흐르는 長江의 지류인데, 구강군의 별칭이기도 하다.
9) 信州 : 江西省 廣信府의 옛 명칭이다.
10) 府城 : 府의 治所가 있는 곳을 가리킨다.
11) 義寧縣 : 廣信府에 있는 현이다.
12) 通山縣에서……평정하였다 : 通山縣·崇陽縣·通城縣·蒲圻縣·咸寧縣은 湖北省에 있는 현이다. 羊樓峒은 포기현 서남쪽에 있다.

맡았으며 군량과 병기는 남에게 좋은 것을 주고 자신은 조악한 것을 가졌으니, 군졸들이 귀의하고 원근의 사람들이 기뻐하였다.

五年二月에 信州告警이라 公與忠節公自潯馳援하여 迭克廣信府城及弋陽等四縣이라 東路甫定에 遂建西援武昌之議라 大捷於義寧하고 小挫於通山이라가 下崇陽하고 略通城하며 跐羊樓峒하고 擣蒲圻하고 援咸寧하여 次第勘定이라 乃以十一月杪로 師次武昌하니 巡撫胡文忠公林翼大喜하여 事無鉅細히 惟忠節公與公言是聽이라 忠節挈持大綱하고 其戰守機宜는 胥公主之라 公含宏淵默하여 大讓無形하여 稠人廣坐에 終日不發一言이라가 遇賊則以人當其脆하고 而己當其堅이요 糧仗則予人以善者하고 而己取其窳者하니 士卒歸心하고 遠近慕悅이라

咸豐 6년(1856) 3월에 忠節公이 총탄에 맞아 일어나지 못하였다. 공이 全軍을 이어받아 통솔하니, 군사들의 뜻이 더욱 분발되어 성 밖의 사나운 적의 보루를 무너뜨리고 劇賊 石達開[13]의 구원병을 물리쳤다. 성 둘레에 참호를 파서 강물을 끌어와 호수로 유입시켜 길게 포위하여 곤경에 빠뜨렸다. 11월에 武昌縣과 漢陽縣을 재차 수복하였다.

천자께서 그 공을 대단하게 여겨 布政使의 관함을 상으로 내리고 記名하여 按察使로 쓰기로 했는데, 얼마 지나지 않아 군대를 거느리고 동쪽으로 가서 다시 九江까지 진격하였다. 구강의 역적 괴수 林啓榮[14]은 강인하여 민심을 얻어 안으로는 小池口[15]·湖口縣·梅家洲의 여러 성과 함께 앞뒤에서 서로 구원하고, 밖으로는 皖省(安徽省) 廬州府[16]의 적군과 함께 서로 聲援하였다. 공이 이미 긴 참호를 파서 潯陽을 포위하고 또 병력을 나누어 보내 江北[17]을 구원하여 소탕하고 배에 奇兵을 싣고 가서 호구현의 뒤쪽을 夜襲하였다. 날이 밝을 무렵 수군이 이르자 육군이 매복해 있다가 출동하여 즉각 두 성을 수복하였다. 일이 보고되자 浙江布政使에 제수되었다.

13) 石達開 : 廣西省 貴縣 사람이다. 太平軍 거병의 중심인물로서 翼王에 봉해졌다. 洪秀全이 韋昌輝를 죽인 뒤에 天京(태평천국의 수도인 南京)에서 정권을 담당하였으나, 이후 홍수전에게 혐의를 받고 남방을 전전하다가 同治 2년(1863)에 처형되었다.
14) 林啓榮 : 廣西省 사람으로, 이름을 '啓容'으로도 쓴다. 楊秀淸의 部將으로 湘軍에 맞서 九江을 수비하다가 咸豐 8년(1858)에 전사하였다. 勤王에 追封되었다.
15) 小池口 : 지금의 湖北省 黃梅縣 남쪽에 있는 小池鎭이다.
16) 廬州府 : 安徽省의 省都인 合肥의 옛 명칭이다.
17) 江北 : 長江 北岸에 위치한 江蘇省과 安徽省 일대를 가리킨다.

이듬해 4월에 마침내 구강을 수복하여 적군을 남김없이 전멸시키니, 천하 사람들이 통쾌히 여겼다. 상으로 黃馬褂[18]를 입고 巡撫의 관함을 받았다.

咸豐六年三月에 忠節公中槍不起라 公接統全軍하니 衆志愈勵하여 剷平城外悍賊之壘하고 卻劇寇石達開來援之衆이라 周城掘塹하여 引江水入湖하여 困以長圍라 十一月에 再克武昌漢陽이라 天子偉其功하여 賞加布政使銜하고 記名以按察使用이러니 未幾에 提兵而東하여 再薄九江이라 九江賊酋林啓榮者는 堅忍得衆하여 內與小池口湖口梅家洲諸城으로 首尾相捄하고 外與皖廬之賊으로 互爲聲援이라 公旣掘長塹以圍潯하고 又分軍援鄂江北하고 舟載奇兵하여 夜襲湖口之背라 遲明에 水師至에 而陸軍伏發하여 立克兩城이라 事聞에 拜浙江布政使라 明年四月에 卒克九江하여 殄滅無遺하니 天下快之라 賞穿黃馬褂하고 加巡撫銜이라

공이 한 번 軍功을 세울 때마다 官秩이 하나씩 올라가니, 여러 省의 관리와 백성들이 기뻐하며 칭찬하여 마치 자신들이 총애와 영광을 입은 듯이 여겼다. 어떤 이는 戰況을 歌誦하여 음악을 만들어 中外에 전파하였다.

浙江 사람으로 京師의 조정에서 벼슬하는 자가 상소하여 공을 신칙하여 동쪽의 군대로 절강의 위난을 구원해달라고 청하였는데, 胡文忠公이 皖省 안의 백성이 적에게 짓밟혔다는 이유로 공의 군대를 주둔시켜 환성의 안정을 도모하고 鄂(湖北)을 견고히 지키도록 청하니, 천자께서 허락하셨다.

공이 마침내 군대를 정비하고 환성으로 들어가 한 달이 지나 潛山縣·太湖縣·桐城縣·舒城縣 네 현을 연이어 함락하였다. 군대가 三河鎭[19]에 주둔하여 적의 여러 층으로 된 보루를 무너뜨렸다. 역적 괴수 陳玉成[20] 등이 사방에서 와서 구원하여 우리 쪽의 군량 수송로를 끊으니, 우리 군대의 銳氣가 날로 흩어지고 군사의 수가 적어서 반은 궤멸되었다.

공이 종일 힘써 싸우되 스스로 이 일을 어찌할 수가 없다고 헤아려 한밤중에 말을 달려 적진에 뛰어들어 죽었으니, 咸豐 8년(1860) 10월 10일이었다. 다른 장수

18) 黃馬褂 : 淸代 官服의 일종이다. 御前大臣·內大臣·內廷王大臣·侍衛什長 등 巡行을 호종하는 大臣은 모두 黃馬褂 착용이 허락되었고, 공로가 있는 대신에게 특별히 하사하기도 하였다.
19) 三河鎭 : 安徽省 肥西縣의 동남쪽에 있었다.
20) 陳玉成 : 廣西省 藤縣 사람으로 태평천국의 지도자 중 한 명이다. 英王으로 봉해졌으며, 三河鎭 전투에서 李續賓 부대를 대패시켰다.

들이 군영과 보루를 굳게 지키다가 또 3일 만에 모두 패하고 또 6일 만에 동성현의 수비군도 패하니, 그간에 죽은 자들이 거의 6천 명이고 구차히 살아남은 자가 없었다.

상소가 조정에 들어가자 文宗(咸豐帝)이 크게 놀라고 슬퍼하여 손수 詔書를 내려 "우리 훌륭한 장수가 제명에 죽지 못한 것이 애석하니, 부디 바라건대 忠靈이 어둡지 않다면 다음 생에는 申伯과 甫侯[21]로 태어나 나를 보좌하라."라고 하고 總督으로 추증하였으며, 湖北省·江西省·安徽省·湖南省에 사당을 세우고 忠武라는 시호를 내리고 騎都尉 兼一雲騎尉[22]의 世職을 상으로 내렸다.

**公每建一功**에 **晉一秩**하니 **數省官民**이 **歡忭稱道**하여 **若寵榮之在躬**이라 **或歌誦戰狀以爲樂**하여 **傳播中外**라 **浙人仕京朝者**가 **疏請敕公東兵以救浙難**이러니 **而胡文忠公**이 **以皖中糜爛**으로 **請留公軍圖皖而固鄂**하니 **天子許之**라 **公乃整旅入皖**하여 **踰月**에 **連下潛山太湖桐城舒城四縣**이라 **師次三河**하여 **毁賊九壘**하니 **而逆酋陳玉成等**이 **四面來援**하여 **截我糧路**하니 **我軍銳氣日渫**하고 **師少而半潰**라 **公力戰終日**하되 **自度**(탁)**事不可爲**하여 **夜半**에 **怒馬陷陣死之**하니 **咸豐八年十月初十日也**라 **諸將堅守營壘**라가 **又三日而俱敗**하고 **又六日而桐城守兵亦敗**하니 **前後死者殆六千人**이요 **無苟活者**라 **疏入**에 **文宗震悼**하여 **手詔曰 惜我良將不克令終**하니 **尙冀其忠靈不昧**인댄 **他年生申甫以佐予也**라하고 **追贈總督**하며 **湖北江西安徽湖南立祠**하고 **予諡忠武**하고 **賞騎都尉兼一雲騎尉世職**하다

공의 先祖는 대대로 훌륭한 덕이 있었다. 曾祖 本桂와 祖父 詩白이 모두 공이 귀하게 되었기 때문에 榮祿大夫에 추증되었고, 부친 登勝은 공이 세상을 떠난 뒤에 特恩으로 光祿大夫에 가자되어 봉해졌다. 曾祖妣 張氏·賀氏·王氏와 祖妣 戴氏와 모친 蕭氏는 모두 一品夫人에 봉해졌다.

**公之先人**은 **世有令德**이라 **曾祖本桂**와 **祖詩白**은 **皆以公貴**로 **贈榮祿大夫**하고 **父登勝**은 **公歿後**에 **特恩加封光祿大夫**라 **曾祖妣張氏賀氏王氏**와 **祖妣戴氏**와 **母蕭氏**는 **皆封一品夫人**이라

21) 申伯과 甫侯 : 모두 周나라 때의 名臣이다. 申伯은 周 幽王의 장인으로 뒤에 宣王을 도와 주나라를 안정시켰다. 甫侯는 宣王 때의 재상으로 甫 땅에 봉해졌다.
22) 騎都尉 兼一雲騎尉 : 正4品에 해당하는 功臣의 爵位이다.

공은 장중하고 돈후하여 남을 사랑하되 칭찬하는 말을 하지 않았지만 뜻이 안색에 넘쳐나고 말보다 안색에 넉넉히 드러났다. 비록 다른 군대의 장수와 병사나 난을 피해 도망친 流民이라도 모두 父兄처럼 여겨 귀의하였다. 그 죽음을 듣자 모두 애통히 곡하여 차마 듣지 못할 지경이었다. 同治 2년(1863)에 조정에서 관원을 보내 賜祭하였다. 3년(1864)에 金陵을 수복하니, 공이 있었던 신하들에게 恩典을 내려 二等輕車都尉[23]의 世職을 상으로 내렸다.

公端凝敦篤하여 愛人不尙美言이나 而意溢於色하고 色餘於辭라 雖他軍之將士와 逃難之流民이라도 皆歸之若父兄이라 聞其死에 哭之皆慟하여 至不忍聞이러라 同治二年에 朝廷遣官賜祭라 三年에 克復金陵하니 推恩有功之臣하여 賞二等輕車都尉世職하다

配는 謝夫人이다. 아들은 셋이니, 둘은 어려서 죽었고, 光久는 恩賜로 擧人이 되었는데, 황제께서 引見하여 상으로 六部의 員外郎에 제수하고 또 겸하여 二代의 世職을 물려받게 하고 아울러 男爵으로 삼았다. 손자는 두 명이니, 아무개, 아무개이다. 咸豐 9년(1861)에 공을 湘鄕의 43都[24] 黃秥沖 星子山 남쪽에 안장하였다. 同治 8년(1869) 某月 某日에 某鄕의 某山에 改葬하고 나에게 墓道의 碑文을 써달라고 부탁하였다. 내가 이미 戰功을 대강 서술하였기에, 이에 그 아름다운 덕까지 서술하여 銘을 덧붙인다.

配는 謝夫人이라 子三이니 其二殤亡이요 光久欽賜擧人이러니 引見하여 賞六部員外郎하고 又以兼襲二世職하고 併爲男爵이라 孫二人이니 某某라 咸豐九年에 葬公於湘鄕四十三都黃秥沖星子山之陽이라가 同治八年某月某日에 改葬某鄕某山하고 乞余文其墓道之碑라 余旣麤叙戰績일새 乃兼述其懿德而系以銘하노라

銘은 다음과 같다.

기량에는 크고 작음이 있어 재주에 따라 성취하니

둘째가는 자는 배워서 성취하는 자요 위대한 자는 천부적인 자라네

---

23) 二等輕車都尉 : 從3品에 해당하는 勳官의 작위이다.

24) 湘鄕의 43都 : 湘鄕은 康熙 35년(1696)에 전체 현을 12개의 鄕으로 나누고, 향 아래를 44개의 都와 3개의 坊으로 나누었다.

우뚝한 李公이여, 表裏가 완전하도다
조탁한 것 아니건마는 매번 大道에 부합하였네
羅公이 강학하여 멀리 洛閩[25]을 계승하였는데
공이 그 緖業을 나누어 받아 문하에 들어가 공손히 모셨네
출정하여 적을 방어할 적에는 戎馬를 타고서 고생하였고
집 안에서 道를 물을 때는 자신의 사욕을 이겨 仁을 구하였네
누구를 업신여기며 누구를 탓하리오. 유독 자신을 깊이 책망하였고[26]
가슴속에는 衆流를 터놓은 듯 막힘이 없었으나[27] 결코 입 밖에 말을 내지 않았지
중임을 맡아 치욕을 참으니 도량이 산과 늪처럼 드넓으며
험한 일은 달려가 남보다 먼저 하고 이익은 남들보다 뒤에 차지하였네
어찌 남은 재물이 없겠는가마는 자신을 살지우지 않았으며
차마 자신이 배부르지 못하거니 유독 남을 굶주리게 하겠는가
여러 군대에 군량을 나눠주어 죽어가던 자들을 소생시켰네
潯陽에서 돌아와 잠시 武昌縣에서 휴식하고
장차 조정에 청하여 覲親하러 湘鄕에 돌아가려 하였는데
나랏일이 엄중한지라 직분을 떠날 겨를이 없으니[28]
이 소원을 이루지 못하여 눈물 머금고 몰래 슬퍼하였네
장수를 파견하고 병력을 나누어 우리의 동쪽 정벌을 도울 적에
좋은 장수를 뽑아 주면서 至誠으로 내주었네
병력이 넷으로 다섯으로 나뉨에 정예병이 별자리처럼 포진하였으니

25) 洛閩 : 宋代의 程顥·程頤 형제가 살던 洛陽과 朱熹가 살던 閩中의 병칭으로, 性理學을 뜻하는 말로 쓰인다.

26) 유독……책망하였고 : ≪論語≫ 〈衛靈公〉에 "자신을 책망하기를 무겁게 하고 남을 책망하기를 가볍게 하면 원망이 멀어질 것이다.〔躬自厚而薄責於人 則遠怨矣〕"라고 하였다.

27) 가슴속에는……없었으나 : 가슴속에 품은 생각이 물길을 터놓은 듯이 장대하고 거침없음을 비유한 말이다. 張衡의 〈西京賦〉에 "巨靈이 힘차게 손바닥으로 높이 떠받들고 발로 멀리 차버려 河水를 흐르게 하였다.〔巨靈贔屭高掌遠蹠 以流河曲〕"라고 하였고, 韓愈의 〈送石處士序〉에서 "그와 도리를 이야기하거나 古今의 일의 옳고 그름을 변별하거나 인물의 高下와 事後의 成敗를 논하면 마치 黃河의 둑이 터져 물이 쏟아져 내려 동쪽으로 흐르는 듯하였다.〔與之語道理 辯古今事當否 論人高下 事後當成敗 若河決下流而東注〕"라고 한 것과 유사한 표현이다.

28) 나랏일이……없으니 : ≪後漢書≫ 〈袁紹傳〉에 "현재 冀州에 막 북쪽 변방의 변고가 있어 직분을 떠날 겨를이 없습니다.〔時冀州方有北鄙之警 匪遑離局〕"라고 하였다.

스스로 部曲[29]의 鄕軍을 거느리자 피로하여 파리한 자가 절반이 넘었네
자기 것을 덜어내 남을 이루어준 것이 近古에 이런 이가 없는데
끝내 군대가 궤멸하자 仁을 위해 몸을 바쳤네
〈仁者는〉 그 행동이 크게 어리석은 이와 같은지라 마침내 귀신을 감동시켰네
공의 공은 오래도록 드러나서 해와 달・별처럼 빛날 터이나
덕이 혹 세상에 알려지지 않거든 이 銘文을 상고하라

銘曰 器有洪纖하여 因材而就하니 次者學成이요 大者天授라 嶽嶽李公이여 表裏完好로다 匪琢匪追(퇴)언마는 動合大道라 羅公講學하여 遠紹洛閩이어늘 公分其緖하여 摳衣恂恂이라 出而禦寇에 戎馬艱辛하고 入而問道에 克己求仁이라 誰侮誰尤리오 責躬獨厚하고 胸劈衆流나 曾不出口라 負重含汚하니 浩如山藪하며 險趨人先하고 利居衆後라 豈無嬴財리오마는 不皁我私하며 不忍己飽어니 而人獨飢아 分餉諸軍하여 蘇槁噓甝라 反自潯陽하여 少憩武昌하고 將請於朝하여 覲親還湘이러니 王事有嚴이라 離局匪遑하니 斯願不遂하여 茹涕闇傷이라 遣將分兵하여 助我東征할새 擇良而予하여 出以至誠이라 四分五剖에 精銳星散하니 自攜部曲에 疲羸居半이라 損己濟物이 近古無倫이어늘 終焉師熸에 以仁隕身하니 行類大愚라 乃動鬼神이라 公功久著하여 爛若三辰이어니와 德或不顯이어든 考此銘文하라

29) 部曲 : 古代의 군대 編制 단위인데, 군대를 범칭한다.

# 27. 李勇毅公의 神道碑銘　李勇毅公神道碑銘*

*太平天國의 난을 진압하는 데 공을 세운 名將 李續宜(1823~1863)의 神道碑銘이다. 이속의는 자가 克讓이고, 호가 希庵이며, 시호가 勇毅이다. 李續賓의 아우로서, 형과 마찬가지로 어렸을 때 羅澤南에게서 수학하였으며 태평천국의 난이 발발하자 나택남을 따라 團練을 조직하였다. 형제가 함께 湘軍을 이끌며 많은 전공을 세워 명성이 높았다. 이 글에서 증국번은 이속의의 전공을 상세히 서술하고 형 이속빈과의 同異를 간략히 덧붙여 각각의 개성을 부각하고 있다.

公은 諱가 續宜이고, 字가 克讓이며, 號가 希菴이다. 형제가 5인이니, 忠武公 諱 續賓이 넷째이고 공이 막내이다. 나는 이미 충무공의 墓에 銘을 썼으므로 이에 그 집안의 世系는 다시 서술하지 않는다.

공은 어려서 깊이 생각하기를 좋아하여 힘써 탐구하여 은미한 이치를 환히 깨달았다. 羅忠節公 澤南을 스승으로 섬겨 항상 자신의 실천이 미치지 못함을 부끄럽게 여겼다.

咸豐 3년(1853)에 羅公이 鄕勇을 모집하여 江西를 구원할 적에 공이 드디어 軍事에 참여하여 戰功으로 누차 승진하여 知縣과 同知가 되고 상으로 花翎을 달았으나 명성은 도리어 드러나지 않았다.

함풍 6년(1856) 겨울에 湘軍이 武昌과 漢陽을 재차 함락하였을 때에 巡撫 胡文忠公(胡林翼)이 공이 공로가 있으나 다만 형 속빈에게 가려졌을 따름이라 上奏하니, 詔命으로 知府로 선발하여 임용하고 道員의 직함이 상으로 더해졌다.

이윽고 형을 따라 九江을 포위하여 공격하고, 이듬해에 일 때문에 瑞州의 軍中에 있는 나를 찾아왔다가 마침내 여러 군대와 함께 서주를 포위하여 공격하였다. 마침 皖北[1]의 적들이 위로 蘄州와 黃州[2]로 달아나자 공은 이에 서주에서 1,700인을 이끌고서 돌아가 湖北을 구원하였다. 군대가 황주에 이르자 호문충공과 함께

1) 皖北 : 安徽省의 양자강 북부 지역이다.
2) 蘄州와 黃州 : 모두 湖北省 동부에 위치한다.

말고삐를 나란히 한 채 들에서 계책을 도모하여 형세를 두루 살펴서 巴河로부터 蘄水·廣濟·黃梅 등지에서 여섯 차례 전투를 벌여 셀 수 없이 많은 賊의 보루를 격파하고 마침내 小池口를 함락할 수 있었으니, 이로부터 공의 威名이 충무공과 함께 다소 비견되었다.

公은 諱續宜요 字克讓이며 號希菴이라 兄弟五人이니 忠武公諱續賓이 次居四요 公其季也라 余旣銘忠武公之墓라 玆不復具其家世하노라 公少好深湛之思하여 强探力索하여 洞(통)徹幽微라 師事羅忠節公澤南하여 常以躬行不逮爲恥라 咸豐三年에 羅公募勇援救江西할새 公遂參軍事하여 以功累晉知縣同知하고 賞戴花翎이로되 而名顧不顯이러라 六年冬에 湘軍再克武昌漢陽할새 巡撫胡文忠公이 奏公有勞로되 特爲兄續賓所掩耳라하니 有詔以知府選用하고 賞加道銜이라 旣而요 隨兄圍攻九江하고 明年에 以事省余瑞州軍中이라가 遂偕諸軍圍攻瑞州라 會皖北群賊이 上竄蘄黃이어늘 公乃自瑞挈千七百人하여 回救湖北이라 師至黃州에 與胡文忠公幷轡謀野하여 周覽形勢하여 自巴河蘄水廣濟黃梅六戰에 破賊壘無算하고 遂會克小池口하니 由是로 公之威名이 與忠武公差頡頏矣라

공이 관할하는 군대를 인솔하여 九江에 집결하자 忠武公이 이에 그 가운데의 병력을 나누어 湖口를 함락하여 수복하고 彭澤城·小孤城·梅家洲城을 연이어 함락하였다. 공이 다시 나누고 남은 병력을 거느리고서 湖口의 적을 물리치고 도주를 막아 麻城과 黃安의 도적을 무너뜨렸는데 충무공이 이에 專力으로 구강을 격파하여 무찌를 수 있었으니, 모두 공의 도움이었다.

湖北의 일이 이미 크게 평정되자 胡文忠公이 皖中이 오랫동안 병란에 시달렸음을 이유로 勅令을 내려 충무공에게 皖北을 깨끗이 쓸어버리게 하고 公은 남겨두어 楚의 疆域[3]을 굳건히 하게 해달라고 奏請하니, 천자 또한 남쪽으로 長江과 淮河를 근심하여 李氏 형제를 매우 중히 여겼다.

公率(솔)所部하여 旣集九江이어늘 忠武公乃得以其間分兵하여 克復湖口하고 連下彭澤小孤梅家洲諸城이라 公又以偏師卻湖口之賊하고 禦竄陷麻城黃安之寇어늘 忠武公乃得專力破滅九江하니 皆公之助也라 湖北事已大定에 胡文忠公以皖中久困水火로 奏請敕忠武公廓淸皖北하고 而留公以固楚疆하니 天子亦南憂江淮하여 絶重李氏昆季矣러라

3) 楚의 疆域 : 湖南省과 湖北省을 말한다.

얼마 지나지 않아 舒城縣 三河鎭의 변고가 일어나 忠武公이 國難에 순절하고 장수와 사졸 가운데 사망자가 6, 7천 인이었으니 천지가 놀라고 위태하였다. 공은 黃州에서 슬픔이 복받치는 사이에 萬事를 다스려서, 들어가서는 음식을 적게 먹으며 슬피 오열하고, 나와서는 궤멸된 사졸들을 위무하였다. 고향을 그리워하는 자는 돌려보내고 남아 있기를 원하는 자는 軍伍에 편성하여 양식을 먹이고 옷을 내려주고 온화한 말로 대하며, 여러 장수의 죄를 차등을 두어 문책하고 그중 훌륭한 자를 뽑아 임용하여 部署(軍中의 武官)가 크게 안정되었다. 마침 胡文忠公이 모친상중에 詔命을 받들고 起復[4]하여 함께 군사들을 신칙하며 훈련하니 湘軍이 다시 진작되었다.

**無幾何**에 **有舒城三河之變**하여 **忠武公殉難**하고 **將士死者**가 **六七千人**이라 **天驚地岌**이라 **公在黃州哀迫之際**에 **經緯萬端**하여 **入則損食悲咽**(열)하고 **出則拊循潰卒**하여 **思鄕者遣歸**하고 **願留者編伍**하여 **哺粟賜衣**하고 **接以溫語**하며 **差討諸將之罪**하고 **而簡用其良**하여 **部署纛定**이라 **適胡文忠公以母喪奉詔起復**하여 **相與申警簡練**하니 **而湘軍復振**이러라

이듬해 여름에 劇賊 石達開가 湖南에서 소요를 일으켜 寶慶을 포위하였는데, 공이 이때 荊宜施道[5]로 새로 임명되어 병사를 통솔하여 鄂(湖北)에서 가서 湘(湖南)을 구원하니, 조정에서 그를 장하게 여겼다. 군대가 長沙에 이르자 資水의 서쪽으로부터 진격하여 네 차례 전투하여 보경의 포위를 푸니, 포위되었던 관군 3만 명과 굶주리고 곤궁한 백성들이 일시에 되살아나 뭇사람들이 크게 환호하였다. 공적을 논의하여 布政使의 직함이 더해졌다.

이때에 내가 胡公과 함께 병력을 합하여 安慶의 省城을 탈취하기를 도모할 것을 바야흐로 의논하여 나의 아우 國荃과 장군 多隆阿가 安慶과 桐城을 나누어 포위하니, 공이 호남으로부터 동쪽으로 돌아와 두 길 가운데의 靑草塥이라는 곳에 군대를 주둔하여 역적 괴수 陳玉成을 挂車河에서 크게 무찔렀으니, 布陳의 넓이가 근세에 거의 듣지 못한 정도였다. 곧이어 安徽按察使에 배수되었다.

4) 起復 : 어버이의 상중에 벼슬에 나아가는 것을 말한다.
5) 荊宜施道 : 淸나라 때 湖北省의 荊州府・宜昌府・施南府를 관할하는 道員이다.

11년에 다시 安徽巡撫에 임명되자 공이 조목조목 상소하여 이르기를, "역적 괴수가 안경의 포위를 풀어 정예병을 모두 내어 서쪽으로 달아나고자 도모하니, 필시 湖北을 침범하여 우리가 반드시 구원할 곳을 공격할 것입니다. 호북은 여러 군대의 근본이 되는 곳이기에 신이 마땅히 군대를 이끌고 돌아가 구원해야 하니 안휘순무의 임명을 갑자기 받을 수는 없습니다."라고 하였다.

**明年夏**에 **劇賊石達開竄擾湖南**하여 **圍寶慶**이어늘 **公時新奉荊宜施道之命**하여 **統兵自鄂援湘**하니 **朝廷壯之**라 **師抵長沙**에 **進自資水之西**하여 **四戰而解寶慶之圍**하니 **圍中官軍三萬與飢困之民**이 **一時得蘇**하여 **衆聲大和**하니 **論功賞加布政使銜**하다 **當是時**하여 **余與胡公方議倂力規取安慶省城**하여 **余弟國荃與將軍多隆阿**가 **分圍安慶桐城**하니 **公自湖南東還**하여 **駐(身)〔軍〕**[6] **兩路之中曰靑草槅者**하여 **大敗逆酋陳玉成於挂車河**하니 **布陳之廣**이 **近世罕聞**이러라 **旋拜安徽按察使**라 **十一年**에 **又有安徽巡撫之命**할새 **公具疏**하여 **以謂逆酋圖解安慶之圍**하여 **悉銳西竄**하니 **必犯湖北**하여 **以攻我之所必救**리니 **湖北爲衆軍根本**이라 **臣宜提師回援**이니 **不能遽受皖撫之事**라하다

공이 말을 달려 武昌에 도달했을 때에 이르러 적은 이미 黃州府와 德安府의 5개 縣을 침범하였고, 江西에서 온 다른 적이 또 興國縣과 大冶縣 등을 함락하였다. 공이 다스린 지 7개월 만에 비로소 장차 列城이 회복되려 하고 安慶 또한 이에 힘입어 수복되었는데, 胡公이 재임 중에 薨逝하고 文宗(咸豐帝) 또한 승하하여 음악 소리가 끊어졌다.[7]

**比公馳抵武昌**에 **而賊已犯黃州德安兩府五縣**하고 **其別賊自江西至者**가 **又陷興國大冶等縣**이라 **公經營七月**에 **始將列城恢復**하고 **安慶亦藉以告克**이어늘 **而胡公薨於位**하고 **文宗亦晏駕**하여 **八音遏矣**라

今上(同治帝)께서 皇位를 계승하시어 安慶에서의 공로를 기려서 상으로 黃馬褂를 입게 되었고 湖北巡撫로 調用되었는데 이윽고 다시 安徽巡撫로 전임되었다.

공은 처음 안경에 부임하고 이어 六安에 머물면서 누차 密詔를 받들었는데, 苗

---

6) (身)〔軍〕: 저본에는 '身'으로 되어 있으나, ≪曾文正公文集≫에 의거하여 '軍'으로 바로잡았다.

7) 음악……끊어졌다: ≪書經≫ 〈虞書 舜典〉에 "요임금이 세상을 떠나자 백성이 마치 부모의 상을 당한 것처럼 삼년복을 입었고, 천하에 음악 소리가 끊어져 조용해졌다.〔帝乃殂落 百姓如喪考妣三載 四海遏密八音〕"라는 말이 보인다.

沛霖[8])이 제멋대로 반역했다가 복종했다가 하니 토벌하는 것과 위무하는 것 중에 어느 쪽이 사리에 맞을지 詢問하는 내용이었다.

공이 답하여 상소하기를, "묘패림은 관직이 道員에 이르렀는데도 옳지 못한 일을 공공연히 범하여 壽州에서 巡撫를 포위하여 그 城을 함락하고 그 백성들을 도륙하였습니다. 그런데도 다시 거짓말을 하며 위무해주기를 요구하니 이를 어찌 믿을 수 있겠습니까. 투항을 가칭하여 인근의 縣에서 불러모아 羽翼을 양성하려는 것에 불과합니다. 만약 그가 반역자라는 이름을 분명히 밝혀 사람마다 그를 주벌할 수 있게 하되 그 黨與는 용서하여 우리 편으로 쓰이게 한다면 그의 형세가 날로 고립되어 끝내 사로잡을 수 있을 것입니다."라 하니 천자가 옳게 여겼다.

今上嗣位하여 褒安慶功하여 賞穿黃馬褂하고 調補湖北巡撫러니 既又命移撫安徽라 公初涖安慶하고 繼駐六安하여 屢奉密詔以苗沛霖叛服無常하니 詢問勦撫機宜라 公覆疏하여 謂苗沛霖은 官至道員이로되 公犯不韙하여 圍撫臣於壽州하여 陷其城하고 屠其衆이라 乃復詭言求撫하니 此豈足信이릿가 不過假稱反正하여 號召近縣하여 養成羽翼이라 若正彼叛逆之名하여 人人得而誅之로되 而寬其黨與하여 使爲我用이면 彼勢日孤하여 終成禽耳리이다하니 天子韙之러라

공은 또 이때에 潁州의 포위를 풀고 霍邱의 城을 함락하여 각 圩[9])를 편안히 위무하고 역적의 무리를 몰래 분산하며 유능한 관리를 뽑아 임용하고 백성들을 안정시켜 밭을 개간하게 하여 공로가 점점 드러났다. 詔命으로 欽差大臣에 임용되었는데 공이 마침 모친상을 당했다는 부음을 들어서 임명을 받아들일 수 없었다. 조정에서 그대로 巡撫를 署理하라고 명하였는데 3차례 상소하여 사양하였고, 비로소 상으로 100일의 휴가를 내리는 명을 받들어 고향으로 돌아가 상을 치렀다.

公又以時解潁州之圍하고 克霍邱之城하여 綏撫各圩하고 陰散逆黨하며 選任賢吏하고 安民墾

8) 苗沛霖 : 字는 雨三이며, 安徽 鳳臺 사람이다. 鳳臺縣學 生員 출신으로 塾師를 업으로 삼다가 咸豐 6년(1856)에 고향에서 團練을 조직하여 捻軍에 대항하였다. 이듬해 淸나라 장수 勝保에 의탁하여 戰功을 쌓아 道員이 되었다. 제2차 아편전쟁을 틈타 안휘성 북부에 할거하다가 함풍 11년(1861)에 淸朝에 반기를 들어 壽州를 포위하고 태평천국 奏王에 봉해졌다. 同治 원년(1862) 승보가 皖北의 염군을 공격하였을 때 청나라에 항복하고 陳玉成을 유인하여 바쳤으나, 승보의 사후에 다시 거병하여 청나라에 반역하였다. 1863년 安徽 蒙城에서 승려 格林沈의 부대에 패한 뒤 부하에게 살해당했다.

9) 圩 : '墟'와 같다. 농촌에서 정기적으로 작은 장이 열리는 곳을 중국 남쪽 지역에서 '墟'라고 불렀다.

田하여 功緖漸彰矣러라 詔授爲欽差大臣이어늘 而公適聞訃丁母憂하여 不克受事라 朝廷命仍署理巡撫어늘 三疏陳謝하고 始奉命賞假百日하여 回籍治喪하다

공은 이미 苦心하느라 병에 걸린 데다 밤새도록 잠을 자지 않아 일찍부터 咯血을 앓았는데 이에 이르러 더욱 심해졌다. 고향에 돌아간 뒤에 여섯 차례 詔旨를 받들고 起復하여 墨經[10]을 입고 군대를 감독하였다.

공은 〈돌아가신 어머님에 대한〉 애틋한 그리움을 잊지 못한 탓에 병에 걸려 더욱 위중해져서 40일의 휴가를 청하여 조리하였다. 얼마 뒤에 병든 몸으로 수레를 타고 길에 올랐다가 또 4개월의 휴가를 청하고 아울러 巡撫의 빈자리를 내어놓았다. 조정에서는 그 지극한 정성을 살펴서 청한 바를 허락하지 않은 적이 없었으나, 淮南의 사정이 위급하기에 또한 길에 오르기를 정중히 재촉하여 詔命으로 소환하는 일이 잇따르지 않는 적이 없었다. 초겨울에 이르러 재차 상소하여 스스로 병상을 진달하였으니 공 자신도 병석에서 일어나지 못할 줄을 알고 있었다.

마침내 同治 2년 10월 28일에 집에서 졸하니, 춘추가 41세이다. 勅令으로 總督에 해당하는 규례에 따라 卹典을 내리고 3개 省에 專祠를 건립하고 勇毅라는 시호를 주었다. 配는 彭氏이다. 아들 光英은 특별히 상으로 直隷州知州로 삼았다. 同治 3년 某月 某日에 某處의 某山에 안장하였다.

公旣以苦思遘疾하고 徹夜不寐하여 夙患咯血이러니 至是增劇이라 歸里後에 六奉詔旨起復하여 墨絰視師라 公以哀慕未忘으로 而嬰疾轉篤하여 請假四十日調養이라 旣而요 輿疾就道라가 又請假四月하고 倂開巡撫之缺하다 朝廷鑒其至誠하여 所請未嘗不許로되 而以淮南事棘이라 又未嘗不敦促上道하여 詔召相銜이라 至冬初에 再疏하여 自陳病狀하니 公亦自知不起러라 遂以同治二年十月二十八日卒於家하니 春秋四十有一이라 敕照總督例賜卹하고 三省建立專祠하고 予諡勇毅라 配彭氏라 子光英은 特賞直隷州知州라 同治三年某月某甲子에 葬某處某山하다

공과 忠武公은 모두 높은 명성을 지녔으니, 榮利에 담담한 것은 형제가 같았다. 충무공은 남의 허물을 덮어주기를 좋아하였고 공은 惡을 미워하는 것이 조금 엄했

10) 墨絰 : 喪中에 從軍할 때 입는 검은 喪服이다. 居喪할 때 집에서는 흰 상복을 입으나, 軍職을 맡아 출정하면 검은 상복을 입었다.

으며, 충무공은 전투에서 반드시 자신이 앞장서서 용맹하고 과감하며 주밀하였고 공은 큰 계책을 도모하고 전투 하나의 이익을 그다지 따지지는 않았다. 그러나 전장에 임해서 백 번 생각하여 한 번 움직이고 움직이면 이기지 않은 적이 없어서 공을 이룬 것은 같았다. 나는 전투의 상황을 자세히 서술하지 않고 공의 말을 대략 써서 銘을 짓는다.

**公與忠武公**이 **皆負重名**하니 **淡於榮利**는 **昆弟同之**라 **忠武好蓋覆**(부)**人過**하고 **公則嫉惡稍嚴**하며 **忠武戰必身先**하여 **驍果縝密**하고 **公則規畫**(획)**大計**하고 **而不甚校一戰之利**로되 **至其臨陣**에 **百審一發**하고 **發無不捷**하여 **成功一也**라 **余不詳敘戰狀而略述公言**하여 **以綴之銘**하노라

銘은 다음과 같다.
무릇 전투에는 機變이 있어 귀신이 열고 닫나니[11]
고요할 때는 차가운 산과 같아서 종일토록 적막하다가
움직이면 번개 나는 듯하여 백 개의 천둥이 한꺼번에 치니
오랫동안 기세 쌓아야 하고 떠들썩한 기운은 잠잠해야 하네
이는 공이 한 말이라 내 귀로 직접 들은 것이니
공의 모든 공훈은 계책을 좋아하여 이룬 것이라네
넓게 헤아리고 많이 생각하여 마침내 神明을 감동시켰으니
戰事만 그런 것이 아니라 학문의 道도 그러하였네
정밀히 생각하고 힘써 실천하여 정성이 가히 하늘에 도달하였으니
세운 공이 위대해도 공은 자신을 유능하다 여기지 않았네
德 세우기를 마치지 못하고 뜻을 품은 채 세상을 떠나니
나의 銘이 밝혀서 만년토록 길이 고하리라

**銘曰 凡戰有機**하여 **鬼神翕闢**하니 **靜如山寒**하여 **終日閴寂**이라가 **動若電飛**하여 **百霆齊擊**하니 **蓄勢宜久**요 **氣囂宜渟**이로다 **此公之言**이라 **吾耳所聆**이니 **凡公勳績**은 **好謀乃成**이라 **博籌多算**하여 **終格神明**하니 **匪直戰事**요 **學道亦然**이라 **精思力踐**하여 **誠可達天**하니 **立功雖偉**나 **公不自賢**이라 **立德未竟**에 **齎志九泉**하니 **我銘昭之**하여 **永詔萬年**하리라

11) 열고 닫나니 : 원문은 '翕闢'이다. ≪周易≫ 〈繫辭傳 上〉에 "坤은 고요할 때는 닫히고 움직일 때는 열린다. 이 때문에 넓음이 생긴다.〔夫坤 其靜也翕 其動也闢 是以廣生焉〕"라고 한 데서 보인다.

# 28. 畢君의 殉難碑에 대한 記　畢君殉難碑記*

* 畢君은 畢金科(?~1857)로, 자는 應侯이며, 雲南 臨沅人이다. 그는 처음에 王國才를 따라 전공을 세웠는데, 曾國藩이 그의 재주를 높이 사서 塔齊布를 따르게 하였다. 탑제포가 죽은 뒤 용맹으로 군을 이끌어 饒州 등에서 공을 세웠으나, 景德鎭에서 전사하였다. 증국번은 이 글에서 그의 용맹을 탑제포에 비기고, 그가 시기하는 이들로 인해 분통하게 죽은 것을 애도하였다.

楚軍[1)]이 일어난 이래 忠武公 塔齊布가 실로 처음으로 용맹으로 천하에 이름이 났으니, 楚人 중 사납고 강인한 이들이 대개 머리를 숙여 굴복하였는데, 塔公은 또 雲南 畢君을 칭찬하였다.

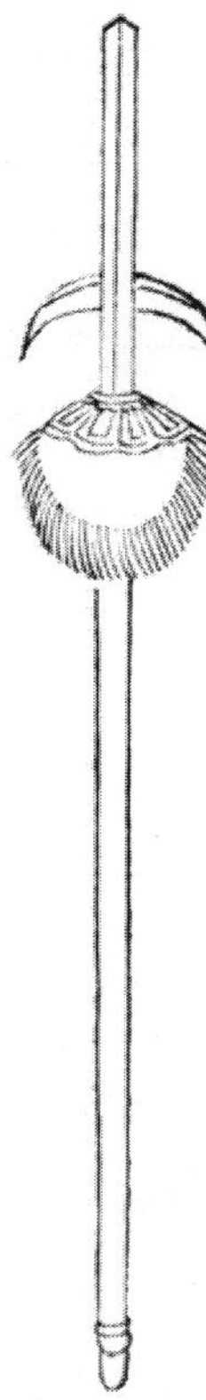
矛

탑공은 적을 대할 때마다 창을 지고 활과 화살을 끼고 또 두 졸병에게 長矛를 세우고서 馬繩竿을 잡고 끌면서 따르게 하였으니, 그 무기로 삼은 것이 넷이었고, 필군은 적을 대할 때마다 창을 지고 50개의 화살을 허리에 차고 또 졸병에게 蛇矛[2)]를 쥐고서 8척의 검을 잡고서 따르게 하였으니, 그 무기로 삼은 것이 또한 넷이었다.

탑공은 말을 달려 폭풍처럼 질주하면서 쫓아오는 사람들에게 눈을 부릅뜨며 성을 내고, 쫓아오면 번번이 돌아와 매질하였는데, 畢君은 말을 채찍질하여 곧장 적진을 꿰뚫으면서 쫓아오는 이에게 "함부로 나를 쫓지 말라."라고 경계하면, 사람들이 또한 절로 감히 따르지 못하였다.

**自楚軍之興**으로 **忠武公塔齊布**가 **實始以勇名天下**하니 **楚人剽悍者率**(솔)**低首**어늘 **塔公亦豔稱雲南畢君**이라 **塔公每臨敵**에 **負槍**하고 **挾弓矢**하고 **又令二卒**

1) 楚軍 : 湘軍을 가리킨다. 증국번이 황제의 명을 받아 태평천국의 난을 진압하기 위해 湖南省을 중심으로 의용병을 모집하여 편성한 군대이다.
2) 蛇矛 : 세모창의 한 종류로 丈八蛇矛라고도 한다.

**樹長矛**하여 **執曳馬繩竿以從**하니 **其爲器也四**요 **畢君每臨敵**에 **負槍**하고 **腰五十矢**하고 **又令卒手蛇矛**하여 **持八尺刀以從**하니 **其爲器也亦四**라 **塔公躍馬飇馳**하여 **瞋人追從**하고 **從輒返鞭之**어늘 **畢君怒馬直穿賊陣**하여 **戒後者**하여 **無得妄從我**하라하면 **人亦自不敢從也**라

畢君은 이름이 金科이고, 자가 應侯이니, 雲南 臨沅 사람이다. 開化의 苗匪[3]를 정벌한 공으로 藍翎外委[4]에 敍用되었고, 臨沅鎭標外委를 署理하였다.

咸豐 4년(1854)에 副將 王國才를 따라 湖北의 군영으로 가서 天門 丁司橋에서 적을 격파하여 누차 서용되어 花翎都司에 이르렀다. 11월에 내가 격문을 보내어 塔公을 따라 九江을 공격하여 포위하도록 하였다.

이듬해 정월에 적이 武昌을 침범하니 왕국재가 회군하여 鄂(湖北)을 구원하였는데, 필군은 끝내 탑공의 만류를 받아 머물렀다. 그 후 탑공이 사망하니, 필군이 날래고 용맹하여 潯軍의 우두머리가 되었다.

**畢君名金科**요 **字應侯**니 **雲南臨沅人**이라 **以征開化苗匪功**으로 **敍藍翎外委**하고 **署臨沅鎭標外委**라 **咸豐四年**에 **隨副將王國才**하여 **赴湖北軍營**하여 **破賊於天門丁司橋**하여 **累敍至花翎都司**하고 **十一月**에 **國藩檄令隨塔公攻圍九江**이라 **明年正月**에 **賊犯武昌**하니 **王國才回軍援鄂**이어늘 **畢君遂爲塔公所留**라 **其後塔公物故**하니 **畢以驍勇冠潯軍**이라

역적 괴수 石達開가 江西에 쳐들어가서 연이어 瑞州와 臨江 등 8府의 수십 州縣을 함락하니, 畢君이 이르는 곳마다 적진을 함락하여 승리하였는데, 곧 다른 部의 견제로 불리해져서 끝내 홀로 그 공로가 錄券에 기록되지 못하였다.

九江에서 격문으로 부름을 받고 남쪽으로 가서 5년(1855) 12월에 적을 樟樹鎭에서 격파하였는데, 이듬해 2월에 군이 패하여 이를 잃었다. 南昌으로부터 동쪽으로 가서 6년(1856) 5월에 적을 饒州의 章田渡에서 격파하였는데, 6월에 郡城이 함락되어 이를 잃었다. 필군은 다른 部의 견제를 받는 것을 스스로 애통히 여겨서, 더욱 발분하여 죽음을 각오한 군사를 모집해 다시 요주에 들어가면서, "오늘 언덕을 올라 적을 격파하되 이기지 못하면 내 다시는 배를 타고 돌아오지 않으리라."라

3) 開化의 苗匪 : 雲南省 開化鎭의 苗族 匪賊을 가리킨다.
4) 外委 : 淸代의 武官 직명으로, 外委千總은 정8품, 外委把總은 정9품, 額外外委는 종9품에 해당한다.

고 군사들에게 맹세하였다. 북을 한번 울리자 府城을 회복하니, 요주의 늙은이며 부인이며 어린아이들이 보고 들었든 그렇지 않았든 간에 모두 필군의 功이라고 하였다.

逆酋石達開之寇江西也에 連陷瑞州臨江等八府數十州縣하니 畢君所至에 常陷陳克捷이러니 旋爲他部牽率失利하여 終不得獨錄其功이라 自九江奉檄而南하여 五年十二月에 破賊於樟樹鎭이러니 明年二月에 軍敗失之라 自南昌而東하여 以六年五月에 破賊於饒州之章田渡러니 六月에 郡城陷失之라 畢自痛爲他部所累하여 益發憤하여 募死士再入饒州하여 誓衆曰 今日上岸破賊하되 不捷이면 吾不復歸舟矣리라하다 一鼓克復府城하니 饒之耆黎婦孺見聞者與不見聞者가 皆曰 畢君功也라

이를 말미암아 呼爾察巴圖魯라는 명호를 상으로 더해 받고 臨沅鎭都司에 보임되고 遊擊將軍으로 승진하니, 명예가 크게 떨쳐졌다. 그러나 君을 시기하는 이가 날로 심해져서 유언비어로 공격하여 번갈아 〈군의 명예를〉 더럽혔다. 군은 천여 명을 이끌고서 사면이 〈적으로 둘러싸인〉 전쟁지를 당하여 군량을 요구하였으나 오지 않았는데, 또 시기하는 이가 자기 위에서 나오니, 한밤중에 울울하게 편안하지 못하여 늘 탁월한 공을 세워서 스스로 旌表할 것을 생각하였다.

由是로 賞加呼爾察巴圖魯名號하고 補臨沅鎭都司하고 升用遊擊하니 名譽大振이로되 而忌君者日以次骨하여 飛謀薦謗하여 迭相汚染이라 君提千餘人하여 當四戰之地하여 索餉不至어늘 又惡(오)忌者出己上하니 中夜鬱鬱不自得하여 常思立奇功以自旌異라

마침 徽州와 池州의 적이 크게 들이닥쳤다. 歲暮에 군사들이 굶주린 기색이 있었는데, 有司가 군에게 景德鎭을 격파할 수 있다면 군량을 도모할 수 있다고 요구하였다. 군이 정월 2일에 출병하여 4일에 경덕진을 급습하였는데, 城市에 들어가자 적이 하나도 없었다. 따로 10명을 거느리고서 뒤쪽 거리를 수색하니, 적들이 봉기하여 따르던 졸병 중 7명이 죽고 3명이 다쳤다.

군은 종횡으로 치고 찌르면서 피를 밟고서 나왔는데, 최후에 적이 王家洲에서 噴筒[5)]으로 군을 포위하고서 공격하여 죽고 말았으니, 나이가 25세였다.

5) 噴筒 : 화약을 장전하여 분사하는 火器이다.

18일이 지나 이전에 따르던 졸병 중 다쳤던 3명이 시신을 수습하였고, 또 3년이 지난 咸豐 9년(1859)에 나의 아우 國荃이 경덕진을 격파하고서 畢君이 殉死한 곳에서 조문하였지만, 壯士(필군)는 이미 죽고 난 뒤였다. 功名을 이룰 때에는 하늘의 뜻도 있고 사람의 힘도 있는 법이니, 자기의 용맹과 능력만을 어찌 믿을 수 있겠는가. 이에 비석을 세워 유적을 표하고, 銘으로 드러내어서 길 가는 이들에게 부르게 하여 饒州 사람들의 그리움을 길이 기리노라.

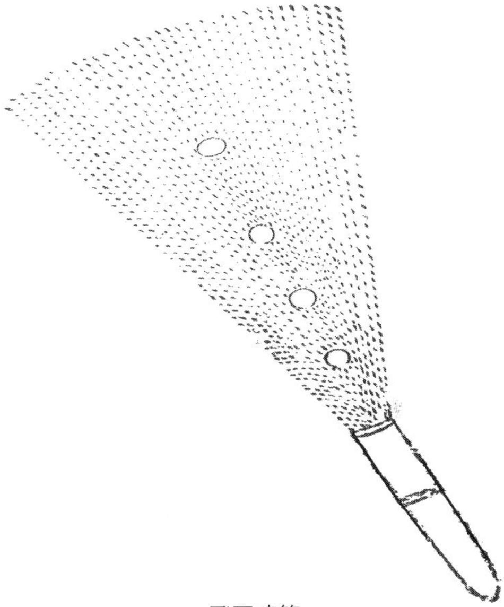

飛天噴筒

會徽池之賊大至한대 歲暮士有飢色이어늘 有司者責君能破景德鎭이면 軍食可圖也라 君以正月二日出師하여 初四日에 驟攻景德鎭이어늘 入市乃無一賊이라 別挈十人搜剿後街하니 賊蜂起하여 從卒亡七人하고 傷三人이라 君縱橫擊刺하여 踐血而出이러니 最後賊以噴筒環攻君於王家洲하여 隕焉하니 年二十五歲耳라 閱十有八日하여 前從傷卒三人者가 收得遺屍하고 又三載에 咸豐九年에 予弟國荃破賊景德鎭하고 憑弔畢君殉難之所로되 而壯士則旣死矣라 功名之際에 有天有人하니 在己者를 獨足恃哉리오 於是에 伐石以表遺蹟하고 聲之銘語하여 俾行路歌之하여 以永饒人之思하노라

銘은 다음과 같다.

사람들 무지하여[6] 흰 기루집에서 나온 듯 똑같았네

암탉만 많고 수탉이 없으니[7] 누가 건장한 자인가

6) 사람들 무지하여 : 원문의 '橫目'은 사람을 가리키는 말로, 사람만이 눈이 가로로 생겼다고 하여 사람을 가리키는 말로 쓰인다. 《莊子》 〈天地〉에 "선생님은 횡목의 백성에게 뜻이 없습니까? 성인의 정치를 듣고자 합니다.〔夫子無意於橫目之民乎 願聞聖治〕"라고 한 데서 온 말이다. '蚩蚩'는 어리석은 모양으로, 《詩經》 〈衛風 氓〉에 "어수룩한 저 남자, 베 안고 실 사러 찾아왔다는데, 실 사러 온 것이 목적이 아닌지라, 나에게 곧장 와서 수작을 부리누나.〔氓之蚩蚩 抱布貿絲 匪來貿絲 來卽我謀〕"라고 하였다.

7) 암탉만……없으니 : 《莊子》 〈應帝王〉에 "암탉이 아무리 많아도 수탉이 없으면 또 어떻게 알을 낳을 수 있겠는가?〔衆雌而無雄 而又奚卵焉〕"라고 한 데서 온 말이다.

塔公이 먼저 나오고 다음은 바로 畢君이었네
체구는 작았으나 陳安과 같은 무리였네[8)]
匹馬로 적진을 공격함에 만 명도 당하지 못하였으나
人心의 賊은 화살 하나로도 공을 상하게 할 수 있었네
안으론 시기하는 이 두려웠고 밖으론 강한 적이 닥쳤으니
나아가고 물러남에 의지할 곳 없어 숱한 허물을 견뎠네
억울함이 지극하여 신원하기를 생각해 머리를 쳐들고 하늘에 호소하고 싶지만
날개가 없어 날 수 없는지라 혹 깊은 못에 떨어졌네
못은 바닥이 있지만 분통함은 끝이 없으니
천년 만대에 이르도록 이 壯士를 애도하라

銘曰 橫目蚩蚩하여 同出一冶라 衆雌無雄하니 誰是健者오 塔公首出이요 次乃畢君이라 軀幹雖小나 陳安之倫이라 匹馬斫陣에 萬夫莫當이나 人心之賊은 一矢或傷이라 內畏娟嫉하고 外偪强寇하니 進退靡依하여 忍尤叢詬라 鬱極思伸하여 矯首舐天이나 徒飛無翼하여 或墜於淵이라 淵則有底어니와 憤則無已하니 萬代千齡히 哀此壯士하라

8) 체구는……무리였네 : 〈隴上歌〉라는 古詩에 "隴上에 陳安이란 壯士가 있었는데, 몸집은 작았으나 뱃속은 넓었네.〔隴上壯士有陳安 軀幹雖小腹中寬〕"라고 하였다.(≪樂府詩集≫)

# 29. 林君의 殉難碑에 대한 記　林君殉難碑記*

* 太平天國의 난을 진압하다가 전사한 林源恩의 사적을 기록한 글이다. 임원은은 四川省 達州 사람으로 자는 秀三이다. 문관 출신으로 군대를 이끌고 石達開에 맞서 江西省을 지키다가 전사하였다. 이 글에서 증국번은 임원은의 생애와 전공을 서술하는 한편, 공이 평소 남들에게 시기를 많이 받았으며 사후에도 세상에 알려지지 못한 것을 안타까워하였다.

슬프다. 내가 楚師[1)]를 앞장서서 통솔하여 荊州[2)]와 揚州[3)] 지역에서 이리저리 옮겨 다니며 싸운 뒤로 그간에 함께 따르며 國事에 殉死한 자를 이루 다 말할 수가 없다. 혹 올곧고 결백하여 딴마음이 없어서 서로 배신하지 않기를 맹세하였는데, 慷慨히 죽어서 뜻이 조금이나마 펴지지 못하고 이름이 당세에 드러나지 못하여 사랑하는데도 돕지 못한 경우는 더욱 슬퍼할 만하도다.

**嗚呼**라 **自余倡率**(솔)**楚師**하여 **轉戰荊揚二州之域**으로 **其間相從死事者**를 **不可勝道**라 **或貞白無他**하여 **誓不相背棄**어늘 **而慷慨一瞑**하여 **志不得稍伸**하고 **名不襮於當世**하여 **愛之而莫能助**[4)]**焉者**는 **尤可悲也**로다

林君 源恩은 자가 秀三이니 四川省 達州 사람이다. 道光 丁酉年(1837) 科試의 拔貢生[5)]이 되었고, 癸卯年(1843)에 順天鄕試에서 擧人이 되었고, 咸豐 원년(1851)에 湖南省 平江縣知縣으로 선발되었다.

---

1) 楚師 : 湘軍을 가리킨다. 증국번이 황제의 명을 받아 태평천국의 난을 진압하기 위해 湖南省을 중심으로 의용병을 모집하여 편성한 군대이다.
2) 荊州 : 옛 九州 가운데 하나로, 지금의 湖南省·湖北省 전체와 인근 省의 일부 지역을 포함한다.
3) 揚州 : 옛 九州 가운데 하나로, 지금의 江蘇省·安徽省·江西省·浙江省·福建省 일대의 지역이다.
4) 助 : ≪曾文正公詩文集≫과 ≪續古文辭類纂≫에는 '收'로 되어 있다.
5) 拔貢生 : 淸나라 때 매년 혹은 2, 3년에 한 번씩 각 省의 學政이 府學·州學·縣學에서 生員 가운데 우수한 자를 선발하여 國子監에서 수학하게 하던 貢生 가운데 하나이다.

함풍 2년(1852)에 粤賊 洪秀全과 楊秀淸의 무리가 長沙를 포위하고, 그해 겨울에 瀏陽縣의 匪賊이 난을 일으키고, 이듬해 봄에 通城縣의 비적이 난을 일으키니, 세 현은 모두 평강현의 땅과 인접해 있었다. 군이 간악한 자를 다스리고 요새를 지키기를 마치 물을 막을 때에 물줄기를 확실히 끊어서 물에 빠지거나 물이 넘치지 못하게 하는 듯이 하였다. 江忠烈公(江忠源)이 군이 한 일을 재주 있다고 여겨서, 이미 保奏[6]하여 同知直隸州로 補用하게 하였고, 또 서신으로 士友들에게 알려 임군이 군대를 맡을 만하다고 말하였다. 마침 내가 水軍을 다스리고 있었으므로 군에게 檄文을 보내 평강현의 勇兵 5백 명을 모집하여 따르게 하였다.

함풍 4년(1854) 3월에 적이 鄂(湖北)에서 남쪽으로 침범하니, 군이 평강현의 九嶺山에서 방어하여 과연 대승을 거두었다. 同官 가운데 군을 시기하는 자가 있어 공로를 敍勳하지 못했고 또 따로 다른 일을 들춰내서 中傷하니, 군이 답답하여 내심 견딜 수가 없었으나 입은 유독 굳게 다물었다.

일찍이 발분하여 한번 조정에서 시비를 가리고자 미리 재계하고 올릴 말도 자세히 갖추었다. 그런데 조정에 이르러서는 사람들의 음해를 받아 끝내 말을 하지 못했지만 되레 자신의 허물로 돌려 자책하였다. 이해 10월에 나를 따라 九江郡의 軍中에서 머물면서 경황이 없는 와중에도 해명하려 했으나 또한 끝내 밝히지 못하였다.

林君源恩은 字秀三이니 四川達州人이라 道光丁酉科拔貢生하고 癸卯에 順天鄉試擧人하고 咸豐元年에 選湖南平江縣知縣이라 二年에 粤賊洪楊之屬圍長沙하고 其冬瀏陽匪徒爲亂하고 明年春에 通城匪徒爲亂하니 三縣者皆與平江壤接이라 君詰姦守隘를 如防禦水에 截然不得(蟄)〔墊〕[7]溢하니 江忠烈公이 才君之爲하여 旣保奏以同知直隸州補用하고 又以書播告士友하여 道林君堪軍旅也라 會國藩治舟師라 檄君募平江勇五百人以從이라 四年三月에 賊自鄂中南犯하니 君禦之平江九嶺하여 果大捷이라 同官有忌君者하여 功不得敍하고 又別摭他事中之하니 君悒悒內不能堪이로되 而口獨重滯라 嘗發憤欲一廷辨하여 宿戒設辭甚具러니 至則爲衆所噤害하여 卒不得發하되 或反引咎自責이라 是歲十月에 追隨國藩於九江軍次하여 造次欲有所申理나 亦不竟白也라

6) 保奏 : 大臣 등 고위 관원이 신원을 보증하여 기예나 학식, 공적이 있는 사람을 임용하도록 황제에게 주청하는 것을 말한다.

7) (蟄)〔墊〕 : 저본에는 '蟄'으로 되어 있으나, ≪續古文辭類纂評註≫에 의거하여 '墊'으로 바로잡았다.

이듬해 봄에 군에게 격문을 보내 湘軍의 糧臺[8]를 다스리게 하였다. 廣信府에서 돌아와 또 塔軍門[9] 忠武公(塔齊布)의 양대를 다스렸고, 또 鄱陽湖[10]의 수군의 營務를 도와서 다스렸다. 11월에 또 廬山[11] 기슭과 姑塘鎭[12] 남쪽에서 陸軍을 대신 다스렸는데, 江西巡撫 文公[13]이 군의 뛰어남을 듣고 급히 격문을 보내서 調用하여 南昌縣에 이르게 하여 새로 모집한 平江縣 군대의 軍營을 맡겼다.

**明年春**에 **檄君治湘軍糧臺**라 **歸自廣信**하여 **又治塔軍門忠武公糧臺**하고 **又佐理鄱湖水師營務**라 **十一月**에 **又攝理陸軍於廬山之麓姑塘之南**이어늘 **而江西巡撫文公聞君賢**하고 **飛檄調至南昌**하여 **付以所新募之平江營者**라

군이 廬山에 있을 적에 한두 武人과 벗이 되어 자신을 낮추고서 교제하였는데, 무인이 더욱 불손하여 깔보는 말로 업신여기고 혹 "書生은 반걸음을 내디디면서도 두리번거리니,[14] 어찌 전쟁의 일을 알겠는가."라고 하였다. 군이 이미 그들의 사나움을 통탄했으나 또한 입을 굳게 다물어서 끝내 그들을 꺾을 수 없었다. 그리고 홀로 밤에 탄식하기를, "丈夫는 한번 강적과 맞서 싸우다 죽을 뿐이니 끝내 돌아보지 않는다."라 하였다.

**君在廬山**에 **與一二武人爲儔**하여 **折節內交**어늘 **武人益不孫**하여 **嫚辭侵侮**하고 **或稱書生跬步矍矍**하니 **焉知戰事**리오 **君旣痛其獷**이나 **又口重滯**하여 **卒無以折之**하고 **獨夜歎曰 丈夫壹死强寇耳**니 **終不反顧矣**라하다

南昌縣에 이르러 새로운 군대를 거느리게 되어서는 조금 스스로 기뻐하였다. 이때에 劇賊 石達開가 江西를 침범하여 8府의 50여 州縣을 연이어 함락하였다.

8) 糧臺 : 군대가 행군하는 沿路에 설치하여 군량을 관리하는 기구이다.
9) 軍門 : 提督의 尊稱이다.
10) 鄱陽湖 : 江西省 북쪽에 위치한 호수이다.
11) 廬山 : 江西省 九江郡 남쪽에 위치한 산이다.
12) 姑塘鎭 : 江西省 彭澤縣 북쪽에 있다.
13) 江西巡撫 文公 : 文俊은 蒙古 鑲黃旗 출신으로, 咸豐 5년(1855)에 江西巡撫에 임명되었다.
14) 書生은……두리번거리니 : 文人이 소심하고 세상 물정에 어두운 것을 풍자한 말이다. ≪周易≫ 震卦 上六에 "上六은 두려워하여 불안해하고 보면서 두리번거리는 것이니, 가면 흉하다.〔上六 震索索 視矍矍 征凶〕"라고 하였다.

咸豐 6년 丙辰年(1856) 3월에 李元度 次靑[15)]이 군대를 이끌고 湖口縣[16)]에서 남쪽으로 오니, 군이 鄧輔綸 彌之[17)]와 함께 남창현에서 동쪽으로 가서 두 군대가 撫州府[18)]에서 연합하여 연이은 전투마다 모두 승리하니, 민심이 비로소 안정되었다. 적이 또 여러 郡의 추악한 무리를 규합하여 번갈아 싸움을 걸면 우리 군대가 번번이 물리치고 또 이르면 또 크게 응징하니, 피로가 극에 달해 휴식할 수 없었다. 가을 9월에 병력을 나누어 崇仁縣과 宜黃縣[19)]으로 출격하였다. 때마침 적의 구원병이 대거 이르니, 군이 결국 17일에 전투에 패하여 죽었다.

**及至南昌領新軍**하여는 **乃稍自喜**하니 **是時**에 **劇賊石達開犯江西**하여 **連陷八府五十餘州縣**이라 **六年丙辰三月**에 **李元度次靑**이 **率**(솔)**師自湖口南來**하니 **君與鄧輔綸彌之**로 **自南昌而東**하여 **兩軍會於撫州**하여 **壘戰皆捷**하니 **人心始定**이라 **賊亦糾合列郡醜類**하여 **更番搦戰**에 **我軍輒卻之**하고 **又至**에 **又大創之**하니 **疲極不得休息**이라 **秋九月**에 **分軍出攻崇仁宜黃**이라 **適會援賊大至**하니 **君竟以十七日戰敗**하여 **死之**라

처음에, 군이 일찍이 下屬들에게 경계하기를 “서로 잘 보호하라. 나와 너희들은 이곳에서 운명을 함께하고 있다.”라고 하였는데, 이때에 이르러 군졸들이 군이 적에게 굽히지 않은 것을 알고서 따라 죽은 자가 300여 명이었다.

**始**에 **君嘗誡其下曰 好相保**하라 **吾與若共命於茲也**라하더니 **至是**에 **衆知君不屈**하여 **相從死者三百餘人**이라

군이 죽은 지 2년이 된 咸豐 8년(1858) 4월에 官軍이 撫州를 수복하였다. 또 이듬해에 나의 군대가 이곳에 주둔하여 군이 국난에 殉死한 곳을 찾아가 조문하고 죽은 이의 백골을 찾았으나 막막하여 어디에 있는지 더는 알 수가 없었다. 이에 그를

15) 李元度 次靑 : 李元度는 湖南省 平江縣 사람으로, 자가 次靑 또는 笏亭이다. 道光 23년(1843)에 擧人이 되었다. 咸豐 연간에 증국번의 幕下에 들어가 太平天國軍에 대항하였다.
16) 湖口縣 : 江西省 九江郡에 있는 縣이다.
17) 鄧輔綸 彌之 : 鄧輔綸은 자가 彌之이며, 湖南省 武岡州 大甸灣 사람이다. 咸豐 원년(1851)의 副貢生 출신으로 浙江候補道를 지냈다. 함풍 6년(1856)에 증국번을 따라 林源恩과 함께 撫州를 탈환하기 위해 石達開의 군대에 맞서 싸웠다.
18) 撫州府 : 江西省 鄱陽湖의 남쪽에 있다.
19) 崇仁縣과 宜黃縣 : 撫州府에 속한 두 현이다.

위해 石碑를 세워 遺蹟을 표시하고, 銘詩를 덧붙여 끝없이 탐욕을 부리는[20] 세상의 한두 君子에게 고하고 나의 잊지 못하는 마음을 전하노라.

君歿二歲咸豐八年四月에 官軍克復撫州라 又明年에 國藩師次於此하여 弔君殉難之所하고 尋逝者之骨이나 邈然其不可復識矣라 於是에 爲立石以表遺蹟하고 綴以銘詩하여 以告於不知紀極之世之一二君子하고 以達余之耿耿하노라

銘은 다음과 같다.

옛날이든 지금이든 강자는 병탄하고 약자는 굴복하니

말을 잘하는 자는 칼과 도마가 되고 말을 잘 못하는 자는 물고기와 고깃덩이가 된다네[21]

文官은 혹독하게 음해하고 武人은 사납고 과격하니

말을 잘 못하는 자가 이를 피해 담장을 등지고 숨을 죽이다가

문득 戰場에 들어서자 만 마리 말이 뒤로 물러났다네[22]

군대의 일은 진실로 헤아리기 어렵고 이치는 진실로 미루어 알기 어려우니

재앙과 상서, 세상에 알려짐과 숨겨짐은 누가 그 기틀을 잡고 있는가

예전에 남이 전하는 말을 들은 적이 있으니 군의 입에서 나온 말이었네

"나는 전투는 알지 못하고 다만 도망가지 않을 줄 안다."라고 하더니

평소의 오랜 약속을 난에 임하여 구차히 어기지 않았네[23]

큰 신의는 맹약하지 않는지라[24] 견고함이 쇠를 자를 만하니

---

20) 끝없이……부리는 : ≪春秋左氏傳≫ 文公 18년 조에 "聚斂하고 재물을 축적하여 그 한도를 알지 못한다.〔聚斂積實 不知紀極〕"라고 하였다.

21) 말을……된다네 : 劉邦이 咸陽을 먼저 차지한 뒤 項羽의 진영으로 가 사과를 하자 항우가 술자리를 벌였는데, 유방의 책사인 樊噲가 유방에게 도망갈 것을 권하면서 "지금 저들은 칼과 도마가 되고 우리들은 〈그 위에 놓인〉 물고기와 고깃덩이인데, 〈이 상황에서〉 무슨 작별의 예입니까?〔如今人方爲刀俎 我爲魚肉 何辭爲〕"라고 한 고사에서 나왔다.(≪史記≫ 권7 〈項羽本紀〉)

22) 만……물러났다네 : 項羽가 漢나라의 수천 騎兵을 상대할 적에, 赤泉侯가 추격해 오는 것을 보고는 눈을 부릅뜨고서 큰소리로 꾸짖자 軍馬가 너무도 놀란 나머지 몇 리나 물러났다고 한다.(≪史記≫ 권7 〈項羽本紀〉)

23) 평소의……않았네 : ≪論語≫ 〈憲問〉에 "이익을 보고 義를 생각하며, 위태로움을 보고 목숨을 바치며, 오랜 약속에 평소의 말을 잊지 않는다면 또한 완성된 사람이라 할 수 있을 것이다.〔見利思義 見危授命 久要不忘平生之言 亦可以爲成人矣〕"라고 하였다.

24) 큰……않는지라 : 진정한 신의는 굳이 맹약할 필요가 없다는 뜻이다. ≪禮記≫ 〈學記〉에 "큰 德은 한 가지 일만 맡지 않고, 큰 道는 한 가지에만 국한되지 않으며, 큰 신의는 맹약하지

부박한 세속이 업신여기는 바요 귀신이 흠탄하는 바라네
군의 영령이 멀리 떠나갔으니 北斗星의 帝鄕[25]에 이르렀다네
유골이 있는 곳을 알 수 없어 덩굴 풀만 무성하니
찾고자 하는 이가 있다면 이 石碑 주변을 맴돌라

**銘曰 胡古胡今**에 **强呑弱伏**하니 **佞者刀礎**하고 **訥者魚肉**이라 **文吏賊深**하고 **武夫悍激**하니 **訥者避之**하여 **負牆屛息**이라가 **忽入戰場**에 **萬馬辟**(피)**易**이라 **士固難料**하고 **理固難推**하니 **災祥顯晦**는 **孰執其機**오 **昔聞人述**하니 **言出君口**이라 **我不知戰**하고 **但知無走**라하더니 **平生久要**를 **臨難不苟**라 **大信不**(明)〔**盟**〕[26]이라 **堅可鍥金**이니 **澆俗所侮**요 **鬼神所欽**이라 **精魂遠矣**니 **北斗帝鄕**이라 **遺骨莫辨**하여 **蔓草芒芒**하니 **有欲求之**인댄 **環此石旁**하라

---

않고, 큰 때는 일정하지 않다.〔大德不官 大道不器 大信不約 大時不齊〕"라고 한 데서 나왔다.

25) 帝鄕 : 上帝가 사는 곳을 가리킨다. ≪莊子≫ 〈天地〉에 "저 흰 구름을 타고 帝鄕에 이른다.〔乘彼白雲 至於帝鄕〕"라고 하였다.

26) (明)〔盟〕: 저본에는 '明'으로 되어 있으나, ≪曾文正公詩文集≫에 의거하여 '盟'으로 바로잡았다.

# 30. 何君의 殉難碑에 대한 記　何君殉難碑記*

*捻軍을 진압하다가 전사한 何桂珍의 사적을 기록한 글이다. 하계진은 雲南省 師宗縣 사람으로 자는 丹畦이다. 道光 18년(1837)에 進士가 되었다. 咸豐 연간에 출정하여 염군을 격파해 李兆受의 항복을 받아냈으나, 이후 군대가 수세에 몰리자 이조수에게 살해당했다. 이로 인해 사후에도 비판이 끊이지 않았다. 이 글에서 증국번은 하계진의 사적을 상세히 서술함으로써 그의 전공과 충심을 부각하고 무고함을 해명하고 있다.

슬프다. 군대가 일어난 지 10년간에 士大夫 君子로서 횡사한 이가 많지만 유독 나의 벗 何君 丹畦는 특히 몹시 애통하여 차마 들을 수가 없다. 近古 이래로 善을 행하고서 화를 얻은 것이 이처럼 극렬한 경우가 없었으니, 어찌 슬프지 않겠는가.

**嗚呼**라 **軍興十載**에 **士大夫君子橫死者多矣**로되 **獨吾友何君丹畦**는 **尤深痛不忍聞**이라 **自近古以來**로 **未有行善獲禍如是之烈者也**니 **豈不悲哉**아

군이 咸豐 4년(1854) 5월에 翰林院侍講[1]과 上書房行走[2]로 있다가 나가서 安徽省 徽州府・寧國府・池州府・太平府・廣德州의 兵備道[3]가 되니, 이때는 安慶府 및 長江에 인접한 府와 縣이 적의 수중에 떨어졌고 廬州府는 새로 行省을 세웠지만 또 적에게 함락되었다.

副都御史 袁公[4]은 臨淮鎭[5]에 주둔하고 提督 和公[6]과 巡撫 福公[7]은 여주부에

1) 翰林院侍講 : 翰林院에 소속되어 皇帝에게 經史를 강의하는 일을 맡은 관직이다.
2) 上書房行走 : 淸代에 皇子과 皇孫의 師傅를 보조하던 임시직이다. 上書房은 황자와 황손이 독서하는 곳이고, 行走는 專官을 두지 않고 겸임시키는 임시직을 가리키는 말이다.
3) 兵備道 : 淸代의 관직명으로, 각 省의 중요한 지역에 설치하여 兵備를 담당하게 한 道員이다.
4) 副都御史 袁公 : 袁三甲은 河南省 項城 사람으로, 자는 午橋이다. 道光 연간에 進士가 되었다. 太平天國의 난을 진압하는 데 공을 세워 관직이 漕運總督에 이르렀다.
5) 臨淮鎭 : 지금의 安徽省 鳳陽縣의 동쪽, 淮河의 南岸에 있다.
6) 提督 和公 : 和春은 滿洲 正黃旗 사람으로, 字는 雨亭이다. 咸豐 3년(1853)에 江南提督에 임명되어 태평천국의 군대에 맞섰는데, 1860년 패주하여 도망가다가 자살하였다.

주둔하였는데, 군이 부임할 때에 남쪽으로 건너갈 수 없었다. 원공이 군에게 군대를 주어 서쪽에서 楚師(楚軍)와 연합하게 하려고 하였고, 복공 또한 상소를 올려 군을 江北[8]에 머물게 하고 군에게 격문을 보내 용병을 모집해 출정하게 하였다. 그런데 조정의 군대와 지방의 鄕勇의 수가 부족하고 沮喪되는 일이 갖가지로 많아서 최후에는 2백여 명을 얻어서 이끌고 서쪽으로 갔다. 霍山縣[9]에 이르러 潰走하는 병사와 團勇[10] 3천 여 명을 징집하여 정성껏 대우하고 장려하여 마침내 10월 2일에 捻匪[11] 李兆受[12]를 城의 동쪽에서 크게 쳐부수고 麻埠[13]까지 추격하였다. 또 5일에 流波礚[14]에 이르러 격문을 보내 商城縣과 固始縣[15]의 團練에게 북쪽을 막게 하고 金家寨鎭[16]의 단련 소속 壯丁에게 동쪽을 막게 하고, 자신은 부대를 통솔하여 서쪽을 막으니, 捻黨이 술렁이며 두려워하였다. 이조수가 馬超江 등과 함께 서로 연이어 투항하자 위협에 따른 자들을 풀어주었다. 이에 원근에서 크게 기뻐하여 주위의 서너 현에서 모두 돼지와 닭, 군량과 금전 등을 보내오니 소리가 밤새 그치지 않았다.

**君以咸豐四年五月**로 **由翰林院侍講上書房行走**하여 **出爲安徽徽寧池太廣兵備道**하니 **時則安慶暨濱江府縣**이 **淪沒賊中**하고 **廬州新立行省**이나 **亦陷於賊**이라 **副都御史袁公**은 **軍臨淮**하고 **提督和公**과 **巡撫福公**은 **軍廬州**러니 **君當之官**하여 **不克南渡**라 **袁公欲資君以兵**하여 **西會楚師**하고 **福公亦具疏留君江北**하고 **檄君募勇出征**이러니 **公私匱乏**하고 **沮傷百端**이라 **最後得二百餘人**하여 **率之以西**하여 **至霍山**하여 **徵集潰兵團勇三千餘人**하여 **推誠獎勵**하여 **遂以十月二日**로 **大破捻匪李兆受於城東**하고 **追至麻埠**라 **又五日**에 **至流波礚**하여 **檄商城固始團練堵其北**하고 **金家寨團丁禦其東**하고 **而自率所部遏其西**하니 **捻黨洶懼**라 **李兆受與馬超江等**으로 **相繼投誠**에 **遣散脅從**하니 **遠**

7) 巡撫 福公 : 福濟는 滿洲 鑲白旗 사람으로, 字는 元修이다. 道光 12년(1832)에 進士가 되었다. 安徽巡撫 등을 역임하면서 태평천국의 난을 진압하였다.
8) 江北 : 長江 北岸에 위치한 江蘇省과 安徽省 일대를 가리킨다.
9) 霍山縣 : 安徽省에 있는 현이다.
10) 團勇 : 민간의 團練에서 모집한 의용병을 가리킨다.
11) 捻匪 : 咸豐·道光 연간에 安徽省 북부와 河南省 일대에서 활동한 半淸 집단으로, 태평천국의 군대와 합세하였다. '捻'은 淮北의 방언으로 조직이나 결사를 의미한다.
12) 李兆受 : 河南省 固始縣 사람으로, 이름을 '昭壽'·'兆壽'·'長壽'로도 쓴다. 咸豐 3년(1853)에 薛之元와 함께 捻軍에 가담했다가 何桂珍에게 투항하였다.
13) 麻埠 : 지금의 安徽省 六合縣 서남쪽에 있다.
14) 流波礚 : 流波鎭의 俗稱이다. 지금의 安徽省 金寨縣 동남쪽에 있다.
15) 商城縣과 固始縣 : 모두 河南省의 屬縣으로, 安徽省에 인접해 있다.
16) 金家寨鎭 : 安徽省에 있는 鎭으로, 金寨鎭이라고도 한다.

近大悅하여 環三四縣하여 皆輸豬雞糗糧金錢之屬하니 聲終宵不絕이라

이에 앞서 大府帥[17]가 군에게 격문을 보내 盧江縣을 구원하게 하였는데, 격문이 도착하기 전에 성이 먼저 함락되었다. 이에 이르러 군이 탄핵되어 관직에서 물러나게 하는 명을 받드니, 군사들이 마음이 안정되지 못하고 백성들도 망연자실하였다.

先是에 大府帥檄君救援廬江이러니 檄未至而城先陷이라 至是하여 奉被劾革職之命하니 軍士懷不能平하고 雖百姓이라도 亦惘惘也라

楚師가 岳州[18]를 출발하여 동쪽으로 갈 적에 武昌縣을 수복하고 黃州府[19]를 함락하고 田家鎭[20]을 격파하니, 수군과 육군이 전광석화와 같은 속도로 나아가 천리의 땅을 석권하였다.

그런데 그 후에 塔齊布와 羅澤南의 군대가 黃梅縣에서 남쪽으로 건너가 九江을 포위하였다. 적군이 北岸을 따라 올라가 다시 蘄州[21]와 황주부를 함락시키고 武漢[22]을 빼앗고 長江과 淮河에서 남쪽으로 내려가니, 天柱山[23] 안팎에 적들이 곳곳마다 벌 떼처럼 모여 있었다. 군이 고립된 군대를 이끌고서 유리되어 서쪽으로는 초사와 서로 소식이 통하지 않고 동쪽으로는 大府인 盧州府와 격절되어 한 치 앞의 일도 도모하지 못하였다. 군이 손가락을 깨물고 군사들에게 맹세하여 咸豐 5년(1855) 정월에 蘄水縣으로 진격하여 이기고, 또 병력을 나누어 英山縣[24]을 수복하였고 또 劇賊 田金爵을 죽였다.

方楚師之出岳州而東也하여 克武昌하고 下黃州하고 破田家鎭하니 水陸電邁하여 席卷千里러라 其後塔齊布羅澤南兩軍이 由黃梅南渡하여 以圍九江하니 賊循北岸而上하여 復陷蘄黃하고 竄武

17) 大府帥 : 상급 官府의 장수를 가리킨다.
18) 岳州 : 지금의 湖南省 岳陽市에 해당한다.
19) 黃州府 : 治所가 지금의 湖北省 黃岡縣에 있었다.
20) 田家鎭 : 지금의 湖北省 武穴市 서북쪽에 있던 鎭이다. 長江 北岸에 위치하고 남쪽에는 半壁山이 있어 장강 전투의 요충지였다.
21) 蘄州 : 蘄水縣으로, 지금의 湖北省 蘄春縣에 해당한다.
22) 武漢 : 湖北省의 省都이다.
23) 天柱山 : 安徽省 潛山縣 서북쪽에 있는 산이다. 이 산을 기준으로 남쪽을 皖南, 북쪽을 皖北으로 구분한다.
24) 英山縣 : 湖北省에 있는 縣이다.

漢하고 自長淮以南하니 天柱內外에 所在蜂屯이라 君以孤軍流離하여 西與楚師不相聞하고 東與廬州大府隔絶하여 朝不謀夕이러니 囓指誓衆하여 五年正月에 進攻蘄水하여 克之하고 又分軍克復英山하고 又殲劇賊田金爵하다

大府帥가 군이 서쪽 정벌에 공효가 있었다고 하여 상소하여 英山縣에 주둔하게 하니, 군이 출정하여 이곳에 이르기까지의 8개월 동안 겨우 당시 보유하던 銀錢 3백 냥을 지출하였다. 군을 따르는 군졸과 團練이 늘어나 3천 명에 이르렀고 또 막 투항한 李兆受의 군졸까지 더해지니, 식량으로 삼을 것이 없고 거처에는 장막이 없고 비가 오면 땔감이 없는데 마을과 성곽에는 거주민이 없고 원근에서 원조가 없어 사상자를 돌볼 수 없었다.

처음에는 열 사람에게 국수 1斤을 주다가 이어서 삭감하여 반으로 줄이고 이윽고 또 반으로 줄이니, 적의 침입은 더욱 많아지는데 날마다 굶주린 군졸을 이끌고 이곳저곳에서 싸우며 휴식하지 못하였다. 5월 12일에 군대가 패하여 진창 속을 행군하니, 향리의 백성이 간혹 불쌍히 여겨 음식을 가져다주었다. 군이 비록 애써 스스로 분발하였으나, 피로가 심하여 몸에 부스럼이 나고 기운도 조금 움츠러들었다.

大府帥以君西征有效라하여 疏令留駐英山하니 君出師至是에 凡八閱月에 僅支見(현)銀三百兩이라 士卒及民團相從者가 增至三千人이요 又益以李兆受新降(항)之衆하니 無以爲食하고 居無帳幕하고 雨無薪이어늘 村郭無居民하고 遠近無援하여 傷亡無以爲䘏이라 始什人賦麵一斤이라가 繼而削減半之하고 旣又半之하니 而賊來益盛이어늘 日提飢卒하여 轉戰不得休라 五月十二日에 軍敗하여 徒行泥淖中하니 鄕民或哀而進食이라 君雖强自振厲나 然이나 憊甚하여 瘻癉發體하고 氣亦稍餒矣라

李兆受는 본래 반복무상하여 두마음을 품었는데, 군의 충성스럽고 성실함에 감동하여 차마 대뜸 배신하지 못하다가, 군량이 끊어진 지 이미 오래되자 군이 자신을 살려줄 수 없을까 의심하여 몹시 원망하였다. 또 동시에 투항했던 사람인 馬超江이 匪賊에게 살해당했는데, 官에서 체포하여 죽여서 처벌하지 못하는 것을 원망하여 크게 슬퍼하였다. 마초강을 위해 복수를 모의하여 神位를 세우고 조문을 받으니 捻匪가 모두 모여들었다.

이에 河南省과 安徽省에서 모두 이조수가 다시 배반했다고 조정에 들어와 보고하고 현령도 이조수의 머리에 千金의 현상금을 내걸었다. 이조수가 더욱 스스로 불안하여 엎드린 채 군에게 나아와 딴마음이 없음을 자백하였는데, 군이 慰撫하여 차츰 안정되었다.

마침 大府帥가 密書를 군에게 보내 역적을 몰살하여 뒤를 잇는 사람이 나오지 말게 하라고 시켰는데, 이 밀서가 이조수에게 들어갔다. 이조수가 마침내 겉으로는 성대한 술자리를 여는 척 가장하고 英山縣의 小南門에 군대를 매복시켜 군을 살해하였다. 군의 유해가 불에 타고 함께 난을 당한 자가 47명이니, 咸豐 5년(1855) 11월 3일이었다.

李兆受者는 故反側持兩端이러니 感君忠勤하여 不忍遽背負라가 絶糧既久에 怪君無以活之하여 意望甚이라 又同時降(항)人馬超江이 爲匪徒所殺한대 怨官不能捕誅以抵罪也則大戚이라 議爲超江復仇하여 設位受弔하니 捻匪畢集이라 於是에 河南安徽兩省이 皆以兆受復(부)叛入告하고 而縣令亦懸賞購兆受頭千金하니 兆受益不自安하여 匍匐詣君하여 自陳無他러니 君撫慰稍稍綏定矣라 會大府帥有密書抵君하여 教以圖翦叛賊하여 毋後人發이러니 爲兆受所得이라 遂陽爲置酒高會하고 而伏兵戕君於英山之小南門하니 遺骸殘燬하고 同遇難者가 四十七人이니 咸豐五年十一月初三日也라

君은 諱가 桂珍이고, 字는 丹畦이니, 雲南省 師宗縣 사람이다. 道光 甲午年(1834) 科試의 擧人이 되고 戊戌年(1838) 進士試에 급제하여 翰林院編修가 되었다. 丙午年(1846)에 貴州의 提督學政이 되었다가 이내 翰林院侍講으로 승진하였다. 上書房에 입직할 적에 자주 상소를 올려 직언하여 軍事의 득실을 진달하고 임금의 덕성을 論究하였다.

또 朱子(朱熹)와 眞西山(陳德秀)의 ≪大學≫에 대한 설을 가려 뽑고서 자기 의견을 덧붙이고 條例를 부연하여 손수 繕寫하여 책을 이루어 상소와 함께 올리니, 군의 뜻은 聖人은 할 수 없는 일이 없고 공은 이룰 수 없는 것이 없으나 다만 사람이 자기 자신을 이기지 못하여 그 마음과 힘이 미치는 바를 끝까지 다하지 못하는 것을 근심하는 것이었다. 군이 출정하여 군무를 다스리게 되어서는 한 해가 넘도록 굶주렸지만 수없이 싸우면서 쉬지 않았으니, 어쩌면 이른바 자기 자신을 이긴 자

일 것이고, 자기의 마음과 힘을 끝까지 다하여 남겨두지 않은 자일 것이다. 끝내는 이렇게 극렬히 화를 입었는데도 혹 사후에 남아 있는 책망을 면치 못하니, 그렇다면 善을 하는 자가 어디를 간들 두려워하지 않겠는가.

**君諱桂珍**이요 **字丹畦**니 **雲南師宗人**이라 **道光甲午科擧人**하고 **戊戌進士**하여 **翰林院編修**하고 **丙午**에 **提督貴州學政**이라가 **旋晉侍講**이라 **入直上書房**할새 **數**(삭)**抗疏**하여 **陳軍事得失**하고 **推本君德**이라 **又采朱子眞西山大學之說**하여 **傅以己意**하고 **引申條例**하여 **手繕成帙**하여 **隨疏奏進**하니 **君之意**는 **嘗以爲聖人者無不可爲**요 **功無不可就**로되 **獨患人不自克**하여 **不能竭其心與力之所竟耳**라 **及君出而涖事**하여 **飢餓經年**이나 **而百戰不息**하니 **儻所謂自克者耶**인저 **竭吾心與力而不遺者耶**인저 **卒其獲禍如是之烈**이어늘 **而或不免身後之餘責**하니 **然則爲善者**가 **何適而不懼哉**리오

咸豐 10년(1860)에 내가 江北에 군대를 주둔시키고 군이 환난 가운데 말을 달리던 곳을 찾아갔다. 마침내 英山縣에 石碑를 세우고 銘詞를 덧붙여서 後人들로 하여금 상고하게 하노라.

**咸豐十年**에 **國藩屯軍江北**하고 **詢君患難馳驅之所**라 **乃立石英山**하고 **綴以銘詞**하여 **俾來者有考焉**하노라 **銘曰**

銘은 다음과 같다.

굶주림과 추위가 몸에 닥치면 염치를 돌아보기 어렵네

聖君이 백성을 안정시키지 못하고 慈母가 자식을 어루만지지 못하거늘

하물며 장대를 들고 일어난[25] 烏合之卒이 처음 도망 와서 투항했을 때는 어떠하였겠는가

갑자기 순종했다가 갑자기 반역하니 아침에는 사람이었다가 저녁에는 돼지가 된다네

큰 돼지가 진흙을 뒤집어쓰자 의심이 쌓여 활시위를 당기니[26]

---

25) 장대를……일어난 : 농민들이 무장봉기하는 것을 가리키는 표현으로, 여기서는 捻軍을 가리킨다. 漢나라 賈誼의 〈過秦論 上〉에 "나무를 깎아 무기를 만들고 장대를 들어 깃발을 만드니, 천하 사람들이 구름처럼 모여들고 메아리처럼 응하면서 양식을 싸 들고 와서 그림자처럼 따랐다.〔斬木爲兵 揭竿爲旗 天下雲會而響應 贏糧而景從〕"라는 말이 나온다.

26) 큰……당기니 : 捻軍의 馬超江이 살해당한 뒤에 李兆受가 何桂珍을 의심하여 반역을 모의한 것을 비유한 표현이다. 큰 돼지는 叛賊의 우두머리를 비유하는 표현으로 여기서는 마초강을

톱 같은 어금니와 갈고리 같은 손톱이 우리 大儒를 죽였도다
참언은 성도 불태우는 법이니[27] 사후에도 비난이 남아 있네
뭇사람들의 훼방이 군에게 쏠리니 하늘과 땅이 자리를 바꾸었네
많고 많은 口舌에는 갑자기 승리하기 어렵다네
내가 石碑에 銘을 새겨 구설이 가라앉기를 잠시 기다리노니
위로는 해와 달·별에 묻고 아래로는 무궁한 後世에 물으라

**銘曰 飢寒偪身**에 **難顧廉恥**라 **聖主不能安其民**하고 **慈母不能撫其子**어늘 **況於揭竿烏合之徒**와 **亡命歸誠之始**리오 **倏順忽逆**하니 **朝人暮豕**라 **封豕負塗**에 **積疑張弧**하니 **鋸牙鉤爪**가 **殪我閎儒**로다 **赤舌燒城**하니 **死有餘議**라 **群毁所歸**니 **天地易位**라 **悠悠之口**는 **難可遽勝**이라 **我銘諸**(저)**石**하여 **少待其定**하노니 **上訊三光**하고 **下訊無竟**하라

---

가리킨다. ≪周易≫ 睽卦 上九에 "어그러지고 외로워서 돼지가 진흙을 등에 묻힌 것과 鬼神이 한 수레에 가득히 실려 있는 것을 보는 것이니, 먼저는 활시위를 당겼다가 나중에는 시위를 풀어놓는다.〔睽孤 見豕負塗 載鬼一車 先張之弧 後說之弧〕"라고 하였는데, 등에 진흙을 묻힌 돼지를 보는 것은 매우 더러운 일을 당하는 것을 비유하고, 활시위를 당기는 것은 남을 공격하여 해치는 것을 비유한다.

27) 참언은……법이니 : 揚雄의 ≪太玄經≫에 보인다.

# 31. 新寧 劉君에 대한 墓碑銘　新寧劉君墓碑銘*

*新寧 劉君은 劉時華(1790~1850)이다. 그의 아들 劉長佑는 湘軍을 통솔하여 태평천국군을 진압하는 데 참여한 인물이다. 애초 유장우는 부친이 별세한 이듬해인 咸豐 원년(1851)에 증국번에게 부친의 묘비명을 청하였으나, 증국번이 軍事에 종사하느라 글을 짓지 못하자 同治 6년(1866)에 재차 부탁하였다. 이에 증국번은 동치 6년 12월 28일에서 이듬해 1월 1일에 걸쳐 이 글을 지었다. 이 글에서 증국번은 유시화가 商人이면서도 재물을 경시하고 의리를 좋아하여 가족과 이웃에 은혜를 두루 베푼 일들을 서술하고, 아들 유장우가 功業을 세워 집안을 영예롭게 한 것이 곧 아버지의 선행이 받은 보답임을 자연스러운 필치로 서술하고 있다.

君은 諱가 時華이고, 字가 廷材이고, 號가 寶泉이니, 先世가 江西로부터 湖南의 新寧로 이주하였다. 증조부는 劉有義이다. 조부는 劉儒禹이니 府學 增生이다. 아버지는 劉世貴이니 太學生인데 집안이 가난하여 장수〔商賈〕가 되어 쌓인 재화를 교역하여[1] 생계를 꾸렸다.

君은 태어날 때부터 효성이 지극하여 자기 아버지가 저자 가게에서 오랫동안 일하는 것을 견디지 못하였는데 마침내 무릎 꿇고 청하기를 "아버님은 조금 쉬셔야 합니다. 형님은 공부에 장차 성취가 있을 것이고 동생은 나이가 어리니 제가 아버님을 대신해 일하여 장사를 하겠습니다."라 하고 마침내 長江과 漢水 일대[2]에서 장사를 하였다. 팔릴 물건과 시기를 잘 헤아려서 널리 취하고 비용을 절약하여 남보다 뒤에 가고 남보다 먼저 돌아오니, 집안이 이로써 풍족해져 어버이가 매우 기뻐하였다.

아버지가 병들자 밤새도록 보살폈는데 醫員이 "가래가 짜면 살 수 있고 싱거우

---

1) 쌓인……교역하여 : 원문은 '貨居'인데, '化居'와 같다. 이 말은 ≪書經≫ 〈虞書 益稷〉에 "懋遷有無化居"라는 구절에 보이는데, 蔡沈은 "쌓인 재화를 교역하여 변화시키는 것이다.〔交易變化其所居積之貨〕"라고 풀이하였다.

2) 長江과……일대 : 湖北 지역을 말한다.

면 죽을 것이다."라 하거늘, 군은 번번이 손으로 가래를 받아 맛을 보고 맛이 싱거우면 인하여 크게 곡하였다.

君諱時華요 字廷材요 號寶泉이니 先世自江西徙湖南之新寧이라 曾祖有義라 祖儒禹니 府學增生이라 父世貴니 太學生이니 家貧하여 爲商賈(고)貨居以自給이라 君生有至性하여 不忍其父久勞市廛이어늘 乃跪請曰 大人宜少休니이다 兄學且有成이요 弟弱하니 兒願代父勞而服賈矣니이다하고 遂遊資於江漢之間할새 量物度(탁)時하여 廣取而節用하여 後人而往하고 先人而歸하니 家用阜康이라 親以大悅하다 父病에 在視終宵할새 醫者言痰鹹可生이요 淡則死라하여늘 君輒以手承痰嘗之하고 味淡이면 因大哭하다

아버지가 죽고 어머니 또한 그보다 앞서 죽으니 아버지를 섬기던 마음을 미루어 계모를 섬겼다. 武昌에서 돌아왔을 적에 계모가 기뻐하지 않았는데 허리를 세우고 꿇어앉아 늦게 돌아온 잘못을 스스로 아뢰었다. 계모가 병들자 새벽까지 힘써 모시어 약물을 마련하는 일을 반드시 자신이 손수 하고 남이 하도록 하지 않았다. 계모가 죽으니 어버이를 섬기던 마음을 미루어 큰형을 섬기고 막냇동생을 길렀다. 형이 병들자 1년 남짓 병간호하였다. 형이 죽고 동생이 뒤에 죽으니 또 은혜를 미루어 과부가 된 兄嫂와 弟嫂를 돌보고 아버지 잃은 아이들을 길러주었다. 그 후에 두 집의 아이들이 모두 장성하고 형수와 제수는 모두 조정에서 旌表되고 70, 80세까지 장수하였는데 눈물 흘리며 군의 덕을 칭송하여 감히 잊지 못하였다.

父歿하고 母亦前卒하니 則推其所以事父者하여 以事繼母라 歸自武昌에 繼母不懌이어늘 長跪自陳遲歸之咎하다 繼母病에 服勞達旦하여 營治藥物을 必自其手하고 不自他人이러라 繼母歿에 則推其所以事親者하여 以事長兄하고 而蓄(휵)季弟하다 兄病에 調護年餘라 兄卒하고 弟後卒하니 則又推恩하여 以恤其嫠하고 以鞠其孤子라 厥後에 兩家孤兒皆成立하고 兩嫠皆旌表於朝하고 壽皆七十八十이어늘 涕泣頌君之德하여 不敢忘云이라

新寧은 山邑이다. 멀리 외진 楚南의 黔과 粤이 만나는 지점에 있어[3] 큰 고개와

3) 楚南의……있어 : 楚南은 南楚와 같다. 춘추전국시대에 楚나라가 中原의 남쪽에 위치하여 남초라 하였는데, 대략 安徽 중부와 서남부, 河南 동남부, 湖南과 湖北의 동부, 江西 등의 지역을 포괄한다. 黔은 貴州, 粤은 廣東·廣西를 말한다.

겹겹의 산봉우리가 드높고 겹쳐져 구불구불하여 조금도 펴지지 못하니 예로부터 위대하고 걸출한 사람이 그 일대에서 나왔다는 말을 듣지 못했고 科擧에 1, 2등으로 급제한 자도 없었다. 거주민들은 생계를 유지하느라 인색하여 唐·魏의 풍속[4]이 있었는데 유독 군과 江太公[5] 一峰(江上景)만은 재물을 경시하고 의리를 좋아하여 스스로 재물을 불리는 데에는 자질구레하게 집착하지 않았다.

江君의 아들로서 시호가 忠烈인 이[6]가 관직이 安徽巡撫에 이르고 군의 아들 蔭渠[7]가 지금 直隸總督으로 있는데 모두 功勳이 있어 당대의 名臣이 되었으니, 땅이 좁고 외진 지역의 습속이 한번 변하자 山川의 기운이 창성한 것이다.

**新寧**은 **山邑也**라 **僻在楚南黔粤之交**하여 **巨嶺層巒**이 **穹窿雜襲**하여 **鬱撓而不得稍舒**하니 **自古未聞偉人傑士出於其間**이요 **亦乏甲乙科第**라 **居民治生纖嗇**하여 **有唐魏之風**이로되 **獨君與江太公一峰**은 **輕財好義**하여 **不屑屑於自殖**이라 **江君之子諡忠烈者**가 **仕至安徽巡撫**하고 **而君之子蔭渠**가 **今爲直隸總督**이어늘 **竝有勳伐**하여 **爲時名臣**하니 **蓋褊陋之俗一變**에 **而山川之氣昌矣**로다

군이 처음 다른 縣에서 장사를 할 때에는 부유해져서 어버이의 마음을 기쁘게 하기를 매우 바랐는데, 이윽고 좋은 방법으로 경영하여 지혜는 그 사업을 확장할 만하고 이익은 그 三族[8]에게 은혜를 베풀 만해졌다. 그러자 얻은 재물을 손이 가는 대로 흩어주며 한결같이 백성을 구제하는 것을 공덕으로 여기고 손익은 전혀 따지지 않았다. 향리에 도로를 정비하고 교량을 축성하는 일에 금전을 희사하면서 오로지 넉넉하지 못할까 염려하였고, 약물을 베풀어주고 병을 치료하는 일에 오로지 힘이 두루 미치지 못할까 염려하였다.

일찍이 益陽縣에 홍수가 나자 작은 배를 사서 백 명을 건져내고 수백 명을 藁葬[9]해주었고, 新寧에 크게 기근이 들자 이웃 친지에게 매일 반 되〔升〕의 곡식을

---

4) 唐·魏의 풍속 : 唐과 魏는 지금의 山西 지역에 있었던 옛 國名으로, 풍속이 근검하고 인색하였다고 전해진다.
5) 太公 : 노인에 대한 존칭이다.
6) 江君의……이 : 江忠源(1812~1854)이다. 〈復胡潤之書〉의 역주 '江岷樵' 참조.
7) 蔭渠 : 劉長佑(1818~1887)이다. 유장우는 자가 子默이고, 호가 蔭渠·印渠이다. 湖南 新寧 사람이다. 湘軍을 통솔하여 태평천국군을 진압하였다. 廣西巡撫·廣東巡撫·兩廣總督·直隸總督·雲貴總督 등을 역임하였다. 저서로 ≪劉武愼公遺書≫가 있다.
8) 三族 : 父系, 母系, 妻系 친족을 통칭하는 말이다.
9) 藁葬 : 시신을 볏짚이나 거적에 싸서 장사 지내는 것을 말한다.

보내주어 목숨을 살린 자가 셀 수 없었다. 또 일찍이 育嬰堂[10]을 수리하고 忠臣·義士·節婦·孝子의 사당을 건립하니 모두 新寧縣에 이전에 없던 것을 군이 창건한 것이다. 城의 동북쪽에 義塚[11]이 있는데 해마다 항상 겨울과 봄에 그 무너진 무덤을 흙으로 덮어 보수하고 쓰러진 비석을 세워주었고, 城의 남쪽에 義塾[12]이 있는데 기물이 부족하면 항상 군의 집에서 가져다 대었다.

어떤 사람이 혹 "군은 1년 수입이 얼마나 되는가? 남에게 베푸는 것이 열에 일곱이고 자신을 위해 쓰는 것이 열에 셋이 못 미치니 이후에 장차 계속하기 어려울 것이다. 어찌하여 밭과 집을 약간 사서 자손을 위해 基業을 조금 세워주지 않는가?"라 하니 군이 웃으며 말했다. "집안에 척박한 밭이 있어 거친 음식쯤은 댈 수 있으니 많아서 무엇하겠는가. 나는 人情을 밭으로 삼고[13] 士類를 배양하는 것을 종자로 삼아 경작에 햇수를 따지지 않고 수확에 세대 수를 따지지 않으니 자손에게 남겨줄 것이 더욱 크지 않을 줄을 어찌 알겠는가." 군이 죽고 나서 집안이 흥성하였다.

**當君初賈(고)異縣에 頗求饒益하여 以娛親心이러니 既而요 經紀有方하여 智足以擴其業하고 利足以仁其三族하니 所得貲財를 隨手散去하여 壹以濟物爲功하고 息耗都不訾省하여 鄉里除道成梁에 捐金錢하여 惟恐不贍하고 施藥療疾에 惟恐不周러라 嘗遇益陽大水할새 買小舟拯百人하고 藁葬數百人하고 新寧大饑에 餼隣里親舊粟日半升하여 全活無算하고 又嘗修育嬰堂하고 建忠義節孝祠하니 皆縣中前此所無를 自君創之라 城東北有義塚이어늘 歲歲常以冬春으로 培其阤塋하고 而植其仆碑하고 城南有義塾이어늘 器物缺乏이면 常於君家取給焉하다 人或謂君歲入幾何오 施諸(저)人者什七이요 而自謀不及什三이니 後將難繼리니 何不頗買田宅하여 爲子孫稍立基業고하여늘 君笑謂家有薄田하여 足供疏食(사)하니 焉用多爲리오 吾以人情爲田하고 以培養士類爲種하여 耕不計年하고 穫不計世하니 庸詎知留貽子孫者가 不更(갱)大乎아하니 逮君歿而門內鼎興하다**

군은 아들이 4인이다. 큰아들은 이름이 長佑이니, 곧 蔭渠이다. 拔貢生으로서 廣

10) 育嬰堂 : 버려진 아이들을 거두어 기르는 기관이다.
11) 義塚 : 연고가 없는 시신을 수습하여 매장한 무덤이다.
12) 義塾 : 학비를 받지 않는 사설 교육기관이다.
13) 人情을……삼고 : ≪禮記≫ 〈禮運〉에 "성인이 법칙을 만들되……예의를 그릇으로 삼고 인정을 밭으로 삼고 四靈을 가축으로 삼았다.〔聖人作則……禮義以爲器 人情以爲田 四靈以爲畜〕"라는 말이 보인다.

西巡撫・兩廣總督・直隷總督의 관직을 지냈고, 兵部尙書의 직함이 더해졌다. 둘째 長佐는 某官이고, 셋째 長伸과 넷째 長健은 모관이다. 손자는 모모이다. 증손은 永祚와 永祺이다. 천자께서 장우의 공을 포상하여 군과 군의 조부를 追贈하여 모두 光祿大夫로 삼고, 군의 配 鄭氏와 祖妣 某氏, 妣 李氏와 曾氏는 모두 一品夫人으로 삼았다. 군의 말이 이에 과연 증험되었으니 善을 행한 보답이 어찌 그리 빠른 것인가.

鄭太夫人[14)]은 공손하고 검소하며 너그럽고 어질어 남편의 가르침을 모두 따랐으니, 큰동서와 작은동서가 남편을 여의고 홀로 지내면서 정태부인을 존경하여 종신토록 恩情이 있었다.

君子四人이니 長名長佑이니 卽蔭渠也라 以拔貢生으로 歷官廣西巡撫兩廣總督直隷總督하고 加兵部尙書銜이라 次長佐는 某官이요 次長伸長健은 某官이라 孫은 某某라 曾孫은 永祚永祺라 天子褒長佑功하여 贈君曁君之祖父하여 皆爲光祿大夫하고 君配鄭氏曁祖妣某氏妣李氏曾氏는 皆爲一品夫人하니 蓋君言於是果驗하니 爲善之報가 抑何捷也오 鄭太夫人恭儉寬仁하여 悉秉夫敎하니 姒婦娣婦寡居에 敬之하여 終身有恩紀하다

군은 道光 30년(1850) 6월 14일에 졸하였으니 향년 61세이다. 太夫人은 3일 먼저 졸하였으니 향년 59세이다. 이해 12월 모일에 新寧 서쪽 楊溪村 鸞嶺에 합장하였다.

옛날 道光 정미(1847)・무신 연간에 江忠烈公(江忠源)이 늘 나에게 蔭渠의 어짊을 칭찬하고 겸하여 그 집안 대대로 내려오는 덕을 말했었는데, 음거가 京師에 들어와 어버이의 부고를 듣고 나에게 글을 구하여 그 묘비명을 청하였다. 전쟁터를 전전하는 사이에 오래도록 글 짓는 일을 멀리한 지가 이제 17년이 지났는데 비로소 드러내어 銘을 붙인다.

君卒以道光三十年六月十四日하니 壽六十有一이라 太夫人先三日卒하니 壽五十有九라 是歲十二月某甲子에 合葬新寧西鄕楊溪村之鸞嶺하다 昔道光丁未戊申間에 江忠烈公常爲余稱道蔭渠之賢하고 兼述其世德이러니 及蔭渠入京하여 聞親之訃하고 求余文銘其墓어늘 展轉兵間하여 久疏文字가 越今十有七年이러니 始得表而銘之하노라

14) 太夫人 : 관료의 어머니에 대한 경칭이다.

銘은 다음과 같다.

온 세상이 이익을 좇거늘 獨行[15]하여 의리를 품으니

떳떳한 덕과 떳떳한 말[16]이 천지를 감격시켰네

밖으로는 굶주린 자와 물에 빠진 자를 구하고 안으로는 아버지 여읜 조카들을 돌보았으니

어진 마음은 만족하기 어려워 백 가지를 근심하고 한 가지를 기뻐하였네

드러나지 않았다고 누가 말하랴, 사후에 더욱 명성이 나며

보답받지 못했다고 누가 말하랴, 그림자가 형체를 따르는 듯하도다

신명의 보살핌이 집에 내려 특별한 복이 뜰에 내리니

자제들이 우뚝 일어나 나라의 干城이 되었네

적의 반란을 평정하여 길이 새겨질 공적을 세웠으니[17]

천자께서 은총을 하사하여 褒奬하여 先祖를 영예롭게 하셨네

夫夷[18]의 남쪽에 萬山이 둘러싸고 있으니

내가 그 묘소에 이 글을 새기니 후인들은 공경할지어다

**銘曰 擧世奔利**어늘 **獨行抱義**하니 **庸德庸言**이 **感格天地**라 **外救飢溺**하고 **內撫諸孤**하니 **仁心難慊**하여 **百憂一愉**라 **孰云不顯**고 **在幽彌馨**이요 **孰云無報**오 **如影隨形**이라 **神覿在室**하여 **奇福在庭**하니 **郎君崛起**하여 **爲國干城**이라 **削平寇亂**하여 **鼎祭鐘銘**하니 **自天錫寵**하사 **褒榮先隴**이라 **夫夷之南**에 **萬山環拱**하니 **我表其阡**하니 **來者欽竦**하라

15) 獨行 : ≪禮記≫ 〈儒行〉의 '特立獨行'에서 온 말로, 뜻과 행실이 고상하여 時流와 어울리지 않음을 뜻한다. 이 구절을 韓愈가 伯夷의 절개를 칭송한 〈伯夷頌〉에서도 썼다.

16) 떳떳한……말 : ≪中庸章句≫ 제13장에 "떳떳한 덕을 행하며 떳떳한 말을 신중히 하여, 행실에 부족한 점이 있으면 감히 힘쓰지 않음이 없고, 〈말을 더해야 할 것이〉 남아 있어도 감히 다하지 아니하여, 말할 적에는 행실을 돌아보고, 행할 적에는 말을 돌아보아야 하니, 〈이렇게 하면〉 군자가 어찌 독실해지지 않겠는가.〔庸德之行 庸言之謹 有所不足 不敢不勉 有餘 不敢盡 言顧行 行顧言 君子胡不慥慥爾〕"라는 말이 보인다.

17) 길이……세웠으니 : 원문은 '鼎祭鐘銘'이다. 고대에 국가에 큰 공을 세우면 솥이나 종에 이 사실을 새겨서 후세에 길이 전하였다.

18) 夫夷 : 夫夷水를 말한다. 부이수는 廣西 全州의 서쪽에서 발원하여 동북쪽으로 흘러 湖南 新寧을 거쳐 湖南 昭陽에 이르러 資水에 합류한다.

## 32. 仁和 邵君의 墓志銘　仁和邵君墓志銘*

*仁和縣(지금의 杭州) 사람 邵懿辰을 대상으로 쓴 묘지명이다. 소의진은 자가 位西로, 道光 11년(1831)에 擧人이 되었고 刑部員外郞을 지냈다. 성격이 강직하여 평소 주변과 마찰이 잦았는데, 태평천국군이 일어나자 賽尙阿에게 군대를 맡겨서는 안 된다고 주장했다가 파직되어 항주로 돌아갔다. 이후 태평군이 항주에 침입하였을 때 殉死하였다. 증국번은 이 글에서 소의진이 모친이 죽은 뒤에야 목숨 바쳐 싸운 의리를 드높이고, 이처럼 선하고 의로운 인물이 세상의 인정을 받지 못하고 화를 당한 것에 대해 슬픔을 토로하였다.

位西는 仁和 邵氏이고 諱가 懿辰이니 나와 20여 년을 교유하였다. 咸豐 10년(1861) 2월에 賊(太平軍)이 杭州에 침입하였을 적에 5일 만에 수복하였다. 7월에 위서가 나를 祁門縣[1]의 軍中으로 찾아와, 내게 성이 무너질 적에 온 집안사람들이 적에게 붙잡혔는데 적이 물러나자 마침내 집안사람들을 데리고 동쪽의 紹興[2]으로 이주하였고 노모가 돌아가시자 그럭저럭 장례를 치렀다고 말하였다. 그러고는 군대를 청하여 兩浙[3]을 구원하고자 했으나 이루어지지 못하여 마침내 이별하고 떠나갔다.

이듬해 11월에 항주가 다시 함락되니, 위서의 아내 余恭人[4]과 두 아들 順年·順國이 滬上[5]으로 이주하였다. 내가 이를 듣고는 安慶府[6]로 불러들여 맞이하였는데, 순년이 내게 성이 무너질 적에 온 집안사람들이 굶주리고 괴로웠는데 부친이 가족들을 지휘하여 도망쳐 집안의 대를 잇도록 도모하고 또 자신도 장차 나갈 것이라고 거짓말을 하여 마침내 울면서 이별하고는 다시는 소식을 듣지 못했다고 말

1) 祁門縣 : 지금의 安徽省 黃山市의 屬縣이다.
2) 紹興 : 지금의 浙江省에 속한 지역이다.
3) 兩浙 : 浙東과 浙西를 가리킨다. 錢塘江을 기준으로 남쪽이 절동, 북쪽이 절서이다.
4) 恭人 : 明淸代에 4품 이상의 관원의 모친이나 부인에게 내리는 封號이다.
5) 滬上 : 上海의 별칭이다.
6) 安慶府 : 지금의 安徽省 安慶市에 해당한다.

하였다. 내가 내심 위서는 烈士이니 반드시 구차히 화를 면하지 않았을 줄 알았고, 집안사람들도 진실로 이를 알았지만 확실한 소식이 없어서 감히 發喪을 하지 못하고 있었다.

位西는 仁和邵氏요 諱懿辰이니 與國藩交二十餘年矣라 咸豐十年二月에 賊入杭州에 五日而復이라 七月에 位西訪余祁門軍次하여 語余以城破時에 盡室陷賊中이러니 賊退에 乃挈家東徙紹興하고 老母考終에 龘得盡禮라하고 欲乞師以援兩浙이나 不果하여 遂別去러라 明年十一月에 杭州再陷하니 位西之妻余恭人과 二子順年順國이 轉徙滬上이라 余聞而迎致之安慶한대 順年語余以城破時에 盡室饑困이러니 其父麾家人出避하여 圖延宗祀하고 亦詭詞自稱將出하여 遂泣別하고 不復(부)相聞이라하니라 國藩心知位西는 烈士也니 必不苟免이요 其家固知之로되 以無定問으로 不敢發喪이러라

同治 3년(1864) 2월에 杭州가 수복되었다. 順年이 奔喪하여 사방에 두루 물어서 位西가 3일을 먹지 않고 적을 꾸짖다가 죽임을 당한 상황을 자세히 알게 되었으니, 실로 咸豐 11년(1862) 12월 초하룻날 국난에 殉死한 것이었다. 이에 비로소 神位를 설치하여 상을 치르고 원근에 부고를 알렸다. 浙江巡撫가 그 일을 위에 보고하니, 天子께서 조서를 내려 褒揚하고 구휼하셨다. 그런 후에 위서가 모친이 살아 있을 적에는 환난을 피하였다가 모친이 죽자 순사한 것을 알게 되었으니, 현자가 환난을 만나 대처하는 것이 이처럼 구차하지 않다.

同治三年二月에 杭州克復이라 順年奔哭周詢하여 具得三日不食罵賊〔遇〕[7]害狀하니 實以十一年十二月朔日殉難이라 於是에 始除次執喪하고 赴告遠近이라 浙江巡撫上其事하니 天子下詔褒卹하니 然後에 知親在則避라가 親歿則死하니 賢者遭難이 如是其不苟也라

位西의 학문은 처음에는 安溪 사람 李文貞公[8]과 桐城 사람 方侍郎(方苞)을 본보기로 삼아 近世의 漢學家[9]의 말을 배척하였으며, 문장을 지을 적에 힘써 義理를

7) 〔遇〕: 저본에는 '遇'가 없으나, ≪曾文正公詩文集≫에 의거하여 보충하였다.
8) 李文貞公 : 李光地는 福建省 泉州府 安溪 사람으로, 자가 晉卿이고, 호가 榕村이며, 시호가 文貞이다. 康熙 9년(1670)에 進士가 되어 翰林院編修에 임명되었다. 이후 內閣學士와 吏部·兵部·工部의 侍郎을 역임하고 直隷巡撫를 거쳐 文淵閣太學士가 되었다. 經學과 樂律·曆算·音韻 등 다방면에 정통하였으며, 程朱學을 추숭하여 康熙帝의 신임을 받았다. 칙명으로 ≪性理精義≫와 ≪朱子大全≫ 등을 편수하였다.

우선시하여 聲色을 화려하게 꾸미거나 두루 고찰하여 잡다하게 인용하는 것을 일삼음으로써 時俗의 기호를 좇지 않았다.

그 뒤에 擧人으로서 京師에 이르러 內閣中書[10]와 刑部員外郞이 되었고 軍機處[11]에 入直하였다. 上元 사람 梅曾亮 伯言과 臨桂 사람 朱琦 伯韓[12]을 비롯한 이들과 교유하고 국가의 典章制度를 두루 보니, 그 문장이 더욱 심오하고 아름다우며 曲折이 있었다. 또 자기와 다른 견해를 꽤 채택하여 자기 식견을 넓히고, 재주가 뛰어나고 우수한 선비들을 두루 찾아가 자기를 낮추고 나아가 가르침을 청하여 서로 칭찬하고 인정하여 상대가 술 취해 방자하게 굴어도 싫어하지 않고 무람없이 굴어도 더욱 공경하였다.

그러나 위서는 성품이 본래 고지식하고 올곧아서 왕왕 면전에서 남의 단점을 지적하였다. 그래서 "서적에 없는 내용인데 공이 어찌 마음대로 말할 수 있겠는가." 라고 하여 상대가 응하지 않으면 다시 바로잡아 말하고, 그래도 되지 않으면 세 번째로 충고하여 新舊·親疏·貴賤·賢愚를 따지지 않고 일체 이마를 찌푸리며 바로잡으니, 남들이 견디지를 못하므로 끝내 이 때문에 세상에서 미움을 받았다.

大學士 琦善公[13]이 감옥에 있을 적에 일찍이 19가지 일을 말하여 힐난하였고, 대학사 賽尙阿公[14]이 廣西省에서 군대를 시찰할 적에 7가지 불가한 일에 대해 직접 상소하여 쟁론하니, 여러 공과 貴人들이 그의 강직함을 꺼렸다. 이 때문에 세상과 어긋나 그 지위에 편안히 있지 못하였다.

---

9) 近世의 漢學家 : 淸代 乾隆·康熙 연간에는 訓詁와 考證에 힘쓰는 학풍이 유행하였는데, 義理를 중시하는 宋代의 理學에 상대하여 '漢學'이라 일컬었다.

10) 中書 : 中書舍人의 약칭이다. 靑代에는 內閣 안에 중서사인 124명을 두었다. 정7품으로 내각의 각 房에 배치되어 撰擬·善寫·飜譯 등을 담당하였다.

11) 軍機處 : 雍正帝 때 설치한 군사·정무의 최고기관으로, '軍機房' 또는 '總理處'라고도 한다.

12) 朱琦 伯韓 : 廣西省 臨桂 사람으로 자가 伯韓이다. 道光 15년(1835)에 進士가 되어 翰林院庶吉士 등을 지냈다. 御史로 있을 때 여러 차례 時務를 논하는 글을 올려 강직한 사람으로 알려졌다. 태평천국의 난이 일어나자 團練을 편성해 태평군에 저항했다. 이후 道員으로 團練局을 총괄하면서 杭州를 지키는 데 일조했으나 성이 함락되자 죽었다.

13) 琦善公 : 琦善은 滿洲 正黃旗 사람으로, 자가 靜庵이고, 博爾濟吉特氏이다. 嘉慶 연간에 蔭生으로 관직을 시작하여 直隷總督과 文淵閣大學士를 지냈다. 아편 전쟁을 전후하여 欽差大臣이 되어 영국에 타협책을 제시하였다. 태평천국운동을 토벌하던 중에 전사하였다. 시호는 文勤이다.

14) 賽尙阿公 : 賽尙阿는 蒙古 正藍旗 사람으로, 자가 鶴汀이고, 阿魯特氏이다. 嘉慶 21년(1816)에 擧人이 되어 文華殿大學士까지 올랐다. 咸豐 연간에 欽差大臣으로서 廣西에 부임하여 태평군 진압에 나섰으나 실패하여 관직에서 물러났다.

位西之學은 初以安溪李文貞公과 桐城方侍郎爲則(칙)하여 擯斥近世漢學家言하며 爲文章에 務先義理하여 不事縟色繁聲하고 旁徵雜引하여 以追時好러라 厥後에 以擧人至京師하여 爲內閣中書刑部員外郎하고 入直軍機處라 與上元梅曾亮伯言臨桂朱琦伯韓數輩游處하고 博覽國故朝章하니 其文益奧美盤折이요 亦頗采異己之說以自廣하고 詢訪高才秀士하여 折節造請하여 交譽互證하여 酣恣而不厭하고 狎習而彌虔이라 然이나 位西性故戇直하여 往往面折人短하여 以謂書籍所無어늘 公何得漫爾리오하여 不應이면 再糾焉하고 猶不獲이면 三諫焉하여 無問新故疏戚貴賤賢否하고 一切釐頞相繩하니 人不能堪이라 終以此取戾於世라 大學士琦善公이 在獄할새 嘗發十九事難之하고 大學士賽尙阿公이 視師廣西할새 手疏七不可諍之하니 諸公貴人이 病其陗直이라 由是로 齮焉不得安其位라

咸豐 4년(1854)에 濟寧[15]으로 좌천되어 黃河를 방비함에 공효가 없으니, 관리들이 삭직할 것을 논의하였다. 位西가 파직되어 돌아간 뒤에 經書를 깊이 사색하여 《尙書通義》와 《孝經通義》, 詩와 古文 약간 권을 지었고, 포위된 성에서 굶주리는 와중에도 《禮經通論》을 저술하여 음송하는 소리가 거리 밖에까지 쟁쟁히 퍼졌다. 그런데 난이 일어난 뒤에는 겨우 《예경통론》 1권과 글 30여 편[16]을 얻어 淮安[17]에서 간행하였으니, 이는 열 중에 한둘도 못 되는 것이고 나머지는 散失되었다.

咸豐四年에 坐濟寧防河에 無效하니 吏議鐫職이라 位西旣罷歸에 則大覃思經籍하여 纂著尙書通義孝經通義詩古文若干卷하고 飢餓圍城之中에도 猶著禮經通論하여 誦聲鏘然徹於巷外러니 亂後에 僅得禮經一卷과 文三十餘首하여 刻之淮安하니 蓋不能什之一二요 餘則散佚矣라

位西의 曾祖父 寶勤과 祖父 又曾과 부친 宗贊와 本生父 鳳儀는 대대로 청렴한 덕망으로 세상에 알려졌다. 형 懿藩이 일찍 죽었고 아들이 없어 順年이 後嗣가 되게 하였다. 딸 두 명이 있다. 순년은 杭州에서 돌아와 부친의 시신을 찾지 못해 대성통곡하다가 병에 걸려 同治 4년(1865) 6월 13일에 金陵(南京)에서 죽었다.

---

15) 濟寧 : 지금의 山東省 서남부에 있다.
16) 글……편 : 《半巖廬遺集》 2권이 남아 있다.
17) 淮安 : 지금의 江蘇省 중북부에 있다.

余恭人은 어려서는 넓적다리를 베어내 어버이를 치료하였고 만년에는 시어머니를 모시면서 효성이 알려졌는데, 남편의 죽음을 애통해하였던 데다가 아들의 죽음까지 슬퍼하여 7월 12일에 또 죽었다.

**位西之曾祖王父寶勤**과 **王父又曾**과 **父宗贊**와 **本生父鳳儀**는 **世著淸德**이라 **有兄懿藩**이 **早喪無子**하여 **以順年後之**라 **有女二人**이라 **順年歸自杭州**하여 **未得父屍**하여 **大痛遘疾**하여 **同治四年六月十三日**에 **歿於金陵**이라 **余恭人**은 **少而刲股療親**하고 **晩而事姑有聲**이러니 **旣痛其夫**하고 **又悲其子**하여 **七月十二日**에 **亦卒**이라

아아, 슬프다. 내가 이에 順國과 그의 사위 鄭興儀에게 명하여 位西의 衣冠을 갖추어 西湖[18]의 二龍山에 安葬하고, 余恭人과 順年을 合葬하고 순년의 아내 伊氏가 앞서 敵陣에서 죽었으므로 이에 이르러 또한 의관을 갖추어 합장하였다.

**嗚呼傷已**라 **國藩於是**에 **命順國與其壻鄭興儀**하여 **具位西衣冠**하여 **葬之西湖二龍山**하고 **以余恭人及順年祔**하고 **順年之妻伊氏**가 **前死賊中**이라 **至是**하여 **亦以衣冠祔葬**이라

銘은 다음과 같다.

성은 이따금 호수가 되고 바다는 이따금 밭이 된다네[19]

사람에게는 진실로 비상한 변고가 있으니 어찌 常理를 가지고 저 하늘의 뜻을 헤아릴 수 있겠는가

선한 이가 반드시 복을 받는 것은 아닌 지가 오래이니 일찍이 夫子(孔子)부터 애초에 그렇지 않았던가

東南의 큰 재앙을 위로하니 어진 聖人이 미친한 자와 함께 목숨을 버렸고

저술이 모두 일실된 것이 슬프니 가까스로 兵火에 타고 남은 글을 애도하네

글 가운데 좋은 것은 더는 남아 있지 않고 남아 있는 것도 과연 세상에 전해질지 기필할 수 없으나

다만 밝게 빛나 마멸되지 않는 뜻은 해와 별과 함께 길이 빛나리라

혼은 아무리 먼 곳이라도 가지 못하는 데가 없고 體魄은 妻子에 의지하여 온전

18) 西湖 : 浙江省 杭州 서쪽에 있는 호수이다.
19) 성은……된다네 : 세상사의 변천이 극심함을 비유하는 말이다.

히 남아 있으니

위로는 귀신에게 인정을 받고 아래로는 百世의 학자들에게 사랑을 받으리라

銘曰 城有時而爲湖하고 海有時而成田이라 物固有非常之變하니 烏可以常理測彼昊天이리오 善不必福久矣니 曾不自夫子而始然가 愍東南之大戾하니 仁聖與螻螘而同捐이요 著述靈其蕩盡하니 僅弔煨燼之殘編이라 文之精者不復存하고 存者又未必果傳이로되 獨其耿耿不磨之志는 與日星而長懸이리라 魂無遠而不之하고 魄則依妻子以全하니 庶上爲神祇所許하고 而下爲百世學者之所憐이리라

# 33. 苗先簏의 墓誌銘　苗先簏墓誌銘*

*淸나라 말의 고증학자인 苗夔(1783~1857)의 墓誌銘이다. 묘기는 直隷 肅寧 사람으로, 先簏은 그의 字이다. 묘기는 일찍이 許愼의 ≪說文解字≫와 顧炎武의 ≪音學五書≫에 영향을 받아 일생 동안 音韻學 연구에 치력한 학자로서, ≪說文聲訂≫, ≪說文聲讀表≫, ≪毛詩韻訂≫ 등 고대 字書를 연구한 저술을 다수 남겼다. 이 글에서 증국번은 음운학 연구에 남달리 독실하였던 묘기의 학문적 자세와 가난하면서도 웃음을 잃지 않았던 인간미를 대화체 서술을 곁들여 보여주고 있다.

苗夔

君은 諱가 夔이고, 字가 先簏이니, 肅寧 苗氏이다. 어려서부터 책을 읽으면 곧바로 여느 아이와 달랐고, 과거를 위한 글짓기를 좋아하지 않고 그윽이 六書의 形聲에 관한 학문[1]을 매우 좋아하였다. 許氏(許愼)의 ≪說文解字≫를 읽을 때 마치 일찍부터 領悟함이 있는 듯하여 정밀히 연구하고 힘껏 탐색하자 막힌 곳이 풀리고 旨趣가 분명해졌는데, 이윽고 또 顧處士 炎武[2]의 ≪音學五書≫를 얻어 보고서 더욱 독실히 흠모하여 "나는 이를 지키며 일생을 마칠 것이다."라고 하였다.

나이 스무 살 남짓에 곧 ≪毛詩韻訂≫을 편찬하고, 이어서 또 ≪廣籒≫ 한 편을 편찬하였다.

궁벽한 시골에서 생도를 가르칠 때 制藝와 試帖[3] 등속이 과거를 담당하는 官吏들의 격식과 맞지 않으므로 학생들이

---

1) 六書의……학문 : 전통시대 小學으로 간주된 文字學을 말한다.
2) 顧處士 炎武 : 明末淸初의 고증학자인 顧炎武(1613~1682)를 이른다. 고염무는 江蘇 崑山 사람으로, 字가 寧人이고 號가 亭林이다. 명나라 말엽 陽明學이 공리공론으로 흐르는 데 반감을 갖고 實證과 實用을 중시하는 학풍을 주창하였다. 저서로 ≪音學五書≫, ≪日知錄≫, ≪天下郡國利病書≫ 등이 있다.
3) 制藝와 試帖 : 科擧를 치르는 데 쓰이는 詩文의 격식을 가리킨다. 制藝는 과거 考試에 쓰인 문체인 八股文을 이르며, 試帖은 과거에서 옛사람의 詩句를 명제로 하여 짓게 하던 詩體를 이른다.

차츰 떠나가거늘, 君은 더욱 潛心한 채 홀로 나아가 고독히 함께하는 이가 적었다. 간간이 河間城 밖에 갔다가 漢代 君子館[4)]의 벽돌을 발견하고 또 獻王墓[5)] 곁에서 開元[6)] 시기의 瓦當을 발견하자, 홀로 기뻐하면서 '神이 내게 보내주시어 적막함을 위로한 것이다.'라고 여겼다.

**君諱夔요 字先簏이니 肅寧苗氏라 自幼讀書에 卽異常童하고 不好爲科擧文藝하고 而竊耆六書形聲之學이라 讀許氏說文에 若有夙悟하여 精硏而力索에 滯解而趣昭러니 已又得顧處士炎武音學五書에 慕之彌篤하여 曰 吾守此終身矣라하다 年二十餘에 卽纂毛詩韻訂하고 繼又纂廣韽一編이라 授徒窮鄕에 制藝試帖之屬이 不中有司程度라 學子稍稍引去어늘 君益冥心孤往하여 孑焉寡儔러라 間之河間城外라가 得漢時君子館甎하고 又得開元瓦於獻王墓旁에 私獨欣喜하여 以爲神者餉我하여 以慰寂寞이라하다**

오랜 뒤 道光 10년(1830)에 縣令 王君이 〈君에 대한 소문을〉 듣고 공경하고 남달리 여겨 군을 초빙하여 翼經書院의 主講으로 삼았다. 이듬해에 學政 沈侍郎 維鐈[7)]의 知遇를 입어 辛卯科의 優貢生[8)]으로 천거되었다. 高郵의 大儒 王念孫 父子[9)]가 군의 학설을 듣고 군보다 먼저 禮를 행하는지라 마침내 그들과 더불어 音學(音韻學)의 源流를 막힘 없이 담론하니, 이로 말미암아 명망이 나날이 높아졌다.

학정들이 다투어 그를 幕下로 招致하여 더불어 衡校[10)]하고자 하였다. 처음에는 編修 汪君 振基[11)]를 따라 山西에서 科文을 평가하고, 이어서 祁文端公 寯藻[12)]를

4) 君子館 : 河間縣의 서북쪽에 있는 건물의 이름으로, 漢나라 때 河間獻王이 學士를 초대하기 위하여 세운 客館 가운데 하나라는 설이 있고, 한나라의 博士 毛萇이 經學을 講論하며 學徒를 가르친 곳이라는 설도 있다.

5) 獻王墓 : 漢 景帝의 셋째 아들로 河間獻王에 봉해진 劉德의 墓를 가리킨다. 유덕은 옛 것을 좋아하고 實事求是의 학문에 힘써 古文書와 골동품을 다수 수장·연구하였다

6) 開元 : 唐 玄宗 때의 연호로 713~741년이다.

7) 學政……維鐈 : 淸나라 말의 학자이자 관리인 沈維鐈(1778~1849)를 이른다. 심유교는 浙江 嘉興 사람으로, 字가 子彝·鼎南이고, 號가 夢醉·小湖이다. 嘉慶 7년(1802) 進士가 된 이래 道光 5년(1825) 順天學政 등을 역임하고 벼슬이 工部左侍郎에 이르렀다.

8) 優貢生 : 明淸 때 3년마다 한 번씩 각 省 學政이 府學·州學·縣學에서 선발하여 國子監으로 올려보낸 貢生이다.

9) 王念孫 父子 : 淸나라 말의 訓詁學者인 王念孫(1744~1832)·王引之(1766~1834) 부자를 가리킨다. 이들 부자는 江蘇 高郵 사람으로, 왕염손은 段玉裁·孔廣森 등과 함께 戴震에게 訓詁音韻을 師事하여 《廣雅疏證》 등의 저서를 남겼고, 왕인지는 부친의 학업을 계승하여 《經傳釋詞》 등의 저서를 남겼다.

10) 衡校 : 品評하고 考核한다는 뜻으로, 여기서는 과거의 답안을 평가하는 일을 가리킨다.

따라 江蘇에서 과문을 평가하니, 이르는 곳마다 宿儒[13]를 선발하고 山水를 둘러보았으며, 또 그 여가에 편집하고 撰述하여 이른바 聲韻學에 종사하였다.

**久之에 道光十年에 縣令王君이 聞而敬異하여 聘君하여 主講翼經書院이라 明年에 爲學使沈侍郎維(鎬)〔鐈〕[14]所知하여 擧辛卯科優貢生이라 高郵大儒王氏念孫父子가 聞君之說하고 禮先於君이라 遂與暢論音學源流하니 由是로 譽望日隆이라 督學使者爭欲致之幕下하여 與共衡校라 初隨編修汪君振基하여 衡文山西하고 繼隨祁文端公寯藻하여 衡文江蘇하니 所至에 甄拔宿儒하며 周覽山水하고 又以其暇編摩譔(찬)述하여 從事於其所謂聲韻之學이라**

道光 21년(1841) 祁公(祁寯藻)이 京師에 돌아와 비로소 돈을 추렴하여 君이 저술한 ≪說文聲訂≫ 약간 권, ≪說文聲讀表≫ 7권, ≪毛詩韻訂≫ 10권, ≪建首字讀≫ 1권을 板刻하였다.

군은 許叔重(許愼)이 남긴 책에 後人에 의해 함부로 刪削되거나 덧보태어진 것이 많다고 여겨 이에 ≪說文解字≫의 聲類 800여 字[15]를 訂正하였다. 顧氏(顧炎武)의 ≪音學五書≫에서 세운 古音表 10部에 큰 벼리가 이미 갖추어졌으나 〈군은〉 오히려 그 너무 세밀함을 문제로 여겼고, 戈部와 麻部[16]는 이미 '西' 音에 섞여 있으므로 별도로 한 部를 세울 필요가 없었다. 이에 耕部와 清部, 蒸部와 登部를 東部와 冬部에 합치고 歌部와 戈部를 支部와 脂部에 합쳐서, 7部로 정하여 뭇 經書의 韻을 바로잡으니, 책이 나오자 識者들이 그 精審함에 감탄하였다.

또 몇 해가 지나 侍讀 馮君 譽驥[17]가 山東의 督學(學政)이 되었을 때 내가 군을

---

11) 汪君 振基 : 清나라 말의 관리인 汪振基를 이른다. 왕진기는 安徽 潁上 사람으로, 字가 艮山이고, 初名이 震基이다. 道光 12년(1832)에 進士가 된 이래 雲南과 山西의 學政 등을 지냈다. 저서로 ≪執硯齋全集≫ 등이 있다.

12) 祁文端公 寯藻 : 清나라 말의 大臣 祁寯藻(1793~1866)를 이른다. 기준조는 山西 壽陽 사람으로, 字가 叔穎·淳甫·實甫이고, 號가 春圃·息翁이며, 文端은 그의 諡號이다. 嘉慶 19년(1814) 진사가 된 이래 벼슬이 體仁閣大學士, 太子太保에 이르렀다. 저서로 ≪祁寯藻集≫ 등이 있다.

13) 宿儒 : 학식 풍부하고 덕이 높은 高齡의 선비를 이른다.

14) (鎬)〔鐈〕: 저본에는 '鎬'로 되어 있으나, ≪清史稿≫·≪清實錄≫에 의거하여 '鐈'로 바로잡았다.

15) 說文解字의……字 : 許愼의 ≪說文解字≫는 '讀若某(某字처럼 읽는다)'의 형식으로 해당 글자의 字音을 표기하고 있는바, 약 800자에 대해 이러한 형식을 쓰고 있다.(손예철, 〈설문해자〉, ≪동양의 고전을 읽는다≫, 휴머니스트, 2006)

16) 戈部와 麻部 : '戈'과 '麻'는 모두 古音 部類의 명칭으로, '部'는 部類를 뜻한다. 이하 동일하다.

17) 馮君 譽驥 : 清나라 말의 학자이자 관리인 馮譽驥(1822~1884)를 이른다. 풍예기는 廣東 高

추천하여 함께 가게 하였는데, 〈풍군이〉 일을 마치기도 전에 먼저 향리로 돌아가 버렸다. 이로부터 君도 나이가 들어 객지에서의 벼슬살이에 싫증을 내었다.

**道光二十一年**에 **祁公還京師**하여 **乃醵金**하여 **刻君所著說文聲訂若干卷說文聲讀表七卷毛詩韻訂十卷建首字讀一卷**이라 **君以爲許叔重遺書**에 **多有爲後人妄刪或附益者**라하여 **乃訂正說文聲類八百餘事**라 **顧氏音學所立古音表十部**에 **宏綱已具**라 **然**이나 **猶病其太密**하고 **而戈麻旣雜西音**이라 **不應別立一部**라 **於是**에 **併耕淸及蒸登於東冬部**하고 **併歌戈於支脂部**하여 **定以七部**하여 **檃括群經之韻**하니 **書出**에 **識者歎其精審**이러라 **又數年**에 **侍讀馮君譽驥視學山東**할새 **國藩薦君偕往**이러니 **役未畢而先歸**라 **於是**에 **君亦齒衰而倦游矣**라

道光 말에 京師에서 小學(文字學)을 講論한 사람은, 卿貳(侍郞)로는 祁公과 元和 사람 吳公 鍾駿[18]이었고, 庶僚로는 道州 사람 何紹基 子貞,[19] 平定 사람 張穆 石舟,[20] 晉江 사람 陳慶鏞 頌南,[21] 武陵 사람 胡焯 光伯,[22] 光澤 사람 何秋濤 願船[23]이었다. 君은 이미 기공에게서 익히고 또 이 諸君과도 마음을 기울이고 성의를 다

---

要 사람으로, 字가 卓如이고, 號가 展雲이다. 道光 24년(1844)에 進士가 되어 翰林院庶吉士와 編修를 거쳐 山東・湖北・江西의 督學을 지낸 이래 벼슬이 陝西巡撫에 이르렀다. 書畫 감식에 능하여 이름이 높았다.

18) 吳公 鍾駿 : 淸나라 말의 학자이자 관리인 吳鍾駿(1798~1853)을 이른다. 吳鍾駿은 江蘇 吳縣 사람으로, 字가 崧甫이고, 號가 晴舫이다. 道光 12년(1832)에 進士가 된 이래 內閣學士, 浙江學政, 禮部右侍郎 등을 거쳐 벼슬이 禮部左侍郎에 이르렀다.

19) 何紹基 子貞 : 淸나라 말의 학자이자 문인인 何紹基(1799~1873)를 이른다. 하소기는 湖南 何凌 사람으로, 號가 東洲이고, 子貞은 그의 字이다. 道光 16년(1836)에 進士가 되어 翰林院編修, 泗川學政 등을 역임하였다. 金石 訓詁에 정밀하고 書法에도 뛰어나다는 평가를 받았다. 저서로 ≪東洲詩文集≫ 등이 있다.

20) 張穆 石舟 : 淸나라 말의 학자인 張穆(1808~1849)을 이른다. 장목은 山西 平定 사람으로, 號가 殷齋이고, 石舟는 그의 字이다. 道光 11년(1831)의 優貢生으로, 經史에 통달하고 金石 訓詁 및 書法에 정밀하였다는 평가를 받는다. 저서로 ≪蒙古遊牧記≫, ≪俄羅斯補輯≫ 등이 있다.

21) 陳慶鏞 頌南 : 淸나라 말의 관리이자 학자인 陳慶鏞(1795~1858)을 이른다. 진경용은 福建 晉江 사람으로, 頌南은 그의 字이다. 道光 12년에 進士가 되어 관직이 監察御使에 이르렀다. 漢學을 정밀히 연구하였으되 행실은 宋儒를 본받았다는 평가를 받는다. 저서로 ≪籀經堂集≫, ≪說文釋≫ 등이 있다.

22) 胡焯 光伯 : 淸나라 말의 관리이자 학자인 胡焯을 이른다. 호작은 湖南 武陵 사람으로, 光伯은 그의 字이다. 道光 21년(1841) 進士가 되어 翰林院 編修・侍讀 등을 역임하였다. 저서로 ≪楚頌齋詩集≫ 등이 있다.

23) 何秋濤 願船 : 淸나라 말의 관리이자 학자인 何秋濤(1824~1862)를 이른다. 하추도는 福建 光澤 사람으로, 願船은 그의 字이다. 道光 24년(1844) 進士가 되어 刑部主事 등을 역임하였다. 經世의 학문에 뜻을 두었고, 특히 輿地에 특장이 있었다. 저서로 ≪朔方備乘≫ 등이 있다.

하여 빈틈없이 뜻이 꼭 맞았다. 자정이 일찍이 畵工에게 명하여 본인과 석주와 군을 그리게 하니, 세 사람이 도롱이에 삿갓 쓴 모습으로 밭고랑에 있는 형상이었다. 대개 세 사람 모두 같은 해의 優貢生이고 또 모두 逸士의 풍모가 있었으므로 쟁기진 농부의 무리에 끼어야 마땅하다고 여겼기 때문이다.

**道光之末**에 **京師講小學者**는 **卿貳則祁公及元和吳公鍾駿**이요 **庶僚則道州何紹基子貞, 平定張穆石舟, 晉江陳慶鏞頌南, 武陵胡焯光伯, 光澤何秋濤願船**이라 **君旣習於祁公**하고 **又與諸君**으로 **傾抱寫誠**하여 **契合無間**이라 **子貞嘗命工圖己及石舟及君**하니 **三人貌蓑笠而處田間**이라 **蓋三人者**가 **皆同年優貢**이요 **又皆有逸士之風**일새 **謂宜與**(예)**負耒者伍也**라

君은 이미 담박한 마음으로 도모하는 것이 없게 되자 한가할 때면 걸어서 諸君을 방문하여 前代의 音學(音韻學)과 近代 사람 江·戴·段·孔[24] 등 諸家의 部分[25]의 多寡와 意指[26]의 得失을 분별해서 논하여, 칭찬하거나 비판하면서 공정하게 판단하기를 밤낮이 다하도록 게을리하지 않았다.

간간이 나에게도 찾아와 유쾌히 담소하였으니, 山東에서 돌아왔을 때 내가 조용히 묻기를, "산동의 선비 중에도 ≪說文解字≫를 연구하는 이가 있던가요? 그대의 저술을 본 이가 있던가요?" 하자, 〈군이 답하기를〉 "있었습니다." 하였다. 〈내가 묻기를〉 "어떻게 압니까?" 하자, 〈군이 답하기를〉 "제 책 속에 '夔가 살펴보건대〔夔按〕'라고 자신을 칭한 곳이 있는데, 산동 사람들은 이 대목을 말하며 인용하였지만 夔가 누구의 이름인지는 전혀 알지 못하더군요." 하였으니, 함께 손뼉을 치며 크게 웃었다.

군이 천천히 또 말하기를, "우리 집에 멍청한 아이 종이 있는데, 어제 저물녘에 내가 '이놈아, 어찌하여 밥을 차리지 않느냐?'라고 꾸짖자, 아이 종이 문득 '돈과 찬거리가 다 떨어졌는데 뭘 가지고 차리고자 하십니까?'라고 대꾸하였습니다. 나는 부드러운 목소리로 사과하였는데 아이 종은 되레 不遜하게 굴다가 마침내 떠나가 버렸기에, 내가 지금 직접 불을 지펴 밥을 지은 참입니다." 하였으니, 또 함께

24) 江……孔 : 淸代의 대표적인 고증학자인 江永(1681~1722)·戴震(1723~1777)·段玉裁(1735~1815)·孔廣森(1752~1786)을 가리킨다.
25) 部分 : 글자의 音을 각 部로 분류한 것을 말한다.
26) 意指 : 글자의 뜻을 지목한 것을 말한다.

크게 웃었다. 대개 군은 곤궁한 처지에서도 스스로 즐거워함이 있는 것이 이와 같았다.

훗날 군이 또 나에게 말하기를, "내가 세상에서 곤궁하게 지낸 지 오래입니다. 이를 엿처럼 달게 받아들여 죽어도 恨이 없습니다만, 오직 일생의 저서 중에 아직도 미처 刊刻하지 못한 몇 가지가 있기에 마음에 맺힌 것이 없지 못합니다." 하였다.

君旣泊然無營에 暇則徒步造訪諸君하여 與辨論前世音學과 暨近人江戴段孔諸家部分之多寡意指之得失하여 裒譏亭決하되 窮日夜不倦이라 間亦過余劇談하니 歸自山東에 余從容問東士亦有硏究說文者乎아 有得見吾子著述者乎아하여늘 曰 有之라하다 何以知之오하여늘 曰 吾書中에 有自稱夔按云者어늘 東人稱引及焉이로되 曾不知夔之爲誰氏名也라하니 則相與拊掌大笑라 君徐又曰 吾家에 有戇僮하니 昨者日晏에 吾責豎子何不具食이어늘 僮輒報以錢物罄矣어늘 欲以何具라 吾柔聲謝之어늘 僮乃不遜竟去라 吾今方躬治饔耳라하니 則又相與大笑하니 蓋君處困約에 有以自怡가 如此러라 他日에 君又語余曰 吾窮於世가 久矣라 甘之若飴하여 死無所恨이로되 獨平生著書에 尙有數種未及刊刻일새 不能無耿耿於懷라하다

내가 咸豐 초에 京師를 나가고서부터 兵營 사이를 전전하다가 同治 7년(1868)에 이르러 다시 도성 문을 들어오니, 예전에 君과 교유하던 이들은 열 사람 중 거의 여덟아홉은 죽어 있었다.

군의 嗣子 玉璞이 와서 군이 함풍 7년 5월 7일에 세상을 뜨니 나이 75세였다고 알리고, 군이 저술한 책인 ≪說文聲讀考≫, ≪集韻經存≫, ≪韻補正≫, ≪經韻鉤沈≫을 품에 안고서 군의 遺命을 전하니 "마땅히 증국번에게 보내어 보여라."라는 말이었으며, 또 墓에 새겨 넣을 글을 나에게 부탁하였다.

군이 죽음을 앞두고 그 아들에게 당부하기를 "반드시 나를 뭇 책더미 속에 묻으라."라고 하였기에, 그 아들이 이에 군이 평소에 특히 좋아한 책을 골라 관 속에 넣어 껴묻었으니, 아아! 이 또한 옛것을 독실히 좋아한 징험이리라.

自余咸豐初出京으로 展轉兵間이라가 至同治七年하여 重入都門하니 昔之與君遊者가 十人蓋八九死라 君之嗣子玉璞이 來告君以咸豐七年五月初七日에 逝矣하니 春秋七十有五하고 抱君所著書曰說文聲讀考者, 曰集韻經存者, 曰韻補正者, 曰經韻鉤沈者하여 述君遺命하니 謂當送國藩觀覽하고 且以銘墓之文相屬(촉)이라 君且死에 戒其子하되 必葬我衆書叢中이라할새 其子乃

擇君生平尤嗜之書하여 納諸(저)棺中以殉하니 嗚呼라 斯亦篤古之徵已로다

銘은 다음과 같다
눈은 많은 갈림길 때문에 어두워지고 귀는 잡다한 연주 때문에 흐려지나니
기예가 정밀한 자는 두 가지를 잘하지 못하네
苦心함이 專一하여야 하늘과 통할 수 있는 법
모양을 살펴서 소리를 알고 차이를 校勘하여 같음을 알았네
百家를 褒貶하매 오직 許君(許愼)을 숭상했네
어찌하여 학문은 두루 통달했음에도 넉넉한 知遇 입지 못했는가
이 독보적인 식견 품고서 길이 幽宮(墳墓)에 머무네

銘曰 視以多岐而瞢하며 聽以雜奏而聾하나니 技之精者는 不能兩工이라 苦思專壹이라야 可與天通이니라 課形而得聲하며 勘異而得同이라 黜陟百氏에 惟許君是崇이라 胡學之旁達이로되 而遇之不豐가 抱此孤賞하여 永奠幽宮이로다

# 34. 鄧湘皐 先生의 墓表　鄧湘皐先生墓表*

* 鄧顯鶴(1777~1851)은 자가 子立, 호가 湘皐이며, 湖南 新化 사람이다. 嘉慶 9년(1804)에 擧人이 되었고 道光 연간에 벼슬이 寧江訓導에 이르렀다. 편저서로 ≪沅湘耆舊集≫, ≪易述≫, ≪資江耆舊集≫, ≪南村草堂詩文集≫ 등이 있다. 등현학이 별세하자 형의 아들인 瑤가 행장을 지어 증국번에게 묘표를 지어줄 것을 청하였다. 증국번은 이 글에서 그가 시를 몹시 잘 지었으며, 고을 선현들의 기록을 남기는 데 힘썼음을 강조하였다.

선생은 新化 鄧氏니, 휘는 顯鶴이고, 자는 子立이다. 만년에 학문이 성취되어 원근에서 다들 湘皐先生이라 일컬었다. 선생은 겨우 科名을 얻자마자 곧 벼슬길을 싫어하여 천시하였고, 심원하게 옛 作者에 뜻을 두었다.

같은 마을의 歐陽紹洛 磵東[1])과 시로써 서로 권면하였다. 燕齊[2]), 淮陽, 嶺南 지방을 떠돌며 유람하면서 이르는 곳마다 막혀 있던 슬픔과 기쁨을 모두 詩에 부쳤다. 그윽함을 엿보고 괴이함을 풍자하는 것을 막아 평이하게 하여 죽을 때까지 삼가서 근래 사람들의 울타리를 밟지 않기를 맹세하였고 또 古人에 미치지 못함을 부끄럽게 여겼다.

작품을 지을 때마다 간동에게 나아가서, 서로 반복해서 연구할 적에 규범을 끌어다 산삭하여 털끝까지도 분석해내었고, 서신으로 물어 세 번 반복하고서도 혹 합당하지 못하면 서로 조롱하면서 쟁변하여 정신이 구애되어 모습이 초췌해졌다. 그러다가 이윽고 몹시도 꽉 막혔던 것이 통하게 되면 또 서로 위로하며 크게 기뻐하면서, 이를 풀어낸 이는 천하의 지극히 출중한 호걸이라 하였다.

**先生新化鄧氏**니 **諱顯鶴**이요 **字子立**이라 **晩歲學成**하여 **遠近稱爲湘皐先生**이라 **先生自甫掇科**

---

1) 歐陽紹洛 磵東 : 1767~1841. 자는 念祖, 또 다른 자는 磵東이며, 후에 輅로 개명하였다. 新化 사람이다. 乾隆 59년(1894) 擧人이 되었고, 만년에는 몸소 농사지으며 어머니를 봉양하였다. 시문이 뛰어나 저서로 ≪磵東詩鈔≫가 있다.

2) 燕齊 : 河北과 山東 일대이다.

名에 卽已厭薄仕進하고 慣然有志於古之作者라 與同里歐陽紹洛磵東以詩相厲라 客游燕齊淮陽嶺南하여 所至悲愉抑塞을 一寓於詩라 覼幽剌怪를 遏之使平하여 終歲顚顚하여 誓不履近人之藩하고 而又恥不逮古人이라 每有篇什에 輒就磵東하여 與相違(회)覆에 引繩落斧하여 剖晰毫釐하고 書問三反에 或終不得當이면 交嘲互訟하여 神囚形瘁라가 已而窒極得通이면 則又互慰大懽하여 以爲解此者는 天下之至豪也라하다

선생은 嘉慶 9년 갑자년(1804)에 鄕試에 합격하고, 道光 6년(1826)에 大挑[3]에 2등으로 뽑혀 寧鄕縣 訓導에 임명되었는데, 13년이 지나 병을 이유로 사직하고서 돌아왔다.

그가 당시의 名利를 버리고서 저술에 종사한 것이 磵東과 대략 같았다. 그러나 간동은 몸가짐이 엄하여 體勢가 조금 협착하였는데, 선생은 波瀾이 더욱 장대하여서 질탕하여 밝게 드러났고, 간동은 氣度가 본래 높아서 다른 사람을 허여하는 일이 적었는데, 선생은 훌륭한 선배를 천양하고 후진을 장려하여서, 이를 알면 오직 다 전파하지 못할까 염려하였고, 오직 널리 오래도록 전하지 못할까 염려하였다. 이로 인해 門庭이 날로 넓어지고 纂述도 유독 많았으니, 詩歌로 드러내지 못한 바를 더욱 古文辭로써 드러내었다.

先生以嘉慶九年甲子로 科擧於鄕하고 道光六年에 大挑二等하여 官寧鄕縣訓導러니 凡十有三年에 引疾歸라 其遺外時榮而有事著述이 與磵東略同이라 然이나 磵東持律矜嚴하여 體勢稍褊이로되 先生則波瀾益壯하여 跌宕昭彰이요 磵東牆宇自峻하여 與人少可로되 先生則闡揚先達하고 獎寵後進하여 知之에 惟恐不盡傳播之하고 惟恐不博且久라 用是로 門庭日廣而纂述亦獨多하니 詩歌所不能表者를 益爲古文辭以彰顯之라

그는 湖南의 문헌을 찾기를 더욱 부지런히 하였으니, 마치 굶주리고 목마른 사람이 음식을 구하듯이 하고, 마치 〈이렇게 하지 않으면〉 그 후에 큰 견책이 잇따라 윽박지르기라도 하는 것처럼 하였다.

洞庭 이남과 服嶺[4] 이북은 땅이 광대하고 淸絶하여 屈原과 賈誼가 상심한 곳이

3) 大挑 : 淸 乾隆 17년(1752)에 제정된 과거 제도의 하나로, 擧人의 자격을 얻은 자로서 중앙의 會試에 실패한 이 중에서 성적이 좋은 자를 禮部와 吏部를 거쳐 선발하여, 1등은 知縣으로 試用하고 2등은 敎職에 임용하던 것을 말한다.

니[5] 통달한 사람과 뜻 있는 선비가 시대마다 이어지는데 글이 산일되는 바람에 인몰되어 펼쳐지지 않으니, 군자가 이를 두려워한다고 여겼다. 이에 資江[6] 부근 郡縣의 名流들의 훌륭한 작품을 찾아서 ≪資江耆舊集≫ 64권을 엮었다.

동쪽으로는 灘江의 근원에서 일어나고 서쪽으로는 黔中에 접하고 북쪽으로는 長江 지역까지 망라하여 省 전체 지방을 대략 갖추어서 크고 작은 작품들을 뽑아 대략 다하여서 ≪沅湘耆舊集≫ 200권을 만들었다.

널리 周聖楷[7]의 ≪楚寶≫ 한 책을 구하여 오류를 바로잡고 남겨진 것을 주워 모아 ≪楚寶增輯考異≫ 45권을 만들었다.

향촌의 經緯圖를 그려 땅의 특성을 알리고 永明[8]이 피난하였을 때의 신하들을 상세히 적어서 忠烈을 旌表하여 ≪寶慶府志≫ 157권과 ≪武岡州志≫ 34권을 만들었다.

**其於湖南文獻**에 **搜討尤勤**하니 **如飢渴之於食飮**하고 **如有大譴隨其後**하여 **驅迫而爲之者**라 **以爲洞庭以南**과 **服嶺以北**은 **旁薄清絶**하여 **屈原賈誼傷心之地也**니 **通人志士**가 **仍世相望**이로되 **而文字放佚**하여 **湮鬱不宣**하니 **君子懼焉**이라 **於是**에 **搜訪濱資郡縣名流佳什**하여 **輯資江耆舊集六十四卷**이라 **東起灘源**하고 **西接黔中**하고 **北匯於江**하여 **全省之方輿略備**하여 **鉅製零章**을 **甄采略盡**하여 **爲沅湘耆舊集二百卷**이라 **徧求周聖楷楚寶一書**하여 **匡謬拾遺**하여 **爲楚寶增輯考異四十五卷**이라 **繪鄉邨經緯圖以詔地事**하고 **詳述永明播越之臣以旌忠烈**하여 **爲寶慶府志百五十七卷**과 **武岡州志三十四卷**이라

---

4) 服嶺 : 五嶺으로, 大庾嶺・騎田嶺・都龐嶺・萌渚嶺・越城嶺을 가리킨다.

5) 屈原과……곳이니 : 屈原은 전국시대 楚나라 사람이며, 賈誼는 漢 文帝 때의 문신이자 문장가이다. 굴원은 참소를 당하고서 湘水에 빠져 죽었는데, 가의가 長沙王太傅로 폄척되어 있을 때 굴원이 빠져 죽은 湘江에 가서 〈弔屈原賦〉를 지어 그를 조문하고 자신의 처지를 그에 비유하였다.

6) 資江 : 현재 湖南의 경계에 있는 강으로, 資水라고도 불린다. 근원이 둘이어서, 왼쪽의 수원은 苗族 自治縣인 北青山이고 오른쪽의 수원은 廣西 資源縣 越城嶺이다. 두 물줄기는 邵陽縣에서 합해져서 洞庭湖에 흘러 들어간다.

7) 周聖楷 : 1594~1643. 明末 사람으로, 자는 伯孔이다. 어려서부터 才名이 있어 京師에서 鍾惺과 교유하여 竟陵體의 시를 지었다. 과거에 누차 떨어져 40세에 貢生이 되었으나, 과거에 뜻을 버리고 저술에만 전념했다. 湘潭의 성 동쪽에 湖嶽堂을 쌓고서 학문하였다.

8) 永明 : 永明王 朱由榔으로, 明 神宗의 손자이자 毅宗의 사촌 동생이다. 唐王이 清軍에 잡히자 肇慶으로 피하여 1646년에 황제로 즉위하였고, 연호를 永曆이라 하였다. 이후 한때는 廣東省으로부터 廣西, 貴州, 雲南을 통치하였으나 1650년 청나라군이 중국 남부를 함락시키자 華南 각지를 방랑하였고, 1659년 운남까지 차지하자 미얀마로 도피하였다. 1661년 미얀마 왕에 의해 청나라군에 넘겨져 이듬해 昆明에서 살해되었다.

衡陽 王夫之[9]는 명말의 遺老로서 ≪國史儒林傳≫의 첫머리에 올라 있는데 나라 사람들 중에 능히 그 성명을 거론하는 이가 드물었다. 이에 遺書를 널리 구하여 50여 종을 얻어 교정하여 판각한 것이 180권이었다.

瀏陽 歐陽文公 元[10]의 全集이 오래도록 산일된 터라 流俗本의 편차가 차서를 잃었으므로 재차 살펴서 약간 권을 보충하여 엮었다.

大儒인 周子(周敦頤)가 邵州를 임시로 맡은 적이 있었는데, 그 微言을 기록하고 전기와 연보 등속을 붙여서 ≪周子遺書≫ 약간 권을 만들었다.

이르는 곳마다 祀典을 정리하고 節烈을 기려서 ≪召伯祠從祀諸人錄≫ 1권, ≪朱子五忠祠傳略考證≫ 1권, ≪五忠祠續傳≫ 1권, ≪明季湖南殉節諸人傳略≫ 2권을 만들었다. 아아, 참으로 지성스러웠다고 할 만하다.

**衡陽王夫之**는 **明季遺老**니 **國史儒林傳列於冊首**로되 **而邦人罕能擧其姓名**이라 **乃旁求遺書**하여 **得五十餘種**하여 **爲校刻者百八十卷**이라 **瀏陽歐陽文公元全集久佚**에 **流俗本編次失倫**일새 **爲覆審補輯若干卷**이라 **大儒周子權守邵州**러니 **錄其微言**하고 **副以傳譜之屬**하여 **爲周子遺書若干卷**이라 **所至**에 **釐定祀典**하고 **褒崇節烈**하여 **爲召伯祠從祀諸人錄一卷**과 **朱子五忠祠傳略考證一卷**과 **五忠祠續傳一卷**과 **明季湖南殉節諸人傳略二卷**이라 **嗚呼**라 **可謂勤矣**로다

千秋란 사람과 사람이 서로 이어져서 이루어지는 것이다. 다만 뭇사람들은 기꺼이 초목과 짝이 되어 썩고 썩을 뿐이다. 절로 조금이라도 지혜로운 식견이 있으면 불후한 이름을 남기기를 바라지 않을 수 없고, 지혜가 더욱 큰 이는 바라는 것이 더욱 원대한 법이다. 그러나 사람은 道를 넓힐 수는 있지만[11] 天命은 어찌할 수 없는 법이다.

---

9) 衡陽 王夫之 : 1619~1692. 자는 而農, 호는 薑齋·一瓠道人이며, 湖南省 衡陽 사람이다. 만년에 형양의 石船山에 살았다. 1642년에 진사시에 합격하였으나, 明나라의 遺臣이라는 이유로 淸나라의 벼슬에 나아가지 않았다. 1647년 청나라 군대가 호남성을 점령하자 桂林으로 향하였으나, 어머니의 병 때문에 귀향하여 석선산에 집을 짓고 독서와 저작에 몰두하였다.

10) 歐陽文公 元 : 元나라의 학자·문인인 歐陽玄(1283~1357)이다. '元'으로 표기한 것은 康熙帝의 이름 '玄燁'을 피휘한 것이다. 저서로 ≪圭齋文集≫이 있다.

11) 사람은……있지만 : 唐나라 王勃의 〈乾元殿頌序〉에 "도를 크게 하는 것은 사람에 달려 있고 흥망의 운수는 번갈아 바뀐다.〔宏道在人 興亡迭運〕"라 하였다. 이는 ≪論語≫ 〈衛靈公〉의 "사람이 도를 크게 하는 것이고, 도가 사람을 크게 하는 것은 아니다.〔人能弘道 非道弘人〕"라는 대목에서 온 말이다.

혹은 보잘것없는데도 명성이 있기도 하며, 혹은 재주를 품고서 치욕을 입기도 하며, 혹은 장단점이 같고 시대가 같고 지위가 같은데도 드러나고 인몰되는 것이 현격히 다르기도 하며, 혹은 깊이 연구하여 독보적인 경지에 이르렀는데도 끝까지 살펴 기록해주는 이가 없기도 하다. 저들에게 각각 다행과 불행이 있는 것이 후세의 사람에게 무슨 상관이 있겠는가.

그런데도 선생은 湖南의 仁人과 학자들을 들어서 작은 기예와 장점을 하나하나 수집하여 광대하게 하였으니, 어쩌면 세상을 뜬 이들이 命을 맡긴 대상인 것이 아니겠는가. 어쩌면 그리도 후덕하단 말인가.

**蓋千秋者**는 **人與人相續而成焉者也**라 **惟衆人**은 **甘與草木者伍**하여 **腐而腐耳**어니와 **自稍有智識**이면 **卽不能無冀於不朽之名**이요 **智尤大者**는 **所冀尤遠焉**이로되 **人能宏道**나 **無如命何**라 **或碌碌而有聲**하며 **或懷材而蒙詬**하며 **或佳惡同時同位同**이로되 **而顯晦迥別**하며 **或覃思孤詣**로되 **而終古無人省錄**하니 **彼各有幸有不幸**이 **於來者何與**(예)리오 **先生乃擧湖南之仁人學子**하여 **薄技微長**을 **一一掇拾而光大之**하니 **將非長逝者之所託命耶**아 **何其厚也**오

선생은 乾隆 42년(1778) 12월 16일에 태어나 咸豐 원년(1851) 윤8월 25일에 졸하였으니, 춘추가 75세이다. 증조는 元臣이고, 조부는 勝逵이고, 부친은 長智이다. 처 曹氏는 인후하고 정숙하여 鄕黨에서 흠모하였다. 첩은 何氏이다. 아들은 둘이니, 琳은 廩貢生[12]으로 候選訓導였는데 먼저 졸하였고, 琮은 道光 정유년(1837) 과거의 拔貢生[13]이고 계묘년(1843) 과거에서 擧人이 되었는데, 부친이 몰세한 1달 뒤에 건강을 해쳐 죽었다. 딸은 셋이다. 손자는 넷이니, 光黼·光綳·光紱·光組이다. 증손은 大程이다.

선생이 名儒로서 篤行하여 집안을 창성케 한 이래로 從子弟들이 모두 효성스럽고 우애하여 힘써 학문하였는데, 형의 아들 瑤는 더욱 현명하여 문장에 능하였다.

선생이 저술한 책 중에 湖南의 문헌에 관계되지 않은 것으로는 또 ≪南邨草堂詩

12) 廩貢生 : 廩膳生員으로, 과거 제도에서 生員의 각 명목 중 하나이다. 생원의 등급에는, 廩料를 지급받는 廩膳生員, 증원된 학생인 增廣生員, 늠선생원과 증광생원에 들지 못하였으나 추가로 뽑아 청강하게 하는 附學生員 등이 있었다.

13) 拔貢生 : 淸代에 6년 혹은 12년에 한 번씩 각 省 學政이 선발하여 國子監으로 올려보낸 貢生이다.

鈔≫ 24권, ≪南邨草堂文鈔≫ 20권, ≪易述≫ 8권, ≪毛詩表≫ 2권, ≪校勘玉篇廣韻札記≫ 2권, ≪自訂年譜≫ 2권이 있는데, 瑤가 모두 공경히 삼가 보관하였다. 아직 판각하지 못한 것은 모두 필사하여 정정하였으니 세상에 전해질 수 있을 것이다.

先生生於乾隆四十二年十二月十六日하여 卒於咸豐元年閏八月二十五日하니 春秋七十有五라 曾祖元臣이요 祖勝逵요 父長智라 妻曹氏는 仁厚淑愼하여 里黨欽之라 妾何氏라 子二하니 琳은 廩貢生이요 候選訓導니 前卒이요 琮은 道光丁酉科拔貢生하고 癸卯科擧人이러니 父歿後一月에 以毁終이라 女子子三人이라 孫四니 光黼光緗光紱光組라 曾孫은 大程이라 自先生以名儒篤行昌其家로 群從子姓이 皆孝友力學이요 兄子瑤는 尤賢而能文章이라 先生之書는 其不係於湖南文獻者는 又有南邨草堂詩鈔二十四卷, 文鈔二十卷, 易述八卷, 毛詩表二卷, 校勘玉篇廣韻札記二卷, 自訂年譜二卷이니 瑤皆敬謹弆藏이라 其未刻者는 皆寫定하니 可傳於世라

선생은 평소 집안에서의 행실이 완전하고 순수하였으며 남에게 교화와 은택이 있었으니, 瑤가 지은 행장에 매우 자세하므로 여기에서는 구태여 드러내지 않고, 다만 詩를 전공한 정미함과 고향의 先哲에게 공로가 있음을 드러내어 墓道에 게시하여 고을의 矜式으로 삼고 후세에 알리는 바이다.

先生內行完粹하며 敎澤在人하니 瑤所爲行狀甚詳이라 玆故不著하고 獨著其治詩之精與其有功於鄕先哲者하여 揭於墓道하여 以式鄕邦而詔異世하노라

# 35. 聖哲의 畫像에 대한 記　聖哲畫像記*

*증국번이 49세이던 咸豐 9년(1859) 1월에 지은 글이다. 위로 文王과 周公으로부터 아래로 當代의 학자에 이르기까지 역대 수천 년 聖哲 가운데 32인(33인)을 취택하여 각각의 성과를 약술하고 의의를 평가하였다. 이 글에서 증국번은 광대하고 정미한 식견을 거침없이 드러내고 있다.

나는 학문에 일찍 뜻을 두지 못하고 중년에 조정의 반열에 몸을 두어 古書를 엿보아 옛 聖賢과 대학자들의 緖餘를 조금 섭렵하였으나 어리석고 굼뜨며 병이 많아 백에 하나도 이루지 못하였는데 전쟁터에서 분주히 다니느라 학문이 더욱 황폐해지니, 喪亂이 평정되기도 전에 내 나이가 50이 되려 한다.

예전에 내가 班固의 ≪漢書≫ 〈藝文志〉와 馬氏의 ≪文獻通考≫ 〈經籍考〉[1]를 읽었을 때 거기 나열된 書目을 보니 혼잡하고 번다하여 작자의 성씨가 이루 다 셀 수 없을 정도였는데 해와 달보다 밝게 드러난 이도 있고 인몰되어 알려지지 않은 이도 있었다.

文淵閣의 直閣事와 校理로 있을 적에 매년 2월 宣宗皇帝(道光帝)를 모시고 閣內에 들어가 四庫全書를 볼 수 있었으니, 풍부하기가 前代에 수장하던 서적에 비해 훨씬 더하였는데 存目[2]에 있는 서적 수십만 권은 오히려 그 진열에 들어 있지도 않았으니, 아, 어쩌면 그리도 많은가. 비록 태어나면서부터 아는[3] 자질을 지닌 사람이라도 累代에 걸쳐 다 읽지 못할 것인데 하물며 그보다 못한 사람은 어떠하겠는가. 그러므로 서적이 방대하고 저술자가 많기가 마치 江海와 같아서 한 사람의

1) 馬氏의……經籍考 : 宋나라 말 元나라 초의 유학자 馬端臨이 역대 제도와 문물에 대해 저술하여 ≪文獻通考≫ 348권을 완성하였는데, 〈經籍考〉는 그 일부분이다.
2) 存目 : 四庫全書를 찬수할 때 淸朝의 통치 사상에 부합하지 않는 서적은 전체를 수록하지 않고 그 서명과 提要만 ≪四庫全書總目提要≫에 수록하였는데 이를 存目이라 한다. 모두 6천여 종 9만여 권에 이른다.
3) 태어나면서부터 아는 : ≪論語≫ 〈季氏〉에 "태어나면서부터 아는 사람은 상등이고, 배워서 아는 사람은 그다음이고, 많은 노력을 들여 배우는 사람은 또 그다음이다.〔生而知之者 上也 學而知之者 次也 困而學之 又其次也〕"라는 구절이 보인다.

배〔腹〕로 다 마실 수 있는 바가 아니니, 요는 책을 신중히 가려서 읽는 데에 있을 뿐이다.

나는 이미 역량이 부족한 줄을 스스로 헤아리고 마침내 고금의 聖哲 30여 인을 택하여 아들 紀澤에게 그 遺像을 그리도록 명해서 모두 한 권으로 만들어 家塾에 보관해두었다. 후대의 자손으로서 독서에 뜻을 둔 사람은 여기에서 충분히 취할 수 있고 굳이 마음을 넓혀 더 방대한 책을 읽을 필요가 없으니 斯文을 전하는 것은 이보다 큰 것이 없을 것이다.

옛날 漢代의 武梁祠[4]와 魯 靈光殿[5] 같은 경우는 모두 위인들의 事蹟을 그림으로 그려두었고 ≪列女傳≫[6]에도 畫像이 있으니, 감발하여 흥기하는 것은 유래가 이미 오래되었다. 그 儀表를 익히 보고서 나아가 그 정신을 탐색하여 그 은미한 경지에 통달하고 고인의 뜻에 합치해야 할 것이니 마음에 진실로 구한다면 仁이 멀리 있겠는가.[7] 國藩이 기록하다.

**國藩志學不早**하고 **中歲側身朝列**하여 **竊窺陳編**하여 **稍(步)〔涉〕**[8]**先聖昔賢魁儒長者之緖**로되 **駑緩多病**하여 **百無一成**이러니 **軍旅馳驅**에 **益以蕪廢**하니 **喪亂未平**에 **而吾年將五十矣**라 **往者**에 **吾讀班固藝文志及馬氏經籍考**할새 **見其所列書目**하니 **叢雜猥多**하여 **作者姓氏**가 **至於不可勝數**어늘 **或昭昭於日月**하고 **或湮沒而無聞**이러라 **及爲文淵閣直閣校理**하여 **每歲二月**에 **侍從宣宗皇帝入閣**하여 **得觀四庫全書**하니 **其富過於前代所藏遠甚**이어늘 **而存目之書數十萬卷**은 **尙不在此列**하니 **嗚呼**라 **何其多也**아 **雖有生知之資**라도 **累世不能竟其業**이어늘 **況其下焉者乎**아 **故書籍之浩浩**와 **著述者之衆**이 **若江海然**이라 **非一人之腹所能盡飮也**니 **要在愼擇焉而已**라 **余旣自度其不逮**하고 **乃擇古今聖哲三十餘人**하여 **命兒子紀澤圖其遺像**하여 **都爲一卷**하여 **藏之家塾**이라 **後嗣有志讀書**가 **取足於此**하고 **不必廣心博騖**니 **而斯文之傳**이 **莫大乎是矣**라 **昔在漢世若武梁祠魯靈光殿**은 **皆圖畫偉人事蹟**하고 **而列女傳亦有畫像**하니 **感發興起**는 **由來已舊**라 **習其器矣**하고 **進而索其神**하여 **通其微**하고 **合其意**[9]니 **心誠求之**면 **仁遠乎哉**아 **國藩記**하노라

---

4) 武梁祠 : 東漢 建和 원년(147)에 지어진 사당으로, 지금의 山東省 嘉祥縣에 있다.
5) 魯 靈光殿 : 漢 景帝의 다섯째 아들 魯恭王이 지금의 山東省 曲阜縣의 동쪽에 세운 궁전이다.
6) 列女傳 : 漢나라 劉向이 賢母·烈女·惡妻 등을 立傳하여 만든 책이다.
7) 仁이……있겠는가 : ≪論語≫ 〈述而〉에 "인이 멀리 있는가. 내가 인을 하고자 하면 인이 당장 이르는 것이다.〔仁遠乎哉 我欲仁 斯仁至矣〕"라는 말이 보인다.
8) (步)〔涉〕 : 저본에는 '步'로 되어 있으나, ≪曾文正公文集≫에 의거하여 '涉'으로 바로잡았다.
9) 意 : ≪曾文正公文集≫에는 '莫'으로 되어 있다.

堯·舜·禹·湯은 史臣이 그들의 말을 기록하였을 뿐이다. 文王이 구금되자 비로소 문장을 써서 ≪周易≫을 演繹하였고,[10] 周公과 孔子가 번갈아 일어나 六經[11]이 밝게 드러나니 師道가 갖추어졌다. 秦·漢 이래로 孟子는 莊周·荀卿과 병칭되었는데 唐나라 때에 이르러 韓氏가 그를 유독 존숭하였고,[12] 宋나라의 賢者들이 그를 孔子[13]에 버금가는 지위로 끌어올릴 만하다고 하여 그의 책을 존숭하여 ≪論語≫와 짝이 되게 하였으니,[14] 후대의 논자 중에 이를 바꿀 수 있는 자가 없다. 이에 맹자를 세 聖人[15]의 뒤에 배치하노라.

周 文王

周公

孔子

孟子

堯舜禹湯은 史臣記言而已러니 至文王拘幽하여 始立文字하여 演周易하고 周孔代興에 六經炳著하니 師道備矣라 秦漢以來로 孟子蓋與莊荀竝稱이러니 至唐하여 韓氏獨尊異之하고 而宋之賢者가 以爲可躋之尼山之次하여 崇其書以配論語하니 後之論者가 莫之能易也라 茲以亞於三聖人後云이라

---

10) 文王이……演繹하였고 : 周 文王이 紂의 밑에서 九侯·鄂侯와 함께 三公으로 있을 적에 紂가 구후와 악후를 죽이자 이를 몰래 탄식하였다가 紂에 의해 羑里에 수감되었다. 이때 감옥에서 ≪周易≫을 演繹하였다고 전한다.(≪史記≫ 권3 〈殷本紀〉, 권130 〈太史公自序〉)

11) 六經 : 儒家의 여섯 가지 경전인 ≪詩經≫, ≪書經≫, ≪周易≫, ≪禮記≫, ≪樂經≫, ≪春秋≫를 이른다. ≪악경≫은 秦 始皇의 焚書坑儒로 소실되었다.

12) 韓氏가……존중하였고 : 韓氏는 韓愈를 말한다. 한유는 〈原道〉에서 儒道가 堯·舜·禹·湯·文王·武王·周公·孔子·孟子에게 차례로 전해졌으며, 맹자가 죽은 뒤로는 제대로 전해지지 않았다고 하였다.(≪韓昌黎集≫ 권11 〈原道〉)

13) 孔子 : 원문은 '尼山'이다. 尼山은 山東省 曲阜縣에 있는 산이다. 孔子의 아버지 叔梁紇과 어머니 顔氏가 이 산에서 기도하여 공자를 낳았다고 하여, 공자를 일컫는 말로 쓰인다.

14) 宋나라의……하였으니 : 北宋 때 程子가 ≪孟子≫를 존숭하여 ≪大學≫·≪中庸≫·≪論語≫와 함께 四書라 통칭하고, 朱熹가 이를 계승하여 ≪四書集註≫를 저술함으로써 ≪맹자≫가 經典의 반열에 오르게 되었다.

15) 세 聖人 : 文王·周公·孔子를 말한다.

左氏가 ≪春秋≫에 傳을 쓸 때[16] 東周와 西周의 典禮를 많이 서술하였는데 기이하고 허탄한 것을 인용하기를 좋아하였고 文辭가 화려하여 실질보다 지나쳤다.

太史公은 ≪莊子≫를 모두 寓言이라 하였는데,[17] 내가 子長[18]이 지은 ≪史記≫를 보니 우언이 또한 열에 예닐곱을 차지하였다.

班氏(班固)는 광대한 지식과 독특한 견해가 子長에 훨씬 못 미치지만 세상을 다스리는 典章과 六經의 主旨와 문자의 근원과 인간과 귀신의 情狀이 〈그의 저술에〉 찬연히 크게 갖추어졌으니, 어찌 좀스러운 자들과 함께 한 선생의 앞에서 得失을 겨루어 우쭐대며 스스로 기뻐하는[19] 사람이겠는가.

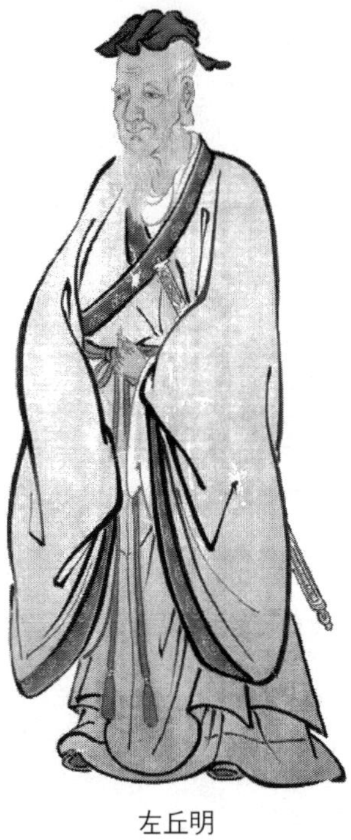
左丘明

莊周

司馬遷

班固

16) 左氏가……때 : 魯나라 左丘明이 孔子의 ≪春秋≫를 해설하여 ≪春秋左氏傳≫을 지은 것을 말한다.
17) 太史公은……하였는데 : 太史公은 司馬遷을 말한다. 사마천은 "〈莊子의〉 著書 10여만 字는 대체로 寓言이다.〔其著書十餘萬言 大抵率寓言也〕"라 하였다.(≪史記≫ 권63 〈老子韓非列傳〉)
18) 子長 : 司馬遷의 字이다.
19) 한……기뻐하는 : ≪莊子≫ 〈徐無鬼〉에 "이른바 暖姝는 한 선생의 말을 배우면 곧 우쭐대며 스스로 기뻐하여 만족스럽게 여긴다.〔所謂暖姝者 學一先生之言 則暖暖姝姝而私自說也 自以爲足矣〕"라는 구절이 보인다. 이 구절에서 '暖姝'의 의미에 대해서는 異說들이 존재하는데, 成玄英은 '自許'의 뜻으로 보았고, 陸德明은 "暖은 부드러운 모양이고 姝는 아리따운 모양이다.〔暖 柔貌 姝 妖貌〕"라 풀이하였다. 여기서는 우선 전자의 해석에 따라 번역하였다.

左氏傳經에 多述二周典禮어늘 而好稱引奇誕하고 文辭爛然하여 浮於質矣라 太史公稱莊子之書皆寓言이라하여늘 吾觀子長所爲史記하니 寓言亦居十之六七이라 班氏閎識孤懷가 不逮子長遠甚이라 然이나 經世之典과 六藝之旨와 文字之源과 幽明之情狀이 粲然大備하니 豈與夫斗筲者爭得失於一先生之前하여 姝姝而自悅者哉아

諸葛公은 혼란한 시대에 儒者의 복장을 입고서 조용히 도에 부합하였다.[20)]

陸敬輿(陸贄)는 의심 많은 임금(唐 德宗)을 섬기고 길들이기 어려운 將帥를 부려서 지극한 현명함으로 임금을 밝히고 지극한 정성으로 장수를 거느리는 것이, 비유컨대 노둔한 말을 몰고 높은 산비탈을 올라 험난한 길을 거침없이 달리면서도 말 모는 법도를 잃지 않는 것과 같았으니, 어쩌면 그리도 신묘한가.

范希文(范仲淹)과 司馬君實(司馬光)은 조금 융성한 시대를 만났지만 굳세고 빼어나며 성실하여 각각 남다른 조예가 있었으니, 道를 스스로 견지하여 성대하게 풍속을 이루었고 생각과 도량도 원대하였다.

諸葛亮

陸贄

范仲淹

司馬光

옛날에 劉向이 "董仲舒는 王者를 보좌할 재주이니 伊尹과 呂尙도 그보다 나을 수 없다. 管仲과 晏嬰 같은 무리는 자못 그에게 미치지 못한다."라고 하였는데, 劉歆[21)]은 董子는 스승과 벗들의 淵源이 이어진 것이 결코 子游와 子夏에까지도 미치지 못한다고 여겼다.[22)] 내가 보건대 네 賢人이 비록 이윤과 여상에는 미치지 못하

20) 諸葛公은……부합하였다 : 諸葛公은 諸葛亮(181~234)이다. 제갈량은 자가 孔明이고, 시호가 忠武侯이며, 瑯琊 陽都(山東 沂南) 사람이다. 三顧草廬의 예로 劉備에게 重用되어 曹操의 魏나라를 대파하였고, 유비가 蜀漢의 황제에 오른 뒤에는 丞相이 되었다. 유비의 사후에 後主 劉禪을 끝까지 보필하여 南蠻을 평정하였으나, 위나라 司馬懿와 대치하던 중에 병사하였다. 程頤가 "諸葛武侯는 儒者의 氣象이 있다.〔諸葛武侯 有儒者氣象〕"라고 평가한 것이 《近思錄》 권14 〈觀聖賢〉에 보인다.

21) 劉歆 : 劉向의 아들이다.

지만 진실로 동자보다는 훌륭한 듯하니, 유향 부자처럼 논의하여 결정하지 못하는 것이 애석하다.

諸葛公當擾攘之世하여 被服儒者하여 從容中道라 陸敬輿事多疑之主하고 馭難馴之將하여 燭之以至明하고 將之以至誠이 譬若御駑馬登峻坂하여 縱橫險阻어늘 而不失其馳니 何其神也아 范希文司馬君實은 遭時差隆이나 然이나 堅卓誠信하여 各有孤詣하니 其以道自持하여 蔚成風俗하고 意量亦遠矣라 昔劉向稱董仲舒王佐之才니 伊呂無以加라 管晏之屬은 殆不能及이라하여늘 而劉歆은 以爲董子師友所漸이 曾不能幾乎游夏라하니 以予觀컨대 四賢者雖未逮乎伊呂나 固將賢於董子하니 惜乎라 不得如劉向父子而論定耳인저

朱子(朱熹)가 周子(周敦頤)·二程子(程顥·程頤)·張子(張載)를 表章하여 위로 孔孟의 傳受를 계승하였다고 여긴 뒤로 후세의 임금·재상·스승·선비가 그 주장을 독실히 지켜서 혹시라도 바꾸지 못하였다.

周敦頤

程顥

朱熹

程頤

張載

22) 옛날에……여겼다 : ≪漢書≫ 권56 〈董仲舒傳〉의 贊에 보인다.

乾隆 연간에 大儒들이 잇따라 일어나 字句를 해석하고 널리 辨證하여 옛 賢人들을 뛰어넘어 별도로 기치를 세워 '漢學'이라 일컬어 宋나라 五子[23]의 학술을 배척하여 그들만 존숭받을 수는 없다고 하였다. 그런데 오자를 독실히 신봉하는 이들 또한 한학을 물리쳐 내버리면서 〈漢學이〉 자질구레하여 道를 해친다고 여겨 옥신각신 논쟁하여 그칠 때가 없다.

내가 보건대 오자가 立言한 것은 그 大旨가 孔子의 道[24]에 대부분 부합하니 어찌 비난할 수 있겠는가. 그들이 여러 경전을 해석한 데에는 타당하지 않은 면이 조금 있으니 진실로 근세의 경서 해설을 취하여 보조해야 하는데, 또한 여러 사람의 말을 물리쳐 내버림으로써 자신을 편협하게 해서야 되겠는가. 이 두 부류의 사람들에 대해서는 또한 모두 비판하노라.

**自朱子表章周子二程子張子**하여 **以爲上接孔孟之傳**으로 **後世君相師儒**가 **篤守其說**하여 **莫之或易**이라 **乾隆中閎儒輩起**하여 **訓詁博辨**하여 **度越昔賢**하여 **別立徽志**하니 **號曰漢學**이니 **擯有宋五子之術**하여 **以謂不得獨尊**이어늘 **而篤信五子者**가 **亦屛棄漢學**하여 **以爲破碎害道**하여 **斷斷焉而未有已**라 **吾觀五子立言**은 **其大者多合於洙泗**하니 **何可議也**아 **其訓釋諸經**은 **小有不當**이니 **固當取近世經說**하여 **以輔翼之**니 **又可屛棄群言以自隘乎**아 **斯二者**는 **亦俱譏焉**하노라

西漢의 문장 중에 子雲(揚雄)과 司馬相如의 웅장하고 위대한 문장은 天地의 굳센 기운이 陽과 剛의 아름다움을 얻은 것이니 이는 천지의 義氣이고, 劉向과 匡衡의 깊고 아름다운 문장은 천지의 온후한 기운이 陰과 柔의 아름다움을 얻은 것이니 이는 천지의 仁氣이다.

東漢 이래로 高雅는 옛날의 문장에 비해 부끄러울 것이 없었으나 風骨은 조금 무너졌는데, 韓愈와 柳宗元이 일어나 양웅과 사마상여의 웅장하고 기이하여 변화무쌍함을 모두 가져다가 사소한 사물에 대한 짧은 글 가운데 넣었으니 어찌 괴이하지 않은가. 歐陽氏(歐陽脩)와 曾氏(曾鞏)는 모두 韓公을 본받았으나 體質은 유향과 광형에 가깝다.

문장의 변화는 철저히 따져 알 수 없으나, 요컨대 이 두 가지 길을 벗어나지 않

---

23) 宋나라 五子 : 周敦頤, 程顥, 程頤, 張載, 朱熹를 말한다.
24) 孔子의 道 : 원문은 '洙泗'이다. 본디 山東省의 洙水와 泗水를 말하는데, 孔子가 이 일대에서 講學하였다고 하여 공자의 道를 상징하는 말로 쓰인다.

는다는 것은 비록 百世 뒤의 일이라도 알 만하다.

韓愈　柳宗元　歐陽脩　曾鞏

西漢文章에 如子雲相如之雄偉는 此天地遒勁之氣가 得於陽與剛之美者也니 此天地之義氣也요 劉向匡衡之淵懿는 此天地溫厚之氣가 得於陰與柔之美者也니 此天地之仁氣也라 東漢以還으로 淹雅無慙於古로되 而風骨少隤矣러니 韓柳有作하여 盡取揚馬之雄奇萬變하여 而內(납)之於薄物小篇之中하니 豈不詭哉아 歐陽氏曾氏는 皆法韓公이로되 而體質於匡劉爲近이라 文章之變이 莫可窮詰이나 要之컨대 不出此二途는 雖百世可知也로다

나는 고금의 詩를 뽑아 魏·晉으로부터 國朝(淸)에 이르기까지 19家를 얻었다. 詩의 道가 넓으니, 嗜好와 趣向은 저마다 그 性情에 가까운 바를 보아서 〈취택해야 할〉 것이니, 이는 여러 종류의 맛있는 음식이 솥과 도마에 나열되어 있더라도 내 입에 맞는 것을 가져다가 맛보아 배불리 먹을 따름인 것과 같다. 반드시 천하의 좋은 음식들을 모두 다 맛본 뒤에 하나의 음식을 차리겠다고 하는 것은 크게 미혹된 것이고, 반드시 천하 사람들의 혀를 강제하여 내가 맛있다고 여기는 바를 모두 본받도록 하는 것은 크게 어리석은 것이니, 莊子가 말하기를 "크게 미혹된 자는 종신토록 깨닫지 못하고, 크게 어리석은 자는 종신토록 알지 못한다."[25]라고 하였다.

나는 19가 중에 4인을 더욱 독실히 따르니, 唐나라의 李白과 杜甫, 宋나라의 蘇

25) 크게……못한다 : 《莊子》 〈天地〉에 "자신이 어리석음을 아는 자는 크게 어리석은 것은 아니며, 자신이 미혹됨을 아는 자는 크게 미혹된 것은 아니다. 크게 미혹된 자는 종신토록 깨닫지 못하고, 크게 어리석은 자는 종신토록 알지 못한다.〔知其愚者 非大愚也 知其惑者 非大惑也 大惑者 終身不解 大愚者 終身不靈〕"라는 말이 보인다.

軾과 黃庭堅은 그들을 좋아하는 자가 열에 일고여덟이고 그들을 싫어하는 자 또한 두셋쯤 된다. 나는 莊子가 '깨닫지 못하고 알지 못한다'라고 비난했던 것을 답습할까 두려우니 여기에서 충분히 취하여 일생을 마칠 따름이다.

李白

杜甫

蘇軾

黃庭堅

余鈔古今詩하여 自魏晉至國朝히 得十九家라 蓋詩之爲道廣矣니 嗜好趨向이 各視其性之所近이니 猶庶羞百味가 羅列鼎俎라도 但取適吾口者하여 嚌之得飽而已라 必窮盡天下之佳肴辯嘗而後供一饌은 是大惑也요 必强天下之舌盡效吾之所嗜는 是大愚也니 莊子有言호대 大惑者는 終身不解하고 大愚者는 終身不靈이라하니라 余於十九家中에 又篤守夫四人者焉하니 唐之李杜와 宋之蘇黃은 好之者十有七八이요 非之者亦且二三이라 余懼蹈莊子不解不靈之譏하니 則取足於是하여 終身焉已耳로다

司馬子長(司馬遷)은 예전의 傳聞을 망라하여 三古[26]와 八書[27]를 관통하였으나 간략한 것이 자못 흠이고, 班氏(班固)의 志[28]는 비교적 상세하지만 시대를 구분하여 책을 만들어서 전 시대를 會通한 것을 볼 수 없으니, 세상을 다스리는 大法을 두루 보고자 한다면 반드시 杜氏(杜佑)의 ≪通典≫으로부터 시작해야 한다. 馬端臨의 ≪文獻通考≫는 두씨와 우열을 가리기 힘드니, 鄭樵의 ≪通志≫는 그에 필적하지 못한다.

---

26) 三古 : 上古·中古·下古를 통칭하는 말로, 여기서는 伏羲·文王·孔子의 시대를 일컫는 듯하다.
27) 八書 : ≪史記≫는 本紀 12편, 表 10편, 書 8편, 世家 30편, 列傳 70편으로 구성되어 있는데, 그중 書는 예악, 역법, 천문, 치수 등의 제도를 역사적으로 기술한 것이다. 〈禮書〉, 〈樂書〉, 〈律書〉, 〈歷書〉, 〈天官書〉, 〈封禪書〉, 〈河渠書〉, 〈平準書〉가 있다.
28) 班氏(班固)의 志 : 班固의 ≪漢書≫는 帝紀 12편, 表 8편, 志 10편, 傳 70편으로 구성되어 있는데, 그중 志는 예악, 역법, 천문, 지리, 치수, 지리 등의 제도를 역사적으로 기술한 것이다. 〈律曆志〉, 〈禮樂志〉, 〈刑法志〉, 〈食貨志〉, 〈郊祀志〉, 〈天文志〉, 〈五行志〉, 〈地理志〉, 〈溝洫志〉, 〈藝文志〉가 있다.

백 년 이래로 학자들이 形聲[29]과 訓詁를 익히고 연구하여 오로지 ≪說文解字≫만 연구해 許愼과 鄭玄을 존숭하는 이가 많고 두우와 마단림을 이야기하는 이는 적다. 나는 허신과 정현이 先王이 〈典章制度를〉 만든 근원을 살핀 것과, 두우와 마단림이 후세가 인습하고 변혁한 요점을 밝힌 것은, 실사구시하였다는 점에서는 마찬가지라고 여긴다.

**司馬子長**은 **網羅舊聞**하여 **貫串三古而八書**로되 **頗病其略**이요 **班氏志較詳矣**로되 **而斷代爲書**하여 **無以觀其會通**하니 **欲周覽經世之大法**인댄 **必自杜氏通典始矣**니라 **馬端臨通考**는 **杜氏伯仲之間**이요 **鄭志**는 **非其倫也**라 **百年以來**로 **學者講求形聲故訓**하여 **專治說文**하여 **多宗許鄭**하고 **少談杜馬**어늘 **吾以許鄭考先王制作之源**과 **杜馬辨後世因革之要**는 **其於實事求是**에 **一也**라

先王의 道에 이른바 자신을 수양하고 남을 다스려 만물을 통치한다는 것은 어디로 귀결되는가? 역시 禮일 따름이다. 秦나라가 書籍을 모조리 불사르자 漢代의 儒者들이 주워 모은 것과 鄭康成(鄭玄)이 탁월해질 수 있었던 것은 모두 禮로 인해서이다. 杜君卿(杜佑)의 ≪通典≫은 禮를 말한 것이 열에 여섯을 차지하니, 그 식견이 이미 八代[30]를 뛰어넘었다. 宋나라의 張子(張載)와 朱子(朱熹)가 토론한 것과 馬貴與(馬端臨)와 王伯厚(王應麟)가 편집한 것은 禮를 조심하지 않은 것이 없다.

우리 國朝의 학자들은 顧亭林(顧炎武)을 宗主로 여기니, ≪國史儒林傳≫에 출중하게 앞자리를 차지하고 있다. 내가 그의 책을 보건대 말이 禮俗과 教化에 미치면 의연하게 '先代의 學問을 지키고 後代의 學者를 기다리는 것을 내가 아니면 누가 하겠는가.' 하는 뜻이 있었으니, 어쩌면 그리도 대단한가.

그 후에 張蒿菴(張爾岐)이 ≪中庸論≫을 지었고, 江愼修(江永)·戴東原(戴震)에 이르러 더욱 禮를 먼저 해야 할 일로 여겼는데, 秦尙書 蕙田이 드디어 ≪五禮通考≫를 찬수하여 天下 古今의 인간과 귀신의 모든 일을 통틀어 禮로써 일관하니 규모가 크고 생각이 정밀하다고 할 만하다.

내가 국조 先正들의 遺像을 그릴 적에 顧先生(顧炎武)을 첫머리에 두고 秦文恭公(秦蕙田)을 그다음에 둔 것 또한 어찌 은미한 뜻이 없겠는가.

---

29) 形聲 : 字形과 聲音을 말한다.
30) 八代 : 東漢에서부터 魏·晉·宋·齊·梁·陳·隋에 이르기까지의 시대를 말한다.

桐城의 姚鼐 姬傳과 高郵의 王念孫 懷祖는 그 학문이 모두 禮에 순일하지 않으나, 姚先生은 持論이 활달하여 내가 문장을 조금 깨우친 것이 요선생으로부터 비롯되었고, 王氏 父子[31]는 小學[32]인 訓詁學을 집대성하여 아득히 미칠 수가 없으므로 뒤에 배치하였다.

顧炎武　秦蕙田　姚鼐　王念孫

先王之道所謂修己治人經緯萬彙者는 何(禮)〔歸〕[33]乎아 亦曰禮而已矣라 秦滅書籍에 漢代諸儒之所掇拾과 鄭康成之所以卓絶은 皆以禮也라 杜君卿通典은 言禮者十居其六하니 其識已跨越八代矣라 有宋張子朱子之所討論과 馬貴與王伯厚之所纂輯은 莫不以禮爲兢兢이라 我朝學者는 以顧亭林爲宗하니 國史儒林傳에 裒然冠首라 吾讀其書컨대 言及禮俗敎化면 則毅然有守先待後舍我其誰之志하니 何其壯也아 厥後에 張蒿菴作中庸論하고 及江愼修戴東原輩하여 尤以禮爲先務러니 而秦尙書蕙田이 遂纂五禮通考하여 擧天下古今幽明萬事하여 而一經之以禮하니 可謂體大而思精矣라 吾圖畫國朝先正遺像에 首顧先生하고 次秦文恭公이 亦豈無微旨哉리오 桐城姚鼐姬傳과 高郵王念孫懷祖는 其學皆不純於禮나 然이나 姚先生持論閎通이라 國藩之粗解文章이 由姚先生啓之也요 王氏父子는 集小學訓詁之大成하여 夐乎不可幾已라 故로 以殿焉하노라

31) 王氏父子 : 王念孫과 그의 아들 王引之를 말한다.
32) 小學 : 漢代에 文字學을 小學이라 일컬었다. 隋·唐 이후에는 文字學·訓詁學·音韻學을 총칭하는 말로 사용되었다.
33) (禮)〔歸〕: 저본에는 '禮'로 되어 있으나, ≪曾文正公文集≫에 의거하여 '歸'로 바로잡았다.

姚姬傳氏(姚鼐)가 말하기를 "학문의 길은 세 가지가 있으니 義理와 詞章과 考據가 그것이다."라 하였고, 戴東原氏(戴震) 또한 이를 말하였다.[34)]

文王·周公·孔子·孟子의 聖德과 左丘明·莊周·司馬遷·班固의 재주 같은 경우에는 진실로 한쪽 측면만 가지고 논할 수 없다. 諸葛亮·陸贄·范仲淹·司馬光의 경우는 孔子 문하로 치면[35)] 德行으로서 政事를 겸하였고, 周敦頤·程顥·程頤·張載·朱熹는 공자 문하로 치면 덕행의 科이니 모두 義理이다. 韓愈·柳宗元·歐陽脩·曾鞏과 李白·杜甫·蘇軾·黃庭堅은 공자 문하로 치면 言語의 과이니 이른바 詞章이라는 것이다. 許愼·鄭玄·杜佑·馬端臨과 顧炎武·秦蕙田·姚鼐·王念孫은 공자 문하로 치면 문학의 과인데, 고염무와 진혜전은 두우와 마단림에 가깝고 요내와 왕염손은 허신과 정현에 가까우니 모두 고거이다.

이 32子[36)]는 그중 한 사람을 스승으로 삼아 그중 한 책만을 읽더라도 종신토록 사용함에 다 사용할 수 없을 것이다. 만약 또 이것을 비루하게 여겨 이 밖에 더 얻고자 한다면, 비유컨대 우물을 아홉 길〔仞〕을 파고도 샘에 미치지 못하면 우물 하나로는 좁다고 여겨 반드시 수십 개 백 개의 우물을 널리 파서 몸이 늙고 힘이 지쳐도 끝내 샘을 볼 수 있는 날이 하루도 없는 것과 같으니, 어찌 마땅하겠는가.

**姚姬傳氏言學問之途有三**이니 **曰義理**요 **曰詞章**이요 **曰考據**라하고 **戴東原氏亦以爲言**이라 **如文周孔孟之聖**과 **左莊馬班之才**는 **誠不可以一方體論矣**라 **至若葛陸范馬**하여는 **在聖門則以德行而兼政事也**요 **周(陳)〔程〕**[37)]**張朱**는 **在聖門則德行之科也**니 **皆義理也**라 **韓柳歐曾**과 **李杜蘇黃**은 **在聖門則言語之科也**니 **所謂詞章者也**라 **許鄭杜馬**와 **顧秦姚王**은 **在聖門則文學之科也**니 **顧秦於杜馬爲近**이요 **姚王於許鄭爲近**이니 **皆考據也**라 **此三十二子者**는 **師其一人**하고 **讀其一書**라도 **終身用之**에 **有不能盡**이니 **若又有陋於此**하여 **而求益於外**면 **譬若掘井九仞而不及泉**이면 **則以一井爲隘 而必廣掘數十百井**하여 **身老力疲而卒無見泉之一日**이리니 **其庸有當乎**아

34) 학문의……말하였다 : 학문의 길 세 가지에 대해, 姚鼐의 〈述菴文鈔序〉(≪惜抱軒文集≫ 권4)에서는 '義理·考證·文章'이라 하였고, 戴震의 〈與方希原書〉(≪戴東原集≫ 권9)에서는 '理義·制數·文章'이라 하였다.

35) 孔子 문하로 치면 : 원문은 '在聖門'이다. 孔子가 문하생들을 장점에 따라 분류하여 "덕행에는 顔淵·閔子騫·冉伯牛·仲弓이고, 언어에는 宰我·子貢이고, 정사에는 冉有·季路이고, 문학에는 子游·子夏이다.〔德行 顔淵閔子騫冉伯牛仲弓 言語 宰我子貢 政事 冉有季路 文學 子游子夏〕"라고 한 말이 ≪論語≫ 〈先進〉에 보인다.

36) 32子 : 실제로는 33인이지만, 二程(程顥와 程頤)을 1인으로 본 것이다.

37) (陳)〔程〕 : 저본에는 '陳'으로 되어 있으나, ≪曾文正公文集≫에 의거하여 '程'으로 바로잡았다.

浮屠氏가 因果와 禍福을 말한 이후로 善을 행하면 보답을 얻는다는 설이 사람들의 마음에 깊이 들어맞아 견고하여 깨뜨릴 수 없게 되었다. 선비가 바야흐로 책을 읽으면 科擧에 급제하여 녹봉을 받으며 벼슬살이하는 보답을 받기를 기대하고, 혹 古書를 조금 읽어 풍부한 저작들을 엿보면 遠近에 명예를 얻고 후세에 이름을 남기는 보답을 받아야겠다고 생각하고, 미처 책을 다 찬술하기 전에도 걸핏하면 유력자 한두 명의 입을 통해 사람들의 귀에 전파되어 나의 노력을 보상받기를 바란다.

아침에 밭을 갈고서 저녁에 수확하고 하나를 베풀고서 열을 보답받기를 바라는 격이니, 비유하자면 술을 사고 육포를 살 때 시끄럽게 떠들면서 자기가 꾸어준 자에게 요구하여 또 곱절의 이자를 받고자 하는 것과 같다. 爵祿의 이익을 이루지 못하면 죽은 뒤에 알아주지도 않을 명예에 요행이 있기를 바라서[38] 심한 경우에는 孔子가 살아서는 지위를 얻지 못하였으나 세상을 떠난 뒤 祭享으로 받는 보답이 堯舜보다 융숭하다고 하여 울울한 자들이 서로 이를 근거로 위로하니 어쩌면 그리도 비루한가.

**自浮屠氏言因果禍福**으로 **而爲善獲報之說**이 **深中於人心**하여 **牢固而不可破**라 **士方其佔畢咿唔**면 **則期報於科第祿仕**하고 **或少讀古書**하여 **窺著作之林**이면 **則責報於遐邇之譽後世之名**하고 **纂述未及終編**에 **輒冀得一二有力之口**하여 **騰播人人之耳**하여 **以償吾勞也**라 **朝耕而暮穫**하고 **一施而十報**하니 **譬若沽酒市脯**에 **喧聒以責之貸者**하여 **又取倍稱之息焉**이라 **祿利之不遂**면 **則徼倖於沒世不可知之名**하여 **甚者至謂孔子生不得位**나 **沒而俎豆之報**가 **隆於堯舜**이라하여 **鬱鬱者以相證慰**하니 **何其陋歟**아

가게가 세 개뿐인 저자에서 매우 적은 이익을 나누는데 누가 百錢의 빚을 갚지 않는다면 원망이 손자에까지 미친다. 만약 넓은 저자에서 매매하여 진기한 물품이 산처럼 쌓인 것이 걸핏하면 千金을 넘는다면 백전이 있고 없고는 계산할 겨를이 없을 것이고, 부유하고 대규모로 장사를 하는 상인은 百萬의 황금이 公私간에 넘쳐흐르니 수십 꿰미, 백 꿰미의 비용은 계산할 겨를이 없을 것이다. 똑같이 사람

---

38) 죽은……바란다 : ≪論語≫ 〈衛靈公〉에 "군자는 죽은 뒤에까지 이름이 일컬어지지 않음을 싫어한다.〔君子疾沒世而名不稱焉〕"라는 말이 보인다.

이면서도 잡은 것이 크면 오히려 그 작은 것을 계산할 겨를이 없는데, 하물며 하늘이 잡은 것은 더욱 크니 세상 사람들의 털끝만 한 선행과 道聽途說의 천박한 학문에 하나하나 보답받을 것을 도모한다면 과연 수고롭지 않겠는가.

상인이 장사하는 방법이 똑같고 시기가 똑같은데 이익이 남기도 하고 손해가 나기도 하고, 과거에 응시하는 자가 학업은 똑같이 했는데 붙기도 하고 떨어지기도 하고, 학문을 하고 책을 저술하는 깊이가 같은데 전해지기도 하고 전해지지 않기도 하고 이름나기도 하고 이름나지 않기도 하니, 또한 여기에는 모두 天命이 있는 것이니 억지로 이를 수 있는 것이 아니다.

今夫三家之市에 利析錙銖어늘 或百錢逋負면 怨及孫子라 若通闤貿易하여 瓌貨山積이 動逾千金이면 則百錢之有無는 有不暇計較者矣요 富商大賈(고)는 黃金百萬이 公私流衍하니 則數十百緡之費는 有不暇計較者矣라 均是人也로되 所操者大면 猶有不暇計其小者어늘 況天之所操尤大하니 而於世人豪末之善과 口耳分寸之學에 而一一謀所以報之면 不亦勞哉아 商之貨殖同時同이어늘 而或贏或絀하고 射策者之所業同이어늘 而或中或罷하고 爲學著書之深淺同이어늘 而或傳或否하고 或名或不名하니 亦皆有命焉이니 非可强而幾也라

옛 군자는 근심하지 않는 날이 없었고 즐거워하지 않는 날이 없었다. 道를 밝게 알지 못하면 내가 시골 사람이 됨을 면치 못하니 잠시라도 혹 게을러지는 것이 근심이고, 평이한 도리를 행하면서 天命을 기다리는 것[39]과 아래로 인간의 일을 배우면서 위로 天理를 통달하는 것[40]과 우러러보아 부끄러움이 없고 굽어보아 부끄러움이 없는 것[41]이 즐거움이었다.

文王・周公・孔子 세 聖人으로부터 아래로 王氏(王念孫)에 이르기까지 종신토록 근심하고 종신토록 즐거워하지 않은 이가 없었다. 비는 것이 없으니 무엇을 보답받겠으며, 자기는 스스로 감추니 명성이 무슨 상관이겠는가.

---

39) 평이한……것 : ≪中庸章句≫ 제14장에 "군자는 평이한 도리를 행하면서 천명을 기다리고, 소인은 위험한 짓을 행하면서 요행을 바란다.〔君子居易以俟命 小人行險以徼幸〕"라는 말이 보인다.

40) 아래로……것 : ≪論語≫ 〈憲問〉에 "하늘을 원망하지 않으며 사람을 탓하지 않고, 아래로 인간의 일을 배우면서 위로 天理를 통달하노니, 나를 알아주는 것은 하늘이실 것이다.〔不怨天不尤人 下學而上達 知我者 其天乎〕"라는 말이 보인다.

41) 우러러보아……것 : ≪孟子≫ 〈盡心 上〉에 "우러러보아 하늘에 부끄러움이 없고 굽어보아 사람에 부끄러움이 없는 것이 두 번째 즐거움이다.〔仰不愧於天 俯不怍於人 二樂也〕"라는 말이 보인다.

오직 莊周・司馬遷・柳宗元 3인은 불우함을 슬퍼하여 원망과 울분이 저서에 드러나 있으니 聖賢이 스스로 만족하는 즐거움에는 조금 어긋난다. 그러나 그들이 세상에 매우 드문 재주를 스스로 애석하게 여긴 것은 실질이 없이 당대의 명성에 급급한 자에 비할 바가 아니니, 진실로 명성에 급급하다면 32子와의 차이가 현격하다. 장차 燕・晉[42]으로 가려고 하면서 그 수레를 남쪽으로 돌리니 그 방법에 있어 어찌 더욱 멀어지지 않겠는가.

古之君子는 蓋無日不憂하고 無日不樂이라 道之不明이면 己之不免爲鄕人이니 一息之或懈가 憂也요 居易(이)以俟命과 下學而上達과 仰不愧而俯不怍이 樂也라 自文王周孔三聖人以下로 至於王氏히 莫不憂以終身하고 樂以終身이라 無所於祈하니 何所爲報하며 己則自晦하니 何有於名이리오 惟莊周司馬遷柳宗元三人者는 傷悼不遇하여 怨悱形於簡冊하니 其於聖賢自得之樂에 稍違異矣라 然이나 彼自惜不世之才는 非夫無實而汲汲時名者比也니 苟汲汲於名이면 則去三十二子也遠矣라 將適燕晉而南其轅하니 其於術不益疏哉리오

文王・周公・孔子・孟子・班固・司馬遷・左丘明・莊周・諸葛亮・陸贄・范仲淹・司馬光・周敦頤・程顥・程頤・朱熹・張載・韓愈・柳宗元・歐陽脩・曾鞏・李白・杜甫・蘇軾・黃庭堅・許愼・鄭玄・杜佑・馬端臨・顧炎武・秦蕙田・姚鼐・王念孫 32인은 제수를 차리고 향을 사르오니 위에서 굽어보시고 곁에서 질정하소서.

文周孔孟班馬左莊葛陸范馬周(陳)〔程〕[43]朱張韓柳歐曾李杜蘇黃許鄭杜馬顧秦姚王三十二人은 俎豆香香하니 臨之在上하고 質之在旁하소서

42) 燕・晉 : 지금의 河北省과 山西省에 해당하니 중국의 북쪽이다.
43) (陳)〔程〕: 저본에는 '陳'으로 되어 있으나, ≪曾文正公文集≫에 의거하여 '程'으로 바로잡았다.

# 36. 湖口縣의 楚軍 水軍을 祭享한 昭忠祠에 대한 記
## 湖口縣楚軍水師昭忠祠記*

* 太平天國의 亂 때 湖口縣에서 殉國한 水軍을 祭享하기 위하여 세운 祠堂인 昭忠祠(지금의 忠烈祠)에 대한 記文이다. 이 글에서 증국번은 소충사의 건립 취지와 경위 및 주변 경관 등을 기록하는 한편, 楚軍 水軍의 고투 과정과 인간의 의지를 넘어서는 형세의 영향에 대한 의론을 간결한 필치로 서술하였다.

咸豐 8년(1858) 7월 내가 장차 浙江에 出戰하려 할 때에 길이 湖口縣을 경유하였다. 廣東惠潮嘉道[1]의 彭君 雪琴[2]이 바야흐로 담당 局을 마련하고 工人을 모아서 石鐘山[3]에 昭忠祠를 건립하여 楚軍[4] 水軍 중 國事에 죽은 자들을 제사하려 하여 나에게 상소하여 조정에 보고해줄 것을 청하였는데, 8월에 疏狀이 入啓되자 허락하는 비답이 내렸다.

이듬해 7월 내가 장차 四川에 출전하려 할 때 다시 호구현을 지나니, 祠宇를 세우는 工役이 이미 완료되어 營官 蕭節愍公 捷三[5] 이하 몇 사람을 제사하였고, 後楹[6]에 勇丁[7] 몇 사람을 제사하였다. 그 동쪽이 浣香別墅이니, 앞이 聽濤眺雨軒이고 뒤가 芸芍齋이다. 운작재 뒤에 작은 정자를 붙였으니 且閒亭이고, 차한정 아래

1) 廣東惠潮嘉道 : '惠潮嘉道'는 淸나라 때 廣東 지역의 행정 편제 단위로, 惠州府·潮州府·嘉應州로 구성되었다.

2) 彭君 雪琴 : 淸나라 말기의 大臣인 彭玉麟(1816~1890)을 이른다. 팽옥린은 湖南 衡陽 사람으로, 號가 退省齋主人이고, 雪琴은 그의 字이다. 태평천국의 난 때 증국번에게 투신하여 湘軍 水軍을 통솔하였다. 벼슬이 兵部尙書, 太子少保 등에 이르렀다. 諡號는 剛直이다.

3) 石鐘山 : 지금의 江西省 九江市 湖口縣에 있는 산이다.

4) 楚軍 : 태평천국의 난을 평정하기 위하여 옛 楚나라 땅인 湖北을 중심으로 조직된 민간 의용군이다. 楚勇이라고도 한다.

5) 營官……捷三 : 태평천국의 난 때 石鐘山 전투에서 순국한 武將 蕭捷三(?~1855)을 이른다. 소첩삼은 湖南 武陵 사람으로, 字가 敏南이고, 節愍은 그의 諡號이다. 道光 17년(1837) 武科에 합격하여 長沙協千總이 된 이래 戰功으로 遊擊에 올랐다. 증국번의 휘하에서 水軍을 통솔하여 湖北·江西 등지에서 전공을 세웠다.

6) 後楹 : 後廡를 말한다.

7) 勇丁 : 淸代에 지방에서 모집한 의용병을 가리킨다.

에 작은 연못이 있다. 다리를 건너 남쪽으로 가면 石窟을 뚫고 동쪽으로 나온 것이 梅塢이고, 비탈길을 따라 서쪽으로 조금 산을 오르면 鎖江亭이다. 그 서쪽으로 매우 높은 곳이 觀音閣이고, 관음각 밖이 魁星樓이니, 승려들이 이곳에 산다. 또 서쪽이 坡仙樓이니, 蘇氏(蘇軾)의 〈石鐘山記〉를 그 위에 새겼다. 높이 올라 멀리 바라보면 일만 경치를 뱉고 삼키니, 풀 하나 바위 하나가 환하게 한층 더 새로웠다.

咸豐八年七月에 國藩將有事於浙江할새 道出湖口라 廣東惠潮嘉道彭君雪琴이 方庀局鳩工하여 建昭忠祠於石鐘山하여 祀楚軍水師之死事者하여 告余具疏上聞이러니 八月疏入에 報可러라 明年七月에 國藩將有事於四川할새 再過湖口하니 則祠工已畢에 祀營官蕭節愍公捷三以下若干人하고 後楹에 祀勇丁若干人이라 其東爲浣香別墅니 前曰聽濤眺雨之軒이요 後曰芸芍齋라 齋後에 傅以小亭하니 曰且閒亭이요 亭下에 有小池라 度梁而南에 穿石洞東出曰梅塢요 迤西少陟山曰鎖江亭이라 其西絕高曰觀音閣이요 閣外曰魁星樓니 僧徒居之라 又西曰坡仙樓니 刻蘇氏石鐘山記其上이라 憑高望遠에 吐納萬景하니 一草一石이 煥然增新矣라

楚軍 水軍을 처음 설립할 때에 배를 조성하는 일은 衡陽에서 시작하고 큰 전투는 湘潭에서 시작하였는데, 그 후에 岳州에서 이기고 武昌을 함락하고 田家鎭을 크게 격파하였다. 지금의 福建提督 楊君 厚菴[8]이 彭雪琴 및 여러 君子와 함께 맹렬한 바람과 큰 물결 속에서 血戰을 벌여 逆徒의 배를 불사른 것이 만으로 헤아리고 자리를 옮겨가며 싸울 때 대적할 이가 없었으니, 〈戰勢가〉 지극히 순조로웠다고 할 만하다.

그 후에 官軍이 彭蠡[9] 안으로 깊숙이 들어가자, 賊徒가 물이 마른 틈을 타고 湖口를 크게 막아서 우리 배를 가로막아 밖으로 나가지 못하게 하였다. 이에 수군에 강 밖과 호수 안의 구분이 있게 되었으니, 안에 있는 부대는 江西를 지키고 밖에 있는 부대는 湖北을 救援하여 찢어진 것이 마치 간과 쓸개를 갈라 楚나라와 越나라로 나눈 듯하여 오래도록 합하지 못하였다.

---

8) 楊君 厚菴 : 淸나라 말의 名將인 楊岳斌(1822~1890)을 이른다. 양악빈은 湖南 善化 사람으로, 原名은 載福이고, 厚菴은 그의 字이다. 咸豐 3년(1853) 증국번과 湘軍 水師를 창설하여 右營의 營官이 된 이래 福建水師提督, 陝甘總督 등을 역임하며 太平軍을 진압하는 데 많은 공을 세웠다.

9) 彭蠡 : 江西省 북부에 있는 호수인 鄱陽湖를 가리킨다. 彭蠡澤은 鄱陽湖의 옛 이름으로, 彭澤·彭湖 등으로도 불린다.

咸豐 7년(1857) 9월에 호구를 공격하여 함락시킨 때에 이르러서야 두 군대가 다시 합하였으니, 대개 서로 대치한 지 3년이나 되고 死傷者가 수천 명이나 되어서야 가까스로 이긴 것이었다.

彭蠡之圖

當楚軍水師之初立也하여 造舟는 始於衡陽하고 大戰은 始於湘潭이러니 其後에 克岳州하고 下武昌하고 大破田家鎭이라 今福建提督楊君厚菴이 與雪琴暨諸君子로 喋血於狂風巨浪之中하여 燔逆舟以萬計요 轉戰無前하니 可謂至順이라 其後에 官軍深入彭蠡之內에 賊乘水涸하여 大塞湖口하여 遏我舟하여 使不得出이라 於是에 水師有外江內湖之分하니 內者는 守江西하고 外者는 援湖北하여 騞然若割肝膽而判爲楚越하여 終古不得合併이러라 至咸豐七年九月에 攻克湖口하여 兩軍復(부)合하니 蓋相持三年之久요 死傷數千人之多에 僅乃擧之러라

바야흐로 전쟁할 때는 대포가 진동하여 살점이 날아다니고 피가 석벽에 폭포처럼 흘러내렸다. 병사는 굶주리고 장수는 지쳐서 군색하기가 마치 구금된 죄수와 같았고 뭇사람이 의심하고 업신여기매 눈물이 쌓여 강물을 불리며 이 한 關門을 빼앗고자 했으나 그렇게 할 수 없었으니, 얼마나 괴로웠던가.

祠宇가 완성된 뒤에 이르러서는 祼地[10]하고 제수를 올리고 북과 종을 울리며 제

10) 祼地 : 제사에서 降神을 위해 잔에 따른 술을 땅에 붓는 절차이다.

사를 지내매 백성들이 우러러 참배하고, 이름난 꽃과 진귀한 풀이 무성하게 자라 소리를 내며, 강물 빛과 호수 빛이 만 리를 호흡하여 광활하기가 마치 전쟁이 아직 종식되지 않았음을 다시 알지 못하는 듯하니, 또 얼마나 즐거운가.

方其戰爭之際하여 礮震肉飛하고 血瀑石壁이라 士飢將困하여 窘(苦)〔若〕[11]拘囚하고 群疑衆侮에 積淚漲江하여 以求奪此一關而不可得하니 何其苦也오 及夫祠成之後하여 祼薦鼓鐘에 士女瞻拜하고 名花異卉가 旖旎啾瑲이요 江色湖光이 呼吸萬里하여 曠然若不復知兵革之未息者하니 又何樂也오

안락한 때에는 비록 현명한 자일지라도 無事함을 걱정하여 이맛살을 찌푸리지 못하고, 困苦한 때에는 비록 달관한 자일지라도 뭇사람과 다르게 기뻐하지 못하나니, 사람 마음의 기쁨과 슬픔이 어찌 처한 상황과 무관하겠는가.

내가 이로 인하여 생각건대 저 豪傑이 用兵할 때에 혹 일생의 힘을 다하기도 하고 千萬 인의 목숨을 버리기도 하면서 한 자 한 치의 땅을 다투다가 얻지 못하면 鬱鬱하게 죽는 자들이 어찌 다 이 백성을 근심했겠는가. 또한 아마도 처한 상황에 급박한 점이 있고 형세에 겁박된 점이 있기에 그러한 것이겠으나, 기쁨과 슬픔이 한결같이 자기 자신을 위주로 하고 처한 상황에 의해 옮기지 아니하여 비록 富貴와 貧賤, 生死와 成敗의 사이에 처할지라도 조금도 바뀌지 않는 것으로 말하면 군자다운 사람이 아니고서야 이에 가까울 수 있겠는가.

내가 예전에 彭蠡 안에서 오랫동안 곤욕을 치를 적에 거의 스스로 극복하지 못할 뻔하였는데, 彭君이 이 昭忠祠를 새로 지으매 높은 곳에 올라 觀覽하는 아름다움이 있는 것이 감격스러우므로 대략 그 大意를 드러내는 바이다.

時乎安樂이면 雖賢者라도 不能作無事之顰蹙이요 時乎困苦면 雖達者라도 不能作違衆之驩欣하나니 人心之喜戚이 夫豈不以境哉아 吾因是而思夫豪傑用兵에 或敝一生之力하고 擲千萬人之性命하여 以爭尺寸之土라가 不得則鬱鬱以死者가 寧皆憂斯民哉리오 亦將以境有所迫而勢有所劫者然也어니와 若夫喜戚이 一主於己하고 不遷於境하여 雖處富貴賤貧死生成敗라도 而不少移易은 非君子人者면 而能庶幾乎아 余昔久困彭蠡之內에 蓋幾幾不能自克이러니 感彭君新構此祠에 有登臨覽觀之美일새 粗爲發其凡焉하노라

11) (苦)〔若〕: 저본에는 '苦'로 되어 있으나, ≪曾文正公詩文集≫에 의거하여 '若'으로 바로잡았다.

# 37. 金陵 軍營의 官吏와 紳士를 제향한 昭忠祠에 대한 記
## 金陵軍營官紳昭忠祠記*

* 이 글은 太平天國의 亂 때 殉國한 金陵의 官吏와 紳士를 祭享하기 위하여 세운 祠堂인 昭忠祠에 대한 記文이다. 금릉은 南京의 옛 이름이다. 이 글에서 증국번은 금릉을 중심으로 태평천국군과의 抗戰을 상술하고, 인간의 능력을 넘어서는 時機의 중요성에 대해 간결한 의론을 덧붙이고 있다.

아! 전란이 일어난 이래로 國事에 순절한 자가 많은데 金陵은 특히 충성스럽고 의로운 자들이 모인 곳이다. 咸豐 2년(1852) 12월에 적이 武昌과 漢陽을 함락하여 巨船 만 척을 탈취하고, 3년 정월에 長江을 덮으며 동쪽으로 내려와 九江城·安慶城·蕪湖城을 연이어 함락하고 마침내 금릉을 격파하여 점거해서 僞都[1]로 삼으니, 城中의 관리와 신사 및 주둔하여 방수하던 군사와 백성들이 모두 禍難을 입었다.

이때에 이르러 天子께서 이미 向榮(상영)[2]을 欽差大臣으로 임명하셨는데, 湖北에서부터 적을 추격하여 동쪽으로 가서 도착하니 성이 함락된 지 이미 열흘이 넘었고, 또 鎭江府와 揚州府도 연이어 함락되었다. 都統 琦善 또한 흠차대신으로서 河南으로부터 나아가 揚州에 이르니, 이때 이후로 廣西에서 처음부터 따라서 금릉에 주둔하는 여러 군대는 江南大營이라 부르고, 북쪽에서 와서 새로 모여 양주에 주둔하는 여러 군대는 江北大營이라 불렀다. 鎭江에는 별도로 군대 하나를 주둔시켰으니, 금릉에서 병력을 나누어 주둔시켜 양주의 군대와 서로 犄角[3]의 형세를 이루었다.

얼마 지나지 않아 양주의 적은 갈래를 나누어 북쪽으로 河南과 直隸로 달아나고

---

1) 僞都 : 1853년에 태평천국 군대는 南京을 함락하고 이곳을 태평천국의 도읍지로 정하여 天京이라 하였다. '僞'는 태평천국의 정통성을 부정하여 폄하한 말이다.

2) 向榮(상영) : 淸나라 말의 名將으로 四川 大寧 사람이다. 四川提督·固原提督·廣西提督·湖北提督 등을 거쳐 벼슬이 輕車都尉에 이르렀다. 太平天國의 亂을 진압하는 데 많은 공을 세웠다.

3) 犄角 : '掎角'이라고도 한다. 본디 사슴을 잡을 때 뒤에서 다리를 잡고 앞에서 뿔을 잡는 것을 뜻하는 말로, 병력을 분산하여 적을 앞뒤에서 견제하는 것을 의미한다. ≪春秋左氏傳≫ 襄公 14년 조에 "비유하자면 사슴을 잡는 데 晉人은 뿔을 잡고 諸戎은 다리를 잡고서 晉人과 함께 쓰러뜨린 것과 같다.〔譬如捕鹿 晉人角之 諸戎掎之 與晉踣之〕"라고 한 데서 유래하였다.

금릉의 적은 갈래를 나누어 서쪽으로 江西와 湖北으로 달아났으나, 진강의 적은 우리 營壘를 격파하였고, 따로 粤人[4]이 난을 일으켜 上海를 공격하여 함락하였다. 그해 겨울에 北軍이 양주부 儀徵縣을 수복하였는데 적들이 이동하여 瓜洲를 점거하였다.

嗚呼라 軍興以來로 死事者多矣어늘 而金陵尤爲忠義之所萃云이라 咸豐二年十二月에 賊陷武昌漢陽하여 掠取巨舟萬數하고 三年正月에 蔽江東下하여 連陷九江安慶蕪湖各城하고 遂破金陵하여 據爲僞都하니 城中官紳與駐防之軍民이 竝及於難이라 當是時하여 天子已命向(상)榮爲欽差大臣이어늘 自湖北逐賊而東하여 至則城陷已逾旬日하고 又繼陷鎭江揚州兩府라 而都統琦善이 亦以欽差大臣으로 由河南進至揚州하니 自是後로 廣西元從諸軍駐金陵者는 號爲江南大營하고 北來新集諸軍駐揚州者는 號爲江北大營이라 鎭江別屯一軍하니 則金陵分兵駐之하여 與揚州之師로 相爲犄角이러니 未幾에 揚州之賊은 分支北竄河南直隷하고 金陵之賊은 分支西竄江西湖北이로되 而鎭江之賊은 破我營壘하고 別有粤人爲亂하여 攻陷上海하다 其冬에 北軍克復揚州儀徵이어늘 群賊移據瓜洲하다

4년(1854)에 督師 琦公(琦善)이 졸하고 托明阿[5]가 이어받아 北軍을 통솔하였다.

5년에 江蘇巡撫 吉爾杭阿[6]가 上海를 수복하고 군대를 이동하여 鎭江을 포위하여 공격하였다.

6년 봄에 南路의 적이 寧國을 함락하고 北路의 적이 다시 揚州를 함락하자 탁명아가 파직되고 德興阿[7]가 이어받아 북군을 통솔하여 곧 양주를 수복하였다. 그해 여름에 巡撫 吉公이 高資에서 전몰하고 金陵의 大營 또한 함락되었는데, 督師 向公(向榮)은 후퇴하여 丹陽을 수비하다가 이윽고 병으로 졸하였다. 조정에서는 和春[8]

4) 粤人 : 劉麗川(1820~1855)을 이른다. 廣東 香山縣 사람으로, 1849년에 上海에서 反淸復明을 주창하는 비밀결사 小刀會를 조직하였다. 1853년에 태평천국군이 南京을 함락하자 유여천은 소도회를 이끌고 봉기를 일으켜 상해를 점령하고 大明國을 중건하여 태평천국군과 합류하고자 하였으나, 淸나라 군대에 진압되었다.
5) 托明阿 : 滿洲 正紅旗 사람으로 성은 棟鄂氏이다. 綏遠城將軍・江寧將軍・西安將軍 등을 지냈으며 西林巴圖魯라는 호를 하사받았다.
6) 吉爾杭阿 : 滿洲 鑲黃旗 사람으로 성은 奇特拉氏이고, 자는 雨山이다. 小刀會와 太平天國軍을 진압하는 데 공을 세웠다.
7) 德興阿 : 滿洲 正黃旗 사람으로 성은 喬佳氏이다. 太平天國軍을 진압하는 데 공을 세웠다. 博奇巴圖魯라는 호를 하사받았으며, 시호는 威恪이다.
8) 和春 : 滿洲 正黃旗 사람으로 字는 雨亭이다. 咸豐 3년(1853) 江南提督에 임명되어 태평천국

을 欽差大臣으로 임명하고 張國樑[9]을 總統으로 임명하였다.

7년 겨울에 南軍이 진강을 수복하고 북군이 같은 날에 瓜洲를 수복하였다.

8년에 남군이 긴 포위망을 구축하여 금릉의 적을 가두고 북군이 浦口[10]에서 크게 패하였는데, 적이 江浦[11]·天長[12]·儀徵[13]·揚州·六合[14]을 함락하였기에 장국량이 북쪽으로 가서 양주를 구원하여 수복하였다.

9년에 덕흥아가 탄핵받아 파직되자 江北에 다시 大帥[15]를 두지 않고 江南의 대수로 겸하여 관할하게 하였다.

10년 정월에 장국량이 九洑洲를 수복하였다. 2월에 皖南의 적들이 杭州를 공격하여 함락하자 강남에서 張玉良[16]을 보내어 항주를 구원하여 수복하였다. 3월에 적이 建平·東壩·溧陽을 격파하고 금릉에 무리 지어 모여서 大營을 공격하여 함락하였는데 우리 군대가 패주하고 常州와 蘇州가 연이어 함락되었다.

이후에 馮子材[17] 등이 진강을 견고하게 수비하고 都興阿[18] 등이 양주를 견고하게 수비하여 수년 동안 탈이 없었다. 咸豐 계축년(1852)부터 경신년(1860)에 이르기까지 사람들의 이목에 알려진 일은 대략 이와 같다.

**四年에 督師琦公卒하고 托明阿接統北軍하다 五年에 江蘇巡撫吉爾杭阿克復上海하고 移師圍攻鎭江하다 六年春에 南路賊陷寧國하고 北路賊復陷揚州할새 托明阿罷職하고 德興阿接統北**

---

의 군대에 대항하였는데, 1860년 패주하여 자결하였다.

9) 張國樑 : 자는 殿臣이며, 廣東 高要 사람이다. 젊었을 적 反淸 세력에서 활동하였으나 廣東 按察使 勞崇光이 그 명성을 듣고 투항을 권하여 관군에 들어갔다. 欽差大臣 向榮의 휘하에서 태평군을 진압하는 데에 많은 공을 세웠으며, 상영의 사후에는 흠차대신 和春을 따라 태평군과 전투를 벌이다가 1860년에 전사하였다.

10) 浦口 : 南京 서북부의 지명으로, 현재 浦口區에 해당한다.

11) 江浦 : 江蘇 金陵道에 속한 縣이다.

12) 天長 : 安徽 淮泗道에 속한 縣이다.

13) 儀徵 : 江蘇 淮揚道에 속한 縣이다.

14) 六合 : 江蘇 金陵道에 속한 縣이다.

15) 大帥 : 군대를 통솔하는 大將을 말한다. 淸나라 말에는 總督과 巡撫가 일반적으로 兵權을 겸하여 관장하였으므로 이들을 大帥라고 일컬었다.

16) 張玉良 : 淸朝의 名將으로, 字는 璧田이며 四川 巴縣 사람이다. 廣西提督을 지냈으며 군중에서 졸하였다. 太子少保에 추증되었으며, 騎都尉 兼 雲騎尉 世職을 받았다. 시호는 忠壯이다.

17) 馮子材 : 자는 南干이며, 廣西 欽州 사람이다. 向榮과 張國樑을 따라 태평군을 진압하였다. 廣西提督, 貴州提督 등에 올랐으며, 淸-프랑스 전쟁에서도 크게 활약하였다. 시호는 勇毅이다.

18) 都興阿 : 자는 直夫이며, 滿洲 正白旗 사람이다. 僧格林沁을 따라 태평군을 진압하였으며 盛京將軍 등을 역임하였다. 太子太保에 추증되었으며 시호는 淸慤이다.

軍하여 旋克揚州하다 其夏에 巡撫吉公戰歿於高資하고 金陵大營亦陷이어늘 督師向(상)公退守丹陽이라가 已而病卒하니 朝廷命和春爲欽差大臣하고 而命張國樑爲總統하다 七年冬에 南軍克復鎭江하고 北軍同日克瓜洲하다 八年에 南軍築長圍하여 以困金陵之賊하고 北軍大挫於浦口어늘 賊陷江浦天長儀徵揚州六合일새 張國樑北援揚州하여 克之하다 九年에 德興阿劾罷할새 江北不復置帥하고 以江南大帥兼轄하다 十年正月에 張國樑克九洑洲하고 二月에 皖南群賊攻陷杭州할새 江南遣張玉良援杭하여 克之하다 三月에 賊破建平東壩溧陽하고 群萃金陵하여 攻陷大營이어늘 我師潰奔하고 常州蘇州繼陷이러라 是後에 馮子材等堅守鎭江하고 都興阿等堅守揚州하여 數年無恙하니 蓋自咸豐癸丑以迄庚申히 耳目衆著之事가 大略如此라

그밖에 南軍은 근방의 郡縣을 공격하여 탈취하였으니, 太平縣・蕪湖縣・丹陽縣・溧水縣・溧陽縣・高淳縣・句容縣과 같은 경우는 거듭 수복하고 거듭 함락되어 그 得失이 일정하지 않았다.

혹 북쪽으로 가서 揚州의 江浦를 구원하여 警報를 아침에 들으면 남쪽의 군사가 저녁에 강을 건너가기도 하였고, 성 밖의 賊壘와 강가의 요충지에도 전투를 일삼지 않는 달이 없어서 백 명 천 명의 목숨을 내던져 얼마 안 되는 땅을 다투었다.

당시에 중앙과 지방에서 江南의 강한 군대를 성대하게 칭송하여 명성과 위세가 北軍보다 훨씬 높았기에, 諸路에서 金陵에 위급한 상황을 알리면 왕왕 병력을 나누어 사방으로 나아가 구원하여 무찔렀으니 패하게 된 것 또한 결국 이 때문이었다.

처음 이르렀던 가을에는 虎嵩林을 보내 上海로 달려가 구원하게 하였고, 얼마 후 또 和春을 보내 廬州로 달려가 구원하게 하였다. 寧國이 함락되자 鄧紹良을 보내 浙江으로부터 가서 구원하게 하였고, 몇 년 뒤에 鄧君이 전사하거늘 다시 鄭魁士를 보내 그 뒤를 잇게 하였다. 적이 衢州를 포위하자 周天受 등을 보내 절강을 구원하게 하였고, 적이 延建에 들어오자 또 군대를 增援하여 閩(福建省)을 구원하였으니, 가까운 곳은 수백 리 거리였고 먼 곳은 2, 3천 리 거리였다.

고립된 군대가 옮겨 다니며 전투하면서 몇 달 동안 돌아가지 못하여 군량을 제때 수송하지 못해 굶주림을 참으며 적에게 달려갔고 들판에 시신이 버려져도 거두어 돌보는 이가 없었다. 금릉의 적은 우리 군대에 먼 곳에 출정하는 자가 많고 머무르며 지키는 자가 적은지라 營壘가 텅 비어 밥 짓는 연기가 날로 줄어드는 것을 보고는 우리를 전복할 방법을 밤낮으로 도모하였다.

其餘南軍攻取旁近郡縣하니 若太平蕪湖丹陽溧水溧陽高淳句容은 屢克屢陷하여 不常其得失이라 或北援揚州江浦하여 警報朝聞에 南師夕渡요 而城外賊壘와 濱江要隘도 亦無月不事攻戰하여 擲千百性命하여 以爭尺寸之土러라 當時에 中外盛稱江南勁旅하여 聲威出北軍上遠甚이라 諸路告急金陵에 往往分兵하여 四出援剿하니 其致敗가 亦終以此라 始至之秋에 卽遣虎嵩林馳援上海하고 旣又遣和春赴援廬州하고 寧國失守하니 則遣鄧紹良自浙援之하고 數年에 鄧君戰亡이어늘 又遣鄭魁士繼之라 賊圍衢州하니 則遣周天受等援浙하고 賊入延建에 又濟師以援閩하니 近者數百里요 遠者二三千里라 孤軍轉鬬하여 累月不歸하여 饋餉乖時하여 忍饑赴敵하고 膏塗原野에 莫相收卹이어늘 而金陵之賊은 見我軍遠征者多요 居守者少라 營壘空虛하여 炊烟日減하고 晝夜謀所以覆我者러라

咸豐 6년(1856)에 大營이 함락되었으니 바로 營壘가 비어 병력이 적기 때문이었다. 최후 10년 동안의 전투는 긴 포위망이 이미 만들어지자 汛地[19]가 더욱 넓어졌으니, 우리 군대가 병력을 나누어 浙江을 구원하여 갑자기 돌아올 수 없었다. 그런데 절강에서 달아나 돌아가는 적과 皖南과 江北의 적이 열 갈래의 길로 함께 나아가 마침내 한번 움직이자 방어할 수 없었다. 장수와 병사들이 바야흐로 사면을 포위한 뒤에 소굴을 평정하고 수괴를 사로잡고자 하여 조만간 策勳을 받으리라 기약했는데, 뜻밖에 모래가 날리고 河水가 터지듯 급작스럽게 무너져 패하여 뿔뿔이 흩어져 남쪽으로 달아나니 사망자를 이루 다 셀 수 없었다. 겨우 살아남은 자는 張玉良이 그 餘燼[20]을 거두어 모아 嘉興을 공격하고 杭州를 방수하였다.

이듬해에 이르러 杭州城이 다시 함락되니 金陵 大營의 8만 인이 다 사라져 더는 남아 있는 자들이 없었다.

여러 장수가 秣陵[21]에 주둔할 때에 向公 榮과 張公 國樑이 重望을 가장 많이 받고 있었으되, 그밖에 지혜로운 자는 謀慮를 다하고 용감한 자는 힘을 다하였으니 또한 어찌 절치부심하며 공훈 세우기를 도모하여 적당한 기회를 얻어서 나라에 보답하고자 생각하지 않았겠는가마는, 기회가 오지 않아 천하의 힘을 다해도 어찌할 수 없었다.

19) 汛地 : 군대가 주둔하며 防守하는 지역을 말한다.
20) 餘燼 : 타고 남은 불기운이라는 뜻으로, 패잔병을 의미한다.
21) 秣陵 : 南京의 옛 이름이다.

저 6, 7명의 僞王이라는 자들은 각각 수십 만의 사람들을 데리고 번갈아 흥성하여 한 시대에 橫行하였고 上流의 강가에 인접한 천 리 땅 또한 도적들의 양식을 수송할 수 있었다. 그러나 적의 기세가 쇠하려 할 때가 되자 여러 수괴가 차례로 쓰러져 죽고 어리석은 놈들을 널리 봉하여 왕이 백여 명이나 되는 지경에 이르러 권력이 나뉘어 위세가 더욱 분산되었으니, 長江 일대가 평정되자 적의 양식이 점차 고갈되었다.

咸豐六年에 大營失陷하니 正坐壘闊兵單之故라 最後十年之役은 則長圍已成에 汎地愈廣하니 我軍分兵救浙하여 不能遽反이어늘 而自浙回竄之賊과 皖南江北之賊이 十道竝進하여 乃一發而不可禦러니 將士方冀合圍之後에 犁穴擒渠하여 策勳有期라가 不意倉皇潰敗가 有如沙飛河決하여 蕩析南奔하니 死亡不可勝數러라 其僅有存者는 張玉良收集餘燼하여 以攻嘉興하고 以守杭州하다 至明年하여 杭城再陷이어늘 而金陵大營八萬人者가 蕩然無復留遺矣라 當諸將屯駐秣陵하여 向(상)公榮張公國樑最負重望이로되 其餘智者竭謀하고 勇者殫力하니 亦豈不切齒圖功하여 思得當以報國이리오마는 事會未至에 窮天下之力이라도 而無如何라 彼六七僞王者는 各挾數十萬之衆하여 代興迭盛하여 橫行一時하고 而上游沿江千里도 亦足轉輸盜糧이러니 及賊勢將衰하여 諸酋次第僵斃하고 而廣封騃豎하여 至百餘王之多하여 權分而勢益散하니 長江旣淸에 賊糧漸匱라

그 후에 楚軍이 金陵을 포위하여 2년 만에 수복하였으니, 전에는 과연 서툴렀고 후에는 과연 잘해서 그리 된 것이 아니다. 할 수 없는 시기이면 聖哲이라도 끝내 이루지 못하고, 할 수 있는 시기이면 일은 반만 해도 공은 배로 커지는 법이니, 모두 天命인 것이다.

승리한 지 3년 만인 同治 6년(1867) 겨울에 마침내 第5 蓮花橋에 昭忠祠를 건립하여 전후로 國事에 순절한 자를 제향하여 같은 사당 안에 龕室만 달리하였다.

그 가운데 1실은 咸豐 3년(1853) 2월 江寧이 처음 함락되었을 때 城을 지키다 國難에 순절한 관원을 제향하며, 그 동쪽 1실은 3년에서 10년까지 성 밖 大營에서 死傷한 관원을 제향하며, 그 서쪽 1실은 성안 및 江寧府 7개 屬縣[22]의 紳士를 제

22) 江寧府……屬縣 : 雍正 8년(1730) 이후로 江寧府는 上元縣, 江寧縣, 句容縣, 溧水縣, 高淳縣, 江浦縣, 六合縣 등 7개 縣을 관할하였다.

향하고 外郡의 신사로서 이곳에서 죽은 자도 여기에 함께 있다. 또한 동쪽 1실은 금릉의 將領으로서 각 路에 나아가 구원하다가 寧國 및 浙江 등지에서 죽은 자를 제향하고, 또 서쪽 1실은 鎭江 및 揚州에서 국사에 순절한 관원을 제향하니, 진강은 본디 금릉에서 나누어진 군대이고 양주 또한 금릉과 일체이고 그 뒤에 또 南軍에 귀속시켜 겸하여 관할하게 하였기 때문이다.

공사가 끝났으니 대략 그 梗概를 기술한다. 지난 여러 해의 전쟁으로 말하면, 훌륭한 장수와 용맹한 병사의 공로와 견고한 적군을 공격하고 위험한 아군을 보호한 책략이 장차 國史에 실릴 것이니 이에 더 자세히 서술하지 않는다.

厥後에 楚軍圍金陵하여 兩載而告克하니 非前者果拙而後者果工也라 時未可爲면 則聖哲亦終無成이요 時可爲면 則事半而功倍也니 皆天也로다 旣克三載同治六年之冬에 乃建昭忠祠於蓮花第五橋하여 祀先後死事者하여 同堂而異室이라 其中一室은 祀三年二月江寧初陷時守城殉難之員하며 其東一室은 祀三年至十年城外大營傷亡之員하며 其西一室은 祀城內及江寧七屬紳士하고 而外郡紳士死於此者도 亦與焉이라 又東一室은 祀金陵將領出援各路死於寧國及浙江等處者하고 又西一室은 祀鎭江及揚州死事之員하니 鎭江은 本金陵所分之軍이요 揚州는 亦與金陵一體요 其後又歸南軍兼轄故也라 工旣竣에 粗爲記其梗概라 至於歷年戰爭하여는 良將猛士之勞와 攻牢保危之策이 將具於國史리니 玆不復備述云하노라

# 38. 金陵의 湘軍 陸軍을 제향한 昭忠祠의 記

## 金陵湘軍陸師昭忠祠記*

* 太平天國軍과 싸우다가 전사한 金陵의 湘軍을 기려 세운 昭忠祠에 대해 적은 記이다. 1864년에 官軍이 금릉을 수복한 뒤, 雞鳴山에 전사한 이들을 제향한 사당을 세웠는데, 3년 뒤에 다시 허물어진 것을 보수하고 새로 지으면서 이 글을 지었다. 증국번은 이 글에서, 1862년부터 3년 동안 이곳에서 전쟁한 내력을 전쟁에 참여하였던 아우와 군사들의 말을 통하여 전달하고 있다.

同治 3년(1864) 6월 旣望에 大軍이 金陵을 수복하였다. 내가 安慶[1]에서 이르러 사졸들을 호궤하면서 보니, 나의 아우 國荃은 얼굴과 모습이 초췌하였고 장수들은 삐쩍 말라 사람의 정신과 기색이 아니었다. 무더위에 전쟁하면서 밤낮을 성 아래 한데서 지내며 반 개월 동안 쉬지 못한 것이었다.

내가 놀라 애통해하면서 慰撫하고 나서, 이에 營壘를 두루 다니면서 파놓은 地道[2]를 두루 살피고 전쟁의 유적을 보았다. 彭君 毓橘과 劉君 連捷과 蕭君 爭泗와 朱君 南桂가 함께 앞에서 인도하면서 가리켜 보이기를, "아무 장소는 아무 장수가 명을 다한 곳이고, 아무 장소는 적이 우리를 곤경에 빠뜨린 곳입니다." 하였다.

同治三年六月旣望에 大軍克復金陵이라 國藩至自安慶하여 犒勞士卒할새 見吾弟國荃面顏焦萃하며 諸將枯瘠하여 神色非人하니 蓋盛暑攻戰에 晝夜暴露城下하여 半月而未息이라 余旣驚痛而撫慰之하고 乃徧行營壘하여 周視所開地道하고 覽戰爭之遺蹟하니 彭君毓橘, 劉君連捷, 蕭君爭泗, 朱君南桂가 相與前導而指示曰 某所는 某將盡命處也요 某所는 賊困我之地也라하다

제군이 갖추어 말하지 못한 부분을 나의 아우가 또 길게 탄식하면서 자세히 말해주었는데, 아우의 말은 다음과 같았다.

---

1) 安慶 : 중국 安徽省 남부의 水運 도시로, 揚子江 중류 좌안에 위치한다.
2) 地道 : 적을 공격하기 위하여 땅속으로 굴을 파서 만든 길을 말한다.

"우리가 이 성을 포위한 이래로 壯士 중 견고한 방어를 공격하다가 죽은 이가 많았습니다. 적은 성 밖에 견고한 보루를 둘러서 쌓은 것이 수십 개였습니다. 큰 것은 대략 성과도 같았는데 작은 군영으로 둘러싸며 긴 보루로 막고 벽돌을 철처럼 단단히 쌓으며 해자를 내처럼 깊게 파서, 단단하여 동요시킬 수가 없었습니다.

아군이 원년(1862) 5월 초에 처음으로 江寧鎭·三汊河·大勝關의 각 보루를 수복하였고, 2년(1863) 5월에 李臣典 등이 雨花臺와 南門의 각 보루를 수복하였고, 劉連捷 등이 水軍을 회동하여 九洑洲·中關·下關의 각 보루를 수복하였고, 江東橋의 보루는 陳湜 등이 8월에 수복하였고, 上方門·高橋門·七甕橋·土山·方山의 각 보루는 蕭慶衍·蕭孚泗 등이 9월에 수복하였습니다. 이때 朱南桂 또한 博望鎭을 수복했고, 趙三元 등도 中和橋·秣陵關을 수복하였습니다. 10월에 이르러 解溪·隆都·湖墅를 수복하니, 동남쪽의 적은 대략 다 제거되었습니다.

諸君所不備述을 吾弟又太息而縷述之하니 弟之言曰 自吾圍此城으로 壯士多以攻堅而死라 賊於城外環築堅壘數十이니 大者略與城埒이어늘 攢以小營하며 障以長塢하고 甃石如鐵하며 掘塹如川하여 牢不可拔이라 我軍以元年五月之初로 始克江寧鎭三汊河大勝關各壘하고 二年五月에 李臣典等克雨花臺及南門各壘하고 劉連捷等會同水師하여 克九洑洲中關下關各壘하고 其江東橋之壘는 則陳湜等於八月克之하고 上方門高橋門七甕橋土山方山各壘는 則蕭慶衍蕭孚泗等於九月克之라 是時에 朱南桂亦克博望鎭하고 趙三元等亦克中和橋秣陵關이라 至十月하여 克解溪隆都湖墅하니 而東南剗削略盡이라

3년 정월에 彭毓橘·黃潤昌 등이 이에 鍾山의 높은 보루를 수복하니, 적들이 관부로 삼아 天保城이라고 한 곳이었습니다. 하나의 보루를 격파할 때마다 將士들이 잠깐 사이에 통상 수백 명씩 운명하였으니, 돌이켜봄에 남은 애통함이 있습니다. 地道를 파서 큰 성을 도모하였던 것으로는 무릇 南門에는 穴이 하나가 있었고, 朝陽으로부터 鍾阜門까지는 36개의 혈이 있었는데, 등불을 가지고 들어갔다가 地道의 언덕이 무너져서 굴이 막히면 종횡으로 그 속에 모여서 매장되었습니다. 적이 혹 지도를 파서 우리를 맞이하여 독한 연기를 뿜고 끓는 물을 부으면, 재빠른 자는 요행히 벗어났지만 우직한 자는 섬멸되었습니다. 최후에 神策門에서의 전투는 城은 함락하였으나 功은 이루지 못하였고, 龍膊에서의 전투는 공은 이루었으나 사

상자가 또한 많았습니다.”

이에 〈내가〉 견고한 적을 공격하는 어려움과 죽은 이들의 가엾음을 탄식하였다.

三年正月에 彭毓橘黃潤昌等이 乃克鍾山高壘하니 賊所署爲天保城者也라 每破一壘에 將士須臾隕命이 率常數百人이니 回首有餘慟焉이라 其穿地道以圖大城者는 凡南門一穴이요 朝陽至鍾阜門三十六穴이니 篝火而入이라가 地崖崩而窟塞이면 則縱橫聚葬於其中이라 賊或穿隧以迎我하여 薰以毒煙하고 灌以沸湯하면 則趫者倖脫이로되 而慤者就殲이라 最後神策門之役은 城陷矣而功不成이요 龍膊之役은 功成矣而死傷亦多라하여늘 於是에 歎攻堅之難而逝者之可憫也라

彭毓橘의 말은 다음과 같았다.

“우리 군이 雨花臺[3]에 이르렀는데, 얼마 지나지 않아 전염병이 크게 돌아 형이 병에 걸리면 아우가 감염되어 아침에 웃다가 저녁에 쓰러져서, 10개의 군막 중에 5개는 늘 밥을 짓지는 못하였습니다. 한 사람이 갑자기 죽으면 몇 사람이 시신을 운송하여 장례하였는데, 돌아올 때쯤에는 반은 길에서 죽어 있었습니다.

가까운 縣에 있는 약들이 이미 동났기에, 이에 큰 배들이 돛대를 이어가면서 安徽省〔皖〕, 湖北省〔鄂〕 일대에서 약을 구하였습니다. 이때를 당하여 의원들이 몹시 많이 모여있었는데, 僞王 李秀成[4] 등이 대거 이르러 적군의 구원병이 30만이었으니, 우리 군영을 포위한 것이 여러 겹이었습니다.

우리 군은 병을 무릅쓰고 이를 막아서 하룻밤에 작은 보루를 무수히 쌓고 군량을 나르는 길을 막아서 여기에 강물을 주입하였습니다. 그러자 적은 더욱 번갈아 쉬면서 번갈아 나아와서 개미 떼처럼 모여들어 둘러싸고서 공격하고 상자를 포개어 흙을 담아서 방패로 삼았습니다. 서양의 開花礮를 끼고서 공중에서 아래로 포격하니, 포단이 떨어지면 돌이 갈라지고 철이 날았습니다. 地道를 많이 파서 누차 영루를 함락하니, 무릇 힘써 지킨 것이 45일이었습니다. 초겨울에 이르러 포위가 풀렸는데, 군사 중 사망한 이가 거의 5천 명이었습니다.

다행히도 천운이 있어 九帥가 홀로 병을 면하여, 눈을 붙이지 못한 것이 한 달여

3) 雨花臺 : 江蘇省 南京 中華門에서 1㎞ 떨어진 곳에 있다.

4) 僞王 李秀成 : 1823~1864. 태평천국운동의 지도자로, 洪秀全이 군사를 일으켰을 때 병졸에 불과했으나 공을 세워 나중에 忠王에 봉하여졌다. 上海를 공략하고, 蘇州를 점령하는 등 활약을 하다가 南京 함락 때에 붙잡혀 처형되었다.

였는데도 부지런하게 애쓰는 것이 예전 그대로였습니다. 비록 창이 뺨을 베어 피가 겹겹의 옷을 적셨으나 그래도 상처를 동여매고 군영을 순행하여, 이로 인해 위태로운 상황을 바꾸어 편안하게 만들었습니다. 靖毅公은 병이 난 후에 과로하여 끝내 일어나지 못하였습니다."

九帥는 군중에서 예전에 國荃을 부르던 호칭이고, 靖毅라 한 것은 나의 막내아우인 貞幹의 시호이다.

**毓橘之言曰 我軍薄雨花臺러니 未幾에 疾疫大行하여 兄病而弟染하여 朝笑而夕僵하여 十幕而五不常爨이라 一夫暴斃에 數人送葬이어늘 比其反에 而半殞於途라 近縣之藥旣罄이라 乃巨艦連檣하여 徵藥於皖鄂諸省하니 當是時也하여 群醫旁午어늘 而僞王李秀成等大至에 援賊三十萬이니 圍我營者數重이라 我軍力疾禦之하여 一夕築小壘無數하고 障糧道하여 以屬之江하니 賊益番休迭進하여 蠱傳環攻하고 累箱實土하여 以作櫓楯이라 挾西洋開花礮하여 自空下擊하니 子落則石裂鐵飛라 多掘地道하여 屢陷營壁하니 凡苦守四十五日이라 至冬初而圍解어늘 軍士物故가 殆五千人이러라 會有天幸하여 九帥獨免於病하여 目不交睫者月餘에도 而勤劬如故라 雖槍傷輔頰하여 血漬重襟이로되 猶能裹創巡營하여 用是轉危而爲安이라 靖毅公則病後過勞하여 竟以不起라하니 九帥者는 軍中舊呼國荃之稱이요 靖毅者는 吾季弟貞幹諡也라**

劉連捷의 말은 다음과 같았다.

"李酋(李秀成)가 포위를 풀고 떠난 후에 무리를 거느리고 강을 건너가 연이어 江浦·和州·含山·巢縣을 함락하니, 이는 모두 우리 군이 막 취하였던 성인데 얻었다가 다시 잃은 것이었습니다. 九帥가 이에 병사를 나누어 西梁山을 지키고, 連捷과 彭毓橘 무리를 보내어 江北을 구원하게 하였습니다. 石澗埠의 포위를 풀고 나서 漕運인 銅城閘의 적을 격파하여 마침내 수군과 함께 연이어 네 성을 수복하여 강북이 크게 안정되니, 劇賊이 더욱 쇠하였습니다. 그러나 우리 무리 중 죽은 이도 이루 다 헤아릴 수가 없었습니다."

**連捷之言曰 李酋解圍去後에 率衆渡江하여 連陷江浦和州含山巢縣하니 皆我軍新取之城이어늘 得而復失이라 九帥乃分兵守西梁山하고 遣連捷與彭毓橘輩救援江北하니 旣解石澗埠之圍하고 破運漕銅城閘之賊하여 遂偕水師連收四城하여 江北大定하니 劇賊益衰라 然이나 我衆死者亦不可勝數也라하다**

朱南桂의 말은 다음과 같았다.

"한창 金陵의 관군이 포위되었을 때 동시에 鮑超의 군대도 寧國[5)]에서 포위되고 水師도 金柱關에서 포위되었으니, 금주관은 水陽江과 여러 호수의 발원지로, 蕪湖[6)]의 방어막입니다. 九帥가 이에 병사를 나누어 東梁山을 지키고, 南桂와 朱洪章, 羅洪元 등을 보내어 힘써 이 금주관을 막아 지켜서 河水를 끼고서 함께 오르내리며 강물의 흐름을 가로질러 공격하여 卯時에 전쟁하여 酉時에도 쉬지 못하였습니다. 수군이 승리함에 육군이 혹 꺾여서 하룻밤에도 수차례 일어나고 한 번 밥을 먹는 중에도 누차 식사를 중단하고 〈일어나 싸워야〉 했습니다. 이렇게 한 지 모두 7개월 만에 전쟁이 조금 안정되었습니다. 백리 안팎에 백골이 서로 이어져서 때로 백성들이 제사를 지내며 밤에 우는 소리가 들려오니, 천하의 지극히 참혹한 광경이었습니다."

南桂之言曰 方金陵官軍圍困之際에 同時鮑超之軍이 亦困於寧國하며 水師亦困於金柱關하니 金柱關者는 水陽江及群湖所自出이니 蕪湖之藩衛也라 九帥乃分兵守東梁山하고 而遣南桂與朱洪章羅洪元輩하여 力扼此關하여 夾河而與之上下하여 亂流而相攻하여 卯而戰하여 酉而不休라 水營捷에 陸營或挫하여 一夕數起하고 一餐屢輟이라 凡七閱月而事稍定하니 百里內外에 白骨相望하여 時聞私祭夜泣之聲하니 天下之至慘也라하다

이에 國荃이 여러 장수와 나란히 나아와 말하였다.

"이 軍이 安慶을 경영하면서 강을 따라 여러 城을 토벌할 때에는 죽는 이가 그래도 적었는데, 유독 金陵에 이르러서는 공격하다가 죽고 지키다가 죽고 전염병에 죽고 북으로 巢縣과 和州를 구원하고 남으로 蕪湖을 구원하다가 죽어서, 태평을 이에 도모하였지만 마치지 못하였습니다. 지금 살아남은 이는 다행히도 國恩을 입어 봉해지고 상을 받아 官秩이 올랐으나, 죽은 이는 무궁한 한을 안고 있습니다. 雞鳴山 아래에 적이 만든 府 제1區가 있으니, 만약 아뢰어 昭忠祠를 지어서 춘추로 제사를 올린다면 그나마 충성스러운 혼을 위로하고 우리의 슬픔을 막을 수 있을 것입니다."

---

5) 寧國 : 安徽省 남동부의 도시이다.
6) 蕪湖 : 安徽省 동부에 있는 도시로, 揚子江 연안에 있다.

於是에 國荃與諸將竝進稱曰 此軍經營安慶하여 翦伐沿江諸城할새 凋喪尙少러니 獨至金陵하여는 而死於攻하며 死於守하며 死於疾疫하며 死於北援巢和南援蕪湖하여 太平乃籌計而不能終이라 今存者는 幸荷國恩하여 封賞進秩이로되 而歿者抱憾無窮이라 雞鳴山下에 有賊造府第一區하니 若奏建昭忠祠하여 春秋致祭하면 庶以慰忠魂而塞吾悲耳라하다

내가 상소문을 갖추어서 상달하니, 詔命을 내려 可하다 하였다. 黃君 潤昌이 그 일을 감독하여 문서가 있어 살필 수 있는 이들을 취하여 神主 11,630여 개를 만들고, 문서가 없는 경우는 우선 빼두었다. 〈그런데〉 겨우 3년이 지나자 기둥과 마룻대가 굽고 담과 祠宇는 기울고 무너져버렸기에, 同治 6년(1867)에 省 중의 관료들이 모여 의논하여 이를 넓히고 새롭게 하니, 터와 문이 견고하고 祭器가 엄숙하였다. 내가 이에 諸君에게 들은 내용을 뒤미처 서술하고 詩로써 이어서 樂歌에 대비한다.

國藩具疏上聞하니 制曰可라하다 黃君潤昌爰董其事하여 取有冊可稽者하여 造神主一萬一千六百三十有奇하고 無冊者姑闕焉이라 甫歷三載에 楹棟枉橈하고 牆宇攲陊라 同治六年에 省中僚友가 集議廓而新之하니 基扃固護하고 籩豆有嚴이라 國藩乃追敘所聞於諸君者하고 而系以詩章하여 用備樂歌하노라

詩는 다음과 같다.
사람은 신분이 높든 낮든 요절하든 장수하든 어질든 어리석든
끝내 죽음으로 돌아가니, 만고의 같은 길이네
죽더라도 마땅히 죽어야 할 곳에 죽으면 몸은 죽었으나 혼은 기쁜 법이네
六朝의 옛 수도(金陵)에 역적이 도읍을 세웠거늘
이들을 정벌한 지 10년 동안 하늘의 誅罰을 완수하지 못했으니
아, 우리 湘人이 날래고 용맹한 군사로 동쪽을 토벌하였네
祕策이 있는 것도 뛰어난 용병이 있는 것도 아니요 忠義가 바로 보물이었으니
아래로 동포에게 맹세하고 위로 하늘에 맹세하였네
하늘은 아득하여 일을 이루기가 실로 어려우니
우리에게 백 가지 순조로움을 내려주고 천 가지 어려움을 겪게 하였네

미친 적군이 침입하여 사람을 띠풀처럼 베어내는데
역병마저 겹쳐서 뼈가 산처럼 쌓였었네
위대하여라 많은 군사들이여. 험난할 때에도 한결같이 절개를 지켜
만 번 죽을 지경에도 다른 마음 먹지 않아, 굳센 마음은 쇠도 구부릴 정도였네
저들의 교묘한 속임수를 거울 삼아서 우리의 곧음과 우직함을 지켰으니
흘러내린 피가 스며든 곳에 땅이 길이 뜨거웠네
끝내 이름난 城을 수복하여 역적과 僞王을 잡아들이니
죽은 이들에게 은총을 내려 천년토록 향기롭네
새로운 사당 크고 빛나며 제기는 성대하니
천자가 내리신 바요, 열사의 광영이로다

**詩曰 人無貴賤**과 **夭壽賢愚**히 **終歸於死**하니 **萬古同塗**라 **死而得所**하면 **身歿魂愉**라 **六朝舊京**이 **逆豎所都**어늘 **濯征十載**에 **莫竟天誅**라 **嗟我湘人**이 **銳師東討**라 **非祕非奇**요 **忠義是寶**니 **下誓同袍**하고 **上盟有昊**라 **昊天藐藐**하여 **成務實難**하니 **祚我百順**하고 **阨我千艱**이라 **狂寇所噬**에 **刈人如菅**(간)이어늘 **沴厲乘之**하여 **積骴若山**이라 **偉哉多士**여 **夷險一節**하여 **萬死靡他**하니 **心堅屈鐵**이라 **鑒彼巧偷**하여 **守兹貞拙**하니 **縷血所藏**에 **后土長熱**이라 **卒收名城**하여 **獲醜擒王**하니 **寵賁冥漠**하여 **千禩**(사)[7] **馨香**이라 **新廟孔赫**하고 **彝斝將將**하니 **天子之錫**이요 **烈士之光**이로다

7) 禩(사) : '祀'의 이체자이며, 여기서는 '해, 년'의 뜻이다.

# 39. 湘鄕의 昭忠祠에 대한 記　湘鄕昭忠祠記*

*증국번이 太平天國 군대를 공격하고자 자신의 고향인 湘鄕의 민간 군대 조직이었던 團練을 정부로부터 지원받게 하고 이들을 湘勇이라 하였다. 이들이 몇 년간 큰 공적을 세우면서 그만큼 전사한 이들이 많았기에, 이를 기리고자 咸豐 8년(1858)에 증국번이 건의하여 상향의 昭忠祠를 세웠다. 이 글은 그로부터 몇 년 뒤에 그 내력을 적은 記이다.

咸豐 2년(1852) 10월에 粵賊[1)]이 湖南의 省城[2)]을 포위하고 공격하였는데, 경계가 풀리자 巡撫 張公 亮基가 격문을 돌려 湘鄕의 團練[3)] 장정 천 명을 징집하여, 長沙에 이르러 방어를 갖추었다. 羅忠節公 澤南과 王壯武公 鑫 등이 諸生으로서 천 명을 이끌고서 갔다.

당시 나는 어머니의 喪으로 고향에 돌아가 있다가, 명을 받들고서 장사에서 단련을 다스렸다. 인하여 上奏하기를, "단련이 향리를 보위하는 것은 응당 본 단련에서 돈을 추렴하여 양성하는 것을 말미암기에 관에서 식량을 주지 않으니, 급할 때 끝내 믿을 수가 없습니다. 단련 장정을 모집하여 官勇[4)]으로 삼아 지급할 식량을 公家에서 얻는 것이 낫습니다. 지금 동원된 천 명을 대략 戚元敬[5)] 씨가 만든 법을

1) 粵賊 : 粵은 廣東省으로, 粵賊은 태평천국군을 뜻한다. 태평천국의 창시자 洪秀全이 광동성 출신이다.

2) 省城 : 省의 행정 중심, 정부 기관이 들어서 있는 도시로, 省會라고도 불린다.

3) 團練 : 중국의 民兵 조직으로, 唐나라 때에 상비군의 보조로서 조직한 민병을 團結 또는 團練이라고 한 데서 비롯되었다. 淸나라 말기에 관병의 군사적 기능이 약해지자 향촌의 치안을 유지하고자 토호와 지주들이 단련을 운영하였다가, 18세기 중엽 이후 유력한 지주나 지방관의 통솔하에 장정을 징집 훈련하고 양식을 스스로 부담하여 지방 방비에 임하였다. 이후 태평천국의 난을 진압할 때 대대적으로 활용되어, 관부에서 양식과 무기를 공급하며 향촌의 경역을 떠나서 다른 지역으로까지 출정시키기도 하였다. 증국번의 湘軍도 湖南省의 단련을 개편한 것이다.

4) 官勇 : 官府의 士兵을 말한다.

5) 戚元敬 : 明나라 武將 戚繼光(1528~1588)으로, 元敬은 그의 자이며, 호는 南塘·孟諸이고, 시호는 武毅이다. 왜구와 몽골 타타르족의 침략에 큰 공을 세웠고, 군대를 재편하고 조련하여 국방을 강화하였으며, 병법에 대한 저서인 ≪紀效新書≫를 남겼다. 그중 〈束伍篇〉에서는 隊伍

따라서 束伍로 군을 편성하고 기예를 연마하여 불시에 방어할 대비를 하기를 청합니다." 하였다. 이를 말미암아 우리 邑의 단련 병사들을 湘勇이라 불렀다.

咸豐二年(八)〔十〕[6]月에 粤賊圍攻湖南省城하니 旣解嚴에 巡撫張公亮基가 檄調湘鄉團丁千人하여 至長沙備防守라 羅忠節公澤南王壯武公鑫(흠)等이 以諸生率千人者以往이라 維時國藩方以母憂歸里라가 奉命治團練於長沙라 因奏言 團練保衛鄉里는 法當由本團醵金養之라 不食於官하니 緩急終不可恃라 不若募團丁爲官勇하여 糧餉取諸公家니 請就見調之千人하여 略仿戚元敬氏成法하여 束伍練技하여 以備不時之衛라하다 由是로 吾邑團卒을 號曰湘勇이라

3년 봄에 衡山에서 土寇를 평정하고 桂東에서 역당을 격파하였다. 그해 여름에 粤賊이 江西의 省城을 포위하였는데, 내가 湘勇 2천 명, 楚勇 천 명을 모집하였다. 羅忠節公 등이 이들을 거느리고 동쪽으로 구원하러 갔는데, 처음 전투에서는 패하여 營官 謝邦翰과 易良幹 등이 殉難하였다. 湘勇이 경역을 넘어 적을 토벌하고 장군들이 힘써 싸우다가 목숨을 잃는 것이 실로 이로부터 시작되었다. 내가 이를 듣고서 애도하여 의논하여 忠義祠를 縣城에 세워서 南昌의 전란에 참여하였던 湘人을 제사하였다.

三年春에 平土寇於衡山하고 破逆黨於桂東이라 其夏에 粤賊圍江西省城이어늘 國藩募湘勇二千楚勇千人이라 羅(公)忠節〔公〕[7]輩率之東援이어늘 初戰失利하여 營官謝邦翰易良幹等殉難이라 湘勇之越境剿賊과 將領之力戰捐軀가 實始於此라 余聞而悼之하여 議立忠義祠於縣城하여 祀湘人與於南昌之難者라

그해 겨울에 나는 명을 받들어 舟師를 계획하여 준비하고, 이에 湘勇 수군과 육군 만 명을 모집하여, 이듬해 이들을 이끌고서 동쪽을 토벌하였으니, 岳州에서의 전투에서 육군이 패배하였다. 비록 곧이어 湘潭에서의 전승이 있었으나 湘軍은 중간에 함락되었다. 이윽고 군대를 정비하여 다시 출정함에, 羅公과 李忠武公 續賓이 상용을 이끌고서 따랐다. 이에 악주에서 크게 승리하고 武漢을 수복하고 蘄黃을 패

를 편성할 때 營, 哨, 旗, 隊의 차례로 선발하도록 하였다.

6) (八)〔十〕: 저본에는 '八'로 되어 있으나, ≪曾文正公文集≫에 의거하여 '十'으로 바로잡았다.

7) 羅(公)忠節〔公〕: 저본에는 '羅公忠節'로 되어 있으나, ≪曾文正公文集≫에 의거하여 '羅忠節公'으로 바로잡았다.

배시키고 田家鎭을 격파하여 江西·弋陽·信州·寧州를 수복하였고, 또 그사이에 강을 따라 鄂으로 돌아가서 枝縣을 소탕하고 재차 武昌의 省會를 수복하였다.

咸豐 5, 6년 사이에 羅公·李公의 상용의 명성이 천하에 진동함에, 王壯武公과 劉武烈公 騰鴻, 蕭壯果公 啓江 및 巡撫 蔣公 益澧이 모두 상용을 이끌고서 湖北省·江西省·廣西省·廣東省 등에 출정하여 전투하여 가는 곳마다 명성이 났다. 그러나 羅公·王公·劉公은 결국 함풍 6, 7년 사이에 앞뒤로 세상을 떴고, 장졸 중에 전쟁에서 죽은 이는 더욱더 많았다.

앞서 건의하여 세운 忠義祠는 규모와 제도가 협소하여 제사를 정중하게 지내기에 부족하였다. 함풍 8년 가을에 내가 이에 李公과 상소문을 갖추어 상주하여, 湘鄕에 昭忠祠를 세워 有司에게 춘추로 제사를 올리게 하도록 청하자, 천자께서 허락하셨으니, 우리 읍의 군사들이 사후에 남은 영광이 있게 되었다.

**其冬**에 **余奉命籌備舟師**하고 **乃募湘勇水陸萬人**하여 **明年率之東討**하니 **岳州之役**에 **陸兵敗挫**라 **雖旋有湘潭之捷**이나 **而湘士中熸**이라 **旣而整軍再出**에 **羅公曁李忠武公續賓**이 **率湘勇以從**이라 **於是**에 **大雋**(준)**於岳州**하고 **克武漢**하고 **下蘄黃**하고 **破田家鎭**하여 **復江西弋陽信州寧州**하고 **又以其間由江還鄂**하여 **掃蕩枝縣**하고 **再克武昌省會**라 **咸豐五六年間**에 **羅李湘勇之名震天下**에 **而王壯武公與劉武烈公騰鴻蕭壯果公啓江曁巡撫蔣公益澧**이 **皆提湘勇**하여 **征戰湖北江西廣西廣東等省**하여 **所在有聲**이라 **然**이나 **羅公王公劉公**이 **遂以六七年間**으로 **先後徂謝**요 **而將士傷亡者滋益多**라 **前所議建之忠義祠**는 **規制隘庳**하여 **不足以嚴典祀**라 **咸豐八年秋**에 **國藩乃與李公具疏會奏**하여 **請立昭忠祠於湘鄕**하여 **令有司春秋致祭**하니 **天子許之**하니 **吾邑軍士**가 **歿有餘榮已**라

얼마 지나지 않아 舒城·三河의 난이 일어나 李公이 순절하였고, 휘하의 죽은 이가 거의 6천 명이었다. 내가 사사로이 걱정하면서 湘軍의 사기가 다시 진작되지 못할지도 모른다고 여겼는데, 그 후 李公의 아우 勇毅公 續宜가 거듭 군대를 취합하여 皖北으로 옮겨가 싸우고, 張忠毅公 運蘭과 總戎 唐義訓 등의 군사가 皖南으로 옮겨가 싸우니, 나의 아우 國荃이 마침내 상군을 거느리고서 安慶과 金陵 두 省을 공격하여 수복하였다.

蔣公과 楊公 昌濬도 湘人을 써서 浙江을 평정하고 福建을 정벌하였으며 張忠毅公도 閩에서 戰沒하니, 동남쪽의 여러 省에 湘軍의 旌旗가 없는 곳이 없었으므로,

中外가 모두 이를 감탄하며 놀랍게 여겼다.

그 서북쪽의 여러 道에서는 提督 劉君 松山이 河南과 山東·直隸에서 捻匪[8)]를 쫓아서 陝西와 甘肅에서 역적을 정벌하고 돌아오자 按察使 陳君 湜이 山西를 방어하였으며, 서남쪽의 여러 도에서는 蕭壯果公이 군사를 거느리고 蜀에 들어가자 巡撫 劉公 蓉이 누차 촉의 적들을 평정하였고, 總督 劉公 嶽昭와 여러 상군이 또 촉에서부터 남쪽으로는 黔에 진입하고 서쪽으로는 滇에 진입하였다.

**未幾而舒城三河之難作**하여 **李公殉節**하고 **部下死者殆六千人**이라 **國藩私憂以謂湘中士氣恐不復振**이러니 **其後李公之弟勇毅公續宜**가 **重輯部曲**하여 **轉戰皖北**하고 **張忠毅公運蘭及唐總戎義訓輩之師**가 **轉戰皖南**하니 **而吾弟國荃**이 **遂以湘士**로 **克復安慶金陵兩省**이라 **蔣公暨楊公昌濬**도 **亦用湘人平浙江**하고 **伐福建**하며 **張忠毅公亦戰歿於閩**하니 **東南數省**에 **莫不有湘軍之旌旗**라 **中外皆歎異焉**이라 **其西北諸道**는 **則提督劉君松山**이 **追逐捻匪於河南山東直隸**하여 **征叛回於陝西甘肅**하니 **而按察使陳君湜防守山西**하고 **其西南諸道**는 **則蕭壯果公率師入蜀**할새 **而巡撫劉公蓉屢平蜀寇**하고 **總督劉公嶽昭暨諸湘軍**이 **又自蜀而南入黔**하며 **西入滇**이라

한 縣(湘鄕)의 사람들이 18개의 行省을 두루 다니면서 정벌한 것은 근래에 없던 일이다. 종군하여 遠征을 가서 골육과 떨어져 혹은 고전하다가 목숨을 바치고 혹은 뜻밖에 목숨을 잃어, 남은 시신이 황량한 언덕에 버려져 있고 부고가 더뎌서 〈사망한 사실을〉 알 수가 없었다. 노모와 과부가 멀리 바라보며 제사를 지내며 밤중에 곡을 하니, 인간 세상의 지극한 비통함을 다한 것이라 할 만하였다.

그러나 앞선 이가 패망함에 뒤선 이가 이어서 가서 백 번 죽을 위기를 겪으면서도 곤액을 사양하지 않아서, 알아주는 이가 없더라도 후회하지 않은 것은 어째서인가. 아마도 모두 갑자기 생긴 사변에 쫓겨서 전장의 風塵을 쫓아가서 돌아오지 않은 것이리라. 또한 이보다 앞서 의리를 위하여 죽은 몇 군자들이 창도하여 충성으로 감동케 함에 기세가 고동하여 스스로 그만둘 수 없었기 때문이리라.

**一縣之人**이 **征伐徧於十八行省**은 **近古未嘗有也**라 **當其負羽遠征**하여 **乖離骨肉**하여 **或苦戰而授命**하고 **或邂逅而戕生**하여 **殘骸暴於荒原**하며 **凶問遲而不審**이라 **老母寡婦**가 **望祭宵哭**하니 **可謂極人世之至悲**라 **然而前者覆亡**에 **後者繼往**하여 **蹈百死而不辭困阨**하여 **無所遇而不悔者**는 **何**

8) 捻匪 : 淸나라 嘉慶 연간(1852~1868)에 山東省, 江蘇省, 安徽省 등에서 난을 일으킨 난민으로, 捻軍을 가리킨다.

哉오 豈皆迫於生事하여 逐風塵而不返與아 亦由前此死義數君子者爲之倡하여 忠誠所感에 氣機鼓動而不能自已也아

군자의 道는 충성으로 천하를 唱導하는 것보다 위대한 것이 없다. 세상이 어지러울 때 상하의 사람들이 예법이나 등급을 무시하는 욕심을 마구 부려서 간사함과 거짓으로 서로 병탄하며 교묘함과 속임수로 서로 다투어 스스로 그 편안함을 도모하여 남에게 지극한 위태로움을 주고, 난을 두려워하고 해를 피하여 아주 작은 힘도 바쳐서 천하를 구하려고 하는 법이 없다.

충성스러운 이를 얻어서 일어나 바로잡아 자신의 사욕을 이기고 남을 사랑하며 거짓을 물리치고 졸렬함을 높이 여겨 몸소 온갖 간난을 겪으면서도 남에게 환난을 함께하기를 요구하지 않아 호연히 생을 버리기를 멀리 타향에 가 있던 사람이 고향으로 돌아오는 것과 같이 여겨 두려워하는 바가 없는 것처럼 하였다. 이를 말미암아 사람들이 그 행위를 본받아서 또한 모두 구차히 사는 것을 부끄러워하며 일을 피하는 것을 수치로 여겼다.

아아, 우리 고을의 여러 군자가 동류를 고무하여 九州를 다니면서 큰 난을 평정한 것이 졸렬함과 충성의 효과가 아니겠는가. 또 어찌 일이 시작될 때 미처 헤아렸던 바이겠는가. 지금 海內가 대충 안정되고 昭忠祠가 낙성된 지 몇 년이 지났는데도 邑中의 壯士로서 전장에서 목숨을 마치는 자가 아직도 적지 않다. 능히 늘 이 졸렬함과 충성을 지닌 자가 나아가서는 세상을 구제하고 들어가서는 마을에서 본보기가 된다면 인재들이 흥하는 것을 이루 헤아릴 수 없을 것이니, 어찌 단지 무예와 절개로써 천하에 환히 빛날 뿐이겠는가.

君子之道는 莫大乎以忠誠爲天下倡이라 世之亂也에 上下縱於亡(무)等之欲하여 姦僞相呑하며 變詐相角하여 自圖其安하여 而予人以至危하고 畏難避害하여 曾不肯捐絲粟之力하여 以拯天下라 得忠誠者起而矯之하여 克己而愛人하며 去僞而崇拙하여 躬履諸艱하여 而不責人以同患하여 浩然捐生을 如遠游之還鄕하여 而無所顧悸라 由是로 衆人效其所爲하여 亦皆以苟活爲羞하며 以避事爲恥라 嗚呼라 吾鄕數君子所以鼓舞群倫하여 歷九州而戡大亂이 非拙且誠者之效與아 亦豈始事時所及料哉리오 今海宇驫安하고 昭忠祠落成有年이어늘 而邑中壯士效命疆場者가 尙不乏人하니 能常葆此拙且誠者가 出而濟世하고 入而表里하면 群材之興也를 不可量矣니 又豈僅以武節彪炳寰區也乎아

# 40. 金陵 楚軍의 水軍을 제향한 昭忠祠에 대한 記

## 金陵楚軍水師昭忠祠〔記〕*[1]

* 太平天國의 亂에 湖口縣에서 殉國한 水軍을 祭享하기 위하여 세운 祠堂인 昭忠祠(지금의 忠烈祠)에 대한 記文이다. 咸豐 9년(1859)으로부터 몇 년 동안의 전투에 대해 기록하여 참상을 묘사하였다. 전투가 끝난 지 5년이 지나 태평해졌지만 그때의 참혹함을 잊지 않고서 방비할 것을 경계하면서, 특히 병법만큼은 성공한 자취에 구애되지 않고 때에 맞게 대응하는 것이 중요함을 강조하였다.

咸豐 9년(1859)에 지금 侍郎인 彭玉麟[2] 공이 湖口[3]에 水師를 제향하는 昭忠祠를 세워 비석에 새겨 전투한 일을 서술하고 나서 또 나에게 記를 지어주기를 부탁하였다.

당시에 호구 이하 長江 천 리가 모두 적의 땅이었다. 그 이듬해에 金陵의 관군이 대패하여 江蘇・浙江이 함락되었다. 내가 명을 받들어 兩江總督이 되어, 의논하여 淮揚 수사 한 군을 만들어 黃翼升 군이 통솔하게 하고, 또 2년 뒤에 의논하여 太湖水師 한 軍을 만들어 李朝斌 군이 통솔하게 하였다. 그 후 두 군이 모두 강과 바다를 따라가서 蘇州・松州・常州의 여러 하천에 이르러서 위로 吳・楚[4]가 만나는 지점까지 올라가니, 오직 彭公과 總督 楊岳斌[5] 공의 군사가 예전처럼 벌여 있었다.

**咸豐九年**에 **今侍郎彭公玉麟**이 **建水師昭忠祠於湖口**하여 **既刻石敘述戰事**하고 **又屬**(촉)**余**

---

1) 〔記〕: 저본에는 '記'가 없으나, ≪曾文正公詩文集≫에 의거하여 보충하였다.

2) 彭玉麟 : 1816~1890. 清나라 말기의 大臣이다. 湖南 衡陽 사람이며, 호는 退省齋主人, 자는 雪琴이다. 태평천국의 난 때 증국번에게 투신하여 湘軍 水軍을 통솔하였다. 벼슬이 兵部尚書, 太子少保 등에 이르렀다. 諡號는 剛直이다.

3) 湖口 : 江西省 九江郡에 소재한 縣이다.

4) 吳・楚 : 양자강 중하류 일대이다. 吳는 江蘇省 남부와 浙江省 북부, 楚는 湖南省과 湖北省을 칭한다.

5) 楊岳斌 : 1822~1890. 清나라 말의 名將이다. 湖南 善化 사람으로, 原名은 載福이고, 자는 厚菴이다. 咸豐 3년(1853) 증국번과 湘軍 水師를 창설하여 右營의 營官이 된 이래 福建水師提督, 陝甘總督 등을 역임하며 太平軍을 진압하는 데 많은 공을 세웠다.

爲之記라 維時에 湖口以下長江千里가 皆賊地也라 其明年에 金陵官軍潰敗하여 蘇浙淪陷이라 國藩奉命總制兩江에 乃議設淮揚水師一軍하여 以黃君翼升統之하고 又二年에 議設太湖水師一軍하여 以李君朝斌統之라 厥後兩君者가 皆沿江遵海하여 以達於蘇松常州諸內河하여 而上游吳楚之交하니 惟彭公與總督楊公岳斌之師가 羅列如故라

咸豐 11년(1861)에 安慶을 수복하고, 同治 원년(1862)에 蕪湖 金柱關과 東梁山・西梁山을 함락시키고, 2년에 九洑洲를 함락시키고, 3년에 마침내 金陵을 함락시켜서 蘇州의 省會와 소속된 郡縣을 차례대로 소탕하였으니, 水師가 이에 있어 모두 공로가 있었다.

내가 국사에 죽은 이가 많음을 가엾게 여겨, 이에 또 上奏하여 금릉에 昭忠祠를 세워 將士의 영령을 편안하게 하였다. 湖口 이하의 적 중에 다시는 우리와 물에서 각축할 大隊・礮船(砲船)이 없게 되었다. 그러나 우리 무리 중에 적과 마주하여 목숨을 바친 이가 왕왕 끊이지 않았다.

咸豐十一年에 克復安慶하고 同治元年에 下蕪湖金柱關及東西梁山하고 二年에 克九洑洲하고 三年에 遂克金陵하여 而蘇州省會及所屬郡縣을 以次廓淸하니 水師皆有力焉이라 余憫死事者之多라 於是에 又奏建昭忠祠於金陵하여 以妥將士之靈이라 蓋自湖口而下로 賊中無復大隊礮船與我角逐水上이라 然이나 我衆臨敵授命者가 往往不絶이라

높은 성과 큰 진에 천 개의 쇠뇌가 매복하여 겨누는데, 陸軍이 진격하여 공격하고 水軍이 이에 화응하니, 한 城堞을 채 오르기도 전에 시신이 산처럼 쌓였다. 혹 연일 둘러싸 공격하였으나 끝내 함락하지 못하기도 하고, 혹 부상병이 눈에 가득한데 겨우 성채 하나를 수복하기도 하였다. 심지어 예컨대 九洑洲의 전투에서는 공격한 3, 4일 동안에 쓰러진 이가 2천 명이었다. 조정에서는 개선가를 부르고 민가에서는 눈물을 삼켰다.

또 혹은 지류와 小港에서 요해처를 지킬 때 적이 短兵과 총탄으로 우리 수군에게 들이닥쳐 앞에 있는 이가 누차 엎어지는데 뒤에 있는 이가 견고하게 막아서 끝내 한 자, 한 치도 옮겨가지 못하게 하였다. 또 혹은 창졸간에 구원하러 가서 內海에 출병하였으니, 예컨대 福山의 전투에서는 小船이 바다의 파도와 폭풍 속에 전복되어 삽시간에 침몰한 것이 수백으로 헤아려졌다.

이는 모두 눈과 귀에 분명하게 드러난 것이지만, 그 나머지 창졸간에 목숨을 바쳐서 해를 입어 구제하지 못한 이를 이루 다 헤아릴 수가 없다.

若乃高城巨壘에 千礮狙伏이어늘 陸軍進攻하고 水師和之하니 一堞未攀에 駢屍山積이라 或連朝環擊이로되 卒不能下하고 或創殘滿目이로되 僅收一柵이라 甚者如九洑洲之役은 攻剿三四日에 凋耗二千人이라 唱凱於公庭하고 飮泣於私舍라 又或支河小港에 扼守要隘할새 賊以短兵槍彈으로 迫我舟師하여 前者屢僵에 後者堅拒하여 終不得少移尺寸하고 又或倉卒赴援하여 內洋行師하니 如福山之役은 輕舟顚簸於海濤颶風之中하여 須臾沈溺이 以數百計라 此皆耳目昭著어니와 其餘邂逅捐軀하여 夷傷而不振者를 不可勝數也라

지금 東南 지방이 크게 안정된 것이 이미 5년이 넘었다. 長江에는 따로 정규 軍制를 세웠으니, 水師는 新舊의 장졸들이 교체됨에 느긋하게 일이 없어 수년 전의 전쟁의 자취를 묻고자 하더라도 이미 그 정상을 말할 수 있는 이가 드물다. 그러니 하물며 다시 십년 전으로 거슬러 올라가서 楊公(楊岳斌)이 강가를 종횡으로 다니면서 칼끝과 살촉이 오가는 전쟁터를 출입하여 한창 기세를 부리던 적을 꺾은 일과, 彭公(彭玉麟)이 짚신을 신고 도보로 다니면서 江西의 위급함에 나아간 일을 또 누가 방불하게 말할 수 있겠는가.

안락할 때 다시는 위태롭고 고된 말을 듣고자 하지 않는 것은 人情이 대저 그러한 것이리라. 군자의 마음은 잠시도 감히 艱難辛苦한 지경을 잊지 않으며, 더구나 감히 익숙한 바에 젖어들어 스스로 걱정이 없다고 하지 않는다. 禮俗과 政敎는 나라에 常典이 있는데도 옛 현인들은 시대를 따라 알맞게 변혁하여 그대로 인습하지 않았다. 하물며 用兵의 도는 지형과 적의 형세를 따라서 변하는 것이니, 어찌 고집할 만한 법과 없어지지 않을 제도가 있겠는가.

今東南大定이 已逾五年이라 長江別立經制하니 水師는 將士新故更代에 優游無事하여 欲問數年前戰爭之迹이나 已罕能言其狀者어든 況更(갱)溯十載以前하여 若楊公之縱橫江上하여 出入鋒鏑하여 以摧方張之寇와 彭公之芒鞵徒步하여 以赴江西之急을 又孰能道其彷彿이리오 安樂之時에 不復好聞危苦之言은 人情大抵然與인저 君子之存心也는 不敢造次忘艱苦之境이요 尤不敢狃於所習하여 自謂無虞라 禮俗政敎는 邦有常典이로되 前賢猶因時適變하여 不相沿襲이온 況乎用兵之道는 隨地形賊勢而變焉者也니 豈有可泥之法不敝之制리오

지금의 水師는 粤賊의 형세를 말미암아 일시의 법을 세워서 다행히도 성공에 이르렀을 따름이다. 훗날 때가 변하고 형세가 달라져서 적의 변란이 혹 일어났는데, 만약 반드시 예전의 일만 고집하여 월적을 평정할 수 있었으니 이 방법으로 천하의 무궁한 변란을 다 평정할 수 있다고 한다면 이는 지혜로운 이가 감히 맡을 바가 아니다.

오직 충신이 나랏일을 도모함에 백 번 꺾여도 뜻을 굽히지 않고 용사가 적에게 나아감에 죽음을 보기를 고향에 돌아가는 것처럼 여긴 듯이 하는 것은 常勝의 이치여서 만고에 변치 않는 것이다. 그러나 그 밖의 무기와 財用, 병졸의 선발과 기예의 비교와 같이 변혁할 수 있는 모든 것들은 바로 후대의 현인이 때를 보고서 적절하게 만들어 정해진 방도 없이 응하여 전대의 잘못을 보완하여 날로 달로 새로워지고 성대하게 하는 데 달려 있으니, 또 어찌 자기 견해를 고집 부리면서 똑같은 법도만을 지켜서 거만하게 옛 자취를 스스로 좋아하여 영구히 변화하지 않을 수 있겠는가.

**今之水師**는 **蓋因粤賊之勢**하여 **立一時之法**하여 **幸底於成耳**라 **異日時易勢殊**하여 **寇亂或興**이어늘 **若必狃於前事**하여 **謂可平粤賊者**는 **卽可概平天下無窮之變**이라하면 **此非智者所敢任也**라 **惟夫忠臣謀國**에 **百折不回**하며 **勇士赴敵**에 **視死如歸**하나니 **斯則常勝之理**라 **萬古不變耳**어니와 **其他器械財用選卒校技凡可得而變革者**는 **正賴後賢相時制宜**하여 **因應無方**하여 **彌縫前世之失**하여 **俾日新而月盛**이니 **又烏取夫顓己守常**하여 **姝姝焉自悅其故迹**하여 **終古而不化哉**리오

지금 조정에서 方略館[6]을 열어서 戰功이 장차 믿을 수 있는 사적에 드러날 것이니 다시 하나하나 기술하지 않고, 난에 목숨을 바친 이들의 참혹함을 대략 서술하여 후대의 사람들로 하여금 놀라 공경하는 마음을 일으키게 한다. 또 인하여 兵家의 변화가 무상함을 미루어 논하여 우리 黨이 스스로를 옳게 여기는 견해를 깨뜨려서 오래도록 儆戒하고 두려워할 줄 알기를 바라노라.

**今朝廷開方略之館**하여 **戰功將著於信史**하리니 **不復備述**이요 **麤述殉難者之慘**하여 **使來者怵然起敬**이라 **又因推論兵家之變化無常**하여 **用破吾黨自是之見**하여 **庶久而知所儆畏云**이라

---

6) 方略館 : 淸代에 戰功의 사적을 기록하던 관청을 가리킨다.

# 41. 다섯 편의 箴　五箴*

*이 글은 道光 24년(1844) 증국번이 34세가 되던 해에 지은 것으로, 程朱學에 귀의하고서 자신을 경계한 箴이다. 立志·居敬·主靜·謹言·有恒의 다섯 가지에 대해 서술하여 修身의 근본이자 학문의 법도로 삼았다. 序文과 다섯 편의 잠으로 이루어져 있으며, 韓愈의 〈五箴〉을 본받아서 지었다고 한다.

어려서 〈학문에〉 스스로 〈뜻을 굳게〉 세우지 못하고서 세월이 빨리 지나 마침내 지금에 이르고 말았네. 古人은 학문이 이루어졌던 나이이건만 나는 아직도 이처럼 녹록한 사람이니 어찌 슬프지 않겠는가. 지금 이후로 人事는 날로 분분해지고 德慧는 날로 줄어들 것이니, 下流로 나아가게 될 것을 또 알 수 있다. 무릇 어려움은 지혜를 더해주고[1] 안락함은 몸을 망치는 법인데, 나는 중간의 재주를 지니고서 편안하게 지내면서 장차 각고하여 스스로 분발하고자 하니, 참으로 어렵도다. 〈五箴〉을 지어서 스스로 경계하노라.

**少不自立**하여 **荏苒遂洎今茲**하니 **蓋古人學成之年**이로되 **而吾碌碌尙如斯也**하니 **不其戚矣**아 **繼是以往**으로 **人事日紛**하고 **德慧日損**하리니 **下流之赴**를 **抑又可知**라 **夫疢疾**은 **所以益智**요 **逸豫**는 **所以亡身**이어늘 **僕以中才而履安順**하여 **將欲刻苦而自振拔**하니 **諒哉其難之歟**인저 **作五箴以自創云**하노라

## 立志에 대한 箴　立志箴

빛나는 先哲은 저들이라고 사람과 다르겠는가. 미미한 이 小子도 천지 부모의 몸을 받은 것이니,[2] 총명과 복록이 나에게 두터이 주어졌도다. 타고난 천성을 버

---

1) 德慧는……더해주고 : 덕스러운 지혜를 말한다. ≪孟子≫ 〈盡心 上〉에 "사람의 德慧와 術知는 항상 어려움 속에서 나온다. 오직 외로운 신하와 서얼의 자식은 마음가짐을 극도로 조심하고 환란을 깊이 걱정하기 때문에 사리에 통달하는 것이다.〔人之有德慧術知者 恒存乎疢疾 獨孤臣孽子 其操心也危 其慮患也深 故達〕"라고 하였다.

2) 미미한……것이니 : 張載의 〈西銘〉에 "하늘은 아버지라 일컫고 땅은 어머니라 일컬으니, 내가

리고서 안일하게 지내면 재앙에 이르는 법이다. 후회가 몇천 번 쌓이면 그대로 끝나고 말 것이다. 지나간 일은 돌이킬 수 없으니[3] 부디 지금부터 시작하라. 道를 짊어지고 몸소 행하며 말로써 이를 실을지어다. 목숨이 붙어 있을 때까지[4] 길이 맹세코 잊지 않으리라.

**煌煌先哲**은 **彼不猶人**가 **藐焉小子**도 **亦父母之身**이라 **聰明福祿**이 **予我者厚哉**로다 **棄天而佚**이면 **是及凶災**라 **積悔累千**이면 **其終也已**라 **往者不可追**니 **請從今始**라 **荷道以躬**하며 **輿之以言**하라 **一息尙存**이어든 **永矢弗諼**이라

## 居敬에 대한 箴　居敬箴

하늘과 땅이 자리를 정함에 陰陽五行이 배태되었네. 솥발처럼 짝을 이루니 실로 三才[5]라 하였네. 장엄하고 공경하며 엄숙하고 공명하여서 너의 命을 엄중히 지켜라. 네가 공경하지 않으면 생명을 해치고 본성을 해칠 것이다. 누군들 업신여길 수 있겠으며, 어떤 일인들 해이하게 할 수 있겠는가. 일을 해이하게 하는 자는 이룸이 없고 남을 업신여기는 자는 도리어 업신여김을 받는 법이다. 비록 저 상대방이 업신여김을 나에게 돌려주지 않더라도 또한 나의 교만함을 키우는 것이다. 사람들은 너에게 낮추겠지만 하늘이 내리는 벌이 분명하리라.

**天地定位**에 **二五胚胎**라 **鼎焉作配**하니 **實曰三才**라 **儼恪齋明**하여 **以凝女命**하라 **女之不莊**이면 **伐生戕性**이라 **誰人可慢**이며 **何事可弛**리오 **弛事者無成**이요 **慢人者反爾**라 **縱彼不反**이라도 **亦長吾驕**라 **人則下女**언정 **天罰昭昭**리라

---

여기에 미미한 몸으로 혼연히 가운데에 거처한다.〔乾稱父 坤稱母 予茲藐焉 乃混然中處〕"라고 하였다.

3) 지나간……없으니 : ≪論語≫ 〈微子〉에 "지나간 일은 탓할 수 없지만 앞으로의 일은 그래도 잘할 수 있다.〔往者不可諫 來者猶可追〕"라고 하였다.

4) 목숨이……때까지 : ≪論語≫ 〈泰伯〉에 "선비는 도량이 넓고 뜻이 강인하지 않으면 안 되니, 책임이 무겁고 길이 멀기 때문이다. 인을 하기를 자기의 책임으로 삼으니 또한 무겁지 않은가. 죽은 뒤에야 그만두는 것이니 또한 멀지 않은가.〔士不可以不弘毅 任重而道遠 仁以爲己任 不亦重乎 死而後已 不亦遠乎〕"라고 하였는데, 朱熹의 註에 "목숨이 붙어 있을 때까지 이 뜻이 조금도 해이해지게 하지 않는다면 멀다고 이를 만하다.〔一息尙存 此志不容少懈 可謂遠矣〕"라고 하였다.

5) 三才 : 天·地·人을 가리킨다.

## 主靜에 대한 箴 主靜箴

日觀에서 재계하고 잠을 자니 天雞가 한 번 울도다.[6] 온갖 소리가 모두 멎고 종소리만 들린다. 뒤에 毒蛇가 있고 앞에 猛虎가 있은들 정신이 안정되어 두려워하지 않으면 누가 감히 나를 업신여기며, 어찌 사람을 피하리오. 날마다 三軍을 대하더라도 내 사려가 한결같으면 저들은 분분히 어지러울지언정 나는 어지럽지 않은 법이네. 반평생을 분주히 사느라 한 번도 스스로 자신을 주재하지 못하였구나. 지금은 늙었으니 아마도 늘 이렇게 어지러우리.

**齋宿日觀**하니 **天雞一鳴**이라 **萬籟俱息**이요 **但聞鐘聲**이라 **後有毒蛇**요 **前有猛虎**인들 **神定不懾**이면 **誰敢予侮**리오 **豈伊避人**이리오 **日對三軍**이라도 **我慮則一**이면 **彼紛不紛**이라 **馳騖半生**에 **曾不自主**하니 **今其老矣**라 **殆擾擾以終古**리라

## 謹言에 대한 箴 謹言箴

교묘한 말로 남을 기쁘게 하면 스스로 자기 몸을 어지럽히는 것이고, 무료한 말로 날을 보내면 또한 너의 정신을 어지럽히는 것이다. 이치를 아는 사람은 과장하지 않고, 과장하는 사람은 이치를 알지 못한다. 길에서 들은 것을 길에서 말하면[7] 지혜로운 자는 비웃고 어리석은 자는 놀랄 것이다. 놀란 자는 끝내 깨닫고서 네가 거짓을 퍼뜨렸다 할 것이고, 비웃은 자는 너를 비루하게 여겨 네가 맹세하더라도 의심할 것이다. 허물과 두려움이 이미 많기에 箴銘으로써 스스로 다스린다. 잠명을 짓고서도 다시 前轍을 밟으니, 네가 이미 늙었음을 한탄하노라.

**巧語悅人**하면 **自擾其身**이요 **閒言送日**하면 **亦攪女神**이라 **解人不誇**요 **誇者不解**라 **道聽塗說**하면 **智笑愚駭**라 **駭者終明**하여 **謂女賈欺**요 **笑者鄙女**하여 **雖矢猶疑**리라 **尤悔既叢**이라 **銘以自攻**이라 **銘而復蹈**하니 **嗟女既耄**로다

---

6) 日觀에서……울도다 : 日觀은 泰山의 가장 높은 산봉우리 이름으로, 해가 뜨는 광경을 보기로 유명한 곳이다. 酈道元이 쓴 ≪水經注≫ 〈汶水〉에, "태산 동남방 山頂을 日觀이라고 한다. 일관이라는 것은 닭이 한 번 울 때 해가 비로소 떠오르려고 하는데, 그 길이가 3丈 정도 되었기 때문에 그렇게 명명한 것이다."라고 하였다.

7) 길에서……말하면 : ≪論語≫ 〈陽貨〉에 "길에서 듣고 그대로 길에서 이야기를 하는 것은 德을 버리는 일이다〔道聽而塗說 德之棄也〕"라고 하였다.

## 有恒에 대한 箴 有恒箴

내 글자를 안 이래로, 온갖 일을 겪어서 이에 이르렀네. 28년 동안 하나의 앎도 없었으니, 지난날 기뻐했던 것이, 시간이 지나고 보니 비루하구나. 지난 것은 이미 버린 것이지만 새로운 것은 곧 고칠 수 있네. 德業이 떳떳하지 못하면 날마다 외물에 끌려가네. 네가 하루 두 번 밥을 먹는 것은 혹시라도 어겼음을 들어보지 못하였다. 작은 기장 한 알 한 알이 오래도록 계속 더해지면 한 말통에 가득 차는 법이라네. 天君이 命을 관장하기에 감히 馬走에게 고하노라.[8)]

自吾識字로 百歷及玆나 二十有八載에 則無一知하니 曩者所忻이 閱時而鄙라 故者旣抛어니와 新者旋徙라 德業之不常이면 日爲物遷이라 爾之再食은 曾未聞或愆이라 黍黍之增이면 久乃盈斗라 天君司命이라 敢告馬走하노라

8) 天君이……고하노라 : 天君은 心을 말한다. 마음이 육신을 명하기에 이처럼 말한 것이다. 馬走는 마소를 관리하는 하인이란 뜻으로, 자신을 가리키는 謙稱이다. 司馬遷이 任安에게 답한 편지에서 자신을 '태사공의 우마주〔太史公牛馬走〕'라고 했던 데서 유래한 말이다.

# 附錄

# 1. ≪明淸八大家文鈔 3≫ 參考書目

## ◇ 底本


- ≪明淸八大家文鈔≫, 王文濡(淸) 編, 進步書局, 石印本, 1915.


## ◇ 底本 관련 자료


- ≪明淸八大家文鈔≫, 趙伯陶 導讀, 李保民・冷時峻 整理集評, 上海古籍出版社, 2008.
- ≪柏梘山房詩文集≫, 梅曾亮(淸) 撰, 胡曉明 校點, 上海古籍出版社, 2005.
- ≪柏梘山房全集≫, 梅曾亮(淸) 撰, 咸豐六年(1856)刻 民國 補修本.
- ≪曾文正公詩文集≫, 曾國藩(淸) 撰, 同治十三年(1874)刻本.
- ≪曾國藩全集≫, 曾國藩(淸) 撰, 岳麓書社, 1989.


## ◇ 原典

〔經部〕


- ≪論語集註大全≫, 朱熹(宋) 集註, 胡廣(明) 等 編, 朝鮮 內閣本, 影印本, 學民文化社.
- ≪孟子注疏≫, 阮元(淸) 校刻, 十三經注疏(淸 嘉慶刊本), 中華書局, 2009.
- ≪孟子集註大全≫, 朱熹(宋) 集註, 胡廣(明) 等 編, 朝鮮 內閣本, 影印本, 學民文化社.
- ≪書傳大全≫, 蔡沈(宋) 集傳, 胡廣(明) 等 編, 朝鮮 內閣本, 影印本, 學民文化社.
- ≪詩傳大全≫, 朱熹(宋) 集傳, 胡廣(明) 等 編, 朝鮮 內閣本, 影印本, 學民文化社.
- ≪禮記集說大全≫, 陳澔(元) 集說, 胡廣(明) 等 編, 朝鮮 內閣本, 影印本, 學民文化社.
- ≪儀禮注疏≫, 鄭玄(漢) 注, 賈公彦(唐) 疏, 北京大學出版社, 2000.
- ≪周禮正義≫, 孫詒讓(淸), 續修四庫全書 82~84, 上海古籍出版社, 1995~1999.
- ≪周易傳義大全≫, 程頤(宋) 傳, 朱熹(宋) 本義, 胡廣(明) 等 編, 朝鮮 內閣本, 影印本, 學民文化社.
- ≪中庸章句大全≫, 朱熹(宋) 集註, 胡廣(明) 等 編, 朝鮮 內閣本, 影印本, 學民文化社.
- ≪春秋經筌≫, 趙鵬飛(宋) 撰, 文淵閣四庫全書 제157책, 臺灣商務印書館, 1983~1986.

- ≪春秋穀梁傳注疏≫, 范寧(晉) 注, 楊士勛(唐) 疏, 北京大學出版社, 1999.
- ≪春秋公羊傳注疏≫, 何休(漢) 注, 徐彦(唐) 疏, 北京大學出版社, 1999.
- ≪春秋左傳正義≫, 杜預(晉) 注, 孔穎達(唐) 疏, 北京大學出版社, 1999.
- ≪韓詩外傳≫, 韓嬰(漢) 撰, 文淵閣四庫全書 제89책, 臺灣商務印書館, 1983~1986.

〔史部〕

- ≪孔叢子≫, 孔鮒(漢) 撰, 文淵閣四庫全書 제695책, 臺灣商務印書館, 1983~1986.
- ≪舊唐書≫, 劉昫(後晉) 等 撰, 中華書局, 1996.
- ≪國語≫, 左丘明(周) 撰, 朝鮮 鐵鑄字本, 影印本, 學民文化社.
- ≪大淸會典≫, 允祹(淸) 撰, 文淵閣四庫全書 제619책, 臺灣商務印書館, 1983~1986.
- ≪史記≫, 司馬遷(漢) 撰, 中華書局, 1974.
- ≪三國志≫, 陳壽(晉) 撰, 裴松之(南朝 宋) 注, 中華書局, 1971.
- ≪小學集注≫, 朱熹(宋) 撰, 文淵閣四庫全書 제699책, 臺灣商務印書館, 1983~1986.
- ≪宋史≫, 脫脫(元) 等撰, 中華書局, 1985.
- ≪宋書≫, 沈約(梁) 撰, 文淵閣四庫全書 제257~258책, 臺灣商務印書館, 1983~1986.
- ≪水經注≫, 酈道元(北魏) 撰, 文淵閣四庫全書 제573책, 臺灣商務印書館, 1983~1986.
- ≪新唐書≫, 歐陽脩(宋)·宋祁(宋) 撰, 中華書局, 1975.
- ≪列女傳≫, 劉向(漢) 撰, 文淵閣四庫全書 제448책, 臺灣商務印書館, 1983~1986.
- ≪逸周書≫, 孔晁(晉) 注, 文淵閣四庫全書 제370책, 臺灣商務印書館, 1983~1986.
- ≪戰國策≫, 高誘(漢) 注, 姚宏(宋) 續注, 文淵閣四庫全書 제406책, 臺灣商務印書館, 1983~1986.
- ≪晉書≫, 房玄齡(唐) 等 撰, 中華書局, 1997.
- ≪淸史稿≫, 趙爾巽(淸) 等 撰, 中華書局, 1974.
- ≪漢書≫, 班固(後漢) 撰, 中華書局, 2002.
- ≪後漢書≫, 范曄(南朝 宋) 撰, 中華書局, 1996.
- ≪後漢書補逸≫, 姚之駰(淸) 撰, 文淵閣四庫全書 제402책, 臺灣商務印書館, 1983~1986.
- ≪欽定盛京通志≫, 阿桂(淸) 等 撰, 文淵閣四庫全書 제501~503책, 臺灣商務印書館, 1983~1986.

〔子部〕

- ≪古今合璧事類備要≫, 謝維新(宋) 編, 文淵閣四庫全書 제939~941책, 臺灣商務印書館, 1983~1986.
- ≪管子≫, 管仲(周) 撰, 文淵閣四庫全書 제729책, 臺灣商務印書館, 1983~1986.

- ≪近思錄≫, 朱熹(宋)・呂祖謙(宋) 同編, 文淵閣四庫全書 제699책, 臺灣商務印書館, 1983~1986.
- ≪老子道德經≫, 王弼(魏) 注, 文淵閣四庫全書 제1055책, 臺灣商務印書館, 1983~1986.
- ≪論衡≫, 王充(漢) 撰, 文淵閣四庫全書 제862책, 臺灣商務印書館, 1983~1986.
- ≪山海經≫, 郭璞(晉) 註, 文淵閣四庫全書 제1042책, 臺灣商務印書館, 1983~1986.
- ≪世說新語≫, 劉義慶(南朝 宋) 撰, 文淵閣四庫全書 제1035책, 臺灣商務印書館, 1983~1986.
- ≪荀子≫, 荀況(戰國) 撰, 楊倞(唐) 注, 盧文弨(淸) 等校, 中華書局, 1985.
- ≪揚子法言≫, 揚雄(漢) 撰 ; 李軌(晉) 注, 臺灣中華書局, 1968.
- ≪呂氏春秋≫, 呂不韋(秦) 撰, 文淵閣四庫全書 제848책, 臺灣商務印書館, 1983~1986.
- ≪列子≫, 列御寇(周) 撰, 文淵閣四庫全書 제1055책, 臺灣商務印書館, 1983~1986.
- ≪莊子≫, 莊周(周) 撰, 文淵閣四庫全書 제1058책, 臺灣商務印書館, 1983~1986.
- ≪朱子大全≫, 朱熹(宋) 撰, 朝鮮 影印本, 學民文化社, 2004.
- ≪天工開物≫, 宋應星(明) 撰, 續修四庫全書 제1115책, 上海古籍出版社, 1995~1999.
- ≪太平御覽≫, 李昉(宋) 等撰, 中華書局, 1960.
- ≪通雅≫, 方以智(明) 撰, 文淵閣四庫全書 제857책, 臺灣商務印書館, 1983~1986.
- ≪韓非子≫, 韓非(周) 撰, 文淵閣四庫全書 제729책, 臺灣商務印書館, 1983~1986.
- ≪淮南子≫, 劉安(漢) 撰, 文淵閣四庫全書 제848책, 臺灣商務印書館, 1983~1986.

〔集部〕

- ≪東坡全集≫, 蘇軾(宋) 撰, 文淵閣四庫全書 제1107~1108책, 臺灣商務印書館, 1983~1986.
- ≪文選≫, 蕭統(梁) 編, 李善(唐) 等註, 文淵閣四庫全書 제1330~1331책, 臺灣商務印書館, 1983~1986.
- ≪文苑英華≫, 李昉(宋) 編, 文淵閣四庫全書 제1333~1342책, 臺灣商務印書館, 1983~1986.
- ≪文忠集≫, 歐陽修(宋) 撰, 文淵閣四庫全書 제1102~1103책, 臺灣商務印書館, 1983~1986.
- ≪詳說古文眞寶大全≫, 黃堅(宋) 編, 朝鮮 影印本, 學民文化社.
- ≪樂府詩集≫, 郭茂倩(宋) 輯, 文淵閣四庫全書 제1347~1348책, 臺灣商務印書館, 1983~1986.
- ≪御選唐宋文醇≫, 弘歷(淸) 編, 文淵閣四庫全書 제1447책, 臺灣商務印書館, 1983~1986.
- ≪柳河東集≫, 柳宗元(唐) 撰, 文淵閣四庫全書 제1067책, 臺灣商務印書館, 1983~1986.
- ≪臨川文集≫, 王安石(宋) 撰, 文淵閣四庫全書 제1105책, 臺灣商務印書館, 1983~1986.
- ≪楚辭集註≫, 朱熹(宋) 集註, 文淵閣四庫全書 제1062책, 臺灣商務印書館, 1983~1986.
- ≪韓昌黎文集校注≫, 韓愈(唐) 撰, 馬其昶, 馬茂元 整理, 上海古籍出版社, 1987
- ≪晦庵集≫, 朱熹(宋) 撰, 文淵閣四庫全書 제1143~1146책, 臺灣商務印書館, 1983~1986.

## ◇ 研究論著 및 飜譯書

〔韓國〕

- 김　호, 〈梅曾亮 眞說 探析〉, ≪中語中文學≫38, 한국중어중문학회, 2006.
- ———, 〈道光後期 桐城派의 강남지역으로의 전파 - 梅曾亮을 중심으로〉, ≪中國文學研究≫33, 한국중문학회, 2006.
- 김희성, 〈曾國藩의 고문이론 연구〉, 전남대학교 박사학위논문, 2006.
- ———, 〈曾國藩의 序跋類 古文 초탐〉, ≪中國人文科學≫58, 중국인문학회, 2014.
- 敏澤 著, 유병례 외 譯, ≪中國文學理論批評史≫, 성신여자대학교출판부, 2019.
- 백광준, 〈曾國藩과 桐城 古文 그리고 考證學〉, ≪중국어문학≫60, 영남중국어문학회, 2012.
- ———, ≪동성파 산문집≫, 지식을 만드는 지식, 2019.
- 吳孟復 著, 심경호·김봉희 譯, ≪桐城文派述論≫, 태학사, 1998.
- 이상하 외 역, ≪明淸八大家文鈔≫ 1·2, 전통문화연구회, 2021.
- 최영옥, 〈金澤榮과 曾國藩의 문장론 비교 - 歸有光에 대한 비평을 중심으로〉, ≪고전과 해석≫6, 고전문학한문학연구학회, 2009.

〔日本〕

- 佐藤一郎, ≪中國文章論≫, 研文出版, 1988.

〔中國〕

- 金　鎬, 〈梅曾亮及其文學研究〉, 國立臺灣大學 博士論文, 2005.
- 滕小艷, 〈梅曾亮與晚淸嶺西文壇〉, ≪北方論叢≫, 廣西科技大學, 2018(2).
- 賴力行, 〈曾國藩與桐城古文理論的中興〉, ≪中國文學研究≫, 湖南師范大學文學院, 2003(1).
- 方宁胜·朱揚, 〈安徽書院与桐城派的學術傳承及影響〉, ≪合肥工業大學學報≫, 合肥工業大學, 2013(2).
- 楊懷志·江小角 主編, ≪桐城派名家評傳≫, 安徽人民出版社, 2001.
- 葉　龍, ≪桐城派文學史≫, 香港龍門書店, 1975.
- 柳春蕊, 〈梅曾亮京師古文領袖地位成因考〉, ≪雲夢學刊≫, 湖南理工學院, 2008(1).
- 任雪山, 〈桐城派"因聲求气"理論源流考辨〉, ≪甘肅理論學刊≫, 中共甘肅省委党校, 2013(2).

- 張迪平,〈桐城派美學話語的歷史意義和当代价値〉, ≪甘肅社會科學≫, 甘肅社會科學院, 2016(6).
- 錢仲聯, ≪明淸八大家文選叢書 曾國藩文選≫, 蘇州大學出版社, 2001.
- 周中明, ≪桐城派硏究≫, 遼寧大學出版社, 1999.
- 曾光光, 〈曾國藩輿桐城與倡洋務之間的連繫〉, ≪貴州社會科學≫, 貴州省社會科學院, 2002(3).
- 湯孝純 注譯, 李振興 校閱, ≪新譯曾文正公家書(二版)≫, 三民書局, 2010.
- 胡元德,〈古代文气論的現代轉換〉, ≪齊魯學刊≫, 山東曲阜師範大學, 2006(2).

〔英美〕

- Chen Yinchi & Paula Varsano, "Guwen(Ancient-Style Prose), Sound, and the History of Chinese Poetics", *Journal of Chinese literature and culture*, Duke University Press, 2015, Vol.2(2).
- Joseph Roe Allen & Timothy Phelan, *Two studies in Chinese literary criticism*, Institute for Comparative and Foreign Area Studies, University of Washington, 1976.
- Zeng Guangguang, "The Tongcheng School and the social thought of the late Qing dynasty", *Chinese studies in history*, Routledge, 2018, Vol.51(2).


### ◇ 年譜


- 黎庶昌, ≪曾國藩年譜≫, 梅季 標点, 岳麓書社, 1986.


### ◇ 데이터베이스(DB) 자료


- 동양고전종합DB(http://db.cyberseodang.or.kr)
- 상우천고(http://www.s-sangwoo.kr)
- 한국고전종합DB(http://db.itkc.or.kr)
- 中國基本古籍庫, 黃山書社.
- 電子版 文淵閣四庫全書, 上海古籍出版社.

## 2. ≪明淸八大家文鈔 3≫ 參考圖版 目錄 및 出處

(1) 〈曾國藩(증국번)〉, 대만고궁박물원 / 14

(2) 〈晁錯(조조)〉, 晁氏家乘 / 21

(3) 〈子產(자산)〉, 田琦(鮮) 畫, ≪萬古際會圖像≫ / 50

(4) 〈冉有(염유)〉, 呂維祺(明) 畫, ≪聖賢像贊≫ / 51

(5) 〈張居正(장거정)〉, ≪張文忠公全集≫ / 53

(6) 〈陸游(육유)〉, 顧沅(淸) 撰, ≪古聖賢像傳略≫ / 59

(7) 〈泰山圖(태산도)〉, 王圻(明) 撰, ≪三才圖會≫ / 66

(8) 〈韘(섭)〉, 王圻(明) 撰, ≪三才圖會≫ / 102

(9) 〈荷包(하포)〉, 대만국립고궁박물원 / 102

(10) 〈頂帶(정대)〉, 대만국립고궁박물원 / 102

(11) 〈陳用光(진용광)〉, 葉衍蘭(淸)・葉恭綽(淸) 編, 黃小泉(淸)・楊鵬秋(淸) 繪, ≪淸代學者象傳≫ / 124

(12) 〈平定準部回部得勝圖(평정준부회부득승도)〉 중 〈黑水圍解(흑수위해)〉, 메트로폴리탄미술관 / 128

(13) 〈浮邱子(부구자)〉, 湯鵬(淸) 撰, ≪浮邱子≫ / 137

(14) 〈물여우〔蜮〕〉, 徐鼎(淸) 編, ≪毛詩名物圖說≫ / 148

(15) 〈大克鼎(대극정)〉, 上海博物館 / 187

(16) 〈曾鞏(증공)〉, 上官周(淸) 畫, ≪晩笑堂竹莊畵傳≫ / 193

(17) 〈蘇軾(소식)〉, 上官周(淸) 畫, ≪晩笑堂竹莊畵傳≫ / 193

(18) 〈吳淞江圖(오송강도)〉, 王圻(明) 撰, ≪三才圖會≫ / 194

(19) 〈阿桂(아계)〉, 북경고궁박물원 / 197

(20) 〈國朝先正事略(국조선정사략)〉, 李元度(淸) 輯纂, ≪國朝先正事略≫ / 233

(21) 〈聖祖 仁皇帝(성조 인황제(강희제))〉, 북경고궁박물원 / 235

(22) 〈屈原(굴원)〉, 田琦(鮮) 畫, ≪萬古際會圖像≫ / 246

(23) 〈杜甫(두보)〉, 上官周(淸) 畫, ≪晩笑堂竹莊畵傳≫ / 248

(24) 〈賀長齡(하장령)〉, 耐菴奏議存稿 / 254

## 3. ≪明淸八大家文鈔 3≫ 板本 見本

梅伯言文鈔

晁錯論

晁錯以術數授景帝。景帝悅之。用其計削七國。七國反。景帝乃誅錯。君子曰。術不可不慎哉。以盜之術授人。而保其不我盜。且曰。是必不疑我為盜。雖至愚者不出此。錯之智曾是不愚人若也。哀哉。若范蠡以計然之術教句踐滅吳。曰越王為人可與共患難。不可與共安樂。乃扁舟逃於五湖。始皇用尉繚之計亡六國。尉繚曰。秦王居約易為人下。得志亦輕食人。遂逃去。方其說之行也。若石之投水。若丸之走阪。其君不惜出肝肺相結。如左右手。而二子獨汲汲不可終日。豈好為過計哉。彼知非雄猜深阻之人。不能行吾術。而不怍。其能行吾術者。必不容他人之有其術。故先有棄富貴之志。而成功名。彼晁錯之智乃不知此。今以受特知。蒙貴幸無比者。入一人之言。衣朝衣斬東市。目不得反顧。足不得旋踵。雖商鞅韓非之行法。未至是也。而景帝能之。錯教之也。錯之術盜術也。而恃所授者之不我盜哉。或曰。帝之削七國也志甚壯。反書聞。乃遑遽自誅其大臣。且吳王白首舉事。不因一錯而解兵。豈帝而不知此。曰帝詔諸將以深入多殺為功。比三百石以上皆殺無赦。有議詔及不如詔者皆要斬。帝之志苟得亡吳。不憚以國為功。豈冀幸於兵之一解而息事哉。然則其誅錯者何。曰兵之微權也。夫亂臣賊子之首事。必以名劫其衆。故王敦以周顗戴淵。蘇峻以庾亮。李懷光以盧杞。而七國則以晁錯。晉不去周顗戴淵庾亮。而王敦蘇峻之禍成。漢與唐去盧杞晁錯。而懷光七國之勢挫。雖勝敗之數不全出於此。然彼所恃以為名者。吾舉而空之。亦

梅伯言文鈔 卷五 一一

≪明淸八大家文鈔≫〈梅伯言文鈔〉進步書局 石印本

耶又安知夫躍而不出與躍而反入者不自咎其躍之不善耶而漁者覩之忽不加得失於其心嗟夫人知魚之無所逃於池也其魚之躍者可悲也然則人之躍者何也

## 雜說 丙子

堯之眉舜之目仲尼邱山之首合以為土偶則不如籧篨戚施傴與眞也葛害於寒裘害於暑酌其中則寒暑皆害害去則利不全也太白之詩豪而誇子美之詩深而悲子建之詩怨而忠淵明之詩和而傲其人然其詩亦然眞也古人之作肖乎我今人之作肖乎人古人之

《柏梘山房全集》 北京大學圖書館 所藏

曾滌生文鈔

原才

風俗之厚薄奚自乎自乎一二人之心之所嚮而已民之生庸弱者戢戢皆是也有一二賢且智者則衆人君之而受命焉尤智者所君尤衆焉此一二人者之心向義則衆人與之赴義一二人者之心向利則衆人與之赴利衆人所趨勢之所歸雖有大力莫之敢逆故曰撓萬物者莫疾乎風風俗之於人心也始乎微而終乎不可禦者也先王之治天下使賢者皆當路在勢其風民也皆以義故道一而俗同世教既衰所謂一二人者不盡在位彼其心之所嚮勢不能不騰爲口說而播爲聲氣而衆人者勢不能不聽命而蒸爲習尚於是乎徒黨蔚起而一時之人才出焉有以仁義倡者其徒黨亦死仁義而不顧有以功利倡者其徒黨亦死功利而不返水流溼火就燥無感不讐所從來久矣今之君子之在勢者輒曰天下無才彼自尸於高明之地不克以己之所嚮轉移習俗而陶鑄一世之人而翻謝曰無才謂之不誣可乎否也十室之邑有好義之士其智足以移十人者必能拔十人中之尤者而材之其智足以移百人者必能拔百人中之尤者而材之然則轉移習俗而陶鑄一世之人非特處高明之地者然也凡一命以上皆與有責焉者也有國家者得吾說而存之則將慎擇與共天位之人士大夫得吾說而存之則將惴惴乎謹其心之所嚮恐一不當以壞風俗而賊人才循是爲之數十年之後萬有一收其效者乎非所逆睹已

孫芝房侍講芻論序



≪明淸八大家文鈔≫〈曾滌生文鈔〉進步書局 石印本

## 原才

風俗之厚薄奚自乎自乎一二人之心之所嚮而已民之生庸弱者戢戢皆是也有一二賢且智者則衆人君之而受命焉尤智者所君尤衆焉此一二人者之心向義則衆人與之赴義一二人者之心向利則衆人與之赴利衆人所趨勢之所歸雖有大力莫之敢逆故曰撓萬物者莫疾乎風風俗之於人之心始乎微而終乎不可禦者也先王之治天下使賢者皆當路在勢其風民也皆以義故道一而俗同世教既衰所謂一二人者不盡在位彼其心之所嚮勢不能不騰爲口說而播爲聲氣而衆人者勢不能不聽命而蒸爲習尚於是乎徒黨蔚起而一時之

≪曾文正公全集≫ 傳忠書局 刊本(同治 12년(1873)) 國家圖書館 所藏

## 4. ≪明清八大家文鈔≫ 總目次

• QR코드를 스캔하면 ≪明清八大家文鈔≫ 總目次를 볼 수 있습니다.

## 5. ≪明清八大家文鈔≫ 解題

• QR코드를 스캔하면 ≪明清八大家文鈔≫ 解題를 볼 수 있습니다.

## 責任飜譯

### 李相夏

啓明大學校 中語中文學科 졸업
高麗大學校 大學院 國語國文學科 文學博士
民族文化推進會 부설 常任研究員 졸업
朝鮮大學校 漢文學科 教授 역임
韓國古典飜譯院 부설 古典飜譯教育院 教授(現)

論文 및 譯書
〈漢文古典 文集飜譯의 특성과 문제점〉
〈≪朱子書節要≫가 조선조에 끼친 영향〉
〈退溪・南冥의 시와 대조적인 학문성향〉 등
≪寒洲 李震相의 主理論 研究≫, ≪冷淡家計≫, ≪儒學的 思惟와 韓國文化≫(공저) 등
≪挹翠軒遺稿≫, ≪月沙集≫, ≪容齋集≫, ≪鵝溪遺稿≫, ≪石洲集≫ 등

## 共同飜譯

### 金玟榮

서울大學校 英語英文學科·國語國文學科 卒業
서울大學校 大學院 國語國文學科 博士 修了
韓國古典飜譯院 附設 古典飜譯教育院 專門課程Ⅱ 卒業
韓國古典飜譯院 飜譯委員(現)

論文 및 譯書
〈淩壺觀 李麟祥 산문 연구〉
≪日省錄≫, ≪詳說古文眞寶大全後集≫, ≪明淸八大家文鈔 1 歸有光・方苞≫, ≪明淸八大家文鈔 2 劉大櫆・姚鼐≫ 등

**金成恩**

延世大學校 國語國文學科 卒業
延世大學校 大學院 國語國文學科 文學碩士
韓國古典飜譯院 附設 古典飜譯敎育院 專門課程 卒業
誠信女子大學校 附設 古典研究所 研究員(現)

論文 및 譯書
〈而已广 張混의 漢詩 研究〉
≪梅山集≫, ≪東槎日記≫, ≪詳說古文眞寶大全後集≫, ≪明淸八大家文鈔 1 歸有光・方苞≫, ≪明淸八大家文鈔 2 劉大櫆・姚鼐≫ 등

**安埈奭**

서울大學校 國語國文學科 卒業
서울大學校 大學院 國語國文學科 博士 修了
韓國古典飜譯院 附設 古典飜譯敎育院 專門課程Ⅰ 卒業
韓國古典飜譯院 飜譯委員(現)

論文 및 譯書
〈李奎象 人物傳의 作法上 特徵과 立傳意識〉
≪承政院日記(英祖代)≫, ≪詳說古文眞寶大全後集≫, ≪明淸八大家文鈔 1 歸有光・方苞≫, ≪明淸八大家文鈔 2 劉大櫆・姚鼐≫ 등

**禹羅映**

서울大學校 中語中文學科 卒業
서울大學校 中語中文學科 碩士 卒業
서울大學校 中語中文學科 博士 修了
韓國古典飜譯院 附設 古典飜譯敎育院 專門課程Ⅰ,Ⅱ 卒業
韓國古典飜譯院 飜譯委員(現)
서울大學校 奎章閣韓國學研究院 研究員(現)

論文 및 譯書
〈王思任 遊記文의 공간인식 연구〉
≪詳說古文眞寶大全後集≫, ≪明淸八大家文鈔 1 歸有光・方苞≫, ≪明淸八大家文鈔 2 劉大櫆・姚鼐≫ 등

東洋古典譯註叢書 139

譯註 明清八大家文鈔 3 梅曾亮 · 曾國藩 정가 38,000원

2022년 12월 30일 초판 발행
2023년 01월 31일 초판 2쇄

企劃編輯 東洋古典飜譯編輯委員會
飜譯硏究管理 南賢熙
著 者 梅曾亮 曾國藩
編 者 王文濡
責任飜譯 李相夏
共同飜譯 金玟榮 金成恩 安垵奭 禹羅映
潤 文 朴勝珠 南賢熙 李孝宰
校 訂 南賢熙 李孝宰
出 版 白俊哲
裝 幀 김진디자인

發 行 人 朴洪植
發 行 人 朴洪植
發 行 處 社團法人 傳統文化硏究會
서울시 종로구 삼일대로 428 낙원빌딩 411호
전화 : (02)762-8401 전송 : (02)747-0083
전자우편 : juntong@juntong.or.kr
홈페이지 : juntong.or.kr
사이버書堂 : cyberseodang.or.kr
온라인서점 : book.cyberseodang.or.kr
등록 : 1989. 7. 3. 제1-936호

인쇄처 : 한국법령정보주식회사(02-462-3860)
총 판 : 한국출판협동조합(070-7119-1750)

ISBN 979-11-5794-546-7 94820
978-89-85395-71-7 (세트)

※ 이 책은 2022년도 교육부 고전문헌 국역지원사업 지원비에 의해 초판(비매품) 간행.